AF136551

Berend Kordes

Lexikon der jetzlebenden Schleswig-Holsteinischen und Eutinischen Schriftsteller

Berend Kordes

Lexikon der jetzlebenden Schleswig-Holsteinischen und Eutinischen Schriftsteller

ISBN/EAN: 9783742890375

Hergestellt in Europa, USA, Kanada, Australien, Japan

Cover: Foto ©Thomas Meinert / pixelio.de

Manufactured and distributed by brebook publishing software
(www.brebook.com)

Berend Kordes

Lexikon der jetzlebenden Schleswig-Holsteinischen und Eutinischen Schriftsteller

LEXIKON

DER JETZTLEBENDEN

SCHLESWIG - HOLSTEINISCHEN

UND EUTINISCHEN

SCHRIFTSTELLER

MÖGLICHST VOLLSTÄNDIG

ZUSAMMENGETRAGEN

VON

BEREND KORDES

PROFESSOR und UNTERBIBLIOTHEKAR IN KIEL,

———— • ————

*Mihi quidem nulli satis eruditi videntur, quibus nostra
ignota sunt.*

CIC. DE F. B. ET M. I, 2.

———————————

Subscriptionspreiß 1 Rthlr. 24 Schill. } Schlesw. Holst. Courant,
Ladenpreis . . 2 — —

SCHLESWIG

IM VERLAGE BEI JOHANN GOTTLOB RÖHSS.

1797.

Vorrede,

*welche vielleicht die Stelle einer Recension vertreten,
wenigstens den Gesichtspunkt bei Beurtheilung des
Werks angeben kann.*

Endlich erscheint nach einem Zeitraum von fünf
vollen Jahren dieses litterarische Werk, welches keinesweges weder *J. Molleri* Cimbriam litteratam ent-
behrlich machen wird, wie ein *Professor* wähnte, noch
zu akademischen Vorlesungen bestimmt ist, wie ein
Studirender vermuthete, sondern einzig und allein
— nach dem Vorgange mehrerer Gelehrten älterer
und neuerer Zeiten, welche unter andern *J. M. Franke*
(in Catalogo Bibliothecae Bunauianae I, 1.) und *E. J.
Koch* (im litterarischen Magazin 1, 18 ff.) grössten-
theils namhaft machen — einen Versuch enthalten
soll, in Ansehung der Herzogthümer Schleswig und
Holstein (mit Einschluss des Hochstifts Lübeck) das
zu leisten, was *Meusel's* eben so mühsame als ver-
dienstliche Arbeit bei jeder neuen Ausgabe auf eine
immer mehr befriedigende Weise für ganz Deutsch-
land leistet. Schon im Jahr 1791 wurde dasselbe vom

Pro-

Profeffor *Niemann,* deffen Aufforderung es eigentlich
feine erfte Entftehung verdankt, in den Provinzial-
Berichten (Heft 5. S. 202.) vorläufig, und zwei Jahre
nachher vom Sammler felbft in demfelben Journal
(Heft 2. S. 11 ff. Beil) beftimmter angekündigt. Es
wird nicht unnütz feyn für die, welche jenes periodi-
fche Werk nicht in Händen haben, die *zweite* Ankündigung hier ganz einzurücken:

„Mit Beziehung auf die im fünften Hefte des fünften Jahrgangs diefer Prov. Ber. (S. 202.) befindliche
kurze Anzeige finde ich nöthig, mich jetzt einmal über
die Einrichtung und Befchaffenheit diefes Werks, welches ich unter Händen habe, etwas näher zu erklären,
und zugleich fowohl den richtigen Gefichtspunkt, aus
dem man es anzufehen habe, feftzufetzen, als auch,
wie weit ich fchon in meiner Arbeit gekommen bin,
und worin ich noch der Unterftützung thätiger Landsleute bedarf, anzuzeigen.

So wie fich das gelehrte Deutfchland über alle
Schriftfteller erftreckt, die theils in Deutfchland leben,
fie mögen nun Deutfche oder Nichtdeutfche feyn,
theils als geborne Deutfche im Auslande fich befinden;
fo erftreckt fich das Verzeichniß aller jetztlebenden
Schleswig-Hollfteinifchen Schriftfteller, fowohl über
die, welche in diefen beiden Herzogthümern, ohne
Rück-

Rückficht auf ihr eigenes Vaterland wohnen, als auch
auf die gebornen Schleswig-Holfteiner, die aufserhalb
Landes leben. Die Hauptabficht des *Meufel*fchen
Werks geht ferner dahin, ein möglichft vollftändiges
Schriftenverzeichnifs zu liefern, jedoch fo, dafs ganz
kurze biographifche Nachrichten — Ort, Jahr und Tag
der Geburt, Amt oder Aemter — hinzugefügt werden.
Daffelbe ift auch meine Abficht, und der würde fich
gewifs fehr irren, welcher hier Lebensbefchreibungen
erwarten wollte, — ein Gedanke, der nur dem in den
Sinn kommen kann, welcher das *Meufel*fche Werk
niemals in Händen gehabt haben mufs. Ein litterärifches Werk diefer Art, welches fich auf *gewiffe* Provinzen einfchliefst, kann weit eher eine relative —
ja, im Fall der nöthigen Unterftützung, die möglich
gröfste — Vollftändigkeit erreichen, als das gelehrte
Deutfchland, welches ohnehin nur dann erft fich der
Vollkommenheit nähern würde, wenn man in den
einzelnen Ländern des deutfchen Reichs fpecielle No-
menklaturen der Schriftfteller zu verfertigen bedacht
wäre. Dafs aber diefe nicht nur zur Berichtigung und
Vervollkommnung jenes allgemeinen Werks beitra-
gen, fondern auch überhaupt allen, die über litterärifche Gegenftände Betrachtungen anzuftellen geneigt
find, manche angenehme Unterhaltung gewähren wür-

den;

den; demjenigen aber, der den litterarifchen Charakter namhafter Länder und den befondern Beitrag ihrer
Bewohner zur allgemeinen Litteratur nach feinem
Wefen und Gehalte würdigen will, durchaus unentbehrlich find — das ift, dünkt mich, hervorfpringend.
Wenigftens kann und will ich es nicht verhehlen, dafs
ich oft, wenn ich die Materialien zu meinem litterarifchen Werke zufammenftellte oder durchfah, mich
über meine Landsleute nicht wenig freute, die —
nicht zufrieden, aus neun Büchern das zehnte zufam-
menzuftoppeln, wohin z. B. die vielen einzelnen
Ueberfetzungen und Erklärungen biblifcher Bücher,
die Ausgaben der Klafiker cum notis variorum, oder
gar cum Commentario perpetuo, in gewiffen Ländern
gehören — eine Arbeit, zu der nur gefunde Finger
nöthig find — eigentliche Produkte des Geiftes über
wiffenfchaftliche Gegenftände, namentlich über unfre
eigentliche Länderkunde, Polizei und Statiftik, z. B.
über die neue Schleswig-Holfteinifche Münze, Niederlegung der Domainen, Abfchaffung der Leibeigenfchaft
u. f. w. geliefert haben und noch liefern. Um nun
jene Vollftändigkeit zu erreichen, habe ich nicht nur
alle kleinen, mir bekannten, Schriften — felbft Schul-
programme und einzelne Predigten nicht ausgefchlof-
fen — aufgenommen, (welche im gelehrten Deutfch-
land

land nicht felten fehlen und fehlen *müffen*, weil fie oft
nicht über die Gränze ihres Orts hinaus kommen; aber
auch fehlen *können*, weil fie meiftens individuel und
local find,) fondern auch einzelne, in periodifchen
Schriften zerftreute Abhandlungen (in Anfehung deren
Meufel's Werk gleichfalls in einigen Artikeln vollftändiger ift, als in andern, je nachdem nämlich fein Kor-
refpondent mehr oder weniger zum Abfchreiben Luft
hatte) aus diefen Prov. Ber., (denen das gelehrte Schleswig-Holftein ohnehin als litterärifches Regifter dienen
wird), aus dem deutfchen Mufeum u. f. w. Mit den
Schriften der Gelehrten in Altona, Hamburg und
Wandsbeck hoffe ich fchon ganz fertig zu feyn, da ich
die Titel derfelben nicht nur felbft geordnet, fondern
auch nach Altona gefchickt habe, um von den Verfaf-
fern felbft die Unrichtigkeiten verbeffern und die Lük-
ken ausfüllen zu laffen, bei welchem Gefchäfte mir
zwei dortige Gelehrte, denen ich dafür meinen erge-
benften Dank abftatte, mit einer ausnehmenden Theilnahme behülflich gewefen find. Daffelbe werde ich
nächftens mit den Schriftftellern thun, welche in Kopenhagen und einigen beträchtlichen Oertern unferer
beiden Herzogthümer leben. Allein da ich unmöglich, wie fich von felbft verfteht, an alle und jede Schriftfteller, ja nicht einmal nach allen Städten und Dörfern,

vo

wo Schriftsteller leben, hinschreiben kann, so muss ich
mich doch auch, bei aller Mühe, die ich gern anwen-
de, auf den Beistand auswärtiger Beförderer verlassen.
Diese ersuche ich hiemit, mir von den Schriftstellern
ihrer Gegend gefälligst Nachricht zu ertheilen, und
hierbei besonders auf kleine Schriften — z. B. auf Predigten — ihr Augenmerk zu richten, da mir die grös-
sern Schriften und eigentlichen Bücher oder Werke
weniger unbekannt find. Besonders wünsche ich —
nicht sowohl aus blosser Liebhaberei — obgleich
auch diese *hier* mit ins Spiel kömmt — sondern auch,
weil die Vollständigkeit meines Buchs es erfordert,
von allen Schulprogrammen und ähnlichen Schriften,
welche die Lehrer der sogenannten lateinischen Schulen in unsern Herzogthümern geschrieben haben, ein
vollständiges Verzeichnis zu erhalten, um auch hier
keine Lücke übrig lassen zu dürfen. Man sagt mir
zwar, dass es nicht allenthalben Sitte ist, beim Examen und andern Gelegenheiten Programme zu schreiben; allein ich weiss nicht, ob diefs *durchaus* richtig
ift. So hörte ich z. B. einmal, dass es in Rendsburg
nicht gewöhnlich sey, Schulschriften zu ediren, und
doch fand ich noch neulich in *Friedr. Ekkard's* Nachtrag zur dänischen Litteratur (welcher sich im 15ten
Theil des historischen Journals von *Gatterer* befindet)
bei

bei dem ehemaligen Rector in der Altftadt Rendsburg,
Chriftian Peter Clafen, exegetifche Programme angeführt, woraus wenigftens erhellt, dafs es ehemals dort
gebräuchlich war, dergleichen Schriften bei gewiffen
Gelegenheiten drucken zu laffen. Je mehr ich alfo
durch Beiträge diefer und anderer Art mich unterftützt
fehe, defto eher kann ich auf Vollftändigkeit meines
Werks hoffen, welches ohnehin von der Art ift, dafs
es blofs durch Vollftändigkeit eine verdienftliche Arbeit wird.

Faft noch mehr liegt mir an Befchreibungen unferer merkwürdigern öffentlichen und Privatbibliotheken und Naturalienfammlungen, wie auch an Nachrichten von Künftlern und Kunftfammlungen, wodurch
ein anderes Werk des Hofraths *Meufel* berichtigt und
ergänzt werden könnte. Einige Beiträge diefer Art
habe ich fchon in Händen, und ich hoffe noch mehrere
zu erhalten. Allein auch hier mufs ich unfere Künftler, wie auch die Befitzer jener Bibliotheken, Naturalien und Kunftfammlungen auffordern, mir befondere
Befchreibungen gütigft zukommen zu laffen.

Wann übrigens das Werk erfcheinen werde, will
ich lieber nicht beftimmen, als nachher mein Wort
nicht erfüllen. Da ich, wie gefagt, hauptfächlich für
Vollftändigkeit zu forgen willens bin, fo verfteht es

fich, dafs die frühere oder fpätere Erfcheinung blofs
und allein von den Beiträgen, die ich noch erhalten
werde, abhängen wird. Inzwifchen denke ich noch
im Sommer fo weit mit der Arbeit kommen zu kön-
uen, dafs es in der nächften Michaelismeffe erfcheinen kann. Kiel, im Februar 1793."

Aus diefer Ankündigung erhellt, dafs ich befonders willens war, die beiden bekannten Werke des
Hofraths *Meufel* (das gelehrte Deutfchland und das
Künftlerlexikon) mit Rückficht auf unfre Herzogthümer zu ergänzen. In Anfehung des zweiten war ich
jedoch nicht fo glücklich, als ich wünfchte, und entfchlofs mich daher zuletzt, das Wenige, was mir
entweder mitgetheilt wurde, oder aus eigner Kunde
bekannt war, lieber in den zweiten Anhang zu verweifen, als ganz zu übergehen. Deftomehr forgte ich
daher gleich anfangs für die Vollftändigkeit des Schrift-
ftellerverzeichniffes, welche ich auf folgende Weife
zu erreichen fuchte. Zuerft gieng ich nicht nur die
vierte Ausgabe des gelehrten Deutfchlandes mit ihren
fünf Supplementen, fo wie *Jens Worms* Forfœg til et
Lexikon over danfke, norfke og islandfke lærde
Mænd (3 Theile) zu meiner Abficht durch — worin
mir, in Anfehung der *ausgewanderten* Schleswig-Holfteinifchen Schriftfteller, fchon *Niemann* in den Prov.
Ber.

Ber. 1787. H. 4. S. 497 ff. vorgegangen war — fondern verband noch damit *Fr. Ekkard's* Ueberficht der dänifchen Litteratur unter der Regierung Chriftian VII. in *Gatterer's* hiftorifchem Journal B. 15. Dafs ich bei diefer Arbeit *alle* Namen aufgezeichnet habe, welche in den drei genannten Werken vorkommen und in meinen Plan gehören, will und kann ich nicht verbürgen. So glaubte ich z. B. mit dem alphabetifchen Regifter ganz fertig zu feyn, als in der Oftermeffe 1795 die erfte Abtheilung des fünften Nachtrages vom gelehrten Deutfchland erfchien. Ob ich nun aus demfelben mit Recht den *H... Frahm* aufgenommen habe, den *Friedrich Auguft Lorenz* aber nicht, kann ich felbft diefen Augenblick noch nicht beftimmen. Blos *Meufel's* Angaben brachten mich auf die Vermuthung, dafs der erfte ein Landeskind, der andere wohl ein Fremder feyn könnte, da es fchon zu fpät war, fichere Nachrichten einzuziehen. Auf eben die Weife überfah ich vielleicht hie und da einen Schriftfteller, welcher im *Worm* oder *Ekkard* angeführt wird, ohne dafs fein Geburtsort bemerkt ift. Diefer hätte als Landeskind entweder im Schriftftellerlexikon felbft, oder im Fall er fchon geftorben ift, im erften Anhang vorkommen müffen. Denn fo viele Beiträge ich auch, befonders durch Freunde in Dännemark, erhielt; fo konnten

doch

doch nicht alle Fragen, welche ich an fie that, hinlänglich von ihnen beantwortet werden, zumal, da
faft alle in der Hauptftadt lebten, diefen aber manches
unbekannt bleiben mufste, was in den übrigen Gegenden des Königreichs vorfiel.

Als ich mit diefer Arbeit fertig war, und hierauf
jeden Artikel auf einen befondern Zettel gefchrieben
hatte, fchickte ich die meiften derfelben entweder an
die einzelnen Schriftfteller felbft, oder an Gelehrte
einer gewiffen Gegend und eines gewiffen Orts, welches den Erfolg hatte, dafs ich bald *Autographa*, bald
revidirte Zettel zurück erhielt. Es verdient in diefer
Hinficht befonders die Güte der Herren Juft. R. *Lalvätz*
und Paft. *Bolten* in Altona, Paft. *Scholz* in Bovenau,
Paft. *Volquarts* in Heide, Doct. *Ekkard* und Kandidat
Markuffen in Kopenhagen, Doct. *Sidon* in Ploen, und
Paft. *Nagel* in Siefeby einer dankbaren Erwähnung, da
fie nicht nur dafür forgten, dafs die auf einzelne Zettel gefchriebenen Artikel revidirt wurden, oder mir
dafür Autographa verfchaften, fondern mich auch
durch *mitgetheilte* Nachrichten auf neue, mir bisher
unbekannte, Schriftfteller aufmerkfam machten. Un-
terdeffen liefs ich in den Prov. Ber. 1793. H. 5. die
wiffenfchaftliche und topographifche Ueberficht der
jetztlebenden Schleswig-Holfteinifchen Schriftfteller

ab-

abdrucken, und machte zugleich in der Beil. S. 6 ff.
auf mehrere Lücken aufmerksam, um deren Ausfüllung ich die Beförderer meines Werks ersuchte, welches auch, wenigstens im Ganzen, einen guten Erfolg
hatte. Bald darauf kündigte ich in den Prov. Ber. 1793.
H. 6. S. 8. Beil. das Werk auf Subscription an, war
aber nicht so glücklich, so viele Unterstützung zu finden, um vor Schaden gedeckt zu seyn. Dadurch erhielt ich Gelegenheit, die einzelnen Artikel noch mehr
zu berichtigen, welches mir desto angenehmer seyn
mußte, da ich bald einsah, daß nicht alle Autographe,
revidirte und mitgetheilte Artikel so genau und vollständig waren, als ich es eigentlich beabsichtigte. Daher wäre es gewissermaßen nicht nöthig gewesen, zu
Ende der Artikel, Autographum, Revidirt, Mitgetheilt,
hinzu zu setzen. So bin ich z. B. mit dem Artikel *Carl
Friedrib Cramer*, der mir überhaupt vielleicht am aller-
meisten (*IV. E. Christiani* im ersten Anhange allenfals
ausgenommen) zu schaffen machte, trotz dem (Revidirt) noch immer nicht aufs Reine gekommen. Noch
mehr gilt dieß von einigen Autographen, deren Ver-
faßer nur eine relative Vollständigkeit zum Zwecke
sich gemacht zu haben schienen. Da ich im Gegentheil
nach der möglich größten Vollständigkeit strebte, so
ging ich jetzt bei längerer Muße andere litterarische

Werk:,

Werke, welche ich bei der erften Arbeit, wo *Meufel,* *Worm* und *Ekkard* zum Grunde gelegt waren, nur hin und wieder verglichen hatte, noch einmal genau durch, um aus ihnen alles das zu fammlen, was für meine Abficht brauchbar war. Dahin gehört unter andern: 1) *Ekkard's* Regifter zu den Göttinger Zeitungen, deffen Werth ich fchon lange anerkannt hatte, bei diefem Gefchäft aber immer mehr und mehr einfehen lernte, fo wie ich auch zugleich bemerkte, dafs *Meufel* es bei feinem gelehrten Deutfchlande (fo wie *Reufs* bei feinem gelehrten England), nicht in dem Grade gebraucht hatte, als es in der That verdient. In Anfehung diefes Punkts fei es mir erlaubt, ein einziges Beifpiel anzuführen, um dadurch zu verhüten, dafs nicht ein gewiffer längft verftorbener Schriftfteller aus der vierten Ausgabe in die fünfte hinüber getragen wird, obgleich aus des Verfaffers Staatenhiftorie (3te Auflage S. 375.) zu vermuthen ift, dafs er längft den Fehler felbft eingefehen hat. *Heinrich Jakob* (nicht Johann Jacob, wie *Ekkard* durch einen Druckfehler hat) Sievers (richtiger *Sivers*), Sohn des Cantors Hinrich Sivers in Lübek, ftarb den 6ten Nov. 1736, vgl. J. H. v. Seelen Ehrengedächtnifs deffelben. Lübek. Folio— Doctor der Theologie, königl. Hofprediger und Probft der Probftei Norra-Tiuft und Pfarrherr in Tryferum

serum und Hannäs; geb. zu Lübek den . . . . . ., ftarb
1758. Ihn betreffende Lebensnachrichten findet man
nicht nur in dem von *Labätz* aufgeführten *Gezelius*,
fondern es follen auch einige in des *Verfaffers* Gefchichte Chrifti (Lübek 1732) S. 191 fg. vorkommen.
Seine Schriften gehören nicht hieher; allein das Original, deffen *Ueberfetzung Meufel* anführt, und die,
fo viel ich weifs, einen Bruder des E. N. Bagge, den
Johann Friedrich Bagge (Rathsherrn in Lübek, ftarb
1784) zum Verfaffer hat, obgleich es in deffen Lebensbefchreibung nicht bemerkt wird, erfchien 1754. 4.,
nachdem vorher *J. D. Overbeck* in Bibliotheca Noua
Lubecenfi 4, 141 darauf aufmerkfam gemacht hatte.
— Auch dienten 2) bedeutende Bücherverzeichniffe
dänifcher Gelehrten, welche bei Anlegung ihrer Bibliotheken für die Vollftändigkeit der Schleswig-Holfteinifchen Litteratur forgten, nicht wenig zu unferm
Zwecke, wodurch wirklich einige Artikel ergänzt
und berichtiget werden konnten. Auf diefem Wege
fand ich unter andern einen Schriftfteller, der zwar
meines Wiffens kein Landeskind ift, von dem aber
hier zur Berichtigung einer Stelle in *Meufel's* Litteratur der Statiftik einige Nachricht gegeben werden foll.
S. 473 heifst es: *Wilh. Ginmeier* (vermuthlich *Schinmeier*) Difcours für la préeminence du roi de Dannemarc

marc au deſſus des autres rois de l'Europe. 1731. 8.
Ueberzeugt, daſs *Hielmſtierne's* Katalog in Anſehung
der däniſchen Litteratur vollſtändig wäre, ſuchte ich
dieſe Schrift in deſſen Bogſamling, welches jedoch für
dieſsmal vergebens war. Allein der *Thottiſche* Kata-
log·gab Auskunſt; 5, 2, 394 wird angeführt Diſcours
— par *Fred. Guill. Ginheimer* 1731. 4. (nicht 8.).
Auch eine deutſche gleichfals im genannten Katalog
vorkommende Ueberſetzung dieſer Schrift hatte ich
einmal in Händen: *F. W. Ginheimer's* unvorgreifliche
Gedanken von den Vorzügen der Könige zu Dännemark, Norwegen — für andern europäiſchen Königen.
Frankf. u. Leipz. 1740. 58 S. 4. Einer andern Schrift
deſſelben Verfaſſers, welcher im *Worm* gänzlich fehlt,
betitelt: Reflexions ſur les defauts de la verſification
françaiſe 1727. 8. gedenkt auch irgendwo der genannte
Katalog. — 3) Nutzte ich mit vorzüglichem Fleiſse
die Nachrichten von dem Zuſtande der Wiſſenſchaften
in den däniſchen Staaten, die fortgeſetzten Nachrichten und das däniſche Journal. Was hier verſtorbene
Schriftſteller oder litterariſche Gegenſtände betraf,
wurde in einen der drei Anhänge verwieſen, beſonders
in den 3ten, wodurch mithin der Bünauiſche Katalog,
deſſen Verfaſſer nur die in der däniſchen Bibliothek
befindlichen Abhandlungen eintragen konnte, ergänzt
iſt.

ift.— 4) Auch andre Werke wurden nicht vergeffen, welche jedoch bald wegen ihrer Materie, bald wegen ihrer Form nur wenige Ausbeute lieferten. Zu der erften Gattung gehören z. E. die biographifchen Schriften von *Weidlich*, welche ich jedoch nicht alle erhalten konnte, von *Börner* u. f. w. Zu der letzten Gattung aber ganz vorzüglich *Schwarze's* Nachrichten von Kiel, welches Büchelchen in litterarifcher Hinficht faft gar keinen Werth hat, in Anfehung unbedeutender Kleinigkeiten aber gleichfam übervollftändig ift, nur dafs es auch nicht felten Unrichtigkeiten enthält, z. E. wenn S. 316 von einer *ordentlichen* und *wohlbeftellten* Buchhandlung die Rede ift, wovon Andere nichts wiffen, wenn auch zugegeben werden mufs, dafs *Boffirgel's* damalige Buchhandlung noch immer beffer war, als die gegenwärtige *fogenannte* Bohnifche, welche über alle Befchreibung elend ift, fo dafs man fich wundern müfste, wie das akademifche Confiftorium dabei fo gleichgültig feyn könnte, wenn nicht bekannt wäre, dafs die etwanigen Bücherfreunde ohnehin aus benachbarten Buchhandlungen mit dem, was fie brauchen, fogleich verforgt werden können. Auch (*Joh. Heinr. Chriftian Beutlers* *)) allgemeines Sachregifter über

die

---

*) Durch einen Gedächtnifsfehler ift diefer Schriftfteller im Werke felbft, fo viel man fich erinnert, Deuthner genannt worden.

die wichtigſten deutſchen Zeit- und Wochenſchriften, iſt keineswveges von der Einrichtung, daſs es bei *dieſer* Arbeit in dem Grade benutzt werden konnte, als *J. S. Erſch's* Repertorium über die allgemeinere deutſchen Journale.

Mit dieſer zweiten Reviſion verſtrich beinahe ein Jahr, als ich Gelegenheit hatte, einen Verleger zu finden, welcher daher das Werk in den Prov. Ber. 1794. H. 6. S. 5. Beil. und nachher noch einmal 1795. H. 3. S. 11. Beil. ankündigte. Mit dem Drucke wurde im Julius 1795 der Anfang gemacht, und dieſer ging ſo langſam von ſtatten, daſs zu Ende des Jahrs erſt 7 Bogen abgezogen waren. Ich war daher, um in alle Artikel eine gewiſſe Gleichförmigkeit zu bringen, genöthigt, beim Schriftenverzeichniſs als *terminum ad quem* den Schluſs des genannten Jahres anzunehmen. Es muſsten alſo die im vorigen Jahre abgedruckten Bogen auf doppelte Weiſe mehrere Zuſätze und Verbeſſerungen bekommen, welche beym Gebrauch des Werkes nicht zu überſehen ſind, und über deren Menge ſich niemand wundern wird. Denn theils war die Michaelismeſſe mitzunehmen, und was ſonſt an kleinen Schriften vom vorigen Jahre bekannt wurde, theils muſsten auch die Abhandlungen, welche ſich in den letzten Stücken der verſchiedenen, beſonders einheimiſchen, Journale

z.

z. B. der Prov. Ber., des deutschen Magazins und des
Genius der Zeit befinden, gehörigen Orts eingetragen
werden; zu geschweigen, daſs auch neuere Schriftſteller entweder wirklich erſt 1795 auftraten, oder
doch wenigſtens erſt in dieſem Jahre bekannt wurden,
wie denn auch ſelbſt *Niemann* immer Nachträge zu
den Schriftenverzeichniſſen verfloſſener Jahre zu liefern genöthigt iſt, woraus ich ſelbſt manche kleine
Schriften zuerſt kennen lernte, ſo wie auch beſonders
mein fleisſigſter Correſpondent immer fortfuhr, mich
mit neuen Beiträgen zu unterſtützen. Die Litteratur
geht alſo eigentlich nur bis 1795 (incluſ.)*), und
nur ſelten nahm ich auf die des jetzigen Jahres Rückſicht, in dem Falle z. E., wenn 1796 entweder neue
Ausgaben oder Fortſetzungen eines ſchon früher erſchienenen Werkes herauskamen oder Schriften erſchienen, die vorher ſchon angekündigt und mithin
aufgeführt waren, oder ſonſt ein Umſtand eintrat, wodurch es rathſam wurde, eine Schrift des jetzigen

b 2 Jahres

---

*) Daher man auch den J o h a n n P r i e d r i c h E r n ſt A l b r e c h t
und deſſen Frau S o p h i e A. in dieſem Werke nicht antrift,
welche ſich, dem allgem. litter. Anzeiger 1796. No. XV. S. 165.
zufolge, zu Altona aufhalten, aber wahrſcheinlich erſt in dieſem
Jahre dahin gezogen ſind, welches auch von J o h a n n G e o r g
S c h l o ſ ſ e r gilt, welcher gleichfals erſt in dieſem Jahre ſich
zu Eutin niedregelaſſen hat.

Jahres gleich mitzunehmen. Hingegen auf die einzelnen Abhandlungen in Journalen von 1796 wurde ganz und gar keine Rückficht genommen. Was den *terminum a quo* anbetrift, fo läfst fich diefer natürlich in Anfehung der Jahre nicht beftimmen. Gut ift zwar *Ekkard's* Idee, in *Gatterer's* hiftorifchem Journal, alle Schriftfteller, welche unter Chriftian VII. gefchrieben haben, als folche zu betrachten, welche zufammen gelebt haben, und daher zu einem Ganzen vereinigt werden müffen, worüber wir uns auch einmal in Kopenhagen mündlich befprachen; allein mehrere Umftände ftimmten mich doch zuletzt, fo fehr mir auch jene Idee gefiel, wieder für meinen anfänglichen Plan, nur lebende aufzuführen, und verftorbene, von denen ich noch etwas zu fagen hatte, in den erften Anhang zu verweifen.

Je länger ich nun in den fünf Jahren Zeit hatte, an diefem Werke zu arbeiten, defto mehr erreichte ich auch, wie ich mir fchmeichle, die möglich gröfste Vollftändigkeit, welche man jedoch nicht nach der Anzahl der Artikel im Ganzen, verglichen mit dem gelehrten Deutfchlande, fondern nach der Menge der aufgeführten Schriften in einzelnen Artikeln beurtheilen mufs. Denn in jenem Werke können und müffen, wie fchon in der frühern, oben wieder abgedruckdruckten, Ankündigung bemerkt wurde, und auch *Meufel's* Verfahren (vgl. *Michaelfen* mit unſerm Werke) zu erkennen giebt, viele Artikel ganz fehlen. Dahin gehören Schriftſteller, welche 1) nur einen oder etliche Auffätze in die Prov. Ber. einrückten, (die von uns aufgenommen wurden, etwa ein paar aufgenommen, die keinen geographiſch-ſtatiſtiſchen Werth haben); 2) eine, vielleicht nicht einmal ſelbſt gemachte, Doctordiſputation, vertheidigten (welche mir gröſstentheils durch eine mitgetheilte Nachricht bekannt wurden, wo ich jedoch nicht ſelten in einer Parentheſe bemerkte, ob ſie vom Präſes oder Reſpondenten herrühre — vgl. *Ackermann, Ebio, J. C Kerſtens* 1 — welches bei *Floris,* verglichen mit den Zuſätzen, vergeſſen wurde, da hingegen *Joh. Chriſtoph Richter* aus Horſt, von dem irgendwo in *Meufel's* hiſtoriſcher Litteratur, in *Nicolai's* Reiſen und in der Berliner Monatsſchrift die Rede ſeyn ſoll, ausgelaſſen wurde, weil *Klüber* in der kleinen juriſtiſchen Bibliothek St. 26. die Diſputation, worauf es ankümmt, dem Präſes *Franz Joſeph Bodmann* beizulegen ſcheint, dem auch *Meufel* im 5ten Nachtrage richtig gefolgt iſt. Doch gehörte zur Vollſtändigkeit zuweilen N. N. §§. D. inaug. ...... aufzuführen, wenn man mit ziemlicher Gewißheit den Reſpondenten als Verfaſſer der

Difputation annehmen konnte. Eine Lükke der Art
im Artikel *Eichel* ift in den Zufätzen ausgefüllt, vermittelft des gefchriebenen Katalogs der Bibliothek
des Conferenzraths *von Cronflern* in Schleswig, welche jetzt nach dem Tode ihres Befitzers nicht verkauft, fondern vertrödelt wird); 3) einzelne Predigten oder Gelegenheitsreden drucken zu laffen, für
gut fanden; 4) *unbedeutende* oder *locale* Schulpro-
gramme zu fchreiben, Veranlaffung fanden u. f. w.
(Auch die vielen genealogifchen Tabellen des *O. H.
Moller*, deren Werth der Recenfent in der Kieler Zeitung 1774 S. 279 fehr richtig würdigt, durften nicht
im allgemeinen angeführt, fondern mufsten auch einzeln regiftrirt werden). Schriftfteller diefer Art, welche ich aus keiner argen Abficht die Deos minorum
gentium nennen möchte, gehören, wie gefagt, keinesweges in ein *gelehrtes Deutfchland*, wohl aber in ein
fchreibendes Schleswig-Holftein. Nur ift mehr als
wahrfcheinlich, dafs manche von ihnen fchon feit
einiger Zeit Verftorbene im Werke felbft noch als
Lebende aufgeführt werden. Denn ich wagte es
nicht, mit *Adelung* diejenigen, welche über 60 Jahre
alt find, als Verftorbene auszulaffen, welchen Grund-
fatz er fo gewiffenhaft befolgt hat, dafs er fogar den
ehrwürdigen Greis *J. N. von Hontheim* unter die
Tod-

Todten rechnet, weil diefer damals, als jener Lexiko-
graph fich mit dem Buchftaben H. befchäftigte, das
Glück oder Unglück hatte, 87 Jahre alt zu feyn. Der
Tod *diefes* Mannes aber würde, wenn er damals fchon
erfolgt wäre, eben fo gewifs bekannt geworden feyn,
als man zu feiner Zeit *Bodmer's* Abfterben erfuhr,
welches ein zu fleisfiger Correfpondent dem Verfaffer
des gelehrten Deutfchlandes meldete, der fchon einigemal gewünfcht hat, lieber auf das Hinfcheiden minder bekannter Schriftfteller aufmerkfam gemacht zu
werden. Dafs nun nicht auch von mir der eine oder
andere, welcher nach dem *Horaz* illacrimabilis urge-
tur ignotusque longa nocte, als lebend aufgeführt wird,
ift höchft wahrfcheinlich; allein da ich von feinem
Tode keine gewiffe Nachricht hatte, fo bekam er in
dem Lexikon felbft feinen Platz. — Nicht alfo die
beträchtlichere Anzahl der von uns alphabetifch geordneten Schriftfteller, fondern einzelne Artikel
(*Ababramfon, H. Callifon* u. f. w.) in unferm Werke
vgl. mit dem gelehrten Deutfchlande, werden des er-
fteren gröfsere Vollftändigkeit anzeigen, welche befonders dadurch erreicht wurde, dafs man fich an die
Schriftfteller felbft mittelbar oder unmittelbar wenden konnte, welches bei einem Werke von dem Um-
fange des gelehrten Deutfchlandes durchaus unmög-

lich

lich iſt. So wie man übrigens das genannte Werk bei dieſer Arbeit mit zum Grunde legte, ſo iſt auch deſſen verdienſtvollem Verfaſſer durch ein vorgeſetztes M. oder N. (wodurch, wie von ſelbſt erhellt, das Werk nach der 4ten Ausgabe mit ſeinen fünf Nachträgen angedeutet wird) das Nachſchlagen erleichtert, zu geſchweigen, daſs dieſes Zeichen auch noch zu andern Betrachtungen mancher Art Gelegenheit geben kann. Parentheſen, welche eine Negation enthalten, liefern gewöhnlich Berichtigungen jenes Werkes, z. B. *Calliſen* (Chriſtian — nicht Carl). Uebrigens wünſchte ich, daſs ich nach *Meuſel's* Vorgange die Schriften und Abhandlungen überall gehörig abgeſondert hätte, welches nur ſehr ſelten, gröſstentheils bei Autographen, geſchehen iſt, ſo wie ich es auf der andern Seite gewiſſermaſsen bedaure, daſs ich in Anſehung der Kürze der biographiſchen Nachrichten, dem genannten Gelehrten zu ſehr gefolgt bin, welches noch neulich der Recenſent in der allg. Litt. Zeit. an den Sammler des Neueſten gelehrten Berlins tadelte. Gern hätte ich wenigſtens von dieſem und jenem mehrere Nachrichten der Art gewünſcht, die ich zwar zuweilen erhielt, auch nicht ſelten, wenn ſie dazu geeignet waren, benutzte, aber doch nicht allemal aufzunehmen für Pflicht hielt. Ueberhaupt wird aber,

denke

denke ich, die verſchiedene Form der Artikel, welche
man auch oft ohne den Zuſatz: Autographum, Revidirt, Mitgetheilt, leicht bemerken kann, eine angenehme Unterhaltung gewähren. In Anſehung des
Verzeichniſſes der Schriften und einzelnen Abhandlungen ſuchte ich die gröſte Vollſtändigkeit zu erreichen. Was daſelbſt zwiſchen den Titeln in Parentheſen ſteht, iſt gröſstentheils, wenigſtens, wenn es
litterariſchen Inhalts iſt, von dem Sammler, welcher
nicht Luſt hatte, die Autographa, revidirten und mitgetheilten Zettel blos abzuſchreiben, ſondern auch
noch ſonſt durch Noten mancher Art die Arbeit nützlich zu machen ſuchte. So iſt z. E. von den Diſputa-
tionen, welche ihren eigentlichen Verfaſſern gröſstentheils beigelegt werden, ſchon geſprochen. Dahin
gehört ferner die Reviſion des Repertoriums der allg.
Litt. Zeit. und des *Heinſiuſ*ſchen Bücherkatalogs, welches doppelte Geſchäft ich jedoch bald wieder aufgab
und beſonders nur dann zu unternehmen genöthigt
war, wenn ich ein nicht genaues Autographum vor
mir hatte, wo die Anſicht der genannten Werke mir
nicht ſelten auf die Spur half. Denn überhaupt kann
jeder, wer Luſt hat, leicht das erſte Werk ergänzen,
dahingegen die Berichtigung des 2ten (wo ſogar ein
Schriftſteller *Sextus Julius Frontinus Adler* vorkömmt)

nicht

nicht nur mühfam, fondern auch unnöthig feyn möchte, weil es befonders nur beftimmt ift, den Ladenpreis
einer Schrift anzugeben, fo fehr auch der Verfaffer
deffelben behaupten mag, dafs es in keiner öffentlichen
Bibliothek fehlen dürfe.   Auch ein Verzeichnifs der
anonymifchen Schriftfteller wollte ich (f. S. 35.) liefern, um dem fleisfigen *Erfch* in die Hände zu arbeiten.
Allein es unterblieb, theils, um das Werk nicht zu
vertheuren, theils, weil ich befonders bei dänifchen
Schriften nicht immer von ihrer Anonymität Gewifsheit hatte. In Anfehung der Anonymen felbft ift *Meu-*
fel's Glaubensbekenntnifs auch das meinige, und daher
war ich, wie ich denke, vorfichtig; nur mufste ich bei
revidirten Artikeln anmerken: N. N. hat fich zu der im
Meufel ihm beigelegten Schrift nicht bekannt, fo wie
ich es auch nicht für Unrecht hielt, Schriftfteller aufzuführen, welche als Verfaffer anonymer Schriften
allgemein bekannt find, wenn ich auch nicht immer
ihre Erlaubnifs hatte, weil diefs oft fchon zu fpät war,
z. E. bei *Dietrich Boyfen* in den Zufätzen, der nicht
nöthig gehabt hätte, feinen Namen zu verfchweigen,
da von ihm keinesweges jener Ausfpruch gilt: wer
Arges thut, haffet das Licht.   Dafs übrigens ein * das
Zeichen einer anonymifchen Schrift fei, ift den Lefern
des gelehrten Deutfchlandes bekannt; nur im Artikel
Tetens,

Tetens, wo es von ihm felbft einen andern Gebrauch erhielt, mufste die Anonymität ausdrücklich angezeigt werden. Ausferdem war ich auch willens, die fämmtlichen in den neun Jahrgängen der Prov. Ber. befindlichen Abhandlungen nach dem *Schützifch - Hufelandifchen* Syftem zufammen zu ftellen, da nur fehr wenige dort eingerückte Abhandlungen der erftern Jahrgänge in dem Repert. der Allg. Litt. Zeit. gehörigen Orts eingetragen find, um theils das *erfchienene* zu ergänzen, theils zur Vollftändigkeit des nächftens *erfcheinenden* vorläufig beizutragen. Doch diefem Gefchäfte wird fich mit eigenthümlichern Fleifse und gröfferer Sachkenntnifs, zufolge einer fchon vor geraumer Zeit gefchehenen Ankündigung, unfer *Niemann* unterziehen, und fo den, im Intell. Blatt der allg. deutf. Bibl. 1794 S.... und anderswo kurz beftimmten Werth diefes periodifchen Werks, welches wahrfcheinlich wegen der Buchhändler *) noch nicht fo ausgebreitet ift, als es zu feyn verdient, in ein noch helleres Licht fetzen. Allein eine andre Arbeit behalte ich mir zu einer andern Zeit und für einen andern Ort vor, nämlich den Beweis zu führen, dafs in der fogenannten Allg. Litt. Zeit.

---

*) So meldete mir vor geraumer Zeit ein fränkifcher Gelehrter, er habe den erften Jahrgang diefes Werkes fo theuer bezahlen müffen, dafs ihm die Luft, fich auch die folgenden anzufchaffen, durchaus hätte vergehen müffen.

Zeit. viele wichtige, felbſt in den Meſskatalogen vorkommende, Schleswig-Holſteiniſche Schriften von den Jahren 1785-90 (oder vielmehr bis 1795) nicht recenſirt ſind, welches auch in Anſehung der abgeſchloſſenen deutſchen Bibliothek gilt, die gleichfals den Namen einer allgemeinen nicht verdient.

In Anſehung der Schriften *deutſcher* Gelehrten (dieſs Wort in dem Sinne genommen, worinn *Meuſel* es braucht) denke ich auf gröſſere oder geringere Vollſtändigkeit ſowohl als Genauigkeit Anſpruch machen zu können, weil mir hier die meiſten Hülfsmittel zu Gebote ſtanden. Was aber *die* Artikel betrift, welche blos aus *Worm* geſchöpft werden muſsten, ſo ſind dieſe, wie ich beſorge, wo nicht alle, doch gröſstentheils am meiſten unvollſtändig und am wenigſten genau. Denn obgleich ich auch dieſe Artikel entweder als Autographa oder revidirt zurück erhielt, ſo iſt doch ſchon bemerkt, daſs ihre Vollſtändigkeit nichts weniger als zuverläſſig iſt. So wie mich daher der nicht ganz litterariſch genaue *Jens Worm* (königl. däniſcher Juſtitzrath und Rector zu Aarhuus; geb. daſelbſt den 24 Aug. 1716, ſtarb als emeritus den 31 Dec. (?) 1790) nicht ſelten im Stiche lieſs, ſo iſt auch in Dännemark oder vielmehr in Kopenhagen für mein Werk nicht alles genau nachgeſehen und berichtiget, welches

ches auch, im Fall, dafs die Schriftfteller nicht in der
Hauptftadt lebten, nicht füglich anging. Am fchlimm-
ften ift es, dafs in jenem Lexikon, deffen übriger
Werth gewifs nicht verkannt wird, theils die anonymifchen Schriften nicht bemerklich gemacht, theils
die Titel lateinifcher oder deutfcher Abhandlungen
nicht felten dänifch, oder auch umgekehrt, überfetzt
find. Aufserdem ift auch der 3te Theil diefes Werks
(welcher in *Meufel's* Litteratur der Statiftik S. 478.
und in *Eyring's* Ausgabe des *Heumannifchen* Confpectus S. 165 fehlt) jetzt fchon 12 Jahre alt, weswegen man fich, in Anfehung neuerer Schriften oder
Schriftfteller felbft, wo es an Autographen, revidirten
oder mitgetheilten Zetteln entweder ganz fehlte oder
diefelben nicht genau genug waren, an andre Hülfsmittel halten mufste, die man aber nicht alle, fo wie
man es gewünfcht hätte, bei der Hand hatte. Möchte
doch ein dänifcher Gelehrter in Kopenhagen, dem der
Nordifche Saal offen fteht, fich durch eine Fortfetzung
diefes Werks (welches fogar dem gebornen Holfteiner und grofsen Litterator, *J. D. Reufs*, zufolge der
Vorrede feines gelehrten Englands, unbekannt geblieben zu feyn fcheint) verdient machen, oder es vielmehr nach *Eyring's* Wunfch lateinifch umarbeiten,
um es vermittelft diefer mehr allgemeinen Sprache
noch

noch gemeinnütziger zu machen. Denn *Meusel* z. B.
scheint es nur nach dem Vorgang anderer Schriftsteller oder seiner Correspondenten citirt zu haben, nie
aus eigner Ansicht. Sonst würde er bei *Johann Paul
Gottfried Pflug* (geb. zu Wetzlar den 23 Nov. 1741)
daßelbe verglichen, und sowol diesen als andere Artikel, daraus ergänzt haben.

Daß die *doppelte Uebersicht*, so wie sie in diesem
Werke vorkömmt, von der, welche vor drei Jahren
in den Prov. Ber. bekannt gemacht wurde, zwar nicht
im Wesentlichen, aber doch in andern Rücksichten,
besonders in Ansehung der Zahl der Schriftsteller,
verschieden seyn müße, versteht sich von selbst. Was
1) die *topographische* Uebersicht anbetrift, so findet
man, daß von den 486 Schriftstellern im Lexikon,
(jedoch salvo errore calculi) 220 Schleswig-Holstei-
ner im Vaterlande blieben, wozu noch 32 in den
Herzogthümern Lebende kommen, deren Vaterland
nicht bekannt ist, daß 94 auswanderten, 117 aber ein-
wanderten. Folglich sind in jener Uebersicht zusam-
men 463 aufgeführt. Daß aber diese Anzahl mit den
im Lexikon alphabetisch geordneten 486 Schriftstellern nicht überein kömmt, rührt daher, weil bei der
Zählung theils das Hochstift Lübek übergangen wurde, theils die, deren Vaterland oder Aufenthaltsort
unbe-

unbekannt ift, nicht mitgerechnet find. Uebrigens
find die in den Zufätzen und Verbefferungen hinzu-
gekommenen neuen Schriftfteller hier nicht mitge-
zählt, fo wie fie auch in der doppelten Ueberficht
felbft fehlen. 2) In Anfehung der *wiffenfchaftlichen*
Ueberficht, welche gröfstentheils nach *Buhle's* Grund-
zügen einer allgemeinen Enkyklopädie aller Wiffenfchaften geordnet ift, habe ich mir das a potiori fit de-
nominatio zur Regel gemacht, nur dafs ich oft, wenn
ich überzeugt war, dafs einer in mehreren Fächern
fich gleich grofse Verdienfte erwarb, diefen mehr als
einmal aufgeführt habe. Doch bin ich nicht in Ab-
rede, dafs ich in *diefem Falle* (denn *einmal* wird man
jeden Schriftfteller auch hier finden, follte man ihn
auch zuletzt unter die Rubrik der Mifcellanfchrift-
fteller haben hinbringen müffen) manches überfah,
wie es mir in der frühern Ueberficht mit einem Manne
gegangen ift, bei dem ich wahrhaftig nicht feit geftern
oder ehegeftern, fondern fo lange mich Litteratur in-
teresfirt, unfchlüsfig bin, ob ich ihn mehr wegen feiner genauen Kenntnifs unferer Landesgefchichte, oder
wegen feiner tiefen Gelehrfamkeit der orientalifchen
Sprachen fchätzen foll. Ueberhaupt koftete mir *diefe*
Ueberficht mehr Mühe, als die topographifche, und
ihr fehlt, vorzüglich aus verfchiedenen Urfachen die
Voll-

Vollkommenheit, welche ich ihr zu geben fuchte.
Denn 1) wurde es mir bei manchen fchwer, wo ich
ihn hinfetzen follte, weswegen ich ihm vielleicht eine
Stelle anwies, wo er fich felbft am wenigften fucht.
Zwar hätte ich diefer Schwierigkeit dadurch auswei-
chen können, wenn ich die befondere Rubrik von
Mifcellanfchriftftellern weiter hätte ausdehnen wollen.   Daher wird man fich auch 2) nicht wundern,
manche in einer Claffe zufammengeftellt zu finden,
die doch fo fehr contraftiren — (denn exempla funt
odiofa). Diefs wäre theils durch jene Rubrik vermie-
den, theils auch dadurch, dafs ich bei einigen Wiffenfchaften mehr Unterabtheilungen gemacht hätte, wie
ich z. B. bei der Theologie that, wo es auch am leichteften anging.   Vielleicht hätten auch 3) *ncch* einige
unter mehr als eine Rubrik gehört, und mancher fucht
vielleicht da feinen Namen vergebens, wo er am lieb-
ften ihn anzutreffen gewünfcht hätte.   Allein ich fah,
wie gefagt, bei der Wahl des Platzes bald auf die
Wichtigkeit, bald aber auch auf die *Menge* der Schriften in den verfchiedenen Wiffenfchaften u. f. w. Aus
diefer Ueberficht nun liefsen fich allerdings mancherlei Refultate ziehen, z. B. in welchem Verhältniffe die
verfchiedenen Wiffenfchaften von unfern Landsleuten
bearbeitet find.   Allein zu gefchweigen, dafs diefe
Unter-

Unterfuchung leicht jeder von felbft anftellen kann, fo ift die Sache auch überhaupt nicht wenig fchwer. Denn wer wollte wol, um einen concreten Fall anzuführen, behaupten, dafs *die* zur Erweiterung der Arzeneikunde beigetragen haben, die eine einzige Inauguraldifputation entweder felbft gefchrieben, oder fich von andern haben fchreiben laffen. Erfreulich ift die Anzahl derer, welche die Landeskunde in gröffern Werken oder einzelnen Abhandlungen, z. B. in den Prov. Ber. bearbeitet haben. Eine *vollftändige* Regiftratur der Volksfchriften feit ihrer Entftehung könnte vielleicht einem Schleswig-Holfteinifchen *Nyerup* zu einer Revifion derfelben Veranlaffung geben, welche der dänifche Litterator diefes Namens, in Anfehung der dänifchen Schriften diefer Art, neulich in der Iris mit glücklichem Erfolge angeftellt hat.

Der Zweck, den ich bei den drei Anhängen (auf die ich aber wegen ihrer Unvollftändigkeit durchaus keinen Werth fetze; daher ihrer auch auf den Titel nicht gedacht wird) vor Augen hatte, ift aus ihrer Anficht fchon von felbft fichtbar. Doch mufs hier noch folgendes erinnert werden. Die Anhänge, wenigftens den 2ten und 3ten, hinzuzufetzen, entfchlofs ich mich erft fpät. Daher wiederholen fie *bald* etwas, was fchon im Schriftftellerlexikon bemerkt war, find *bald*

c　　　　　　ge-

genauer als jenes (vgl. z. E. den Artikel *Brinken* mit
der Nachricht von der Schule zu Hadersleben im 3ten
Anhange) *bald* aber auch unvollkommner (*Uden* z. B.
wird unter dem Artikel *J. J. Peterfen* angeführt, fehlt
aber im erſten Anhange, weil ſich bei der Ausarbei-
tung deſſelben fand, daſs hier nichts zum gelehrten
Deutſchland hinzuzuſetzen war). Denn eigentlich
dient derſelbe zur Berichtigung und Ergänzung der
oft genannten Arbeiten *Meuſel's*, *Worm's* und *Ekkard's*
(wievol auch zugleich auf des erſtern hin und wieder
abgedruckte Aufforderung, ihm zu einem gelehrten
Deutſchlande, die ſeit 1750 verſtorbenen Schriftſteller betreffend, Rückſicht genommen wurde, welches
beſonders *die* Artikel anzeigen, denen keiner von den
drei Buchſtaben vorgeſetzt iſt, wobei man nur be-
dauert, daſs es dieſsmal in keiner gröſſern Ausdehnung
geſchehen konnte). Nur viermal machte ich eine Ausnahme. *W. E. Chriſtiani's* Artikel verdiente aus mehr
denn einer Urſache ganz abgedruckt zu werden,
theils, weil er im gelehrten Deutſchlande, beſonders
in Anſehung der kleinen Schriften, ſo unvollſtändig iſt,
theils, weil ich auf dieſe Art das Andenken eines Mannes ehren zu können glaubte, dem ich zum Theil
meine jetzige Lage zu verdanken habe. Sollte ihm
auch der Nekrolog kein Denkmal ſtiften, ſo werden

doch

doch feine vielen Schriften, die nicht nur ein Beweis feines grofsen Fleifses, fondern auch feiner ausgebreiteten Kenntniffe find, und der rühmliche Eifer, womit er einige Jahre, als der Einzige in feiner Facultät, alle Theile der Philofophie zu lehren bemüht war, feinen Namen, wenn auch nicht dem ganzen Publicum des Nekrologs, doch wenigftens unfern beiden Herzogthümern unvergefslich machen. Dafs unfer Auffatz vollftändiger ift, als der, welchen man bei *J. C. Koppe* findet, ift hervorfpringend. Allein, ob er ganz vollftändig ift, fteht zu bezweifeln. Diefs wäre möglich gewefen, wenn diefer Gelehrte nicht vor der Revifion des ihm von mir mitgetheilten Zettels geftorben wäre. Jetzt mufste ich mich blos an ein von der Güte des Profeffors *Heinze* mir mitgetheiltes Autographum halten, worin der Verfaffer aber nur feine Schriften von 1764-1770, und vielleicht auch diefe nicht einmal vollftändig, verzeichnet hatte, und in Anfehung der neuern, befonders die Kieler Zeitung und Prov. Berichte zu Rathe ziehen. Doch kam es mir fehr zu ftatten, dafs ich felbft eine beträchtliche Anzahl feiner kleinen Schriften (fo wie auch *P. C. Henrici's* Programme) befitze, welches das im Schriftenverzeichniffe bei der Angabe des Formats felten vorkommende? anzeigt, wodurch diejenigen Difputationen, Pro-

gram-

gramme, Reden u. f. w. angedeutet werden, welche mir bisher noch nicht zu Geficht gekommen find. — Auch *A. G. Carftens* (freilich kein geborner Schleswig-Holfteiner, aber doch lange als ein folcher anerkannt). *W. F. Graf von Schmettow* und *P. C. Henrici* verdienten einen gröffern Platz. Jene, weil fie als Staatsmänner und Gelehrte gleich achtungswürdig waren, und ich von dem erften einen revidirten Zettel, von dem andern aber ein Autographum erhalten hatte, die ich nicht wollte verloren gehen laffen; diefer, weil er fich eine geraume Zeit um die gelehrte Bildung fo vieler Jünglinge unfers Vaterlandes in einem vorzüglichen Grade verdient gemacht hatte. Dafs im erften Anhange E die einigemal genannte Ekkardfche Ueberficht anzeigt, verfteht fich von felbft. Aus diefem vor *Scholz*, *Schreiber*, *Schumacher* und andern nicht gefetzten Buchftaben erhellt, dafs in ihr Schriftfteller fehlen, welche doch in Chriftian VII. Zeit fallen. Aufser den Arbeiten der drei oft genannten Gelehrten, welche in dem erften Anhange ergänzt und berichtigt werden, war auch auf unfere frühere Ueberficht in den Prov. Ber. 1793. H. 5. Rückficht zu nehmen, fo dafs hier z. E. die unter der Zeit *ausgewanderten* Schriftfteller aufgeführt wurden, welche ins Werk felbft nicht gehören, z. E. *J. W. von Archenholz*

Holz u. f. w. Solche hingegen, deren Auswanderung
mir fchon vor dem Drucke jener Ueberficht bekannt
wurde, und die daher auch in ihr nicht aufgenommen
wurden, fanden felbft im erften Anhange keinen Platz,
z. E. ...... *von Eck,* welcher im 2ten und 5ten Nachtrage des gel. Deutfchl. vorkümmt, im Neueften gel.
Berlin aber fehlt, und höchft wahrfcheinlich kein
Landeskind ift. *Eingewanderte* Schriftfteller, die nur
auf eine Zeitlang in unfern Herzogthümern fich aufzuhalten fcheinen (vgl. Genius der Zeit. Sept. 1795.
und allg. litter. Anzeiger. 1796. No. XV. S. 161.),
nahm ich im Lexikon felbft nicht auf, den einzigen
Demangeon ausgenommen, nicht fowol, weil er mir
nahe genug war, um mündlich mit ihm fprechen zu
können, als vielmehr, weil es damals, als fein Artikel
abgedruckt werden follte, den Anfchein hatte, als ob
er im Lande zu bleiben Willens wäre. Allein, fo fehr
ich auch dafür forgte, dafs alle die, welche im Werke
felbft fehlen *mufsten,* in jener Ueberficht aber vorkommen, im erften Anhange aufgeführt würden, fo
wird man doch noch vielleicht in der Ueberficht den
einen oder andern noch *lebenden* finden, welcher im
erften Anhange nicht vorkommen *konnte,* im Werke
felbft aber nicht vorkommen *wollte,* und fich bald aus
diefem, bald aus jenem Grunde den Platz gänzlich

ver-

verbat. So fehlt z. E. ein noch lebender Schriftfteller
N. N. (denn ich darf ihn, feinem Verlangen zufolge,
durchaus nicht nennen), welcher fchon in *Ekkard's*
Ueberficht, fo wie per prolepfin hiftorico-litterariam
einmal in *Harles* Ausgabe der *Fabricius*fifchen Bibliotheca Graeca vorkömmt, blos deswegen, weil er zu
befcheiden (?) war, mit den andern in Reih und Glied
geftellt zu werden. Im 2ten Anhange ift befonders
nur von Bibliotheken und Kabinettern in den Herzogthümern die Rede; von andern war nicht leicht Nachricht zu erhalten. So foll *Friedrich von Hahn* zu
Remplin eine Bibliothek befitzen, die im Fache der
Naturgefchichte fehr koftbar ift, auch einen vortreflichen phyfikalifchen Apparat und ein fo fchönes Obfer-
vatorium haben, dafs *Bode* felbft auf demfelben öfte-
rer, als auf den Berlinifchen, feine Beobachtungen
anftellt. Dafs in Anfehung der Kieler Univerfitätsbibliothek nicht einmal die Anzahl der Bände angegeben ift, rührt befonders daher, weil man bei derfelben
noch Gefchäfte von mancherlei Art hat, die vorher
geendigt werden müffen, ehe man an die Aufzählung
der Bände denken kann, zu gefchweigen, dafs es un-
gewifs ift, wie bald man, nach dem Vorfchlage eines
Anonymen in den philofoph. Annalen (1795. Nr. 20.),
"auf die Aufräumung unferer öffentlichen Bibliothek
bedacht

bedacht ift, und zwei Drittel der Bücher mit gutem Fuge verbrennen zu müffen glaubt." So wie übrigens diefer zweite Anhang zum Supplement des *Meufel-*fchen Künftlerlexikons dienen foll, fo find die Materialien des dritten nach *J. M. Franke's* meifterhaftem Plan geordnet, den man nach meiner Meinung zur Erleichterung der Litteratoren bei dem Repertorium der Allg. Litt. Zeit. hätte befolgen follen.

Was die *Druckfehler* anbetrift, fo denke ich, werden deren nicht viele feyn, da das Werk nicht nur einen aufmerkfamen Setzer erhalten hat, fondern auch einen gelehrten Corrector, den Conrector *Schulz* in Schleswig, den ich hiemit öffentlich für feine Mühe danke. Seine Hülfe war mir befonders bei den Artikeln wichtig, in welchen dänifche Titeln vorkommen, die ich bei meiner geringen Kenntnifs der Sprache nicht allemal ganz verftand. Er corrigirte daher die dänifchen Stellen, welche entweder fchon im *Worm* verdruckt oder im Manufcript unrichtig gefchrieben waren, auf das forgfältigfte. Nur einmal nahm er zu mir feine Zuflucht, und verhütete dadurch, dafs nicht ein Druckfehler beim *Worm* in meine Arbeit übergetragen wurde. Im Artikel *Skaaning* hiefs es anfangs: Granders Jord i et lidet Rum, det er, geographifke Tabeller, Er machte mich auf das erfte Wort auf-

merk-

merkſam, als ein ſolches, welches gar nicht däniſch
wäre. Ich ſand es jedoch ſo im *Worm*, und zwar mit
deutſchen Lettern. Wäre es lateiniſch gedruckt geweſen, ſo hätte ich es ſogleich für ein Nomen pro-
prium angeſehen, wofür ich es denn auch jetzt, ungeachtet der deutſchen Lettern, anſah. Auſſerdem
bemerkte ich auch ſogleich, es müſſe hier ein Druckfehler ſeyn, weil ich *Grander* für kein Nomen pro-
prium halten konnte und wollte. *Thott's* Katalog
(5, 3, 18.) half mir auch hier auf die Spur. Dort ſand
ich: *Geander's* geographiſche Tabellen. Nürnb. 1753.
8. Daſ. 1760. 8. *Heinſius* führt den Titel vollſtändiger an: *Geander* von der Oberelbe, die Erde in einem
kleinen Raum, oder geographiſche Tabellen. Nürnb.
1766. 8. Dieſer Pſeudonym iſt nach *Adelung*, *Johann
Chriſtian Müldener*, im *Jöcher*, welcher 1711 ſtarb.
Daſs deſſen Schrift noch 1766 wieder aufgelegt wurde, wird niemanden befremden, welcher ſich erinnert,
daſs faſt in jedem Meſskatalog des izigen Decenniums
verlegene Waare wiederum vorkömmt, z. E. *Benjamin Schmolkens* Communionbuch, Aleri Gradus ad Par-
naſſum und ähnliche Sächelchen der Art, deren No-
menklatur, etwa im *Genius der Zeit*, vielleicht eben ſo
wünſchenswerth, obgleich weniger tröſtlich ſeyn
möchte, als eine von *Chpb. Heinr. Schmid* projectirte
Noua Bibliotheca latens et promiſſa.

Mehr wüfste ich nicht hinzufetzen. Das Gefagte
ift hinreichend, um den Gefichtspunkt bei Beurtheilung diefes Werkes anzugeben, welches, wie ich
eben finde, gröfstentheils nach *den* Ideen ausgearbeitet ift, die *Friedrich Koch* (vgl. allg. Litt. Anz. S. 330
ff.) von Schriften diefer Art zu haben fcheint. Hiemit fei es alfo dem Urtheile der Kenner unterworfen.
Bei allem Streben nach Vollftändigkeit und Genauigkeit wird doch gewifs mancher hie und da Lücken
finden oder Mängel bemerken, deren Ausfüllung und
Verbefferung ich mit Dank annehmen werde, fo wie
ich überhaupt nur von folchen Männern beurtheilt
zu werden wünfche, die denen ähnlich find, welche
in der Vorrede zu *Meufels* hiftorifch - litterarifch - bi-
bliographifchem Magazin St. 1. S. VI. fg. verzeichnet
find, wenig bekümmert um die vielen alltäglichen
Recenfenten litterarifcher Werke, die hier überhaupt
gar keine Stimme haben (vgl. erbauliche Gedanken
bei Erfcheinung der 8ten Ausgabe von *Heumann's*
Confpectus; im genannten Magazin St. 7 u. 8. S. 30 ff.).
Dafs die fogenannten Dii minorum gentium, welche
mir entweder bekannt waren oder bekannt gemacht
wurden — denn eigentliche Jagd habe ich nicht auf
fie gemacht, um alle zu bekommen, welches vielleicht
doch noch leichter gewefen wäre, als die *Penfioniften*,

deren Name in unfern Herzogthümern Legion ift, zu verzeichnen — nicht blos nach eignem Gutdünken, fondern auch nach dem richtigen Urtheile des *Litterators* A. W. Cramer und des *Statiftikers* A. C. H. Niemann, in ein fpecielles Werk diefer Art aufgenommen werden mufsten, diefs werden, denke ich, Kenner billigen, fo wie Afterlitteratoren es tadeln, und mit dem, von ihnen felbft oft nicht einmal verftandenen Namen der Mikrologie belegen oder vielmehr brandmarken mögen.

Kiel im October 1796.

Zufatz zu Seite 541.

S. 137. *von Göffel* ftarb den 20 Dec. 1796.

S. 139. *Greif* ftarb im Dec. 1796.

S. 291. *Scheel* (M. J.) ftarb den 29 Dec. 1796.

Subscribentenverzeichniß.

Se. *Hochfürstl. Durchlaucht, der Prinz* **C a r l***, Landgraf
zu Heßen, auf Gottorff.*

*Ibre Hochfürstl. Durchlaucht, die Frau Herzogin von Braun-
schweig - Lüneburg - Bevern, zu Glücksburg.*

'Ibre Hochfürstl Durchl., die Prinzessin **L o u i s e   C a r o l i n a
C b r i s t i n a***, zu Schleswig- Holstein - Sonderburg, auf
Augustenburg.*

Herr Kapitain **A b r a b a m s o n** *in Kopenhagen.*

— *Oberconsistorialrath und Generalsuperintendent* **A d l e r**
in Schleswig.

— *Kammerherr v.* **A b l e f e l d t***, Probst des adlichen
Klosters zu Preetz.*

— **H a n s   A b l m a n n** *in Sonderburg.*

— **M i c h a e l   A b l m a n n** *in Sonderburg.*

— *Inspektor* **A m b d e r s** *in Sonderburg.*

— *Kaufmann* **A s m u s** *in Sonderburg.*

— *Professor* **B a d e n** *in Kiel.*

— *Pastor* **B a l e m a n n** *in Schönberg.*

— *Pastor* **B a l s l e v** *zu Dyppel.*

Die **B i b l i o t h e k** *des* **J ä g e r c o r p s** *in Eckernförde.*

— *Herr* **B i e b l***, Kaufmann in Sonderburg.*

— *Obrist* **v o n   B i n z e r** *in Kiel.*

— *Pastor* **B i ö r e n s e n** *in Schottburg.*

— *Verwalter* **B l a t t** *zu Loitmark.*

— *Compastor* **B o l t e n** *in Altona.*

— *Pastor* **B o y s e n** *in Alt - Hadersleben.*

— *Licent. Med. et Chir. A.* **B o y s e n** *in Kopenhagen.*

— *Pastor* **B o y s e n** *zu Nübel.*

— *Rathsverwandter* **B o y s e n** *in Sonderburg.*

— *Candidat* **B r a n d t** *in Preetz.*

— *Rector* **B r i n k e n** *in Hadersleben.*

— *Kammerherr v o n* **B r o c k d o r f f** *in Kiel.*

— *Etatsrath* **B r u y n** *in Schleswig.*

— *Probst* **B u r d o r f** *in Itzehoe.*

— *Kanzelei - Secretair* **B u s c h** *in Glückstadt.*

— *Oberconsist. R. u. Generalsup* **C a l l i s e n** *in Rendsburg.*

— *Kaufmann* **L o r e n z   C a r s t e n s** *in Sonderburg.*

— *Dr.* **C h e m n i t z** *in Preetz.*

— *Doctor Juris* **C l a u s e n** *in Kopenhagen.*

Herr

Herr *Henning Claufen* in Sonderburg.
— Paftor *Clasfen* zu Suderbrarup.
— `Clementfen` in Sonderburg.
— Profeffor *Coopmans* in Kiel.
— Profeffor *Cramer* in Kiel.
— Hardesvogt *Cramer* in Schleswig.
— Confiftorialrath *Cretfchmer* in Hadersleben.
— von *Cronftern* zu Nebmten.
— Paftor *Dame* in Tömmerup auf Seeland.
— Profeffor und Rector *Danielfen* in Kiel.
— Rector *Detlcffen* in Sonderburg.
— Candidat *Dieck* in Kiel.
— Paftor *Dirckfen* zu Elmfchenhagen.
— Paftor *Dithmer* zu Broacker.
— Kammerherr u. Amtmann von *Döring* in Sonderburg.
— Paftor *Heinrich Ludewig Domeier* zu Nortorf.
— Bürgermeifter *Dumreicher* in Schleswig.
— Paftor *Eckard* zu Renfefeldt.
— Dr. und Profeffor *Eckermann* in Kiel.
— Regierungsrath v. *Eggers* in Glückftadt.
— Profeffor v. *Eggers* in Kopenhagen.
— Obergerichtsrath Fr. L. v. *Eggers* in Schleswig.
— Profeffor *Eblers* in Kiel.
— Paftor *Erbardi* zu Bordisholm.
— J. J. *Eitzen* in Kopenhagen.
— Rathsverwandter J. C. *Fedderfen* in Hufum.
— Advocat *Fedderfen* in Schleswig.
— Profeffor *Fifcher* in Kiel.
— Rector *Francke* in Hufum.
— Bürgermeifter *Franke* in Kiel.
— Leibmedicus *Franke* in Schleswig.
— `G. B. Franzius,` Volontair bei der deutfchen Kanzeley in Kopenhagen.
— Syndicus. *Trede* in Kiel.
— *Jens Friedrichfen* in Sonderburg.
— Probft *Friederici* zu Sonderburg.
— *Fries*, Hauslehrer in Flensburg.
— Regimentsquartiermeifter *Fries* in Rendsburg.
— Paftor *Frölich* zu Grundhoff.
— *Gebren*, reformirter Prediger in Kopenhagen.
— Kirchenrath *Geyfer* in Kiel.

Herr

Herr *Kammerherr J. C. v. Gößel in Kiel.*
— *Pastor* Grangaard *zu Schobüll.*
— *Candidat* Greiß *in Flensburg.*
— *Doctor* Gumprecht *in Kopenhagen.*
— *Hammer, Hofmeister in Kopenhagen.*
— *Pastor* Hammer *in Nicislädten.*
— *Candidat* Hansen *in Flensburg.*
— *Probst* Hansen *in Schleswig.*
— *Pastor* Harries *zu Brügge.*
— *Hartmeyer zu Stocksee.*
— *Kammerrath* Hasselmann *in Plöen.*
— *Professor* Hegewisch *in Kiel.*
— *Professor* Heinze *in Kiel.*
— *Advocat* Hellmann *in Schleswig.*
— *Kammerherr* Hennings *in Plöen.*
— *Pastor* Henningsen *zu Töstrup.*
— *Leibmedicus* Hensler *in Kiel.*
— *Professor* Hensler *in Kiel.*
— *Pastor* Hensler *in Schleswig.*
— *Chirurgus* Herboldt *in Kopenhagen.*
— *Candidat* Holm *in Kiel, aus Lübek.*
— *Pastor* Holst *in Kiel.*
— *Doctor* Jacobsen *in Kopenhagen.*
— *Hausvoigt* Jacobsen *in Schleswig.*
— *Advocat* Jahn *in Kiel.*
— *Professor* Jasperson *in Flensburg.*
— *Jensen, Handlungsbedienter in Flensburg.*
— *Professor* Jensen *in Kiel.*
— *Stadtcassirer* Jepsen *in Sonderburg.*
— *Polizeymeister* Jess *in Kiel.*
— *Hofprediger* Jessen *zu Augustenburg.*
— *Pastor* Jessen *in Detzbüll.*
— *Nicolai* Jessen *in Sonderburg.*
— *Mechanicus* Jürgensen *in Schleswig.*
— *Pastor* Kallmer *in Fabretost.*
— *Kammersecretair* Kamphövener *in Schleswig.*
— *Candidat* Kelter *in Rendsburg.*
— *Christian* Karberg *in Sonderburg.*
— *Lorenz* Karberg *in Sonderburg.*
— *Secretair* Kirstein *in Kopenhagen.*
— *Copiist* Klinge *in Schleswig.*

Herr

Herr Juſtizrath von Klöcker in Schleswig.
— C. Köbnke in Kopenhagen.
— Paſtor Köster in Kiel.
— Profeſſor Krebs in Kopenhagen.
— Kriegsmann in Sonderburg.
— Juſtizrath Kuster in Schleswig.
— Pagenhofmeiſter Lau in Schleswig.
— Juſtizrath Lawätz in Altona
— Advocat Lindenhau jun. in Hadersleben}
— Kloſterſchreiber Löſeken in Preetz.
— Paſtor Loppnau in Plöen.
— Paſtor Lorenzen in Clixbüll.
— Hardesvoigt Lüders in Lutzhöft.
— Amtsverwalter Lüders in Schleswig.
— Dr. Mautbey in Kopenhagen.
— Paſtor Martini in Plöen.
— Paſtor Maſsmann in Kopenhagen.
— Madſen in Sonderburg.
— Profeſſor Mellmann in Kiel. 2 Exempl.
— Paſtor Mielck in Preetz. 2 Exempl.
— Candidat Momſen in Sonderburg.
— Rathsverwandter Momſen in Sonderburg.
— Profeſſor Maller in Kiel.
— Doctor Maller in Kopenhagen.
— Dr. Münter in Kopenhagen.
— Paſtor Mumſen zu Satrup.
— Profeſſor Naſſer in Kiel.
— Juſtizrath Niebuhr in Meldorf.
— Profeſſor Niemann in Kiel.
— Cantor Niſsen in Sonderburg.
— Profeſſor Olivarius in Kiel.
— Landinſpektor Otte in Avild.
— Kanzleyſekretair Otte in Schleswig.
— Kaufmann Heinrich Otzen in Sonderburg.
— Landinſpektor Paulſen in Schleswig.
— Apotheker Paulſen in Sonderburg.
— Organiſt Peters auf Föhr.
— Paſtor Peterſen zu Broacker.
— Advokat Peterſen ſen. in Huſum.
— Aktuarius Peterſen in Schleswig.
— Etatsrath Peterſen in Schleswig.

Herr *Andreas Petersen* in Sonderburg.
— *Jacob Petersen* zu Südenseenhoff in Angeln.
— Advocat *Petri* in Schleswig.
— Hardesvoigt *Poffelt* in Schleswig.
  Die *Predigerbibliothek* in Preetz.
— Kanzeleyrath *Prebn* in Sonderburg.
— Commerzrath *Rambusch* in Schleswig.
— Zollinspektor *Rambusch* in Schleswig.
— Kammerrath *Rambusch* in Sonderburg.
— Sekretair *Ravit* in Schleswig.
— Inspector *Reiche* zu Rundhoff.
— Justizrath *Reyher* in Kiel.
— Pastor *Georg Reimer* in Rendsburg.
— Professor *Reinhold* in Kiel.
— Pastor *Reuter* in Horsbüll.
— Advocat *Ruchmann* in Plöen.
— Geheimeconferenzrath von *Rumohr* in Schleswig.
— *Runge*, Hauslehrer in Flensburg.
— Apotheker *Saß* in Hadersleben.
— Geheimerath von *Schack* in Kiel.
— v. *Scheel*, Studiosus in Kopenhagen.
— Pastor *Schetelig* in Husum.
— Pastor *Schetelig* in Schönberg.
— Sekretair *Schirm* in Schleswig.
— Graf von *Schmettau* in Schleswig.
— Kammerherr von *Schmieden* in Schleswig.
— Staabschirurgus *Schmidt* in Hadersleben.
— Advocat *Schmidt* in Kiel.
— Klosterprediger *Schmidt* in Preetz.
— Probst *Schmidt* in Tondern.
— *Schmitterlo*, Buchhändler in Heide.
— Pastor *Scholz* in Bovenau.
— Professor *Schrader* der Aeltere in Kiel.
— Pastor *Schröder* in Hadersleben.
— Pastor *Schrödter* in Welt.
— Pastor *Schütze* in Barkau.
— Conrector *Schulz* in Schleswig.
— Dr. *Schumacher* in Hadersleben.
— Kaufmann *Schwark* in Sonderburg.
— Pastor *Fr. Christ. Schwartz* in Bredstedt.
— Pastor *Schwensen* zu Hörup.

Herr

Herr *Affeffor Schwers in Kiel.*
— *Oberconfiftorialrath Schwollmann in Schleswig.*
— *P. Seehufen zu Rebberg.*
— *Dr. Sidon in Plöen.*
— *Sönningfen in St. Jürgensbye bei Flensburg.*
— *Dr. Sörenfen in Glückftadt.*
— *Etatsrath Stemann in Hufum.*
— *Conferenzrath von Stemann in Schleswig.*
— *Kanzelcifekretair Stilke in Plöen.*
— *Paftor Suhr in Plöen.*
— *Dr. Thiefs in Kiel.*
— *Paftor Thiefen in Lunden.*
— *Rector Thöming in Eckernförde.*
— *Dr. Tobiefen in Hufum.*
— *Dr. Thor Straten in Flensburg.*
— *Etatsrath Trendelenburg in Kiel.*
— *Studiofus medic. Ufflaufen in Kopenhagen.*
— *Advocat Valentiner in Schleswig.*
— *Kanzeleifekretair Valentiner in Schleswig.*
— *Dr. Valett in Kiel.*
— *Organift Vent in Satrup.*
— *Profeffor Viborg in Kopenhagen.*
— *Paftor Vollertfen zu Hütten.*
— *Hofrath Vofs in Eutin.*
— *Profeffor Weber in Kiel.*
— *Advocat Weinmann der Jüngere zu Süderftapel.*
— *Wernich in Sonderburg.*
— *Paftor Wichmann in Rabenkirchen.*
— *Landcommiffionsfekretair Wiengarten in Schleswig.*
— *Schulcollege Wilckens in Preetz.*
— *Paftor Windekilde zu Satrup.*
— *Paftor Witte der Aeltere in Schleswig.*
— *Rector Wolf in Schleswig.*
— *Controlleur Zorn in Preetz.*

(N. I

ABRAHAMSON (Werner Hans Frie-
drich), *Artilleriecapitain* feit 1785 (ging 1787 aus dem
Kriegsdienſt mit Penſion und Beybehaltung der Ar-
tillerieuniform), *Lehrer der Erdbeſchreibung, der deutſchen und däniſchen Sprache an der Artillerieſchule* feit
1771, *Lehrer der Philoſophie, des deutſchen und däniſchen
Stils bey der Landcadettenakademie zu Kopenhagen* feit
1780, auch feit 1782 Mitglied der königl. Norwegiſchen Geſellſchaft der Wiſſenſchaften zu Trondhiem;
geboren zu Schleswig den 10 April 1744. §§. Verfaſſer
dreyer Aufſätze in der 1767 wöchentlich erſchienenen Tillaeg til Adreſſe - Comtoirets - Efterretninger.
* Vier Gedichte über Eigenſchaften des höchſten We-
ſens, von *Chriſtopher Smart.* Eine Preisſchrift. (Dieſer Zuſatz, wofür es eigentlich Preisſchriften heiſsen
müſte, iſt, ohne ſein Wiſſen, auf den Titel geſetzt.)
Aus dem Engliſchen ins Deutſche (aber nicht metriſch)
überſetzt, mit beygedrucktem Original. Kopenh. und
Leipz. 1768. gr. 8. Landsfaderen og Erobreren. Et
Priisdigt; im 7ten Stück der Forſøg i de ſkiœnne og
nyttige Videnſkaber, ſamlede ved et patriotiſk Selſkab. Kbhvn. 1769. 8. (Der Landesvater und der
Eroberer, überſetzt durch *J. A. F. Schifmann.* Kopenh. 1770. 8. 1 Bogen) * *Bey Gellerts Grabe* den
23 Dec. 1769. (Schlesw.) 4. (Ein Gedicht von einem

Bo-

Bogen.) Recenfionen in den heyden erften Iahrgängen des kritifchen Blattes, welches von 1770 bis 1785
unterm Titel: Sammlung einiger litterarifchen Nachrichten, in 8. erft in Schleswig, hernach in Rendsburg herauskam. * Randgloffen zur moralifchen,
fatyrifchen und kritifchen Anatomie der Schriften auf
Hrn. Prof. *Gellerts* Tod, zu den Fortfetzungen derfelben und zu dem Friedensrichter zwifchen dem Verfaffer des Traums und den Anatomien. Leipz. 1771.
8. * Tanker om Krigsftanden og dens Forbedring.
Kbhavn. 1771. 8. *Azan, oder der von Schulden
befreyte Fürft; eine Erzählung, veranlafst durch die
Prefsfreyheit in Dännemark. (Diefer letzte Zufatz
ift ohne fein Wiffen auf den Titel gefetzt.) Aus dem
Dänifchen überfetzt. Kopenh. und Leipz. 1771. 8.
Auffätze, gebundene und ungebundene, in der Wochenfchrift: Bibliothek for nyttige Skrivter. Kbhavn.
1772. 4. (Vergl. *J. Zoëga* im Anhange.) * Kriti-
fke Tanker over Syngeftykket, Tronfœlgen i Sidon,
(af *N. K. Bredal*) og Efterftykket, den dramatifke
Journal (af . . . .) ved H. J. *** (Hans Johanfen.)
Kbhvn. 1772. 8. Magifter Sebaldus Nothankers Lev-
net og Meninger. 1 Bind. Kbhvn. 1774. 8. 2 Bind.
1776. (Der dritte Band ift, nach *Worms* Angabe 3,
569, von *Petrus Nicolai Nyegaard*.) * Die Wirkung
des Chriftenthums auf den Zuftand der Völker in Europa, von *Tyge Rothe*. Aus dem Dänifchen überfetzt,
4 Bände. Kopenh. 1775 bis 1783. 8. * Declamationen über einige Maurerpflichten, nebft einer Cantate

tate auf die hohe Johannisfeyer, von dem Bruder
Redner d. L. Z. z. N. i. K. W. H. F. A. L. b. d. A.
und L. b. d. A. S. mit Erlaubniß der Obern. Kopenh.
1776. 8. * Trauerrede zum feyerlichen Andenken
des weil. Hochwürdigſten Provinzial-Grofsmeiſters
der vereinigten Freymaurerlogen in Deutſchland und
den königl. däniſchen Reichen und Ländern, gehalten
in der Trauerverſammlung im Jenner 1777 vom
Bruder Redner in der Loge Zorobabel zum Nord-
ſtern. Kopenh. 1777. 8. Antheil an: * Sange over
Infœdsretten ved et Selſkab. 1777. Gebundene und
ungebundene Auffätze in der Monatsſchrift: Det almindelige danſke Bibliothek. Kbhvn. 1778-1780.
8. (Er war auch, nebſt *Paulus Dankel Baſt* und *Laurentius Smith*, Redaéteur dieſes Werks.) Recenſionen
in dem kritiſchen Wochenblatte, welches in Kopenhagen ſeit 1724. 8. herauskömmt, damals unter dem
Titel: Nye Tidender om curieuſe og lærde Sager,
nachher unter mehrmals verändertem Titel, izt aber
ſeit mehreren Jahren unter folgendem: Kiœbenhavnſke lærde Efterretninger. Von ihm ſind Recenſionen und Anzeigen darin, im Iahrg. 1778 und hernach im Iahrg. 1789 und den ff. bis izt. Neue Declamationen über einige Maurerpflichten in den L L.
Z. z. N. und Fr. z. gekr. H. i. K. von dem Bruder
Redner — Mit Erlaubniß der Obern. Kopenh. 1779.
8. Crofse und gute Handlungen einiger Danen, Norweger und Holſteiner, geſammelt von *Ove Malling.*
Aus dem Däniſchen überſetzt, 2 Theile. Kopenh.

1779. 8. (Von einer *andern* Ueberſetzung, die *Wilb.*
Heinſius ohne Angabe des Verlegers und Druckjahres
anführt, ſ. *L. Bielefeld* und *N. Oeſt*) Recenſionen in
der kritiſchen Quartalſchrift: Almindelig danſk Litteratur-Journal. Kbhvn. 1779 bis 1784. 8. Geſchichte der königl. Artillerieſchule in Kopenhagen,
nebſt zwo Reden, welche in derſelben bey öffentlichen Prüfungen gehalten wurden. Kopenh. 1780.
8. Prolog for Fiſkerne, holden den 23 Mart. 1781,
da Digteren *J. Ewald* blev begravet. 4. Antheil an:
* Sange til Tidsfordriv for danſke Soemænd, (welche
W. E. Chriſtiani deutſch überſetzt hat.) Kbhvn. 1781.
8. Chriſti Kirke. Oratorium. Et Priisdigt; im 14-
ten Stück der Forſ. i. d. ſk. og nytt. Videnſk. Kbhvn.
1783. Declamationen und Reden über Maurerpflichten und bey Feyerlichkeiten, nebſt Maurerge-
dichten. Theils verbeſſerte Auflage, theils bisher ungedruckte Stücke. Kopenh. 1785. 8. Gebundene
und ungebundene Aufſätze in der däniſchen Monatsſchrift Minerva, die ſeit 1785. 8. in Kopenhagen herauskömmt. Udkaſt, hvorledes Kavalleriſter baade
Officerer og Gemene kunne i Fredstid gioeres due-
lige til Felttieneſten, og tydelige Begreber om Alt
dem bibringes. Paa hoei Befaling overſat af det Tydſke. Kbhvn. 1786. 8. (Iſt nicht blos Ueberſetzung;
die Manöver ſind umgearbeitet. — Fehlt im Repert.
der L. Z., ſo wie man den Titel des *Originals* gar
nicht angeben kann.) * Tronfoelgeren i Gondar.
Fortælling med Underſoegelſer. Kbhvn. 1787. 8.
(Zwey-

Zweymal gedruckt in demfelben Iahr.) *Fragmen-
ter af Samtaler, fom Bilager til Skrivtet: Tronfœl-
geren i Gondar. Kbhvn. 1787. 8. Forfœg til en
nye Forklaring over et Sted i Horatfes poetifke Brev
om Digtkonften (V. 189.); im 2ten Theil der nye
Samling af det kongel. norfke Videnfkabers Selfkabs
Skrivter. Kbhvn. 1788 4. (Diefe Abhandl. fehlt
im Repert. der L. Z. II, 714 b).) *Grundlinier til
mathematifk Geographie. (Kbhvn. 1789.) 8. *Kaifer Jofephs Tod. (Kopenh.) 1790. 4. (Ein Gedicht.)
*Til Nytte og Fornoielfe, Nyaarsgave. Kbhvn. 1790.
8. (Unter der Vorrede hat er fich genannt.) *Hvad
af den tydfke Sproglære bœr læres udenad. (Kbhvn.
1790. 8. — Ift ein Auszug aus der deutfchen Sprachlehre. Kopenh. 1790.) *Om Trykkefrihed og Pref-
fetvang; af et Brev. Kbhvn. 1790. 8. *Anmerkninger til Stykket i Minervas Januar, kaldet: til Forfatteren af Folkets Rœft om Tydfkerne. Kbhvn.
1790. 8. (Vergl. Intell. Blatt der A. L. Z. 1790. S.
931.) Landcadet Sœren Chriftian Meyer. Kbhvn.
1791. 8. Gebundene und ungebundene Auffätze in
der dänifchen Wochenfchrift: den danfke Tilfkuer.
Kbhvn. 1791 ff. 8. (woraus: „Das Lied vom fchönen Midel; ein neu aufgefundenes altes dänifches
Volkslied, nebft der Melodie," im 3ten Theil
der *Bragur* deutfch überfetzt ift) *De ruffifke Ro-
binfoner, en virkelig Tildragelfe. Nyaarsgave. Kbhvn.
1792. 12. *J. Adams Beantwortung der Painefchen
Schrift von den Rechten der Menfchen. Aus dem

Eng-

Englifchen. Kopenh. 1793. 8. *Fredrik Bagger den
Vindlkibelige. Nyaarsgave. Kbhvn. 1794. 20. (Unter der Vorrede hat er fich genannt.) Gebundene
und ungebundene Auffätze in der Quartalfchrift: Det
danfke Krigsbibliothek, et Quartalsfkrivt, udgivet
af *Ravert* og *Abrahamfon.* 1794. 8. med Kobb. (wird
fortgefetzt.) *Kort Udtog af den tydfke Sproglære.
(Kbhvn. 1795.) 8. (Ift eine verbefferte Auflage der
1790 unterm Titel: Hvad — erfchienenen Schrift.)
— Hat fich öffentlichen Nachrichten zufolge mit *N.
E. Balle* zur Verfertigung eines neuen dänifchen Ge-
fangbuchs vereinigt. — Das von ihm in der Michaelismeffe 1787 angekündigte „Vollftändige Protocoll
der Commiffion, welche verordnet worden, Gefetze
vorzufchlagen, wodurch die bürgerlichen Rechte der
Bauern auf den adelichen Gütern in Dännemark beftimmt und gefichert werden. Aus dem Dänifchen
überfetzt und mit den nöthigften Sacherklärungen
begleitet," wird *nicht* erfcheinen. *(Größtentheils Autographum.)*

(M.) ACKERMANN (Johann Friedrich), *Doctor der A.
G. und derfelben, wie auch der Phyfik, ordentlicher Profeffor zu Kiel feit 1760, auch feit 1775 Archiater mit
Etatsraths Range, und feit 1780 Quäftor der Univerfität; geb. zu Waldkirchen im Vogtlande den 3 Febr. 1726.*
§§. D. inaugur. de voce naturae. Goetting. 1751. 4.
(praef. *G. G. Richter,* in deffen opufcc. medicis fie
wieder abgedruckt ift.) Praefagia medica ex prae-
cordiis. ib. 1752. 4. Pr. de incognito apud veteres
in-

inſtrumentorum phyſicorum uſu. Chilon. 1760. 4.
Oratio de ſtudiis litterarum valetudinis et vitae con-
firmandae optima praeſidia praeſtantibus. ib. eod. 4.
Diſp. hiſtoriae aetheris P. I. ib. 1768. 4.   Comment. obſervationum phyſico-aſtronomicarum et
meteorologicarum, cum figg.; accedunt eiusdem
oratt. duae prorectorales. ib. 1770. 4.   Commentatio epiſtolaris de inſitione variolarum ad G. G.
Richter. ib. 1771. 8.   Pr. quo enarratur morbus et
ſectio nuper (a. d. 2. Febr.) aduſti (Friderici Caroli
Meisner, Archid. Chilonienſ. — vergl. Kieler gel. Zeit.
1771. S. 119 ff.) ib. 1771. 4. (Auch deutſch: Nachricht von der ſonderbaren Wirkung eines Wetter-
ſtrahls; vermehrte Ausgabe. Kiel 1772. 8.)   Obſervationes chirurgicae. ib. 1772. 4.   Noſologiae Hol-
ſatiae P. I. ib. 1773. 4.   Diſp. obſſ. medico-chi-
rurgicarum ſpecimen. ib. 1775. 4. (Pr.) Ad variolarum inſitionem quaedam analecta. ib. eod. 4.   Diſp.
obſſ. chirurgicas complectens. ib. 1781. 4.   (Pr.)
Obſervatio uſus emeticorum in pleuritide vera in-
flammatoria egregii. ib. 1782. 4.   D. de malignita-
tis morborum diſertioribus ſignis. ib. eod. 4.   D. de
venenorum actione. ib. eod. 4.   D. de antimonii uſu
medico. ib. 1786. 4.   (Pr.) Memorabile graviditatis
fere biennis exemplum. ib. 1790. 4. — Die ihm im
Meuſel beygelegte „D. de miasmate contagioſo," iſt
nicht von ihm, ſo wie die „D. de tincturae Guayacinae virtute antarthritica" von J. C. Kerſtens. (Revidirt.)

ADAMI (Johann Wilhelm), *Inſtitzratb und erſter Canze-*
leyſecretair in Glückſtadt; geb. zu .... 17.. §§. *Zufällige Gedanken über den wenigen Betrieb in Holſtein; in den Schlesw. Holſt. Prov. Ber. 1789. H. 5.
(M. u. N. 1. 2. 5.) ADLER (Georg Chriſtian), Sohn des
Georg Chriſtian Adler im *Adelung;* vergl. auſſer dem
E. F. *Neubauer* und *J. G. W. Dunkel* Acta hiſt. eccl.
Th. 38. S. 266. und im Anhange S. 1080. — *Königl.
däniſcher Kirchenprobſt in Pinneberg und Altona und
Hauptpaſtor der Evangeliſch-Lutheriſchen Gemeine zu Altona* ſeit 1791, vorher ſeit 1765 erſter und ſeit 1759
zweyter Compaſtor daſelbſt, ſeit 1758 Paſtor zu Sarau, ſeit 1755 Prediger auf Arnis; *geb. zu Alt-Brandenburg den 6 May 1734.* §§. Der von Gott frommen
Regenten verheiſſene Segen; eine Rede am Iubelfeſte
der unumſchränkten Erb-Regierung in den König-
reichen Dännemark, Norwegen — Altona 1761. 8.
Entwurf der Predigten, welche er von Advent 1759
bis dahin 1762 über die ordentlichen Epiſteln gehalten hat, 2 Bände. Daſelbſt. 8. D. G. C. *Maternus
von Cilano* ausführliche Abhandlung der römiſchen
Alterthümer, in Ordnung gebracht und herausgegeben. 4 Theile. Daſ. 1775. 1776. 8. Des T. *Livius*
aus Padua römiſche Geſchichte, von C. G. *Maternus
von Cilano* überſetzt; zum Druck befördert und mit
einigen Anmerkungen begleitet. 8 Theile. Daſ. 1778.
1779. 8. Ausführliche Beſchreibung der Stadt Rom,
mit (15) Kupf. Daſ. 1781. 4. Nachricht von den
pontiniſchen Sümpfen und deren Austrocknung, mit
einer

einer genauen Karte derselben. Hamb. 1784 (eigentlich 1783). 4. *S. Jul. Frontini* de aquaeductibus
urbis Romae commentarius, cum figg. Alton. 1792.
8. Einige Predigtentwürfe in *J. G. Reichenbachs*
Vormittagspredigten von 1766 und 1767.—Vergl.
Boltens Kirchennachrichten von Altona. 1, 110 ff.
(Revidirt)

(M. u. N. 1. 2. 4. 5.) ADLER (Jakob Georg Chriftian),
des vorigen Sohn — *D. der Theologie* feit 1790, *Ober-*
confiftorialrath, Generalfuperintendent des Herzogthums
Schleswig und Kirchenprobft zu Tondern feit 1792, vorher feit 1789 deutfcher Hofprediger und feit 1785
Paftor an der deutfchen Friederichskirche zu Chri-
ftianshaven, zuerft feit 1783 aufserordentlicher Profeffor der fyrifchen Sprache und feit 1788 aufserordentlicher Prof. der Theologie zu Kopenhagen; *geb.*
auf Arnis, in der Schliesharde, Amts Gottorff, *den*
6 Dec. 1756. §§. סדר תקוני שטרות. Sammlung
von gerichtlichen jüdifchen Contraften, rabbinifch
und deutfch. Hamb. 1773. 8. Zweyte Auflage. Altona 1792. 8. Iudaeorum codicis facri rite fcribendi leges ad recte aeftimandos codices manufcriptos
antiquos per veteres. E libello Talmudico: מסכת
הסופרים (Traftat der Schreiber) in latinum conver-
fas et annotationibus neceffariis explicatas, eruditis
examinandas tradit. Hamb. 1779. 4. Defcriptio
codicum quorundam Cuficorum, partes Corani exhi-
bentium in bibliotheca regia Hafnienfi et ex iisdem
de fcriptura Cufica Arabum obfervationes novae;

praemittitur difquifitio generalis de arte fcribendi
apud Arabes, ex ipfis auctoribus arabicis iisque ad-
huc ineditis fumta. Altonae 1780. 8. mai. Mufeum
Cuficum Borgianum Velitris illuftratum. Rom. 1782.
4. mai. (Deutfch abgekürzt mit Vermehrungen von
J. G. Eichhorn: „Von der Religion der Drufen," im
Reptor. für bibl. und morgenländifche Litteratur,
Th. 12.) T. 2. Hafniae 1792. 4. mai — hat auch
den befondern Titel: Collectio nova numorum Cuficorum feu Arabicorum CXVI continens numos ple-
rosque ineditos e Mufeo Borgiano et Adleriano di-
gefta et explicata, und erhielt 1794 einen neuen Titel: — editio fecunda aucta fupplemento (numorum
Cuficorum quibus e munificentia ill *P. F. Sabmii* au-
ctum eft mufeum Adlerianum), cum VI tabb. — Von
den Kurden in Afien. An den Herrn Hofrath *Eich-
born* in Jena: in Beziehung auf deffen Repertorium 8,
152 ff.; in *Schlözers* Staatsanzeigen H. 10. S. 197 ff.
(1783.) Kurze Ueberficht feiner biblifch-kritifchen
Reife nach Rom. Altona 1783. 8. Reifebemerkun-
gen auf einer Reife nach Rom, aus feinem Tagebuche
herausgegeben, mit einer Vorrede von feinem Bruder *Johann Chriftoph Georg Adler* (Obergerichtsadvo-
caten in Altona). Altona und Hamb. 1784. 8. Brevis linguae Syriacae inftitutio, in ufum tironum. Altonae 1784. 8. Beyträge zu Montfaucons Hexaplen, aus einer Handfchrift der Pfalme codex Vatica-
nus 754; im 14ten Th. des Repertoriums (1784).
Neue Beyträge zur Gefchichte der Drufen, aus den
arabi-

arabifchen Handfchriften der königl. Bibliothek zu
Kopenhagen; daſ. Th. 15. Antrittspredigt in der
Friederichskirche auf Chriſtianshaven am Himmel-
fahrtstage 1785, zum Beſten der Chriſtianshavner
Freyfchule. Kopenh. 1785. (auch ins Däniſche über-
ſetzt.) Das erſte gedruckte Stück des griechifchen
N. T. vom Iahr 1504 befchrieben; im Repertorium
Th. 18. (1786.)   (Pr.) Nonnulla Matthaei et Marci
enuntiata ex indole linguae Syriacae explicata et ob-
ſervationes quaedam in hiſtoriam utriusque evange-
lii. Hafniae 1786. 4.   Bibliotheca biblica Sereniſ.
Würtembergenſium ducis, olim Lorckiana, edita et
Sereniſſ. duci defcripta. V Partes. Altonae 1787. 4.
Kammuwa, Einweihungsformular zum zweyten
Grade der Bomanifchen Mönche in Ava, mit einem
Kupfer; im deutfchen gemeinnützigen Magazin 1ſten
Iahrg. 1ſtes Stück. 1788. Novi teſtamenti verfio-
nes Syriacae, fimplex, Philoxeniana et Hierofolymi-
tana, denuo examinatae et ad fidem codicum manu-
ſcriptorum bibliothecarum Vaticanae, Angelicae, Af-
femanianae, Mediceae, regiae aliarumque novis obſervationibus atque VIII tabulis aeri incifis illuſtra-
tae. Hafniae 1789. 4.   Vergl. mit: Epiſtolae duae,
una R. P. A. *Antonii Georgii*, Aug. Procur. generalis,
altera *J. G. C. Adleri*, in quibus loca nonnulla ope-
ris Adleriani de verfionibus Syriacis N. T. exami-
nantur. Hafniae 1791. 4.   Antrittspredigt in der
Schlofskirche am vierten Sonntage nach Oſtern, über
Lucä 2, 49. Kopenh. 1789 (auch däniſch). Die

Forderungen Iefu in Abficht des Gehorfams gegen
die Landesobrigkeit; eine Predigt über das Evangelium am 23 Sonntage nach Trinitat., in der Friederichskirche gehalten. Kopenh. 1789. 8. Difp. inaugur. Nonnulla de vaticiniis V. T. de Chrifto. Hafniae 1790. 4. *Abulfedae* annales Moslemici arabice
et latine, opera et ftudiis *Jo. Jak. Reiskii,* fumptibus
atque aufpiciis *Petri Frid. Submii,* nun primum edidit.
T. 1. Res geftas a Muhammede'ufque ad excidium
Chalifarum Ommiadarum continens. Hafn. 1790.
4. mai. T. 2. continens res geftas fub Chalifis Ab-
bafidis et Ommiadis in Hifpania, ufque ad annum
400. ib. eod. T. 3. continens res geftas ab anno
40 . ufque ad finem dynaftiae Chalifarum Fatemi-
darum a. 567. ib. 1791. T. 4. continens res geftas
ab anno fugae 401. ufque ad finem a. 660. ib. 1792.
T. 5 continens quidquid reftat de opere Abulfedae
et indices. ib. 1794. Einige Predigten, gehalten vor
den Königl. dänifchen Herrfchaften und auf aller-
höchften Befehl herausgegeben. Kopenh. 1790. 8.
Das Sittenbuch Aattifuwadi (aus einem malabarifchen
Original); im deutfchen Magazin 1791. Febr. Abfchiedspredigt in der Friederichskirche am dritten
Faftenfonntage, den 3 März 1793. Kopenh. (auch
dänifch.) Abfchiedspredigt in der Schlofskirche am
Palmfonntage, den 24 März 1793. Daf. (auch dänifch.) Rede bey Einweihung der Kirche zu Geltingen. Flensb. 1795. 8. — Endlich ftehen im 7ten
Theile von *Baltbafar Münters* Predigten über die ge-
wohn-

wöhnlichen Sonntagsevangelien, in Verbindung mit
andern Schriftstellen, (Kopenh. und Leipzig 1785)
zwey *Predigten* von ihm, nämlich: Das Unerforsch-
liche in der göttlichen Regierung, gehalten am erſten
Sonntage nach Neujahr, über Matth. 2, 19-23, vergl.
mit Róm. 11, 33. und: Die Verbindung unſers gegenwärtigen Lebens mit dem zukünftigen, gehalten
am 10 Sonntage nach Trinitat., über Luca 19, 41-
48, vergl. mit Gal. 6, 7; ſo wie man in *S. A. G.*
Schmidts Einweihungsfeyer der Kirche zu Cappeln
(Flensb. 1793. 8.) ſeine *Einweihungsrede* findet. —
Vergl. *Worm* Th. 3. S. 10 und 892, auch das Programm von *Jeremias Wöldicke*, welches bey Gelegenheit ſeiner Doctorpromotion gedruckt ward. — *Zwey-*
mal zu Kopenhagen in Kupfer geſtochen, aber beyde-
mal ſchlecht getroffen. *(Revidirt)*

AHLMANN (Johann Conrad), *Secretair auf dem Amt-*
hauſe zu Bredſtledt ſeit 1794; *geb. zu Sonderburg den*
9 Octob. 1773. §§. * Der Hermansberg (verteutſcht
aus : Labyrinten eller Reiſe giennem Tydſkland,
Schweiz og Frankerig, ved *Jens Baggeſen.* Fœrſte Deel.
1792); im teutſchen Mercur Ian. 1794. * Noch
ein Fragment aus *J. Baggeſen's* Reiſen, Manheim; daſ.
April. * Drittes Fragment aus *J. Baggeſen's* Reiſe-
tagebuch; daſ. May. * *Rouſſeau's* Inſel, oder St. Peter im Bielerſee (Fragment aus *J. B. Reiſen*); daſ. Ian.
1795. — Hat dem Herausgeber des teutſchen Mercurs
verſprochen, von Zeit zu Zeit *däniſche* Abhandl, die
in demſelben eineStelle verdienen,zu überſetzen.*(Rev.)*
(N.

(N. 1. 2. 4. 5.) ALBRECHT (Heinrich Chriftoph), *lebt*
feit 1794 *auf feinem Gute Kielseng bey Flensburg,* vorher privatifirender Gelehrter zu Hamburg und zuerft Mitdirector einer Erziehungsanftalt zu Eppendorf
bey Hamburg (Lehrer der engl. Sprache zu Halle und
Hamburg war er nie); *geb. zu Hamburg im Novemb.*
1763. §§. * Venus und Adonis; Tarquin und Lu-
cretia. Zwey Gedichte von *Sbakefpeare;* aus dem
Englifchen überfetzt. Mit beygedrucktem Original.
Halle 1783. gr. 8. Verfuch einer kritifchen englifchen Sprachlehre; vorzüglich nach dem Engl. des
D. *Lowth,* Bifchof zu London. Daf. 1784. gr. 8. A
fhort Grammar of the german tongue. Hamb. 1786.
8. *Joh. Jak. Bachmair's* englifche Grammatik, verbeffert herausgegeben. Daf. 1789. 8. *Neue Hamburgifche Dramaturgie. Daf. 1791. 8. (hörte mit
dem 16ten St. fchon wieder auf.) Gab mit *J. A.*
Fahrenkrüger (nicht: *Wächter,* der nur Mitarbeiter
war) heraus: * Hamburgifche Monatsfchrift, 6 Stücke.
Daf. 1791. 8. Materialien zu einer kritifchenGefchichte
der Freymaurerey. Erfte Sammlung. Daf. 1792. 8.
Verfuch über den Patriotismus. 1fter Th. Daf. 1793.
8. (Th. 2. ift angekündigt.) Unterfuchungen über
die englifche Staatsverfaffung, nach den neueften Ver-
anlaffungen der Gefchichte diefes Landes. 2 Theile.
Lübek 1794. 8. * Unterfuchung über wahre und
fabelhafte Theologie, von *Th. Paine.* Aus dem Engl.
überfetzt und mit Anmerkungen und Zufätzen des
Ueberfetzers begleitet. Deutfchl. 1794. 8. Carl I,
von

von England, ein hiſtoriſches Fragment; im Genius
der Zeit, April 1795. — Ein Paar anonymiſche Schriften, zur Vertheidigung des Freyherrn *von Knigge* gegen J. G. Zimmermann. — Antheil an der Hamburger allgem. Litter. Zeitung, am Braunſchw. nachher
Schleſw. Journal, (aus dem: Geheime Geſchichte eines geweſenen Roſenkreuzers. Hamb. 179., beſonders abgedruckt iſt,) am Journal aller Journale, und
an der Predigerzeitung 1790. 1791. — Das Uebungs-
buch zur Erlernung der engliſchen Sprache, welches
W. Heinſius ihm beylegt, iſt, dem gelehrten Deutſchland zufolge, von ſeinem Bruder *Dietterich Rudolph.*
(*Sollte* nicht revidirt werden.)

(M. u. N. 2. 4. 5.) ALERS (Chriſtian Wilhelm), *Doctor
der Philoſophie und Paſtor zu Ueterſen* in der Herrſchaft
Pinneberg ſeit 1789, vorher ſeit 1768 erſter Prediger zu Rellingen in derſelben Herrſchaft ; *geb. zu
Hamburg den 6 Dec. 1737.* §§. Predigten und Auszüge einiger Confirmationsreden. Theil 1. Hamb.
1773. 8. Th. 2. 1775. Ein Verſuch über die Reden des Apoſtels Paulus zur Ehre des Chriſtenthums.
Daſ. 1776. 4. Rede bey der Taufe eines erwachſe-
nen Mohren. Daſ. 1777. 8. Kraut und Unkraut,
beydes bis zur Ernte; eine Predigt über Matth. 13,
24-50. Daſ. 1786. 8. Gedichte der Religion, dem
Vaterlande und der Freundſchaft geſungen. 3 Bände.
Daſ. 1786, 1787, 1788. 8. — Viele *Gedichte* in Hamburg. Wochenſchriften und Zeitſchriften, auch eine
Predigt von der Liebe fürs Vaterland, über das Evangelium

gelium Luca 10, 41-48, am 10 Sonntage nach Trinitat., in der erften Sammlung der von öffentlichen
Lehrern in Schleswig und Holftein gehaltenen (und
von *Jakob Jochims* herausgegebenen) Predigten und
Reden. (Flensb. und Leipz. 1784. 8.) — Vergl. *Boltens* K. N. von Altona 2, 222.

(M. u. N. 1.) AMBROSIUS (Eduard), *Hofrath* und von
1789 bis 1794 Landvogt *auf Sylt*, vorher auf Glücksburg; *geb. zu Flensburg 1745*. §§. * An den Herrn
(Georg Bruyn) Verfaſſer der Prüfung der Gedanken
des Hrn. Profeſſor *Fabricius* von der Volksvermehrung in Dännemark. Flensb. 1782. 8. * *Andr. Schytte*
Dännemarks und Norwegens natürliche und politiſche Verfaſſung; deutſch überſetzt, mit einigen Zuſätzen und Anmerkungen. 1ſter Theil. Flensb. 1782.
8. 2ten Th. 1ſtes Stück 1785. * Verſuch über die
Staatsverfaſſung von Spanien. Hamb. und Kiel 1783.
8. * Kurze Nachrichten von Sylt. Kopenh. 1792. 8.
(wieder abgedruckt in den Prov. Bericht. 1792. H.
4.) — (*Revidirt.*)

ANDERSEN (Andreas Otto), *Caſſirer bey der Schleswig-
Holſteiniſchen Speciesbank in Altona* ſeit 1788, vorher
ſeit 1777 Bankcaſſirer; *geb. daſelbſt den 19 Iul. 1751*.
§§. * Tabellen, wornach die Silber-Barren in der Altonaiſchen Bank in Bankogeld zu berechnen, von 15
Loth 12 Grän bis 15 Loth 16¼ Grän, mit der Berechnung des feinen Silbers, die Mark fein a 27 m§
10 ß und 27 m§ 12 ß. Altona. 41 S. in Queerquart.
(Unter der Dedication ſind die Verf. genannt, nämlich

lich S. Jenſen, *A. O. Anderſen* und D. Stahl, von welchen Stahl ſchon verſtorben, Jenſen aber, ein geborner Däne, itzt in Dännemark iſt.) — *(Mitgetheilt.)*

APPENFELDER (Auguſt Moriz), *Groſsfürſtlicher Capitain ſeit 1773, erhielt 1774 ſeinen Abſchied und privatiſirt in Kiel*; geb. *daſelbſt den 5 Dec. 1740.* §§. *Etwas zur Aufklärung an das vernünftige und forſchende Kieliſche Stadtvolk, in Verſen, mit Anmerkungen in Proſa, von einem Liebhaber der Wahrheit. Gedruckt in Deutſchland (Kiel) 1788. 8. *(Mitgetheilt.)*

BADEN (Torkel), Sohn des *Jakob B.* im *Meuſel* und *Worm*, mit welchem er in gelehrten Zeitungen und ſelbſt N. 5. verwechſelt wird — *Doctor der Philoſophie und auſserordentlicher Profeſſor der Eloquenz und Philologie in Kiel* ſeit 1794, auch ſeit 1795 zweyter Cuſtos der Univerſitätsbibliothek, (vorher ſeit 1793 auſserordentlicher Profeſſor der Philologie zu Kopenhagen,) Mitglied der Akademie der Volſcer zu Veletri und correſpondirendes Mitglied der königl. Geſellſchaft der Wiſſenſchaften in Göttingen; geb. *auf Friederichsburg den 27 Iul. 1765.* §§. De eloquentia Paulina ſpecimen. Hafn. 1786. 8. Arae Deo ignoto dicatae (Act. 17, 23.) cauſſas ex antiquiſſimae religionis natura probabiliter eſſe repetendas, contra Diogenis Laërtii narrationem diſp. ib. 1787. 8. (D. inaugur.) de cauſſis neglectae a Romanis tragoediae. Götting. 1789. 8. De arte ac iudicio Flavii Philoſtrati in deſcribendis imaginibus commentatio. Hafniae 1792. 4. Ein Aufſatz über die Normalſchule

B   in

in Wien; in der dänischen Monatsschrift Minerva
179.. Recensus trium codicum manuscriptorum
Horatii vor der von seinem Vater in usum scholarum
(Hafn. 1793. 8.) besorgten Ausgabe dieses Dichters.
Om det saa kalde Solens Billede paa en antik Mar-
mortavle i Rom. Kbhvn. 1794. 8.   Om det musi-
kalske Skuespil. Das. 1794. 8. * (Pr.) Rerum gesta-
rum Dionis Syracusii recognitio Kil. 1795. 4. *(Pr.)
Specimen lectionum variantium, ad Claudianum de
raptu Proserpinae, e duobus codd. Msstis. Italicis. ib.
eod. 4. — Beschäftiget sich mit einer Ausgabe der
Tragödien des Seneca, deren Handschriften er in Wien
und Italien verglichen hat. — (Nach dem Autographum.)
(M. u. N. 1. 5.) BALEMANN (Georg Gottlob), Sohn
des *Heinrich B.* († 1761), Bischöflich Lübekisch- und
Herzogl. Schlesw. Holst. Kirchen- und Consistorial-
raths, Superintendenten der Bischöfl. Lübekischen Kirchen und Hauptpastors zu Eutin; vergl. *J H. von
Seelens* Ehrengedächtniß auf denselben. Lübek 1761.
Fol. — *Anhalt-Bernburgischer Geheimer Regierungsrath
und Kammergerichtsassessor zu Wetzlar*, vorher Subde-
ligirter bey der Kammergerichtsvisitation daselbst
und Sachsen-Coburgischer geheimer Legationsrath;
geb. zu *Eutin den 1 Sept. 1735.*   §§.   * Etwas Vorläufi-
ges von den gesetzlichen, personlichen Eigenschaften
eines Reichsständischen Visitators des kaiserl. und
Reichskammergerichts. .... 1774. 8. * Beyträge
zur Revision und Verbesserung der fünf ersten Titel
des Concepts der kaiserlichen Kammergerichtsord-
nung.

nung. Lemgo 1778. 4. * Vifitationsfchlüffe, die
Verbefferung des kaiferl. Reichskammergerichtlichen
Iuftizwefens betreffend. Daf. 1779. 4. Zweyte und
letzte Hauptabtheilung. Daf. 1780. 4.

BARGUM (Ludolph Conrad), *Confiftorialrath* (feit 1777),
Kirchenprobft und Paftor zu Apenrade feit 1763 (vor-
her Feldprobft und zuerft Paftor auf Sceland); *geb.*
zu Kopenhagen den 29 Nov. 1726. §§. Des Freyherrn
Ludewig von Holberg dänifche und norwegifche Staats-
gefchichte; (nach der dritten 1762 erfchienenen, von
Joh. Erichfen und *Chrift. Magnus Olrik* verbefferten
und fehr vermehrten Ausgabe des Originals) ins
Deutfche überfetzt. Kopenh. und Leipz. 1750. 4. —
Vergl. *Worm* 1, 65. und 3, 52. *(Revidirt.)*

(M. u. N. 3. 4.) VON BAUDISSIN (Caroline Adelheit
Cornelia), *geborne Gräfin von Schimmelmann, lebt auf*
ihrem Gute Knop Kirchfpiels Dänifchenhagen im dä-
nifchen Walde; *geb. zu Dresden den 21 Ian. 1759.* §§.
* Briefe der Agnes und Ida; im deutfchen Muf. 1782.
St. 7. * Die Dorfgefellfchaft; ein unterrichtendes
Lefebuch fürs Volk.(Hamb. 1791. 8.) 1fter und 2ter
Theil. Kiel und Leipz. 1792. 8. (dänifch überfetzt
von L.. *Haffe* in Friedericia. ... 1793.)

BAY (Bernhard Detlef), *Paftor zu Schönkirchen* Amts
Kiel feit 17.., vorher Diakonus zu Schönberg in
der Probftey; *geb. zu Preetz 17...* §§. Andenken der
verewigten Gräfin C. zu Ranzau (auf Oppendorf).
1792. 8. *(Mitgetheilt.)*

B 2 (M.)

(M.) BECHSTEDT (Johann Caſpar), *Kunſt- und Luſt-gärtner zu Steinberg* in der Nieharde Amts Flensburg, (vorher zu Louiſenlund;) *geb. zu* .... *im Magdeburgiſchen unweit Halle 17* ... §§. Vollſtändiges Niederſächſiſches Land- und Gartenbuch. 3 Theile. Flensb. und Leipz. 1772-1774. 8. Der Küchengartenbau, für den Gärtner und Gartenliebhaber beſchrieben. Schlesw. 1795. 8. Küchengartenkalender; aus dem Küchengartenbau beſonders abgedruckt. Daſ. 1795. 8. *(Mitgetheilt.)*

BECKER (Johann Hermann), Sohn des verſtorbenen *Hermann Ludewig B.*, Leibmedicus bey der verwittweten Herzogin von Mecklenburg-Schwerin, Verfaſſers einiger Briefe, die *Car. Chriſtoph. Engel* ſpeciminibus medicis (Berol. 1781. 8.) beygefügt ſind — *Doctor der A. G. und ausübender Arzt in Altona* ſeit 1794; *geb. zu Schwerin den 5 Iun. 1770.* §§. D. inaugur. medica exhibens quaeſtionem: an phthiſi pulmoniali exulceratae conveniant remedia tonica? quam — defendit auctor. Roſtoch. 1793. 8. *(Mitgetheilt)* Hat in Verbindung mit *F. G. A. Bouchholz* angekündigt: „Auszüge aus den neueſten mediciniſchen Streitſchriften."

BEHRENS (Siegfried Johann Georg), *Doctor der Rechte und Amtsſchreiber auf Bordesholm* ſeit 1795, vorher Adjunct der Iuriſtenfacultät in Kiel ſeit 1794 und zuerſt ſeit 1792 Privatdocent daſelbſt; *geb. zu Marne in Süderdithmarſchen den 17 Iul. 1768.* §§. (Diſſ. inaugur.) De periculo et commodo rei ſub lege addictio-

dictionis in diem venditae commentatio. Kil. 1793.
8. (*Revidirt.*)

BENDIXEN (Johann Aegidius), *Pastor zu Böbl* in der
Struxdorfharde Amts Gottorff seit 1791, vorher
Pastor zu Hollingstedt in der Ahrensharde desselben
Amts; *geb. zu Schleswig 1740.* §§ Nachricht von ei-
nigen neuerlichst im Schlewigschen gefundenen rö-
mischen Silbermünzen; in den Schlesw. Holst. Prov.
Ber. 1788. H. 3. Ueber die Freuden des Christen-
thums und die Pflicht, es standhaft zu bekennen (eine
Predigt und eine Confirmationsrede). 1790. 8 (*Re-
vidirt.*)

BENDIXEN 'Johann Jakob', *Doctor der A. G.*, *Physikus
der Stadt Schleswig und des Amts Gottorff, wie auch zu
Cappeln,* seit 1778, vorher seit 1772 Physikus zu Segeberg und zuerst ausübender Arzt zu Apenrade; *geb.
zu Tondern den 15 August 1741.* §§. D. inaugur. de
diarrhoeae in febribus exanthematicis noxa et salute.
Halae Magdeb. 1765. 4. — Einige Aufsätze in gelehrten Journalen und im Schlesw. Wochenblatt. *(Autographum.)*

VAN DEN BERG (Hendrik), *Mennonitischer Schullehrer
in Altona;* *geb. zu Rotterdam den 15 Febr. 1743.* §§. Aan-
sprak van H. van den B. Informator, aan de Cura-
toren der School den Eerw. Kerkenraad de Contri-
bueeren de Leeden en aan de Kinderen — beygefügt
der in *Boltens* Kirchennachrichten von Altona 1, 304
aufgeführten Schrift: Redevoering ter Inwyding van
de gemeentelyke School te Altona opgerecht; uitge-

B 3   spro-

fprocken d. 12 Sept. 1774. door *Pieter Beets.* Altona
1774. gr. 8. *.Gedagten by het Grav van ouzen
zaligen Leeraar R. *Rabufen*; in einer bey diefer Gelegenheit Altona 1793. 8. erfchienenen und unter_
Karsdorp aufgeführten Sammlung.

BERNTH (Peter Ludewig), Bruderfohn des Johann Ludewig im *Worm* — *Paftor zu Warnitz* Amts Apenrade
feit 1793, vorher feit 1781 refidirender Capellan
zu St. Laurentii auf Wefterlandsföhr, zum Stifte Ripen gehörig, feit 1782 Paftor zu Enge in der Karrharde Amts Tondern, und feit 1789 Paftor zu Nord-
lßgum im Amte Lßgumklofter; *geb. zu Kopenhagen
den 18 Iun. 1754.* §§. De ανθρωποθυσία inter Iudaeos
legibus non ftabilita. ... 1775 (als Baccalaureus der
Philofophie). Verfuch eines Beweifes, daß wahre
Chriften bey einer monarchifchenStaatsverfaffung fich
des Genuffes ihrer Menfchenrechte zu erfreuen haben (eine Predigt). Schlesw. und Leipz. 1793. gr. 8.
(Revidirt.)

BIELEFELD (Ludewig), *Paftor zu Sterup* in der Nieharde Amts Flensburg feit 1757, vorher feit 1743
Feldprediger bey der Königinn Leibregiment und
feit 1744 Paftor zu Ockholm in der Landfchaft Bredt-
ftedt; *geb. zu Kellingbufen* Amts Rendsburg *den 17 Iul.
1717.* §§. Beforgte die zweyte Hälfte der zu Flensburg und Leipzig 1779. gr. 8. anonymifch erfchienenen Ueberfetzung von *Ove Mallings* grofsen und guten Handlungen einiger Dänen, Norweger und Holfteiner (vergl. *N. Oeft*); und überfetzte: „En god Sam-
wit-

wittigheds faſte Slot." (Aus dem Engliſchen des *Shef-field.*) Kbhvn. 174.. *(Nach dem Autographum.)*

von BINZER (Ludewig Jakob), *Oberſter des Iägercorps zu Kiel;* geb. zu ... *in der Graffchaft Hanau 174*.. (?) §§. * Etwas von der Entſtehung, dem Zweck und dem Zuſtande der däniſchen Iagercorps; in den Schlesw. Holſt. Prov. Ber. 1787. H. 2. * Eine Bitte an unſere Topographen; daſ. 1792. H. 3. Ueber die Oxenwather Heide zwiſchen Hadersleben und Ripen; ein Schreiben an den Herausgeber, bey Gelegenheit des diesjährigen Lagers; daſ. H. 4. *(konnte nicht revidirt werden.)*

BIOERENSEN (Johann), Sohn des Magiſter *Lorenz B.*, Rectors zu Hadersleben bis 1762 und nachmaligen Paſtors zu Stenderup im Amte Hadersleben, wo er 1784 ſtarb — *Paſtor zu Schottburg* in der Fröſsharde Amts Hadersleben ſeit 1789, vorher ſeit 1784 Collaborator an der Schule zu Hadersleben; *geb. daſelbſt den 5 Febr. 1759.* §§. * Kurzer Verſuch über die beſte Einrichtung und den zweckmäſsigen Unterricht in Bürger- und Dorffchulen. Hadersleb. 1792. 32 S. 4. (unter der Zueignung hat er ſich genannt.) — Antheil an der unter *J. Boyſen* aufgeführten Hadersleb iſchen Monatsſchrift. *(Nach dem Autographum.)*

BISCHOPF (Jakob), *Kaufmann in Flensburg;* geb. zu ... 17... §§. * Betrachtungen über die Evangelien. Aus dem Däniſchen überſetzt. 1ſter Theil. Flensb. 1793. 8. *(Mitgetheilt.)*

BLATT (Jürgen), *Verwalter des Gutes Loitmark* im Lande Schwanfen feit 1760; *geb. zu Flensburg den 24 Auguſt 1735.* §§. *Betrachtungen über die erörterte Frage: wie dem Bauernſtande Freyheit und Eigenthum in den Ländern, wo ihm beydes fehlt, verfchaft werden hönne. Flensb. 1769. 8. *Erläuterte Münztabellen zum alltäglichen Gebrauch bey der neuen Münzverordnung, fowohl in Species- als Courantmünze, nach ihrem Gewicht. Schlesw. 1788. 8. *Ueber die Niederlegung der Domänen und Landgüter in den Herzogthümern Schleswig und Holſtein, und über die damit verbundenen wirklichen und fcheinbaren Vortheile. Flensb. Schlesw. und Leipz. 1790. 8. Antikritiken im 7ten und 9ten Stück der monatlichen Ueberficht der gefamten Litteratur, (Schlesw. 1791. 8.) wider *Esmarch's* Recenfion im 2ten Stück. (Der Verleger jenes Journals hat nachher den ganzen Schriftwechfel Beyder unter folgendem Titel gefammelt:) * Briefe über die Niederlegung der adelichen Güter und über die neulich herausgekommenen Bemerkungen über Angeln (von *F. W. Otte*). Flensb. und Leipz. 1793. 8. Kann der Rokken in Trefp ausarten? — nebſt einem Briefe an den Herrn Reſtor Esmarch; in den Schlesw. Holſt. Prov. Ber. 1794. H. 3. *(Aus dem Autographbum.)*

BLOCK (Peter Ulrich), *Diakonus zu Preetz* feit 1785; *geb. zu Meldorf* in Süderdithmarfchen *den 4 Oſtob. 1759.* §§. Antritspredigt, gehalten über das Evangelium am zweyten Oſtertage Luc. 24, 13-35. Kiel 1785. 8.

8. Bey dem Sarge einer fehr rechtfchaffenen und gutdenkenden Frau, Maria Elifabet Drivern. Kiel 1791. 8. Von der Pflicht des Chriften, den Armen nach feinem Vermögen beyzuftehen. Eine Predigt am Sonntage Miferic. Dom. über Matth. 6, 1-4. Daf. 1793. 8. Dankpredigt für die Errettung der königl. Familie und der Refidenzftadt Kopenhagen, da am 26 Febr. 1794 das königl. Schlofs Chriftians-burg abbrannte, am Sonntage Reminifcere über Ief. 43, 1-3. gehalten. Daf. 1794. 8. (*Revidirt.*)

BOEHME (Matthias Chriftian), *Paftor zu Oxenwadt und Iels*, in der Grammharde Amts Haderslcben, feit 1758. vorher feit 1751 Schiffsprediger in Oftindien und Bengalen; *geb. zu Sonderburg* auf der Infel Alfen *den 9 Sept. 1727.* §§. Den funde Ords Form. Ha-dersleb. 1754. (Ein Katechismus.) Nyeaars-Gave d. e. et lidet Stykke af (Auguft Herrmann?) Francke's Vei til Livet, overfat med Fortale. Hadersl. 1764. 8. *Eberhard David Haubers* Tanker om aandelige Anfägtninger; overfat paa Danfk. Kbhvn. 1760. 8. Chrift opbyggelige Spœrsmaal for Bœrn ...... Vergl. *Worm* 1, 128 und 3, 95. (*Autographum.*)

(M. u. N. 5.) BOIE (Heinrich Chriftian), Sohn des 1776 verftorbenen *Johann Friederich B.*, Kirchenprobften des Amts Flensburg und der Landfchaft Bredftedt, wie auch Hauptpaftors zu St. Nikolai in Flensburg — *Königl. dänifcher Etatsrath* feit 1790, (vorher feit 1781 würklicher Iuftitzrath,) *und Landvogt der Land-fchaft Süderdithmarfchen, zu Meldorf,* feit 1781, (vorher

feit

feit 1776 Generalftabsfecretair zu Hannover;) *geb.*
zu Meldorf den 19 Iul. 1744 (nicht 1745). §§. *Antheil mit J. J. Efchenburg,* D. *Schiebeler,* I., G. *Crome,*
C. D. *Ebeling,* J. J. *Engel* und andern an den Hamburgifchen Unterhaltungen. 60 Stücke in 10 Bänden.
Hamb. 1766-1771. gr. 8. * Mufenalmanach oder
poetifche Blumenlefe. Götting. 1770-1775. 16. —
Gab heraus: Teutfches Mufeum. Leipzig 1776-1788.
(erft in Gefellfchaft mit *Dobm,* feit dem Anfang des
Iahrs 1778 aber allein. Monatlich erfchien ein Stück
in 8.) und: Neues teutfches Mufeum feit dem Iul.
1789-1791. *Chandlers* Reifen in Kleinafien; aus
dem Englifchen. Leipzig 1776. gr. 8. * *Chandlers*
Reifen in Griechenland; aus dem Engl. Daf. 1777.
gr. 8. — Gab der Brüder *Chrift.* und *Friedr. Leopold*
Grafen zu *Stolberg* Gedichte heraus. Daf. 1779. 8. —
Arbeitete ehedem auch an der Ienaifchen gelehrten
Zeitung. — Zu den ihm im gel. Deutfchlande beygelegten *Gedichten* hat er fich nicht bekannt. (*Revidirt.*)
(M.) BOLTEN (Joachim Friederich), Vaterbruder der
beyden folgenden, ift nicht, wie N. 5. behauptet,
1786 geftorben — D. *der A. G.* feit 1740 *und Prakti-
kus, wie auch Protophyfikus zu Hamburg* feit 1754, vorher feit 1747 Subphyfikus dafelbft; *geb zu Horft*
Amts Steinburg. *den 11 Aug. 1718.* §§. Diff. epiftolaris ad G. C. *Maternum de Cilano,* continens, medita-
tiones quasdam philofophico-medicas de tuffis phthi-
ficae incompefcibilis vera caufa. Halae Magd. 1739.
4. D. inaugur. medico-chirurgica de gangliis generatim.

ratim, Hal. Magd. 1740. 4. Einige Auffätze von
der Blatterinoculation wider den D. *Reimarus*; im
Hamburger Correfpondenten 1770. Nachricht von
einer neuen Thierpflanze, mit illum. Kupfern. Hamb,
1770. 4. Auch lateinifch: Epiftola de novo quodam Zoophytorum genere ad Linneum. ib. 1771. 4.
Bericht von der Schlaffucht eines jungen Handelsbe-
dienten zu Hamburg; in der neuen Hamb. Zeitung
1773. Ein Brief wider die Blatterimpfung; in der
Sammlung merkwürd. Erfahrungen, die den Werth
und grofsen Nutzen der Pockeninoculation näher beftimmen können. St. 1. (1774.) Nachricht von einem mit dem künftlichen Magneten gemachten Verfuche in einer Nervenkrankheit. Hamb. 1775. 4.
Fortgefetzte Nachricht von den mit dem künftlichen
Magneten gemachten Verfuchen in der Nervenkrankheit der Iungfer B. Daf. 1775. gr. 4. Ausführlich
befchriebene Krankengefchichte der Iungfer *Mariane*
Branden. Daf. 1779. 4. Etwas von den Ammons-
hörnern; in den Befchäftigungen der Berliner Gefellfchaft naturforfchender Freunde. B. 4. (1779.) —
Hat eine der vollftändigften Sammlungen von Kon-
chylien und Seegewächfen, welche *Job. Dominicus*
Schulze, D. der Medicin in Hamburg (vergl. Nekrolog auf das Iahr 1790. Th. 2. S. 12.) heftweife zu
befchreiben öffentlich verfprochen hatte, allein durch
den Tod verhindert nur Einen Bogen lieferte. — S,
Joh. Adr. Boltens Kirchennachrichten von Altona I,
79. (*Revidirt.*)

BOL-

BOLTEN (Joachim Hermann), *Hauptpaßor in Mildßedt*
Amts Husum seit 1784, vorher seit 1778 Compa-
ßor daselbß, zuerß seit 1773 Diakonus in Schwabßedt; *geb. zu Süderßapel in der Landschaft Stapelholm
den 31 Dec. 1746.* §§ Antrittspredigt, von dem schul-
digen Gehorsam der Zuhörer gegen ihre Lehrer, über
Hebr. 13, 17. in der Kirche zu Schwabßedt den 20
Febr. 1774 gehalten. Flensb. 8. *Alte Klagen über
Bettelunfug auf dem platten Lande, erneuert im Iahr
1789, mit (*A. Niemanns*) erborgten Anmerkungen
und Zusätzen aus einigen neuern Schriften über Armenpflege; in den Schlesw. Holß. Prov. Ber. 1791.
H. 1. — Vergl. *J A. Boltens* Kirchennachrichten von
Altona 1, 78. (*Revidirt.*)

(M. u. N. 1 - 5.) BOLTEN (Johann Adrian), *erßer Com-
paßor zu Altona* seit 1791, vorher zweyter seit 1782,
zuerß Diakonus zu Wöhrden in Süderdithmarschen
seit 1772; *geb. zu Süderßapel in der Landschaft Stapelholm den 11 Sept. 1742.* §§ Diss. biblica de Keri et
Cethibh vocabulis compositis ac divinae dignitatis,
praeside *Jo. Chrißoph. Stiebt* publice defensa. Alton.
1760. 4. Epiß. gratulatoria quinque locis voces
Keri et Cethibh tanquam compositas exponens. Hamb.
1765. 4. Die Bergpredigt Iesu in einer neuen Ue-
berserzung, mit Anmerkungen. Daß 1768. 8. Antrittspredigt, in der Kirche zu Wöhrden am 15 May
1772, als am grofsen Bufstage, gehalten. Daß. 1772.
8. Kern-Gebete aus dem Königl. Schlesw. Holß.
Gesangbuche. Heide 1774. 12. Beschreibung und

Nach-

Nachrichten von der im Herzogthum Schleswig belegenen Landschaft Stapelholm, nebst einer Landkarte -
von derselben. Wöhrden 1777. 8.   Dithmarsische
Geschichte mit Kupfern. 4 Theile. Flensb. und Leipzig 1781-1788. gr. 8.   Predigt-Entwürfe über die
epistolischen Texte. Erster Iahrgang. Altona 1786.
gr. 8. Zweyter Iahrg. 1787.   Historische Kirchen-
Nachrichten von der Stadt Altona und deren verschiedenen Religions-Parteyen, von der Herrschaft Pinneberg und von der Grafschaft Ranzau. 2 Theile.
Das. 1790 und 1791. 8.   Der Bericht des Matthaeus
von Iesu dem Messia übersetzt und mit Anmerkungen begleitet. Das. 1791. gr. 8.   Der Bericht des
Marcus — begleitet. Das. 1795. gr. 8.   (Eine ähnliche Arbeit über den Lucas hat er auch so weit schon
fertig, daß daran nur die letzte Hand gelegt werden
soll.) — Viele kleine exegetische Abhandlungen in
den Hamburg Nachrichten aus dem Reiche der Gelehrsamkeit, z. B. über die Versuchung Iesu vom Sa-
tan, Anmerkungen über *J. D Michaelis* Uebersetzung
des Buchs Hiobs — auch andere Aufsätze in der Dithmarsischen Wochenschrift zum Nutzen und Vergnügen, z. E. im 5ten Stück vom 29 April 1775 : Ex-
tract aus einem Gottorffischen Amtsregister vom Iahr
1517, mit Anmerkungen — und in einigen periodischen Schriften, namentlich im Altonaischen gelehrten Mercur, z. B. Anzeige von seiner Sammlung Nie-
dersächsischer Bibeln — und einige Recensionen in
der Predigerzeitung. — Zum Drucke fertig liegt eine

Gram-

Grammatica Armenica.—Sein Bildniß steht vor der Dithmarsischen Geschichte. — Vergl. *dessen* Kirchennachrichten von Altona I, 130-139. (*Revidirt.*)

BONG (Otto Christian), Sohn des 1795 verstorbenen Chirurgus und Bürgercapitains *Job. Andr. Bong* in Altona (S. Schlesw. Holst. Prov. Ber. 1787. H. 4. S. 519.)— *D. der A. G. und seit 1767 ausübender Arzt und Accoucheur in Altona;* geb. *daselbst den 2 Aug. 1740.* §§. Diff. inaugur. de pulsu, ut signo fallaci, praef. *Jo. Petro Eberbard.* Halae 1767. 4. (*Mitgetheilt.*)

BORNHOLT (Hinrich), *Doctor der A. G. in Hamburg,* vorher bis 1758 Katechet am Waisen- und Zuchthause zu Altona; *geb. zu Altona den 10 Ian. 1727.* §§. Sendschreiben an Hrn. *Cruse*, worin demselben zu seiner Abreise Glück wünschet und zugleich von einigen Ursachen, warum die heutigen Philosophen so uneins sind, handelt. Jena 1749. 2½ Bog. 4. Commentatio philof. de essentia animae humanae. Alton. 1750. 2 Bog. 4. D. inaugur. de febri tam naturali quam artificiali. Lugd. Bat. 1769. 3 Bog 4. Glückwunsch an *Adolpb Friedr. Grotendyk* zu seinem 80sten Geburtstage, den 29 Iun. 1784, nebst Untersuchung der Frage: Warum einige Greise vor andern in ihrem hohen Alter eine dauerhafte Gesundheit besitzen? aus medicinischen und theologischen Gründen. Hamb. 1784. 20 (2?) Bog. 4. Der Banquerottierer. Haud est nocens, quicunque non sponte est nocens. *Seneca.* 1790. 1 Bog. 8. Etwas über die Unvernunft der Religionsspötter. Hamb. 1793. 5 Bog. 8. (*Mitgetheilt.*)

BOY-

BOYSEN (P.... D....), *Pastor zu Vesterborg und Birket*
auf Laaland feit 178.; *geb. zu Emmerlef* in der Hoy-
ersharde Amts Tondern 17... §§. Tale til Vesterborg og Birkets Menighed, i Anledning af Chri-
stiansborgs Ildebrand ved Stedets Præst; in der da-
nischen Monatsschrift Iris, (herausgegeben von *S.
Paulsen,*) Iahrg. 4. May 1794. S. 146-166. (*Mitgetheilt.*)

BOYSEN (Jakob), *Pastor zu Altbadersleben* feit 1790,
vorher Diakonus zu St. Johannis auf Föhr feit 1780;
geb. zu Spandett, in der Hvidingharde in Törning Lehn,
Amts Hadersleben, *den 17 August 1753,* woselbst fein
Vater *Andreas B.* Prediger und Probst in der Hvidingharde war. §§. Beschreibung der Infel Föhr;
in den Schlesw. Holst. Prov. Ber. 1791. H. 3. und
1793. H. 1.3.6. Berichtigung einer Stelle in *Scheels*
militärisch-statistischer Ansicht der Herzogthümer,
die Infel Föhr betreffend; daf. 1794. H. 4. — Verschiedene Auffätze in: Haderslevfk Maanedfkrivt
til almeennyttige Kundfkabers Udbredelfe. 1793 og
1794. 8., deren Mitherausgeber er war. (*Autograph.*)

BREDING (Nikolaus), *Iustitzrath und Landfchreiber* (feit
1781 auf Pellworm) *zu Garding,* im Westertheil
der Landschaft Eiderstedt, feit 1795, vorher Regi-
strator bey der deutfchen Rentekammer in Kopenhagen; *geb. zu Tönningen 17...* §§. Das beglückte Dännemark (ein Gedicht auf den Geburtstag des Königs).
Helmst. 1764. 4. Elegie auf das hohe Abfterben
Friederichs V. Kopenh. 1766. 4. Der nordifche

Sit-

一

Sittenfreund, eine moralifche Wochenfchrift auf das
Iahr 1767. Kopenh. 8. (vergl. dänifches Iournal 2,
48.) Mehrere Gelegenheitsgedichte. Vergl. *Worm* 1,
161 und 3, 111.

(N. 5.) BREMER (Johann Gottfried), *lebt zu Berlin*;
„geb. zu Altona 1743, lebte zu Altona 1769, zu Ber-
„lin (wo er auch mit oder für *Büfching* gearbeitet ha-
„ben foll) 1770, zu Leipzig 1772 und überfetzte aus
„dem Franzölifchen. Er *zeichnet* vorzüglich fchön
„mit der Feder, *malt* in Paftell und *radirte* feinen
„Grundrifs von Altona 1771.” (Aus *Ekkards* Ueberficht der dänifchen Litteratur unter Chriftian VII. S.
133.) — Fehlt in *Nicolai's* Befchreibung von Berlin
und in *Meufels* Künftlerlexicon, und wurde erft durch
N. 5. und durch: Neueftes gelehrtes Berlin, von *N.
H. Schmidt* und *D. G. G. Mehring* dem gröfsern Publicum bekannt. Aus beyden Werken konnte daher noch folgendes Schriftenverzeichnifs entlehnt
werden: * Grundrifs der Stadt Altona. ... 1771.
(ift, zufolge der Ekkardfchen Angabe, blofs eine *Charte*; oder ift etwa die von *W. Heinfius* aufgeführte
Schrift: Grundrifs der Stadt Altona und Profpect derfelben, nebft Befchreibung und Gefchichte. Hamb.
1773. 8. feine Arbeit? ') * Ueber die Lehren der See-
lenwanderung der Braminen von Indoftan; aus dem
Franz. des Hrn. *Sinner*. Leipzig 1772. (oder 1773
nach *Meufels* bibl. hiftor. 2, 2, 80.) 8. (fehlt im *Erfch.*)
* Die Moral des Epikurs; aus dem Franz. des Hrn.
                                                      Bat-

---

*) Nein; vergl. *Praetorius* im Anhange.

Batteux. ... 1772. 8. (erfchien nach *Hifsmann* und
Fabricii bibl. Graeca Mietau 1774 und erhielt einen
neuen Titel Halberft. 1792. 8.) * Das Genie des
Hrn. *Hume*; aus dem Franz. Leipz. 1773. 8. * Etwas aus den Papieren eines Verftorbenen. Daf. 1774.
8. * Wahre Maximen des Lebens für Perfonen von
Stande. Daf. 1774. 8. * Lehren der Tugend und
Rechtfchaffenheit für Studierende. Berlin 1776. 8.
* Verfuch einer Apologie des Epikurs, von einem An-
tibatteuxianer. Daf. 1776. 8. * Moralphilofophie
eines Morgenländers. Daf. 1777. 8. * (Die letz-
ten?) Reden eines proteftantifchen Gottesgelehrten,
mit einer Vorrede des O. C. R. *Teller.* Daf. 1780. 8.
* Ueber die Unfterblichkeit der Seele. Nach einer
Argumentation von der grofsen Seele Friederichs des
Einzigen. Ein Dialog, in Verbindung zweyer Anekdoten und anderer damit verknüpften Raifonnements.
Mit einem Schreiben an den Hrn. O. C. R. *Spalding*
und deffen Antwort. Daf. 1787. 8. * Ueber den
Charakter und die Schickfale des Freyherrn von der
Trenck und über den Ton, der in den Schriften deffelben herrfcht. Daf. 1787. 8. * Etwas über die
Beleuchtung der Trenckifchen Lebensgefchichte. Daf.
1787. 8. * In Belgium liberatum, verfus aliquot.
... 1787. * Auf Hollands Befreyung, einige Reime.
... 1787. * Ueber verfchiedene Gegenftände, vorzüglich aus der Naturgefchichte und Völkerkunde,
zur Unterhaltung und Erholung für die Iugend. Er-
ftes Bändchen. Berlin 1788. 8. * Der Lauf der

C   Welt,

Welt, oder Beschreibung der Winterluftbarkeiten in
Berlin. Eine populäre Quartalschrift. 2 Bändchen.
Berlin 1788. 8. (wird im alphabet. Reg. des Repert.
dem *H. W. Seyfried* beygelegt.) * Ueber Moses Mendelsfohns Bart. Daf. 1788. 8. * Betrachtungen über
den thierifchen Magnetismus. Aus dem Franz. des
Hrn. *Bergaffe*; nebft des Hrn. Marq. *v. Chatellux* Gedanken über die Bewegung. Mit einer Vorrede des
Hrn. Grafen von *Brühl.* Dresd. 1790. 8. * Tippo
Saib und Laura, oder Strafe und Rettung in den Fol-
gen des jugendlichen Leichtfinns zweyer Militairper-
fonen; eine authentifche Gefchichte. Berlin 1791. 8.
* Die innerften Geheimniffe und Fortfchritte der fran-
zöfifchen Revolution, aufgedeckt und detaillirt von
einem Augenzeugen von Stande. Aus dem Franzöf.
Daf. 1792. 8. * Tafchenbuch für Freunde edler
Grundfätze; fortgefetzt durch einen Beytrag ver-
mifchter Auffätze in Profa und Verfen aufs Iahr 1792.
Daf. 1792. 16. * Einige Bemerkungen über den
Nachtrag zu (*Knüppeln's, Neucke's* und *C. L. Paalzow's*)
Büften Berlinifcher Gelehrten, Schriftfteller und Künft-
ler. Daf. 1792. 8. (*in welchen fich diefes vollftändige
Verzeichnifs feiner Schriften befindet.* Zu ihnen gehört
noch:) * Billetfpiel. Daf. 1793. * Die fymbolifche
Weisheit der Aegypter. Daf. 1793. 8. — Noch ift
von ihm: * *Jofeph Tieffenthalers* Erdbefchreibung, aus
dem Lateinifchen, nebft den Zeichnungen zu den Ku-
pfern und andern Arbeiten für *Job. Bernoulli,* den
Herausgeber und Bearbeiter diefes Werks. — *Einige*

Auf-

Auffätze im Magazin für Frauenzimmer, der moralifchen Encyklopädie u. f. w., nebſt dem 2ten Th. der
Briefe über einige Begebenheiten feit dem Iahre 1740.
(*Nachtrag:* Erſt bey der alphabetiſchen Aufzeichnung
ſeiner durchaus anonymiſchen Schriften fand man,
durch Hülfe des *Erſcb*, daſs dieſer Schriftſteller, welches ſelbſt *Meuſeln* entgieng, ſchon im *erſten* Theile
des gelehrten Deutſchlands ſteht, wo jedoch der Titel
der aufgeführten Schrift nicht *ſo* genau angegeben iſt,
als *Erſcb* ihn eintrug, der auch für *ſolche* „diligens
induſtria" den Dank der Litteratoren verdient.)

VON BRINCKEN —— jetzt BRINCKEN ſchlecht und
recht (Adolph Rudolph), *Rector zu Haderslchen* feit
1786, vorher feit 1782 Rector zu Wilſter in der
Wilſtermarſch; *geb. zu Hattſtedt* Amts Huſum *den*
24 *Iul.* 1754. §§. Verſchiedene kleine Programme
(die nicht angegeben find). Mehrere Auffätze in den
Schlesw. Holſt. Prov. Ber. (namentlich: Vorerinnerungen wegen einer Topographie der Stadt Hadersleben 1793. H. 1. Ergänzung einer Nachricht von
dem St. Johannishofpital in Hadersleben; daſ. H. 2.
Actenſtücke, die lateiniſche Schule in Hadersleben betreffend. 1795. H. 2 und 3. *Lebensnachrichten des
Caſpar Salomo von Saldern; daſ. H. 2.) Anonyme
Beyträge zu einigen andern periodiſchen Schriften,
z. B. dem Braunſchw. Journal, Archiv für Schwärmerey und Aufklärung, u. a. m. Beytrag zur Geſchichte
der königl. lateiniſchen Schule zu Hadersleben. 1790.
8. (*Autographum.*)

C 2   BROCK-

BROCKDORFF (Cai Friedrich), aus dem Haufe Ofte-
rade, *Hilburghaufifcher Kammerherr* und Grofskreuz
des weltlichen Stiftordens St. Joachim, wohnt *in Kiel*;
geb. zu Thůmoes Stifts Wiburg in Iütland 1728. §§.
Eine Vertheidigungsfchrift gegen feine Feinde und
Verfolger (die er wegen feines langen Aufenthalts in
Afien fich zuzog, weil er in feiner Iugend ein Freund
von Reifen war). Berl. 1784. Abgenöthigte Ehrenrettung gegen *Joh. Nik. Blume* und Conforten. Daf.
1787. 8.   * Leben eines Niederfächfifchen Edel-
manns, ein Gegenftück zu *Trenks* Leben. 2 Theile.
Daf. 1789. 8.   Der 3te Theil erfchien 1795, in welchem nicht allein das Fehlende im Werke felbft ein-
gefügt ift, fondern noch viele moralifche Gedanken
und manche ins Lächerliche gezeigte Zeitbegeben-
heiten zwifchengeftreut find. *(Autographum.)*

(N. 5.) Freyherr von BROCKDORFF (Cai Lorenz),
*dritter Deputirter in der deutfchen Canzley zu Kopenha-
gen* feit 1795, vorher Land- und Obergerichtsrath
in Schleswig; *geb. zu* ..... 17... §§. * Von den
Decimationsrechten einiger Städte im Herzogthume
Schleswig; in den Schlesw. Holft. Prov. Ber. 1789.
H. 4. — Beforgt mit *F. L. von Eggers*: * Corpus fta-
tutorum Slesvicenfium, oder Sammlung der in dem
Herzogthum Schleswig geltenden Land- und Stadt-
rechte, nebft den für diefe Gegenden erlaffenen neuern Verfügungen, mit Anmerkungen begleitet. 1fter
Band die fämtlichen Landfchaften betreffend, nämlich Eyderftedt, Nordftrand, Stapelholm und Feh-
marn.

marn. Schlesw. 1794. 4. (Unter der Vorrede haben sie sich genannt.) 2ter B. betreffend die Stadte: Schleswig, Eckernförde, Flensburg, Apenrade, Hadersleben und Husum. Das. 1795.

BROCKDORFF (Christian Heinrich Joachim), aus dem Hause Rohlstorf, *Herzogl. Würtembergischer Hofoberforstmeister und Kammerjunker in Stuttgard; geb. zu* ...... 17... §§. Gedanken zur Errichtung einer Försterschule, nebst einigen vorausgeschickten Bemerkungen über die Nothwendigkeit derselben. Hamb. und Leipzg 1792. 8. — Einige anonymische Aufsätze in *Fried. Carl Moser's* Forstarchiv.

BRUNS (Franz Bernhard), Bruder des folgenden — *Archidiakonus an der Jakobikirche in Lübeck*, vorher zweyter und zuerst (seit 1758) dritter Diakonus; *geb. zu Warder Amts Segeberg den 11 Iun. 1733.* §§. Rede bey der Taufe eines zu Christo bekehrten Israeliten aus Amsterdam, sonst Iosua Levi, itzt Daniel Hinrich Jacobi genannt, den 26 März 1772 gehalten, samt seinem bey dieser Gelegenheit abgelegten Glaubensbekenntniß und einem kurzen Anhange von einigen Lebensumständen dieses Proselyten. Lübeck. 8. Predigt über die gewöhnliche Epistel am 3 Sonnt. nach Epiphan. 1783, als am Tage seiner 25 jährigen Amtsführung gehalten, und auf Verlangen herausgegeben. Das. 8. — Noch einige nach Lübeckischer Sitte verfertigte *Lebensbeschreibungen* in deutscher Sprache. (M. u. N. 1. S. 81. u. 730. N. 2. 4. 5.) BRUNS (Paul Jakob), D. *der Philosophie* seit 1764, *ordentlicher Professor der*

der Litterärgeſchichte, auch *Bibliotbekar zu Helmſtädt*
ſeit 1781, vorher Privatdocent in Jena von 1764
bis 1766, conferirte die Reuchliniſchen Mſſ. in Carls-
ruhe und reiſte nach der Schweiz und Frankreich
1766 und 1767, war 1768 Candidat in Lübeck,
gieng 1769 auf Kennicotts Einladung nach England, war 1770 bis 1773 für ihn auf Reiſen, arbeitete 1773 bis 1780 an deſſen Werke in Oxford,
privatiſirte 1781 in Göttingen, wo er eben an-
fangen wollte Vorleſungen zu halten, als er obigen
Ruf erhielt; *geb. zu Preetz* (in ſeinen frühern Schriften nennt er ſich *Lubecenſem,* welches auch Kennicott
thut, und hin und wieder nachgeſchrieben iſt, z. B.
von Björnſtahl in ſeinen Briefen und Saxe im Ono-
maſticum — allein an dieſem Orte wurde er *erzogen)*
den 18 Iul. 1743. §§. Tentamen metaphyſicum de-
monſtrationem unitatis divinae ſiſtens. Jenae 1764.
Diſſ. de diſtinctionibus affectionum divinarum rite
formandis. ib. eod. Εναντιοφαινόμενα ex variis auctoribus collecta et cum ἐναντιοφαινομένοις in ſacris litteris obviis collata. ib. 1765. Elogium *Jo. Reuch-
lini;* in Actis ſoc. lat. Marchico-Badenſis. 1767. *Benj.
Kennicott* notae criticae in Pſ. 42. 43. 48 et 89. Ex
Anglico vertit et appendice auxit. Lipſ. 1772. 8. De
libello contra *B. K.* ejusque collationem Mſſ. ebr. nuper gallice (a *de May,* ſ. Michaelis oriental. Biblioth.
5, 104. oder eigentlich *Ignace du May)* edito epiſtola
(ab ipſo *B. K.* ſcripta) ad amicum. Ex Anglico vertit ſuasque ad eundem *B. K.* litteras adjecit. Romae
1772.

1772. 8. Fragmentum ex libro LXXXXI hiftoriae
T. Livii nunc primum eruit ex cod. MS. Vaticano,
quondam Palatino, inter Latinos fignato No. 24.
Hamb. 1773. Fol. Antheil an der Ausgabe des Ken-
nicottfchen Bibelwerks, von dem 1776 der 1fte und
1781 der 2te Band zu Oxford in Fol. erfchien. Von
einem fyrifch-hexaplarifchen Mfcr. in der Ambro-
fianifchen Bibliothek zu Mayland; im 3ten Th. des
Eichhornfchen Repert. (1778.) Zu 1 Joh. 5, 7; daf.
Job. Ernft Grabe Anmerkungen über 1 Mof. 49. Aus
den Grabifchen Handfchriften auf der Bodlejanifchen
Bibliothek mitgetheilt; daf. Th. 4. (1779.) Nachricht von der griechifchen Ueberfetzung des A. T. in
einem Codex zu Venedig (als Auszug aus einem Briefe); daf. S. 280-283. Apologie für *Kennicott*; daf.
Th. 6. (1780.) De rebus geftis *Richardi* Angliae regis in Palaeftina; excerptum ex *Greg. Abulpharagii*
chronico, edidit, vertit, illuftravit. Oxonii 1780.
4 mai. (Daffelbe Stück vom Verfaffer felbft überfetzt im 7ten Th. des Repert. unter dem Titel: Ein
Excerpt aus G. A. oder Barhebräus fyrifcher Chronik.) Schreiben über die Kennicottfche Bibel, nebft
Nachrichten von feinen zukünftigen Arbeiten darüber; in den Greifswalder kritifchen Nachrichten.
1781. S. 154 ff. (Pr.) Epiftolam Samaritanam Si-
chemitarum tertiam ad *Jobum Ludolfum*, ex autogra-
pho, quod fervatur in bibliotheca cl. *Büttneri*, (quondam) Prof. Goetting., nunc primum edidit, verfionem
notasque adjecit. Helmft. 1781. 4. (wieder abge-

druckt

druckt im Repertor. Th. 13.) Or. aditialis de eo,
quod praeſtandum reſtat in litteris orientalibus. ib.
eod. 4. Ueber Hrn. D. *(Thomas) Randolphs* (in Oxford) Erklärung des Gelübdes Iephta im B. d. Richter 11, 30. 31; in Eichhorns Repert. T. 8. (1781.)
Curae Hexaplares in librum 4 Regum; daſ. Th. 8.
9. 10. Beytrag zu den Nachrichten von den Iuden
zu Codſchin im 14ten Th. des Büſchingſchen Magazins; daſ. Th. 9. (1781.) * Langſame Schritte in
der bibliſchen Kritik; daſ. Auszug aus *Euſebii* Chronik aus dem Syriſchen überſetzt; daſ. Th. 11. (1782).
De mendis typographicis editionis van der Hooghti-
anae a Kennicotto non ſublatis; daſ. Th. 12. (1783).
De variis lectionibus bibliorum Kennicottianorum;
daſ. und Th. 13. (Drey) vermiſchte Bemerkungen:
1) Etwas über die Sabäiſchen Fragmente. 2) Antwort auf eine Anfrage wegen der Mſſ. des R. *Joſeph
Kimchi.* 3) Beytrag zur Nachricht von dem hebräiſchen Pſalter, gedruckt zu Baſel 1547; daſ. Th. 12.
Beyträge zu *Montfancons* Hexaplen und Varianten,
aus einem griech. Mſcr. der Pſalme auf der Bodleja-
niſchen Bibliothek zu Oxford; daſ. Th. 13. (1783.)
Index locorum, quae mandante cl. *Kennicotto* in codd.
hebraic. V. T. evolvit; daſ. Diſſ. generalis in V. T.
hebraicum cum variis lectionibus ex codd. Mſſ. et impreſſis, auctore *B. Kennicott;* recudi curavit et notas
adjecit. Brunsvici 1783. 8 mai. * Verfaſſung der
Univerſität Oxford; in der Berliner Monatsſchrift.
1783. May. Handbuch der alten Erdbeſchreibung,
zum

zum Gebrauch der 11 gröfsern d'Anvillifchen Landcharten. Aus den beften Quellen verfafst. 2ten Bandes 1fter Th. von Afien. Nürnb. 1785. 8. und 2ten
Band. 2ter Th. von Afrika (das Capit. von Aegypten
hat T. J. *Ditmar* ausgearbeitet). Daf. 1786. (Nur
der erfte Band ift lateinifch überfetzt, unter dem Titel: Compendium geographiae antiquae mappis d'An-
villianis accommodatum et ex optimis fcriptoribus
elaboratum.) Handbuch — Landcharten; des 2ten
B. 1fter Th. oder Afiens Cap. 5. 6. Phönicien, Cöle-
fyrien und Paläftina. Mit einer Landcharte. Zweyte
verbefferte und vermehrte Ausgabe. Daf. 1794. 8.
Entwurf einer Einleitung ins A. T., zum Gebrauch
feiner Vorlefungen. Helmft. 1784. 8. Maccabae-
rum liber primus, graece fecundum exemplar Vaticanum in ufum lectionum recudi curavit. ib. eod. 8.
Von *Hakem*, Califen in Aegypten. Aus Abulfaradfch
fyrifcher Chronik; im Repert. Th. 14. (1784.) Bemerkungen über einige wichtige Lesarten der Cotto-
nianifchen griechifchen Handfchrift des 1 B. Mof.; daf.
Syrifche Nachrichten von den griechifchen Ueberfetzungen, aus Manufcripten gefammelt; daf. Bemerkungen über einige der vornehmften Ausgaben
der alten fyrifchen Ueberfetzung des N. T. und Varianten zu den Evangelien diefer Ueberfetzung. Aus
einem Wolfenbüttler Codex; daf. und Th. 15. 16.
Excerpte aus Chaldäifchen Mff. der Bibel; daf. Th.
15. Ueber die vierte Ekloge Virgils; in der Berlin.
Monatsfchr. 1784. Octob. Ueber akademifche Vor-

　　　　　　lefun-

.lefungen in Deutfchland; in der Berlin. Monatsfchr.
1785. Sept. Ueber die Naffairier und Drufen; im
Repert. Th. 17. (1785.) In dem „catalogus bibliothecae D *Ant. Jul. v. d. Hardt*, quae codd. MſſT et libris impreſſis, inter quos rariſſimi deprehenduntur,
conſtat, 1786 divendendae" iſt die Vorrede und das
Verzeichniſs der MſſT. S. 1-51 von ihm. Ueber die
Anerkennung proteſtantiſcher Könige in Rom; in
der Berlin. Monatsfchr. 1787. Sept. Ob im Hebräifchen kein Name für die Tugend fey; daſ Octob.
Ueber die Sonntagsfchulen in England; daſ, 1788.
Iul. Geographifches Handbuch in Hinficht auf In-
duſtrie und Handlung. Leipz. 1788. 8. 2te rechtmäſsige Auflage. Nürnb./ 1789. 8. (gehört eigentlich zur Suite der Nordcarolinifchen Lehrbücher.)
Neues geographifches Handbuch — fyſtematifch geordnet und bis auf die itzigen Zeiten fortgefetzt.
(oder 2ter Theil,) Nürnb. 1793. 8. Bar Hebraei
chronicon fyriacum e codd. Bodlejanis defcripfit,
maximam partem vertit notisque illuſtravit *P. J.
Bruns*, edidit, ex parte vertit notasque adjecit *Ge.
Guil. Kirfch.* Lipf. 1789. 4. 2 Bände (1fter Band
Text, 2ter Band Ueberfetzung und Noten). Ein
englifcher Brief von Rotterdam datirt: To Mr. Urban, worin der Gebrauch gezeigt wird, den *Gibbon*
von feinem zu Oxford 1780 gedruckten Excerpt in
der Gefchichte des englifchen Königs *Richard Löwen-
berz* hätte machen können; in Gentleman's Maga-
zine. 1789. Dec. p. 1109. Appendix ad chronicon
Greg.

Greg. Abulfaragii, fyriace et latine edidit; in *Paulus*
neuem Repert. Th. 1. (1790.). Erläuterung der Un-
terfchriften in den hebräifchen Mff. aus der jüdifchen
Gefchichte; daf. Th. 2. Ueber die älteften Sagen der
mofaifchen Menfchengefchichte; daf. Gefchichte der
alten Erdbefchreibung feit 1760; in *E. A. W. Zimmermanns* Annalen der Geographie und Statiftik. 2ter
Band (1790). Vorfchlag an die Iuden, das Purim-
feft abzufchaffen; in der Berlin. Monatsfchr. 1790.
April. Luftige Erzählungen aus dem Syrifchen; daf.
Octob. Was haben wir den Miffionen zu danken?
Ein Auszug aus einer den 25 Iun. 1789 von ihm gehaltenen akademifchen Rede; daf. Dec. Verfuch
einer fyftematifchen Erdbefchreibung der entfernte-
ften Welttheile, Afrika, Afien, Amerika und Südindien. Th. 1. oder Aegypten. Frankf. am Mayn 1791.
8. (ift von S. 177 an feine Arbeit, die ein Anonym
bey feiner Kränklichkeit aufgeben mufste.) Th. 2.
oder Nubien, Sennar und Habefh. 1793. Th. 3. oder
Südafrika. 1795. Repofitorium für die neuefte Geographie, Statiftik und Gefchichte, herausgegeben von
P. J. Bruns und *E. A. W. Zimmermann.* 3 Bände mit
Kupf. und Karten. Tübing. 1792 und 1793. 8. Ergänzung der bisherigen Nachrichten von den Johan-
nischriften, nach Abrah. Echellenfis; in *Paulus* Me-
morabilien. St. 3. (1792.) Von dem alten Evange-
lienbuch zu Aachen; daf. Zur Berichtigung der fyrifchen Chronik des Barhebräus, aus einem vatikani-
fchen Codex; daf. Bemerkungen über die March-
tale-

talerifche genealogifche Tafel; in *Paulus* Memorab.
St. 4. (1793.) Werthfchätzung und Benutzung deutfcher Schrifterklärer in England; in *H. Pb. C. Henke's*
Archiv für die neuefte Kirchengefchichte, 2tes Quartal. 1794. I B. Mof. 22. erklärt; in den Memora-
bilien, St. 6. (1794.) Ueber die Zahl Vierzig im A.
T.; daf. St. 7. (1795.)— Ob „Wegweifer für Reifende durch die vornehmften Länder Europa's, 1fter Th.
Berlin 1795. kl. 8." wirklich erfchienen fey, hat man
nicht erfahren können. — Noch hat er „des Grafen
Berchtbolds Anweifung für Reifende, theils abgekürzt,
theils ergänzt, theils überhaupt zweckmäfsiger bearbeitet" deutfch herausgegeben. Braunfchw. 1791. 8.
fo wie auch in *Henke's* Gefellfchaft von 1782 bis
1787 incluf. die annales litterariae Helmftadienfes,
wovon alle Monate ein Stück erfchien; an den annal.
litter. Helmft., die C. A. *Günther* 1788 und 1789 herausgab, gearbeitet, und dafür nachher Recenfionen
in der Helmftädter gelehrten Zeitung geliefert, welche 1791 ihren Anfang nahm, 1792 in der Form
einer Quartalfchrift erfchien und 1793 mit dem dritten Quartal aufhörte.— Antheil *ehemals* an der Ienaifchen gelehrten Zeitung 1764 bis 1766, dem deutfchen Mufeum 1776 bis 1780, in welchen Iahren
Auszüge aus feinen in England an den Herausgeber
(H. C. Boie) gefchriebenen Briefen ftehen und ein Auffatz über *Joh. Jon. Björnftåhl's* Charakter vorkommt,
dem hiftorifchen Portefeuille 1786 bis 1788, worin
theils eigene Auffätze, theils Ueberfetzungen von ihm
vor-

vorkommen, und *E. A. W. Zimmermanns* Annalen der
Geographie und Statiſtik. Braunſchw. 1790 ff.; —
itzt an der allgemeinen deutſchen Biblioth. vom 57-
ſten Bande an, und der allgem. Litteraturzeitung ſeit
ihrem Anfange. — Ankündigung einer Sammlung von
noch nicht gedruckten Predigten D. *M. Luthers.* —
Sein ziemlich gut getroffenes Bildniſs vor dem 116-
ten Bande der allgem. d. Bibl. *(Revidirt.)*

(M. u. N. 1.) BRUYN (Georg), *Königl. däniſcher Etatsrath*
ſeit 1773 und erſter Bürgermeiſter zu Schleswig ſeit 1760;
geb. daſelbſt den 15 Nov. 1735. §§. * Prüfung der Gedanken des Hrn. *J. C. Fabricius* über die Volksvermehrung, inſonderheit in Dännemark. Altona 1782.
8. Auffoderung an ſeine Mitbürger zur Theilnahme
an den Canalhandel, mit vielen Kupfern. Daſ. 1785.
4. Ankündigung eines öffentlichen Unterrichts für
die Söhne Schleswiger Bürger; in den Provinzialberichten 1794. H. 4. *(Revidirt.)*

(M.) BURCHARDI (Chriſtian Auguſt), Sohn des 1772
verſtorbenen Probſten zu Sonderburg *Hinrich Anton*
B. — Paſtor zu Kettingen auf der Inſel Alſen Stifts Fynen ſeit 1793, vorher ſeit 1785 Paſtor zu Atzbüll
und Hofprediger zu Gravenſtein, zuerſt Hofmeiſter
dreyer Grafen von Moltke zu Kopenhagen und Göttingen; *geb. zu Sonderburg den ... 1752.* §§. Diſſ. philoſoph. de legibus motus fortuitis ad mundum opti-
mum relatis, quam ſub praeſidio *Andreae Weberi* defendit auctor. Kil. 1772. 4. * Verſuch in Fabeln
und andern Gedichten. Kopenh. 1781. 8. Gedichte
für

für die Muſik über Gegenſtände der Religion. Kopenh.
1782. 8. *Nachricht von den Ziegelhöfen am Flensburgiſchen Meerbuſen; in den Schlesw. Holſt. Prov.
Ber. 1787. H. 5. Spinnſchule zu Gravenſtein im
Auguſtenburgiſchen; daſ. 1790. H. 4. Vergl. *Worm*
3, 132.

(N. 5.) BURDORF (Peter), *Probſt*(?) *und Hauptpaſtor zu
Itzeboe* ſeit 1795, vorher ſeit 1783 Diakonus an der
Domkirche in Schleswig und ſeit 1782 Diakonus zu
Gettorf; *geb. zu Weslingbuhren* in Norderdithmarſchen *den 22 Iun. 1753.* §§. Zwey Predigten: Von der
Theilnehmung an dem Glück und den Freuden unſerer Mitmenſchen, am erſten Adventſonntage über
das Evangelium Matth. 21, 1-9. Von der Schönheit des Chriſtenthums und der Pflicht, es ſtandhaft
zu bekennen, am vierten Adventſonntage über das
Evangel. Joh. 1, 19 ff. Schlesw. 1791. 8. Predigten über die Evangelien an den Sonn- und Feſttagen
des ganzen Iahres. 1ſter Band. Schlesw. und Leipzig
1793. gr. 8. (B. 2. wird in der Michaelismeſſe 1795
erſcheinen.) Predigt nach der Hinrichtung eines
Mörders. Daſ. 1793. 8. Ueber den Einfluſs des Predigers auf die Vervollkommnung des offentlichen Gottesdienſtes (eine Predigt). Flensb. 1794. 8. Ueber
die Erhaltung des Lebens und das zu frühe Begra-
ben. 2 Theile. Daſ. 1794. 8. Winke zur Beförderung der Feyerlichkeit des öffentlichen Gottesdienſtes. 2 Theile. Schlesw. und Leipzig 1795. 8. *(Revidirt)*

BUS-

BUSSAEUS (Samuel Ulrich), *Diakonus zu Itzeboe* feit 1768, vorher Cantor dafelbft; *geb. zu Croffen* in Schlefien 17... §§. Die Geftalt eines Sünders, der in fich fchlägt; in *J. M. Götze's* Sammlung erbaulicher Canzelreden. *(Mitgetheilt)*

(N. 4. 5.) BUTENSCHOEN (Johann Friedrich), ... *in Strasburg* (?); *geb. zu Bramftedt* Amts Segeberg den *14 Iun. 1764.* §§. Leiden zweyer edlen Liebenden, nach dem Spanifchen des Don *Miguel de Cervantes Scavedra*; nebft dem merkwürdigen Leben diefes berühmten Spaniers und einem Verfuche über die fpanifche fchöne Litteratur. Heidelb. 1789. 8. Cäfar, Cato und Friedrich von Preufsen, ein hiftorifches Lefebuch. Daf. 1788. 8. Romantifche, komifche, rührende und moralifche Unterhaltungen. 1fter Th. St. Gallen 1791. gr. 8. Alexander der Eroberer, dramatifch bearbeitet, mit Kupf. von Küffener. 1fter Th. Zürch 1791. 8.

(M.) CALLISEN (Chriftian — nicht: Carl), Bruder der beyden folgenden — *Regierungs- und Obergerichtsadvocat zu Glückftadt* feit 1761; *geb. zu Pretz* (wo fein Vater Klofterprediger war) den 5 April 1742. §§. Promtuarium iuridicum über die in den Schleswig-Holfteinifchen Anzeigen von 1750 bis zu Ende 1768 enthaltenen Schleswigfchen, königl. Holfteinifchen und gemeinfchaftlichen Verordnungen, auch unterobrigkeitlichen Verfügungen, proclamata praecluſiva über adeliche Güter und Communen, juriftifche Abhandlungen u. f. w., in alphabetifcher Ordnung nach den

den Materien zufammengetragen und refp. extrahirt.
Plön· 1769. 4. (Auf eigene Koften gedruckt.) Zweyte (durch Nachweifungen auf neuere Verordnungen)
vermehrte Auflage. Glückft. 1791. Fortgefetztes
promtuarium iuridicum, in welchem die — — Verordnungen u. f. w. von 1769 bis zu Ende 1788 gleichfalls in alphabetifcher — — extrahirt find. (Hamb.)
1789. 4. (Auf eigene Koften) — „Eine ziemlich beträchtliche Anzahl von Satzfchriften, in zunr Theil
fehr intereffanten Procefsfachen, welche bey dem Holfteinifchen adelichen Landgerichte und bey den fon-
ftigen höchften Dikafterien in Glückftadt rechtshän-
gig gewefen und von ihm gefuhrt find." *(Revidirt.)*
(M. u. N, 2. 4. 5.) CALLISEN (Heinrich), *Doctor der A.*
G. feit 1772, *würklicher Inftitzrath* feit 1784, *Gene-*
raldirector der chirurgifchen Akademie feit 1794 und feit
1773 *Profeffor der Chirurgie zu Kopenhagen*, (vorher
auch von 1771 bis 1795 Oberchirurgus beym See-
Etat), wie auch feit 1769 Mitglied der chirurgifchen
Akademie zu Paris, feit 1770 der Societät der Wiffenfchaften zu London, feit 1780 der königl. Gefellfchaft der Wiffenfchaften zu Kopenhagen und feit
1774 des Collegii medici dafelbft; *geb. zu Preetz den*
11 May 1740. §§. (D. inaugur.) Praefidii claffis regiae fanitatem confervandi methodus. Hafn. 1772. 8.
(Ueberfetzt von *Joh. Paul Gottfried Pflug:* Ueber die
Mittel, die Seefahrenden und insbefondre die Befaz-
zungen der königl. dänifchen Kriegsfchiffe gefund zu
erhalten; den Schiffswundärzten und andern Seefah-

ren-

renden zum Beſten überſetzt. Kopenh. 1778. 8.)
Inſtitutiones chirurgiae hodiernae in uſum academi-
cum adornatae. Hafn. 1777. 8. (Deutſch von *A. A.
Richter*. Halle 1785. 8. und von einem Anonymen:
Grundſätzë der heutigen Chirurgie. Wien 1783. 8.;
auch ins Franzöſiſche, Spaniſche und Ruſſiſche überſetzt.) Til mine Medborgere, i Anledning af Hr.
Regimentsfeldſkizr *Fd. Martini's* under 29 Oct. 1784
udgivne trykte Brev og dets Fölger. Kbhvn. 1785.
8. (Deutſch unter dem Titel: Antwort auf *Martini's* Brief an *Tode*. Aus dem Däniſchen. Kopenh.1786.
8. — fehlt im Repert. V, 1072.) Svar efter Lövte
paa de, i de nyeſte Kiœbenhavnſke Efteretn. om lærde Sager indrykkede Oplysninger (af *N. Riegels*) i
Anledning af min *(Martini's)* Erklæring til mine Medborgere. Kbhvn. 1785. 8. (deutſch überſetzt von
F. Martini; vergl. den Anhang.) Principia ſyſtema-
tis chirurgiae hodiernae. P. 1 et 2. Hafn. 1788 et
1790. 8 mai. (Deutſch von C. G. *Kühn:* Grundſätze
des Syſtems der ganzen heutigen Chirurgie, zum öffentlichen und Privatgebrauche eingerichtet. 2 Theile.
Kopenh. 1788 und 1791. gr. 8. und von einem Anonymen Wien 1786-1791. gr. 8. 3 Theile; auch ins
Franzöſiſche, Spaniſche und Ruſſiſche überſetzt.) —
Obſ. de gravi concuſſione capitis cum fractura baſeos
cranii letali, in qua ſectio ſinus longitudinalis durae
matris inſtituebatur; in ſoc. med. Hafn. Collect. Vol.
I. De utero atque vaginae duplici obſervatio; daſ.
De hydrophobia a cane lambente inducta obsſ. duae;

daſ. De hydrope ovarii obſ.; daſ. Vol. 2. De
variis formationis calli impedimentis; daſ. Obſ.
de concretione polypoſa, cava, ramoſa, tuſſi reiecta;
in Actis ſoc. med. Hafn. Vol. r. Hernia letalis cum
ruptura atque ſtructura omenti; daſ. Circa incon-
ſtantiam ſymptomatum in hernia omentali annotata;
daſ. Annotationum circa callum oſſium continuatio fractae patellae reunionem maxime attingens;
daſ. De ſumma ebrietate obſ.; daſ. Vol. 2. Obſervata quaedam medico-chirurgica; daſ. Specimen
deſcriptionis morborum anno 1779 in noſocomio
nautico graſſantium. Particula 1. de inflammatio-
nibus pectoris; in Actis regiae ſoc. med. Hafn. Vol.
1. Obſervata quaedam circa febrem putridam annorum 1779 et 1780 cum adiunctis monitis circa
inefficaciam corticis Peruviani et efficaciſſimam vim
pulveris ſeminum ſinapeos Anglicani; daſ. Relatio
epidemiae bilioſo- nervoſo- putridae in claſſe regia
ac noſocomio nautico anno 1781 graſſantis una cum
obſervatis circa effectum camphorae doſi conſuetis
longe maiori datae et ſeminum ſinapeos Anglicani
intus ſumtorum; daſ. Obſ. de herniotomia ob ac-
cedentem trismum letali; daſ. Vol. 2. Obſ. de diarrhoeae cum obſtructione alvi haud infrequenti con-
nubio; daſ. Deſcriptio epidemiae bilioſo- nervoſo-
putridae inter nautas claſſis regiae anni 1788 et 1789;
daſ. Vol. 3. De fatis fauſtis et infauſtis perforatio-
nis proceſſus maſtoidei pro ſurditate auferenda, adiectis cautelis practicis; daſ. (Dieſe mediciniſchen
und

und chirurgifchen Beobachtungen werden, zufolge
des allgem. Bücherverzeichniffes, Oftermeffe 1795,
in einer deutfchen Ueberfetzung erfcheinen.) — Ana-
tomifk Befkrivelfe over et Fofter med tvende Hove-
der; im 2ten Bande der neuen Sammlung der Schriften der königl. dänifchen Gefellfchaft. Om en Cur
paa et blindfœdt Pigebarn 9 Aar gammel; daſ. Noch
eine *dänifche* Abhandlung über den beftändigen Ver-
luft und die Wiedererfetzung der thierifchen Wär-
me, und die verfchiedenen Quellen derfelben; daſ.
Th. 4.— „Sein Bildnis vor der Wiener Ueberfetzung
der principia fyft. chir. hod. fcheint nach dem Kopenhagener geftochen zu feyn und gleicht einiger-
mafsen." — Vergl. *Worm* 3, 137 und einen Auszug
aus *Abr. Kall's* Programm in *J. C. Tode* medic. chirurg.
Biblioth. 1, 125. *(Revidirt.)*

(N. 5.) CALLISEN (Johann Leonhard), *Oberconfiftorialrath, Generalfuperintendent des Herzogthums Holftein und
Kirchenprobft zu Rendsburg* feit 1792, vorher feit 1782
Paftor zu Oldesloe, feit 1769 Paftor zu Zarpen im
Amte Reinfeld und feit 1764 Paftor in der Neuftadt
vor Plön; *geb. zu Preetz den 23 Aug. 1738.* §§. Warum
wird im gemeinen Leben fo wenig von Gott geredet, da es doch der nützlichfte Gegenftand der Unterhaltung ift? Kopenh. 1791. 8. (Eine Abhandlung, welche in Kopenhagen das Acceffit erhielt.)
Zweyte Aufl. Schlesw. und Leipzig 1793. Ueber
den Freyheitsfinn unferer Zeit. Altona 1791. gr. 8.
Die letzten Tage unfers Herrn Iefu Chrifti. Lübeck

1791. 8. (auch mit dem Zufatze: erfte Hälfte. Schleswig und Leipzig 1793. 8.) Ift es rathfam, bey unferm bisherigen Glauben an die Weifsagungen der
Bibel von unferm Herrn Chrifto zu bleiben? Lübeck
1792. 8. Zweyte vermehrte Aufl. Schlesw. 1794.
Von dem geringen, doch herrlichen Anfange des Lebens Chrifti und der Seinen auf Erden (eine Predigt).
Schlesw. und Leipz. 1794. 8. Ueber den Werth der
Aufklärung unferer Zeit. Daf. 1795. 8. (*Revidirt*.)

CAPITO (Johann), *Doctor der A. G.* feit 1776 *und* feit
1771 *Wundarzt* an der königl. allgemeinen Pflegean-
ftalt beym Wartouhofpital *zu Kopenhagen; geb. zu
Wilfter den 21 Dec. 1746.* §§. *Beobachtungen in:
Gefchichte und Verfuche einer chirurgifchen Privat-
gefellfchaft zu Kopenhagen (herausgegeben von *J. C.
Tode*). Kopenh. 1774. 8. *Obff. medicae (oblatae?)
in focietate exercitatoria (von der *J. C. Tode* in feiner medicinifch-chirurgifchen Bibliothek hin und
wieder Nachricht gibt). ib. 1776. Spec. inaugur.
de obfervatione medica. ib. 1776. 4. Vergl. *Worm*
3, 143. (*Autographum*)

CARL, *Prinz von Heffen-Caffel, königl. danifcher Feldmar-
fchall und Statthalter von Schleswig und Holftein; geb. zu
Caffel den 19 Dec. 1744.* §§. Memoires für la cam-
pagne de 1788 en Suede. à Kiel 1789. 8. (Deutfch
von C... L... *Langelotz*: Denkwürdigkeiten des
Feldzugs gegen Schweden im Iahr 1788, vom Prinzen Carl von Heffen. Flensb. 1790. 8. — Einer andern

dern *deutschen* Ueberſetzung, und einer *engliſchen* gedenkt Repert. IX, 151 und 153.)

CARSTENS (Hinrich Gottlieb), *der Wiſſenſchaften* (?)
*Befliſſener, itzt auf einer Geſchäftsreiſe nach Spanien; geb.
zu Altona den 29 Iun. 1771.* §§. Tordenſkjold. Ein
Volksbuch. Dulce et decorum eſt pro patria — vi-
vere. Altona und Leipz. bey J. H. Kaven und in Rendsburg bey Martini. 1794. 158 S. 8. *(Autographum.)*

(M.) CARTHEUSER (Carl Wilhelm), Sohn des Joh.
Friedrich C. im *Adelung* und Bruder des Friedr. Aug.
C. im *Meuſel* — *Doctor der A. G. und ausübender Arzt
in Glückſtadt, wie auch königl. däniſcher Canzleyrath* (vorher zu Hamburg); *geb. zu Halle* im Magdeburgiſchen
den 22 Nov 1735. §§. D. inaugur. de oleo Cajeput.
Francof. ad Viadr. 1754. 4. (Eigentlich, obgleich
von *Adelung* übergangen, unter dem Vorſitze ſeines
Vaters, als Verfaſſers, vertheidigt, da ſie von *Fr. Ek-
hard* im Regiſter zu den Göttinger Zeitungen dieſem
mit beygelegt, in F. *Boerners* Nachrichten (3, 389.)
aber, und in E. G. *Baldingers* Magazin für Aerzte (St.
4.), ſo wie von *J. S. Erſch* allein zugeſchrieben wird:
J. F. Cartheuſers Abhandlung von dem feſten flüch-
tig öhligen Salze in den ätheriſchen Oehlen — überſetzt von *J. C. G. Ackermann.*) Betrachtungen über
einige Materien aus der Diätetik. Hamb. und Leipz.
1756. 8. Vermehrte Betrachtungen über einige M.
aus der D. Altona 1763. 8. *(Revidirt.)*

(M. u. N. 1. 2. 4.) CELLARIUS (Joh. Elias), Bruder (?)
des Ludewig Friedrich C. im *Meuſel — Paſtor zu Trit-*

rau seit 1788, vorher seit 1771 Rector zu Husum,
zuerst seit 1768 Hauslehrer bey dem Baron v. Ger-
storf in Rendsburg; *geb. zu Rudolstadt* im Fürstenthum
Schwarzburg *den 3 Iau. 1744.* §§. Das christliche Verhalten gegen Irrende in der Religion. Flensb. und
Leipzig 1777. 8. Der Ruhm des Gerechten im Tode (eine Predigt am Charfreyt.) ...... 1787. *Catalogus bibliothecae theologicae a Petro Kochio (dessen *Leben* er vorgesetzt hat), Pastori Wizworthiensi
collectae ac 1787 divendendae. Slesvici. 8. *Beschreibung von Paläſtina, in (.... *Ingwersens*) bibli-
scher Geschichte des A. T. Husum 1792. 8. — Seine
Schulschriften sind *theils* deutsche, 1)unter dem Titel:
Husumische Schulsachen, erste bis eilfte Sammlung.
Flensb. 1775-1787. 4. *Erste* enthält einen Lections-
katalog und die Untersuchung zweyer Fragen: Ob
es gut und nützlich sey, daß die Landprediger sich
mit der Vorbereitung junger Leute auf die Universität befassen? und: Woher es komme, daß man nicht
so viel wohl präparirte junge Leute auf die Universität senden könne, als man wohl wolle? 1775.
Zweyte: Lectionenanzeige und Nachricht von der
Schulbibliothek. 1776. *Dritte:* Ueber die höchst-
nöthige Autorität der Schullehrer. 1777. *Vierte:* An-
weis. zur Bildung guter Sitten in den Schulen. 1788.
Fünfte: Berechnung des Fleißes der Lehrer und Schüler in Erreichung des Schulzweckes. 1779. *Sechste:*
Lectionenanzeige und Nachricht von der Schulbibliothek. 1780. *Anhang zur sechsten Sammlung:* Wie der
Schul-

Schullehrer feinen Schülern Vaterlandsliebe einflöfsen könne? 1780. *Siebente*: Analecta quaedam de veterum poëtarum lectione iuvenum ftudiis commendanda. 1781. *Achte*: Entwurf der vom Könige unterm 1ften Nov. 1783 confirmirten Bürgerfchule in Combination mit den lateinifchen Claffen, nebft einer Vorrede und fernere Beyträge zur Methodik. 1784. *Neunte*: Gedanken über Lob und Tadel, als Beförderungsmittel des Fleifses und guter Sitten unter den Schülern. 1785. *Zehnte*: Erklärung über Schulzeugniffe. 1786. (Vergl. *G. S. Francke.*) *Eilfte*: Ueber Schulwiffenfchaften und ihren Nutzen, auf Veranlaffung der Campifchen Fragmente. 1787. (Vergl. *denfelben.*) — 2) noch einige Programme vom Iahr 1772-1774 und fonft bey aufserordentlichen Fällen vom Iahr 1777-1785. — 3) Abfchiedsrede zu Hufum am letzten Examine über die Frage: Warum widerftreben Menfchen mehr den Wahrheiten für Herz und Gewiffen, als den Religionslehren überhaupt? Schleswig 1787. 8. — *theils* lateinifche: 1) commentationum facrarum particulae quatuor. Slesv. 4. *Prima*: In Eph. 3, 14-21. 1785. *Secunda*: In Eph. 6, 10-20. 1786. *Tertia*: In 1 Corinth. 13, 8-13. 1786. *Quarta*: De morum doctrinae, per Mofen traditae, praeftantia iufte definienda. 1788. — 2) Aufserdem noch *vier* andere: Vindiciae vaticinii Meffiani Ief. 61, 1. 2. 1772. Annotationes quaedam de dono didactico. 1774. Demofthenes et Cicero inter fe comparantur. 1782. De fcopo in iuventutis inftitutione.

1784. — Einige einzelne, anonymiſch erſchienene, Predigten. *(Theils Autographum, theils mitgetheilt.)*

CHEMNITZ (Johann Hieronymus), *Doctor der A. G. und ausübender Arzt in Preetz*; geb. zu Gickau, einer adlichen Kirche in Wagrien, *den 30 Ian. 1724.* §§. D. inaugur. de tabe dorſuali, quam praeſide *J. G. Brendel* defendet auctor. Götting. 1749. 4.

(N. 4. 5.) CHRISTIANI (Chriſtoph Johann Rudolph), *deutſcher Hofprediger in Kopenhagen* ſeit 1793, wie auch ſeit 1795 Director des Erziehungsinſtituts vor dieſer Stadt, vorher ſeit 1787 Paſtor zu Kalebuy und Moldenit in der Struxdorfer Harde Amts Gottorff; geb. zu Norbye im Lande Schwanſen *den 15 April 1761.* §§. Ueber die Beſtimmung, Würde und Bildung chriſtlicher Lehrer. Schleſw. 1789. 8. Briefe zur Beförderung eines weitern Nachdenkens über die zweckmäſsigſte Einrichtung des öffentlichen Gottesdienſtes. Hamb. 1790. 8. Anleitung zum fruchtbaren Nachdenken über die wichtigſten Angelegenheiten des Menſchen, nachdenkenden jungen Chriſten bey ihrer Confirmation gewidmet. Daſ. 1791. 8. 2ter Theil (auch unter dem Titel: Belehrungen und Rathgebungen zur Erlangung einer wahren Glückſeligkeit). Daſ. 1792. 8. Betrachtungen, veranlaſst durch eine Recenſion meiner Abhandlung über die B. W. und B. chriſtl. L. im 2ten St. des 89ſten Bandes der allgem. deutſchen Biblioth.; im Braunſchw. Journal St. 3. 1790. Kurze Erklärung über die Erinnerungen im Iunius des Braunſchw. Journals; daſ. St. 8.

Bey-

Beyträge zur Beförderung wahrer Weisheit, Tugend und Glückfeligkeit. 4 Stücke. Schlesw. 1793. 8. Predigt auf Veranlaffung der Feuersbrunft, welche den 26 Febr. 1794 das königl. Refidenzfchlofs Chriftiansburg verheerte. Kopenh. 1794. 8. Vorläufige Ankündigung einer Erziehungsanftalt bey Kopenhagen. Daf. 1794. 8. (Auch abgedruckt im Genius der Zeit 1794. Dec.) Predigten. Daf. 1794. kl. 8. Predigten. 1fter Band. Lübeck und Leipzig 1795. gr. 8. (Beyde *Schriften* find vielleicht *nicht* verfchieden.) — Hat angekündigt: „Beyträge zur Veredlung der Menfchheit, herausgegeben aus dem Erziehungsinftitut bey Kopenhagen," welches heftweife in vierteljährigen Fortfetzungen, in dänifcher und deutfcher Sprache erfcheinen wird. *(Revidirt.)*

CHRISTIANI (Conrad), Vaterbruder des folgenden — *Apotheker zu Kiel*; *geb. dafelbft den 13 Aug. 1732.* §§. *Etwas über das neue Londner und andere Apothekerbücher. Hamb. 1790. 8. (wird im allgem. Repertor. der Litteratur V, 1690 und N. 5. dem *P. G. Hensler* irrig zugefchrieben.)

(N. 5.) CHRISTIANI (Johann Wilhelm), Sohn des *Wilhelm Ernft* C. im Anhange — *Doctor der Philofophie und feit 1795 Adjunct der philofoph. Facultät zu Kiel,* vorher feit 1793 Privatdocent; *geb. dafelbft den 24 März 1771.* §§. Commentatio, qua explicantur fundamenta calculi, quem ab infinito nominamus et oftenditur, quomodo iis, quae tradiderunt Euclides, Archimedes, Apollonius Pergaeus innitatur calculus

infiniti. Gött. 1792. 4. Mit 2 Kupfertaf. (ift eigentlich die von der philofoph. Facultät zu Göttingen im
genannten Iahre gekrönte Preisfchrift.) Die Lehre
von der geometrifchen und ökonomifchen Vertheilung der Felder. Nach der dänifchen Schrift des Hrn.
Niels Morville bearbeitet, mit *Käftners* Vorrede. Gött.
1793. gr. 8. mit 3 Kupf. D. inaugurat. exhibens
fupplementa ad commentationem de fundamentis calculi, quem ab infinito nominamus, anno fupériori
editam. Kil. 1793. 4. — Vergl. *W. E. Chriftiani's* Programm: prolufio, qua oftenditur eandem fere in hiftoria, quam in mathefi, vim habere contextum rerum. 1793. 4.

CHRISTIANI (Wilhelm Rudolph), *Paftor bey der Zucht-
bausgemeine in Glückftadt* feit 1792; geb. *zu Altona den
9 Ian. 1760.* §§. Glaubensbekenntnifs; eingerückt in
Rud. Gerb. Behrmanns Reden bey deffen Taufhand-
lung. Hamb. 1785. 8. *(Autographbum.)*

CLASEN (Erich Friedrich), *Paftor zu Tellingftedt* in Norderdithmarfchen feit 1787, vorher feit 1779 Diakonus dafelbft; *geb. zu Rendsburg* (wo fein Vater *Chriftian Peter C.* Rector war) 175.. §§. ....

CLASEN (Johann Joachim), Bruder des vorigen — *Paftor zu Ulsnis,* in der Schliesharde Amts Gottorff, feit
1763, vorher feit 1762 dänifcher Feldprediger; *geb.
zu Rendsburg 17...* §§. Gedanken bey der Tren-
nung feines Freundes. Helmft. 1756. 4. Diff. phi-
lologico-theologica de homologia S. Thomae Apo-
ftoli

ftoli ad Joh. 20, 28. quam praeſ. *J. B. Carpzov* tue-
bitur auctor. ib. 1757. 4.

CLAUDIUS (Chriſtian Detlef), jüngerer Bruder des folgenden — *Doctor der A. G. und Phyſikus in* den Städten Heiligenhaven, *Lütjenburg* (wo er wohnt), Neuſtadt und Oldenburg, auch dem Amte Ciſmar; *geb.
zu Rheinfeld* Amts Ahrensbök 175.. §§.........;
(eine kleine Schrift, welche er herausgab, als er unter *Ehlers* die Segeberger (?) Schule frequentirte.) D.
inaugur. de morbis, quorum curatio cum periculo
ſuſcipitur. Gött. 1773. 4.

(M. u. N. 1. 2. 4. 5.) CLAUDIUS (Matthias), *erſter Revi-
ſor bey der Schleswig-Holſteiniſchen Bank zu Altona* ſeit
1788, *wohnt zu Wandsbeck* ſeit 1777, nachdem er
1776 Oberlandcommiſſar zu Darmſtadt geweſen
war; *geb. zu Rheinfeld* Amts Ahrensbök *den* .... *1743.*
§§. *Tändeleyen und Erzählungen. Jena 1763. 8.
Wandsbeck, eine Art von Romanze, von Asmus, pro
tempore Boten daſelbſt; mit einer Zuſchrift an den
Kaiſer von Iapan. 1773. (Dieſes Gedicht, nebſt andern poetiſchen und proſaiſchen Auſſätzen, die im
Wandsbecker Boten, im Göttingſchen Muſenalmanach und in den Hamburger Addreſscomtoir-Nachrichten zerſtreut waren, hat er unter folgendem Titel geſammelt:) Asmus omnia ſua ſecum portans,
oder ſämtliche Werke des Wandsbecker Boten. 2 Th.
Hamb. und Wandsb. 1775. 8. (Neue Ausgabe 1790.)
3ter Th. 1778. 4ter Th. Breslau 1783. 5ter Th.
1790. (Von den Ueberſetzungen einzelner Stücke
vergl.

vergl. *Erſch* und von der däniſchen *J. E. Heilmann.*)
Geſchichte des Aegyptiſchen Königs Sethos; aus dem
Franz. (des Abbé *Terraſſon*). 2 Theile. Bresl. 1777.
1778. 8. Neue Auflage. Leipz. 1784. 8. Reiſen
des Cyrus, eine moraliſche Geſchichte, nebſt einer
Abhandlung über die Mythologie und alte Theologie, von *(Andr. Mich.) Ramſay*; aus dem Franz. (welches, den Nachrichten von der Stolliſchen Biblioth.
— N. CCXCVIII — zufolge, wahrſcheinlich *ibn ſelbſt*
zum Verf. hat.) Mit einer Vorrede. Daſ. 1780. 8.
Irrthum und Wahrheit, oder Rückweis für die Menſchen auf das allgemeine Principium aller Erkenntniß, von einem unbekannten Philoſophen; aus dem
Franz. Hamb. 1782. 8. * Schilderung von Paris.
Aus dem Franz. (des *Mercier.*) Auszugsweiſe überſetzt. 4 Theile. Breslau 1782-1784. 8. (wird nach
einer Bemerkung im zweyten Nachtrage des gelehrten Deutſchlandes auch dem *S. G. Bürde* beygelegt.)
* Zwey Recenſionen, in Sachen der Herren *Leſſing,*
Moſes Mendelſohn und *Jacobi.* Hamb. 1786. 8. *Auch
ein Beytrag über die neue Politik, herausgegeben
von Asmus; iſt aus dem — noch nicht erſchienenem?
— 6ten Theile des Wandsbecker Botens beſonders
abgedruckt). (1794) 8. (däniſch von *J. E. Heilmann.*)
— Von ihm iſt auch der deutſche, ſonſt Wandsbecker
Bote, eine politiſche Zeitung, die Bode in Hamburg
druckte, vom J. 1770 an bis 1775 im October, wo
ſie aufhörte. — Recenſionen in der neuen Hamburger Zeitung 1775. 1776. — Sein Bildniß im 3ten Th.

von

von *Lavaters* Phyfiognomik. — Wegen feines Aufenthalts in Darmftadt findet man litterarifche, ihn
betreffende, Nachrichten in *Strieders* Grundlage zu
einer HeffifchenGelehrten und Schriftfteller Gefchichte. B. 2. — Ob übrigens *Fr. Ekkard* S. 230. ihm mit
Recht den Volksroman: Leben und Meinungen des
Til Eulenfpiegels, 1fter Theil. 1779. 8. beylege, ift
zu bezweifeln, da Meufel diefe Schrift dem *F. Herzberg* zufchreibt.   (Gröftentheils *aus dem gelehrten
Deutfchlande* entlehnt; denn obiger Auffatz *follte* nicht
berichtigt werden, weil *diefer* Schriftfteller „nicht
einfieht, zu was die Lebensbefchreibungen, (??) wenn
die Leute nicht ungewöhnliche Verdienfte haben,
gut find und *fonderlich ihm* alle Lebensbefchreibungen, fo lange die Leute leben, etwas unfchickliches
zu haben dünken.")

CLAUS (Johann Cafimir), *Paftor zu Hohn* Amts Hütten
feit 1754; *geb. zu Moringen* im Hannöverfchen 1728.
§§. Predigt von der Vortreflichkeit des Gebots von
der Liebe des Nächften, Hamb. 1754. 4. Ueber die
Weisheit und Güte Gottes in Beftimmung des Le-
bensziels wahrer Gläubigen. 8.   (Ein Glückwunfch
an *A. Struenfee*; auch der, bey Gelegenheit feines Iu-
biläums erfchienenen, Sammlung einverleibt.)

CLAUS (Johann Elias), *Paffer zu Bornhöved* Amts Segeberg feit 1781, vorher feit 1770 Diakonus zu Heiligenhaven; *geb. zu Gerbftädt* im Mansfeldifchen 17...
§§. Eine kleine Rede bey Gelegenheit eines zu Depenau hingerichteten Delinquenten. ...

CLAUSEN (Chriſtian), *Paſtor zu Bau* in der Wiesharde
Amts Flensburg ſeit 1789, vorher zuerſt Katechet
am Zuchthauſe zu Altona, dann Prediger zu Sames
im Lauenburgiſchen, darauf Prediger zu Siebeneichen;
geb. zu Flensburg 175.. §§. Verſuch eines Unterrichts
in den Hauptwahrheiten der chriſtlichen Religion.
Eine Vorbereitung zu dem neuen Schlesw. Holſtein.
Katechismus. Flensb. 1792. 8. Heiliges Dankopfer
für die gnadenreiche Hülfe des Herrn am Tage der
gröſten Gefahr (den 26 Febr. 1794). Flensb. 1794.
8. Vergl. *Boltens* Kirchennachrichten von Altona I,
182.

CLAUSSEN (Heinrich Friedrich Chriſtian), *privatiſiren-
der (?) Rechtsgelehrter zu Kopenhagen*; *geb. zu Kiel 177.*
§§. Litterariſche Nachrichten von *Adam Smith*; im
deutſchen Magazin 1795. Iun. — Hat angekündigt:
Récueil des Traités, mémoires, actes et autres ecrits
publics, qui ont été redigés et publiés par la Cour
de Dannemarc depuis l'avenement au trone du Roi
regnant juſqu' à l'epoque actuelle, ou depuis 1766
juſqu' à 1794.

(N. 5) CLAUSSEN (Lorenz), *Müller auf Düppelburg* Amts
Sonderburg; *geb. zu ... 17 ...* §§. Practiſche Anweiſung zum Mühlenbau, worin deutlich und gründ-
lich gelehrt wird, wie Mehl- Malz- und Grützmüh-
len, ſie mögen durch Wind, Waſſer oder Pferde in
Bewegung geſetzt werden ſollen, auf das vortheil-
hafteſte einzurichten ſind. Nebſt einer Beſchreibung
zweyer Maſchinen zur Reinigung des Korns (welche
mit

mit 1 dazu gehörigem Kupf. auch befonders abgedruckt ift). Eine belohnte Preisfchrift. Leipz. 1792.
4. mit 10 Kupf.

(N. 5.) COHEN (Raphael), *Oberrabiner der Synagoge der
bochdeutfchen Iuden in Altona* feit 1776, vorher in Pinsk,
nachher in Pofen; *geb. zu Druis* in Polen 17... §§.
ספר תורת יקותיאל (ein auf 100 Blättern in Fol.
zu Berlin im Iahr 1772 (5532) abgedruckter Theil
eines Comment. über *Jore Dea*). ספר מרפא לשון
(enthält eine Sammlung moralifcher Reden oder vielmehr תוכחות, das ift, jüdifcher Strafpredigten)...
ספר שאלות ותשובות ושב הכהן. 4. (5550) 1790
(Gutachten über allerley aufgeworfne Fragen), Alton.
1792 (5552). Fol. ספר שאלות הכהנים תורה.
Daf. 1792 (5552). Fol. — Vergl. vor allen Dingen
Boltens Kirchennachr. von Altona 2, 179-181.

COOPMANS (Gadfo), *Doctor der Weltweisheit und A. G.
und feit* 1793 *außerordentlicher Profeffor der Chemie zu
Kiel*, (vorher feit 1791 außerordentlicher Profeffor
der Chemie zu Kopenhagen und feit 1773 ordentlicher Profeffor der Medicin, Chemie und materia
medica zu Franeker), auch Mitglied der Gefellfchaft
der Wiffenfchaften zu Paris, Brüffel, Harlem und
Uetrecht, fo wie der batavifchen Gefellfchaft der Ex-
perimentalphyfik zu Rotterdam; *geb. zu Franeker den
12 Ian. 1746*. §§. Diff. phyfica de ventis. Franequ.
1770. 4. Diff. chirurgica de cyphofi. ib. eod. 4.
Befchouwing der Natuur van den Heere C. *Bonnet*,
ver-

vertaald, en met eenige Aanmerkingen vermeerdert.
1-3 Deel. Franek. 1774-1776. 8. Oratio de me-
dicamentis indigenis ad morbos belli familiares feliciter depellendos fuffecturis. ib. 1774 4. Varis five
de variolis carmen. ib. 1783. 4. (Auch L. B. 1787.
8. mit einer deutfchen Ueberfetzung. — Vergl. *Meufels* hiftor. litter. bibliographifches Magaz. St. 7. 8. S.
314.) Befchouwing van het Water; in: Hande-
lingen van het Geneeskunding Genootfchap, onder
de Zinspreuk fervandis civibus. Deel XI. Amfterd.
1786. 8. Diff. medico-practica de recens-natorum
aphthis; in: Hiftoire de la fociete royale de medi-
cine. Années 1787 & 1788. Paris 1790. 4. Ver-
handeling over de oorzaaken en verfcheidenheden
van het beslag op de Tong; in: Verhandelingen van
het Bataaffche Genootfchap der Proefondervindely-
ke Wysbegeerte. Deel IX. Rotterd. 1790. 4. D.
phyfica de origine et natura turfarum f. cefpitum;
im ....ten Theil der Schriften der Brüffeler Akademie 179.. Opufcula phyfico-medica. Vol. I. (in
deffen Vorrede er *fein Leben* erzählt.) Hafn. 1793. 8.
(3 Theile zum wenigften werden folgen.) Carmen
elegiacum in natalem 27 Friderici, Daniae principis
regii, publice dictum d. 28 Ian. 1795. Kil. 4. — Einzelne Gedichte in lateinifcher und holländifcher Sprache. — Arbeitet an einem lateinifch-franzöfifchem
Lexicon. *(Revidirt.)* Die im Repert. der Litter. V, 227.
aufgeführte Schrift ift, zufolge der Götting. Zeitung
1791. S. 1010, von feinem Vater, welches im alpha-
beti-

betifchen Regifter des Repertor. nicht bemerkbar gemacht ift.

CORNIELSEN (Hans Marx), *privatifirt in Schleswig; geb.*
zu Tetenbüll im Weftertheil der Landfchaft Eyderftedt *den 10 Sept. 1748.* §§. Topographifche Nachrichten vom Amte Gottorff. Erfter Verfuch. Schlesw.
1792. *(Revidirt.)*

(N. 5.) CRAMER (Andreas Wilhelm), Bruder des folgenden — *Doctor der Rechte und derfelben ordentlicher*
Profeffor zu Kiel feit 1792, vorher feit 1785 aufserordentlicher Profeffor dafelbft; *geb. zu Kopenhagen*
den 24 Dec. 1760. §§. *A. F. Trendelenburgio moderan-*
te de SCto Claudiano ad Tac. Annal. 12, 53. pauca
difputat. Kil. 1782. 4. D. Vefpafianus f. de vita et
legislatione T. Flavii Vefpafiani Imp. commentarius.
Jenae 1785. 8. (D. inaug.) lectiones membranae
Florentinae. Slesvici 1785. 4. Spicilegium anim-
adverfionum in C. Suetonium Tranquillum. Spec. I.
Lubec. 1786. 8. Dispunctionum iuris civilis liber
primus. Suerini et Wismariae 1791. 8. Ad hiftoriam Novellarum Iuftiniani Imp. analecta litteraria.
Kil. 1794. 4. (ein Programm zum Geburtstage des
Königs.) — Recenfionen in den letzten Iahrgängen
der Kieler gelehrten Zeitung. *(Revidirt.)*

M. u. N. 1-5.) CRAMER (Carl Friederich), *Doctor der*
Philofophie, feit 1775 aufserordentlicher und feit 1780
ordentlicher *Profeffor* der griechifchen und orientalifchen Sprachen, wie auch der Homiletik zu Kiel,
privatifirt feit 1794 *in Hamburg; geb. zu Quedlinburg*

E   *den*

den 7 März 1752. §§. Bey der Eroriepfchen und Be-
ckerfchen Verbindung. Lübeck 1771. 4. Bey Bern-
ftorffs Tode, an feinen Vater. Daf. 1772. 4. Rolf
Krage, ein Trauerfpiel, aus dem Dänifchen (des *J.
Ewald*). Hamb. 1772. 4. Von der Erinnerung an
die vergangenen Handlungen unfers Lebens. Eine
Predigt. Götting. 1773. 8. Freuden der Ewigkeit,
eine reiche Vergeltung der irdifchen Leiden eines
Chriften. Eine Predigt. Lübeck 1774. 8. Vier Predigten. Leipzig 1775. 8. Ueber den Prolog. Daf.
1776. 8. (und im 1ften Iahrg. feines Magaz. der Mufik
S. 608 ff.) * Klopftock in Fragmenten aus Briefen
von Tellow an Elifa. Hamb. 1777. 8. * Fortfetzung.
Daf. (1778.) 8. Skythifche Denkmäler in Paläftina.
Kiel und Hamb. 1777. 8. (Vergl. Kieler Litteraturjournal 1780. St. 1. S. 74-95, wo er fich gegen
J. B. Koppe's Recenfion in den Götting. Anzeigen vertheidigt.) Klopftock. Er und über ihn. Herausgegeben — 1fter Theil. 1724-1747. Hamb. 1780. 8.
2ter Theil. 1748-1750. Deffau 1781. 3ter Theil.
1751-1754. Daf. 1782. (umgedruckt und vermehrt.
Leipzig und Altona Theil 1. 1782. Th. 2. 1792.
Th. 3. 1783.) 4. Th. 1755. Leipz. und Alt. 1790.
gr. 8. 5. Th. 1755. Daf. 1793. Beylage und Nach-
lefe zum 5ten Th. Daf. 1793. (Ob der 6te Theil erfchienen ift, hat man nicht erfahren können; der 7te
hingegen macht das 9te Stück des menfchlichen Lebens aus.) * Leben meines Vaters. Aus dem Franz.
(des *Retif de la Bert.*) Lübeck 1780. 8. Fifkerne.
Et Syngefpil i tre Handlinger, af *J. Ewald* (Kbhvn.

1780. 8.) recenfirt und *überfetzt* im Kieler Litteraturjournal 1780. St. 7. 8. 9. Die Erziehung der
Kinder in der Ordnung der Natur, oder kurzer Inbegrif der natürlichen Gefchichte der Kinder in ih-
rem jüngern Alter, zum Gebrauch für Hausväter und
Hausmütter. Von Mr. de *Fourcroy*, Verfafler der
Briefe über die phyfifche Erziehung der Kinder. In
2 Theilen überfetzt. Lübeck 1781. 8. Polyhymnia.
8 Theile. 1782-1792. (Armida; eine tragifche
Oper von *Cb. Coltellini* und *Ant. Salieri.* — Maria und
Johannes. Ein Paffionsoratorium von *J. Ewald.* In
Mufik gefetzt von *Schulz.* — Aline, Königinn von Gol-
conda. Clavierauszug einer Oper von *Schulz.* — *J.
A. Cramers* Lieder, componirt von *F. L. A. Kunzen.*
— Athalia, ein Trauerfpiel mit Chören. Nach *Ra-
cine.* Die Mufik von *Schulz.* — Orpheus und Eurydice.
Eine tragifche Oper nach dem Dänifchen. Die Mufik
von *Neumann;* auch im 8ten und 9ten Th. des Maga-
zins der Mufik. — Holger Danfke oder Oberon; eine
Oper in 3 Aften, von *Baggefen,* componirt von *F. L.
A. Kunzen.* — Hermann und die Fürften, componirt
von demfelben.) Salz und Scherz vor Gericht; eine
Sammlung ironifcher und unterhaltender Memoires.
Aus dem Franz. Leipzig und Deffau 1783. 8. Magazin der Mufik. 1fter Iahrg. in 12 Stücken. Hamb.
1783. 8. 2ten Iahrg. St. 1-7. 1784-1786. Die
neue Heloife, oder Briefe zweyer Liebenden, von
Rouffeau. Aus dem Franz. 4 Theile mit Kupf. von
Chodowiecki. Berlin 1785 fg. 8. (hat auch den Ti-

tel: *R's.* fämtliche Werke. Th. 3-6.) Kurze Ueberficht der franzöfifchen Mufik. Daf. 1786. 8. Flora,
enthaltend Compofitionen für Gefang und Clavier,
von Gräve, Gluck, Bach, Ad. Kunzen, F. L. A. Kunzen, Reichardt, Schwanenberger. Erfte Sammlung.
Hamb. 1787. 4. *Rouffeau's* Politik. Neu überfetzt.
2 Theile. Berlin 1787. 8. (hat auch den Titel: *R's.*
fämtliche Werke. Th. 1. 2.) *(*A. C.*) Hwiid's* Reife
durch Deutfchland. Ein Turnier zwifchen Heinze
und Cramer in Kiel, gehalten vor dem *plain good fenfe*
OG good humor des Copenhagener Publicum. Kiel
1788. 8. Emil, oder über die Erziehung, von *J. J.*
Rouffeau, Bürger zu Genf. 4 Theile. Aus dem Franz.
überfetzt. Mit erläuternden, beftimmenden und berichtigenden Anmerkungen der Gefellfchaft der Re-
viforen aus dem Revifionswerke (deffen 12-15ten
Theil er ausmacht) befonders abgedruckt und herausgegeben von *J. H. Campe.* Braunfchw. 1789-1791.
8. (auch unter dem Titel: *R's.* fämtliche Werke,
überf. Th. 7-10. Berlin 1788-1791. 8.) *Bagge-*
fen. Kiel 1789. 8. Ueber die Kieler Univerfitätsbibliothek. Daf. 1791. 8. (ward Oftern 1795 von Kaven in Altona auf die Meffe gebracht — und ift merk-
würdig als *des einzige Buch in der Welt,* welches keinen mit dem Buchftaben A fignirten Bogen hat.)
Menfchliches Leben. 1ftes bis 8tes Stück. Gerechtigkeit und Gleichheit! Altona und Leipz. 1792. 8.
(Das 4-6te St. führt auch den Titel: *J. A. Cramer,*
Seine hinterlaffenen Gedichte, herausgegeben von feinem

nem Sohne. 1ſtes bis 3tes St. Die 5 andern Stücke, welche ihm ſelbſt eigen find, haben auch zur Auf-ſchrift: Neſeggab, oder Geſchichte meiner Reiſen nach den Caraibiſchen Inſeln.) 9 St. 1792. (auch un-ter dem *dreyfachen* Titel: Der Tod — Commentar über den Meſſias. 4 St. — Klopſtock (F. G.) Ueber ihn. 7 St.) 10 St. 1793. (auch unter dem Titel: Bagge-ſen oder das Labyrinth. Eine Reiſe durch Deutſch-land, die Schweiz und Frankreich. Aus dem Däni-ſchen überſetzt und mit Anmerkungen. 1 St.) 11 St. 1793. (oder: Baggeſen — 2 St. oder: Kiel, Eutin, Lü-beck. Ueberſetzt aus B. L.) 12 St. 1794. (auch un-ter dem *dreyfachen* Titel: *Sieyes* Schriften. Die Vor-rechte und was iſt der Bürgerſtand? 1 St. — Eleuthe-ria. 1 St. — Ehrenrettung der Gironde. 1 St.) 13 St. 1794. (auch unter dem *dreyfachen* Titel: Anhang zu der erſten Dodekade des menſchlichen Lebens — Iſmael (Charles Frederic). Ein Buch voll Späne ohne Fugen oder Zuſammenhang. 2 St. — Kritiſche Aften oder das Pro und Contra zur Würdigung meines Buches: Menſchliches Leben etc. 3 St.) 14 St. 1794. (auch unter dem *dreyfachen* Titel: Baggeſen. 3 St. — Hamburg. Altona. Ueberſetzung aus B. L. — Voll-ſtändige Aften des Proceſſes der gerichtlichen Unter-ſuchung ex officio durch des Königs Generalfiſcal, an-hängig gemacht gegen Thomas Paine, aus dem Engl.) 15 St. 1795. (auch unter dem ..... fachen Titel: Baggeſen. 4 St. .....) 16 St. 1795. (auch unter dem ..... fachen Titel: Baggeſen. 5 St. .....) Ueber mein

Schick

Schickſal (Manuſcript für Freunde). Fata volen-
tem ducunt, nolentem trahunt. Seneca. Kiel 1794.
8. *Louvet's* Schickſal, geſammlet und überſetzt. St.
1. 2. 3. Altona 1795. 8. — *Gedichte* im Göttingſchen
Muſenalmanach, *Recenſionen* in dem ehemaligen Kieler Litteratur-Iournal von 1780 und 1781, in der
neuen Hamburger Zeitung, im Wandsbecker Boten
und im däniſchen Iournal, welches 1767 ff. unter
Auſſicht des Paſtors *Joſias Lorck* in Kopenhagen herauskam. — (*Revidirt.*)   Ueberſetzt für Bohn und
Comp. in Lübeck: Anecdotes of the life of the R. H.͠
William Pitt and of the principal events of his life in
3 Voll. (nach der dritten Ausg. des Origin. Lond. 1793.)
DAHL (Johann Chriſtian), *Doctor der A. G. zu* ...; *geb.*
zu Schleswig den ... *17* ...   §§.   D. inaug. aphorismos
quosdam phyſico-medicos continens. Erlang. 1791.
8 min.   (Dieſen Schriftſteller kennt niemand in ganz
Schleswig.   Sollte wohl in der Erlanger gel. Zeitung, woraus dieſe Nachricht entlehnt iſt, *Schleswig*
ein Druckfehler ſeyn? Zufolge der Vorrede des 1ſten
Th. von *G. W. A. Fikenſcher's* Geſchichte der Univerſität
zu Erlang. (1795) wird der *dritte* Th. Auskunft geben.
DAME (Johann Friedrich), *Paſtor zu Tömmerup* in Artz-
probſtey, Amts *Kallundborg* auf Seeland; *geb. zu Witz-*
worth in der Landſchaft Eiderſtedt *den 31 Ian. 1755.* §§.
Geheimeraad Schubarts Afhandling om adſkillige
Græsarters Egenſkaber og fordeelagtigſte Dyrknings-
maade. Af det Tydſke overſat. Kbhvn. 1786. 8.
(*Nach dem Autographum.*)
DAMM (Rasmus), ... *in Wittſtedt* in der Gramm-

harde Amts Hadersleben; *geb. zu* .... : *17* ...   §§.
Ueber die Landesvertheilung. Hadersl. 1794. 8.

(M. u. N. 5.) DANIELSEN (Erasmus), *Rector der Stadtfchule zu Kiel* feit 1778, *und feit* 1790 *Profeffor honorarius*; *geb. zu* Eckenis Kirchfpiels Bohren in Angeln
den 21 April 1743. §§. *Gedanken über die wahre
Philofophie des Chriftenthums für jedermann, von
E. Flensb. 1775. 64 S. 8. *Wahre Philofophie des
Chriftenthums für jedermann, von E. Kiel 1775. 8.
Vorläufige Einleitung 110 S., nähere Einleitung 224
S. *Auch etwas über Wahrheit, Denken und Lehren, auf Veranlaffung der Schrift gleichen Inhalts
(von *Riebe*). Hamb. und Leipz. 1777. 8. Erklärung
des vorigen holfteinifchen Katechismus. Kiel 1780.
8. Der Chrift bey dem Abendmahle Iefu. Flensb.
1783. 8. Lehrbuch für Anfänger in Erlernung der
lateinifchen Sprache und zur erften Bildung der Iugend, als Verfuch einer neuen Methode. Kiel 1788.
8. Hamb. 1792. 8. Kurze Erklärung der in dem
Schlesw. Holftein. Landeskatechismus enthaltenen
Religionslehren. Hamb. 1792. 8. Tafchenbuch
über die Richtigkeit der deutfchen Sprache im Spre-
chen und Schreiben. Erfter Theil (dem *zwey* folgen
werden). Kiel 1795. 8. — Aufserdem fchrieb er abwechfelnd mit *N. B. Lange* (vergl. den Anhang) folgende Programme: Nachricht von den lateinifchen
Claffen der Kielifchen Stadtfchule, als Einladung zur
öffentlichen Prüfung der Schüler am 21 Octob. 1779.
1ftes Stück. (Kiel) 4. 3tes St.: Etwas über Verbef-

ferung der Kielifchen Schuldifciplin. 1781. 5tes St.:
Einige Gedanken über die befte Schule. 1783. 7tes
St.: Ueber die Vortheile einer öffentlichen Schule an
dem Orte, wo eine Univerfität ift. 1785. 9tes St.:
Etwas über die Erziehung überhaupt und über Ehrliebe in Abficht der Erziehung insbefondere. 1787.
11tes St.: Warum wird durch allen Unterricht mit
der Iugend fo wenig erreicht? 1790. — Halbjahrige
Nachrichten von dem Fleifse und den Fortfchritten
der Schüler der lateinifchen Stadtfchule in ihren eigenen Arbeiten enthalten. 1ftes St. Kiel den 14 Apr.
1791. 2tes St. Kiel den 30 Sept. 1791. 3tes und
4tes St. Kiel den 30 März und den 30 Auguft 1792,
deren Vertheilung bis zur Obrigkeitlichen Beftimmung der Tage des öffentlichen Schulexamens (welches jedoch im Iahr 1795 noch nicht angeftellt war)
verfchoben wird. — Arbeitet an zwey Schriften, betitelt: „Ueber die 4 erften Capitel des 1ften Buchs
Mofes, für nachdenkende Lefer," und: „Der 119te
Pfalm wörtlich überfetzt und ausführlich analyfirt,
nebft einer freyen Ueberfetzung, vorangefchickt eine
kurze Grammatik der hebr. Sprache zum Gebrauch
für Schulen." *(Revidirt.)*

DANZMANN (Heinrich Wilhelm), *Doctor der A.G. und
ausübender Arzt zu Lübeck; geb. zu Kiel den 5 Sept. 1759.*
§§. D. inaug. de epidemicis morbis in expeditioni-
bus navalibus obfervatis. Kiliae 1785. 4.

(N. 1. 3. 4.) DAU (Chriftfried Ulrich), *Rathsherr zu Altona,* protocollführender und expedirender Director
der

der Schlesw. Holst. Speciesbank seit 1787, auch seit
1792 Mitglied der General-Lotto-Direction und des
Commerz-Collegiums daselbst, vorher seit 1778 Volontair bey der deutschen Canzeley zu Kopenhagen
und seit 1782 Canzeleysecretair und Gehülfe im Can-
zeleyarchiv; *geb. zu Itzehoe den 25 Sept. 1751*. §§. Staats-
und Gelehrten-Geschichte Griechenlands, von *Carlo
Denina*; aus dem Italienischen mit Anmerkungen und
Zusätzen. 1ster Th. Flensb. und Leipz. 1783. 2ten
Th. 1ster B. 1785. gr. 8. * Geschichte der Staatsveränderung von Dännemark, von *Johann Andrews*; aus
dem Engl. übersetzt. 1ster Th. Kopenh. und Leipz.
(Flensb.) 1786. 8. *Peter Topp Wandall's* Lebensbe-
schreibung der verdienten Männer, die zu Jagerpriis
durch Denksteine verewigt worden; aus dem Dänischen übersetzt. 2 Bände. Meldorf und Leipz. 1787.
8. — „Die von ihm angekündigte Uebersetzung von
Knut Lünov Rabbek's Briefen eines alten Schauspielers
erschien nicht, weil der Verfasser eine andere (von
Ch. H. Reichel. Kopenh. 1785. 8.) durch Mittheilung
von Berichtigungen und Zusätzen unterstützte. — Be-
schäftigt sich mit einer systematischen Sammlung aller die Stadt Altona angehenden Verordnungen und
Verfügungen." — Zu den ihm und C. *U. D.* von *Eggers* beygelegten „Materialien zur Statistik der dänischen Staaten, aus Urkunden und beglaubten Nachrichten, nebst einer charakteristischen Uebersicht der
dänischen Litteratur. 1ster Band. Flensb. und Leipz.
1784. 8. 2ter Band. 1786. 3ter B. 1790." hat er
sich *nicht* bekannt. — Vergl. *Worm* 3. 167. (*Revidirt*.)

DEMANGEON (Jean Baptifte), *franzöfifcher Bürger*, feit 1794 *zu Kiel; geb. zu Hadigni* im Departement des Vôges *den 1 Dec. 1764.* §§. Abhandlung über die franzof. Ausfprache. Leipzig 1791. 8. Lettre fur les prêtres féditieu:e+ et refraĉtaires. à Paris 1791. 8. Gefchichte meiner Vertreibung aus Leipzig. Ein Bey-trag zur Charakteriftik der dafigen Univerfität und churfachfifchen Regierung (ohne Druckort). 1794. 8. Auszug der franzof. Sprachlehre, zum Gebrauch der Deutfchen. Kiel 1795. 8. (*Nach dem Autographum.*)

(N. 3. u. 5.) Graf von DERNATH (Friederich Otto), *lebt* abwechfelnd *zu Haffelburg in Wagrien* und *Andwortfkow auf Seeland; geb. zu .... den 12 Aug. 1734.* §§. Verfuche bey Brunnenarbeiten, gemacht von dem (ehemaligen) Eigenthümer des Oldesloer Salzwerks; in *Heinze's* neuem Kielifchen Magaz. B. 1. St. 1. *Hi-ftorifche Bruchftücke zur Aufklärung der Gefchichte des Oldesloer Salzwerks (ohne Druckort). 1787. 4. (Auch in *Heinze's* neuem Magaz. B. 2. St. 4.) Ueber das Salzwefen unfers Vaterlandes; in den Schlesw. Holft. Prov. Ber. 1789. H. 2. Von den dänifchen Salinen; im politifchen Journal 1790. St. 8. Etwas über beffere Landeskultur; in den Schl. Holft. Prov. Ber. 1791. H. 2.

DETLEFSEN (Peter Friedrich), *Ober- und Landgerichts-wie auch Regierungsadvocat zu Schleswig* feit 1792, vor-her feit 1788 Untergerichtsadvocat dafelbft, zuerft Candidat der Theologie und eine Zeitlang Collabo-rator an der Stadtfchule zu Kiel; *geb. auf Arnis den 3 Sept.*

3 Sept. 1761. §§. Ein Paar einzelne Predigten: Zur Beförderung richtiger Einsichten in die Religion und gottgefälliger Gesinnung. Kiel 1786. 8. *(Revidirt.)*

DIECK (Friedrich Wilhelm), *Studiosus der Theologie zu Kiel* seit 1792; *geb. zu Potsdam den 30 May 1761.* §§. * Deutliche Anweisung, Vergröserungsgläser auf eine leichte Art zu schleifen, wie auch einfache und zusammengesetzte Sonnenmikroskope zu verfertigen. Hamb. 1793. 8. mit 2 Kupfertafeln. (Unter der Vorrede hat er sich genannt.) — Arbeitet an: Anweisung, besonders für Landleute, wie man Feuersbrünste schnell löscht, und wie man die Strohdächer und das Holz an den Häusern feuersicher macht, welche Schrift Michaelis (Hamb. 1795. 8.) erscheinen wird. *(Revidirt.)*

DIERCKS (Reimer), *Untergerichtsadvocat auf Freudenthal* bey Itzehoe seit 1794; *geb. zu Busum* in Norderdithmarschen *den 19 Octob. 1754.* * Etwas über die beyden Landschaften Süder- und Norderdithmarschen und den Verfall des dasigen Credits. Altona 1791. 8. *(Revidirt.)*

(N. 5.) von DOERING (Eustachius), Sohn des folgenden — *Königl. dänischer Premierlieutenant zu Schleswig; geb. zu Wolfenbüttel (?) 17 ...* §§. Gab mit..... *Reinbard* heraus: *Neues hamburgisches Archiv zur Verbreitung nützlicher und angenehmer Kenntnisse unter Ungelehrten und jungen Personen beyderley Geschlechts. 6 Stücke. Hamb. 1789. 8.

(N. 1.) von DOERING (Johann), *Königl. dänischer Kam-*

merberr und Amtmann zu Sonderburg (wo er wohnt)
und Norburg feit 1790, privatifirte feit 1781 zu Altona und war zuerft Droft zu Wolfenbüttel; *geb. zu
Lüneburg den 5 Aug. 1741.* §§. Rede auf den König
(Georg III). Gotting. 1762. gr. 4. Gedichte in Mu-
fenalmanachen, befonders im Göttingfchen; auch einige befonders gedruckt. — Einige (unter dem Namen Ws.) in Mufik gefetzt von Reichardt, Schulz,
Weifs, Schönfeldt und Hohbein, in deffen Liedern
mit Melodien fürs Clavier. Wolfenb. 1784. 4. —
Einige Ueberfetzungen, die nicht angegeben find.
(Revidirt.)

DOMEIER (Heinrich Ludwig), Bruder des Johann Gabriel D. im Meufel und im Nekrolog auf 1790 —
Paftor zu Nortorf Amts Rendsburg feit 1763, vorher
feit 1755 Candidat in Hamburg; *geb. zu Moringen*
im Hannöverfchen den *17 Ion. 1733.* §§. Befchrieb
feine Sammlung von *Holfteinifchen Steinarten und Verfteinerungen;* in den Schlesw. Holft. Anzeigen 1781.
St. 8. und 11. (wieder abgedruckt in *J. S. Schröters*
Werke: Für die Litteratur und Kenntnifs der Naturgefchichte, fonderlich der Conchylien und Steine,
2ten B. 3te Abth.) welchen Auffatz er vermehrt und
verbeffert bekannt zu machen willens ift. — Nachrichten von Glashütten, die ehemals im Bezirk der
Nortorfer Parochie im Amte Rendsburg waren und
Vorfchläge, diefelben wieder aufzurichten; in den
Schlesw. Holft. Prov. Ber. 1787. H. 4. Nachricht
von einigen Naturmerkwürdigkeiten und Ueberreften
des

des Alterthums im Herzogthum Holſtein; daſ. 1789.
H. 2. Entwurf einer Topographie und Naturgeſchichte des Kirchſpiels Nortorf, · nebſt einer Probe
derſelben; daſ. 1790. H. 1. Fortſetzung —; daſ.
1794. H. 2. — Beſitzt eine Sammlung von Naturalien, wie auch Seltenheiten und Kunſtſachen, die er
ſchon ſeit 1751-1754, da er zu Göttingen ſtudirte,
zu ſammeln anfing, nachher in ſeiner Vaterſtadt und
darauf zu Hamburg, wo er ſich von 1755-1763 als
Candidat aufhielt, wie auch zu Nortorf ſich zu erwerben fortfuhr. *(Nach dem Autographum.)*

(M.) EBERHARD (Johann Paul), Bruder des Johann
Peter E. im *Adelung*, wo *Börners* Nachrichten 3, 144 ff.
und 641 ff. nebſt *Baldingers* Ergänzungen, (welche
Lawätz bey ſeinem biographiſchen Katalog allein gebraucht hat) nicht genützt ſind — *Doctor der Philoſophie* ſeit 1762 *und Privatdocent zu Göttingen* ſeit 1753,
wie auch Gräflich Stolberg-Wernigerodiſcher Archi-
tekt; *geb. zu Altona den 23 Jan. 1723.* §§. Beſchreibung
einer neuen Meſstafel. Halle 1753. 8. De novo
transportatoris uſu. Goett. 1754. 4. Verſuch über
die Kriegsbaukunſt, aus dem Franzöſiſ. Daſ. 1757.
8. mit Kupf.—Stach in Kupfer: Vorſtellung der Ge
gend um Göttingen, auf 2 Kärtchen. 1760. 8. (Gött.
Zeit. 1760, 1193); zeigte der königl. Geſellſchaft
der Wiſſenſch. ein von ihm verfertigtes Modell der
Brücke des Julius Cäſar's über den Rhein. B. G. J. 4.
(daſ. 1762, 769); legte derſelben Geſellſchaft einen
Verſuch vor, Cäſar's Brücke über den Rhein betreffend;

fend; (Gött. Zeit. 1766, 865.) — S. *Pütters* Gefchichte der Univerfität Göttingen, Th. 1. S. 202 fg. (*konnte
nicht berichtigt werden.*)

EBIO (Gerhard Dieterich), *Doctor der A. G. und privatifirender Arzt zu Friederichsftadt; geb. zu Gording* im
Weftertheil der Landfchaft Eiderftedt *den 5 Sept. 1746.*
§§. Diff. folemnis medica de febre amphemerina fti-
pulari in tractu Eyderoftadienfi quotannis epidemica
praefide *J. C. Kerftens* (dem fie im *Meufel* irrig beygelegt wird). Kilon. 1774. 4. · (*Mitgetheilt.*)

(N. 1. 3. 4.) ECKARD (Friederich Simon), *Paftor* (nicht
Rector) *zu Renfefeld* im Hochftifte Lübeck feit 1779,
vorher feit 1764 Paftor zu Schönwalde in Wagrien;
geb. zu Neuftadt in Mecklenburg, (wo fein Vater Nikolaus Franz E. Rector der Stadtfchule war) *den ....
Iul. 1736.* §§. Kurzgefafste Gefchichte der Bibel in
ihrer Verbindung, zum Gebrauch der Iugend. Lübeck
1785. 8. (erfchien als Schulbuch 1793, in Verbindung mit dem biblifchen Religionsbuche.) Ueber
die Bibel und deren Gefchichte. 4 Stücke. Lübeck
1785 ff. 8. Einleitung in die chriftliche Lehre. Daf.
1786. 8. Philofophifche und kritifche Unterfuchungen über das A. T. und deffen Göttlichkeit, befonders
über die mofaifche Religion; ein Commentar zu den
philofoph. und krit. Unterfuchungen eines Ungenannten (*J. H. Schulz*) über das A. T. und deffen Gottlich-
keit. Greifsw. 1787. 8. Ormuzds lebendiges Wort
an Zoroafter oder Zendavefta, in einem Auszuge;
nebft einer Darftellung des Religionsfyftems der Par-
fen.

fen. Greifsw. 1789. 8. — Noch finden fich von ihm
2 Auffätze in (*H. Corodi's*) Beyträgen zur Beförderung
des vernünftigen Denkens in der Religion: Zur Berichtigung der Frage: Was haben wir in Adam verloren? im 15ten Hefte, und: Ueber den Einfluſs der
Geiſterwelt auf uns Menſchen, nach dem Paulini-
ſchen Lehrbegrif Epheſ. 6, 12; im 17ten Heft. *(Mitgetheilt.)*

(M. u. N. 1-5.) ECKERMANN (Jakob Chriſtoph Ru-
dolf), *Doctor der Theologie* ſeit 1784 *und derſelben ordentlicher Profeſſor zu Kiel* ſeit 1782 (vorher ſeit 1775
Rector zu Eutin); *geb. zu Wedendorf*, einem Gräflich
Bernſtorffiſchen Gute in Meklenburg-Schwerin, *den
6 Sept. 1754.* §§. Beförderung der Tugend iſt ein
Hauptendzweck aller Schularbeiten. Eutin 1775. gr.
8. Gedanken über die Unzufriedenheit. Lüb. 1777.
8. Neue Auflage; daſ. 1788. Die gewöhnlichen
Fehler, welche bey der Wahl des künftigen Standes
begangen werden. Daſ. 1777. 8. Verſuch einer
neuen poetiſchen Ueberſetzung des Buches Hiob, nebſt
einigen Vorerinnerungen und einer nachſtehenden
erläuternden Umſchreibung. Leipz. und Lüb. 1778.
8. Animadverſiones in librum Job. ib. 1779. 8.
Ueber die Erziehung der Kinder, in Beziehung auf
die Wahl ihres Standes. Lübeck 1779. 8. Ueber
die Verbeſſerung böſer Neigungen und Gewohnhei-
ten. Daſ. 1780. 8. Ueber die Nutzbarkeit des Unterrichts in Sprachen. Eutin 1781. 8. Die Schöpfung.
Moſe 1ſten Buchs 1ſter Abſchn. dichteriſch umſchrie-
ben;

ben; im deutfchen Mufeum 1783. Octob. Ueber
die gegen eine Stelle in *Scbröckbs* Kirchengefchichte
neulich erhobene Klage; daf. Nov. De vaticiniis
libri duo. Hamb. 1784. 8. *Gefchichte der Ver-
falfchungen des Chriftenthums, in 2 Banden (aus dem
Engl. des *J. Prieftley*). Hamb. 1785. 8. Die Pflichten derjenigen, welche vorzüglich Gelegenheit haben, ihr Erkenntnifs zu verbeffern. Eine Predigt. Kiel
1785. 8. Joel metrifch überfetzt mit einer neuen
Erklärung. Lüb. und Leipz. 1786. 8. Ans Vaterland. Als die Ankunft Sr. Königl. Hoheit des
Kronprinzen Friederich in Kiel erwartet wurde.
Kiel 1787. 8. Theolog. Beyträge. 4 Bände (jeder von 3 Stücken). Altona 1790 bis 1795. 8.
B. 1. St. 1. 2. 3. zweyte verbefferte Auflage. 1794.
1795. Compendium theologiae chriftianae theore-
ticae biblico-hiftoricae. ib. 1791. 8. Editio 2. ib.
1792. (*Döderleins*,) *Eckermanns* (und *Löfflers*) Gutachten über einige wichtige Religionsgegenftände;
in Beziehung auf den Religionsprocefs des Predigers
Schulz in Gielsdorf. Görliz 1794. 8. — Auffätze im
deutfchen gemeinnützigen Magazin. Leipzig 1787-
1790. und im deutfchen Magazin. Hamb. 1791 und
Altona feit 1792. (z. E. über die Ehe; im Iul. 1793.)
— Recenfionen im Kieler Litteraturjournal und in
der Kieler Zeitung, wie auch in der allgem. deutfchen
Bibliothek und den theolog. Annalen. — Sein Leben
fteht in *J. R. G. Beyers* allgemeinem Magazin für Prediger. B. 9. St. 4. *(Revidirt.)*

ECK-

ECKHARDT (Johann David Adam), *Buchdrucker in Altona*; *geb. zu Eisleben den 28 Iul. 1743*. §§. Anfangs-gründe der Zeichenkunst für Eltern und Kinder mitt-lern und geringen Standes. Altona 1777. Queerfol. Zweyte und vermehrte Auflage. ...... Ein Brief-wechsel zwischen ihm und dem Lic. *Wittenberg* in Ham-burg ist abgedruckt in: Factum appellationis cum deductione gravaminum in Sachen des Advoc. *Calli-sen* in Vollmacht des Buchdr. *Eckhardts*, Beklagten, itzt Appellanten, wider Lic. *A. Wittenberg*, Klägern, itzt Appellaten, in puncto prätendirter Bezahlung eines honorarii für vierteljährige Besorgung des gelehrten Artikels im Reichspostreuter u. s. w. Altona. Fol. *(Mitgetheilt.)* Schnitt Bilder in Holz zu *J. H. Cam-pe's* Lesebuch. (Gött. Anzeigen 1779, 59.)

ECKSTEIN (Johann Ferdinand), *Kaufmann in Altona*; *geb. zu Gelnhausen in der Wetterau 17...* §§. Des Proselyten aus dem Iudenthum *J. F. Ecksteins* Ueber-zeugungsgründe, daß Iesus der Christen die erfüllte Hofnung Israels sey, herausgegeben von *Joh. Scback Hinmark* (Worm 3, 339). Kopenh. 1774. 8. *(Mit-getheilt.)*

ECKSTORFF (Hermann Christoph), *Buchdrucker in Al-tona*; *geb. daselbst den 8 Iun. 1757.* §§. *Rede von Er-findung der Buchdruckerkunst, bey Gelegenheit sei-ner Aufnahme in die Buchdruckergesellschaft. Altona 1774. 8. *(Mitgetheilt.)*

(N. 2-5.) von EGGERS (Christian Ulrich Detlef), zwey-ter Sohn des H. F. von E. — *Doctor der Rechte* (1791),

F ausser-

aufserordentlicher Profeſſor *der Cameralwiſſenſchaften*
(1785) und *des Staatsrechtes* (1788) *in Kopenhagen,*
Secretair bey der Creditcaſſe (1786), zugleich Mitglied der Direction (1790), Mitglied und Referent
in der Isländiſchen Handels-Realiſations-Commiſſion
(1787), in der Finnmarkiſchen (1788), in der Grön-
landiſchen Handels-Commiſſion (1788), der Färöi-
ſchen (1789), Secretair bey einer, die Rechnungen
des Seeweſens betreffenden, Commiſſion (1789), Mitglied der Isländiſchen Litteratur-Geſellſchaft (1787)
und der königl. norwegiſchen Geſellſchaft der Wiſſenſchaften (1793); *geb. zu Itzeboe den 11 May 1758.*
§§. Hatte ſtarken Antheil an *Breitkopfs* Magazin des
Buch- und Kunſthandels (1788 ff.), lieferte auch verſchiedene Abhandlungen zum Göttinger Magazin
(1780 ff.), namentlich: Bruchſtücke zur däniſchen
Statiſtik. B. 3. St. 2. 3., zu (*R. F.* Grafen von *Lynar*
und *C. G. Küttners*) neuen Miſcellaneen, hiſtoriſchen,
politiſchen, moraliſchen, auch ſonſt philoſophiſchen
Inhalts (1775 ff.) und zum hiſtoriſchen Portefeuille
(1782 ff.). — Ankündigung einer phyſikaliſchen und
ſtatiſtiſchen Beſchreibung Islands. Kopenh. 1783. 8.
Hiſtoriſch-politiſche Abhandlung über den Zuſtand
der däniſchen Bauern, nebſt einer Skizze der Geſchichte
der Menſchheit, in Rückſicht auf Aufklärung und
Volksfreyheit. Daſ. 1784. 8. (wird noch nicht ausgegeben.) Gedächtniſsrede auf Maximilian Iulius
Leopold von Braunſchweig, gehalten in der Verſammlung der 3 vereinigten Logen zu Kopenhagen. Kopenh.

penh. und Flensb. 1785. 8. *Johann Jakob Rousseau,*
ein Gemälde zur Ehre der Menschheit. 1 Heft: Rouffeau der Iüngling. Daf. 1786. 8. (ist noch nicht in
den Buchladen gekommen.) Summarisk Indhold
af hans Forelæsninger over Statsvidenskaberne.
Kbhvn. 1785. 8. (*Deutsch:* Summarischer Inhalt
seiner Vorlesungen über Staatswissenschaften. Daf.
1785. 8.) Om den Danske Statskundskab og Danske politiske Skrivter. Tre Forelæsninger. Kbhvn.
1786. 8. Ueber Dänische Staatskunde und Dänische politische Schriften. Drey Vorlesungen (ist Ueberfetzung der vorigen Schrift). Nebst einem Schrift-
stellerverzeichnisse und einer Inhaltsanzeige seiner
Vorlesungen. Daf. 1786. 8. *Probierstein für ächte
Freymaurer, ein Denkzettel für Rosenkreuzer, Iesui-
ten, Illuminaten und irrende Ritter. 2 Theile. Daf.
1786. 8. Skizze und Fragmente einer Geschichte
der Menschheit, in Rücksicht auf Aufklärung und
Volksfreyheit. 1ster Band. Flensb. 1786. 8. Phy-
sikalische und statistische Beschreibung von Island,
aus authentischen Quellen und nach den neuesten
Nachrichten. Des 1sten Theils 1ste Abtheilung. Kopenh. 1786. gr. 8. D. inaugur. de iure imperantis
libertatem perfonalem perfectam restituendi rusticis
glebae adfcriptis. Götting. 1791. 8. Pr. exhibens
notitiam legum ecclefiasticarum Daniae post facrorum emendationem conditarum atque librorum, qui
pro symbolicis et liturgicis habendi funt; accedit
oratio de incrementis studii J. P. et univerfalis et par-

ticula-

ticularis inftaurata religione evangelica adiuvante.
Hafniae 1791. 4. Alton. 1792. Om Trykkefrihe-
dens Hiftorie i Danmark, overfat af det Tydfke, og
fœlger en Afhandling om vores Trykkefrihedens
Omfang. Kbhvn. 1791. 8. (Das Original der *erften*
Abhandlung fteht im Ian. und Febr. des deutfchen
Magazins von 1791 und ift daraus unter dem Titel:
* Ueber die neueften Verordnungen in Anfehung der
Prefsfreyheit in Dännemark, nebft der vollftändigen
Epiftel *Voltaire's* an den König von Dännemark über
diefen Gegenftand. Hamb. 1791. 8. éinzeln abgedruckt.) Underretning om den nye Danfke og Norfke Species-Bank. 8. C. F. T. *von Lütticbau* vorläufige Bekanntmachung einer weit getriebenen Vermef-
fenheit des Prof. C. U. D. *von Eggers* in Kopenhagen.
Neue mit vermeffenen Anmerkungen verfehene Ausgabe. Kopenh. 1792. 8. Auch *dänifch*, forœget med
corpus delicti famt flere hiftorifke Oplysninger. Daf.
1792. 8. Sonnenklarer Beweis der unglaublichen Ver-
meffenheit eines Kopenhagner Profeffors, oder corpus delicti und hiftorifche Erläuterungen in Sachen
des Reichsgrafen C. F. T. *von Lütticbau* gegen C. U.
D. *von Eggers*. Daf. 1792. 8. Rechtliche Unterfuchung der Aeufserungen im deutfchen Magazin für
den December 1792, über den Hrn. Reichsgrafen C.
F. T. *von Lütticbau*. Daf. 1792. 8. Til Publicum
om Rigsgreven C. F. T. *von Lütticbau*. Kbhvn. 1792.
8. Aufklärungen in Rückficht auf die Erhebung des
Hrn. C. F. T. *von Lütticbau* in den Reichsgrafenftand.
Daf.

Daſ. 1792. gr. 8. (enthält die *vier* unmittelbar vorhergehenden kleinen deutſchen Auffätze.) Bemerkungen über den Geiſt der neuern Landwirthſchafts-
geſetze in Dännemark, und die dagegen erregten Be-
ſchwerden. Alt. 1792. gr. 8. *Sammlung von Urkunden und Aktenſtücken zur Geſchichte der neuen
Preußiſchen Geſetzgebung, nebſt einer Abbildung
und Beſchreibung der Preismedaillen. Kiel 1794. 8.
Denkwürdigkeiten der franzöſiſchen Revolution, in
vorzüglicher Rückſicht auf Staatsrecht und Politik.
1ſter und 2ter Band. Kopenh. 1794. 1795. 8. (Th.
3. iſt angekündigt, Th. 1. däniſch überſetzt von *Matth.
Rothje.* Kopenh. 1795.) Raiſonneret Plan til et Univer-
ſitet for Norge. Chriſtiania 1794. 8. (Eine Preisſchrift.)   Archiv für Staatswiſſenſchaft und Geſetzgebung. 1ſter Band. Zürich 1795. gr. 8. — In der
däniſchen Monatsſchrift Minerva ſind folgende Auffätze von ihm: Udførlig Efterretning om Creditcaſſen. Sept. 1789. Kan Regieringen have tilſtrække-
lige Grunde, for at lade en Afgivt vedvare, ſkiœnt
den er ſkadelig for den almindelige Velfærd? Nov.
Anmærkninger om Tallotteriets Ophævelſe i Danmark. Ian. May. Iun. 1790. Efterretning om det
Chr. Hichman at Creditcaſſen tilſtaende Laan og den
ſiden, mod ham anlagte Sag. Octob. Indberetning
om den Kongel. Grœnlandſke Handel og de nyeſte
ved ſamme foretagne Forandringer. Ian. Febr. April.
May. 1791. Beſtaaer vor Trykkefrihed allene deri,
at Cenſuren er ophævet? Octob. Fortſættelſe af
Indberetningen om den Grœnlandſke Handel. Mars

und Octob. 1793....... Teutſches gemeinnützi-
ges Magazin. 1ſter Band, oder 1ſtes und 2tes Vierteljahr. Leipz. 1788. gr. 8. 2ter B. oder 3tes und 4tes
Vierteljahr. 1788. 3ter B. oder des 2ten Iahrgangs
1ſtes und 2tes Vierteljahr. 4ter B. oder des 2ten
Iahrg. 3tes (1789) und 4tes Vierteljahr. 1790. —
Unter ſeinem Namen ſtehen folgende Auſſätze darin:
Ueber das Gemeinnützige und Unterhaltende bey wiſ-
ſenſchaftlichen Gegenſtänden, in Rückſicht auf das
deutſche Magazin; 1ſten Iahrg. 1ſtes Vierteljahr.
Geſchichte eines Kindermordes, nebſt einigen allge-
meinen Bemerkungen; daſ. Briefe an Frau von B.
über die Aufhebung der Leibeigenſchaft und Frohn-
dienſte; 1ſten Iahrg. 2tes Viertelj., 1ſten Iahrg. 3tes
Viertelj. und 2ten Iahrg. 3tes Viertelj. Raiſonnirte
Darſtellung der neuen Schleswig-Holſt. Münz- und
Bankeinrichtung; 1ſten Iahrg. 4tes Viertelj. und 2ten
Iahrg. 1ſtes Viertelj. Authentiſche Beſchreibung der
Einrichtung der Creditcaſſe für die Königreiche Dännemark und Norwegen, und die Herzogth. Schleswig und Holſtein; 2ten Iahrg. 2tes und 4tes Viertelj.
Deutſches Magazin. 1ſter und 2ter B. Hamb. 1791.
8. 3ter B. bis 10ter B. Altona 1792 bis 1795. 8.
In dieſer Monatsſchrift ſind folgende Aufſätze von
ihm: 1791. Febr. Ueber die Realiſirung der Kopenhagener Bankzettel und Einrichtung der neuen Däniſchen und Norwegiſchen Speciesbank. — April: Nachricht von dem Fortgange der Geſellſchaft der Neger-
freunde in Paris. Mit einer Nutzanwendung für
Deutſch-

Deutſchland. — 1792. Ian. Summariſche Data zur
Kenntniſs der Franzöſiſchen Finanzen vom 1 May
1789 bis zum 1 Ian. 1791, mit einer ſtatiſtiſchen Tabelle. — Febr. Erklärung über den Auffatz: Ueber
die nöthige Vorſicht bey Standeserhöhungen in
Deutſchland, welcher wider des Herausgebers Wiſſen und Willen aus dem in Hamburg gedruckten De-
cember-Stück des Magazins 1791 herausgeſchnitten
und daher in dem unter ſeinen Augen gedruckten Fe-
bruar-Stück von 1792 wieder eingerückt ward. —
Daſ. Geſchichte des Auffatzes über die nöthige Vorſicht bey Standeserhöhungen in Deutſchl. — April:
Bemerkung eines Franzoſen über *Wielands* neueſte Erklärung über die Conſtitution, aus dem Moniteur
vom 16 Febr. 1792 frey überſetzt. — May: Litterariſche Anekdote, die, Gottlob! eine Seltenheit iſt. —
Auguſt: *Locke's* Einfluſs auf *Mirabeau's* Bildung. —
Octob. Legung des Grundſteins zum Monument der
Bauernfreyheit in Dännemark. — Nov. Summariſche
Volkslifte der vereinigten Staaten von Nordamerika
vom Iahre 1790 (fortgeſetzt im Octob. 1794). —
Dec. Beſteht die Preſsfreyheit in Dännemark blos in
Abſchaffung der Cenſur? (eine Ueberſetzung der Abhandlung in der däniſchen Minerva 1791. Nov.) —
1793. Ian. Das Beſſerwerden. — Febr. Ueber einen
erheblichen Miſsverſtand bey Schätzung der franzöſiſchen Aſſignaten. — März: Es iſt nicht alles Gold,
was glänzt. — Daſ. Zuſatz zu den Bemerkungen über
die franzöſiſchen Aſſignaten. — April: Kann der Kö-

nig

nig von Dännemark als Herzog von Holſtein ſein
Contingent zum Reichskriege wider Frankreich wei-
gern? — May: Ertrag der Kriegsſteuer für Kopenhagen vom Iahr 1789. — Iun, Ein engliſcher Bericht
von der Ermordung Ludewigs XVI. — Iul, Vergleichung der Schiffahrt der verſchiedenen Nationen
durch den Sund in den Iahren 1789 bis 1792 (fortgeſetzt im Iun. 1794 und im März 1795). — Auguſt:
Fernere Vermehrung der franzöſiſchen Aſſignaten. —
Sept. Anekdoten von der Ermordung Ludew. XVI.
— Octob. Nachricht von dem Zuſtande der Reichs-
operationscaſſe (fortgeſetzt im Iun. 1794 und im
Febr. 1795). — Nov. Zuckerausfuhr aus St. Croix
von 1780 bis 1792, mit einer Tabelle. — Dec. Nachricht von dem geſamten Rückſtande auf die Kammerzieler am 31 Dec. 1791. — 1794. Ian. Kindliche
Zärtlichkeit, Eine wahre Anekdote aus dem Feld-
zuge 1791. Aus einem däniſchen Blatte. — Febr. Rede des Sidi Mehemet Ibrahim über die Rechtmäßig-
keit der Seeräuberey, gehalten im Divan zu Algier
1687. — März: Nachricht von einer neuen Schrift
über die franzöſiſche Revolution. — April: Probe
der neueſten franzöſiſchen Volksphiloſophie. — May:
Das däniſche Volk bey dem Brande des Schloſſes Chriſtiansburg. — Iul. Nachricht von der Geſellſchaft zur
Erhaltung der Freyheit und des Eigenthums gegen
Republikaner und Gleichmacher in England. — Auguſt: Ueber den Proceſs des engliſchen Geſandten zu
Kopenhagen, Hrn. *von Hailes*, gegen den Profeſſor
Rabbek, nebſt dem Originalſchreiben des Hrn. von

Hailes und der Antwort des Grafen von Bernſtorff
und den übrigen Actenſtücken. — Sept. Ein Vorſchlag, die akademiſchen Preisſchriften berreſſend. —
Nov. Summariſche Berechnung der Kammerzieler
bis zum 31 Dec. 1792. — Dec. Soll England durchaus nicht Frieden machen? — 1795. April: Robe-
ſpierre; nach einem engliſchen Blatte. — May: Pſy-
chologiſche Frage, *Fontenelle* betreffend. — Iun. Des
Hrn. *de la Harpe* Urtheil über die Verfolgungen, welche Rouſſeau erlitt. — Iul. Lord *Clatams* Meinung über
Verantwortlichkeit eines Staatsbeamten. — Aug. *Crom-
wels* Meinung von der Volksſouverainität. — Sept. Sol-
len Prediger über Freyheit und Gleichheit von der
Kanzel reden? — Octob. Nachricht von den wichtigſten Abänderungen bey der endlich erfolgten
Einführung des neuen Preuſsiſchen Geſetzbuchs. —
Recenſionen im Fache der Iurisprudenz und Staatswiſſenſchaft in den *Kopenhagener lærde Eſterretninger.*
— Seine Abhandlungen „über den Entwurf eines allgemeinen Geſetzbuchs für die Preuſsiſchen Staaten"
erhielten in Berlin mehrmals den Preis, ſo wie ihm
auch der auf die „Abfaſſung eines Lehrbuchs nach
dem neuen Preuſsiſchen Geſetzbuche" ausgezahlte
Preis von 500 Rthlr. zuerkannt wurde. — Zu den
ihm beygelegten „Materialien zur Statiſtik der däniſchen Staaten" (vergl. *Dau*) und zur „ſtatiſtiſch-tabel-
lariſchen Ueberſicht der Volksmenge in den königl.
däniſchen Staaten, als Beylage zu dem 2ten Theil der
Mater. Flensb. und Leipz. 1787. 8." hat er ſich nicht
bekannt. — Vgl. *Worm* Th. 3. S. 181 und 923. *(Revid.)*

(N. 5.) von EGGERS (Emil Auguſt Friedrich), dritter Sohn des Heinr. Friedr. von E. — *Regierungsrath zu Glückſtadt* ſeit 1794, vorher Auſcultant; *geb. daſelbſt den 7 Iul. 1759.* §§. Verſuch über die peinliche Rechts- und Gerichtsverfaſſung in Holſtein. 1 ſter Th. Hamb. 1788. 8. (hat auch den Titel: Geſchichte der beſondern peinlichen Rechte in Holſtein.) 2ter Th. Daſ. 1790. 8. (hat auch den Titel: Lehrbuch des gegenwärtigen peinlichen Rechts in Holſtein.) Philoſophiſcher Abriſs von dem allgemeinen bürgerlichen Rechtsverfahren. Ein Verſuch. Flensb. 1790. 8. (wird N. 5. dem *C. U. D. v. Eggers* beygelegt.) Proberelation aus bürgerlichen Rechtsaften der Königl. Dännemarkiſchen Regierungscanzeley in Holſtein zu Glückſtadt — Schlesw. und Leipz. 1793. 40 S. Fol. (*Autographum.*) — Hat angekündigt: „Iahrgänge der Rechtspflege bey dem Holſtein. Obergerichte."

(N. 5.) von EGGERS (Friedrich Ludwig), vierter Sohn des H. F. von E. — *Obergerichtsauſcultant in Schleswig* ſeit 1787; *geb. zu Glückſtade den 5 Iun. 1763.* §§. Criminalgeſchichten aus gerichtlichen Aften; im deutſchen Magazin 1792. Iul. und Aug. *Ueber die Gerichts- und Rechtsverfaſſung in der Landſchaft Fehmern; in den Schlesw. Holſt. Prov. Ber. 1793. H. 2. — Mitherausgeber des: *Corpus ſtatutorum Slesvicenſium. Vergl. *C. L. Frhr. von Brockdorff.* (*Revidirt.*)

von EGGERS (Georg Wilhelm), fünfter und jüngſter Sohn des H. F. v. E. — *Königl. Inſpeftor des Kronprinzenkoegs in Süderditbmarſchen* ſeit 1792; *geb. zu Glück-*
ſtadt

ſtadt den 13 März 1765. §§. *.Verſuch eines ſyſtematiſchen Lehrbuchs des natürlichen Staatsrechts.* Altona 1790. gr. 8. (*Revidirt.*).

von EGGERS (Heinrich Friedrich); *geb. zu Meldorf* in
Süderdithmarſchen *den 31 May 1722,* Sohn des vormaligen Iuſtitzraths *Johann Hinrich Eggers* daſelbſt —
Doctor der Philoſophie ſeit 1745, übte ſich zuerſt
bey ſeinem Bruder Chriſtian Siegfried, Landvogt von
Süderdithmarſchen in praktiſchen juriſtiſchen Arbeiten, ward 1746 zum Lehrer und Erzieher bey dem
neuerrichteten Carolinum zu Braunſchweig angeſtellt, bis er 1749 in Herzogl. Holſtein-Plöniſche
Dienſte trat, worin er als Canzeleyrath und Amtsverwalter zu Rheinfeld verſchiedene Iahre alle obrig-
keitliche und Cameralgeſchäfte eines Ober- und einzigen Beamten verwaltete. Dies Amt verwechſelte
er 1752 mit einer Rathsſtelle in der Herzogl. Canzeley und Kammer zu Plön. Von derſelben nahm er
1754 ſeine Erlaſſung, ſuchte nunmehr königliche
Dienſte und privatiſirte desfalls verſchiedene Iahre
zu Itzehoe, bis er 1758 die Anſetzung als königlicher
Canzeley- und Regierungsrath *in Glückſtadt* erhielt
und bald nachher die Stadtpräſidentur bekam, welche er 1775 wegen ſeines Aufrückens zu einer höhern Rathsgage niederlegen mußte. Im Jahr 1781
ward er zum *Conferenzrath,* (nachdem er ſeit 1774
Etatsrath geweſen und vorher Iuſtitzrath geworden
war,) 1783 zum *Vice-Canzler der Landesregierung und
Land-Canzler bey dem adelichen Laudgerichte* ernannt,
erhielt

erhielt auch 1790 vom Kaifer Iofeph II. die Erhebung in den Reichsadel und wurde 1792 bey der
Taufe der Prinzeffin Maria Louife unter die *Ritter
vom Dannebrog-Orden* aufgenommen.*) §§. De philofophiae practicae indole atque ambitu difquifitio philofophica praefide *Godofr. Profe.* Altonae 1741. 4.
Jo. Gottfr. Schaumburg pro loco in ordine JCtorum
rite obtinendo d. 31 Dec. 1742 difputanti gratulatur et de ritu veterum Romanorum JCtos variis de
rebus confulendi paucis differit. Jenae. 4. Diff. lo-
gico-mathematica, in qua ad geometriam generatim
applicatur theoria de ordine, quo definitiones, fyfte-
ma compofiturus, formare atque ponere debet. ib.
1745. 4. (ift feine Inauguraldifputation.) Comment.
philofoph. de fapienti iuftitiam adminiftrandi ratione
Sinenfibus ufitata, qua *Chriftiano Siegfried Eggers* —
novam dignitatem atque officium — fratris officio
fatisfacturus gratulatur. ib. eod. 4. Comparatio
inter *Euphratem* philofophum ac *Joach. Georg. Daries*,
quum oratione folemni munus profefforis Moralium
ac Politices capefferet, inftituta. Lipf. 1745. 4. Vernünftige Gedanken von den Pflichten gegen uns
felbft, in Anfehung des innern Zuftandes und deren
Ausübung, nach den Gefetzen der Weisheit entworfen. Wolfenb. 1748. 8. *(Mitgetheilt.)* Dazu fetze
man noch folgende Abhandlung: *Cafp. Jac. Huthio* ad
ob-

*) fo wie im Iahr 1795 zum Adminiftrator der Graffchaft
    Ranzau und Intendenten der Herrfchaft Herzhorn, Sommer
    und Grönland ernannt.

obeundum munus Prof. Theol. in Acad. Erlang. gratulaturus breviter commentatur de more veterum
pro amicis vota nuncupandi ac folvendi. Jen. 1743.
4. (Diefe im mitgetheilten Auffatze eigentlich *nicht*
aufgeführte Abhandl. traf man zufällig auf der Kieler Univerfitätsbibliothek an, fand fie nachher fogar
felbft im Catal. Bibl. Bunavianae 2, 349. und glaubte
daher defto eher, fie auch hier eintragen zu müffen.)
VON EGGERS (Heinrich Peter), erfter Sohn des Heinr.
Friedr. von E. — *würklicher Canzeleyrath und Secretair*
im deutfchen Departement des Generalpoftamts zu Kopen-
hagen feit 1794, vorher feit 1779 Canzeleyfecretair
und feit 1781 auch Canzelift im Expeditionscomtoir
bemeldter Canzeley, zuerft feit 1776 Volontair; *geb.*
zu Segeberg den 29 Decemb. 1751. §§. *Forklaring af
den Schulzifke Methode, at finde Længden til Söes, i
Sammenligning med den nu brugelige Diftancemaa-
ling mellem Maane og Stierner; in der Minerva Dec.
1789. Om Grœnlands Oefterbygds fande Belig-
genhed — wurde 1792 von der königl. dänifchen
landwirthfchaftlichen Gefellfchaft mir ihrer dritten
goldenen Medaille belohnt und im vierten Bande ihrer Preisfchriften (Kopenh. 1794.) gedruckt, auch
nachher *von ihm felbft* überfetzt: Ueber die wahre Lage des alten Oftgrœnlands. Kiel 1794. 8. mit 2 Karten. *(Autographum.)*
EGGERS (Matthias Simon), *Kämmereybote in Altona; geb.*
dafelbft im Febr. 1761. §§. Trauerrede, dem unver-
gefslichen Andenken des zum Herrn heimgegangenen
Hoch-

Hochwürdigen Deputirten Altschottischen Obermei-
sters Br. *Jakob Wilhelm von Aspern*, königl. dänischen
Conferenzraths zu Altona, gewidmet, und gehalten
in der Loge Ferdinand zum Felsen in Hamburg am
13 Ian. 1793 vom Br. M. S. E. Hamb. gedruckt von
J. P. Tonder. 16 S. 8. Rede, der Feyer des St. Jo-
hannisfestes gewidmet und in der Loge Ferdinands
zum Felsen in Hamburg gehalten — den 30 Iun. 1793.
16 S. 8. *(Mitgetheilt.)*

(M. u. N. 1 - 5.) EHLERS (Martin), *Doctor und ordentlicher Professor der Philosophie in Kiel* seit 1776; geb.
zu Nortorf in der Wilstermarsch *den 6 Ian. 1732.* Er
ward Rector in Segeberg 1760. Aufser andern An-
trägen zn Rectoraten oder Lehrstellen bey Schul- und
Lehranstalten erhielt er daselbst einen wiederholten
Ruf nach St. Petersburg an die Stelle, welche *Büsching*
niedergelegt hatte. Er nahm den letzten Ruf unter
der Bedingung an, dafs er feine geradezu suchende
Erlassung erhielt. Der sel. Graf *Bernstorff* hielt ihn
aber im Lande zurück, und er ging darauf als Rector
an die nun in ein Gymnafium verwandelte Schule
in Oldenburg. Er lehnte hier einen Ruf nach Magdeburg an die Stelle ab, die izt *Funck* bekleidet und
damals auf feinen Vorschlag erhielt. Wie das Ol-
denburgische gegen das Grofsfürstlich - Holsteinische
vertauscht werden sollte, wurde er 1771 als Profes-
for und Rector an das akademische Gymnafium in
Altona versetzt, wo Anträge von Weimar und Stralfund an ihn eingingen. In Kiel schlug er noch einen
Ruf

Ruf nach Dresden aus. §§. Die Vorzüge einer un-
umfchränkten monarchifchen Regierung vor andern
Regierungsformen. Eine Lobelrede. Altona 1761. 4.
Quatenus fcholae magifter Philofophus effe debeat?
1763. 4. Von der bey Zulaffung und Beförderung
der Iugend zum Studieren nöthigen Behutfamkeit.
Altona 1764. 4. Gedanken von den zur Verbefferung der Schulen nothwendigen Erforderniffen. Altona und Lübeck 1766. 8. Ob es ein ficheres Merk-
mal von der guten und rechtfchaffenen Amtsfuhrung
eines Schulmanns fey, wenn er an feinem Orte allgemein geliebt und gelobt wird? Altona 1766. 4. Oratio de iufto auctoritatis in opinionibus pretio. Oldenb. 1769. 4. Von der Schädlichkeit einer zahlreichen Iugend in Schulen. Daf. 1769. 4. Vom Nuz-
zen und Schaden der Schaufpiele. Daf. 1770. 4. Gedanken vom Vocabellernen beym Unterricht in Sprachen (die überhaupt eine Anleitung zur gefchwinden
und gründlichen Erlernung der Sprachen in fich enthalten). Altona 1770. 8. Von dem Einfluffe der
Wahrheit in menfchliche Glückfeligkeit. Oldenb.
1770. 4. Gedanken über den Luxus. Daf. 1770. 4.
De habitu bonarum artium ad religionem et virtutem. ib. 1771. 4. Von den Einflüffen, welche die
Art, wie Schullehrer beurtheilt werden, in Schul-und
Erziehungsgefchäfte hat. Daf. 1771. 8. Anmerkungen über die, feine Abhandlung: vom Vocabellernen
betreffende, Recenfion in *Klotzens* deutfcher Biblioth.
Daf. 1771. 8. Von den Vortheilen und Vergnü-
gun-

gungen, welche Eltern im Unterricht und in der Bildung der Iugend vor Schullehrern voraus haben. Altona 1771. 8.   Von der Nothwendigkeit, beym Er-
ziehungsgeschäft vorzüglich auf die Bildung des Herzens zu sehen. Das. 1771. 8.   Von Glückseligkeiten
des Regentenstandes. Das. 1773. 8.   Einige das Altonaische Gymnasium betreffende Bemerkungen und
Gedanken. Das. 1774. 4.   Fasciculus dissertationum
argumenti philosophici. Flensb. et Lips. 1775. 8.
Sammlung kleiner das Schul- und Erziehungswesen
betreffenden Schriften, worin vorher gedachte deutsche Schulschriften und ausserdem Gedanken über
Pensionseinrichtungen und eine Abhandlung von einigen das Erziehungswesen betreffenden unerkann-
ten Hindernissen und Einrichtungen enthalten sind.
Flensb. und Leipz. 1776. 8.   Abhandlung über die
Entwickelung der Seelenfähigkeit, in Absicht auf die
moralische Bildung des Menschen; im 1sten Th. der
Cramerschen Beyträge zur Beförderung theologischer und anderer wichtigen Kenntnisse (1777). Ge-
danken über den Charakter unserer Zeit und über
die sich darauf beziehenden Pflichten; das. im 2ten
Th. (1778.)   Betrachtungen über die Sittlichkeit der
Vergnügungen. 2 Bände. Flensb. 1779. 8.   (Der
Abschnitt: „Vergnügungen des geselligen Umgangs"
ist *dänisch* übersetzt in Almeennyttige Samlinger 2 St.)
Zweyte verbesserte Ausgabe 1790.   Ueber die Lehre
von der menschlichen Freyheit. Dessau 1782. 8.
(*Französisch* von *Joseph Gabriel Percin*, der 1787 als
Lector

Lector der franzöſiſchen Sprache zu Kiel ſtarb, überſetzt, mit einer Vorrede und mit einem Geſpräch vom
Ueberſetzer und mit einem Zuſatz vom Verfaſſer, unterm Titel: Diſcours ſur la liberté. à Deſſau & Leipſ.
1783. 8.) Ueber die Sympathie, mit Rückſicht auf
deren eigentliche Beſchaffenheit und auf deren Ver-
haltniſs zur Selbſtliebe und Wohlthätigkeit; im 4ten
Th. der Cramerſchen Beyträge (1783). Ueber die
Unzuläſſigkeit des Büchernachdrucks nach dem natürlichen Zwangsrecht. Deſſau 1784. 8. Antheil
an der allgemeinen Reviſion des geſamten Schul- und
Erziehungsweſens. Hamb. 1785 ff. Winke für gute
Fürſten, Prinzenerzieher und Volksfreunde. 2 Theile.
Kiel und Hamb. 1786. 1787. 8. Anmerkungen zu
Finks Etwas über Anleihen; in den Schlesw. Holſt.
Prov. Ber. 1788. H. 3. Ideen zu einem patriotiſchen Bunde; im deutſchen gemeinnützigen Magazin
1 Iahrg. 3 Viertelj. S. 102-125. und 4 Viertelj. S.
34-62. (1788.) Geſpräche zwiſchen einem Fürſten
und ſeinem Rath über die zur Verbeſſerung des Fi-
nanzzuſtandes und zur Abhelfung mancher Staats-
übel zu veranſtaltenden Maaſsregeln; daſ. 2 Iahrg.
3 Viertelj. S. 116-139. (1789.) Sendſchreiben eines Kammerdieners an ſeinen Herrn, ein Raffinement
in der Politik betreffend; daſ. 4 Viertelj. S. 167-190.
Kieliſcher Handkalender für die Iahre 1788-1792.
12. Schleswig-Holſteiniſcher Specialkalender für
dieſelben Iahre. Kiel 1787-1791. 8. Staatswiſſen-
ſchaftliche Auffätze. Kiel 1791. 8. Buch zum Leſe-
ler-

lernen, (Glückftädtifches Lefebuch vom fel. C. R.
Lange herausgegeben,) zum allgemeinen Gebrauch in
den Herzogthümern Schleswig und Holftein verbeffert. Kiel. 8. Sendfchreiben an *Wieland*, zur Antwort auf deffen Zufchrift, die franzöfifche Revolution und Conftitution betreffend; im deutfchen Merkur 1792. St. 7. *(Autographum.)* Antheil am : *Wochenblatt zum Beften der Armen in Kiel. 1794 ff. 8.
(Vergl. *G. Holft.*) Litterarifche Gedanken von der
Schrift des Hrn. Prof. *Hegewifch* in Kiel über Neutralität; im Genius der Zeit 1794. Sept. Von den
Pflichten, welche Staatsbürger in Zeiten des Getreidemangels oder der Theurung gegen ihren Staat zu
erfüllen haben; in den Prov. Ber. 1795. H. 5. (ift
aus dem Wochenblatte zum Beften der Armen in Kiel
wieder abgedruckt, wurde aber auch befonders für
Freunde abgezogen.) Gedanken eines Ungenannten
über die Abhandlung von den Pflichten der Staatsbürger in Zeiten des Getreidemangels — mit Anmerkungen; daf. Antheil an der Vorrede zu *Sufemihls*
Predigten. (Vergl. *Reinbold.*)
EICHEL (Johann), *Doctor der Arzneygelahrtheit und Pro-
vinzialmedicus auf Fynen, in Odenfee wohnhaft; geb. zu
Hoftrup* in der Schluxharde Amts Tondern den .....
174.. §§. Difp. inaugur........ Experimenta circa fenfum videndi; in foc. med. Hafn. collect. Vol. I.
p. 238. (1774.) Continuatio; ibid. p. 330. Epiftola de variolis ad avunculum fuum D. *Fabricium,*
medic. nofoc. Hafn. Fridericiani, anno 1766 miffa
notis-

notisque quibusdam 1774 adießis; ibid. Vol. II.
(1775.) Scarlatinae conſtitutio epidemiça annorum
1776 et 1777; in Aßis ſoc. med. Hafn.Vol.II.(1779.)
— Vergl. *Worm* 3, 182 und 923.

(N. 5.) EIMBKE (Georg), *Doßor der Philoſophie* (ſeit
1793) *und Arzeneygelabrtheit* (ſeit 1794), *wie auch* ſeit
1795 *Adjunß der mediciniſchen Facultät zu Kiel*, vorher ſeit 1793 Privatdocent; *geb. zu Hamburg den 17
Dec. 1771.* §§. Verſuch einer ſyſtematiſchen Nomen-
klatur für die phlogiſtiſche und antiphlogiſtiſche Chemie. Halle 1793. 8. Etwas über unſer Küchenge-
ſchirr; in den Prov. Ber. 1794. H. 5. Spec. inaugur. ſiſtens analyſin chemicam fontium muriatico-
rum Oldesloënſium. Kil. 1794. 8. Verſuche über
den Wärmeſtoff; in *J. A. C. Gren's* Journal der Phyſik B. 7. Ueber das Leuchten des Phosphorus in
Stikgas; daſ. B. 8. *(Revidirt.)* Wird von „*Briſſon's*
Traité élementaire ou Principes de phyſique 3 TT.
Paris 1789-1792." eine Ueberſetzung mit vielen Zuſätzen und Anmerkungen beſorgen, wovon Theil 1.
Hamb. 1796 herauskömmt.

(M. u. N. 1-5.) EKKARD (Friedrich), *Doßor der Philoſophie* ſeit 1784 *und Sekretair der königlichen Bibliothek
zu Kopenhagen* ſeit November 1790; vorher ſeit 1785
Amanuenſis bey derſelben, ſchon berufen oder ernannt 1784, zuerſt ſeit 1772 Privatdocent und zugleich von 1775-1781 Amanuenſis und Bibliothek-
ſchreiber zu Göttingen; *geb. zu Friedericbsort im däniſchen Walde den 6 Dec. 1744.* §§. *Aufſätze in zwo

Hamburger Wochenfchriften (befonders in dem red-
lichen Hamburger) 1766 ff. *Moralifche Erholungs-
ftunden. Aus dem Franzöfifchen. Altona 1768. 8.
* Sam. *Bourn's* Uebereinftimmung der natürlichen und
geoffenbarten Religion. Aus dem Englifchen. 4 Th.
Daf. 1770 ff. *Deffelben geiftliche Reden über aus-
erlefene Parabeln unfers Heilandes. 2 Theile. Daf.
1771. 8. (Beyde Werke hat er gemeinfchaftlich mit
Dafcb überfetzt.) * *Dav. Hume's* Leben der Königinnen Maria und Elifabet; in deffen Gefchichte von
England. B. 5 und 6. Breslau 1770 ff. 4. *Catalogus bibliothecae *Borgeefianae.* Hamb. 1772. 8.
*Ueberfetzungen aus dem Englifchen in den letzten
Stücken des enkyklop. Journals. Cleve 1775. 8. Ueberficht der Oerter, wo die bekannteften griechifchen
Schriftfteller lebten; nebft einer Grundlage zur Gefchichte der Bibliotheken, wo fie in Handfchriften
erhalten worden. Gießen 1776. 8. *Bibliothecae
Ricbterianae P. III. philologica et critica P. IV. theo-
logica. Goett. 1775. 1776. 8. Antheil an *Eyrings*
Litteraturalmanachen für 1776 und 1777. gr. 8.
Vermehrte die Litteratur in *Achenwalds* Staatsklug-
heit 1779. 8. Afiatifche Thiernamen, gefammelt
aus C. *W. Buttners* Handfchriften, mit zwey lateinifchen Schreiben an C. *W. J. Gatterer;* in deffen Bre-
viarium Zoologiae P. I. (Gött. 1780.) Litterari-
fches Handbuch der bekannten höhern Lehranftal-
ten in und aufser Teutfchland, in ftatiftifch-chrono-
logifcher Ordnung; oder Fortfetzung der akademifchen

·fchen Nachrichten, umgearbeitet. Th. 1. Erlangen
1780. 8. Th. 2. 1782. Hatte Antheil am Kin-
deralmanach. Nürnb. 1781. 8. fo wie am Reifenden, einer Wochenfchrift zur Ausbreitung gemein-
nützigerKenntnjffe. Hamb. 1782. 8. *Tafchenbuch
für Kinder und Kinderfreunde. Nürnb. 1782. 8.
Tafchenbuch — Daf. 1783. 8. (hat auch dén Titel:
Kurzes Lehrbuch der Naturgefchichte für Kinder und
Kinderfreunde. Nürnb. und Leipzig 1782. 8. und
ift mit einer neuen Vorrede gedruckt 1783 und ohne
des Verfaffers Namen mit fremden Zufätzen 1792.
Seinen kurzen Text zu 12 ausgemalten Abbildungen
füdafiatifcher Völker, der ein Anhang des Tafchen-
buchs 1783 war, hat der Verleger auch unter einem
befondern Titel herausgegeben.) Allgemeines Regifter über die Göttingifchen gelehrten Anzeigen von
1753-1782. 2 Theile. Gött. 1784. 1785. 8. (Der
1fte Th. begreift die anonymifchen Schriften und der
2te in zwey ftarken Hälften die genannten Schriftfteller.) *Erinnerungen über einige Briefe eines vorgeblichen Franzofen (Cafp. Riesbeck), der fehr fonder-
bar von Sachfen bis über die Elbe hinübergereifet
feyn will, von einem Veteran aus Thüringen, der ehemals auch reifete, aber bedächtlicher. Alethinien (Altona) 1784. 8. Catalogus bibliothecae Walcbianae.
Goett. 1784. 8. *Schreiben über ein Werkchen unter dem Titel: Schilderung des deutfchen Reichs und
der deutfchen Litteratur, von einem Engländer zu
Berlin für feine Freunde zu London; nebft einem

kurzen

kurzen Auszuge der Wezelfchen Schrift über deutfche
Sprache, von Hrn. Abbé *Kenzinger;* beyde aus dem
Franzöf. frey überfetzt, mit kurzen Berichtigungen
und Zufätzen. Alt. 1785. 8. Regifter zu Hrn. Hofrath *Schlözer's* Staatsanzeigen. H. 1-24. Gött. 1785.
gr. 8. Regifter zn H. 25-48. Daf. 1790. Regifter
zu H. 49-72. Daf. 1795. *Catalogus bibliothecae
Joh. Sam. Augustini. Hafn. 1786. 8. *Bibliothecae
Lorckianae P. III. philologica et mifcellanea. ib. 1787.
8. Vorrede zu *(Carl Heinr. Krögen's)* kleinen Vorlefungen für verheyrathete und unverheyrathete
Frauenzimmer, zum Unterricht und Vergnügen. Mit
einem Schreiben an das deutfche Publicum begleitet.
Kopenh. und Leipz. 1787. 8. Gedächtnifsrede über
Joh. Mich. Geuss — gehalten vom Hrn. Iuftitzrath
Ove Malling; aus dem Dänifchen überfetzt und mit
einigen Zufätzen begleitet. Kopenh. 1787. gr. 8.
*Stroetanker om Lærdom og lærde Tidender. Kbhvn.
1787. 4. *Kiœbenhavns Tidender. 1787. 4. 1-
18de Stykke. Udkaft til en fuldftændig Haandbog
over almeennyttig Kundfkab og Litteratur. Kbhvn.
1788. 8. Fuldftændig Haandbog over almeennyttig Kundfkab og dens Litteratur. Mathematifk-phy-
fifke Deel. Kbhvn. 1788. 8. Philofophifk-politi-
fke Deel. 1789. Statiftifk-hiftorifke (eller ahti-
quarifke) Deel. 1790. Nogle Oply'sninger over
mine Haandbœger om almeennyttig Kundfkab og
dens Litteratur, tillige med nogen Efterretning om
mine Studeringer og litterarifke Henfigter, for dem,

der

der ikke kiende mig. Kbhvn. 1789. 8. *Catalogus
bibliothecae *Thottianae*, T. III. P. I et II. Libri Math.
Phyf. Med. Philof. Oecon. et Polit. ib. 1790. 8 mai.
Jordbefkrivelfe for unge og ældre Læfere, tildeels efter Hr. *Carl Gottbold Reichels* tydfke Haandbog, overfat ved *Morten Hallager*, overalt forœget og tildeels
rettet ved F. E. Kbhvn. 1793. 8. *Catalogus bibliothecae *Theodori Holmfkjold.* ib. 1794. 8. *Niels
Prahl's* litterarifke Fortjenefter (1 Bogen in 8.); vor
deffen hinterlaffenen Ueberfetzung des Schummelfchen
kleinen Voltaire. 1794. Claffificeret Fortegnelfe over
de nyefte og brugbarefte Bœger og fmaae Skrifter
fiden 1789, med Arke-Talleu og Kobbertavlernes
Angivelfe og Prifer 1794. 8. Syftematifk Vejled-
ning til almeennyttige Naturkundfkab ifær Væxt-Ri-
gets 1795. 8. med Kobb. — Uebrigens lieferte er,
während feines Aufenthalts in Deutfchland, *Recenfionen* im Reichspoftreuter 1770 ff. und in der Hamburger neuen Zeitung 1771 ff., in den Gothaifchen
und Greifswaldifchen gelehrten Zeitungen feit 1780,
auch *Auffätze, Recenfionen* und *Nachrichten* in Gatterers hiftorifchem Journal (in deffen 15ten Bande von
ihm die „Ueberficht der dänifchen Litteratur unter der
Regierung Chriftians VII." herrührt; allein der Auffatz: Danifche, Norwegifche und Islandifche Litteratur B. 12. nicht ihn, wie *Meufel* in der Litteratur der
Statiftik S. 478. vermuthet, fondern wahrfcheinlich
Gatterer felbft zum Verfaffer hat. Vergl. B. 15. S. 98.)
und in Meufels hiftorifcher Litteratur 1781-1784,

G 4 (nament-

(namentlich: *Geschichte einiger Wappenschilde der
dänischen Monarchie, aus den neuesten Unterfuchungen darüber; 1782. St. 9.) ferner die pädagogische
Litteratur in *M. Hißmanns* Anleitung zur Kenntniß
der philosoph. Litteratur. Lemgo 1778: 8., ein Paar
Aufsätze, Dännemark angehend, in der Bibliothek für
Denker. Gera 1783. gr. 8. (namentlich: Ueber den
Zuftand der Gelehrfamkeit in Dännemark, und: Die
künftigen Folgen des Indigenatrechts. St. 6.), einen
teutfchen Auszug aus *P. J. Heylen's* zu Brüffel 1774
gekrönter Preisfchrift: de Belgicae hodiernae fluviis
eorumque mutationibus, im 2ten Th. der Meufel-
fchen Beyträge zur Erweiterung der Gefchichtskun-
de, einige kleine *Beyträge* zum politifchen Journal
1781-1785. und zum Niederelbifchen Magazin. —
Wegen eines Fehlgrifs des itzigen Afsesfors *Oye* zu
Schleswig, damaligen Kopenhagener Correfpondenten des politifchen Journals, der einige Ausfälle gegen fich oder den *E. R. von Schirach* von den fpätern
Mitarbeitern an Kiœbenhavns Tidender 1787 dem
erftern Verfafler derfelben *Ekkard* unrichtig zufchrieb
und ihn desfalls in einem Fliegeblatte angrif, vertheidigte diefer fich ebenfalls in einem dergleichen
Blatte: *Til det tænkende Publicum. Kbhvn. 1787.
8. — Er hat von 1785 bis itzt Antheil an: Nyefte
Kiœbenhavnfke Efterretninger om lærde Sager, befonders im geographifchen und grammatifchen, auch
litterarifchen Fache, macht auch feit 1790 die Regifter zu diefer gelehrten Zeitung und hat feit 1794
auch

auch einigen Antheil an der Kritik og Antikritik. — Seit 1792 gibt er die Wochenschrift *Samleren* heraus, woran er seit dem 4ten und noch mehr seit dem 6ten Bande den stärksten Antheil hat, redigirte auch für 1792 und 1793: Fuldstændig Addreß- og Stats-Portegnelße over Danmark, Norge og Provinßerne. Kiœbenh: 12. und für 1792, 1794 und 1795: Kiœbenhavns Boepæls Vejvißere, und zwar die beyden neuesten mit Zusätzen anderer Art, weswegen sie folgenden veränderten Titel erhielten: Topographisk og œkonomisk Lommebog over Kiœbenhavns Mærkværdigheder. 1794 1795. 12. — Als Stifter einer kleinen wohlthätigen Gesellschaft gab er auch heraus: *Plan til en mindstbekostelig Opdragelßes- og Understœttelßes-Anstalt for fattige Piger. Kbhvn. 1789. 8. und ließ für die Stiftung unter seiner Durchsicht übersetzen: *F. Schulz's* Leopoldine, oversat ved *And. Hayßen.* Kbhvn. 1792. 8. Endlich hat er mit Berichtigungen und Zusätzen zu den geographischen, naturkundigen, moralischen, litterarischen und grammatischen Abtheilungen neu herausgegeben: (*Niels Prahl's*) Læsebog for Bœrn og den tilvoxende Ungdom. 4de Oplag. Kbhvn. 1793. 8. und (6) historiske, litterariske og philosophiske Anmærkninger til (*Johann Schwab's*) Priisskrivt om Hindringer og Befordrings Midler for Religionens moralske Virkninger, oversat ved *Bœrge Poßbolan Kofod.* 1793. 8 (fehlt im *Erßb*) hinzugefügt. — „Ueber seine *litterarische Erziehung* und den, trotz aller Hindernisse, beständig

-- im Geſicht behaltenen *Zielpunct*, warum dieſer Schriftſteller das *Studieren* ſtatt aller andern Vergnügungen
wählte und dem für ihn ſo undankbaren Stande treu
blieb, obgleich Temperament und erſte Erziehung
ihn dem Kriegsſtande weit mehr geneigt machte, ſ.
obige *Oplysninger*, welchem erſten Stücke noch nicht
mehrere gefolgt ſind." — Sein Schattenriſs vor ſeinem
Taſchenbuch für Kinder und Kinderfreunde 1784.
(Theils *revidirt*, theils *Autographum*.)

EKKARD (Henrike Eliſabet), geborne *Bornſchreiber; geb.
zu Altona den 16 Ian. 1745, verheyrathet mit dem vorigen
Schriftſteller 1769.* Sie hatte ſtarke Neigung, gelehrt
oder wenigſtens dramatiſche Schriftſtellerinn zu werden; aber die Härte, womit man in jenen Zeiten, beſonders zu Altona, Leute zu behandeln pflegte, die
ſich blos aus Liebe verheyratheten, zwang ſie zu
ganz entgegengeſetzten Arbeiten und ihre ſchönſten
Tage verſtrichen — ſine. linea! Plane zu Schauſpie-
len hat ſie entworfen; aber zur Ausführung fehlten
— bequeme Umſtände. Zuweilen nur glückte ihr
ein Vers; und *Briefe* ſchrieb ſie oft für andere, die
ſelbſt keine zu ſchreiben wuſsten, aber nie einen für
ſich ſelbſt, weil ſie davon nichts für ſich hofte, obgleich Andre oft durch jene Briefe erlangten, was ſie
ſuchten. Gedruckt ſind von ihr bloſs *Neujahrswün-
ſche* für 1768 Altona 8. und wieder andere dergleichen 1771 Hamb. 8., auch andere zu Altona 1771.
An Muſenalmanachen wollte ſie nie etwas einſchicken.
(*Mitgetheilt.*)

ERHAR-

ERHARDI (Asmus Friedrich), *Paſtor zu Bordesholm* ſeit 1784, vorher ſeit 1781 Paſtor zu Brockdorff und ſeit 1771 Compaſtor zu Grube; *geb. zu Schmalſtede* Kirchſpiels und Amts Bordesholm *den 3 Iul. 1746.* §§. Die Geburt Ieſu. Eine Cantate. Von *J. F. Hobein* dem jüngern in Muſik geſetzt und aufgeführt. 1763. 4. Lieder eines Iünglings. Greifsw. 1766. 8. Etwas vom Spargelbau; in den Schlesw. Holſt. Anzeigen 1784. St. 19. Letzte Bitten und Wünſche eines Vaters an ſeinen Sohn bey deſſen Abreiſe auf die Akademie; daſ. St. 19. Gedanken eines vaterländiſchen Volksfreundes: zur Prüfung und Beherzigung; daſ. 1786. St. 49. Ueber das Durchſaugen der Brüſte, nebſt angehängten verſchiedenen Mitteln dagegen; daſ. 1787. St. 14 und 16. An meine Freunde, deren Gebäude vom Schwamm angegriffen werden; daſ. St. 29. Nachricht von einer bey Berlin neulich entſtandenen Anſtalt zur Beförderung der Baumzucht und einer hinlänglichen Kenntniſs derſelben; daſ. St. 30. Nachricht von einer unter den Pferden und dem Hornvieh graſſirenden Krankheit; daſ. 1789. St. 50. Hamburg. Addreſs-Comt. Nachricht. 1789. St. 99. Alton. Addreſs-Comt. Nachr. 1789. St. 101. (Dazu gehört noch eine im Iahr 1790 auf Begehren der, der Hornviehſeuche wegen allerhöchſt verordneten, beſtändigen Commiſſion in Kopenhagen abgefaſste und von der Zeit an zum Druck fertig liegende ausführlichere Schrift: Ueber das im Ausgange des Iahrs 1789 an den Pferden und dem Rindvieh

in

in Holftein bemerkte Zungengefchwür.) — Nachricht
von einer Zwerginn, die fich itzt zu Bordesholm in
der Nähe von Kiel authält; in den Prov. Ber. 1790.
H. 3. Nachricht vom Spörgel, einem auf Sandfel-
dern wachfenden Futterkraut und von dem Verfuche, der in diefem Iahr mit der Einführung deffelben
in die Holfteinifche Landwirthfchaft wird gemacht
werden; daf. H. 4. Die meiften ökonomifchen und
andern gemeinnützigen und litterarifchen Abhandlungen und Anffätze in den Schlesw. Holft. Anzeigen
in der letzten Hälfte des Iahrs 1790, und von den
I. 1791, 1792 und 1793. Verfchiedene kleine Beyträge zu auswärtigen periodifchen Schriften. (Autographum.)

(N. 1. 2. 4. 5.) ESMARCH (Heinrich Peter Chriftian),
Rector der Domfchule zu Schleswig feit 1778, vorher
feit 1770 Conrector derfelben Schule; *geb. zu Ulnis*
in der Schliesharde Amts Gottorff *den 21 Febr. 1745.*
§§. *Speccii* praxis declinationum et coniugationum,
umgearbeitet. Flensb. 1779. 8. Zweyte Auflage
1780. Vierte verbefferte und vermehrte Auflage
1789. Sechste Auflage 1794. *Nachricht von den
geendigten Lectionen in den beyden erften Claffen
der königl. Domfchule zu Schleswig. Eine Einladung
(von ihm und dem Conrector *Dirkfen*). Flsb. 1780.
4. Pr. De verbi Χαριτες vi et interpretatione. ibid.
1780. 4. Pr. De praepofitionibus, quae in N. T. cir-
cumfcribunt genitivum. ib. 1781. 4. Pr. De lectionibus vulgatis priorum verfuum Pfalmi XVI. ibid.
1782.

1782. 4. Virgils Gedicht von der Landwirthſchaft, überſetzt. Daſ. 1783. 8. Pr. De voce E'ɩ in N. T. circumſcribente Dativum. ib. 1783. 4. Der Brief an die Galater überſetzt. Altona 1784. 8. Der Brief an die Epheſr überſetzt. 1785. 8. Anfangsgründe der Naturgeſchichte, welche zugleich zur Uebung in der lateiniſchen Sprache dienen können. Flsb. 1787. 8. Virgils Eklogen überſetzt. Schlesw. 1787. 8. Zweyte Auflage. Daſ. 1788. Schleswigſche Flora. Daſ. 1789. 8. Erſte bis ſechste Fortſetzung. Daſ. 1790-1795. Seine *Recenſion* der bekannten Schrift über: Die Niederlegung der Domänen (f. *Blatt*) in der monatlichen Ueberſicht und *Antikritik* iſt wieder abgedruckt in den, unter genanntem Schriftſteller, aufgeführten Briefen — An den Hrn. Verwalter *Jürgen Blatt*. Schlesw. und Leipz. 1793. 8. Beſchreibung der Gräſer, rietartigen Gewächſe, Schäftlinge und Kannenkräuter, welche in den Herzogthümern Schleswig und Holſtein wild wachſen. Schlsw. 1794. 8.— Antheil an der monatl. Ueberſicht (f. *zur Mühlen*). *(Revidirt.)* Von ihm angekünd.: Praecepta maxime neceſſaria theol. dogmat. in uſum ſcholar. inferiorum e *Mori* Epitome theol. chriſt. pouſſimum excerpta. —

EVERS (Joachim Lorenz), *Goldſchmidt in Altona*; geb. daſelbſt den 20 Sept. 1758. §§. Von dem Uebertriebenen in den menſchlichen Handlungen. Vorgeleſen bey der Feyer des Johannisfeſtes 1794 in der Loge Ferdinand zum Felſen zu Hamburg von Br. *J. L. E.* Redner der Loge. Als Handſchrift für Ordensbrüder. 8. —Auſſerdem ſind von ihm ein Paar Gedichte

heraus: Bey der Todtenfeyer *Ferdinands* des Men-
fchenfreundes, Herzogs von Braumfchweig, General-
grofsmeifters der vereinigten Logen in Deutfchland,
in der Loge Ferdinand zum Felfen zu Hamburg den
5 Sept. 1792. von Br. *J. L. E.* 8. Ein anderes auf
eine Altonaer Hochzeit. *(Mitgetheilt.)*

(M. u. N. 1. 2. 4.) von EWALD (Johann), *Oberfter des
Schleswigfchen Iägercorps und der Schleswig-Holfteinifchen leichten Infanterie-Bataillons zu Eckernförde* feit
1795, vorher feit 1788 Obriftlieutenant; war 1760
Volontaircadett, wurde 1761 Fahndrich im Gilfi-
fchen Infant. Regim., 1765 Secondlieutenant in der
Garde, 1774 Capitain der Leibjäger, gieng 1776 als
Capitain einer Iägercompagnie nach Amerika und
wurde 1784 Capitain bey dem Dittfurthfchen Infan-
terieregiment; *geb. zu Caffel den 30 März 1744* (nicht
1743). §§. *Gedanken eines Heffifchen Officiers
über das, was man bey Führung eines Detafchements
im Felde zu thun hat. Caffel 1774. 8. Der Parthey-
gänger, oder über den Dienft der leichten Truppen.
.... 1784. 8. Abhandlung über den kleinen Krieg.
Caffel 1785. 8. Abhandlung über den Dienft der
leichten Truppen. Schlesw. 1790. 8. *Gefpräche
eines Hufarencorporals, eines Iägers und leichten In-
fanteriften über den Dienft der leichten Soldaten. Altona 1794. 8. *(Revidirt.)*

EYBEL (Gottlieb Friedrich), *Diakonus an der Marienkirche in Flensburg*, vorher feit 1754 Diakonus zu
Bordelum in der Landfchaft Bredftedt; *geb. zu .....
im Vogtlande 1714.* §§. ......

FABRICIUS (Chriftian Albrecht), *königl. dänifcher Canzeleyrath und Committirter im General-Landes- Oekonomie- und Commerz-Collegium zu Kopenhagen*, (vorher zweyter Adminiftrator der Zahlenlotterie dafelbft,) auch Mitglied der Direćtion der königlichen Creditkaffe, Mitprafident der königl. dänifchen Landhaushaltungsgefellfchaft und Mitdirećtor der Kopenhagener Gefellfchaft zur Aufnahme der Naturhiftorie; *geb. zu Apenrade den 21 April 1734.* §§. Forfœg i at befvare det opgivne Spœrsmaal: Hvad er det, fom meeft trykker Borgerftandens Næring i de fmaae Kiœbftæder, og hvorledes kan derpaa beft raades Boed? eingerückt in: œconomifke Magazin 8 Bind. (Kbhvn. 1764.) Tanker om de nye Indretninger i Landvæfenet. Slaverie fœder Nederdrægtighed, Dovenfkab og Vankundighed. Frihed fœder Liv, Aand, Oplysning og Sæder. Kbhvn. 1 H. 1784. 8. 2 H. 1786. 3 H. 1786. 4 H. 1787. (auch unter dem Titel: Noget endnu om de nye Indretninger i Landvæfenet.) Hvis forfatning er den lykkeligfte enten den Danfke Fæfte-Bondes, eller den Meklenborgfke Livegne-Bondes? in der dänifchen Minerva 1785. St. 6. Brev til en Ven angaaende de opkommende Stridigheder i Anledning af den faa kaldte jydfke Ambaffade. Kbhvn. 1791. Vergl. *Worm* 3, 924. *(Nach dem Autographbum.)*

FABRICIUS (Friedrich Wilhelm Peter), Sohn des Johann Chriftian F. im *Worm* — *Dočter der A. G. und Privatgelehrter auf Bornholm; geb. zu Tondern den 14 Dec. 1742.*

1742. §§. De motu humorum progreſſivo, veteribus
non ignoto. Alton. 1762. 4. (D. inaug.) tentamen
medicum de Emetotrophia. Edinb. 1767. 8. Vergl.
Worm 1, 294.

(M. u. N. 1 - 5.) FABRICIUS (Johann Chriſtian), Bruder
des vorigen, wird von *J. G. Dabler* (S. 528) irrig
als verſtorben aufgeführt — *Doctor der Philoſophie und
Profeſſor der Oekonomie, Naturlehre und Cameralwiſſenſchaften zu Kiel* ſeit 1775, vorher ſeit 1770 Profeſſor
der Oekonomie zu Kopenhagen; *geb. zu Tondern den
7 Ian. 1748.* §§. Vertheidigung der Mooſe auf ſäu-
ern Wieſen; in *D. G. Schreber's* Sammlung verſchiedener Schriften aus den ökonomiſchen, Policey- und
Cameralwiſſenſchaften. Th. 5. (1766.) Anfangsgründe der ökonomiſchen Wiſſenſchaften, zum Gebrauch akademiſcher Vorleſungen. Flensb. 1773. 8.
Zweyte verbeſſerte Auflage. Kopenh. 1783. (Eine
däniſche Ueberſetzung iſt in den Kopenhag. Addreſſ-
Comt. Nachrichten 1795 Nr. 242. angekündigt.)
Forſœg til en Afhandling om Planternes Sygdomme;
in: Norſke Videnſkaber Selſk. Skrifter. 5 Deel. Sy-
ſtema entomologiae, ſiſtens inſectorum claſſes, ordines, genera, ſpecies, adiectis ſynonymis locis, deſcri-
ptionibus, obſervationibus. Flensb. et Lipſ. 1775. 8.
Beſchreibung der weiſsen Ameiſe; im 1ſten Bande
der Beſchäftigungen der Geſellſchaft naturforſchender Freunde in Berlin (1775). Genera inſectorum
eorumque charaеteres naturales, ſecundum numerum,
figuram, ſitum et proportionem omnium partium
oris;

oris; adiecta mantiffa fpecierum nuper détectarum.
Kil. 1777. 8. Verfuch über die Gefetze des Natur-
reichs; im 2ten Th. der Cramerfchen Beyträge (1778).
Philofophia entomologica, fiftens fcientiae fundamenta, adiectis definitionibus, exemplis, obfervationibus,
adumbrationibus. Hamb. et Kil. 1778. 8 mai. Mineralogifche und technologifche Bemerkungen auf
einer Reife durch verfchiedene Provinzen in England
und Schottland; mit Anmerkungen und Zufätzen
von J. J. *Ferber*; in des *letztern* neuen Beyträgen zur
Mineralgefchichte verfchiedener Länder. B. 1. (1778.)
Reife nach Norwegen, mit Bemerkungen aus der Naturgefchichte und Oekonomie. Hamb. 1779. 8. (ift
auch zu Amfterdam 1781. 8. ins *Holländifche* überfetzt, und fteht auszugsweife theils im 2ten B. der
Nürnberger Sammlung neuer Reifebefchreibungen
1780. 8., theils *dänifch* in der Samling af de befte og
nyefte Reifebefkrivelfer. 2 D.) Nähere Umftande
aus dem Leben des Ritters von Linné; im deutfchen
Mufeum 1780. St. 5 und 7. Betrachtung des Lin-
néifchen Syftems und feines eigenen Syftems der Entomologie; im 2ten B. der Schriften naturforfchender Freunde (1781). Von der Volksvermehrung,
infonderheit in Dännemark. Hamb. und Kiel 1781.
8. Species infectorum exhibentes eornm differentias
fpecificas, fynonyma auctorum, loca natalia, meta-
morphofin; adiectis obfervationibus, defcriptioni-
bus. T. 1. 2. Hamb. 1781. 8 mai. Betrachtungen
über die allgemeinen Einrichtungen in der Natur.

H Daf.

Daſ. 1781. 8. Ankündigung einer ökonomiſchen
Geſchichte Friederich V.; im Kieliſchen Magazin B.
1. St. 2. Ertrag der Bauernhöfe in Dännemark
1764 ff.; im hiſtoriſchen Portefeuille 1783. St. 2.
Om Hœre-Redſkaberne hos Krebs og Krabber; in:
Nye Samling aſ det Kongel. danſke Videnſk. Selſk.
Skrifter. 2 Deel (1783). *H. Sanders* ökonomiſche
Naturgeſchichte für den teutſchen Landmann und
die Iugend in den mittlern Schulen, fortgeſetzt. 4ter
Th. Leipz. 1784. 8. (Auch unter dem Titel: Cultur
der Gewächſe, zum Gebrauch des Landmanns.—Th.
5. iſt angekündigt.) Briefe über London, vermiſchten Inhalts. Deſſau 1784. 8. (*Drey* waren ſchon
vorher ins Kieler Magazin eingerückt.) Von der Erziehung, beſonders in Dännemark. Daſ. 1784. 8.
Beſchreibung der Atlasmücke in ihrer Puppe (tipula
ſericea); im 5ten Bande der Schriften der Berliner
Geſellſchaft naturforſchender Freunde (1784). Nachrichten vom däniſchen Handel; im hiſtoriſchen Portefeuille 1785. St. 3-5. (Dieſelben?) Hiſtoriſche Nachrichten vom däniſchen Handel; im polit. Journal 1785.
B. 2. S. 302 ff. 383 ff. 495 ff. (im Zuſammenhange
und erweitert wiederholt in *ſeinen* Policeyſchriften
Theil 1. S. 11-306.) Schreiben von den neueſten
Einrichtungen in Wien; daſ. St. 6. Schreiben vom
Zuſtande der Wiſſenſchaften im Oeſterreichſchen;
daſ. St. 7. Ungedruckte Briefe auf einer Reiſe durch
Deutſchland; daſ. 1786. St. 3 ff. Briefe auf einer
Reiſe durch Rußland 1786; daſ. 1786. St. 2 und

11.

11. 1787. St. 2 und 4. (*Franz.* im efprit des Jour-
naux 1788. VII. X.) Lob der Leibeigenfchaft; im
neuen Kielifchen Magazin (1786) B. 1. St. 3. (*dänifch*
überfetzt in der Minerva.) Policeyfchriften. 1 Th.
Kiel 1786. Kopenh. 1787. 8. (Daraus *dänifch* überfetzt: Hvori beftaaer Borgerdyd? Kbhvn. 1786. 8.)
2 Th. 1789. Mantiffa infectorum, fiftens eorum
fpecies nuper detectas, adiectis characteribus generi-
cis, differentiis fpecificis, emendationibus, obfervationibus. T. I et II. Hafn. 1787. 8 mai. Danne-
marks Finanz- und Schuldenwefen; im neuen Kielifchen Magazin B. 2. St. 1. (1787.) Schreiben über
dem von dem Bauernftande in Bernftorff errichteten
Obelifk; im hiftor. Portef. 1787. Nova infectorum genera; in Skriter af Naturhiftorie-Selfkabet.
B. 1. (1790.) Auch eingerückt in *J. G. Schneiders*
neueftem Magazin der Entomologie St. 1. Von einigen, dem Gefchlechte Ips fich nähernden, Infecten-
gefchlechtern; in den Abhandlungen der naturfor-
fchenden Gefellfchaft in Paris. Th. 1. (1792.) Car.
a Linné praelectiones in ordines naturales plantarum
e proprio et *J. C. Fabricii* Mto. edidit P. D. Giefeke.
Hamb. 1792. 8. Entomologia fyftematica emen-
data et aucta fecundum claffes, ordines, genera, fpecies; adiectis fynonymis, locis, obfervationibus, de-
fcriptionibus. T. 1. Hafn. 1792. 8. T. 2 et T. 3.
P. 1. 1793. T. 3. P. 2. et T. 4. et ult. 1794. Ueber Schriften von Infecten; in Skriter af Naturhiftorie-Selfkabet. B. 3. (1793.) Mineralogifche und

techno-

technologifche Bemerkungen auf einer Reife durch
verfchiedene Provinzen in England und Schottland;
in *J. J. Ferbers* Nachrichten und Befchreibungen einiger chemifchen Fabriken. Halberft. 1794. 8. Vgl.
Worm 1, 296. 3, 205 und 925. und *Martin Thrane
Brünnich* litteraturae danicae fcientiarum naturalium
. T. 2. oder bibliotheca auctorum et librorum fcien-
tias naturales tractantium pag. 200 fq. *(Revidirt.)*

FALLESEN (Lorenz Nikolai), *Paftor zu Söborg und Gil-
leleie auf Seeland* feit 1793, vorher feit 1790 Garnifonsprediger in der Citadelle Friedrichshaven; *geb.
zu Biert* in der Tyftrupper Harde Amts Hadersleben
den 20 April 1759. §§. Die Pflicht der Dankbarkeit
gegen Gott. Eine Predigt am 14ten Sonntage nach
Trinit. 1790. Kopenh. 8. Magazin for Religions-
lærere. 4 Binde. Kbhvn. 1793-1795. 8. (das Werk
wird 5 bis 6 Bande ausmachen, wovon aber 2 Drit-
theile Ueberfetzungen find.) Hvad der fkal træfte
os over Kongeboligen Chriftiansborgs fœrgelige Lev-
ninger, foreftillet i en Prædiken paa 2 S. i Faften
over Ef. 43, 1-3. Kbhvn. 8. Ueber das Viele und
Mancherley, das Gott uns Menfchen auf Erden be-
reitet hat. Eine Predigt, gehalten in der Frauenkirche
zu Hadersleben am 2ten S. nach Trinitatis 1795. 8.
(Nach dem Autographum.)

FEDDERSEN (Broder), *Paftor zu Kaltenkirchen* Amts Segeberg, vorher deutfcher Capellan bey der Garnifonskirche in Kopenhagen; *geb. zu* .... 17... §§.
Abfchiedspredigt in der Garnifonskirche zu Kopenhagen.

hagen. Kopenh. 1790. 8. Antrittspredigt zu Kaltenkirchen. Daſ. 1790. 8. *(Mitgetheilt.)*

(M.) FEDDERSEN (Peter), *Obergerichtsadvocat zu Altona* feit 1772, vorher Secretair des Doctors J. U. Pauli zu Hamburg; *geb. zu Flensburg den 11 April 1742* (nicht 1744). §§. *Gemeinnützige Nachrichten aus dem Reiche der Wiſſenſchaften und der Künſte. Hamb 1768 (nicht 1765). 4. *Anleitung für den geringen Mann in Städten und auf dem Lande, in Abſicht auf ſeine Geſundheit, von *Tiſſot*, aus dem Franzöſ. Daſ. 1767. 8. *(Revidirt.)*

FEHSE (Johann Heinrich), Sohn des Johann Heinrich F. im *Adelung* — *Paſtor zu Oldensworr* im Oſtertheile der Landſchaft Eiderſtedt ſeit 1787, vorher ſeit 1782 Diakonus zu Neukirchen in Norderdithmarſchen und ſeit 1777 Diakonus zu Delve; *geb. zu Hemme* in Norderdithmarſchen *1754*. §§. Ehrengedächtniſs von ſeinem Vater, Magiſter J. H. F. Heide 1777. 8.

FELDMANN (Maſius Johann), *Profeſſor* (ſeit 1795) *und Conrector in Altona* (ſeit 1794), vorher ſeit 1789 Subrector daſelbſt; *geb. zu Wilſter den 20 Febr. 1762*. §§. Der Zeitengeiſt. Ein Gedicht am königlichen Geburtstage 1793, im Hörſale des akademiſchen Gymnaſiums in Altona vorgeleſen. Alt. 1793. 4. — Iſt auch Ueberſetzer des 3ten Th. der (unter *J. C. N. Niemann* aufgeführten) neueſten Geſchichte Frankreichs, aus dem Engl. *(Mitgetheilt.)*

(N. 5.) FIDALGO (Benjamin Muſtaphia) *der ältere, Kaufmann von der portugieſiſchen Iudengemeine, in Altona* ſeit

1768 wohnhaft; geb. zu Hamburg den 22 Sept. 1711.
§§. Fragment des Effais du Vieillard du Mont Liba-
non ou VIIme fection des Dialogues entre le Vieillard du M. L. & le Vieillard du Mont Caucafe. Ex-
trait du refte de l'ouvrage, qui eft encore en Manu-
fcrit. Altona 1784. 8. 2 edit. 1790. Replica in
Sachen des Propheten Samuels, contra Agag, König
der Amalekiter, in puncto homi- et infanticidii. Hierauf folgt ein merkwürdiges und vermuthlich inter-
effantes Gefpräch, betitelt: (Alte Neuigkeiten und
neue Alterthümer.) Daf. 1785. 8. Vergl. Bolten 2,
199. (Revidirt.)

(N. 4. u 5.) FINK (Otto Jakob), Kaufmann in Altona;
geb. dafelbft den 26 Dec. 1749. §§. *Freymüthige Bemerkungen über das Finanzwefen des königl. dänifchen Staats. (1787.) 8. *Nachtrag zu den freym.
Bemerk. (1787.) 8. *Unvorgreifliche Prüfung deffen, wodurch Herr Etatsrath Zoëga dasjenige, was
er von dem Plane der projektirten neuen Münzveränderung in den Herzogth. Schleswig und Holftein
in feinen Schriften bekannt gemacht, hat rechtferti-
gen wollen. Altona 1787. 8. (Ein Auszug daraus
in Schedels Journal für die Handlung. B. 3. H. 5.)
*Auch etwas über Banken, Banknoten und Handlung,
zur Beantwortung eines Sendfchreibens (von J. H.
Wiebe) aus Kopenhagen. Daf. 1788. 8. *Abgenöthigte Beantwortung der Befchuldigung, dafs meine
Berechnung über die Kupfermünze falfch fey. Nebft
Abfertigung des alten Holfteiners wegen feiner höh-
nifchen

nifchen Ausfälle auf eine unvorgreifliche Prüfung —
Daf. 1788. 8. *Nähere Erläuterung der Berechnung
über die neue Schlesw. Holft. Kupfermünze.   Auch
etwas an den (ehemaligen) Hrn. Profeſſor *Tetens* in
Kiel. Daf. 1788. 8.   Etwas über Anleihen, welche
Unterthanen aus der Staatsinduftriecaſſe gereicht werden; in den Schlesw. Holft. Prov. Ber. 1788. H. 3.
Erwiederung gegen des Hrn. Prof. *Ehlers* in Kiel An-
merkungen über mein Etwas über Anleihen aus der
Staatsinduftriecaſſe. Daf. 1788. 8.   (Auszug daraus
in den Prov. Ber. 1788. H. 6.)   * Etwas über das
richtige Adjuftiren der Münze.   Mehr über die Vortheile der Wipper.   Vieles über die Verwechſelung
der alten Dänifchen gegen die neue Schlesw. Holft.
Münze. Daf. 1788. 8. — Vergl. *(Adolfs Friederichs
Meyers*, Hof- und Landgerichtsadvocaten in Preetz)
Exceptionaldeduction in der Appellationsinftanz, mit
Gründen für den Befcheid in der erften Inftanz.   Von
Seiten des Kaufmanns O. *J. Fink* in Altona, Provo-
caten, itzt Appellaten, wider die Directeurs des dortigen königl. Bankcomtoirs, Provocanten, itzt Appellanten; betreffend eine von Letztern wider Erftern
angeftellte vermeintliche Diffamations- und Injurien-
klage — Altona 1791. Fol. — *(Revidirt.)*

(N. 3 - 5.) FISCHER (Johann Leonhard), *Doctor der Philoſophie* (feit 1785) *und Arzeneygelahrtheit* (feit 1789),
auch feit 1793 *ordentlicher Profeſſor der Chirurgie und
Anatomie zu Kiel,* vorher feit 1789 aufserordentlicher
Profeſſor der Medicin und feit 1786 Profector beym

anato-

anatomifchen Theater in Leipzig; *geb. zu Culmbach den 19 May 1760.* §§. *P. C. F. Werneri* vermium in-teftinalium brevis expofitio. Continuatio fecunda, poft mortem auctoris (1785) edita atque tabb. 2 ae-neis aucta. Cum 4 tabb. ad nat. pictis. Lipf. 1786. 8. Continuatio tertia, cum 5 tabb. ibid. 1788. Ob-fervationes de oeftro ovino atque bovino factae, di-fput. quam defendet a. d. 15 Dec. ib. 1787. 4. cum 4 tabb. Ueber die Finnen im Schweinefleifch, mit 1 Kupf.; im deutfchen gemeinnützigen Magazin 1ften Iahrg. (1788) 3tes Viertelj. (Difp. inaug.) Taeniae hydatigenae in plexu choroideo nuper inventae hi-ftoria. Accedunt nonnulla alius argumenti de ver-mibus inteftinalibus obff. ib. 1789. 4. c. tab. aenea. Anweifung zur praktifchen Zergliederungskunft, nach Anleitung des *Thomas Pole* anatomical inftructor. Mit 13 Kupfert. Daf. 1791. gr. 8. Neurologiae genera-lis tractatus, defcriptio anatomica nervorum lumba-lium, facralium et extremitatum interiorum. ibid. 1791. Fol. Cum 4 tabb. linearibus et 4 adumbratis. Anweifung zur praktifchen Zergliederungskunft; die Zubereitung der Sinnenwerkzeuge und der Einge-weide. Daf. 1793. 8. mit 6 Kupfert. („Anweifung zur praktifchen Zergliederungskunft; die Zuberei-tung des Hirns und der Nerven," und eine Abhand-lung: „über gerichtliche Section" wird Oftern 1796 erfcheinen.) — Mehrere Auffätze in verfchiedenen Journalen. — Der von *W. Heinfius* ihm beygelegte „Abrifs eines neuen Syftems über die menfchliche Na-tur"

tur” ift nicht von ihm. — Vergl. (*J. G. Eck's*) Leipziger gel. Tagebuch auf 1786. S. 5 f. (*Revidirt.*)

FLESSBURG (Jens), *königl. dänifcher Etatsrath*, (war bis
1795, wo er auf fein Anfuchen entlaffen wurde, Amts-
verwalter und Hausvogt im Amte Hütten und Har-
desvogt in der Hüttener Harde,) *wohnhaft zu Flecke-
buy; geb. zu ..... 17...* §§. * Nachricht von dem
Zuftande der Landfchulen in der Hüttener Harde des
Herzogthums Schleswig, nebft einer ohngefähren
Ueberficht von dem Ertrage des Leinbaues und der
Webereyen im Iahr 1792; in den Schlesw. Holft.
Prov. Ber. 1793. H. 5.

(M. u N. 4. 5.) FLOR (Matthäus Johann), *Hauptpaftor
zu Neuenkirchen in Norderdithmarfchen* feit 1782, vorher feit 1774 Diakonus dafelbft; *geb. zu Neumünfter
den 29 Iun. 1740.* §§. Predigt von der Sünde wider
den heiligen Geift, über Matth. 12, 31. 34. Glückftadt 1770. 4. Die Gottheit Chrifti ..... Die eigentliche und fchriftmäfsige Lehre der evangelifch-
lutherifchen Kirche vom heiligen Abendmahl. Hamburg 1771. 8. Von den Leiden der Thiere. Daf.
1772. 8. Die Grundfefte des chriftlichen Glaubens
und der Hofnung zur ewigen Seligkeit. Bützow und
Wismar 1772. 8. Die Grundfefte — Seligkeit vertheidigt. Daf. 1772. 8. Meine Gedanken über befondere Unglücksfälle und allgemeine Landplagen.
Kiel 1786. 8. Von Recht und Freyheit eines Predigers und Schriftftellers, nebft einigen Bemerkungen
über die Schwächen in der neuen Lehrart von den

H 5 gött-

göttlichen Strafen. Daſ. 1787. 8. Meine Lebensgeſchichte, oder Gottes Rath fiegt über Mangel und
Feindſchaft. Heide 1791. 8. Ein Wort vielleicht
zu ſeiner Zeit, aus dem vormals ſo genannten freyen
Dithmarſchenlande über Monarchen und Monar-
chien. Altona 1793. 8. — Vergl. *Johann Chriſtian
Flobr* im Anhange.

FLORIS (. . . . . . .) . . . . . . geb. zu . . . . . 17. . . §§. . . . . :
(N. 1 - 5.) FOCK (Johann Georg), *Confiſtorialrath und
Hauptpaſtor an der Nicolaikirche zu Kiel* feit 1795; vorher
*Superintendent der evangel. Kirchen in den Inneröſterreichi-
ſchen Landen und Paſtor der evangel. Gemeine zu Wien* feit
1783, auch ſeit 1785 geiſtlicher Rath des Confiſto-
riums der A. C. daſelbſt, ſeit 1782 däniſcher Legationsprediger daſelbſt, zuerſt ſeit 1779 Rector in ſeiner Vaterſtadt; *geb. zu Neumünſter den 16 Nov. 1757.*
§§. Predigt bey feyerlicher Eröfnung des öffentlichen Gottesdienſtes der evangel. lutheriſchen Gemeine in Wien und dem Antritt des öffentlichen Lehr-
amts bey dieſer Gemeine, am 7 Sonntage nach Trinitat. Wien 1783. 8. Predigt zur Empfehlung des
allgemeinen Armeninſtituts, am 13 Sonnt. nach Trinitat. Daſ. 1783. 8. Predigt bey Einweihung des
lutheriſchen Bethauſes zu Wien, über 1 Moſ. 28, 16.
17. Daſ. 1784. 8. Vorrede zum zweyten Theil der
Geſchichte der Proteſtanten in Oeſterreich, Steier-
mark, Kärnthen und Krain, von 1520 bis auf die
neueſte Zeit, von *G. E. Waldau.* Anſpach 1784. 8.
Vorrede zu *M. Bogenhardt's* evangeliſchem Chriſten.
Presburg 1784. 8. Gebete und Formulare, welche

beym lutherifchen Gottesdienfte in Wien gebraucht
werden; im erften Bande des liturgifchen Magazins
von *Seiler*. Erlang. 1784. 8. Anrede bey der Taufe
eines Iuden, welche den 19 Iun. 1785 in dem hiefigen Bethaufe der Augsburg. Confeffionsverwandten
verrichtet worden ift, nebft der ganzen übrigen Tauf-
handlung. Wien 1785. 8. Rüge auffallender Un-
wahrheiten und Verläumdungen, welche der Verfaffer der Reifen durch das füdliche Deutfchland (*Phil.
Ludw. Herm. Röder*) von der evangelifchen Gemeine
zu Wien, ihrer gottesdienftlichen Einrichtung und
dem Charakter ihrer Prediger in die Welt geftreuet;
im Journal von und für Teutfchland 1789. St. 11.
Einige Charakterzüge des fel. Hrn. *Ernft Friedr. Andr.
Cnopf's*, gewefenen Confiftorialraths und zweyten
Predigers der evangel. Gemeine A. G. zu Wien; in
Beyers allgemeinem Magazin für Prediger. B. 1. St. 5.
(1789.) auch einzeln (Nürnb.) 1789. 8. Beruhi-
gungsgründe der Vernunft und des Chriftenthums
bey dem gegenwärtigen Kriege; eine Predigt über
Pf. 46. Wien 1790. 8. Predigt bey Veranlaffung
des Todes unfers geliebten Kaifers, Jofephs II, über
Pf. 116, 15. Am Sonnt. Reminifcere gehalten. Daf.
1790. 8. (auch in der Auswahl der — Gedächtnifs-
predigten — auf K. Jofephs Tod, oder des neuen Magazins vorzüglicher Predigten 7ten Th.) Ermunte-
rungsrede an feine Gemeine nach der Huldigung Leo-
polds II. Daf. 1790. gr. 8. Sammlung einiger Can-
zelvorträge. Daf. 1791. gr. 8. Gedächtnifsrede auf
den

den höchſtſeligen Kaiſer Leopold II, über Luc. 12, 42-44. gehalten. Wien 1792. 8. Zwey öffentliche Vorträge über die ächte Bürgertreue. Im Bethauſe der Augsburg. Confeſſionsverwandten zu Wien gehalten. Daſ. 1793. 8. Zweyte Aufl. mit Genehmigung des Verf. herausgegeben und mit Anmerkungen verſehen von J. C. Veltbuſen. Stade 1793. 8. Anleitung zur gründlichen Erkenntniſs des chriſtlichen Religion, zum Gebrauch in den Schulen der Augsburg. Confeſſionsverw. in den kaiſerl. königl. Erblanden. Nach höherm Auftrage verfaſst. Wien 1794. 8. (Eine neue Auflage iſt angekündigt.) Vorſchlag, die Nutzbarkeit der öffentlichen Religionsvorträge zu befördern; im neuen theologiſchen Journal von Hänlein und Ammon. B. 4. St. 1. (1794.) Ermunterungen an die Proteſtanten zu einem ſtillen und ruhigen Leben in aller Gottſeligkeit und Ehrbarkeit. (Eine Predigt.) Wien 1794. 8. (Wieder abgedruckt in:) Zwey öffentliche Vorträge, veranlaſst durch die gegenwärtigen Zeitumſtände. Gehalten im Bethauſe der Augsb. Conf. Verwandten. Daſ. 1794. 8. Zwey Kriegspredigten; in Veltbuſens chriſtlichem Troſtbuche in Kriegszeiten (1795). — Wird, in Verbindung mit ſeinem Collegen .... Schmidt, für Joſeph Stahel und Comp. überſetzen: (John? — vergl. Gött. Zeit. 1795. S. 1505.) Drysdale's ſermons. (Konnte nicht berichtigt werden.)

PORCHHAMMER (Johann Ludolph), Subreétor der Stadtſchule und Lehrer der Bürgerſchule in Huſum ſeit

1788;

1788; *geb. zu Rabenkirchen* in der Schliesharde Amts Gottorff *den 12 Octob. 1764.* §§. Nachricht von der Bürgerschule zu Husum und einer damit verbundenen kleinen Erziehungsanstalt; in den Schlesw. Holst. Prov. Ber. 1793. H. 3 und 4.

(N. 5.) FRAHM (H...), *königl. dänischer Regimentschirurgus zu ....; geb. zu .... 17...* §§. Beschreibung einer neuen Methode, veraltete Geschwüre der untern Gliedmaßen zu heilen. Altona 1794. 8.

(N. 4. 5.) FRANCKE (Georg Samuel), *Rector an der Stadtschule zu Husum* seit 1788, vorher seit 1784 Lehrer an der neu zu errichtenden Bürgerschule, oder vierter Lehrer an der Stadtschule daselbst; *geb. zu Hörnerkirchen* in der Graffschaft Ranzau *den 7 Sept. 1763.* §§. Empfehlung und Entwickelung der Lehrmethode mathematischer Anfangsgründe auf niedern Schulen; in *J. E. Cellarius* 10 Sammlung Husumischer Schulsachen. Schlesw. 1786. 4. In wiefern Unterricht in den Anfangsgründen der angewandten Mathematik in einer Bürgerschule nöthig sey; in der 11 Sammlung. Das. 1787. 4. *Philosophisch-theologische Abhandlung über das Verdienst der christlichen Religion um die Lehre von der Unsterblichkeit der menschlichen Seele. Flensb. 1788. 8. Commentationes quaedam theologicae de librorum V. T. in institutione populi praestantia et usu. *Prima* universalis quid de II. V. T. in institut. pop. praest. et usu in universum sit iudicandum? Slesvici 1788. 4. Ueber die Vorzüge und Mängel unsers Zeitalters für

den

den ſtudirenden Iüngling. Rede beym Antritt des
Reſtorats. Schlesw. 1788. 8. * Einige Ideen über
das Verhältniſs der Religion zur Sittlichkeit, in einigen Briefen. Veranlaſst durch die von den Direſto-
ren des Stolpeſchen Legats in Leiden für das Iahr
1789 bekanntgemachte Preisfrage: An ſint officia,
atque hominem natura obligatum eſſe demonſtrari
nequeat, niſi poſita animarum immortalitate? Kiel
1789. 8. (auch als Programm in der 12 — 13 iſt
ein Druckfehler — Sammlung Huſum. Schulſachen.)
Ueber den Hang zu Zerſtreuungen bey der ſtudirenden Iugend, nebſt Lebensumſtände und Charakterzüge des Hrn. *Johann Heinrich Friſé*, geweſenen Con-
rectors zu Huſum (welche im Magaz. für Schulen
B. 1. St. 2. wieder abgedruckt ſind); in der 13 Sammlung Huſ. Schulſ. Schlesw. 1790. 8. Huſ. Schulſ.
14 Sammlung; voran ein Brief über die Frage: In
wiefern öffentliche von Schullehrern ſelbſt mitgetheilte Schulnachrichten zur Charlataneria ſcholaſtica
und in wiefern ſie vielmehr in das Gebiet der Pflichten gehören, die gewiſſenhafte Schulmänner dem Publikum überhaupt, dem öffentlichen Inſtitut, woran
ſie arbeiten, und ſich ſelbſt ſchuldig ſind? Daſ. 1791.
8. Pr. Xenophontis in Cyropaedia „imperatoris
labores honore fieri leviores iisdem militum," quem-
admodum ad ordinem eruditorum queant accom-
modari? ib. 1792. 4. Huſ. Schulſ. 15 Sammlung
(enthält eine Nachricht von der ſeit Oſtern 1791 ge-
troffenen veränderten Einrichtung der dortigen Stadtſchule

fchule und den darnach feit der Zeit getriebenen Lectionen). Schlesw. 1792. 8. Unterricht in den nöthigften Sachkenntniffen für die bürgerliche Iugend
(in Verbindung mit *J. G. Witt*). Daf. 1792 (eigentlich 1793). 8. Zwey ftarke Theile (mit 9 Kpf. zum
2 Th.), nebft drey Anhängen (mit 2 Kpf. zum 3 Anhange). Daf. 1793. (Der *erfte* hat auch den befondern Titel: Kurzer Unterricht von den Gefchöpfen
der Erde und vornämlich von dem Menfchen, als
dem edelften derfelben. Der *zweyte:* Kurzer Unterricht in hiftorifchen, geographifchen, mathematifchen, phyfikalifchen und mathematifch-phyfikali-
fchen Kenntniffen, foweit fie gemeinnützlich find.
Der *erfte* Anhang enthält die Erdbefchreibung und
Gefchichte von Dännemark, nebft einer genealogifchen Tabelle und Zeittafel; der *zweyte* das Wichtig-
fte aus der deutfchen Sprachlehre; der *dritte* die Anfangsgründe der Steuermannskunft.) Virgils Aen.
Gef. 6, 255-753. in Hexametern überfetzt; ein Verfuch und eine Probe, nebft einem Nachtrage zur 15-
ten Samml. Huf. Schulf. Daf. (1793) 8. Huf. Schülf.
16 Samml. Voran: Ueber den Gehalt des erften Ci-
ceronianifchen Tufculanifchen Dialogs, in Beziehung
auf den Phädon des Plato; in Form eines Briefes
(nebft einer Memorie auf den fel. Conf. Rath *Meyer*).
Daf. 1793. 8. (Die philologifche Abhandlung fteht
auch im Schulmagazin B. 2. St. 2.) Einige Canzelreden, für nachdenkende Freunde des biblifchen Chriftenthums beftimmt, erweitert und mit einigen Anmerkungen begleitet. Daf. 1793. 8. De ratione, qua

eſt critica philoſophia ad interpretationem librorum
in primis ſacrorum (vor der 17 Samml. Huſ. Schulſ.)
Slesvici 1794. 8. (auch abgedruckt im neuen Schulmagazin 3, 2.)   Pr. orationis, qua in ſchola ſaluta-
vit *Wolfrathum.*   Socratis laudes, quibus concludit
Xenophon Memorabilium opusculum cuilibet doƈto-
ri chriſtiano ſeƈtandae proponuntur. ib. eod. 8. De
novo officia eruditorum tamquam peculiarem doƈtri-
nae morum partem ſingulatim traƈtandi more in
univerſitatibus nonnullis litterariis nuper uſu recepto
acroaſis. (vor der 18 Samml. Huſ. Schulſ.) ib. 1795.
8. — Auſserdem hat er *theils* einige kleine Auffätze
in die Schlesw. Holſt. Prov. Ber. einrücken laſſen, (namentlich:' Einige Nachrichten über den Zuſtand der
Manufaƈturen und Fabriken in der Stadt Huſum 1787.
H. 2. Einige Nachrichten über den gegenwärtigen
Zuſtand der Manufaƈturen und Fabriken in Friederichsſtadt; H. 5. Proben des Manufaƈturfleiſses im
nördlichen Theile des Herzogthums Schleswig 1792.
H. 3.) *theils* Bemerkungen über einzelne Stellen des
Tacitus Ann. l. 1. cap. 28. und de Germ. c. 12. 13.
im Schulmagazin B. 1. St. 2. mitgetheilt. (*Nach dem
Autographum.*)

(M.) FRANCKE (Joachim), *Doƈtor der A. G. und ausübender Arzt zu Schleswig* ſeit 1752, *auch königl. däniſcher Archiater* ſeit 1781; *geb. zu Wilſter den 25 Febr.
1726.* §§. D. inaug. praeſ. *G. E. Hambergero* (dem
Adelung ſie beylegt) de calore et frigore corporis humani et de modo agendi medicamentorum refrige-
.ran-

rantium et calefacientium. Jenae 1751. 4. Philofophifche Betrachtung der Arzeneykunde und des
Arztes. .... 1753. (ist wahrfcheinlich nicht verfchieden von der in *Wilbelm Heinfius* allgemeinem Bûcher-
lexikon aufgeführten Schrift: Philofophifche Abbildung der Arzeneyerkenntnifs und des Arzeneyver-
ftändigen überhaupt betrachtet. Altona 1754. 8.)
Verfuch in phyfifchen Betrachtungen über die Urfache
und Entftehungsart des Erdbebens. Schlesw. 1756.
8. *(Nach dem Autographum.)*

FRIEDERICH CHRISTIAN, *Herzog zu Holftein-Sonder-*
burg-Auguftenburg, fucc. feinem Vater den 15 Nov.
1794; *geb. den 28 Nov. 1765.* §§. Rede, gehalten bey
Austheilung der jährl. akadem. Preife in Kopenhagen,
den 11 April 1795; in den Prov. Ber. 1795. H. 4.

(N. 1.) FRIEDERICI (Ernft Ludewig), *Hofprediger auf*
Glücksburg in der Munkbrarupper Harde Amts Flensburg feit 1787, vorher Paftor zu Kahlebuy und Moldenit; *geb. zu Burg auf Fehmern* (wo fein Vater Goorg
Ernft F. Kirchenprobft und Hauptpaftor war) *den*
9 May 1751. §§. *Empfehlung der Rechen- und
Schreibkunft, auch für Leibeigene. Hamb. 1782. 8.
(wird im *Meufel* einem von unferm Schriftfteller verfchiedenen E... L... *Friederici* beygelegt.) Pauli
Brief an die Römer, überfetzt. Daf. 1783. 8. *Nachricht von einer neuangelegten Induftriefchule im Flecken Glücksburg; in den Schl. Holft. Prov. Ber. 1793.
H. 5. Predigten am Pfingftfefte; auf höchftem Befehl zum Druck gegeben. Altona 1794. 8. Schul-

I   regle-

reglement für die vereinigte Lehr- und Arbeitsschule in Glücksburg, nebst einer darauf sich beziehenden Predigt und Einweihungsrede. Flensb. 1795. 8. — In Göttingen, wo er von 1768 bis 1771 studirte, war er einer der ersten Mitarbeiter der philologischen Bibliothek, die unter *C. W. F. Walchs* Aufsicht 1770 ff. herauskam. *(Mitgetheilt.)*

FRIES (Heinrich Hansen), *Doctor der A. G. und ausübender Arzt zu Flensburg* seit 1768; geb. *daselbst den 27 März 1743.* §§. D. inaug. de causa caloris in corpore animali. Halae 1766. 4. *(Mitgetheilt.)*

FRISE (Conrad Heinrich), *des Predigtamts Candidat zu Flensburg; geb. zu Husum den 1 März 1763.* §§. *Erzählungen, moralischen und historischen Inhalts, aus dem Englischen. Flensb. 1789. 8. * Die erfahrne Rathgeberinn, in einer Reihe von Briefen einer Mutter an ihre Töchter. Das. 1792. 8. Anleitung zur vernünftigen Beurtheilnng und Benutzung trauriger Naturbegebenheiten. Eine Predigt über 1 Mos. 35, 3. bey Gelegenheit der eingeäscherten königlichen Burg den 30 März 1794 zu Flensburg gehalten. Das. 1794. 8. — Einige anonymische Aufsätze in verschiedenen Journalen und Wochenblättern. *(Mitgetheilt.)*

FROELICH (F.. H.. W..), *Diakonus zu Grundhoff in der Husbye-Harde Amts Flensburg* seit 1794; *geb. auf Glücksburg den 25 Sept. 1769.* §§. Das Erntefest. Ein Singspiel in einem Aufzuge. Aus dem Dänischen von *Thaarup*, nach der Musik des Kapellmeisters *Schulz* übersetzt. Altona 1795. 8.

FUERSEN (Johann Nikolaus), *Bürgermeister zu Eckern-*

förde; geb. zu Schleswig den 10 Nov. 1757. §§. Nachricht von dem Fortgange der in Eckernförde ange-
ordneten Verbefferung des Armenwefens; in den Schl.
Holft. Prov. Ber. 1793. H. 1. *(Revidirt.)*

(N. 5.) FUNK (Nikolaus), *zweyter Compaftor zu Altona*
feit 1791, vorher feit 1790 Adjunct an derfelben Kir-
che und Nachmittagsprediger zu Ottenfen; *geb. zu
Marne* (nicht: Morne) in Süderdithmarfchen *den 12
May 1767.* §§. Zwo Antrittspredigten, gehalten zu
Altona und Ottenfen. Altona 1790. **8.** Predigt zum
Andenken des fel. C. R. und Probften *Lange*, gehalten
am zweyten Sonntage nach Epiph. Daf. 1791. 8.
Rede bey der Einweihung der neuen Armen- und Way-
fenhausfchule in Altona gehalten. Daf. 1794. 8. *(Rev.)*

GARMSEN (Johann Heinrich), *Doctor der A. G. und ausübender Arzt zu Tondern; geb. dafelbft den 21 Febr. 1722.*
§§. D. inauguralis de ciborum concoctione in ven-
triculo. Hafn. 1764. 8. — Vergl. *Worm* 3, 237.

GEHRT (Johann), *Doctor der A. G. und feit 1761 aus-
übender Arzt in Altona; geb. zu Wilfter den 30 Aug. 1737.*
§§. D. inaugur. de nitro cubico, praefide *Rud. Auguft.
Vogel.* Goett. 1760. 4. *(Mitgetheilt.)*

GERCKEN (Sebaftian Hinrich), *Licenciat der Rechte und
zweyter Stadtfecretair in Altona; geb. zu Lübeck den 24
Iul. 1728.* §§. Difp. de juribus fidejufforis cambia-
lis. Gieffae 1752. 4. *(Mitgetheilt.)*

(N. 1 u. 5.) GERSON (Jofeph), *Doctor der Medicin und
Chirurgie, wie auch ausübender Arzt und Geburtshelfer,*
von 1776 bis 1779 in Altona, wo er auch anatomi-

I 2   fche

fche Vorlefungen gehalten hat, und feit 1779 *in Hamburg, jüdifcher Nation*; *geb. zu Altona im Iunius 1756.*
§§. Hiftoria febris putridae, ex dilacerata et relicta
poft abortum in utero placenta ortae; in Coll. foc.
med. Hafn. Vol. 2. (1775.) Haemorrhagia vehe-
mens uteri foetus forcipe extractus; in *Tode's* medi-
cinifch-chirurg. Bibl. B. 2. St. 2. S. 199 ff. Partus
gemellorum larga haemorrhagia ftipatus; daf. B. 3.
St. 3. S. 211 ff. Sylloge obfervationum de partu la-
boriofo, diff. inaug. praefide *Jo. Andr. Murray.* Goett.
1776. 4. Beobachtung bey einer Frau, die eine
Frucht in ihrer Muttertrompete drey Iahre und einige Monate getragen, welche durch den Hintern ent-
bunden worden, mit erläuternden Gefchichten und
Anmerkungeu. Hamb. 1784. 8.— Aus dem bey feiner Promotion herausgekommenen Programm von
J. A. Murray find einige biographifche Nachrichten
von ihm aufgenommen in *Tode's* Bibl. B. 5. St. 1. S.
113. (*Mitgetheilt.*)

(M.u.N. 1.5.) VON GERSTENBERG (Heinrich—nicht:
Hans—Wilhelm), *privatifirt* feit 1785 *in Altona*, war
zuerft Dragonerlieutenant zu Schleswig, dann Ritt-
meifter zu Kopenhagen, feit 1771 geheimer Confe-
renzfecretair dafelbft, feit 1773 Committirter in der
Rentekammer dafelbft und feit 1775 dänifcher Refident und Conful zu Lübeck; *geb. zu Tondern den
3 Ian. 1737.* §§. Tändeleyen. Leipzig 1759. Verbefferte Auflage 1760. 8. 3te Aufl. 1765. 8. *Profaifche Gedichte.* Altona 1759. 8. (*Worm:* Kopenh.
1770

1770 scheint ein neuer Titel zu seyn.) *Kriegslie-
der eines königl. dänischen Grenadiers bey Eröffnung
des Feldzuges. (Altona) 1762. 12. *Handbuch für
einen Reuter, von *Ole Madsen* (oder W. F. Graf von
Schmettau I.) Reuter. Altona 1763. *Die Braut,
eine Tragödie nach *Fr. Beaumont* und *J. Fletcher.*
Nebst kritischen und biographischen Abhandlungen
über die vier grösten Dichter des ältern Brittischen
Theaters und einem Schreiben an den Hrn. Kreis-
steuereinnehmer *Weisse.* Kopenh. und Leipzig 1765.
8. *Briefe über Merkwürdigkeiten der Litteratur.
1ster Band in 3 Sammlungen. Schlesw. 1766. 1767.
8. Die 4te Sammlung führt den Titel: Ueber Merkwürdigkeiten der Litteratur; der Fortsetzung erstes
Stück. Hamb. und Bremen 1770. 8. (Die Abhandlung über die schlechte Einrichtung des Italienischen
Singgedichtes ist aus diesen Briefen auch in *C. F. Cramers* Magazin der Musik — Iahrg. 2. St. 5 und 6. —
abgedruckt.) *Gedichte eines Skalden. Kopenh.
1766. Ariadne auf Naxos; eine tragische Cantate
mit *Schlegels* Prokris und Kephalus, componirt von
Scheiben. Das. 1767. Fol. — mit Veränderungen aus
einem Briefe des Verfassers herausgegeben von *J. C.
F. Bach.* Lemgo 1774. — mit neuen Veränderungen
in *Reichards* Theaterjournal. (Italienisch übersetzt.
Neapel 1782.) Ugolino, eine Tragödie in 5 Aufzügen. Hamb. und Bremen 1768. kl. 4. (Dänisch übersetzt von *J*(ohann) *H*(ermann) *M*(ejer). Kopenh.
1779. 8.) Minona oder die Angelsachsen, ein tra-

I 3 · gisches

gifches Melodrama in 4 Aften. Hamb. 1785. *Zwey
Kammern im Staate? oder Eine? nach *Bolingbroke*
fyftematifch beantwortet von Jammerfried Wett-
ftein; im deutfchen Magazin 1792. Nov. *Die Theorie der Kategorien entwickelt und erläutert. Altona
1795. 8. *Ob die Accentuation der Ausfprache vom
Sylbenmaafse abhängen könne? im Genius der Zeit
Jun. 1795. — Hat auch hauptfächlich Antheil an der
Holfteinifchen Wochenfchrift, dem Hypochondri-
ften. Schlesw. 1763. Frankf. und Leipzig 1767.
Verbeff. Ausgabe. Hamb. und Schlesw. 1771. 2 Bände, und fchrieb ehedem auch Recenfionen für die
neue Hamburger Zeitung. — Seine Grazie ift franzöfifch nachgebildet von *Berquin* in deffen 1775 erfchienenen Gedichten. Ueberfetzungen einzelner Gedichte aber finden fich in den reviews, im Journal étran-
ger, in *Hubers* Choix Tom. 2, in *Bertola's* Idea della
bella letter. Alem. Tom. 1, fo wie Gratierne in *Birchs*
nye hiftorifk Magazin af Fortællinger. B. 2. St. 2. —
Sein Hymnus auf die Harmonie, componirt von *F.
L. A. Kunzen*, erfcheint bey *H. G. Nägeli* in Zürich.
— Sein Bildnifs vor dem Voffifchen Mufenalmanach
auf das Iahr 1777 (wo fich auch in verfchiedenen
Iahrgängen *Gedichte* von ihm finden), und vor dem
50 Band der neuen Bibl. der fchönen Wiffenfch. Vgl.
Worm 1, 347 und 3, 243. (*Revidirt.*) Von der ihm
hie und da beygelegten Ueberfetzung des *Beattie's* L
· *von Rüdinger.*
(M. u. N. 4. 5.) GEYSER (Samuel Gottfried), Bruder
des

des *Christian Gottlieb G.* in *Meusels* Künstlerlexikon — *Doctor der Philosophie* (seit 1765) *und Theologie, der letzten ordentlicher Professor zu Kiel* seit 1777, *wie auch* Königl. Dänischer Kirchenrath seit 1782, *würklicher Kirchenrath* seit 1789, vorher seit 1771 Professor der morgenländischen Sprachen an dem Gymnasium zu Reval und zuerst Adjunct der philosophischen Facultät zu Wittenberg; *geb. zu Görlitz den 12 Jan. 1740.* § 4. Dissertatt. tres de usu patrum. Wittenb. 1765. 4. Pr. Poëtae Graeci antiquiores interpretis sacrarum litterarum magistri. ib. 1768. 4. Predigt vom weisen Verhalten der Heiligen in Ansehung ihrer verborgenen Fehler. Leipzig 1769. 4. Progr. vom Patriotismus. Reval 1771. 4. Pr. von der Leichtigkeit des Patriotismus unter einer guten Regierung. Das. 1772. Pr. zu der Feyer des festlichen Tages, welcher dem Andenken des 1774 mit den Türken geschlossenen Friedens gewidmet ist. Das. 1775. 4. Pr. von der Theilnahme des Staats an der öffentlichen Erziehung. Das. 1775. 4. Pr. von der Nothwendigkeit, den öffentlichen Schulunterricht den Bedürfnissen und dem Geschmack der jedesmaligen Zeiten anzupassen. Das. 1776. 4. * Zweifel bey der gewöhnlichen Ueberfetzung und Erklärung einiger Stellen in den Psalmen; im 2ten Bande der Cramerschen Beyträge (1778). Progr. Paschale: Disputantur nonnulla universe de dubitationibus contra historiam reditus J. C. ad vitam allatis. Kil. 1778. 4. Aphorismi ethici in usum scholarum suarum scripti. ibid.

1789. 8. (wird im Bremer Schulmag. 2, 1, 212 —
mirabile dictu! — su den *Chrestomatbien* gerechnet.)
— Recensionen in den novis Actis Eruditorum, *J.
A. Ernesti's* theologischer Bibliothek, und den Halli-
schen gelehrten Zeitungen. — Vergl. *Gadebusch* im
1sten Th. seiner Liefländischen Bibliothek und *J. C.
Veltbusens* Programm zur Doctorpromotion: annotationum philologicarum et exegeticarum ad Ies. 63,
1-6. fascic. 2. Kil. 1777. 4. *(Revidirt.)* Sein von
Oeser gezeichnetes Bild wird sein Bruder in Kupfer
stechen.

(N. 5.) GISEKE (Ludwig), Sohn des Nikolas Dietrich
G. im *Adelung* und Bruder des Ernst Johann Ludwig
Otto G. im *Menſel* — Herzogl. *Braunſchweig-Beveriſcher
Rath zu Glücksburg* seit 1794 (vorher Secretair zu
Meisdorf); *geb. zu Quedlinburg* (nicht: Hamburg) *den
21 Iul. 1756.* §§. Seine litterarischen Arbeiten sind
meistens in Journalen zerstreut und zum Theil ohne
seinen Namen erschienen in: Allerneueste Mannigfaltigkeiten, von den Iahren 1783 und 1784. Deut-
sches Museum, von den I. 1785 bis 1788. Götting-
sche Blumenlese, von den I. 1786 bis 1790. Neuer
deutscher Mercur, von den I. 1790 und 1791. Deut-
sches Magazin, von den I. 1791 und 1792. Braun-
schweigisches Magazin, von den I. 1791 bis 1793.
— Gab mit seinem Bruder heraus: 'Gemälde länd-
licher Glückseligkeit. Von zwey Brüdern (unter der
Dedication haben. sie sich genannt). Leipzig 1791. 8.
(Den Anfang einer schwedischen Uebersetzung ließ
Gjör-

Gjörwell beforgen.) — Erzählungen aus dem Menfchenleben, dem Thierreich und der Ideenwelt. Daf.
1794. 8. mit einem Kupf. (*Nach dem Autographum.*)

GLASEMEYER (Nikolaus Hinrich), *Paftor zu Breitenburg* in der Herrfchaft gleichen Namens, Probftey
Münfterdorf; *geb. zu Kellingbufen* Amts Rendsburg
1731. §§. Eine Trauerrede zu Iena..... Eine Rede
bey der Hinrichtung einer Mordbrennerinn......
(*Mitgetheilt.*)

VON GOESSEL (Friederich Chriftian), *Königl. Dänifcher
Kammerherr und Conferenzrath in Schleswig*, welchen
Ort er Oftern 1796 mit *Kiel* vertaufchen wird; war
vorher aufserordentlicher Gefandter am türkifchen
Hofe, nachdem er in auswärtigen Angelegenheiten
feines Hofes in Berlin, Madrid und Venedig als Lega-
tionsfecretair, chargé des affaires und Legationsrath
gedient hatte; *geb. zu Schleswig den 3 Auguft 1722.* §§.
*Freymüthige Gedanken über Patriotismus oder Va-
terlandsliebe, von einem Weltbeobachter. Schlesw.
und Kiel 1787. 8. Sendfchreiben an Hrn. B. D. R.,
die Schädlichkeit nächtlicher Privatfchmaufereyen
betreffend. Daf. 1794. 8. (*Nach dem Autographum.*)

(N. 3. 4. 5.) GOSCH (Jofias Ludwig), *privatifirt* feit
1794 *zu Hamburg*, lebte vorhin zu Kopenhagen, Leipzig und Weimar; *geb. zu Preetz den 12 Ian. 1765.* §§.
Entwurf eines Plans zu einem vollftändigen Syftem
der fämtlichen, einem Staatswirthe nothwendigen
Wiffenfchaften; zur Erläuterung verbunden mit einer Entwiklung einiger der erften Gegenftände der

Staats-

Staatswirthschaft. Kopenh. 1787. 8. Philofophifche Aphorismen über die Staatswirthschaft. Daf.
1789. 8. Fragmente über den Ideenumlauf. Daf.
1789. 8. ,Menfchenlehre für den Weltbürger und
Staatsmann. 1fter Band. Daf. 1789. 8. (fehlt im Repert.) Der Geift der Menfchenkenntniffe und Staats-
weisheit. 1ften B. 1ftes St. Sept. 1790. Berlin. 8.
Gefpräch über den Ausfpruch des Plato, daß die Welt
nicht eher glücklich werden kann, bis die Regenten
Philofophen oder die Philofophen Regenten werden;
nebft einer Nachricht von verfchiedenen herauszu-
gebenden Schriften. Kopenh. 1791. 8. *Bibliothek
der Charitinnen. 1fter B. mit Kupf. Gotha 1792.
12. 2ter B. 1794. *Politifch- ftatiftifch- mercan-
tilifches Mufeum, oder Beyträge zur Aufklärung in
der Staatswiffenfchaft und zur Leitung der kaufmännifchen Speculation. 1fter Band. Erfurt 1794. 8.—
Die von ihm in der Oftermeffe 1795 *anonymifch* angekündigte Ueberfetzung: Die Ritter vom weiffen
Schwan, oder der Hof Carls des Großen. Eine hiftorifche Erzählung. Aus dem Franzöfifchen der Gräfin von *Genlis.* 3 Bände. Hamb. 8. erfcheint Oftern
1796. (*Revidirt.*)

GRANGAARD (Paul Hanfen), *Paftor zu Schobüll* Amts
Hufum; *geb. zu Wisbye,* einer Gemeine des Gutes
Tröyborg unter der Infpeäion des Bifchofs zu Ripen
im Herzogthum Schleswig bey Tondern, *den 25 März
1764.* §§. Verfuch einer metrifchen Ueberfetzung
des Propheten Jonas. Flensb. 1792. 8. (*Revidirt.*)

GRAUER

GRAUER (Hieronymus), *Prediger zu Ries* Amts Apenrade feit 1795; *geb. zu Jordkirch* deſſelben Amts *den*
..... *177.*.   §§.   *Einige Nachrichten von den in
den Aemtern Tondern und Apenrade verfertigten
Tüchern; in den Schlesw. Holſt. Prov. Ber. 1792.
H. 5.

GREIF (Georg Hinrich), *Diakonus an der St. Nikolaikirche in Flensburg* feit 1782, vorher feit 1762 Diakonus zu Büfum in Norderdithmarſchen; *geb. zu Heide
den 3 Iun. 1734.*   §§.   Auſſer einigen *Gedichten*, die zu
verſchiedenen Zeiten und bey verſchiedenen Gelegenheiten einzeln dem Druck übergeben wurden: über
die Vollkommenheit der Zahl (9), wozu *Fontenellens*
und von *Meirans* Bemerkungen Anlaſſ gaben; in der
Leipziger gelehrten Zeitung 1765. N. 53. Die Freunde, nicht die Feinde Ieſu find die beſten Zeugen feiner Auferſtehung.   Eine Predigt über Apoſtelg. 10,
34-41. zu Büfum am andern Oſtertage 1766 gehalten; in der zu Heide 1779 herausgekommenen Sammlung von Predigten und Reden, welche von öffentlichen Lehrern im Herzogthum Schleswig und Holſtein gehalten worden.   Zwey Predigten: von den
Gerechten, die es gut haben, und: von dem Zuna-
hen Gottes zu dem, der fich zu ihm naht. Flensb.
1777. 8.   Eine Wahlpredigt, zu Tönning 1780 gehalten. ..... Eine Copulationsrede bey der Verehli-
gung des Flensburger Kaufmanns Joſias Lorck. ....
— Leichenpredigten und Parentationen bey Sterb-
fällen in Flensburg.   *(Nach dem Autographum.)*

(N.

(N. 2-4.) GREVE (Peter), *Paſtor zu Friederichſort* im
daniſchen Walde ſeit 1769; *geb. zu Ucterſen den* ....
1732. §§. Exercitationes ſacrae (ſex). Flensb. 1784.
8. Die Gröſe und Herrlichkeit Gottes in ſeiner Vor-
ſehung und Regierung der Welt überhaupt, und der
Kirche Chriſti insbeſondere. Daſ. 1787. 8. *(Sollte*
nicht revidirt werden.)

GROENLAND (Peter), *Canzeleyſecretair in der deutſchen*
Canzeley zu Kopenhagen; *geb. zu Wilſter den 15 Octob.*
1761. §§. *Melodien zu Liedern mit oder ohne Be-
gleitung des Claviers zu ſingen. 1ſtes Heft. Kopenh.
und Leipz. 1791. gr. 8. Akademiſches Liederbuch,
in Muſik geſetzt. 2ter Th. Altona und Leipz. 1795.
Fol. — Verſchiedene kleine Melodien im deutſchen
Magazin. — Mitarbeiter an: Studien für Tonkünſtler und Muſikfreunde, herausgegeben von *Kunzen*
und *Reichardt. (Revidirt.)*

(M. u. N. 2. 3. 5.) GROT (Joachim Chriſtian), *Paſtor*
bey der evangeliſch-lutheriſchen Gemeine auf Waſiley-
Oſtrow zu St. Petersburg; geb. zu Plön den ......174..
§§. Kanzelrede von der Rechtmäſigkeit der Blattereinimpfung aus allgemeinen Gründen. An dem jähr-
lichen Dankfeſt wegen der Wiederherſtellung Katharina II. und Paul Petrowitſch den 21 Nov. 1769 gehalten. Mietau. 8. Zwote Kanzelr. von der Recht-
mäſsigk. der Blattereinimpfung aus beſondern Gründen. — 1770 gehalten. Daſ. 8. Dritte Kanzelr. von
der Rechtm. der Blattereinimpf. in Anſehung der
Pflichten gegen Gott. — 1771 gehalten. Reval. 8.
Bey-

Beytrag zur Geſchichte der evangeliſch-lutheriſchen
Kirchen in Rußland, nebſt einigen Erbauungsreden,
welche die Aufrichtung der Katharinenkirche veranlaſst hat. Mietau 1772. 8. Geſangbuch für die lu-
theriſche Gemeine zu St. Petersburg. 1773. Betrachtung über die göttlichen Gerichte in einigen Erbauungsreden, welche durch die in der Stadt Moſcau
ausgebreitete Peſt veranlaſst wurden. Leipzig 1774.
8. Predigt von der Vermeſſenheit des Unglaubens,
nebſt einer ruſſiſchen Ueberſetzung (von *Er. Rich-
mann*). Petersb. 1779. 8. Nachricht von einer neuen
Einrichtung der Katharinenſchule in der zweyten
Linie auf Waſiley-Oſtrow; im Petersb. Journal. ....
(auch einzeln? — *ruſſiſch* in einer zweyten Auflage.
Petersb. 1780. 4.) Einrichtung einer in Petersburg
für Sterbefälle geſtifteten Geſellſchaft. Zweyte Aufl.
Petersb. 1779. 4. Petersburgiſche Kanzelvorträge.
1ſter Theil. Leipz. 1781. gr. 8. (enthält, auſſer den
drey einzeln gedruckten Kanzelreden von der Recht-
mäſsigkeit der Blattereinimpfung, noch *acht* ſpäter
gehaltene Predigten über eben dieſen Gegenſtand, ſo
daſs die im *Meuſel* aufgeführten „Kanzelreden über
die Blattereinimpfung, *Zwey* Th." gar nicht zu exiſti-
ren ſcheinen.) 2ter Th. 1782. (auch unter dem Titel: Kanzelvorträge über Religionslehren, die nach
den Bedürfniſſen der Zeit und der Umſtände ausge-
wählt ſind.) Rede, die bey der am 3 Iun. 1780 vorgenommenen Prüfung der Katharinenſchule und bey
der Niederlegung des Amts ihrer Lehrer gehalten
wur-

wurde. Reval. 4. Von der Pflicht, über die Wege
der Vorsehung nachzudenken; Kanzelvortrag bey
dem Leichenbegängnisse des Hrn. E. L. Stein, Doctor
der A. G., über Jer. 10, 3. Petersb. 1790. 8. Beytrag zur Beförderung der Gottesverehrung und guter Gesinnungen in Religionsliedern. Königsb. 1793.
gr. 8. Fürchterliche Folgen der misverständenen
Volksfreyheit. Predigt am 3ten Sonnt. nach Ostern
1794, über die Epistel 1 Petri 2, 11-20. Petersb.
1794. gr. 8. (*Konnte* nicht revidirt werden.)

(N. 2. 4. 5.) GRUENING (Andreas), *Schulhalter in Ham-
burg* seit 1792, vorher in Altona; *geb. auf Selkmühle
Kirchspiels Haddebye Amts Gottorff den 28 Sept. 1756.*
§§. Versuch eines Unterrichts in den 4 Species für
Kinder. Altona 1782. 8. 4te Auflage. Das. 1792.
Vermehrte Aufl. 1795. Rechenbuch für Kinder,
zum Gebrauch in Schulen. Altona 1783. 8. 2te Aufl.
1784. 3te Aufl. 1791. Reductionstabellen der
Banco-Noten zu Courant. Das. 1786. Fibel und
Anleitung zum Gebrauch der Grüningschen Fibel,
nebst einem kleinen Entwurf einer Schulordnung.
Hamb. 1789. 8. — Gewann einen Preis über . . . . . .
welche Arbeit aber nicht als Preisschrift, sondern als
eine Anweisung für Schullehrer, wie selbige zweck-
mäßig Unterricht in der Religion, Lesen, Schreiben
und Rechnen für den künftigen Handwerker geben
können, erscheinen wird. (*Revidirt.*)

GRUENING (Nikolaus), Bruder des vorigen — *Schulhalter zu Hamburg; geb. zu Husum 1765.* §§. Wahre
Dar-

Darſtellung des Vorgangs in Betref Aſmus Hanſens und ſeines Sohns. Hamb. 1793. 8. *(Mitgetheilt.)*

GUELDENZOPFF (Johann Peter), *Doctor der A. G. und ausübender Arzt in Altona;* geb. zu Neſe im Mecklenburgiſchen *im Dec. 1732.* §§. D. inaug. de electione venarum ſub ſanguinis ventilatione ſubinde neceſſaria praeſ. *G. C. Detharding.* Bützov. 1765. 4. *(Mitgetheilt.)*

GUNDELACH (Johann Daniel), *Paſtor zu Petersdorf* auf Fehmern ſeit 1782, vorher ſeit 1764 Diakonus daſelbſt; *geb. zu Plön 1739.* §§. Die Vortheile langwieriger Krankheiten. Eine Standrede, in Iena gehalten den 27 Iul. 1759. Iena 1759. 4. Die moraliſche Vergleichung nach dem Muſter Plutarchs. Daſ. 1760. 4. *(Mitgetheilt.)*

HAELSEN (Johann Andreas), *Paſtor zu Bergenhuſen* in der Landſchaft Stapelholm ſeit 1769, vorher ſeit 1753 zuerſt Cantor und Schulcolleg, dann Conrector an der Domſchule in Schleswig; *geb. zu .... im Brandenburgiſchen den .... 17...* §§. Exercitatio de eo, an polygamia patrum V. T. fuerit licita? Slesvici 1758. 4. Vergl. *Bolten* Beſchreibung von Stapelholm. S. 381.

BARON VON HAGER (Johann Wilhelm Friedrich), aus dem Hauſe Altenſtaig, *königl. däniſcher Inſtitzrath in Altona;* geb. *zu Laubach* bey Wetzlar *den 29 Iun. 1728.* §§. Kurzgefaſster Unterricht von dem Holzbau, als dem einzigen Mittel, dem einreiſsenden Holzmangel in Zeiten vorzubeugen. Kopenh. 1763. 8. — Beſorgte

die

die Flensburgiſchen Addreſscomtoir-Nachrichten der
Iahre 1766 bis 1770 und die Altonaiſchen Addreſscomtoir-Nachrichten vom Oct. 1773 bis zum Schluſſe vom erſten Quartal 1793, wo ſie C. F. *Kiſs* über-
nahm. (*Mitgetheilt.*)

HAGGE (. . . .), *Schulmeiſter zu Seeth*, Kirchſpiels Süder-
ſtapel in der Landſchaft Stapelholm; *geb. zu . . . . den
. . . . 17. . .* §§. *Gedanken über die Feldmäuſe und
ihre Verheerungen in der Landſchaft Stapelholm; in
den Schlesw. Holſt. Prov. Ber. 1788. H. 5.

von HAHN (Friederich), *Mecklenburgiſcher Erblandmar-
ſchall, Ritter des Dannebrogorden* (ſeit 1783), *Erbherr
auf Remplin, Baſedow u. ſ. w., zu Remplin bey der Stadt
Malchin im Mecklenburgiſchen; geb. auf Neuhaus* (?), einem adel.Gute im Oldenburger Diſtrict Wagriens, *den
. . . . . 17. . . §§.* Mehrere (?) Abhandlungen in *Bode's* Aſtronomiſchem Iahrbuche, z. E. über die Strei-
fen des Iupiters und deren Veränderung; im aſtron.
Iahrb. für 1794. . . . . . .

HANKE (Carl); *geb. zu Roswalde in Mähren 1750, gegenwärtig in Flensburg*, wohin er 1792 von Schleswig
unter vortheilhaftern Bedingungen berufen wurde,
um dort nach und nach die Muſik mehr in Aufnahme zu bringen und zugleich auf königlichem Befehl
eine Singſchule anzulegen, wozu die Stadt arme Kinder heyderley Geſchlechts für ihre Rechnung gibt.
Er iſt Verfaſſer einiger muſikaliſchen und dramatiſchen Aufſätze in periodiſchen Schriften, wo auch
einzelne Lieder von ihm vorkommen; hat das Singſpiel

ſpiel Robert und Hannchen, die Geſänge und Chöre
zum luſtigen Tag oder der Hochzeit des Figaro, drucken laſſen; ferner Geſänge beym Clavier für Kenner und Liebhaber. Th. 1. 2. 1790. Th. 3. 4. (welche die durch die Vermählung des Kronprinzen veranlaſsten Geſänge und Lieder enthalten) 1791. Seinen muſikaliſchen Vorrath, ſo wie die Anfangsgründe ſeiner Singſchule, will er auch nach und nach herausgeben. (*Autographum.*) — Hat 1795 angekündigt:
Geſänge und Lieder einheimiſcher Dichter für Kenner und Liebhaber, 2 Theile in Queerfol.

HANSEN (Detlef Nikolai), *Probſt ſeit 1792 und Hauptpaſtor an der Domkirche in Schleswig ſeit 1778,* vorher
ſeit 1762 Diakonus daſelbſt; *geb. daſelbſt den 29 Iun.
1736.* §§. Rede in Gegenwart des Kronprinzen und
der Kronprinzeſſin am Tage nach ihrer Vermählung
gehalten in der Domkirche zu Schleswig. Schlesw.
1790. (*Revidirt.*)

HANSEN (Hans Chriſtopher), *Paſtor zu Hollingſtedt* in
der Arensharde Amts Gottorff ſeit 1795, vorher ſeit
1789 Conrector zu Glückſtadt und ſeit 1784 Katechet am Kieliſchen Schulmeiſterſeminarium; *geb. zu
Struxdorf in Angeln den 13 May 1764.* §§. Pr. Warum iſt es nicht rathſam, Iünglinge, welche man den
Wiſſenſchaften gewidmet hat, vor ihrem zwanzig-
ſten Iahre nach der Akademie zu ſchicken? Glückſt.
1792. 4. Pr. Empfehlung der gemeinnützigen
Kenntniſſe, worin die älteſten Quartaner der hieſigen
Stadtſchule nach *Fried. Conr. Langens* Leſebuch Unter-

K   richt

richt erhalten. Daſ. 1794. 4. (*Revidirt.*) — Arbeitet an einer griechiſchen Grammatik und an einer chreſtomathia τῶν ό.

VON HARBOE (Chriſtine), *geborne Falſen, Rittmeiſterinn zu Hadersleben*; *geb. daſelbſt* (?) *176.* (?). §§. Iuliane, oder die Belohnung der Tugend; ein Luſtſpiel in 5 Aufzügen.'.... Allzuviel an einem Tage; ein Luſtſpiel in 2 Aufzügen..... Moraliſches Allerley..... — Dieſe Schriften ſind zu Anfang des vorigen Decennius (höchſt wahrſcheinlich, mit Ausnahme der moral. Allerley, *anonymiſch*) erſchienen. (*Mitgetheilt.*)

HARGENS (Chriſtian Friedrich), Sohn des folgenden — *Doĉtor der A. G., ausübender Arzt und Privatdocent zu Kiel* ſeit 1793, auch ſeit 1794 aĉtives Mitglied der Geſellſchaft correſpondirender Aerzte zu Iena; *geb. zu Eutin den 8 Febr. 1773.* §§. D. inaug. exhibens eorum, quae in partu difficili et praeternaturali ſub ipſam partus periodum peragenda ſunt, ſciagraphiam ſyſtematicam. Kil. 1793. 8.— Anonymiſcher Verfaſſer und Ueberſetzer mehrerer Aufſätze in C. *W. Hufelands* Aufklärungen für die Arzeneykunde und Annalen der franzöſiſchen Arzeneykunde. — Arbeitet an einer Ueberſetzung von Underwood's Werk: On the diſeaſes of children. (Ed. 2. 1790. 8. 2 Vols.) mit erläuternden Zuſätzen und praktiſchen Anmerkungen. — Wird Antheil nehmen an *Hufelands* Journal für die praktiſche Arzneykunde und Wundarzneykunſt. (*Revidirt.*)

HARGENS (Wolf Marquard Friedrich), *Doĉtor der A. G.,*

G., *auch Stadt- und Stiftsphyfikus zu Eutin* feit 1765,
vorher Privatdocent zu Kiel; *geb. zu Preetz den 28
May 1732.* §§. D. inaug. de hydrope pectoris, praef.
R. A. Vogel. Goett. 1763. 4. (*Revidirt.*)

(N. 5.) HARRIES (Heinrich), *Pastor zu Brügge Amts*
Bordesholm feit 1794, vorher feit 1790 Pastor zu
Sieverstedt in der Uggelharde Amts Flensburg; *geb.
zu Flensburg den 9 Sept. 1762.* §§. ` * Weihnachtsbüch-
lein für die Iugend. Flensb. 1791. 12. Der fromme
Seefahrer. Ein Handbuch zur vernünftigen Erbauung
und nützlichen Unterhaltung. Daf. 1792. 8. (Auch
dänifch überfetzt; vergl. *Overbeck.*) Der May, ein
Hirtengefang vom *Ramler*, in Mufik gefetzt. Altona
1793. 4. Proben aus einer neuen Ueberfetzung der
Thomfonfchen Iahrszeiten in Iamben; im Genius
der Zeit May, Iun. und Aug. 1794. (Das Ganze wird
mit vorangefetzter Biographie und angehängten erklärenden Anmerkungen, auch mit Kupfern, Oftern
1796 erfcheinen.) — Antheil an dem Flensburgifchen
Wochenblatte für Iedermann, welches feit 1789 exiftirt und eine Zeitlang von ihm ganz allein herausgegeben wurde. (*Revidirt.*)

HARTMANN (Ernft Chriftian), *Doctor der A. G. und
Phyfikus in der Stadt und dem Amte Hadersleben; geb. zu
Eisleben* (auf eben dem Zimmer, wo Luther 1546
ftarb) *den 8 Iun. 1729.* §§. D. inaug. de purpura puer-
perarum fymptomico ex uteri inflammatione. Halae
175. (?). — (*Mitgetheilt.*)

HARTZ (Johann Tycho), *Compaftor zu Tönningen* im

Ofter-

Oftertheil der Landſchaft Eiderſtedt ſeit 1784; *geb.*
zu Neuenkirchen in der Kremper Marſch *den 21 Iul. 1756.*
§§. Predigten zur Beförderung chriſtlicher Geſin-
nungen, zum Theil in Beziehung auf Mitbürger des
Vaterlandes unter der glücklichen däniſchen Regie-
rung. Flensb. und Leipz. 1794. gr. 8. Patriotiſche
Wünſche, die Katechetik betreffend; in den Prov.
Ber. 1795. H. 6. (*Revidirt.*)

HASE (Johann Otto), *Oberförſter zu Eutin* ſeit 1788;
geb. zu Schwarzenbeck im Herzogthum Lauenburg *den*
25 März 1759. §§. Preisſchrift über die Vortheile
und Nachtheile des Kappens der Bäume, auf Veranlaſſung der Hamburg. Geſellſchaft zur Beförderung
der Künſte und nützlichen Gewerbe; im 2ten Th.
der Schriften dieſer Geſellſchaft. Beantwortung der
Hauptgeſichtspunkte vorſtehender Preisfrage. Hamb.
1793. 8. wurde beſonders gedruckt. (*Mitgetheilt.*)
Ueber die Hauptmängel des Holſteiniſchen Forſtwe-
ſens; in den Prov. Ber. 1795. H. 3.

HASSE (Heinrich Theophilus Chriſtian), *Doctor der*
Rechte und Amtsverwalter in der Grafſchaft Ranzau, auch
königl. däniſcher Legationsrath, wohnt zu Ranzau; *geb.*
zu Barkau Amts Kiel *den 13 Iul. 1748.* §§. Delineatio
tabellaria ſiſtens convenientiam et diſconvenientiam
iuris ſucceſſionis ab inteſtato, vulgo Erbgangsrecht,
ſecundum ius civile, Lubecenſe civicum, Danicum,
Iutiae meridionale, nec non ius provinciale Eidero-
ſtadienſe et Nordſtrandicum. .... 1779. 4. De ſe-
paratione liberorum. .... De proceſſu concurſus.

....

:... *(Mitgetheilt.)* Vergl. *N. H. Schwarze* Nachrichten von Kiel, durchgesehen von *J. H. Fehse.* S. 403.

HASSELMANN (Carl Friedrich), Sohn des 1784 verstorbenen Grofsfürstl. Generalsuperintendenten, Con-
sistorialraths, Probsten und Hauptpastors in Neumünster, *Friedr. Franz H.* Vergl. *Scholz's* Entwurf einer
Kirchengeschichte des Herzogthums Holstein S. 282.
— *Pastor zu Rahlstedt* Amts Trittau seit 1778, vorher seit 1767 Archidiakonus zu Neumünster und
seit 1766 Diakonus zu Oldenburg; *geb. zu Neumün-*
ster 174.. §§. Klagen und Empfindungen der zärt-
lichen Freundschaft. Helmst. 1764. 4. Kurze historische Beschreibung der Feyerlichkeiten, mit welchen
die Katharinenkirche zu Grofsen-Aspe in Holstein
am 27 Febr. 1772 eingeweihet worden, nebst der
Einweihungsrede des Generalsuperintendenten *Haffel-*
mann und der ersten Predigt des Pastor *Scheel.* Zum
Druck übergeben. 4.

HASSELMANN (Zacharias), Bruder des vorigen— *Cam-*
merrath und Amtsverwalter in Plön seit 1792, vorher
seit 1786 Landvogt auf Helgoland, zuerst supernu-
merärer Canzeley- und Regierungssecretair in Glückstadt; *geb. zu Neumünster den 22 Febr. 1758.* §§. *Nachricht von den Tuchmachern in Neumünster; in den
Schl. Holst. Prov. Ber. 1787. H. 1. Versuch einer
Beschreibung der Insel Helgoland, mit vier Fortsez-
zungen; das. 1790. H. 1. 3. 1791. H. 5. 6. 1792.
H. 1. *(Revidirt.)*

(N. 5.) von HEDEMANN (Hartwig Johann Christoph),

geb. zu Schleswig den 24 *Octob.* 1756. Seit 1772 *in
Hannöverifcheu Dienften*, da er bey dem 4ten Inf. Reg.
Fähndrich und Lieutenant ward. Anfangs 1793
ward er Oberadjutant bey dem Gen. Major v. Muh-
lius und als diefer im May zu Vilvoorden bey Brüffel ftarb, kam er in diefer Function bey dem Feldmar-
fchall von Freytag. Er wohnte allen Affairen in diefen Feldzügen bey, bey denen das Hannöver. Lager
war, bis zum 6 Sept., da er bey Wormhout bleffirt
wurde. Den 7 Octob. ward er *Hauptmann und* kam
Anfangs des Iahrs 1794 als *Cavalier bey dem Prinzen
Adolph von Grofsbritannien*, in welchem Poften er die
folgenden Campagnen machte und noch fteht. §§.
*Auffätze, Skizzen und Fragmente, dem befondern
Publikum gewidmet. Hamb. 1787. 8. *Ueber die
Freyheit; ein Zuruf an deutfche Fürften und an deutfches Volk. Altona 1790. 8. Die grofse Revolution;
eine Pofse in einem Aufzuge. Hamb. 1791. 8. Karl
von Elendsheim, oder Sinnlichkeit und Philofophie.
Schlesw. und Leipz. 1792. 8. 2ter Theil 1793. —
Einige in Journalen und vorzüglich im Journal aller
Journale befindliche Auffätze und Gedichte. (*Nach
dem Autographum, oder nach einem von anderer Hand mitgetheilten Auffatze?*)

HEGELUND (Johann Marquard), *Compaftor an der Garnifonskirche in Rendsburg*, vorher Rector zu Friederichsftadt; *geb. dafelbft* 175.. §§. Antrittspredigt
in Rendsburg. 1792. 8. (*Mitgetheilt.*)

(M. u. N. 1. 2. 4. 5.) HEGEWISCH (Diederich Hermann),

mann), *Doctor der Philofophie und ordentlicher Profeſſor
derſelben zu Kiel* ſeit 1782, vorher ſeit 1780 auſserordentlicher Profeſſor daſelbſt, vor dieſem zuerſt Hofmeiſter der Seylerſchen Kinder im Andreaſchen Hauſe zu Hannover (vergl. Nekrolog auf 1793. B. 1. S.
166), dann Privatſecretair bey dem ſel. Schatzmei-
ſter, Grafen von Schimmelmann und königl. däniſcher Legationsſecretair zu Hamburg; *geb. zu Quaken-
brügge* im Stift Osnabrück *den* 15 *Dec.* 1746. §§.
* Verſuch einer Geſchichte Kaiſer Karls des Groſsen.
Leipz. 1777. gr. 8. (Die neue Auflage oder vielmehr
Umarbeitung, bey welcher er ſich genannt hat, führt
den Titel: Geſchichte der Regierung Kaiſer Karls des
Groſsen. Hamb. 1791. gr. 8.) * Geſchichte der Frän-
kiſchen Monarchie von dem Tode Karls des Groſsen
bis zu dem Abgange der Karolinger. Hamb. und Kiel
1779. gr. 8. Geſchichte der Deutſchen von Konrad
dem Erſten bis zu dem Tode Heinrichs des Zweyten.
Daſ. 1781. gr. 8. Geſchichte der Regierung Kaiſer
Maximilians des Erſten. 2 Theile. Daſ. 1782. 1783.
gr. 8. Ueber die gegenſeitigen Pflichten verſchiedener unter einem Oberhaupt vereinigten Nationen,
beym Schluſſe eines Collegiums über die vaterländiſche Geſchichte. Altona 1784. 8. Kleine Schriften.
Flensb. und Leipz. 1786. 8. Charaktere und Sit-
tengemälde aus der teutſchen Geſchichte des Mittel-
alters, mit Nachrichten, die den Aufzeichner betreffen. Erſte Semmlung. Daſ. 1786. 8. Ueber die ver-
meintlichen ſeeräuberiſchen Unternehmungen der ſo-

genannten Normänner oder Dänen gegen die Franzofen im 9ten und 13ten Iahrh.; im deutfchen gemeinnützigen Magazin (1788) 1ften Iahrg. 1ftes Viertelj., vergl. 3tes Viertelj. S. 352. (auch in der 1793
erfchienenen Sammlung wieder abgedruckt.)   Die
Zeit wird kommen, oder der nordifche Prophet im
Gildehaufe zu Bergen 1082; daf. 2tes Viertelj. Allgemeine Ueberficht der teutfchen Culturgefchichte
bis zu Maximilian dem Erften; ein Anhang zur Gefchichte diefes Kaifers. Hamb. 1788. gr. 8.   *Das
Seerohr oder die Erfindung der Ferngläfer. Ein Gedicht. *Klopftocken* gewidmet. Altona 1788. 4. (fehlt
im Repertor.)   Hiftorifche Merkwürdigkeiten, die
Parlamente in Frankreich betreffend; in der Berlin.
Monatsfchrift 1788. Dec. 1789. Ian. (auch in der
angeführten Sammlung.)   Ueber den fchriftftelleri-
fchen Charakter des Tacitus; daf. 1789. Iul. Ueber
die Toleranz; aus dem Braunfchweigifchen Journal
befonders abgedruckt. Braunfchw. 1789. 8. Ueber
die Einführung der chriftlichen Religion in Schweden; im deutfchen gemeinnützigen Magazin (1789)
Iahrg. 2. St. 2.   *Ueber den litterarifchen Charakter Friedrichs II. und einiger feiner Werke; im neuen
deutfchen Mufeum 1789. St. 3. 5. und 1790. St. 1.
Ueber ein Athenienfifches Pfephifma oder Volksde-
cret, gewiffe Verbindungen mit den Sidoniern betreffend; in der Berliner Monatsfchrift 1791. St. 2. (auch
in der Sammlung.)   *Arnold von Brefcia vor Gericht und auf dem Scheiterhaufen; daf. St. 6. *Ueber

ber die Alexias der Anna Comnena; daſ. St. 11. Auszüge aus den Debatten der Französischen National-
verſammlung über die Einführung der Geſchwornen;
im deutſchen Magazin 1791. März und Iul. (auch in
der Sammlung.)   Das Lied vom heiligen Anno mit
einer Ueberſetzung und Anmerkungen; daſ. May, Iul.
und Octob.   Ueber den richtigen Begrif vom Gelde,
über die Wichtigkeit des Geldes in Abſicht auf Na-
tionalreichthum und über die Schwierigkeit, in Ländern, wo der ſchwere Münzfuſs üblich iſt, den leichten einzuführen; daſ. 1792. Iun. (auch in der Sammlung.)   Schreiben an Hrn. Prof. *Büſch* über die Möglichkeit eines allgemeinen Münzfuſſes; daſ. Octob.
(auch in der Sammlung und in der Handlungsbiblio-
thek. B. 2.)   * Betrachtungen über den Einfluſs der
deutſchen Staatsverfaſſung auf das Nationalglück der
Deutſchen, in Beziehung auf 2 Auffätze von *Mira-*
beau und *Wieland*; in der Berl. Monatsſchrift 1792.
May.   * Ueber die Pflicht der Ergebung in Zeiten,
wenn die Wahrheit verfolgt wird.   Eine Predigt
über 2 Tim. 4, 17. gehalten in England unter König
Jakob II; daſ. May.   Welche von den Europäiſchen
Nationen hat das Mercantilſyſtem zuerſt vollſtändig
in Ausübung gebracht? daſ. Octob.   Die zwey Han-
delsſpeculanten.   Ein Pendant zu der Diderotſchen
Erzahlung: Jakob und ſein Herr; daſ. 1793. April.
* Ueberſicht der verſchiedenen Meynungen über die
wahren Quellen des allgemeinen Staatsrechts; daſ.
Iul.   Syſtem des Sir *Will. Jones* über die älteſte per-

fiſche

fifche Staats- und Religionsgefchichte ; daf. Nov.
Auszug aus des D. *Prieftley's* Abhandlung von der
philofophifchen Nothwendigkeit und von feiner mit
D. *Price* über diefe Lehre gewechfelten Schriften; im
deutfchen Magazin 1793. Sept. und 1794. Ian. An
Deutfchlands Patrioten. Anzeige von der Art, wie
ein Cenfor in Leipzig ein ihm vorgelegtes Manufcript
hat behandeln wollen. Kiel 1793. 8. *Ueber die
Neutralität bey dem gegenwärtigen Kriege. Dafelbft
1793. 8. (ift ins *Schwedifche* überfetzt. Stockh. 1793.
8.) Hiftorifche, philofophifche und litterärifche
Schriften. 1fter Theil. Hamb. und Kiel 1793. gr. 8.
*Obfervations d'un Danois fur une brochure qui a
pour titre: Confiderations fur la neutralité des cer-
taines puiffances. à Kiel 1794. 38 S. 8. *Einige
Anmerkungen über Kaifer Julians Schriften und Charakter; in der Berl. Monatsfchrift 1794. April und
May. Ueber die Litteratur der Hindus; daf. Aug.
Die Aramäer oder Syrer. Ein Beytrag zur allgemeinen Weltgefchichte; daf. Sept. *Zweyte Anfprache
der Gefellfchaft freywilliger Armenfreunde an ihre
Mitbürger; in den Prov. Ber. 1794. H. 4. *Erinnerungen aus einer Reife nach Stockholm; im deutfchen
Magazin Ian. und Febr. 1795. (auch einzeln abgedruckt. Kiel 1795. 8.) *Ueber die Wahrfcheinlich-
keit eines künftigen vollkommenen Zuftandes der
Menfchheit. An Hrn. Prof. *v. Eggers*; daf. Iul. *Zufätze zu diefer Abhandl.; daf. Octob. *Dritte Anfprache der Gefellfchaft freywilliger Armenfreunde

an

an ihre Mitbürger; in den Prov. Ber. 1795. H. 4.
Amerikanifches Magazin, oder authentifche Beyträge
zur Erdbefchreibung, Staatenkunde und Gefchichte
von Amerika. Herausgeg. von *C. D. Ebeling* und —
1ftes St. Hamb. 1795. gr. 8. Antheil an der Wochenfchrift zum Beften der Armen in Kiel und an
der Vorr. zu *Sufemibls* Predigten. Vergl. *Reinhold.* —
„In der Berliner Monatsfchrift und im deutfchen Magazin ftehen noch einige Auffätze von ihm, (die aber
nicht beftimmt angegeben werden können,) theils
ohne feinen Namen, theils mit einem willkührlich
gewählten Buchftaben unterzeichnet, z. E. über die
Wortfolge in der deutfchen Sprache; eine gegen den
Hrn. von *Ramdohr* gerichtete Abhandlung über die
Anfprüche des Adels an die wichtigften Staatsbedie-
nungen; ein Auffatz, betitelt: die vier Contracte u.
f. w." (*Revidirt.*)

HEILMANN (Johann Ernft), *Paftor zu Kiärteminde und
Dringftrup* auf Fünen feit 1779, vorher feit 1762
Paftor zu Lunde auf derfelben Infel; *geb. zu Hadersleben den 29 Ian. 1735.* §§. Opvxkkelfes Tale i Anledning af en ynkelig Begivenhed. Odenfee 1774. 8.
Gellerts aandelige Oder og Sange, paa Danfke overfat. Odenf. 1775 og 1777. 8. („Hat *Gyldendahl*
ohne mein Wiffen nachgedruckt und eigenmächtig
verbeffert, aber eigentlich verhunzt. — Tredie forbedrede Oplag. Kbhvn. 1785.") Det huuslige Livs
Lykke, overfat af Tydfk uden Navn, og udgiven
med Dedication og Fortale af Boghandler Iverfen.

Vi-

Viborg 177.. 8. Kongerigerne Danmarks og Nor-
ges, famt Hertugdommene Slesvigs og Holfteens Hiftorie indtil vore Tider ved Profefforerne *Chriftiani*
og *Gebbardi*, paa Danfk overfat. Soroe og Odenfee
1776-1783. 4. 8 Bind. („Eigentlich find nur die
erften Bände von mir, hernach hatte ich Mitarbeiter.")   Forbryderen uden Lige, en Prædiken af *La-*
vater i Anledning af Giftblandelfen i Zürich, overfat. Odenf. 1777. 8. (Fehlt im *Erfcb.*)   Aandelige
Sange. Odenf. 1778. 8. In: Samling af hidtil utryk-
te Poefier eller Nytaarsgaven for 1782. Odenf. find
die letzten von ihm unter dem Namen H. A. (Hans
Alvor, d. i. Johann Ernft.)   Tale paa Kongens Fœd-
felsdag, den 29 Ian. 1783 holden i det Fynfke typo-
gravifke Selfkab. Odenf. 1783. 8. — „Einige kleine
Stücke in Verfen und Profa in *Berings* und *Iverfens*
Zeitungen.   Verfchiedene Fabeln, Erzählungen und
andere hiftorifche, politifche und moralifche Stücke
in: Almeennyttige Samlinger. Odenf. 1780 ff. 8.
(woraus: Knud Laward, et Sœrgefpil. Odenf. 1792.
8. und: Goliath og David, et mufikalifk Drama i
3 Afdelinger. Odenf. 1793. 8. befonders abgedruckt
find) und in: Samleren, einer Kopenhagner Wochenfchrift, die itzt aufgehört hat." — „Ich fahre noch
fort, für *Iverfens* Monatsfchrift Originale und Ueberfetzungen zu liefern. Neulich habe ich: Auch etwas
über die neue Politik von Asmus überfetzt, und die
mehreften Stücke aus feinen fämtlichen Werken überfetzt, werde auch fortfahren, fo wie neuere Theile
her-

herauskommen." (*Nach dem Autographum.*) Vergl.
Worm 3, 315 f.

VON HEINEN (......), *Major in Schleswig; geb. zu* ....
17... §§. *Bemerkungen über das stehende Heer
in Dännemark, veranlaßt durch die patriotischen Gedanken eines Dänen über stehende Heere, politisches
Gleichgewicht und Staatenrevolution. .... 1793. 8.

(N. 5.) HEINZE (Friederich Adolf), Sohn des Johann
Michael H. im *Meusel* — *Doctor der A. G.* seit 1790,
ausübender Arzt und Privatdocent in Kiel seit 1791; *geb.*
zu Lüneburg den 28 May 1768. §§. Disp. inaug. de
ortu et discrimine polyporum, praecipue polyporum
uteri. Jenae 1790. 4. (deutsch im Taschenbuch für
deutsche Wundärzte. 1790.) *Fr. Lud. Bangs* medi-
cinische Praxis systematisch erklärt und mit ausge-
wählten Krankengeschichten erläutert. Aus dem
Lateinischen übersetzt und mit einem Register versehen. Kopenh. 1791. 8. (*Mitgetheilt.*)

HEINZE (Johann Georg), *Doctor der A. G.*, *auch* seit
1777 *Fürst-Bischöfl. Iustitzrath und Leibarzt in Eutin;*
geb. zu Subla im Hennebergischen *den 23 April 1719.* §§.
Disp. inaug. praeside *Mich. Alberti* habita de extra-
ctione foetus perversi ex utero post aquarum efflu-
xum compresso. Halae 1742. 4. (wird im *Adelung*
dem Präses beygelegt.) Neue elektrische Versuche
mit der von dem Hrn. D. von *Marum* erfundenen
neuen Elektrisirmaschine und dem von dem Hrn. D.
Schäfer bekanntgemachten Elektricitätsträger in einem

nem Schreiben an den Hrn. Gondela. (ohne Druckort) 1777. 4. 1¼ Bog. *(Autographum.)*

(M. u. N. 1 - 5.) HEINZE (Valentin Auguſt), Bruder des
Friederich Adolf — *Doctor und, ordentlicher Profeſſor
der Philoſophie zu Kiel* ſeit 1787, (vorher ſeit 1782
auſſerordentlicher Profeſſor,) auch ſeit 1789 Mitglied
der Churfürſtl. Mainziſchen Akademie der Wiſſenſchaften zu Erfurt; *geb. zu Luneburg den 18 Febr. 1758.*
§§. *Bibliothek der Geſchichte der Menſchheit. 8 Bände. Leipzig 1780 bis 1785. 8. (*däniſch* von Peter
Magnus Trojel. 3 Bände. Soroe 1781 bis 1784. *holländiſch*. Amſterd. 1784.—Die 4 erſten Bände erſchienen unter *Hirſchfelds* Direction, die 4 letzten aber
haben auch den beſondern Titel: Beſchreibung der
Chineſer, aus den beſten Reiſebeſchreibungen geſammelt. 4 Theile. Leipzig 1784 und 1785. 8.) Diplomatiſche Geſchichte des däniſchen Königs Waldemar III. Daſ. 1781. 8. Hiſtoriſche Abhandlungen
der königl. Geſellſchaft der Wiſſenſchaften zu Kopenhagen; aus dem Däniſchen überſetzt und zum Theil
mit Vermehrungen und Verbeſſerungen ihrer Verfaſſer, auch einigen eigenen Anmerkungen. 5 Theile.
Kiel, Deſſau und Kopenh. 1782 bis 1791. gr. 8. Kie-
liſches Magazin vor (?) die Geſchichte, Staatsklug-
heit und Staatenkunde herausgegeben. B. 1. St. 1.
Kiel und Deſſau 1783. 8. B. 1. St. 2. 3. 1784. B. 2.
St. 1. Kiel und Leipzig 1784. St. 2. 3. 1785. (Von
ihm iſt: Ankündigung einer gelehrten Geſchichte der
Univerſität Kiel. B. 1. St. 2. und: Zuverläſſige Be-
ſchrei-

fchreibung des neuen Schleswig-Holfteinifchen Ca-
nals; daſ St. 3.) Neues Kielifches Magazin — B. 1.
St. 1. Kopenh. 1786. 8. B. 1. St. 2. 3. 1787. B. 2.
St. 1. 2. 1787. St. 3. 1788. (Von ihm iſt: Ueber
den Werth des Allegirens in der Gefchichte. B. 1.
St. 1.) Schätzung der verhältnifsmafsigen Stärke
von Grofsbritannien während der gegenwärtigen
und der vier vorhergehenden Regierungen, und des
Verluftes feines Handels in einem jeden Kriege feit
der Staatsveränderung, von *Georg Chalmers*. Aus dem
Englifchen, mit einigen Anmerkungen. Berlin und
Stettin 1786. gr. 8. (*Friederich von Buchwalds*) ökonomifche und ftatiftifche Reife durch Mecklenburg,
Pommern, Brandenburg und Holftein. Aus dem Dänifchen überfetzt, mit einigen Anmerkungen. Kopenh. 1786. 8. Duplik gegen den Hrn. Prof. *Hegewifch*, die Zuverläffigkeit in der Gefchichte und den
frühen Gebrauch des Pulvers bey den Chinefern und
Mongolen betreffend; eine vorläufige Beylage zum
1ften Stück des neuen Kielifchen Magazins (1786).
Ueber Preufsens König Friederich II, mit Rückficht
auf die monarchifche Regierung und den dänifchen
Staat, von *Tyge Rothe*. Aus dem Dänifchen überfetzt,
mit einigen Anmerkungen. Kopenh. und Leipz. 1787.
8. Ankündigung der Vorlefungen über des fel. *Ges-
ners* primas lineas ifagoges in eruditionem univerfa-
lem. Kiel 1788. 4. Sammlungen zur Gefchichte
und Staatswiffenfchaft. B. 1. Götting. 1789. 8. B. 2.
Heft 1. 1791. Einleitung in die allgemeine und be-

fon-

fondere Europäifche Staatskunde. Entworfen von
M. *Eobald Toze* — 4te Auflage, nach dem Tode des
Verfaffers neu bearbeitet und mit den nöthigen Verbefferungen und Zufätzen verfehen. 1fter Band, welcher die vorläufigen Grundfätze, Europa überhaupt,
Spanien, Portugal und Grosbritannien enthält. Schwerin und Wismar 1790. gr. 8. (der 2te B. ift angekündigt.) — Gab in feinem und feines Bruders Namen heraus: (Seines Vaters) *J. M. Heinze's* Gegen-
fragen auf die (von *Wieland* im deutfchen Merkur auf-
geworfene) Frage: „Sind die Bücher nützlicher, welche den Menfchen darftellen, wie fie find, oder die,
welche lehren, wie fie feyn follen?" Kiel 1793. 8.
16 S. — Recenfionen in dem Kieler Litteraturjournal
und der Kieler Zeitung, deren Direftor er war, wie
auch in der allgemeinen deutfchen Bibliothek vom
60ften Bande an und einige wenige in der allgemeinen Litteraturzeitung, an welcher er aber fchon feit
ein Paar Iahren keinen Antheil mehr nimmt. *(Revid.)*
(N. 2. 4. 5.) HEINZELMANN (Johann Chriftian Friedrich), Sohn des Rudolph Friedrich Otto im Anhange — *Gevollmächtigter in der deutfchen Kammerkanzeley
zu Kopenhagen* feit 1793, ftudierte anfänglich Theologie in Halle, ward 1784 Lehrer am königl. Pädagogium zu Halle, welches er 1789 verliefs und in
Göttingen als Führer eines jungen Studierenden fich
auf die Rechtswiffenfchaft legte, worauf er fich 1791
nach Kopenhagen wandte; *geb. zu Meldorf den* .....
1762. §§. Griechifches Lefebuch für die untern Claffen.

fen. Halle 1786. 8. 2te Aufl. 1793. Philofophifche Blicke auf Wiffenfchaften und Menfchenleben,
für reifende Iünglinge herausgegeben von — und C.
D. Voß. 1ften Bandes 1ftes und 2tes Stück. Halle
1789. 8. (ift nicht fortgefetzt.) Von den alten cim-
brifchen und fächfifchen Eidgerichten überhaupt und
von der Dithmarfifchen Nemede insbefondere; in
den Schl. Holft. Prov. Ber. 1793. H. 2. (auch einzeln
abgedruckt. Altona 1793. 8.) Hiftorifche Berichtigung, eine angebliche Verordnung König Chriftian
III. betreffend; daf. H. 6. *Ueber die Cultur des
Nadelholzes in Holftein; daf. 1794. H. 1. Rede in
der königl. Landhaushaltungsgefellfchaft , bey der
vom Kronprinzen gefchehenen Prämienaustheilung
den 6 Febr. 1794. gehalten von dem Generalprocu-
reur und Conferenzrath Ch. Colbiörnfen, Präfidenten
der Gefellfchaft. Aus dem Dänifchen; daf. Heft 2.'
(wird im 5ten Nachtrage einem Johann Bernhard H.
beygelegt, welcher gar nicht exiftirt, wie fchon im
1ften Nachtrage richtig bemerkt wurde.) — Ueber
Hrn. von Kotzebue's Buch: Vom Adel; im deutfchen
Magazin 1793. Aug. Fragmente aus Plato's Republik. Aus dem Griechifchen; daf. 1795. März. (Nach
dem unvollftändigen Autographum.)

(N. 1. 4. 5.) HELLWAG (Chriftoph Friedrich), Doctor
der Philofophie (feit 1774) und Arzeneygelahrtheit (feit
1784), auch feit 1788 Herzogl. Oldenburgifcher Hofrath und feit 1782 Leibarzt zu Eutin, vorher feit 1781
ausübender Arzt zu Gaildorf; geb. zu Calw im Her-

zogthum Würtemberg *den 6 März 1754.* §§. Befchreibung und Gebrauch des Storchfchnabels. (Tübingen) 1776. 4. Befchreib. und Gebrauch des St.
eines mechanifchen Jnftruments zum Zeichnen. 2te
vermehrte und verbefferte Ausgabe. (Daf.) 1777. 8.
* Verfuch über das Leibnitzifche Kräftenmaaß; im
Schwäb. Magaz. St. 7. 1777. Diff. inaug. phyfiol.
med. de formatione loquelae, praef. *G. C. C. Storr*
(dem fie im 1ften Nachtrage des gel. Deutfchl. fälfchlich als Verfaffer beygelegt wird, worin neulich C.
G. Kühn in biblioth. med. T. I. p. 271. gefolgt ift).
Tubing. 1781. * Befchreibung und Gebrauch zweyer
Werkzeuge zum fenkrechten Ausziehen eines Zahns
aus feiner Höhle, nebft 2 Kupfertafeln; in *Richters*
chirurg. Biblioth. B. *6.* St. 2. Ankündigung der Anftalt für kranke Hausarme zu Oldenburg, gefchehen
in den Oldenburg. wöchentl. Anzeig. im Febr. 1784,
mit Anmerkungen begleitet im Iul. deff. Iahrs; im
Journal von und für Deutfchl. 1784. St. 9. Ueber
die Vergleichung der Farben des Regenbogens mit
den Tönen der mufikalifchen Octave; im deutfchen
Mufeum 1786. Octob. Von Würmern in den Zäh-
nen; in den Blättern vermifchten Inhalts. B. 1. H. 5.
Oldenb. 1787. Vom kalten Bade; daf. B. 2. H. 3.
1788. Vom vielfachen Regenbogen; im neuen
deutfchen Mufeum 1790. April. (*Größtentheils Autographum.*)

(M. u. N. 1-5.) HENNINGS (Auguft Adolph Friedrich
— braucht eigentlich nur den erften Vornamen), königl.

nigl. dänifcher Kammerherr (feit 1780), *Obercommerz-und Handels-Intendant in den Herzogthümern Schleswig und Holftein, Oberbeamter in den Aemtern Plön und Arensböck* (feit 1787), *beyder Rechte Doctor, wohnt zu Plön* (nicht: Schleswig), vorher Deputirter im General-Landes-Oekonomie- und Commerz-Collegium zu Kopenhagen; *geb. zu Pinneberg den 19 Iul. 1746.* §§. De legibus Danorum antiquiffimis atque confuetudine iudiciali, praemiffis quibusdam de ortu Danorum et Odino non Afiatico. Alton. 1765. 4. (eine unter *P. C. Henrici* vertheidigte Difputation, dem fie von *Meufel* im gel. Deutfchl. und in der Litter. der Statiftik S. 479 irrig beygelegt wird.) Diff. inaug. de ufu et applicatióne legis fextae C. de fecundis nuptiis. Götting. 1766. 4. Ueber die Vernunft. Berlin 1778. 8. *Effai hiftorique fur les arts et fur leur progrès en Dannemarc; publié à l'occafion du Sallon de l'académie royale de Charlottenbourg. àCopenh. 1777. 8. — Neue Aufl. 1784. (?) — (fteht im Auszuge *dänifch* in der von *Erfch* übergangenen Ueberfetzung von *Büfchings* Gefchichte der zeichnenden Künfte. Kopenh. 1783. 8.) Olavides; herausgegeben und mit einigen Anmerkungen über Duldung und Vorurtheile begleitet. Daf. 1779. 8. Beantwortung der im allgemeinen dänifchen Litteraturjournal (von *J. C. Schönbeyder*) gegen ihn gerichteten Recenfion. Daf. 1780. 8. Antwort auf das Bedenken des Hrn. Prof. *Lars Smith.* Daf. 1780. 8. (Vergl. Sammlung aller Streitfchriften, fo das Buch Olavides

in Dännemark veranlaſst hat. Kopenh. 1780. 8. und:
Nachricht von der über *Hennings* Olavides entſtandenen Streitigkeit im 9ten Th. der neueſten Religions-
geſchichte von *Walch*.) Philoſophiſche Verſuche.
2 Bande. Daſ. 1780. 8. Ueber Duldung. Daſ. 1780.
8. (iſt aus dem vorigen Werke beſonders abgedruckt.) Poëme ſur le ſentiment. à Copenh. 1780.
8. * Ueber die Cameralverwaltung in Frankreich.
Daſ. 1781. Ueber das Schickſal der Tugend, nach
dem 1ſten, 2ten und 6ten Buche der Republik des
Plato; im deutſchen Muſeum 1781. Febr. Philoſophiſche und ſtatiſtiſche Geſchichte des Urſprungs und
Fortgangs der Freyheit in England. Kopenh. 1783.
8. Sammlung von Staatsſchriften, die während des
Seekrieges von 1776-1783, ſowol von den krieg-
führenden, als auch von den neutralen Mächten öffentlich bekannt gemacht worden ſind; inſoweit ſolche die Freyheit des Handels und der Schiffahrt betreffen, herausgeg., mit einer Abhandl. über die Neutralität und ihre Rechte, inſonderheit bey einem See-
kriege, begleitet. 2 Bande. Altona 1784. 1785. gr. 8.
Gegenwärtiger Zuſtand der Beſitzungen der Europäer in Oſtindien. 1ſter Th. Kopenh. 1784. gr. 8.
(auch unter dem Titel: Geſchichte des Privathandels
und der itzigen Verfaſſung der Beſitzung der Dänen
in Oſtindien, mit königl. Erlaubniſs aus dem Archive geſammelt). 2ter Th. Hamb. und Kiel 1785.
(auch unter dem Titel: Geſchichte des Carnatiks in
Beziehung auf das Tanjourſche Gebiet und der däniſchen

fchen Colonie, nebft einer Nachricht von den Pro-
ducten der Coromandelküfte und den Sitten und der
bürgerlichen Verfaffung der Tamulifchen Indianer.)
3ter Th. Daf. 1786. (auch unter dem Titel: Verfuch einer oftindifchen Litteraturgefchichte, nebft einer kritifchen Beurtheilung der Aechtheit der Zend-
bücher.) Ueber die wahren Quellen des National-
Wohlftandes, Freyheit, Volksmenge und Fleiß, im
Zufammenhange mit der moralifchen Beftimmung
der Menfchen, und der Natur der Sache. Kopenh.
und Leipz. 1785. 8. * Bericht der Unterfuchungs-
und Revifions-Commiffion des im Iahr 1783 entdeckten Caffamangels von dem Zuftande der königl. dänifchen afiatifchen Compagnie. Aus dem Dänifchen
(im Auszuge überfetzt). Hamb. und Kiel 1785. 8.
Oekonomifche Betrachtungen einer im I. 1779 auf
Befehl unternommenen Reife durch Iütland. Kopenh.
und Leipz. 1786. gr. 8. Kleine ökonomifche und
cameraliftifche Schriften. 2 Theile. Kopenh. 1787.
gr. 8. (Daraus überfetzte er dänifch:) Pragmatifke
Bidrag til Kornpoliets Hiftorie. Kbhvn. 1787. 8. —
Seine Preisabhandlung über die Einführung einer Nationaltracht in Dännemark findet man in: Drey Abhandlungen über die Frage: Ift es nützlich oder fchäd-
lich, eine Nationaltracht in Dännemark einzuführen?
Kopenh. 1791. 8. — Hiftorifch - moralifche Schilderung des Einfluffes der Hofhaltungen auf das Ver-
derben der Staaten. Aus dem Schlesw. Journ. (April
1792) befonders abgedruckt. Altona 1792. 8. Vor-

urtheils-

urtheilsfreye Gedanken über Adelsgeiſt und Ariſto-
kratism. Braunſchw. 1792. gr. 8. (auch unter dem
Titel: Kleine ökonomiſche und cameraliſtiſche Schriften, 3te Sammlung — war zuerſt *däniſch* in die Minerva eingerückt — eine *holländiſche* Ueberſetzung iſt
wenigſtens angekündigt.) * Doctor Martin Luther!
Deutſche geſunde Vernunft von einem Freunde der
Fürſten und des Volks, auch einem Feinde der Be-
trüger der einen und der Verräther des andern. Altona 1792. 8. Zweyte mit Zuſätzen und 2 Abhandlungen vermehrte Auflage. 1793. Meine Duellge-
ſchichte. Berichtigung der Wahrheit und zum reifen Nachdenken über Duelle überhaupt, denkenden
Männern vorgelegt. Altona 1795. 8.—Verfaſſer mehrerer Auffätze in der däniſchen Minerva, im neuen
deutſchen Muſeum und im Schlesw. Journale 1792
und 1793. — Herausgeber des * Genius der Zeit, einer Monatsſchrift (Altona 1794. 2ter Iahrg. 1795.)
und der * Annalen der leidendenMenſchheit in zwang-
loſen Heften. Altona 1794. gr. 8. 2tes Heft 1795.
— Zu der ihm hin und wieder beygelegten „philoſophiſchen Schilderung der gegenwärtigen Verfaſſung
von Island. Altona und Leipzig 1786. 8." hat er
ſich *nicht* bekannt, ſo wie er auch *nicht* Herausgeber
der „Materialien zur Statiſtik der däniſchen Staaten"
iſt. Vergl. *Worm* 3, 323 und 940. *(Revidirt.)*

HENNINGSEN (Henning), *Candidat der Theologie zu
Huſum* ſeit 1792; *geb. zu Grundboff* in Angeln *den 18
März 1767.* §§. Etwas über den Bärlappen (Lyco-

po-

podium clavat. Linn.), zur Beherzigung für die Hei-
degegenden; in den Schl. Holst. Prov. Ber. 1794. H.
3. Etwas zur Beherzigung für die Landwirthe in
den Herzogthümern; daf. H. 4. (*Revidirt.*)

HENRICHS (Hermann), *privatifirt zu Kiel*; vorher von
1781 bis 1792 hannöverifcher Officier im Dienfte
der englifch-oftindifchen Compagnie zu Madras auf
der Küfte Coromandel; *geb. zu Bremen den 10 Ian. 1763.*
§§. *Kurze Gefchichte des Prinzen Heraklius und
des gegenwärtigen Zuftandes von Georgien. Flensb.
und Leipz. 1793. 8. Anweifung zu neuen Evolutionen, oder Entwurf eines taktifchen Lehrbuchs für
leichte Infanterie, mit Plans und Kupf. Daf. 1795. 8.
(Nach dem Autographum.)

(N. 1. 2. 4. 5.) HENSLER (Chriftian Gotthilf), Sohn des
folgenden — *Doktor der Theologie feit* 1792 *und ordentlicher Profeffor derfelben zu Kiel* feit 1789, vorher feit
1786 aufserordentlicher Profeffor derfelben, feit
1784 Adjunct der philofophifchen Facultät und feit
1782 Hofmeifter bey den Grafen von Reventlow in
Kopenhagen; *geb. zu Preetz den 9 März 1760.* §§. Codicum N. T. graecorum, qui Havniae in bibliotheca
regia affervantur, notitia, adiecta lectionis varietate.
Specim. I. Havn. 1784. 8. (ift genutzt von *A. Birch,*
dem Herausg. des N. T., wovon zu Kopenh. 1788.
gr. 4. der 1fte Theil erfchienen ift, dem der Verfaffer auch feine zur Fortfetzung gefammelten Materialien hat zukommen laffen.) *Ueber den Werth der
moralifchen Beweggründe zur Tugend. Ein philofo-

phifcher Verfuch von *Andr. Gamborg.* Aus dem Dänifchen überfetzt, mit Verbefferungen des Verfaffers.
Kopenh. und Leipz. 1784. 8. Animadverfiones in
quaedam duodecim Prophetarum loca. Kil. 1786. 4.
Jefaias neu überfetzt, mit Anmerkungen. Hamb. und
Kiel 1788. gr. 8. Bemerkungen über Stellen in den
Pfalmen und in der Genefis. Daf. 1791. gr. 8. *Bemerkungen auf einer neulichen Reife durch die Landfchaft Eyderftedt und einige angränzende Oerter und
Gegenden; in den Prov. Ber. 1792. H. 3. Erläuterungen des 1ften B. Samuels und der Denkfprüche
Salomo's. Hamb. und Kiel 1795. gr. 8. — Gab her-
aus: *G. L. Ablemanns* Sammlung einiger Predigten.
Hamb. 1789. gr. 8. — Nahm Antheil an *Döderleins*
theolog. Journal. — Auffätze in der Wochenfchrift
zum Beften der Armen in Kiel. — Vergl. *Worm* 3, 940.
(Revidirt.)

(M. u. N. 1. 2. 4. 5.) HENSLER (Philipp Gabriel), *Doctor
der A. G. und derfelben ordentlicher Profeffor zu Kiel* feit
1789, *wie auch* feit 1775 *königl. dänifcher Archiater,*
vorher feit 1769 Phyfikus zu Altona und feit 1763
Phyfikus zu Segeberg, nachdem er von 1753-1756
in Göttingen Theologie, nachher aber dafelbft Medicin ftudirt hatte; *geb. zu Oldensworr* in der Landfchaft
Eyderftedt *den 11 Dec. 1733.* §§. *Poetifcher Verfuch
vom Gefühle (ein Glückwunfch an feinen ehemaligen Lehrer, den Rector *Kraft* in Schleswig). London
(Göttingen) 1758. 4. D. inaugur. Tentaminum et
obfervationum de morbo variolofo fatura. Götting.
1762.

1762. 4. *Briefe über das Blatterbelzen, 2 Theile.
Altona 1765. 1766. 8. Beytrag zur Geschichte des
Lebens und der Fortpflanzung des Menschen auf dem
Lande. Daf. 1767. 4. (nachgedruckt auf *Sonnenfels*
Veranstaltung und mit einem Anhange von demselben. Wien 1777. 8.) Anzeige der hauptsächlich-
sten Rettungsmittel derer, die auf plötzliche Unglücksfälle leblos geworden sind, oder in naher Todesgefahr
schweben. Altona 1770. 8. (neue Ausgabe „nach
seinem Plan ausgearbeitet von *J. Ch. Fr. Scherf.* Daf.
1787," worin auch einige Capitel vom Verf. selbst
bearbeitet sind.) Kurze Nachricht von der letzten
Krankheit des Hrn. Grafen von Bernstorff. Daf. 1772.
kl. 4. (wieder abgedruckt in: Sammlung einiger über
die Krankheit und den Tod des Hrn. Grafen v. Bernstorff an den Hrn. Doct. *Hensler* abgelassener Briefe.
1772. kl. 4.) Antheil an: Bericht und Bedenken,
die Kriebelkrankheit betreffend, welche von den Schl.
Holst. Physicis an die königl. deutsche Kammer zu
Kopenhagen eingesandt worden, nebst dem desfalls
von dem königl. collegio medico daselbst ausgefer-
tigten responso und einem Unterrichte für das Land-
volk. Kopenh. 1772. 8. Observata in cadavere viri ictero variisque morbis lente enecti; in Actis soc.
med. Vol. I. Hafn. (1777.) — „Da zwischen der Ca-
lenbergischen Landschaft und den Mitgenossen des
Calenberg. Wittweninstituts sich Streitigkeiten erho-
ben hatten, und er mit *Tetens* und *Büsch* Mandata-
rius des letztern ward, verfaßte er": Nachricht von

dem,

dem, was zwifchen der Adminiftration des Calen-
bergifchen Wittweninftituts und einigen Genoffen
deffelben verhandelt worden. Hamb. 1782. 8. Leben feines Bruders *Peter Wilhelm*, (welcher im *Adelung* fehlt; vgl. *Ekkard's* Ueberficht S. 132.) vor deffen Gedichten, deren Herausgabe er mit *J. H. Voß*
beforgte und felbft einige Gedichte hinzufügte. Alt.
und Hamb. 1782. 8. — Legte 1782 der königl. Societät der Wiffenfchaften zu Göttingen eine Abhandlung vor: Ueber die weibliche Krankheit beym He-
rodot und über die $\varkappa\epsilon\delta\mu\alpha\tau\alpha$ des Hippokrates (vergl.
Götting. Zeitung 1783, 37 fg.). — Gefchichte der
Luftfeuche, die zu Ende des 15ten Iahrhund. in Europa ausbrach. B. 1. Hamb. 1783. 8. B. 2. Ab-
fchnitt 1. 1789. (auch unter dem Titel: Ueber den
Weftindifchen Urfprung der Luftfeuche — Neue unveränderte Ausgabe. Daf. 1794.) Ueber Kranken-
anftalten. Hamb. 1785. 4. Antheil an: Pharma-
copoea Danica, regia auctoritate a collegio medico
Hafnienfi confcripta. Francof. et Lipf. 1786. 8. *Dänifcher Geldcours von 1736 (nicht 1763, wie unrichtig auf dem Titel fteht) bis 1787, nebft einigen
Anmerkungen; in den Prov. Ber. 1787. H. 3. (wird
im allgem. Repertor. der Litteratur von 1785-1790.
VIII, 1705 irrig dem O. J. *Fink* beygelegt, obgleich
fchon der Rec. in der allg. Litt. Zeit. den Verf. er-
rieth.) Bedenken über die Bekanntmachung geheimer Arzeneyen in öffentlichen Zeitungsblättern; daf.
H. 6. *Zwey Abhandlungen über Geld und Münzen,

zen, Banken und Banknoten. Altona 1788. 8. (Die
eine: „Ueber Geld, Münze und Banknoten" ist von
ihm, die andere: „Einige Gedanken von Geld und
Banken" vom itzigen Portugief. Generalconful *Joh.
Schuback* in Hamburg. — Beyde Abhandlungen find
auch abgedruckt in den Prov. Ber. 1788. H. 1.) *G.
L. Ablemanns* Lebensumftände und Charakter, vor
der, von C. G. *Hensler* beforgten, Sammlung einiger
Predigten deffelben. Hamb. 1789. gr. 8. (wieder abgedruckt in *Fedderfen's* 6ter Sammlung der Nachrichten von dem Leben und Ende gutgefinnter Menfchen.)
Nachrichten von einigen Wahrnehmungen an der
Bramftedter Quelle aus den mit dem Mineralwaffer
derfelben im Jahr 1764 angeftellten Verfuchen; in
den Prov. Ber. 1789. H. 6. Vom ausländifchen Aus-
fatze im Mittelalter, nebft einem Beytrage zur Kenntnifs und Gefchichte des Ausfatzes. Hamb. 1790. 8.
Neue unveränderte Ausgabe. Daf. 1794. *Anfprache der Gefellfchaft freywilliger Armenfreunde zu
Kiel an ihre Mitbürger; in den Prov. Ber. 1792. H.
6. Zwo Vorreden zu: Anmerkungen über den Cat-
tunenbau von *J. Ph. B.* von *Rohr*. Th. 1. Alt. 1791.
Th. 2. 1793. 8. — Die im *zweyten* Nachtrage ihm
beygelegte Schrift: „Guter Rath, wie man fich bey
dem Gebrauche des diesjährigen nicht recht reif und
trocken gewordenen Getreides verhalten folle? Altona 1784." ift *nicht* von ihm, fo wie das im *fünften*
Nachtr. aufgeführte „Etwas über das neue Londoner
und andere Apotbekerbücher" den *Conrad Chrifiani*
                                                    zum

zum Verf. hat. — Recenfionen in der allgem. deutfchen Bibliothek. — Sein Bildnifs vor dem 2ten Bande der neuen allg. deutfchen Biblioth. *(Revidirt.)*
HERHOLDT (Johann Daniel), *Divifionscbirurgus in Kopenbagen* feit 1794; *geb. zu Apenrade den 10 Iun. 1764,*
Seine bisherigen litterärifchen Arbeiten find folgende kleine Abhandlungen: 1) Ueber die wichtigßen
Urfachen der Blindheit. 2) Ueber ein neues blutßil-
lendes Inftrument (dänifch). . Beyde vertheidigt in
Tode's arzeneykundiger Gefellfchaft (aber vielleicht
nicht gedruckt). — 3) Drey Artikel über die Einboh-
rung des Zitzenfortfatzes; in *Tode's* dänifchem Medi-
cinalblatte No. 11, 15, 23. — 4) Eine über denfelben
Gegenftand; in *Tode's* Annalen St. 13. — 5) Ueber
den Zuftand der Wundarzeneykunft in Dännemark
1730. Beytrag zur Gefchichte des Medicinalwefens
des See-Etats; in *Tode's* Gefundheitsjournal 1793.
No. 3, 4, 23, 24, 27, 28 ff. — 6) Gedanken über *Baft-
holms* Vorfchlag, ein allgemeines Leichenhaus zu er-
richten; in der dänifchen Iris 1793. — 7) Ueber eine
veraltete Steinoperation. 8) Ausficht über die Gefchichte der Amputation (beyde in der dänifchen phy-
fiko-medico-chirurgifchen Bibliothek, an der er ordentlicher Mitarbeiter ift). — 9) Commentatio de
quaeftione medica: Num vires medicamentorum of-
ficinalium chemica analyfi, vel organis fenfuum vel
confideratione fimilitudinis in partibus effentialibus
rectius cognofcuntur? . . . . . . (eine 1793 gekrönte
Preisfchrift, welche vielleicht noch nicht gedruckt
ift.

ift. Vergl. Kiœbenhavns Univerfitets-Journal. Foœrfte
Aargang. S. 12.) — *(Nach dem Autographum.)*

HERRMANN (Georg Michael), *Doctor der A. G. und Phy-*
fikus in den Aemtern Plön, Arensbök und Reinfeld,
wie auch *in* der Stadt *Plön* (wo er wohnt); *geb. zu*
Plön 1735. §§. D. inaugur. de phthifi. Jenae 1759.
4. *(Revidirt.)* Antheil an dem, unter P. G. *Heusler*
aufgeführten, Bericht, die Kriebelkrankheit betreffend.

HILDEBRAND (Hinrich Adolf), *Paftor zu Wallsbüll* in
der Wiesharde Amts Flensburg, vorher Diakonus zu
Delve; *geb. zu ...... 17...* §§. Der Tempel des
Gefchmacks ..... (wahrfcheinlich eine Ueberfetzung
aus dem Franzöf. des *Voltaire.*)

HINTZE (Nikolaus), *Doctor der A. G. und Phyfikus* in
Süderdithmarfchen (feit 1787), wohnt *zu Meldorf;*
vorher feit 1771 ausübender Arzt in Kopenhagen,
wo er bis 1766 ftudirte, darauf ein königl. Reifefti-
pendium erhielt, und nachdem er fich drey Iahre in
Berlin aufgehalten hatte, nach Frankreich und England reifte; *geb. zu Kopenhagen* (wo fein Vater Divi-
fionschirurgus war) *den 2 Octob. 1742.* §§. D. inaugur. medico-chirurgica de fungo articulorum praef.
Jo. Frid. Cartheufer (dem *Baldinger* im ergänzten *Bör-*
ner fie beylegt). Franc. ad Viadr. 1769. 4. — Vergl.
Worm 3, 340. *(Autographum.)*

HIRSCHFELD (Chriftian Gottlob), *Doctor der A. G.*
und Poftmeifter zu Altona — war vorher ausübender
Arzt dafelbft von 1762 bis 1766, ging in diefem I.
nach Lauenburg, wo er 1775 Phyfikus war, und
kehrte

kehrte 1793 als Poſtmeiſter wieder nach Altona zurück — *geb. zu Altona den 21 Febr. 1738.* §§. D. inaugur. de ſcirrho pulmonum' praeſ. *J. G. Roederer.* Götting. 1762. 4. *(Mitgetheilt.)*

HOEKSTRA (Joannes Albertus Sytſes), Sohn des Sjoerd
Sytſes Hoekſtra, der Prediger zu Emden war — ward
Mennonitenprediger 1784 zu Edam, 1785 zu Weſt-
zaan, 1786 zu Utrecht, 1793 *zu Altona; geb. zu Emden den 28 Iun. 1763.* §§. Leerredenen en Bedeſton-
den. Te Utrecht 1786. 8. Plechtige Leerredenen
door *Sjoerd Sytſes Hoekſtra*, in Leven Predikant to Emden en J. A. S. H. Te Utrecht 1790. 8. Doop en
Afſcheidsleerrede gehouden te Utrecht 1793, met
een vorafgaand Bericht wegens ten tegenwoordigen
Toeſtand der Doopsgezinden. Te Utrecht 1793. 8.
Trooſt-Zang van Mejufvrouw Katharina Rahuſen,
geboren van Hoorn — in der unter *Karsdorp* aufgeführten Schrift. Scholten tegens het Misbruyken
van Gods Naam, uytgegeeven door J. A. S. H. Alt.
1794. 8. Iets ter Handhaaving en Bevordering van
Waarheid en Plicht. Altona 1794. 8. Leerredenen
door *G. Karsdorp, J. de Jager* en *J. A. S. H.,* Leeraaren der Mennoniten Gemeende te Hamburg en Altona, met en vorafgaand Vertoog, waarin getoont
word, dat Genade Plicht de Leer van Iezus en zyne
Apoſtelen ook de Leer van Menno en der waare Mennoniten of Doopsgezinden is. Altona 1794. 8. —
Auſserdem befinden ſich von ihm verſchiedene *Ab-
bandlungen* und *Gedichte* in folgenden Werken: Men-
ge-

gelingen van het Utrechtsche T. D. en L. Genoot-
schap, Schatkamer van Kunst en Smaak, Godsdienstig
Magazyn, T. D. en L. Magazyn van den Heer G. B.
a Braudis. *(Theils Autographum, theils mitgetheilt.)*

HOLM (Hans), *Mitglied der Schule zu Hadersleben* seit
1795 (?!); *geb. zu . . . . . . 17 . . .* §§. Erbauliche Chri-
stenerwägung des Leidens und Sterbens Iesu Christi.
Hadersl. 1794. 8.

HOLST (Gerhard), *Archidiakonus an der Nikolaikirche zu
Kiel* seit 1792, vorher seit 1789 Pastor zu Enge Amts
Tondern; *geb. zu Flensburg den 10 Oktob. 1762.* §§. Beschreibung des Kirchspiels Enge in der Karrharde
Amts Tondern; in den Prov. Ber. 1791. H. 4. Ein
wichtiges Erforderniss zur Beförderung der Spinne-
reyen in unserm Vaterlande; das. 1792. H. 1. *Wochenschrift zum Besten der Armen in Kiel, deren ersten* Iahrgang vom 3 April 1793 bis zum 26 März
1794 (Kiel 432 S. 8.) er allein besorgte, itzt aber in
Verbindung mit andern herausgibt. — Ausserdem
hatte er Antheil an dem unter *H. Harries* aufgeführten Wochenblatte, hat einige Gelegenheitsgedichte
drucken lassen und die von *N. B. Lange* angefangene
Ueberfetzung der statistischen Briefe über Dännemark
und Norwegen (Breve til en udenlansk Ven om Danmark, af *C. Dreyer.* Soroe 1790. 8.) vollendet. *(Revidirt.)*

HOYER (Nikolaus Eberhard), *Pastor zu Kaltenkirchen*
Amts Segeberg seit 1761; *geb.* (zu Grafenwiehe im
Herzogthum Schleswig, nach andern) *zu Drelsdorf*

in

in der Landſchaft Bredſtedt Amts Flensburg (wo ſein
Vater damals Diakonus war) *1729* (?). §§. Rede bey
des Königs Friedrich V. Vermählung mit Juliana Maria von Braunſchweig, gehalten zu Helmſtedt am
5 Auguſt 1752. Helmſt. Fol. *(Mitgetheilt.)*

HUDEMANN (Georg Hinrich), Sohn des Ludewig Friedrich H. im *Adelung* — *Doctor der A. G. und königl.
däniſcher Iuſtitzrath, privatiſirt zu Heide* in Norderdithmarſchen, (vorher ausübender Arzt, dann Kirchſpiel-
vogt zu Henſtedt und zuletzt Pfenningmeiſter in Norderdithmarſchen;) *geb. zu Henſtedt* in Norderdithmarſchen *den 24 März 1739.* §§. Eine Glückwün-
ſchungsrede an *Adam Struenſee* beym Antritt ſeiner
neuen Aemter. ...... D. inaug. exhibens obſervationes quasdam ad cicutae, mercurii ſublimalis et
phosphori uſum internum pertinentes, praeſ. *P. J.
Hartmann.* Helmſtad. 1763. 4. Ein Glückwunſch
an *G. H. Frenckel*, in der Sammlung der bey deſſen
Amtsjubiläum erſchienenen Schriften. Hamb. 1771.
4. *(Mitgetheilt.)* Vergl. *Fehſe's* K. G. von Nord. D.
S. 794 f.

(N. 5.) HUDTWALKER (Chriſtian Martin), Bruder
des Johann Michael H. im *Meuſel* — *Paſtor zu Neukirchen* im Hochſtift Lübeck ſeit 1789, vorher ſeit
1786 Paſtor zu Malent; *geb. zu Hamburg den 15 Octob.
1751.* §§. *Anleitung zu einer vernünftigen Andacht
beym Genuſſe des heil. Abendmahls, für den Bürger
und Landmann, von einem Landprediger. Hamb.
1791. 8. Zweyte verbeſſerte und vermehrte Auflage.

ge. Daſ. 1793. Ueber die Landſchulen in den adelichen Gütern Holſteins, ihre Hauptmängel und die
Mittel, ihnen abzuhelfen; nebſt einer Nachricht von
einer neuen Schuleinrichtung in dem Gute Rantzau;
in den Schl. Holſt. Prov. Ber. 1794. H. 1. Auszug
eines Schreibens an den Herausgeber, die Rantzauer
Schule betreffend; daſ. 1795. H. 3. Ueber den geringen Nutzen guter Volksbücher und die Mittel, ſie
wirkſamer zu machen; daſ. *(Mitgetheilt.)*

(N. 4.) IAEGER (Johann Gottlob), *Doctor der Philoſophie* ſeit 1758, und Rector zu Meldorf; *geb. zu Werdau* in Meiſsen *den 24 Iul. 1732.* §§. De fide iuſtifi-
cante ſpecimen ad Phil. 3, 8. 9. praeſ. *J. F. Bahrdt.*
Lipſ. 1755. 4. Obſervationes in Proverbiorum Sal.
verſionem Alexandrinam. Meldorpi et Lipſ. 1788.
8. *(Revidirt.)*

DE IAGER (Jan), *zweyter Prediger an der Mennonitenkir-
che zu Altona* ſeit 1752; *geb. zu Hamburg den 10 März
1719.* §§. Die Aufmerkſamkeit einer Gemeine auf
den Tod ihres Lehrers bey dem ſel. Abſterben des
Gerrit Karsdorp — in Betrachtung gezogen ..... 1750.
De zalige hope en verwachting eener godvrugtige
ziele in Leven en in Sterven, ter Gelegentheyd van
het zalig Overlyden van *J. Ris* overwogen in eene
Redevoeringe over Pſ. 39, 8. Hamb. 1784. 8. Over-
denkingen ter Gelegentheyd van het Overlyden des
Heere *Reinbard Rabuſen*; in der unter *G. Karsdorp*
aufgeführten Schrift. Leerredenen — Alt. 1794. 8.
(ſ. *Hoekſtra.*) Vergl. *Bolten* 1, 302.

M   IAHN

IAHN (Jakob Dieterich), *Doctor der A. G. und Physikus
in Norderdithmarschen* seit 1787, *wohnt zu Heide*, vorher ausübender Arzt in Neumünster und Zuchthaus-
medikus daselbst; *geb. zu Neumünster den 1 Iun. 1757.*
§§. D. inaugur. de situ uteri obliqno, praes. *W. F.
Cappel* (dem sie vielleicht richtiger beygelegt wird).
Helmstad. 1785. 4. (*Mitgetheilt.*) — (Wurde ganz
neulich wieder abgedruckt in: Sylloge operum minorum praestantiorum ad artem obstetriciam spe-
ctantium, curante *J. Ch. Fr. Schlegel.* Vol. I. Lips.
1795. 8 mai.)

(N. 5.) IAKOBSEN — nicht: IACOBSEN — (Jakob),
Lehrer der Navigation (seit 1793 im Dorfe Tinnum
auf Sylt und) seit 1794 *in Flensburg* (?), vorher seit
1764 Schullehrer zu Tinnum; *geb. zu Klockries* Kirchspiels Lindholm Amts Tondern im Riesing-Mohr *den
6 Aug. 1739.* §§. Freundschaftliche Bewirthung meiner mathematischen Brüder mit einem Tractement
von 6 Gerichten, oder curieuse mathematische Auf-
gaben, nebst ihrer Auflösung. Schlesw. 1790. 8. mit
einem Kupf. (*Nach dem Autographum.*) — Von ihm
„der zu den merkwürdigen Männern, deren es in
unserm Vaterlande mehrere giebt, gehört" vergl. *G.
S. Francke's* Schreiben in den Prov. Ber. 1792. H. 3.
S. 401 ff.

(N. 4. 5.) IANEKE (Otto Benedict), *Rath in der Bischöf-
lich-Lübeckischen Rentekammer zu Eutin* seit 1775; *geb.
zu Bramstedt* Amts Segeberg *den 12 May 1727.* §§. *Beschreibung der holsteinischen Landwirthschaft. Hamb.
1783.*

1783. 8. Bemerkungen über einige in der aus dem Dänischen (von *V. A. Heinze*) überfetzten ökonomifchen und ftatiftifchen Reife (*Friederich von Buchwalds*) durch Mecklenburg, Pommern, Brandenburg und Holftein, geäufserte Behauptungen, welche die holfteinifche Landwirthfchaft und den Unterfchied zwifchen derfelben und der Mecklenburgifchen Wirthfchaft betreffen. Daf. 1788. 8. *Ueber die Niederlegung der Domainen und Landgüter in den Herzogthümern Schleswig und Holftein. Flensb. Schlesw. und Leipzig 1790. 8. Verfuch einer wirthfchaftlichen Gefchichte der beyden holfteinifchen Güter Rantzau und Cofelau und der nach und nach erfolgten Verbefferungen in ihrer Cultur und ihrem Ertrage, aus Rechnungen gezogen, die bis 200 Jahre zurückgehen; in den Prov. Ber. 1792. H. 4. 5. Ueber die Anwendbarkeit der Koppelwirthfchaft in der Mark Brandenburg, mit einer Vorerinnerung, die durch die Bemerkungen des Hrn. Grafen von *Herzberg* über die holfteinifche Koppelwirthfchaft veranlafst worden. Hamb. 1794. 8. *Ueber die Aufhebung der Dienftpflichtigkeit und Leibeigenfchaft; in den Schl. Holft. Prov. Ber. 1795. H. 3. . (*Revidirt.*)

IANSSEN (Johann Jakob), *Doctor der A. G. und Phyfikus; in den Städten Tönning (wo er wohnt) und Garding, wie auch in der Landfchaft Eiderftedt, Everfchop und Utholm; geb. zu .... 17... §§. ....*

IASPERSON (Johann), *geb. zu Flensburg den 27 Dec. 1744,* war Anfangs Erzieher dreyer Grafen von Ahlefeld

zu Langeland und Rixingen, darauf von 1779 bis
1785 *Profeſſor*, Mitglied der Direction und Bibliothekar am Erziehungsinſtitut zu Deſſau, *lebt itzt zu*
Flensburg. §§. Von 1781 bis 1785 beſorgte er die
Redaction und den Druck der Deſſauer pädagogiſchen
Unterhaltungen, worin ſich, auſser Proben einer Kin-
derzeitung, Briefen, Gedichten, Ueberſetzungen und
andern Auffätzen, „die Geburtsfeyer, ein Kinderdra-
ma in 3 Aufzügen," von ihm befindet. * *Olaus Ola-*
vius ökonomiſche Reiſe durch Island in den nordweſt-
lichen und nordöſtlichen Gegenden. Auf königl.
däniſchen Befehl herausgegeben. Aus dem Däniſchen
überſetzt. Leipzig 1787. 4. nebſt 17 Kupf. und einer neuen Charte. * *Peter Friedr.* Suhms Geſchichte
Dännemarks, Norwegens, Schleswigs und Holſteins,
zum Gebrauch der ſtudierenden Iugend. Umgearbeitete und beſonders in der Geſchichte Schleswigs und
Holſteins ergänzte Ausgabe (vergl. *Jakob Peterſen* im
Anhange). Flensb. 1794. 8. (Der *erſte* Abſchn. wird
auch einzeln verkauft unter dem Titel: P. F. *Suhms*
erſter und kürzerer Auszug der däniſchen, Norwegiſchen und Schleswig-Holſteiniſchen Geſchichte, zum
Gebrauch der Iugend.) — (*Nach dem Autographum.*)
(N. 1. 2. 5.) IENSEN (Friedrich Chriſtoph), *Doctor der*
Rechte und derſelben ordentlicher Profeſſor zu Kiel ſeit
1785, (vorher ſeit 1781 auſſerordentlicher Profeſ-
for,) auch Secretair der fortwährenden Deputation
der Schlesw. Holſt. Ritterſchaft; *geb. daſelbſt den 17*
Iul. 1754. §§. D. inaug. de libera bona avita alie-
nandi

nandi facultate in Holfatia per fpeculum Saxonicum
non reftricta. Kil. 1778. 4. De patria Romanorum
poteftate pro *Gebauero* adverfus *Robertum* V. C. differit. Suerini, Bützov. et Wismar. 1784. 8. Die Gefchichte der Maurerey, ein Beweis göttlicher Vorfe-
hung. Rede am Tage der Einweihung des neuen Ver-
fammlungshaufes der Ehrwürdigen Loge Louife zur
gekrönten Freundfchaft in Kiel, den 6 Iul. 1785. gehalten von I** B. R. Kiel. 8. Eine Rede über die
Wohlthat einer Lehr- und Arbeitsanftalt; in: Sammlung der Reden, welche bey Eröfnung der neuen Armenpflege und bey der Einweihung des Freyfchul-
haufes in Kiel den 3 Iun. 1793 gehalten worden. Kiel.
8. — Antheil an der Wochenfchrift zum Beften der
Armen in Kiel, z. E.: Ift es für eine Armenanftalt
nützlich, die Armen durch ein befonderes Zeichen an
ihrer Kleidung bemerklich zu machen? 1793. St. 39.
Ueber den im vorigen Heft (der Prov. Ber.) S. 128.
erwähnten Vorfchlag zu einer allgemein feftzufetzen-
den vortheilhaften Aufhebung der Leibeigenfchaft
auf allen Gütern in etwa zu beftimmenden Iahren;
in den Prov. Ber. 1795. H. 5. — Die Nachtr. 1. ihm
beygelegten „obfervationes ex fententiis facultatis
iuridicae Kilonienfis" (1773. 4.) hat er unter dem eigentlichen Verfaffer *J. H. Fricke* (dem auch *Adelung*
fie richtig zufchreibt) vertheidigt, fo wie „de criteriis
veritatis partem generaliorem ad praefcriptum con-
ftitutionis Fridericianae" (1774. 4.) unter dem Präfes und Verf. *Andr. Weber.* — Vergl. *Weidlich's* biogr.

Nachrichten Th. 3 und Th. 4. Nachtrag S. 141. (*Re-vidirt.*)

(N. 1.) IESSEN (Chriſtian), *Herzogl. Hofprediger zu Au-guſtenburg* ſeit 1772, vorher ſeit 1765 Cabinetspre-diger; *geb. zu Apenrade den 29 April 1743.* §§. Rede bey der oͤffentlichen Confirmation der Prinzeſſin zu Schleswig u. ſ. w., Louiſe Chriſtine Caroline, gehal-ten in der Auguſtenburg. Schloſskirche. Flsb. 1778. 4. Gelegenheitspredigten, gehalten in der Schloſs-kirche zu Auguſtenburg. Flensb. und Leipzig 1783. gr. 8. (*Revidirt.*)

IOHANSEN (Friedrich), *Paſtor zu Husbye* in der Hus-byeharde Amts Flensburg ſeit 1786, vorher ſeit 1768 Paſtor zu Wanderup in der Wiesharde; *geb. zu Wals-buͤll* in derſelben Harde *den 15 Iun. 1740.* §§. * Von der bruͤderlichen Beſtrafung (eine Predigt). Flensb. 1792. 8. (*Mitgetheilt.*)

(N. 4. 5.) IOHANSEN (Nikolai), *Kirchenprobſt* (ſeit 1789) *und* (ſeit 1776) *Hauptpaſtor an der Nikolaikirche zu Flensburg,* zuerſt ſeit 1768 Diakonus daſelbſt, ſeit 1771 aber Paſtor zu Hattſtedt; *geb. zu Niebuͤll* in der Boͤkingharde Amts Tondern *den 12 Aug. 1740.* §§. Quae-dam de diviſione librorum V. T. in uſum iuvenum ſtudioſorum. Flensb. 1780. 4. Vier Leichenpredig-ten. Die erſte uͤber Wilhelm Carl Chriſtiani, Diak. zu St. Nikolai in Flensburg. Flensb. 1781. 8. Die zwote uͤber Heinrich Chriſtian Moller, fuͤnften Leh-rer an der Flensburger Stadtſchule. Schlesw. 178.. 4. Die dritte uͤber Gotthard Hanſen, Rathsherrn und

und Kaufmann in Flensburg. Kiel 1786. 4. Die
vierte über Johann Braack, Klostervorsteher und Kaufmann in Flensburg. Schlesw. 1786. 4. Ein kurzer
Abriß der vornehmsten Glaubenslehren und Lebenspflichten unserer allerheiligsten Religion, wie die gewöhnlichen Sonn- und Festtagsevangelien dazu Anleitung geben. Götting. 1786. 4. (erhielten einen
neuen Titel: Predigten über die Glaubenslehren und
Lebenspflichten, nach Anleitung der gewöhnlichen
Sonn- und Festtagsevangelien. Schlesw. 1791.) *Die
Offenbarung Johannis, oder der Sieg des Christenthums über das Iuden- und Heidenthum. Flensb. und
Leipzig 1788. 8. Neue Ueberfetzung der Leidensge-
schichte Iefu Christi. Haders1. 1789. kl. 8. Grund-
risse der Predigten, welche an den Sonn- und Festta-
gen in den Iahren 1789 bis 1794 von ihm gehalten
worden find. Flensb. 8. (*Nach dem Autographum.*)
Arbeitet an . . . . . . vergl. C. *A. Valentiner.*

IPSEN (Carl Friederich), *Pastor zu Grömitz* Amts Cismar
feit 1760, vorher feit 1758 Hofcapellan zu Kiel;
geb. zu Neumünfter 171.. §§. Difp. praef. *A. H. Lack-*
mann (dem eigentlichen Verfaffer, zufolge der, auch
befonders abgedruckten, Vorrede des 7ten und letzten Theils der Einleitung *deffelben* zur Schlesw. Holst.
Hiftorie) habita ad Novellam CXLVI de controver-
fia nata ex facrarum litterarum lectione in fynagogis
Iudaicis compofitaque per Iuftinianum Imper. Kil.
1758. 4. (*Mitgetheilt.*)

IUERGENSEN (Johann Chriftian), *Mechanikus in Schles-*

wig; geb. daselbst den 7 April 1744. §§. Gab in Verbindung mit andern heraus: *Schleswigsche Kunstbeyträge, vorzüglich in Rückficht auf die königl. dänischen Staaten. Istes Heft mit 2 Kupfertaf. Schlesw.
1792. gr. 4. 2tes H. mit 2 Kpftaf. Daf. 1792. —
Kleinigkeiten in C. F. Cramers Magazin für die Mufik und in der monatl. Ueberficht. (*Revidirt.*)

(N. 5.) KAMPHOEVENER (Hieronymus), *Amtsverwalter und Hausvogt im Amte Hütten und Hardesvogt in der
Hüttener Harde, im Kirchspiel Hütten wohnhaft,* feit
1795; vorher Kammerfecretair und Gevollmächtigter bey dem zweyten Holfteinifchen Comtoir der
Rentekammer und Revifor bey der Klaffenlotterie
zu Kopenhagen; *geb. zu Klixbüll* in der Karrharde
Amts Tondern *den 27 Ian. 1757.* §§. Befchreibung
der bereits vollführten Niederlegungen königl. Do-
mänengüter in den Herzogthümern Schleswig und
Holftein, womit zugleich die Aufhebung der Leibeigenfchaft, wo fie ftatt gefunden hat, verbunden gewefen ift. Kopenh. 1787. 8. (Ein Auszug daraus
fteht in den Provinzialberichten 1788. H. 3.) Etwas
zur Erläuterung über das Münzwefen überhaupt und
über den Urfprung und die Befchaffenheit des dänifchen Münzfufses von *J. Zoëga.* Aus dem Dänifchen.
Daf. 1789. 8. Einige Nachrichten von dem Leben
des verftorbenen Etatsraths *J. Zoëga.* (Aus der dänifchen Urfchrift einer Frau ...... überfetzt;) in
den Schl. Holft. Prov. Ber. 1789. H. 5. (*Revidirt.*)
KARSDORP (Gerrit), *erfter Prediger an der Mennoniten-
kirche*

kirche in Altona feit 1752, *zu Hamburg wohnhaft; geb.
zu Altona den 23 May 1729.* §§. Ein Gedicht auf H.
T. de Jager. Hamb. 1749. Lyk- en Gedachtenisre-
den over Gen. 48, 21. toegepaſt op het hoogſt ſmar-
telyk Overlyden van Zyne Kongl. Majeſteit Frederik
V. d. 18 Mart. 1766. Hamb. 4. De Zegen van Je-
hovah over Koningen, die na zyn Harte zyn, over
Pſ. 127, 5. vergel. met Pſ. 91, 14-16. op den dag
der plegtige Gebeeden, om de voorſpoedige Regee-
ringe van Zÿne Majeſteit Koning Chriſtian VII. d.
25 Mai 1766. Hamb. 4. Het Charaſter van Pieter
Beets in zyn Leeven Leeraar der Doopsgezinde Gemeente te Hamburg en Altona, in eene Redevoeringe
Apoc. 2, 19. d. 20 Oſt. 1776. Hamb. De vrugt-
bare Nagedachtenis van vereenwigde Leeraaren aan-
gewezen mit Hebr. 13, 7. Hamb. 1776. 8. *Die
Glaubenslehre der wahren Mennoniten oder Taufge-
ſinnten, aus deren öffentlichen Glaubensbekenntniſ-
ſen zuſammengezogen durch *Cornelius Ris.* Mit einem erläuternden Vorberichte und Anhange. (Aus
dem Holländiſchen überſetzt.) Hamb. 1776. 4. De
volmaakte Gelukzaligheid der Hemelingen ondert-
beſtier van den Opziener harer Ziele Jeſus Chriſtus,
die zich hunner eertyds outfermde in eene Leerreden
over Ieſ. 49, 10. na Aanleiding van het Overlyden
van G. Beets — Hamb. 1777. 8. Stand- en Gedag-
tenis-Rede over Abraham Wynands zedert veertig
Jaaren oudſte Leeraar der Mennoniten te Hamburg
en Altona de eerſte op het Kerkhof, d. 3 Sept. 1790.

de tweede in de Kerk der Mennoniten, d. 10 Octob.
uitgefprooken. Altona. 8. Lyk-Reden op het zalig
Afilerven van *Reinlard Rabufen*, uitgefprooken in de
Kerk der Mennoniten te Altona; *in*: Het godfalig
Sterven van *R. R. Leeraar* der Mennoniten te Ham-
burg en Altona. Overwogen en ter godvrugtige
Nagedachtenis der Gemeente overgegeven door des
overledenen nagelatene Amptgenoten *G. K.* en *Jan
de Jager.* Met een bygevoegden Trooſtzang door
J. A. S. Hoekſtra, thans Leeraar der Mennoniten te
Utrecht en een Lyk-Digt (door *Hendrik v. d. Berg*).
Altona 1793. 8. Leerredenen — Altona 1794. 8.
(Vergl. *Hoekſtra*.) Siehe *Boltens* K. N. von Altona 1,
300 ff. *(Revidirt.)*

(M. u. N. 1. 5.) KERSTENS (Johann Chriſtian), *Doctor
der Philofophie* (ſeit 1750) *und A. G.* (ſeit 1757) *und
der letztern ordentlicher Profeſſor zu Kiel* ſeit 1770, (vorher ſeit 1757 Profeſſor der praktiſchen Medicin und
Chemie, und Arzt des Krankenhaufes der Univerſität zu Moskau.) auch ſeit 1772 Mitglied der kaiſerl.
Akademie der Naturforfcher; *geb. zu Stade den 17 Dec.
1713.* §§. Ueberſetzte unter S. J. Baumgartens Auf-
ficht die erſten Theile von *Niceron's* Nachrichten 1750
f. Arbeitete von 1752 bis 1756 an C. G. *Ludovici's*
Kaufmannslexicon. * *Joh. Jakob Brulier* von der
Ungewißheit der Kennzeichen des Todes. Aus dem
Franzöf. 2 Theile. Kopenh. 1754. 8. — Ueberließ
dem Bernhard Chriſtoph Breitkopf eine aus *Philemon
Louis Savary* diction. univerfel de commerce gezogene
Ta-

Tabelle von dem verfchiedenen Cours der Münzen,
in Fol., die vielleicht *nicht* gedruckt ift. — Verfertigte
in Leipzig mehrere Ueberfetzungen, deren er fich
nicht mehr erinnert. — D. de maturatione et cáuffa
perfectionis corporum organicorum. Lipf. 1757. 4.
(ift feine Habilitationsdifputation.)   De maturatione, ut caufla novae valetudinis diff. altera. ibid. eod.
(ift feine Doctordifputat.)   Tentamen technologiae
foffilium. Mosquae 1759. 8.   Daß die Ehre und
die Wohlfahrt eines Landes eine Folge von der Aufnahme der Wiffenfchaften fey.   Eine Rede am Geburtstage Katharina II. gehalten. Daf. 1762. 4. Ad
augendum incolarum in Ruffia infufficientem numerum pro ruricolis plebeiis maxime monita et praecepta.   Catharinae II. natali dedicatus fermo panegyricus. ib. 1769. 4.   *Caroli a Linné* genera morborum, in auditorum ufum publicata, edit. iterata.
Hamb. 1774. 8.   *Tiffot's* fämtliche zur Arzeneykunft
gehörige Schriften, nach den neueften Originalaus-
gaben aus dem Franzöf. und Latein. überfetzt und
mit Anmerkungen begleitet. 2 Theile. Hamb. 1774.
1775. 8.   Zweyte Auflage. Leipzig 1779.   Dritte
Aufl. (welche wider fein Wiffen erfchien). Daf. 1791.
Pr. de pleuritide mediaftini. Kil. 1774. 4. — Beforgte
von 1776 - 1793 die Kieler gemeinnützigen Nachrichten.   Pr. de gangraena a decubitu optimaque
eam praecavendi et depellendi methodo. Kil. 1776.
4.   Pr. fiftens fedis prociduae refectione feliciter fa-
natae brevis hiftoria. ib. 1779. 4.   D. novorum
phar-

pharmacorum technicorum Pharmacopoeae Danicae
vires, ufus et dofes. Kil. 1779. 4. D. de ſtomachi
debilitate. ib. 1780. 4. D. de tincturae Guayacinae
virtute antarthritica. ib. 1782. 4. (wird im Meuſel
irrig dem *J. F. Ackermann*, welcher Praſes war, beygelegt, wo im Gegentheil *ihm ſelbſt* drey Diſputatt.,
bey denen er nur praſidirte, zugeſchrieben ſind: D.
de febre amphemerina ſtipulari (1774), iſt vom Reſpond. G. D. *Ebio*; D. de branchotome et ad illam
inſtituendam commodiſſimis inſtrumentis (1776),
vom verſtorbenen Reſpond. *Job. Rhode*; D. primitiae Florae Holſaticae (1780), von G. H. *Weber*.) —
(Revidirt.)

KERSTENS (Johann Chriſtian 2), Sohn des vorigen,
mit welchem er Nachtr. 5. verwechſelt iſt — *Doctor
der A. G. und ausübender Arzt zu Itzehoe* ſeit 1792;
geb. zu Moskau den 28 Ian. 1768. §§. *Matthias Sax-
torph* Auszug der Entbindungskunſt, zum Gebrauch
für Hebammen. Mit Kupf. Aus dem Däniſchen überſetzt. Leipz. und Kopenh. 1792. 8. D. inaug. for-
midoloſi Rheumatismi bilioſi triplici abſceſſu meta-
ſtatico aegre demum ſanati hiſtoria. Kil. 1792. 8.
— Mehrere Ueberſetzungen, die nicht angegeben werden können.

KIESBUY (Henning Adolph), *Doctor der A. G. und Phyſikus in den Städten Friedrichsſtadt und Huſum* (wo er
wohnt), *wie auch dem Amte Huſum* ſeit 1789; *geb. zu
Geltingen,* einem adelichen Kirchſpiele in Angeln, *den
14 Ian.*

14 Ian. 1759. §§. D. inaugur. monita et praecepta
de ufu vomitorio. Kil. 1785. 4. *(Revidirt.)*
(M. u. N. 1. 2. 5.) KIRCHHOF (Nikolaus Anton Joh.),
Rathsberr (feit 1784) und Kaufmann in Hamburg; geb.
zu Itzehoe (nicht: Glückftadt) *den 23 Sept. 1725.* §§.
Befchreibung und Abbildung eines Spinnrades mit
zwoen Spulen; in *(P. Fedderfens)* gemeinnützigen
Nachrichten aus dem Reiche der Wiffenfchaften und
Künfte, St. 18. (1768.) Befchreibung einer Zurü-
ftung, welche die anziehende Kraft der Erde gegen
die Gewitterwolken und die Nützlichkeit der Blitz-
ableiter ziemlich beweifet, nebft einer Kupfertafel.
Befchreibung verfchiedener nützlicher Mafchinen aus
J. Fergufon's Vorlefungen überfetzt. Hamb. und Berlin 1781. 8. *J. Watts* Verbefferung der Feuerma-
fchiene, aus *W. Pryce* Mineralogia Cornubienfi überfetzt; im Götting. Magazin 1782. St. 2. Die Aftro-
nomie nach *Newton's* Grundfätzen erklärt, fafslich
für die, welche nicht Mathematik ftudieren, nebft einem Anhange vom Gebrauche der Erd- und Him-
melskugel, von *J. Fergufon.* Aus dem Englifchen,
mit einigen Zufätzen. Berlin und Stettin 1783. 8.
Neue vermehrte Auflage. Daf. 1785. 8. Dritte vermehrte Auflage, mit 11 Kupf. Daf. 1793. 8. Die
Gefetze des Fallens der Körper, und die daraus her-
geleiteten Lehrfätze *Newton's*, imgleichen die Urfache,
warum die Fluth und Ebbe an beyden Seiten der Erde zu gleicher Zeit fteigen und fallen, auf eine fafs-
liche Art erklärt mit einer Kupfertafel. Hamb. 1792.
4.

4. Auszug aus *Cook's* und *King's* Reife in den Iahren 1776 bis 1780, nebft einem Verzeichniffe ihrer beobachteten Breiten und Längen. Imgleichen Bemerkungen über die Abweichung der Magnetnadel, zum Beweife, dafs die Lange der Oerter dadurch mit Gewifsheit nicht beftimmt werden könne. Berlin u. Stettin 1794. 8. — Von feinem mathematifchen und phyfikalifchen Cabinet findet man eine Nachricht im Journal von und für Deutfchland 179.. St... — Sein Bildnifs von *Beyel* vor dem 68ften Band der allg. d. Bibl. *(Revidirt.)*

KISS (Chriftian Friedrich), *Direftor der Schleswig-Holfteinifchen Speciesbank in Altona; geb. zu Wernigerode 1748.* Schreibt feit den 1 April 1793 die Altonaifchen Addrefs-Comtoir-Nachrichten. *(Mitgetbeilt.)*

KLAUSEN (Gottlieb Ernft), *Profeffor und Reftor des Gymnofiums zu Altona* feit 1794, vorher feit 1789 Conreftor und feit 1786 Subreftor; *geb. zu Curlum in der Karrharde Amts Tondern den 6 Sept. 1762.* §§. Blicke in die Vergangenheit. Eine durch Uebernehmung des Conreftorats am Alton. Gymnafium veranlafste Rede. Altona 1789. gr. 4. Iugendbildung. Ein Gedicht (womit der Verfaffer Namens des Alt. Gymnaf. als öffentlicher Redner des Königs Geburtsfeft feyerte). Daf. 1792. gr. 4. Schlummergefang eines Skalden bey der Wiege der dänifchen Prinzeffin Marie Louife. Daf. 1793. 4. Te Deum! an die Eroberer. Luc. 23, 34; im Schlesw. Journ. 1793. Iun. Vatereinfalt und der Priefterftein; im Genius der
                                                                Zeit

Zeit 1794. Febr. Warnung und Lehre; daſ. Die
Unſchuld, ein Familiengeſang; daſ. März. Lied für
Danen; daſ Iun. Hymne; daſ. Sept. Grabſchrift
auf den ſel. *Henrici*; daſ. 'Dec. Proben einer metri-
ſchen Ueberſetzung von *Sayer's* dramatiſchen Skizzen
der nordiſchen Mythologie. Elegie und Hymne aus
der Niederfahrt der Freya (nach der zweyten Ausgabe des Engliſchen Originals. London 1792); im
deutſchen Magazin 1794. April. Proben — Mythologie. Bardenchöre aus Moina; daſ. Iun. Proben
— Mythologie. Druidenchöre aus Starno; daſ. 1795.
März. — Liefs auch ein Gedicht auf *Duſch's* Tod in
den Altonaer Merkur (1787) rücken und verfertigte
zwey *Lieder*, die bey der Einweihung des neuen Schul-
hauſes für die Armen- und Waiſenkinder der Stadt
Altona (vergl. *N. Funk*) abgeſungen wurden. (*Revidirt*.)

KLOPPENBURG (Jakob), *Gerichtsſchreiber* zu ......
in der Frös- und Calslundharde Amts Hadersleben;
geb. zu ...... in Süderdithmarſchen 17... §§. Geographie für Iedermann, inſonderheit für die Iugend.
Th. 1. Europa. Schlesw. 1785. 8. Th. 2. die übrigen Welttheile. 1786. Die *däniſche* Ausgabe dieſes
Buchs, welche theils von einem andern nach dem
Original überſetzt, theils von dem Verfaſſer ſelbſt
umgearbeitet iſt, hat den Titel: Geographie for En-
hver, iſær for Ungdommen, in 2 Deele. Kbhvn. 1787. 8.
KNICKBEIN (Johann Chriſtian), *Diakonus zu Wevelsfleth* in der Wilſtermarſch ſeit 1760; *geb. zu Marne
in*

in Süderdithmarschen *den* 27 Octob. 1722. §§. Vernünftige Gedanken von dem Geräufch eines Wort-
fechters im Lande der Gelehrten. Hamb. 1750. 4.
(*Revidirt.*)

(M.) KOCH (Detlef), *Paftor zu Oeverfee* in der Uggelharde Amts Flensburg feit 1784, vorher feit 1776
ordentlicher Profeffor der Logik und Beredfamkeit
an dem akademifchen Gymnafium zu Zerbft; *geb. zu
Flensburg den 13 April 1744.* §§. Daß die Religion
Iefu die einzige Quelle des Troftes bey dem Verlufte
geliebter Perfonen fey. Halle 1769. 4. Das Bild
eines großen Regenten. Rede am Geburtstage Chriftian VII, den 29 Ian. 1770 in Flensburg gehalten.
Hamb. 1770. 4. Vorfchlag und Wünfche an die
Herren des königl. danifchen Hofes, die in die unmittelbare allerhöchfte königl. Beförderung zu geiftlichen Bedienungen in den Herzogthümern Schleswig und Holftein einen Einfluß haben. Frankfurt,
Leipzig und Kopenh. 1773. 8. Ausführliche Anzeige der öffentlichen und Privatvorlefungen, die künf-
tig gehalten werden follen. Zerbft 1776. 4. *Anleitung und Materialien zu Predigten, die dem aufge-
klärten Publicum angemeffen find. Hadersl. 1787. 8.
*Ueber die Bildung guter Prediger und die beffere
Einrichtung des Canzelvortrags, nach den Bedürfnif-
fen eines erleuchteten Iahrhunderts, nebft einigen Materialien für die Kanzel, zur Probe vorgelegt. Flensb.
1787. 8. — Vergl. *Ruft's* Nachrichten von den itzt
lebenden Anhaltifchen Schriftftellern Th. 2.

KOCH

KOCH (Friedrich Wilhelm), *Doctor der A. G. und seit*
1786 Phyfikus in den Städten Glückftadt (wo er wohnt),
· *Itzehoe, Krempe und Wilfter und in dem Amte Steinburg,*
wie auch Medicus beym Zucht- und Werkhaufe zu Glück-
ftadt, auch feit 1789 Mitglied der königl. medici-
fchen Societät in Kopenhagen; *geb. zu Rendsburg den*
3 Octob. 1759. §§. Eine Abhandlung, zwey Kopfwunden und eine die Peripneumonie betreffend. Kopenh. . . . . . . D. medica de miasmate putredinofo,
praefide C. E. *Mangor.* Hafn. 1785. 8. D. inaugur.
fpecimen medicum, fiftens febrim putridam nervo-
fam, praefide A. N. *Aasheim.* ibid. 1786. 8. (*Auto-*
graphum.)

KOEHN (Johann), *Schulhalter in Hamburg,* (*geb. zu Hu-*
fum 17..,) hat die Hamb. 1782. 4. in zwey Theilen
erfchienene Ausgabe des Hamburgifchen Comtoiri-
ften von *Jürgen Elert Krufe* mit veranftaltet, wie die
Vorrede mit deutlichen Worten zeigt. (*Mitgetheilt.*)

KOELPIN (Alexander), *Iuftitzrath und königl. Hofchirur-*
gus, auch Profeffor an der chirurgifchen Akademie zu Ko-
penhagen; geb. zu Ueterfen den 9 Iul. 1731. §§. Verfchiedene Abhandlungen in der 1771 erfchienenen
juriftifch-medicinifch-ökonomifchen Zeitung. — Diff.
epiftolaris di vitro antimonii cerati ad *Joh. Frid. Wob-*
lert. . . . . . 1773. 8. De empyemate obf.; in Actis
foc. med. Hafn. Vol. I. (1777.) De emphyfemate
notabiliori obf.; daf. De fiftula perinaei urinaria
cum abfoluta vrethrae coalitione obf.; daf. Vol. II.
(1779.) De capitis laefionibus meletemata medico-

chirur-

chirurgica cum adiect:s obf. ..... 1777. 8. (deutfch:
Medicinifch - chirurgifche Betrachtungen über die
Kopfwunden, nebft einigen Wahrnehmungen — überfetzt und mit einer neuen Vorrede vermehrt. Leipz,
1779. 8.) De chirurgiae recentioris prae veteri praeftantia et progreffu. Oratio inaugur. academ. 1787
habita cum ratione examinum. Hafn. 1788. — Vgl.
. *Worm* 3, 429. (*Revidirt.*)

KOEPPE (Heinrich Gottlieb), *geb. zu Neukirchen* im
Stifte Merfeburg *den 17 April 1730.* Er *bat* in Halle
8 Iahre ftudirt und dafelbft 1756 das examen medicum abgelegt, in eben dem Iahre feine diff. inaugur.
de vera morborum diagnofi, certo therapiae fundamento, praefide Joh. Junkero vertheidigt, *fich darauf
in Glückftadt als ausabender Arzt niedergelaffen und* 1769
das Phyfikat in den Städten Glückftadt, Itzehoe, Wilfter und Krempe, wie auch im Amte Steinburg, *er-
balten, bis ibm* 1786 *fein Schwiegerfohn F. W. Koch ad-
iungirt wurde.* (*Mitgetheilt.*)

KORDES (Berend), *Doctor der Philofophie* (feit 1786)
und derfelben aufserordentlicher Profeffor in Kiel feit
1792, wie auch Unterbibliothekar feit 1793, vorher
Privatdocent in Jena feit 1787 und *Kiel* feit 1789;
geb. zu Lübeck den 27 Octob. 1762. §§. Obfervationum
in *Jonae* oracula fpecimen, ratione potiffimum habita verfionis Alexandrinae fragmentorumque Hexa-
plarium. Jenae 1788. 4. (wird Nachtr. 5. dem Refpondenten *Ch. J. W. Mofche* beygelegt, wozu ohne
Zweifel die Erlanger gel. Zeit. Veranlaffung gab.) *M.

Acc I Plauti, Sarfinatis Umbri, comoediae duae (Ca-
pteivei et Trinumus) ex rec. J. F. Gronovii. ib. eod.
8. * *Ruth* ex verfione LXX. interpretum fecundum
exemplar Vaticanum recognitum a Lamb. Bos. Accedit Periocha, in qua de Ruthae hiftoria exponit, in
ufum fcholarum, quibus idiomata linguae hebraicae
et genius dictionis N. T. comparantur. ibid. eod. 8.
M. Accius *Plautus* und Friedrich Wolfgang *Reiz.* Kiel
1793. 8. (Wiffenfchaftliche und topographifche)
Ueberficht der itzt lebenden Schleswig-Holfteinifchen
Schriftfteller; in den Prov. Ber. 1793. H. 5. — Recenfionen in der Kieler gelehrten Zeitung vom Iahr
1790 und 1791, im Pache der biblifchen Exegefe
und claffifchen Litteratur. — Vergl. *(J. G. Eck's)* Leipziger gel. Tagebuch auf das Iahr 1787.

(M. u. N. 1. 3. 5.) VON KREBS (Heinrich Johann), *Profeffor und Lehrer der Mathematik und der Kriegswiffenfchaften bey der Landcadetten-Akademie und der königl.
Artilleriefchule, auch Capitain im Artilleriecorps zu Kopenhagen,* und feit 1794 Mitglied der Gefellfchaft der
Wiffenfchaften dafelbft; *geb. zu Fabretoft* in der Bö-
ckingsharde Amts Tondern *den 16 May 1742.* §§. Anfangsgründe der reinen Mathematik. Th. 1. Arithmetik. Th. 2. Geometrie. Kopenh. und Leipz. 1777.
1778. 8. mit Kupf. Zweyte vermehrte und verbefferte Auflage. Kopenh. 1792. 1794. gr. 8. Anfangsgründe der eigentlichen Kriegswiffenfchaften. Aus
den beften militärifchen Schriften zufammengetragen. Flensb. und Leipz. 1784. 8. (Dänifch überfetzt

von *Chriſtian Friedrich von Heuſiter.* Kopenh. 1785. 8.)
Taktiſche Grundſätze und Anweiſungen zu militäri-
ſchen Evolutionen, von der Hand eines berühmten
Generals *(von Saldern).* Von Schreib- und Druckfeh-
lern berichtigt und mit Anmerkungen herausgegeben.
Kopenh. 1786. 8. mit Kupf. In Erfahrung gegrün-
dete Gedanken vom Gebrauch der Mannſchaften, die
jungen Officiers anvertraut werden beym Angrif und
Vertheidigung kleiner Poſten, von dem Hrn. . . . . . .
la Foſſé (dem jüngern, den *Adelung,* zufolge dem Ek-
kardſchen Regiſter über die Gött. Anz. mit dem Vater *Etienne Guillaume* verwechſelt). Aus dem Franzöſ.
überſetzt und herausgegeben. Kopenh. und Leipzig
1789. 4. mit 11 groſsen Planen. Abhandlung von
der Einrichtung der kupfernen Pontons. In der königl. Soc. der Wiſſenſch. zu Kopenh. vorgeleſen den
1 Nov. 1793. Mit 1 Kupf. Kopenh. 1794. gr. 8. (Däniſch in: Nye Samling af det kongl. danſke Videnſk.
Selſk. Skrivter. 5. B. 1. H.) — Noch hat er für ſeine
Vorleſungen *Carl Auguſt Struenſee's* Anfangsgründe der
Kriegsbaukunſt (3 Theile. 1771-1774. 8.) zuſammengezogen und verändert, wovon *Carl Chriſtoph
Kalnein* Th. 1. Kopenh. 1778. Th. 2. B. 1. 1780. B.
2. 1781. 8. mit Kupf. aus ſeinem *Manuſcript* däniſch
überſetzt und herausgegeben hat. — Vergl. *Worm* 3,
443. *(Revidirt.)*
KRICHOUFF (Johann Gottfried), *Doctor der A. G. und
Phyſikus in der Stadt und dem Amte Tondern; geb. zu
Görlitz* 17… §§. D. inaugur. . . . . *Nachricht
von

von der in der Stadt Tondern errichteten Anſtalt zur
Verpflegung und Heilung kranker Armen und dem
damit verbundenen Krankenhauſe; in den Prov. Ber.
1787. H. 4. Gedanken über die Abſtellung der Betteley und die Beförderung der Arbeitſamkeit in der
Stadt Tondern; daſ. 1788. H. 3. (*Konnte* nicht revidirt werden.)

KROYMANN (Hinrich), *privatiſirt in Hadersleben*; geb.
zu Schubye in der Ahrensharde Amts Gottorff *den 1 Iun.*
1748. §§. Der verreiſte Bauer. Ein Wochenblatt.
Flensb. 1776. 1777. 4. Nyttige Anmærkninger for
Danſke Patrioter, angaaende Landvæſenet, om det
dobbelte Bogholderie paa Landgodſer. 1ſte Hefte.
Viborg 1783. 8. Det ynkelige Foraar 1784 og Tanker over Aarſagerne dertil og Raad derimod. Kbhvn.
1784. 8. Præludium til Holſtenerne i Danmark.
..... 1785. 4. Nogle frie Forklæringer over Danmarks Agerdyrknings-Katechiſmus, til vakre Land-
mænds Aere. Odenſee 1786. 8. Et Exempel ved
Landvæſenets Kriſis til ædelmodige Jorddrotter og
godmodige Bonder. Odenſ. 1787. 8. Den bedſte
Methode til Flyveſandets Dæmpning...... 17...gr.
8. (Auch eingerückt in Aalborgs patriotiſke Samlinger. 1788.) Prove af Forſoget til en Reiſe i Danmark og Holſteen. Kbhvn. 1789. (Steht auszugsweiſe in den Prov. Ber. 1790. H. 1.) Det Maaneds-
korreſpondent. 1790 May bis 1791 April. Däniſch
und deutſch; unter dem Titel: Der Korreſpondent,
däniſch und deutſch, fortgeſetzt 179.. — Mitheraus-

N 3   geber

geber (?) der unter *J. Boyſen* aufgeführten Haders-
levſke Maanedſkrivt. Vgl. *Worm* 3, 446. *(Revidirt.)*

(N. 5.) KROYMANN (Jürgen), Bruder des vorigen —
Schreib- und Rechenmeiſter am Gymnaſium zu Altona ſeit
1794, vorher zweyter Lehrer der Stadtſchule zu
Eckernförde; *geb. zu Schubye* in der Ahrensharde Amts
Gottorff *den 10 Iun. 1739.* §§. Anleitung zum gemeinnützlichen Rechnen. Schlesw. 1787. 8. Zweyte
verbeſſerte Auflage. Daſ. 1791. 8. Erſte Anleitung
zur Kenntniß der gemeinnützlichen Algebra. Daſ.
1787. 8. Mathematiſche Uebungen des Witzes und
Nachdenkens. Daſ. 1792. 8. *(Revidirt.)* — Hat angekündigt: Entwurf einer gemeinnützl. Geometrie.

KRUSE (Ernſt Chriſtian), *Paſtor bey der alten Kirche auf
Pellworm* ſeit 1792 (?); *geb. zu Altona den 16 Aug. 1764.*
§§. Ueber die Abnahme der weſtlichen Küſte Schleswigs und Holſteins; in den Schl. Holſt. Prov. Ber.
1793. H. 3. Nachricht von der doppelten Ueberſchwemmung der Inſel Pellworm. — Glückliche Ausſichten in die Zukunft; daſ. Noch etwas über einige Vorſichtsanſtalten zur Verminderung der Waſ-
ſerſchäden, mit Rückſicht auf den Auffatz des Hrn.
Doctor *Wolf* über dieſe Materie im 1 St. der disjähri-
gen Prov. Ber.; daſ. H. 5. Ueber den Urſprung der
Frieſen auf der Weſtküſte Schleswigs; daſ. H. 6.
Neue Ueberſchwemmung der Inſel Pellworm; daſ.
1794. H. 2. Beſchreibung der Inſel Hoge; daſ. Ueber den Urſprung des Stalleramtes und die Etymologie des Namens Staller; daſ. H. 3. Vom Schlick-
torfe

torfe und dem daraus gezogenen Salze; daſ. See-
hundsfang bey der Inſel Norderog; daſ. König
Abels Zug gegen die Frieſen. Nach einem Extraƈt
aus der alten allgemeinen Eyderſtädtiſchen Chronik;
mit Anmerkungen; daſ. H. 4. Topographie der Inſel Nordſtrand vor der Fluth vom Iahr 1634; daſ.
1795. H. 2. Fehde der Eyderſtädter und Dithmar-
ſcher in den Iahren 1413 und 1416; daſ. H. 3. *Das
Traumgeſicht, nach dem Lat. des *Cunaeus*. Schl. 1755. 8.

KUECK (Johann Heinrich Philipp), *Doƈtor der A. G. und
ausübender Arzt zu Ueterſen; geb. zu Hamburg den 15
März 1756.* §§. D. inaug. de Emproſthotono, quam
ſub praeſidio *Job. Guil. Baumer* (dem *Meuſel* ſie beylegt) publico eruditorum examini ſubmittet auƈtor
et reſpondens. Gieſſae 1776. 4. (*Mitgetheilt.*)

KUNNIGER (Johann Jakob Hermann), *Auditeur beym
Leibregiment Reuter zu Schleswig; geb. zu Flensburg den
20 Oƈtob. 1753.* §§. Quaeſtiones ſeleƈtae ad ius naturae ſpeƈtantes, quas praeſide *Ludov. Frid. Cellario* (dem
Meuſel ſie beylegt) defendit. Jenae 1776. 4. Ueber
das Reinigen und Bleichen der Kupferſtiche; in den
Schleswigſchen Kunſtbeyträgen H. 1. Sicheres Mittel, das Reiſsen und Ausſpringen der Waſſerfarben
für die Miniatur- und Waſſermalerey zu verhindern;
daſ. Ausführliche Beſchreibung des ſchönen Brüg-
mannſchen Altars im hohen Chore der Schleswigſchen
Domkirche, welcher vormals in der Bordesholmer
Kirche geſtanden; daſ. H. 2. (*Mitgetheilt.*)

KUNZE (Carl Sebaſtian Heinrich), *Reƈtor zu Neuſtädt*

in Wagrien feit 1795; *geb. zu Kiel den 2 Febr. 1774.*
§§. Deutfchlands kryptogamifche Gewächfe, oder
botanifches Tafchenbuch auf 1795. Hamb. 8. — Von
„Sammlung der gemeinnützigften Mafchienen, nach
Leupold und andern Schriftftellern bearbeitet," er-
fcheint Oftern 1796 der 1fte und 2te Theil in gr. 8.
(Revidirt.)

LAEGER (Johann Lotharius), *Kaufmann in Altona; geb.
zu Hamburg den 8 Iun. 1745.* §§. Allgemeine Lebens-
regeln für meine 16jährige Tochter, ein Gefchenk an
ihrem Confirmationstage. Altona im März 1788. 32
S. 8. *(Mitgetheilt.)*

LANGE (Carl Friedrich), *Paftor zu Oldenburg in Wagrien feit 1779,* vorher feit 1765 Archidiakonus und
feit 1758 Diakonus dafelbft; *geb. zu Neuftadt in Wagrien 17...* §§. Predigt nach der in Oldenburg ent-
ftandenen heftigen Feuersbrunft. Hamb. 1773. 8.
(Mitgetheilt.)

(M. u. N. I.) LANGE (Johann Heinrich), *Diakonus und
Rector zu Nerva* in Efthland feit 1759, vorher feit
1750 Rector zu Dorpat in Liefland; *geb. zu Preetz
den ...... 1717.* §§. Gedächtnifspredigt auf die
Kaiferin *Elifabet Petrowna,* nebft einer Trauercantate.
Riga 1762. Etwas Altes, das fich aber auch recht
gut auf unfere itzige neue Zeit paffet. Reval 1773.
8. Eine merkwürdige und zuverläffige Nachricht
von der Verbrennung des oberften Priefters bey den
Kalmucken. Daf. 1773. 8. Eine kleine, aber wohl-
bewährte Dofis von Vernunft, allemal ficher zu ge-
brau-

brauchen, wider den itzigen epidemifchen Paroxys-
mus u. f. w. verordnet im J. 1775. — Vergl. *Gade-
bufcb* Liefländifche Bibliothek Th. 2, nach welcher
er feit 1750 mehrere Einladungsfchriften edirt hat.

LANGHOFF (Johann Friedrich), *Doctor der Rechte in
Altona; geb. zu Hamburg den 8 März 1749.* §§. D. inaugur. de erroribus problematicorum circa probatio-
nem in perpetuam rei memoriam praef. C. F. *Winck-
lero.* Kil. 1773. 4. (*Mitgetheilt.*).

LASSEN (Erasmus), *Paftor zu Qverndrup* (?), einem Dor-
fe auf Fünen; *geb. zu Heils* in der Tyftrupharde Amts
Hadersleben *den 25 Febr.* 1756. §§. *Spangenberg* om
de evangelifke Brœdres Arbeide blant Hedningerne.
Overfat. Odenf. 1784. 8. (fehlt im *Erfcb.*) Vergl.
Worm 3, 954.

LAU (Johann Chriftian), *Befitzer einer Notenfteckerrey in
Altona* feit 1792; *gcb. zu Neuftadt* in Wagrien *den 27
Octob.* 1765. §§. *J. F. Schink* vernünftig-chriftliche
Gedichte, mit Mufik von Lau. Altona 1790. Queerfolio. *Auswahl von Liedern aus Hrn. *J. F. Schink*
vernünftig-chriftlichen Gedichten. Mit leichten Melodien für Liebhaber des Claviers und Gefanges. Neue
Auflage, nebft einem Anhange. Hamb. 1792. Queerfolio. — Von feiner Notenftech. f. Prov. Ber. 1792. H.
5. und 1793. H. 2. S. 20. in der Beyl. (*Revidirt.*)

LAU (Johann Chriftoph), *Pagenhofmeifter in Schleswig;
geb. zu Tönning den* 19 *Nov.* 1752. §§. Etwas über
ein allgemeines Fufsmaafs; in den Schlesw. Kunft-
beyträgen H. 2. (*Mitgetheilt.*)

LA-

LAWAETZ (Chriſtian Otto), Bruder der drey folgenden
— *Iuſlitzratb und Committirter im General-Land-Oeko-*
nomie- und Commerz - Collegium zu Kopenbagen; geb. zu
Rendsburg den 31 Ian. 1745. §§. *Om det Aſiati-*
ſke Compagnies Handels-Beſtyrelſe, Kbhvn. 1778. 8.
LAWAETZ (Ferdinand Otto Vollrath), *Beſitzer des ade-*
licben Gutes Bramſtedt oder Stedingsbof in Wagrien; geb.
zu Rendsburg den 11 May 1751. §§. Verzeichniſs
der verſchiedenen Preiſe, wofür zu Bramſtedt in den
Iahren 1668 bis 1789 der von den Eingepfarrten an
die dortige Kirche gelieferte Rocken jährlich um Faſt-
nacht die Tonne öffentlich verkauft worden, aus den
bey der Kirche befindlichen Kirchenbüchern gezogen; in den Schl. Holſt. Prov. Ber. 1789. H. 3. Von
der Beſchaffenheit der ehemaligen Leibeigenſchaft in
dem adelichen Gute Bramſtedt bis zu ihrer vollende-
ten Aufhebung. Ein Beytrag zur Geſchichte der Bauernfreyheit in Holſtein; daſ. 1792. H. 5. Artikel
der in dem Dorfe Weddelbrok, im adel. Gute Bramſtedt, errichteten und von der Gutsherrſchaft confirmirten, ſogenannten Windgilde, mitgetheilt; daſ.
1794. H. 1. Gedanken über den Zuſtand der Häuer-
inſten im Kirchſpiel Kaltenkirchen, die Urſachen der
von ihnen geäuſferten Unzufriedenheit und die Mittel, ihnen aufzuhelfen; daſ. 1795. H. 5.
(M. u. N. 1. 4. 5.) LAWAETZ (Heinrich Wilhelm), *Iu-*
ſlitzratb und Privatgelebrter zu Altona ſeit 1785, vorher Kloſterſchreiber und Syndikus des adelichen Stifts
zu Ueterſen, zuerſt Secretair und Auſcultant bey der
Groſs-

Grofsfürftl. Ruffifchen und Herzogl. Holfteinifchen
Iuftitzcanzeley in Kiel; *geb. zu Rendsburg den 27 April*
1748. §§. * Moralifches Wochenblatt. 4 Theile.
Leipz. 1768. 8. * Geiftliche Oden und Lieder. Hamburg 1775. 8. * Ueber die Aufmunterung. Daf. 1775.
8. Epiftel über den Eheftand. Abzugeben an meine
Braut. 1776. 8. Verfuch über die Temperamente.
Hamb. 1777. 8. * Die Temperamente, ein Luftfp.
Daf. 1777. 8. * Beantwortungen, durch den Bericht
zur Unterftützung und Revifion des bey der dänifch-
afiatifchen Compagnie im I. 1783 entdeckten Caffamangels niedergefetzten Commiffion veranlaffet. Aus
dem Dänifchen überfetzt. Altona 1785. 8. Handbuch für Bücherfreunde und Bibliothekare. Des
1ften Theils 1fter und 2ter Band. Von der Gelehrfamkeit überhaupt. Halle 1788. 8. 3ter B. 1789.
Dreyfaches Regifter zu den 3 erften Bänden des 1ften
Th. feines Handb. für Bücherfr. und Biblioth. 1791.
Erfter Nachtrag zu den 3 erften Bänden des 1ften Th.
In 2 Abtheilungen. 1791. Des zweyten Nachtrags
erfte Abtheilung. 1794. Des 1ften Th. 4ter B. erfte
Abtheilung. 1790. Zweyte Abtheil. 1790. (Diefe
beyden Abtheilungen haben auch den befondern Titel: Verzeichnifs einzelner Lebensbefchreibungen berühmter Gelehrten und Schriftfteller älterer und neue-
rer Zeit.) Erfter Nachtrag zum 4ten B. des 1ften
Th. 1792. (Das ganze Werk hat aufser dem fchon
angeführten allgemeinen Titel auch noch folgenden:
Handbuch zum Gebrauch derjenigen, die fich von

der

der Gelehrſamkeit überhaupt einige Bücherkenntniſs zu erwerben wünſchen.) Handbuch für Bücherfr. und Biblioth. des 2ten Th. 1ſter B. Statiſtik, Politik und einige damit verwandte Gegenſtände. Erſte Abtheilung. Mit dem Schattenriſſe des Verf. und einer Vorr. des D. *Krünitz* in Berlin. Halle 1794. 8. (Hat auch den Titel: Bibliographie intereſſanter und gemeinnütziger Kenntniſſe.) 2ter B. Daſ. 1795. — Verſuch einer Litteratur der Roſenkreuzer; im Journal von und für Deutſchland. 1788. St. 5. Ueber die Tugenden und Laſter, ſo wie überhaupt über die Neigungen und Leidenſchaften des Menſchen, belegt und erläutert mit vielen Anekdoten und Beyſpielen aus der alten ſowohl als der neuern Geſchichte. 1ſter Th. Flensb. 1789. 8. 2ter Th. 1790. 3ter Th. 1792. Sammlung vermiſchter Lieder, in Muſik geſetzt von *J. M. König.* Altona 1790. Queerfolio. Ueber die Nothwendigkeit und Möglichkeit eines allgemeinen Repertoriums der Litteratur und Bücherkunde; im Journal von und für Deutſchl. 1791. St. 1. *Neues Journal aller Journale, oder ſkiagraphiſche Ueberſicht der vorzüglichſten fremden und einheimiſchen Zeitſchriften. 12 Stücke (nicht: *ſechs* St.). Hamb. 1790. 8. Verſuch über die richterliche Billigkeit. Daſ. 1793. 8. Die Diamanten; ein Schauſpiel in einem Aufzuge, welches eine wahre Geſchichte enthält, nebſt einer Abhandlung über das Nachſpiel. Daſ 1793. 8. — Gedichte im Schwickertſchen Muſenalmanach und im Wielandſchen Merkur. — Einzelne Aufſätze in

den

den Hamburgifchen Addrefscomtoir-Nachrichten,
dem Journal des Luxus und der Moden, dem Journal von und für Deutfchland, der Lemgoer Zeitung
für Rechtsgelehrte und dem anfanglich vom Hrn.
von *Heß* in Hamburg herausgegebenen Journal aller
Journale. — Seinen Schattenrifs hat D. *Krünitz* durch
S. *Halle* 1792 in Kupfer ftechen laffen. *(Revidirt.)*
(N. 5.) LAWAETZ (Johann Daniel), *Etatsrath und Kaufmann in Altona*; geb. *zu Rendsburg den* 17 *März* 1750.
§§. *Briefe über den neuen Finanzplan in Dännemark. Hamb. 1786. 8. — werden ihm beygelegt,
wogegen er aber öffentlich in der allgemeinen Litteraturzeitung proteftirt. *Briefe eines alten Holfteiners an feinen Sohn im Schleswigfchen über die neue
Münze und Bank. Altona 1788. 8. — follen auch
von ihm feyn, und, zufolge des 5ten Nachtr. *Bemerkungen über die neue Einrichtung des Geldes in
den Herzogthümern Schleswig und Holftein. (Hamb.)
1789. 8.
(M. u. N. 2. 3.) LEHMANN (Adde Johann), *königl. dänifcher würklicher Confiftorialrath* — ward 1753 Subftitut des Hauptpredigers in Plön, 1755 Paftor zu
Arensbök, 1761 fürftl. Schleswig-Holftein-Plönifcher
Hofprediger, legte aber 1765 fein Amt nieder und
gieng nach Erpach, alsdann *nach Worms, wo er noch
privatifirt*; geb. *in* der Gegend von Lübeck und Arensbök (*Schwartau?*) 17... §§. Leichenpredigt auf den
Herzog Friedrich Carl in Plön. Plön 1762. Folio.
Traurede bey der Vermählung des Grafen von Erpach

pach mit der Prinzeſſin von Holſtein-Plön. Plön
1764. Wohlgemeinte Vorſchläge zur Aufrichtung
des verfallenen Chriſtenthums unſerer Zeit. Frankf.
am Mayn 1766. 8. *Tractat über die Leibeigenſchaft, an Graf Cajus von Reventlou gerichtet. Of-
fenbach 1780. 8. Verdienſt der chriſtlichen Offenbarung um die menſchliche Vernunft in Aufhellung
der Religionsauslichten. Daſ. 1783. 4. Chriſtlicher
Religionskatechismus, für ſich allein und abgeſondert oder in Verbindung mit dem Verdienſte der
chriſtlichen Offenbarung. 3 Theile. Daſ. 1783. 8.

LEIFHOLD (Chriſtian Leonhard), *Paſtor zu Schwanſen*,
einer adelichen Kirche im Lande Schwanſen, ſeit
1763; *geb. zu Preetz 17...* — ſchrieb in der Schleswigſchen monatlichen Ueberſicht der Litteratur, noch
früher als *J. Blatt*, ein Paar (unbedeutende) Zeilen
gegen *H. P. C. Esmarch*, zur Vertheidigung (!!!) der
· Leibeigenſchaft. (*Mitgetheilt.*)

LEMPELIUS (Gerhard Wilhelm Amandus), *Paſtor zu
Cottenbüll* in der Landſchaft Eiderſtedt ſeit 1793, vorher ſeit 1784 Conrector der Domſchule zu Schleswig; *geb. zu Kiel den 25 Dec. 1761.* §§. C. Corn. Taciti opera cum ſcholiis in utilitatem juvenum. T. I.
Slesv. 1791. 8. — Von ihm *ſoll* auch herrühren: Sar-
kasmen. Aus einer däniſchen Originalſchrift (des
Jacob Chriſtian Bie — vergl. *Worm* 1, 106 und 3, 75.
wie auch neue allgem. deutſche Bibl. S. 336. des Intellig. Blattes für 1793) überſetzt. Adrian. 1792. 8.
(N.

(N. 5.) LESSER (Johann Andreas), *Enkel* des Philipp
Jacob L., Predigers zu St. Nikolai in Nordhaufen, *Sohn*
des D. Johann Gottlieb L., königl. dänifchen Iuftitz-
raths, erften Herzogl. Plönfchen Leibarztes, wie auch
ordentlichen Arztes des adelichen Klofters zu Preetz
(vergl. *Börner* 1, 441 und 2, 442) und *Bruder* des
Johann Philipp L. in *Worm* — königl. *dänifcher Canzeleyrath* (feit 1780), *privatifirt* feit 1794 *in Jena*, vorher feit 1789 in Weilburg, feit 1785 in Schlitz bey
Fulda, feit 1780 in Kopenhagen, zuerft feit 1767 in
Dienften des Friedrich von Hahn, Erbherrn auf Neuhaus u. f. w. im Mecklenburgifchen, anfangs als Secretair, dann als Iuftitzinfpector; *geb. zu Preetz* (nicht:
Weilburg) *den 2 Iul. 1746.* §§. * Die natürliche Religion, wie folche in den Schriften der heidnifchen
Philofophen gefunden wird, von *Chriftian Baftholm.*
Aus dem Dänifchen. Kopenh. 1784. 8. * *Wilhelm
Thomas Raynal's* Auffätze für Regenten und Unterthanen. Aus dem Französischen. Erfter Th. in 2 Abtheil. Nürnb. 1788. 8. Der zweyte wird folgen.
— (Die Ueberfetzung der Raynalfchen Gemälde von
Europa, welche ihm, wahrfcheinlich aus Verwechfe-
lung, in den Provinzialberichten 1793. H. 6. zugefchrieben wird, ift nicht von ihm. Vergl. *Erfch's* ano-
nymifches Schriftenverzeichnifs. —) Zum Druck liegt
fertig: „*Peter Kofod Ancher's* dänifche Rechtsgefchich-
te, von König Harald Blaatands Zeit an bis auf die
Könige aus dem Oldenburgifchen Stamme. Aus dem
Dänifchen." *(Nach dem Autographum.)*

                                                              (M.)

(M.) LESSER (Wolf Heinrich), Bruder des vorigen —
Paſtor zu Suderſtapel in der Landſchaft Stapelholm ſeit
1772, vorher ſeit 1759 Diakonus daſelbſt; geb. *zu
Preetz den 9 Octob. 1730.* §§. *Das Lob der aufrich-
tigen Wünſche (ein in fremdem Namen verfertigtes
Gedicht). Helmſt. 1751. Fol. Ein Leichencarmen
auf den Tod ſeines Vaterbruders, *Friedrich Chriſtian
L.,* Paſtors zu St. Jacobi und Martini in Nordhauſen,
für ihn und ſeinen Vater. Plön 1754. Folio. Der
Werth der Liebe (ein Gedicht). Daſ. 1754. Fol. Auf
den Tod der Frauen Emilia Friederika L. Daſ. 1754.
Fol. Erneuerte genealogiſche Nachricht von dem
Leſſerſchen Geſchlechte. Daſ. 1755. 4. 2 Bogen. (be-
zieht ſich auf die, von *Lawätz* 1, 726 und 3, 235.
übergangene „genealogiſche Nachricht von dem ge-
ſegneten Leſſerſchen Geſchlecht, von *Friedr. Chriſt.
Leſſer.* Nordhauſ. 1729. 4.") Eine lateiniſche Gra-
tulation an ſeinen Bruder Johann Philipp L., als er
1756 zu Kiel den mediciniſchen Doctorhut erhielt;
hinter der (im *Worm* ausgelaſſenen) Inauguraldiſpu-
tation, die der letzte als Auctor de variolis unter *G.
H. Kannegießer* gehalten hat. *Erfindung zu Abſo-
lutionsreden aus beſondern Sprüchen der h. Schrift.
(Altona 1760.) gr. 8. Zum Geburtstage ſeiner Eltern (ein Gedicht). Schlesw. 1768. 8. — Vergl. *Boltens* Beſchreibung der Landſchaft Stapelholm S. 366.
(*Revidirt.*)

LEWON (Friedrich Wilhelm), *Doctor der Rechte und
Aufcultans in der Regierung zu Eutin* ſeit 1788; geb.
da-

daselbst den 14 Iul. 1754. §§. D. inaugur. (praeſ. *Car.
Frid. Winckler*) de lucro ex confiſcatione an et quatenus vi iurisdictionis patrimonialis percipiatur. Kil.
1778. 4. *(Mitgetheilt.)*

(N. 5.) LIETZEN (Ferdinand), *Rector in Friederichsſtadt*
ſeit 1792; *geb. zu Struxdorf* in Angeln *den 22 Nov.
1759.* §§. Bemerkungen über öffentliche Iugendbildung. Flensb. 1794. 8. *(Revidirt.)*

LIHME (Martin Friedrich), *privatiſirt in Plön* ſeit 1777,
war vorher ſeit 1764 Paſtor zu Töſtrup in Angeln
Amts Gottorff; *geb. zu Hadersleben 1733.* §§. Der angenehme Weg zu Gott. Eine Predigt. 1776. *Wichtiger Brief an *(Riebe)* den glücklichen Verfaſſer der
Schrift, betitelt: Ueber Wahrheit, Denken und Lehren. 1777. * Der liebenswürdige und glückliche
Schullehrer auf dem Lande. 1777. * Die Hofnung
baldiger beſſerer und froherer Menſchen unterm Mon-
de. Ein Leſebuch der menſchenfreundlichen Leſe-
welt und den Leſern der Antoinette oder des Mähr-
chens aus der andern Welt zugeeignet. Hamb. 1777.
8. * Etwas zur Empfehlung der Blatterinoculation.
1778. Erbauungen für Iedermann, für die Bedürfniſſe unſerer Zeiten. 1780. 8. (wird irrig bald dem
Jokob Jochims, bald dem *J. B. Baſedow* zugeſchrieben.)
Neue Auflage: * Allgemeine Glückſeligkeitslehre und
Erbauungsbuch für Iedermann. Flensb. 1786. 8.
(Nach dem Autographum.)

LILIE (Ernſt Gottfried), Sohn des *Ernſt Philipp L.* im
Anhange — *Doctor der Philoſophie und Subrector des*

Altonaifchen Gymnafiums feit 1795, war feit Michaelis 1794 Privatdocent in Göttingen und privatifirte vorher feit 1792 nach einer durch Italien im Iahr 1791 gemachten gelehrten Reife zu Hamburg; *geb.* *zu Preetz den 28 Febr. 1767.* §§. (D. inaugur.) Platonis fententia de natura animi. Goett. 1790. 8. *(Mitgetheilt.)*

LILIE (Wilhelm Gottlob), Bruder des vorigen — *Doctor der A. G. und Phyfikus in der Stadt Flensburg* und den Aemtern Flensburg und Bredftedt, auch Vorfteher und Lehrer bey der Hebammenfchule in Flensburg; *geb. zu Elmshorn den 22 März 1751.* §§. Rede von der Gröfse der Beherrfcherin aller Reuffen, gehalten zu Stettin am Geburtsfefte der Kaiferin Katharina II, den 2 May 1771. Stettin. Fol. D. inaugur. de plumbi virtutibus medicis — — Edinburgi 1775. 8. De hydrope Afcite per emefin curato; in Actis foc. medicae Hafn. Vol. I. (1777.) — Lieferte dem *H. Harries* Materialien zu dem letzten medicinifchen Capitel in *deffen* frommen Seefahrer. *(Mitgetheilt.)*

LOPPNAU (Carl Friedrich), *privatifirt* feit 1793 *in Plön* — war anfangs feit 1757 Hofprediger bey dem Marggrafen Friedrich Ernft, Statthalter in den Herzogthümern Schleswig und Holftein, nachher feit 1762 Paftor zu Gickau, einem adelichen Kirchfpiele in Wagrien, unweit Lütjenburg, bis er Kränklichkeit halber refignirte; *geb. zu Friederichsort* im Dänifchen Walde *den 14 Nov. 1732.* §§. Die herrlichen Belohnungen guter Streiter Iefu Chrifti. Eine Predigt, zum Ge-

Gedachtniß des Statthalters Friedrich Ernst. Glückst.
1763. Fol.   Die Pflichten Dännemarks bey seinem
Glücke. Das. 1760.   Catalogus librorum in omni
scientiarum genere rariorum ac rarissimorum, quos
magnis sumtibus summaque cura per 40 annos collegit, nunc venum exponit unique, si Deo ita placue-
rit, emtori tradit. Lubec. 1791. 8.   (*Nach dem Autographum.*)

(N. 4. 5.) LUDEWIG — nicht: LUDWIG — (Nikolaus Matthias), *Pastor zu Quickborn* in der Herrschaft
Pinneberg seit 1789, vorher seit 1784 Conrector zu
Glückstadt; *geb. zu Rendsburg den 19 Sept. 1758.* §§.
Aesopi griechische Fabeln, nach dem Plan des Gedike-
schen Lesebuchs bearbeitet und mit einem griechisch-
deutschen Wörterbuch versehen, für die ersten Anfänger der zweyten Classe der lateinischen Schule in
Glückstadt. Götting. 1789. 8. — Verfertigte auch
den Katalog der bibliothecae Weberianae (P. I. 2.
Kil. 1783. 1784. 8.) und setzte litterarische Nach-
weisungen hinzu.

LUEDERS (Johann Benedict Franz), *Amtsverwalter auf
Gottorff; geb. zu ...... den ...... 17...* §§. *Verzeichniß der dänischen Künstler, mit Inbegriff der
Fremden, welche in den dänischen Staaten gearbeitet
haben; im 1sten und 2ten Hefte der Schleswigschen
Kunstbeyträge (ein zur Berichtigung und Vermehrung des Fueßlinschen Künstlerlexikons bestimmter
Aufsatz, der sich aber nur über die ersten *fünf* Buchstaben des Alphabets erstreckt).

(M. u. N. 1.) MAASSEN (Nikolaus Heinrich), *Doctor der Rechte und Stadtgerichtsassessor zu Regensburg*, vorher von 1770 bis 1782 Prediger an der Collegialkirche zu Eutin; *geb. zu Preetz den 22 Sept. 1739.* §§. Die erhabene Würde der ächten chriftlichen Religion. Hamb. 1773. 8. Fünf Reden bey öffentlichen Confirmationen und Segnungen. Daf. 1777. 8. Specimen inaugurale de contractus litteralis natura. Altorf. 1783. 8. (*Mitgetheilt.*)

(N. 5.) MACKENSEN (Wilhelm Friederich Auguft), *Doctor der Philofophie und Privatdocent in Kiel* feit 1795; *geb. zu Wolfenbüttel den 4 April 1768* (nicht: 1767). §§. *Die Brieftafche. Erster Act eines unvollendeten Luftfpiels; in der Olla Potrida 1790. St. 4. Beyträge zur Kritik der Sprache, insbefondere der deutfchen. 1ftes St. Wolfenb. 1794. 8. * Pfychologifche und phyfiologifche Unterfuchungen über das Lachen. Aus dem Franzöf. überfetzt. Nebft einer Abhandlung, in welcher *Kants* Erklärung des Lachens erläutert und Hrn. D. *Platners* Theorie des Lächerlichen geprüft wird. Daf. 1794. 8. *Unterfuchung über den deutfchen Nationalcharakter, in Beziehung auf die Frage: Warum giebt es kein deutfches Nationaltheater? Daf. 1794. 8. — *Auffätze* in der Berliner Monatsfchrift, in Moritz's Magazin zur Erfahrungsfeelenkunde und in den Beyträgen zur Beförderung der fortfchreitenden Ausbildung der deutfchen Sprache, von einer Gefellfchaft von Sprachfreunden, (nämlich: Bemerkungen über die Bemerkungen

des

des Seyns; St. 1. Bemerkung einiger fehlerhaften
Ausdrücke; daf. Ueber den Gefchichtsftyl; St. 2.
Anmerkungen zu Hrn. *Hillmers* Bemerkungen zur Berichtigung der deutfchen Sprache, 31ftes Cap.; daf.
Ueber den falfchen Witz in der Sprache; St. 3.) *Recenfionen* in Jakobs philofophifchen Annalen und *Auffätze* im philofophifchen Anzeiger. — *Gedichte* im
Göttinger Mufenalmanach von 1789 und 1790. W.
M. unterzeichnet.— In Nachtr. 5. ift er falfchlich als
Verfaffer des „letzten Worts über Göttingen und feine Lehrer" angegeben worden, welches jedoch gleich
im Reichsanzeiger 1795. St. 201. widerrufen wurde. — Seine im Intelligenzblatt der neuen allgem.
deutfch. Biblioth. auf 1795. S. 161. und in den Goth.
Zeit. 1795. St. .. angeführte D. inaugur. de motu et
cauffa ift noch nicht erfchienen. (*Revidirt.*)

MAGELSEN (Hinrich), *Handlungs-Committirter* auf dem
Comtoir von Hinrich van der Smiffen's Söhnen *in
Altona*; geb. *zu Hamburg den 22 Iul. 1734.* §§. Die erften Gründe des Buchhaltens. Altona 1770. 4. 2te
Auflage. Daf. 1772. Fol. Anwendung feiner erften
Gründe des Buchhaltens auf die gemeinften Vorfälle
der Handlung und Wirthfchaft. Daf. 1772. Fol.
Anleitung zum kaufmännifchen Buchhalten, oder Anwendung feiner erften Gründe deffelben, 2ter und
letzter Theil. Daf. 1779. Fol. — Auch findet man
Auffätze von ihm in den Fragmenten aus dem Ge-
biete des Handlungswefens von *J. C. Sinapius*. (Hamb.
1780. 1781. 8.) nemlich im 3ten Heft; Vom Pari

, und

und den Wechsel-Coursen; im 5. 6. 7. und 10ten
Heft: Briefe an einen Freund über den Gebrauch einer Anleitung zum Buchhalten; im 11ten Heft: Etwas für diejenigen, welche etwas zur See verlichern
laßen — in der Wandsbeker kaufmännisch-politi-
schen Zeitung von demselben *Sinopius* (daß. 1782):
Einige Handlungsneuigkeiten u. s. w. — im allgemeinen Journal für die Handlung von *J. C. Schedel*
(Schwerin, Wismar und Büzow 1786 fg.), nemlich
in des 1sten Bandes 2 Heft: Bemerkungen über die
Waarenpreiszettel und Courszettel; im 3 Heft: Voll-
ständige Tabellen über Geldwechsel, Gold- und Sil-
ber-Speculationen; im 4 Heft: Wie viel Tage rechnet man auf ein Iahr bey Wechsel-Discontiren in
Hamburg? und Bemerkung wegen der in Hamburger Banko zu zahlenden kleinen Posten, die keine
100 m$ ausmacht; in des 2ten Bandes 1 Heft: Ein
Paar Originalbriefe wegen einer Waarenrechnung,
die zur Abmachung eines Seeschadens beygebracht
werden sollte — endlich in *Schedels* neuem allgemeinen Journal für die Handlung (Frankf. am Mayn
1788 fg.), nemlich 1sten Bandes 2 Quartal: Schreiben über die ersten Wirkungen der neuen königl.
Münzverordnung.   (*Mitgetheilt.*)

MANHARD (Johann Wilhelm), *Doctor der Philosophie
und privatisirender Gelehrter in Altona; geb. zu Heppach
im Herzogthum Würtemberg den 14 Febr. 1760.*   §§.
Gespräche zwischen einem Prediger und Landmann,
aus dem Holländischen frey überfetzt. . . . . . . 8. (ist
ge-

genommen aus dem zweyten Bande des Evangelifchen Magazien.) Zeugniſſe von Jeſu, in zwo Predigten, in Altona in der heil. Geiſtkirche öffentlich
vorgetragen. Hamb. 1787. 8. Chriſtoph Söring
und ſeine Familie. Eine Geſchichte. Daſ. 1788. 8.
Fragment eines Geſprächs über 1 Joh. 3, 1 - 10. Altona 1790. 8. 16 Seiten. — Verſchiedene Aufſätze in
den Baſeler Auszügen der deutſchen Geſellſchaft, unter dem Titel: Etwas für Liebhaber chriſtlicher Wahrheit und Gottſeligkeit. (*Mitgetheilt.*)

MARTENS (Johann Lorenz), *Stadtkatechet in Kiel; geb.
zu Garding den 15 März 1763.* §§. Vorläufige Nachricht von der Schaafzucht in der Landſchaf: Eiderſtedt; in den Schl. Holſt. Prov. Ber. 1793. H. 4.
(*Revidirt.*)

MARTINI (Georg Chriſtlieb), *Paſtor zu Süſel* Amts Arensböck feit 1741; *geb. zu Hanſühn* einem adelichen
Kirchſpiel in Wagrien *den 17 Iun. 1719.* §§. Die Auferſtehung der Todten aus dem Wachsthume eines
Saamenkorns, erklärt über 1 Kor. 15, 35. 36; in
Friedrich Wagners Sammlung auserleſener Kanzelreden. Th. 3. 1745: (*Mitgetheilt.*)

MASSMANN (Nikolaus Hinrich), *Paſtor an der deutſchen
Friedrichskirche auf Chriſtiansbaven* feit 1793; *geb. zu
Heiligenbaven* Amts Segeberg *den 10 März 1766.* §§. Antrittspredigt in der Friedrichskirche am 5ten Faſten-
ſonntage, den 17 März, über Röm. 1, 16: Kann die
Lehre Ieſu ihre Bekenner glücklich machen? Kopenh.
1793. 8. (wurde ins Däniſche überſetzt.) — (*Revidirt.*)

MATTHIESEN (Johann), *Paſtor zu Bargum* in der Landſchaft Bredſtedt ſeit 1739 (auch Senior des Schlesw.
Holſt. Miniſter.); *geb. zu Bebrendorf* (nach andern:
zu Lohnſted) in derſelben Landſchaft *den 12 Febr. 1708.*
§§. Parentation auf den Paſtor und Senior *Jeſſen* in
Langenhorn (unter den Gedächtniſsſchriften auf letztern befindlich. . . . . . .). Oratio de ſenectute maxime laudabili, quum *C. E. Lundius* 50 ſacrae functio-
nis annum iubilo ſolemni clauderet. Flensb. 1762.
4. (*Mitgetheilt.*)

MATTHIESSEN (Johann Auguſt), *Licenciat der Rechte
und Caſſirer am königl. Bankcomtoir in Altona;* geb. da-
ſelbſt den 26 Iul. 1741. §§. D. inaugur. de ficto quodam marchionatu Slesvicenſi et in illum inique prae-
tenſo S. R. G. imperii iure — praeſide *Alb. Philippo
Frickio.* Helmſt. 1766. 4. (*Mitgetheilt.*) (wird von
Meuſel, ſowohl im gel. Deutſchlande, als in der Staa-
tengeſch. S. 327. richtig dem *F. D. Häberlin* beygelegt, dem auch *Ekkard* in *Gatterers* hiſtoriſchem Journal Th. 15. S. 195. ſie zuzuſchreiben ſcheint. Vergl.
dän. Journ. 1, 4, 172.) —

MAU (Johann Friedrich), *Gerichtsactuarius in Meldorf*
ſeit 1795, vorher ſupernumerärer Canzeleyſecretair
und Gehülfe im Archiv zu Glückſtadt; *geb. zu* . . . . .
17. . . §§. Einige Gedichte, die nicht eigentlich Gelegenheitsgedichte ſind. (*Mitgetheilt.*)

(N. 3.) von MECHLENBURG (Ezechias Guſtav), *Oberſter und Generaladjutant des königl. Artilleriecorps zu Kopenhagen,* vorher Major und Lehrer bey der Artille-
rie-
ɔ

rieakademie dafelbft; *geb. zu Rendsburg den* 17 *Octob.*
1742. §§. Praktifk Underviisning for dem, der
ere beftemte til at betiene Feldt-Artillerie, og ifær
Regiments-Artillerie. Kbhvn. 1786. 8. (*Revidirt.*)
MELDOLA (Abraham), *Mitglied der Portugiefifchen Synagoge zu Altona,* öffentlicher und gefchworner kaiferl.
Notar und Translator *in Hamburg; geb. zu Amfterdam* 17... §§. Nova Grammatica portugueza divi-
dida em VI Partes, d. i. neue portug. Grammatik,
in 6 Theilen. Hamb. 1785. gr. 8.— Ueberfetzte *J.
B. Schiff's* hebräifchen Lobgefang auf die Vermählung des Kronprinzen. .... Dankfagungsrede für
die glückliche Errettung Sr. Königl. Maj. Chriftian
VII. und deffen Königl. Familie aus dem Brande des
Schloffes Chriftiansburg zu Kopenhagen am 26 Febr.
diefes Iahrs, gehalten über Jef. 43, 1-3. am Sonnabend
den 15 März 1794. zu Altona in der Synagoge der
Portug. jüdifchen Gemeine. Altona. 20 S. 4.—Vgl.
Boltens Kirchen-Nachr. 2, 220.

(M. u. N. 1-5.) MELLMANN (Johann Dieterich), Bruder des 1795 verftorbenen Joh. Wilh. Ludw. M.
in Nachtr. 2. vergl. neue allgem. deutfche Bibl. Intell.
Blatt 1795. S. 242 ff.— *Doctor der Rechte und derfelben ordentlicher Profeffor zu Kiel* feit 1773; *geb. zu
Klutz* in Mecklenburg *den* ...... 1747. §§. Meditatio ad l. 5. C. de donatione, qua praelect. in acad.
Chriftiano-Albertina habendas indicit. Kil. 1770.
4. Commentatio de interpretatione legum Romanarum, praefertim Cod. repet. praelect.; pars prima

eaque generalis, quam pro gradu Doctoris defendit.
Kil. 1770. 4. Pr. Ueber den Geiſt oder die Auswahl
hiſtoriſcher Begebenheiten. Daſ. 1771. 4. Pr. Num
ſemper ius ſuum cuique ſit tribuendum ad Leg. 10.
D. de juſtitia et iure. ib. eod. 4. Pr. Betrachtung
über den behutſamen Gebrauch der Geſchichte. Götting. und Kiel 1772. 4. Commentatio hermeneuti-
ca iuris eccleſiaſtici ad cap. 5. X. de ſententia excom-
municationis. Lubec. 1772. 4. Or. applicationem
iuris ad facta meditationibus quibusdam illuſtrans.
Kil. 1772. 4. Merkwürdige Rechtsfälle, nebſt einer
kurzen Betrachtung über die Geſchichte und den Gebrauch des deutſchen Privatrechts. 2 Stücke. Schwerin 1775. 8. Or. de cauſſis iuris incerti. Kil. 1776.
4. D. de condominio, curae legitimae, quae feminis Lubecenſibus in fratres et ſorores male ſeſe ge-
rentes, competit, unico et vero fundamento. ib. eod.
4. Pr. Spec. 1. cautionum, quae in iuris Germanici
privati ſtudio et applicatione ſunt adhibendae. ib.
eod. 4. Spec. 2. ib. 1783. 4. Spec. 3. pars 1. ib.
1786. 4. Or. de deciſione cauſarum ex legibus ae-
qui atque boni. ib. 1778. 4. Biga orationum aca-
demicarum. ib. eod. 4. Commentatio, qua ſtudium
philoſophiae vitae et popularis commendatur iuris-
prudentiae cultoribus. Deſſav. 1783. 4. De reli-
quiis iuris canonici in regimine ſcholaſtico et acade-
mico. Comment. 1. Kil. 1784. 4. *Aufmunterung
zur Ausübung mauriſcher Tugend. Daſ. 1785. 8.
Lanx ſatura prima, errorum communium in iure

pro-

profectorum ex fallaci argumentatione philofophica
et critica fuperftitiofa. Hamb. 1786. 4. De con-
curfu perfonaliter privilegiatorum inter fe fpeciatim
mutui gratuiti fecundum praxin in primis Lubecen-
fem f. fpicilegium pract. ad Art. XII. T. I. l. 3. juris
Lubec. ib. eod. 4. Commentatio de politia acade-
miarum olim hierarchica atque earum charactere ec-
clefiaftico. ib. 1790. 4. Selecta capita doctrinae de
fideicommiffis familiarum nobilium ex iure Mega-
politano et Slesvico-Holfatico illuftrata. Alton. 1793.
8. Einleitung in das gemeine und Schleswig-Holft.
Damm- Deich- Siel- und Schleufenrecht. 1ften Th.
1fter Abfchn. Leipzig und Altona 1795. 8. — Recenfionen im hiftorifchen und juriftifchen Fache in
den erften Iahrgängen der Kielifchen gelehrten Zeitung. — Antheil an der von *J. E. Faber* beforgten
Ueberfetzung der Beobachtungen über den Orient;
an einigen gedruckten Deductionen und proceffuali-
fchen Satzfchriften; an *Guftav Ludewig Baden*, Bürgermeifters in Nakfkow auf Laaland, (Bruders des *Tor-*
kel Baden) Inauguraldifputation: Silva differentiarum
I. R. et danico-germanici circa varias tutelae fpecies.
Kil. 1794. 4. Die von *Meufel* aufgeführte Abhandlung: „Ueber die Litteratur und nothwendige fyfte-
matifche Erlernung des holfteinifchen Rechts" ift
nicht fertig geworden, weil er über dies Thema ein
neues Werk nach einem andern Plane auszuarbeiten
willens ift. — Vergl. *Weidlichs* biographifche Nachricht. 2, 29. Nachtr. 1, 194. Nachtr. 2, 171. (*Revidirt.*)

MEN-

MENTEL (Johann Daniel), *Doctor der Philoſophie und Compaſtor zu Bormſtedt* in der Grafſchaft Ranzau ſeit 1785, vorher ſeit 1781 Miſſionair in Tranquebar; *geb. zu Straſiburg den 6 Febr.* 1755. §§. D. inaug. ...... Argentor. ...., Schiffergeſpräche. ..... Vgl. neuere Geſchichte der evangeliſchen Miſſionsanſtalten in Oſtindien in der Vorr. zum 21ſten und 22ſten Stück, die daraus entlehnte Nachricht in Actis hiſtorico-eccleſiaſticis noſtri temporis. B. 8. S. 179 ff. und *Boltens* Kirch. Nachr. von Altona 2, 396.

MERCIER (......), ..: ... des *Louis Sebaſtian M.*— *privatiſirt zu Wandsbeck* (?); *geb. zu* ...... *in Frankreich* 17... §§. Antheil an dem unter *H. Würzer* aufgeführten hiſtoriſchen Journal ......

MEYER (Johann Heinrich), *Doctor der Philoſophie und Privatdocent zu Kiel* ſeit 1791; *geb. zu Braunſchweig den 7 Ian.* 1766. §§. Gerechtigkeit über die Ungerechtigkeiten gegen *Knigge* in der allg. L. Z. u. ſ. w. Kiel 1793. 8. — Recenſionen in der neuen allgem. deutſch. Biblioth. *Merkwürdigkeiten aus der Lebensgeſchichte Tate Wilkinſons, privilegirten Directors der königlichen Theater zu York und Hull, von ihm ſelbſt beſchrieben. (Aus dem Engl.) Berlin und Stettin 1795. 8. Verſuch einer neuen Grundlegung zur allgemeinen Rechtslehre. Leipzig 1796. gr. 8. (*Autographum.*)

(M.) MICHAELSEN (Valentin), *Paſtor zu Wilſter* ſeit 1786, vorher ſeit 1760 Diakonus daſelbſt; *geb. zu Hamburg den 3 Dec.* 1733. §§. Die Macht der Religion

gion Iefu, die Thronen der Monarchen ficher zu gründen. Eine Iubelpredigt. Hamb. 1760. 4. Gute Könige find vorzügliche Gefchenke der wohlthätigen
Gottheit. Eine Standrede am Begrabnifstage Königs
Friederich V. Daf. 1766. 8. Eine feyerliche Aufforderung an die ganze Welt zum würdigen Betragen gegen Iefum, dem liebenswürdigften König der
Menfchen. Eine Wahlpredigt, in Hamburg gehalten;
in *J. M. Goeze's* neuer Sammlung auserlefener Kanzelreden Th. 3. Die unfelige Thorheit derer, die
Iefum und feine Lehre freventlich verwerfen und
verleugnen. Eine Wahlpredigt, in Hamburg gehalten. Hamb. 1774. 4. Zwo Predigten auf Veranlaffung des vorzunehmenden Baues einer neuen Kirche zu Wilfter. Mit einem (auch in die Acta hifto-
rico-eccl. noftri temporis B. 3. S. 226 ff. eingerückten) hiftorifchen Berichte von der alten Kirche dafelbft. Hamb. 1775. 4. Von dem Unglücke des Sün-
dendienftes und der Glückfeligkeit im Dienfte Gottes, über Joh. 8, 34-36; in der 1ften Sammlung von
Predigten und Reden, welche von öffentlichen Lehrern in den Herzogth. Schleswig und Holftein gehalten worden. (Heide 1779. 8.) — *(Mitgetheilt.)*
(M. u. N. 1. 2.) MIELCK (Johann Bertram), *Doctor der
Philofophie und Hauptpaftor bey der Fleckenkirche zu Preetz*
feit 1784, vorher feit 1771 Diakonus dafelbft und
feit 1763 Diakonus zu Neuftadt; *geb. zu Kiel den 14
März 1736.* §§. Difp. philof. de divifione in infini-
tum. Kil. 1758. 4. Abhandlung von Metaphern
und

und deren Ausdehnung. Eine Einladungsschrift zu
Vorlesungen. Kiel 1758. 4. Disp. J. G. universalis
de sanctitate legatorum. ib. 1759. 4. Kann ein Ver-
ächter der offenbarten Religion wohl tugendhaft seyn
oder auch nur eine einzige gute Handlung verrich-
ten? Hamb. 1761. 4. Ueber die Belesenheit junger
Frauenzimmer. Daf. 1761. 4. Versuch einer Auslegung der bekannten Schriftstelle Apostelg. 15, 11.
Daf. 1761. 4. Standrede bey der Beerdigung des
Pastor Alex. Casperfen in Neustadt. Eutin 1764. 4.
Wahlpredigt am dritten Osterfeyertage. Hamb. und
Kiel 1771. 8. Nachricht von Neustadt in Holstein;
im 6ten Band des Büsching. Magaz. (1772.) * Des
Hrn. Abt *Millot* Universalhistorie, alter, mittler und
neuer Zeiten. Aus dem Französ. 9 Theile. Leipzig
1777-1783. gr. 8. Beyträge zur Beförderung der
häuslichen Andacht, in einer Sammlung von Predigten. Hamb. 1777. gr. 8. Ueber das Monument zu
Rastorf. Daf. 1779. 8. Worte ans Volk geredet,
unmittelbar nach der Enthauptung Detlef Duken auf
dem freyherrl. Gute Depenau am 27 Dec. 1782. Daf.
8. Beytrag zur Beförd. der häusl. Andacht, in einer abermaligen Samml. von Predigten. Dessau und
Leipzig 1783. 8. Gedächtnispredigt nach Beerdigung des Hrn. Pastor *Jak. Christ. Krück* in Preetz.
Hamb. 1784. 8. (*Revidirt.*)

(N. 5.) MOLDENHAWER (Johann Jakob Paul), Sohn
des Joh. Heinrich Daniel und Bruder des Dan. Gotthilf im *Menfel — ausserordentlicher Profeffor der Philofophie*

fophie zu Kiel feit 1792, vorher Candidat der Theologie zu Kopenhagen (nicht Doctor der Arzeneygelahrtheit, wie *J. G. Schneider* in der Dedication vor
dem 2ten Th. feiner fcriptorum rei rufticae vermuthet); *geb. zu Hamburg den 11 Febr. 1766.* §§. Tentamen in hiftoriam plantarum Theophrafti. Hamb.
·1791. 8 mai. *(Revidirt.)*

(M. u. N. 1. 2.) MOLLER (Olaus Heinrich), Sohn des
Johann M. im *Jöcher* — *Profeſſor* (nemlich honorarius — *Meuſels* Ausdruck in der Litteratur der Statiftik S. 475: *ehemaliger*, fetzt entweder voraus, daſs
er es nicht mehr ift, oder fchon geftorben ift) *der Li-
terärhiſtorie bey der königl. Univerſität zu Kopenhagen*
(feit 1744) *und Rector in Flensburg* von 1749-1795,
wo er abdankte; *geb. zu Flensburg den 9 May 1715.* §§.
Commentatio de vita et fcriptis *Joh. Molleri* Flens-
burgenfis, Rectoris quondam fcholae patriae optime
meriti, cura *Bernhardi* et *Olai Henrici Mollerorum.* Slesvici 1734. 4. * Dänifche Bibliothek, oder Sammlung von alten und neuen gelehrten Sachen aus Dännemark. 4-9tes Stück. Kopenh. und Leipz. 1743-
1747. 8. (St. 1-3. find von *Lud. Harboe* und *Jak.
Langebek.*) Nachricht von einer vorhabenden Schleswig-Holfteinifchen Kirchen- Prediger- und Schulge-
fchichte. Schlesw. 1744. 4. (auch eingerückt in: Hamburg. Berichte von den neueften gelehrten Sachen
1744. S. 190 ff.) Hiftorifche Nachricht, fowohl von
den königlichen Pröbften überhaupt, welche den Kirchen der Stadt und des Amts Flensburg feit der Re-
for-

formation vorgeftanden, als auch infonderheit von
dem Leben und den Schriften M. *Friedr. Dams.* Flens-
burg 1751. 4. Eine alte merkwürdige Nachricht
(*Ruprecht Geyſputſcher's;* vergl. *Worm* I, 350.) von
Chriſtians III. letzten Stunden, nebſt einem Verzeichniſſe der Scribenten, welche von dieſem Könige in
befondern Schriften gehandelt. Flensb. 1752. 4.
Martini Ruari et *Jo. Kirchmanni* epiſtolae ex muſeo O.
H. Molleri; in: nova Bibl. Lubec. Th. I, S. 155 ff.
Th. 2. S. 144 ff. Th. 4. S. 121 ff. (1753. 1754. 8.)
Hiſtoriſcher Bericht von Flensburg, welchen ein dor-
tiger Rathsverwandter (*Jonas Hoyer*) zur Zeit des
kaiſerl. Krieges in feinem Exilio zu Malmoe 1628
zufammengetragen hat, aus dem eigenhändigen Auf-
ſatze des Verf. ans Licht geſtellt, nebſt einem Vorbericht von deſſen Vorfahren, Leben und Schriften.
Daſ. 1759 und 1760. 4. Bericht von verſchiedenen Ländern, Städten und Gegenden des Herzogthums
Schleswig, wie auch von etlichen Freygütern deſſelben, aus dem eigenhänd. Auffatz des Verf. des Berichts
von Flensburg, als ein Anhang deſſelben, ans Licht
geſtellt. Daſ. 1761. 4. Hiſtoriſche Nachricht von
der Kirche zu St. Johannis in Flensburg, wie auch
von den Paſtoribus, die vor und nach der Reformation feit 300 Iahren derfelben vorgeſtanden. Daſ.
1762. 4. Hiſtoriſche Nachricht von der St. Johanniskirche in Flensburg und den Diakonis, die feit
200 Iahren bis hierher derfelben vorgeſtanden. Daſ.
1763. 4. Hiſtoriſche Nachricht von dem uralten
adlichen

adlichen und nunmehr zum Theil hochgräflichen Geschlecht der *von Holstein* überhaupt und von der *Mol-
lenbagischen* Linie insonderheit. Das. 1763. 4. Nachricht von dem adlichen Geschlecht der *Heesten.* Das.
1764. 4. Drey genealogische Tabellen, aus welchen
erhellet, welcher Gestalt I. K. H. *Wilhelmine Caroline,*
Erbprinzessin von Dännemark, und S. H. D. *Wilhelm,*
Erbprinz von Hessen-Cassel, beyderseits sowohl aus
Königl. Dänischen, als auch aus dem Hochfürstlich-
Hessischen Hause abstammen. Das. 1764. Fol. Anim-
adversionum in scriptores aliquot historiae litterariae
recentiores historico-criticarum erronea emendan-
tium, obscura illustrantium, dubiaque de iis visa vel
confirmantium, vel refellentium specimen. Ex sche-
dis paternis collegit, recensuit et illustravit. ibid.
(1765.) 4. Genealogische Nachricht von dem uralten adlichen und nunmehro hochgräflichen Geschlecht
der von *Baudissin.* Das. 1766. 4. Genealogische Tabelle und Nachricht von dem *Brandtischen* Geschlecht.
Das. 1766. Fol. Sechs genealogische Tabellen, bey
Gelegenheit der allerhöchsten Königl. Vermählung
Christian VII. und *Carolina Mathilda* entworfen, aus
welchen erhellet, welcher Gestalt Sie beyderseits sowohl von den Königen zu Dännemark und Norwegen, als auch den Königen in England, Schottland
und Großbritannien auf vielfache Weise abstammen.
Das. 1766. Fol. Beyträge zur Civil-Kirchen- und
Gelehrten-Geschichte der Stadt Flensburg. Das. 1767.
4. (enthalten den histor. Bericht von Flensburg nebst

P des-

deſſen Anhang, die Nachricht von dem Geſchlecht
der *Heeſten*, die Nachr. von den Flensburg. Pröbſten
und die Nachr. von der Kirche zu St. Johannis in
Flensburg, deren Paſtoren und Diakonen.) Beyträge zur Kirchen- und Prediger-Geſchichte der im Herzogthume Schleswig belegenen Aemter Apenrade,
Hadersleben, Tondern, nach Anleitung einer genealogiſchen Tabelle entworfen. Daſ. 1759. Fol. Hiſtoriſche Nachricht von den Königen und Fürſten,
inſonderheit aus dem Oldenburgiſchen Stamme, welche die Herzogthümer Schleswig und Holſtein be-
herrſcht haben, nebſt verſchiedenen genealogiſchen
Tabellen von den Nachkommen: 1. *Sveno II*, Königs
in Dännemark; 2. *Gerhard II*, Grafen zu Holſtein
und Schaumburg; 3. *Chriſtian I*, Königs in Dännemark. — Bey Gelegenheit einer feyerlichen Rede auf
das Geburtsfeſt Königs *Chriſtian VII.* aus dem eigenhändigen Aufſatz *Jonas Hoyers* ans Licht geſtellt. Daſ.
1770. 4. Letztes Ehrengedächtniſs, welches ſeinen
Eltern aufgerichtet worden, und, außer den bey ihrer Beerdigung und zu ihrem Andenken gehaltenen
Leichpredigten, Reden und Abdankungen, eine (im
Lawätz 2, 76 fg. ausgelaſſene) Nachricht von ihren
Leben und Vorfahen in ſich faſst. Daſ. 1771. 4. Hi-
ſtoriſch-genealogiſche und diplomatiſche Nachricht
von dem uralten adlichen Geſchlecht der von *Able-
feldt* —. Nebſt zehn genealog. Tabellen. Daſ. 1771.
Fol. Sieben genealog. Tabellen, zur Erinnerung der
Vermählung der Prinzeſſin *Louiſe* mit dem Landgrafen

fen und Prinzen *Carl* von Heffen-Caffel entworfen.
Daf. 1771. Fol. Beyträge zur Adelsgefchichte überhaupt, infonderheit aber der Dänifchen und Schleswig-Holfteinifchen. 1 Th. Daf. 1772. 2 Th. 1775.
4. Genealogifche Tabellen von den Vorfahren und
Kindern Hrn. *Georg Friedr.* von *Holftein* und Frau *Sophia Magdalena*, Gräfin von *Knuth.* Daf. 1772. Fol.
Genealog. Tabelle von den väterlichen Vorfahren
und Nachkommen des Cammerraths *Hilmar Meincke.*
Daf. 1773. Fol. Genealog. Tabelle und Nachrichten von den Vorfahren und Nachkommen *Job. Gerhard Fedderfen*, Bürgermeifters in Flensburg, und deffen Ehegattin *Anna Elifabet Hallenfen.* Daf. 1773. Fol.
Erneuertes Andenken des durch milde Stiftungen und
Legate um feine Vaterftadt Flensburg hochverdien-
ten Bürgermeifters *Gerdt von Merfeldt.* Daf. 1773. 4.
Ehrengedächtnifs *Peder Fedderfen* dem ältern und dem
jüngern, deputirten Bürgern und Kaufmännern in
Flensburg, errichtet. Daf. 1773. Fol. Genealogifche
Tabelle und Nachricht von den mütterlichen Vorfahren und Kindern der Ehegattin *Friedr. Woldfen*,
Rathsverwandten in Hufum, *Lucia Peterfen.* Daf.
1773. Fol. Genealog. Tabelle von *Anna Peterfen*,
des Flensburg. Hofpital Vorftehers, *Matthias Holft*
Ehegattin. Daf. 1773. Fol. Genealog. Tab. von
der *Prehnifchen* und andern Flensburg. Familien, aus
welchen entfproffen find *Laurentius Prehn* —. Daf.
1774. Fol. Genealog. Tab. von *Lorenz Prehn* und
feiner Ehegattin *Catharina Strickerin.* Daf. 1774. Fol.

Genealog. Tab. von *Otto Beyers* Vorfahren. Daſ. 1774.
Fol. . Genealog. Tab. von der *Beyerifchen* Familie, in
ſo ferne aus derſelben abſtammen *Georg Cläden* und
deſſen erſte Ehegattin *Catharina Maria Müllerin.* Daſ.
1774. Fol. Genealog. Tab. von der *Wittemackifchen*,
Klöckerfchen, *Vettifchen*, *Timmfchen* und andern alten
Flensburg. Familien, aus welchen entſproſſen *Brigitta*
Chriftina Lüders, geb. *Timmen.* Daſ. 1774. Fol. Genealog. Tab. von *Nikolaus Hallenfen* und deſſen Ehegattin *Catharina Elifabet Peterfen.* Daſ. 1774. Fol.
Dreyzehn genealog. Tab. von *Peder Fedderfen* und
deſſen Ehegattin *Lucia Sülings.* Daſ. 1774. Fol. Erneuertes Andenken der milden Stiftungen, durch welche ſich der vor 200 Iahren verſtorbene Stifter der
lateiniſchen Schule *Ludolph Naamani* und deſſen Eltern
um Flensburg verdient gemacht. Daſ. 1774. 4. Vermiſchte Nachrichten und Urkunden, welche *Ludolph*
Naamani, wie auch den Franciſcanerorden und deſſen
Schickſale in Dännemark, beſonders zur Zeit der Reformation, betreffen. Daſ 1775. 4. Hiſtoriſche und
genealogiſche Nachricht von dem uralten adlichen
Geſchlechte derer von *Zaum* oder *Subm*, welches im
9ten Iahrhund. in Pommern entſproſſen iſt, und ſich
in den folgenden Zeiten in Holland, Schweden, Polen, Rußland, Mecklenburg, Sachſen und Holſtein,
wie auch in Dännemark und Norwegen ausgebreitet
hat. Daſ 1775. 4. Genealog. Tabelle und Nachricht von dem alten Geſchlechte derer von *Lütten*, inſonderheit von den mütterlichen Vorfahren des Kam-
mer-

merraths *Hilmar Meincke*. Daſ. 1775. Fol. und 4.
Genealog. Tab. und Nachr. von *Gabriel Peter Gadebuſch*. Daſ. 1776. Fol. Genealog. Tab. und Nachr.
von den Vorfahren der vier Geſchwiſter *Elſabe Margareta*, *Johann*, *Chriſtian* und *Johann Chriſtian Ambders*.
Daſ. 1777. Fol. Genealog. Tab. und Nachr. von
verſchiedenen, inſonderheit Mecklenburgiſchen, Pom-
merſchen und Schleswig - Holſteiniſchen Familien,
aus welchen entſproſſen der Herr *Chriſtian* Freyherr
von *Nettelbladt* und deſſen Wittwe *Maria Amalia Lut-
kemann*. Daſ. 1777. Fol. Ehrengedächtniſs *Nikolaus Nummenſen*. Daſ. 1777. Fol. Erneuertes Andenken Sr. Ehrw. *Thomas Attuerſen*, Paſtors zu Steinburg
—. Daſ. 1778. 4. Genealog. Tab. und Nachricht
von der *Valentineriſchen* Familie, inſonderheit von
Jürgen Valentiner und deſſen Ehegattin *Helena Fauſt*.
Daſ. 1778. Fol. — von *Hans Hanſen*. Daſ. 1779. Fol.
— von den mütterlichen Vorfahren der Gebrüder
Detlef und *Gabriel Peter Gadebuſch*. Daſ. 1779. Fol.
— von *Georg Cläden*. Daſ. 1779. Fol. — von *Lorenz
Hanſen*. Daſ. 1779. Fol. — von der *Streſowſchen* Familie überhaupt, und insbeſondere von den Vorfahren und Nachkommen, wie auch dem Leben und den
Schriften Hrn. *Conrad Friedr. Streſows*, Conſiſtorial-
raths und Kirchenprobſts auf Fehmern, wie auch
Hauptpaſtors in der Stadt Burg. Daſ. 1781. Fol.
(fehlt im *Lawätz*.) Ehrengedächtniſs Frau *Anna Eddow*, geb. *Stricken*, und ihrer zwey Söhne *Heinrich,
Paulſen* und *Jakob Chriſtian Eddow*. Daſ. 1782. Fol.

Er-

Erneuertes Andenken des Flensburgischen Bürgermeisters *Marcus Schröders*, wie auch des Stadtsecre-
tärs *Herman Ritgenberg* —. Daſ. 1782. Fol. Regiae
urbis Flensburgiae chorographia encomiaſtica, con-
ſulibus et ſenatoribus inclutae ejusdem reipublicae
ante annos CXC dedicata, Slesvigae excududat Nicol.
Wegener 1592, occaſione orationum Gymnaſtica-
rum renovata. ibid. 1782. Fol. Genealog. Tabelle
und hiſtoriſche Nachricht von Sr. Hochgräfl. Excel-
lence, Hrn. *Gregers Chriſtian* Grafen von *Haxthauſen.*
Daſ. 1783. Fol. Erneuertes Andenken des Flensburgiſchen Bürgermeiſters *Heinrich von Merfeldt* und deſſen Stiftungen. Daſ. 1783. 4. Kurze hiſtoriſch-ge-
nealogiſche Tabelle und Nachricht von dem uralten
adlichen, freyherrlichen und hochgräfl. Geſchlechte
derer *von Haxthauſen*, inſonderheit *Chriſtian Friedrich*
von *Haxthauſen*. Schleswig 1784. Fol. — Für die
Nachrichten vom baltiſchen Meer hat er geliefert: Nachricht von den Paſtoribus, welche der Gemeine zu
Alt-Hadersleben ſeit der Reformation vorgeſtanden.
1765. St. 7. S. 29 fg. St. 13. S. 53. Nachricht von
einer höchſt ſeltenen und merkwürdigen Schrift *Ca-
ſuti Brantii*, Paſtors zu Onsbye im Amte Hadersleben.
1766. St. 13. S. 53-71. Nachricht von den Paſtoribus zu Moltrup und Bierning im Amte Hadersleben. 1766. St. 21. S. 85. Nachricht von *Syvert
Rantzau*, Amtmann zu Hadersleben. 1767. St. 33,
34. S. 130-136. — iſt vollſtändiger eingerückt in
die Schl. Holſt. Anzeigen 1770. S. 281-284. In
dieſ

diefer Sammlung hat er, feit 1758, *zwey und funfzig*
Abhandlungen einrücken laſſen, die fowohl zur Schl.
Holſt. bürgerlichen, kirchlichen und gelehrten Geſchichte gehören, als auch den Däniſchen und Holſteiniſchen Adel betreffen. Die von ihm ſelbſt darin
ausgearbeiteten Schriften find folgende *vierzig*: Nachricht von einem zu Overſee im Amte Flensburg verſtorbenen Prediger, welcher 61 Iahre ſeiner Gemeine
vorgeſtanden, und deſſen Anteceſſoribus. 1758. S.
253 ff. Lebensbeſchreibung des königl. däniſchen
Iuſtitzraths und Doſt. der A. G. *Burch. Job. Lembke*;
daſ. S. 266 ff. Nachricht von der *Reventloviſchen*
Familie überhaupt, und infonderheit dem königl.
Geheimen Conferenzrath und Ritter vom Elephanten, *Claus Reventlov*; daſ. S. 620 ff. Nachricht von
Job. Laſs Schriften; daſ. S. 635 ff. Anzeige von
der Iubelhochzeit des Bürgermeiſters *Loyt* zu Flensburg, und Nachricht von deſſen Vorfahren, welche
verſchiedene geiſtliche Ehrenämter im Herzogthume
Schleswig verwaltet haben; daſ. S. 748 ff. Hiſtoriſche und genealogiſche Nachricht von dem uralten
adlichen Geſchlechte der von *Berckentin*, und infonderheit dem Grafen *Chriſtian Auguſt* von *Berckentin*,
geh. Rath im geheimen Staats-Conſeil und Ritter
vom Elephanten. 1759. S. 120-150. Recenſion
einiger Schriften, welche von Königs *Chriſtian III.*
jüngſtem Sohne, Herzog *Johann* dem Iüngern, handeln, nebſt einer kurzen Nachricht von den Verfaſſern derſelben; daſ. S. 324 ff. Nachricht von der

Ordi-

Ordination eines Predigers auf Nordſtrand, welche
zu Wittenberg geſchehen iſt. Nebſt dem von den
Theologis daſelbſt desfalls ertheilten Teſtimonio, dat.
1557. den 25 Mart.; daſ. S. 415 ff. Hiſtor. Nachricht
von der auf Sundewitt belegenen Gemeine Ulderup
und deren Paſtoribus; daſ. S. 506 ff. Nachricht von
dem Leben und den Schriften verſchiedener *Hamme-
riche*, die ſeit 200 Iahren in Dännemark, wie auch in
den Herzogthümern Schleswig und Holſtein ſich aufgehalten und verdient gemacht haben; daſ. S. 662-
685. Verzeichniſs der Bredſtedtiſchen Lehrer in der
Kirche und Schule. 1760. S. 1 ff. Bericht vom Herzogthum Schleswig überhaupt, und von verſchiedenen Städten, Ländern und Gegenden deſſelben inſonderheit. Aus einem Manuſcript; daſ. S. 86-284.
Nachricht von dem Leben des Plöniſchen Conſiſto-
rialraths, Superintendenten und Hofpredigers *Peter
Hanſen*; daſ. S. 267-279. Nachricht von dem Geſchlechte der *Farſen*, welches in Hamburg, in Bremen,
wie auch in den Herzogthümern Schleswig und Holſtein bisher geblühet; daſ. S. 341 ff. Nachricht von
den Rectoren zu Schleswig, aus *Dan. Hartnack* Manuſcript; daſ. S. 425 ff. Anzeige der Schriften vom
güldenen Horn, und ein ungedruckter Bericht von
demſelben. 1761. S. 289 ff. Nachricht von verſchiedenen, die vor der Reformation auf der Inſel
Fehmern geiſtliche Bedienungen verwaltet haben;
daſ. S. 373 ff. Ordnung und Folge der Paſtoren und
Inſpectoren der Kirche zu Burg auf Fehmern, ſeit
1592-

1592-1693. Aus *Matthias Lebedantz* Handschrift; daſ. S. 470 ff. Zuverläſſige Nachricht von der Vocation nach Kopenhagen, welche der Generalſuperintendent D. *Steph. Clotz* kurz vor ſeinem Tode erhalten hat; daſ. S. 593 ff. Nachricht von den Schriften des Superintend. *Peter Hanſen*, welche die Kirchenverfaſſung, den politiſchen Zuſtand und andere Einrichtungen in den Holſtein-Plöniſchen Landen betreffen. 1762. S. 145 ff. Nachricht von einer noch ungedruckten Holſtein-Plöniſchen Kirchen-Ordnung, welche Herzog *Joh. Adolph* verfaſſen laſſen, und 1690 beſtätigt und publicirt worden; daſ. S. 709-728. Anzeige von einer bey Gelegenheit des Souverainitäts-Jubiläi in Flensburg herausgekommenen Schrift und deren Vertheidigung; daſ. S. 791 ff. Anmerkung, woher es gekommen, daſs einige berichtet haben, als wenn die Stadt und Veſte Glückſtadt bereits 1604 erbauet worden. 1763. S. 245 ff. Anmerkung von dem gelehrten Diebſtahl, deſſen *Joh. Cluver* von *Marquard Gudius* und andern ohne Urſache beſchuldigt worden; daſ. S. 353 ff. Zwo Anmerkungen, welche Flensburg betreffen, deren eine das Alter derſelben beſtimmt, und die andere eine Stelle erläutert in des Freyherrn von *Holberg* däniſcher Reichshiſtorie, in welcher ohne hinlänglichen Grund behauptet wird, daſs der König *Erich* den Magiſtrat daſelbſt wegen verübter Untreue hinrichten laſſen. Aus des Iuſtitzraths *Georg Lebedantz* Manuſcript; daſ. S. 407 ff. Etwas von Schleswig, aus einer alten Hand-

ſchrift

fchrift M. *Job. Holmer's.* 1764. S. 87 ff.   Lebenslauf *Balth. Held,* Doct. der Rechte. 1765. S. 21 ff.
Infcriptionen, welche verfchiedene Holfteinifche Grafen, die im 13ten und 14ten Iahrh. geftorben find,
betreffen, und in den Kirchen der Stadt Hamburg befindlich gewefen find, in einigen Anmerkungen erläutert; daf. S. 129 ff.   Merkwürdige Nachricht von
dem Leben und den Schriften *Andr. Hoyers,* Doct. der
Rechte und Prof. zu Kopenhagen, Königl. Staatsrath.
Aus deffen Manufcript; daf. S. 147-190.   Beytrag
zur Hiftorie der in den Herzogthümern Schleswig
und Holftein im Gebrauch gewefenen Gefangbücher
und vormaligen Liederdichter.   Einem Freunde in
Kopenhagen 1747 in einem Sendfchreiben mitgetheilt
von N.; daf. S. 201-222.   Zweyter Beytrag; daf.
S. 223-238.   Hiftorifche Nachricht von der lateinifchen Schule zu Hadersleben; daf. S. 255 ff.   Hiftor. Nachr. von der am 1 Iun. 1765 abgebrannten
Kirche zu Hohenfelde, und den Paftoren, die feit der
Reformation das Wort Gottes in derfelben verkün-
diget haben; daf. S. 393 ff.   Nachricht von dem Leben *Friedr. Andr. Peterfen,* welcher zu Neukirchen
über 60 Iahr im Predigtamt geftanden, und im 90-
ften Iahr feines Alters geftorben ift. 1766. S. 21 ff.
Nachricht von verfchiedenen Schriften *Phil. Eruft Lüders,* Fürftl. Glücksburg. Probften und Hofpredigers;
daf. S. 33 ff.   Nachricht von den Predigern zu Moltrup und Bierning im Amte Hadersleben. 1767. S.
130 ff. 135 ff. vollftändiger 1770. S. 281 ff.   Nachricht

richt von der uralten und noch blühenden dänischen
Familie der Herrn von *Rosenkranz*, aus einem Manuscript des Freyherrn *Friedr. Wilb.* von *Hertzberg* vom
Iahr 1730. Mit einigen Anmerkungen. 1770. S.
137 ff. Nachricht von der evangelisch-lutherischen
Kirche in Friederichsstadt und deren Predigern, aus
des Probsten *Peter Petrejus* Manuscript; das. S. 169 ff.
Nachricht von dem vormaligen Amtmann zu Hadersleben *Syvert Rantzau*; das. S. 281 ff. Nachricht
von D. *Caspar Danckwerths* Landesbeschreibung der
Herzogthümer Schleswig und Holstein; das. S. 295 ff.
und 309 ff. Nachr. von den Privilegien der Schleswig-Holsteinischen Ritterschaft; das. S. 589 ff. —
Vergl. *Worm* Th. 1 S. 59-68. Th. 3. S. 529-532.
und S. 964. wo, nach der Versicherung dieses Schriftstellers selbst, welcher unsere Abschrift seiner hohen
Iahre wegen nicht nachsehen konnte, das Verzeichniß der Schriften und einzelnen Abhandlungen ganz
vollständig ist.

(N. 5.) MOLTKE (Adam Gottlob Detlef), *Exgraf auf
Nör*, einem adlichen Gute im dänischen Walde; *geb.
zu Odeusee den 15 Ian. 1765.* §§. Fragment einer Reise
nach der Schweiz; im deutschen Magaz. 1792. St...
Eine Abhandlung aus dem Franz. des *Turgot*; das.
St... Buitenspoorigheeden. Erste Excursion. Auch
unter dem Titel: Reise nach Maynz (zur Zeit des
Bombardements). 1ster Th. Altona 1794. 8. 2ter
Th. Das. 1795. (*Zwey* Theile werden folgen.) —
(*Revidirt*.)

zur MUEHLEN (Johann Herrmann Gottfried), *Paſtor auf Nordmarſcb*, einer kleinen Hallige Amts Huſum; *geb. zu Rendsburg 176..* §§. * Monatliche Ueberſicht der geſamten Litteratur (in Verbindung mit andern herausgegeben); Schleswig. Januar und Febr. 1791. 8. (zuſammen 8 Bogen.)

MUELLER (Chriſtian Auguſt Guſtav), *Paſtor zu Gleſchen-dorf* Amts Ahrensbök ſeit 1761, vorher ſeit 1755 Paſtor in der Neuſtadt vor Plön; *geb. zu Plön 1727.* §§. Gedächtnißpredigt auf den Herzog Friederich Carl zu Holſtein-Plön. 1762. Fol. *(Mitgetheilt.)*

(N. 5.) MUELLER (Heinrich), *auſſerordentlicher Profeſ-ſor der Theologie zu Kiel* ſeit 1789 (vorher ſeit 1786 Diakonus an der Nikolaikirche daſelbſt) *und ſeit 1782 Inſtitutor und erſter Lehrer des Schulmeiſterſeminariums; geb. zu Jörl im Amte Flensburg den 25 Febr. 1759.* §§. Von der Entſtehung, Einrichtung und bisherigen Würkſamkeit des königl. Schulmeiſterſeminarii in Kiel, nebſt einigen Bemerkungen über die vorzüg-lichſten Hinderniſſe und Beförderungsmittel dieſer Anſtalt; in den Schl. Holſt. Prov. Ber. 1788. H. 2. (auch einzeln gedruckt. Altona 1788. 8. und einge-rückt in *Krüniz's* Encyklopädie im Artikel „Land-ſchule" Th. 62. und in dem beſondern Abdrucke deſ-ſelben: „Die Landſchulen, ſowohl für Lehr-als auch Induſtrieſchulen betrachtet. Berlin 1794. gr. 8.") *Cramers* Verdienſte um das Königl. Schulmeiſterſemi-narium in Kiel. Eine Rede zu ſeinem Gedächtniß am 6 Aug. 1788 im Lehrſaal des Seminar. gehalten.

Kiel

Kiel 1788. 8. (dänisch in Fyens Maanedsskrift. B.
19. 1789. 8.) *Bemerkungen über des Hrn. C. R.
Schwollmann's Grundsätze, nach welchen die für die
Herzogthümer Schleswig und Holstein bestimmte Liturgie sowohl, als das Handbuch der Perikopen ausgefertigt worden; in den Prov. Ber. 1793. H. 5.
*Ueber die Stadtwaisenkasse und die Kurrende in Kiel
und deren etwanige Vereinigung mit der neuen Armenanstalt. Ein der Gesellschaft freywilliger Armenfreunde von ihrer Schulcommission abgestattetes Bedenken; das. 1794. H. 2. *(Revidirt.)*

(M. u. N. 1 - 5.) MUELLER (Johann Gottwerth), *Doctor
der Philosophie und Privatgelehrter zu Itzeboe seit* 1772;
geb. zu Hamburg den 17 May 1744. §§. Gedichte der
Freundschaft, der Liebe und dem Scherze gesungen.
2 Theile. Helmstädt und Magdeb. 1770. 1771. 8.
*Der Deutsche (eine Wochenschrift). Th. 1-4. Magdeb. 1771. (sind ganz von ihm, das 4te und 19te
Stück, welche von *J. S. Patzke* sind und einige eingesandte Beyträge abgerechnet). Th. 5-8. Hamb.
1773 bis 1776 (sind ganz von ihm). *Siegfried von
Lindenberg. Das. 1779. 8. Zweyte rechtmässige
und durchgehends geänderte Ausgabe. 4 Theile. Leipzig 1781. 1782. Dritte vom Verfasser verbesserte
Originalausgabe. Das. 1783. mit 4 Kupf. von Chodowiecki (von dem sich 12 zum Siegfr. v. Lind. gehörige Kupf. im Gött. Taschenkal. für 1784 befinden).
Vierte. Das. 1785. Fünfte rechtmässige, vom Verfasser durchgehends verbesserte und vermehrte Ausgabe

gabe in 4 Theilen. Auf Druckpapier und Schreibpap.
Daſ. 1790. nebſt 28 Kupf. von Chodowiecki, Bött-
ger, Müller und Dornheim, auf feinem Schweizerpa-
pier abgedruckt. *Holländiſch*: Siegfried van Lindenberg. Uit het Hoogduitſch vertaald (follte, nach dieſes Schriftſtellers eigener Verſicherung, heifsen: „*Ver-
holländert*; denn ärger iſt nie ein Schriftſteller gemiſs-
handelt"). In's Gravenhage, by Jſaac van Cleef.
1787. 1788. 2 Bände. gr. 8. mit Kupf. *Däniſch*
von *Friedrich Andreas* von *Pflueg*. 4 Theile. Kopenh.
1786. 8. — * Der Ring; eine komiſche Geſchichte,
nach dem Spaniſchen. Itzehoe 1777. 8. *Franzöſiſch*
von *K. L.* von *Bilderbeck* (vergl. *Erſch*). — Zweyte
rechtmäſsige Ausgabe, mit Kupf. Götting. 1788. kl.
8. *Holländiſch*: De Ring. Een ſchertſende Roman.
Door den Schryver van Siegfr. van Lindenb. Naar
de laatſte hoogduytſche Uitgaave. Met Plaaten. Amſterd. by A. Mens. 1790. gr. 8. *Däniſch* von *F. A.*
von *Pflueg*: Ringen. En komiſk Hiſtorie, ſkreven
af Forfatteren til S. v. Lindenberg. Kbhvn. 1788. 8.
— * Geſchichte der Sevaramben; aus dem Franzöſ.
2 Theile. Daſ. 1783. 8. * Komiſche Romane aus
den Papieren des braunen Mannes und des Verfaſſers
des Siegfr. v. Lindenb. 1ſter Band, welcher den 1ſten
und 2ten Th. der *Waldheime* enthält, (auch unter dem
beſondern Titel: die Herren von Waldheim, verkauft wird und *holländiſch* überſetzt iſt: Geſchiednis
van de Heeren van Waldheim. Uit het Hoogduitſch
vertaald. Rotterdam, by Dirk Vis. 1786. 2 Bände. 8.)

Göt-

Götting. 1784. kl. 8. 2ter Band, welcher den 3ten
und 4ten Th. der *Waldheime* enthält. Daſ. 1785. 3ter
Band, welcher den 1ſten und 2ten Theil *Emmerichs*
enthält. Daſ. 1786. 4ter Band, welcher den 3ten
und 4ten Th. *Emmerichs* enthält. 1787. 5ter Band,
welcher den 5ten und 6ten Th. *Emmerichs* enthält.
1788. 6ter Band, welcher den 7ten und 8ten Th.
Emmerichs enthält. 1789. *(Holländiſch:* Emmerik.
Naar het Hoogduitſch van *J. G. Müller.* Amſterd.
by A. Mens. 1788 bis 1790. 6 Bände. gr. 8.) 7ter
Band, welcher den 1ſten und 2ten Th. des Hrn. *Thomas* enthält. 1790. 8ter Band, welcher den 3ten
und 4ten Th. des Hrn. *Thomas* enthält. 1791. *(Holländiſch:* Geſchiednis van den Heer Thomas. Naar
het Hoogduitſch van den Heer Müller. Amſterd. by
A. Mens. 1794. 2 Bände. gr. 8. „Eine däniſche Ueberſetzung dieſer komiſchen Romane begann *F. A.*
von *Pflueg,* der jedoch, ſeitdem er Generalkriegscom-
miſſär geworden, aus Mangel an aller Muſſe, die Arbeit einem andern, ich weiſs nicht, ob überlaſſen oder
aufgetragen hat." Kopenh. 1786 bis 1793. — *Straus-
federn, (nach *J. C. A. Muſäus* Tode) fortgeſetzt vom
Verfaſſ. des Siegfr. von Lindenb. 2ter Band. Berlin
1790. 8. 3ter Band. Daſ. 1791. (Alle 3 Theile däniſch. Kopenh. 1795. 8. — Der 4te Band 1795 iſt
von einem andern.) *Ueber den Verlagsraub, oder
Bemerkungen über D. *Reimarus* Vertheidigung des
Nachdrucks im April des deutſchen Magazins 1791.
vom Verf. des Siegfr. von Lindenb. Leipz. 1791. 8.
*Se-

* Selim, der Glückliche, oder der Subftitut des Orimuzd, eine morgenländifche Gefchichte; nach der
Guzurartifchen Urfchrift herausgegeben vom Verf.
des Siegfr. von Lindenb. 3 Theile, mit Kupf. von *J.
W. Meil.* Berlin und Stettin 1792. 8. (Gegen: „der
Orimuzd oder der Subftitut. Eine wahre Gefchichte
vom Verf. des S. v. Lind.", welche C. F. Schneider
in der Oftermeffe 1792 in 2 Th. ankündigte und die
wahrfcheinlich nicht erfchienen feyn wird, proteftirte der Verf. oder vielmehr F. Nicolai mit feinem Vor-
wiffen in der allgem. deutfchen Biblioth.)   * Friedrich Brack, oder Gefchichte eines Unglücklichen.
Aus deffen eigenhändigen Papieren herausgegeben
vom Verf. des S. v. Lind. 4 Bände. Berlin 1793 -
1795. 8. — Antheil an verfchiedenen periodifchen
Schriften. — Gedichte im Göttingfchen Mufenalmanach. — Recenfionen. — Vorrede zu: Bemerkungen
über die Fehler unferer modernen Erziehung, von
einer praktifchen Erzieherin. Herausgegeben vom
Verf. des S. v. Lind. Leipzig 1791. 8.   *(Revidirt.)*
(N. 1. 2. 4. 5.) MUMSEN (Jakob), *Doctor der A. G. und
Phyfikus in der Herrfchaft Pinneberg und der Graffchaft
Ranzau* (wohnt *zu Altona*) feit 1789, (vorher feit
1767 in Hamburg und von 1784 bis 1789 in Kopenhagen,) auch Mitglied der königl. Societät zu Kopenhagen; *geb. zu Hamburg den 13 Aug. 1737.* §§. D.
inaugur. de plethorae differentiis. Lipf. 1766. 4. *A.
Pope* Verfuch vom Menfchen, neu überfetzt. Hamb.
1782. 8. (wird im *Meufel* irrig dem *J. C. Unzer* bey-

gelegt.) *Kurze Nachricht von der epidemifchen
Schnupfenkrankheit und der Befchaffenheit der Luft
1781 und 1782. Hamb. 1782. 8. *Gedanken über
die Luft und ihren Einflufs auf Wachsthum und Erhaltung organifcher und belebter Körper; auf einer
Reife gefammelt. Daf. 1787. 8. * Tagebuch einer
Reife nach dem füdlichen Theil von Norwegen im
Sommer 1788. Ein Manufcript für Freunde. Hamb.
und Kiel 1789. 8. *Apologie der Bäume. Der patriotifchen Gefellfchaft zugeeignet von einer alten
abgängigen Ulme. Kiel 1792. 8.— Verfchiedene Abhandlungen und Auffätze in verfchiedenen periodifchen Schriften, namentlich dem teutfchen Mufeum
1777. Ian..... und 1778 April .... *(Revidirt.)*

MUTZENBECHER (Samuel Dietrich), *Doctor der A. G.
und ausübender Arzt in Altona*; geb. *zu Bourdeaux den
5 Nov. 1766.* §§. D. inaug. hiftoriam febris intermit-
tentis exhibens. Kiliae 1790. 4. *(Revidirt.)*

NASSER (Johann Adolf), *Doctor der Philofophie feit 1788
und derfelben außerordentlicher Profeffor zu Kiel feit
1789; geb. dafelbft den 21 Febr. 1753.* §§. *Neue Beyträge zur Lectüre für junge Leute. 1fter Band. Hamb.
1785. 8. Catulli, Horatii aliorumque, veterum poëtarum latinorum carmina lyrica felecta in ufum praelectionum fuarum publicarum edidit. Kil. 1794. 8.
(hat auch den Titel: Catulli — in ufum fcholarum
curavit.) Lyrifche Gedichte, aus dem Lateinifchen
überfetzt. Ein Verfuch für feine Zuhörer. Daf. 1795.
8. — Der erfte Band feiner Briefe über die Gefchichte

Q

der

der deutfchen Poefie wird wahrfcheinlich mit dem
Ende des I. 1796 zum Abdruck fertig feyn. — Verfchiedene Recenfionen in der Kielifchen gel. Zeitung
vom I. 1776 und 1777. *(Revidirt.)*

VON NEYNABER (Johann Siegfried Friedrich Wilhelm),
Volontär bey der königl. deutfchen Canzeley in Kopenhagen
feit 1789; geb. *zu Rendsburg den 10 Nov. 1767.* §§. In
der dänifchen Minerva vom I. 1792 und 1793 befinden fich von ihm folgende Auffätze: Om de Lærdes Befordring i Staten. Om Eeder. Hvorfor det
fynes at de Lærdes Antal formindfkes (deutfch überfetzt unter dem Titel: Woher kömmt es, dafs fich
die Anzahl auegezeichneter Gelehrten in unfern Tagen zu vermindern fcheint? — in: Sammlung angenehmer und nützlicher Reifebefchreibungen und Auffatze allerley Inhalts. Aus der dänifchen Minerva
(von *J. F. Schütze*) forgfältig gewählt. Leipz. 1792.
8.) Om en almindelig Statsmoral. Om Udfnævel-
ferne i Hendfeende til Staten. *(Revidirt.)* *J. H. Fricke's* Grundfätninger af Haandværkernes Ret. Overfat, med Anmærkninger og Tillæg af de danfke og
holfteenfke Love forøeget, fom ogfaa forfynet med
en Indledning. Kbhvn. 1795. 8.

(N. 5.) NICHELMANN (Gottlob Chriftoph), *privatifirender Gelehrter in Altona*, vorher zu Frankfurt am
Mayn; geb. *zu Treuenbrietzen* in der Mittelmark *den
4 Nov. 1750.* §§. Die Frankfurter Zeitungen der I.
1776-1780. Der Altonaifche Merkur von 1780
bis itzt. — In Leipzig und Frankfurt am Mayn hat
er

er auch mehrere kleine theatralifche und andere Shrif-
ten aus dem Französifchen und Englifchen ins Deutfche überfetzt. (*Mitgetheilt.*)

(M. u. N. 1 - 5.) NIEBUHR (Carften), *königl. dänifcher*
würklicher Iuftitzrath und Landfchreiber in Süderdith-
marfchen zu Meldorf feit 1778 (vorher feit 1760 In-
genieurlieutenant zu Kopenhagen, von 1762-1767
auf Reifen und feit 1768 Ingenieurhauptmann zu
Kopenhagen); *geb. zu Ludingwohrt* im Lande Hadeln
den 17 März 1733 (nicht: 1735). §§. Befchreibung
von Arabien, aus eigenen Beobachtungen und im Lande felbft gefammelten Nachrichten abgefaſt. Kopenh. 1772. 4. (Auszug aus N. Reifebefchreibung
von Arabien. Biel. 1790. 8.) — Die Litteratur der
Ueberfetzungen, welche aus *Erfch's* Verzeichniſs vermehrt werden können, gibt er felbft fo an: „Defcri-
„ption de l'Arabie. à Copenh. 1773. 4. Ein Nach-
„druck diefer Ueberfetzung. Utrecht 177.. 4. Ein
„anderer Nachdruck. Paris 177.. Eine hollandi-
„fche Ueberfetzung. Utrecht 177." (nach *Erfch* 1774).
— Reifebefchreibung nach Arabien und andern um-
liegenden Ländern. 1fter Band. Kopenh. 1774. 4.
2ter B. 1778. — Hier macht er felbft folgende Zufätze, die wieder mit *Erfch's* Angaben zu vergleichen
find: „Voyage en Arabie. T. 1. 2. Utrecht 1776. 4.
„Reize naar Arabien. Utrecht 1776. 4. in 2 Theilen.
„Reife und Beobachtungen durch Aegypten und Ara-
„bien. Bern. 8. ein Auszug aus den vorher benann-
„ten Werken. Voyage de Monfieur Niebuhr en Ara-

„bie.

„bie. Suiſſe 1780. gleichfalls ein Auszug in 8." Spä-
terhin wurde noch bekannt: Travels through Ara-
bia, and other countries in the Eaſt, performed by
Mr. Niebuhr. — Translated into Engliſh by *Robert
Heron*. With Notes by the translator and illuſtra-
ted with Engravings and Maps. Edinbourgh 1792.
2 Voll. 8. Samlingen af de bedſte og nyeſte Reiſe-
beſkrivelſer i et udfœrligt Uddog. D. XI. Kbhvn.
1794. 8. enthält ſeine Reiſe in den Iahren 1762 bis
1766. — Deſcriptiones animalium, auium, amphi-
biorum, inſeſtorum, vermium, quae in itinere orientali obſervavit *Petrus Forſkål*. Poſt mortem auſtoris edidit —. Adieſta eſt materia medica Kahiria-
na, atque tabula maris rubri geographica. Hafniae
1775. 4 mai. Flora Aegyptiaco-Arabica, ſive deſcriptiones plantarum, quas per Aegyptum inferio-
rem et Arabiam felicem detexit, illuſtravit *P. Forſkål*.
Poſt mortem auſtoris edidit —. Accedit tabula Ara-
biae felicis geographico-botanica. ib. eod. 4 mai.
Icones rerum naturalium, quas in itinere orientali
depingi curavit *P. Forſkål*. Poſt mortem auſtoris ad
Regis mandatum aeri inciſas edidit — ib. 1776.
*Ueber *Irwin's* Reiſebeſchreibung; im deutſchen Muſeum 1781. St. 12. . . . .; daſ. 1784. St. 3. (zufolge dem allgemeinen Sachregiſter über die wichtigſten deutſchen Zeit- und Wochenſchriften von *J. H.
C. Beutler* S. 17. des Namenverzeichniſſes der Verff.)
Von den Derwiſchen und Santonen der Mohamed-
aner; daſ. St. 4. Ueber die Lage des Tempels zu Ie-
ruſa-

rufalem, in Anfehung der Gefahr bey Gewittern;
daf. St. 5. Ueber den Aufenthalt und die Religion
der Johannesjünger und Naffairier; daf. St. 6. Von
den verfchiedenen Nationen und Religionsparteyen
in dem türkifchen Reiche; daf. St. 7. Zufatz zu den
Bemerkungen über die Lage des Tempels zu Ierufa-
lem; daf. St. 8. Bemerkungen zu Haleb und auf
der Reife von diefer Stadt nach der Infel Cypern;
daf. 1787. St. 3. 4. Von der Hauptfarbe der weiffen und fchwarzen Menfchen; daf. St. 5. Von den
chriftlichen und mohamedanifchen Korfaren; daf.
St. 9. Profelytenmacherey verfchiedener Religions-
parteyen, befonders der römifchen Kirche im türkifchen Reiche; daf. St. 12. Bemerkungen über Perfepolis; daf. 1788. St. 3. Bemerkungen über den
Auffatz: Profelytenmacherey verfchied. Religions-
parteyen im Dec. 1787; daf. St. 5. Verfaffung des
Ottomannifchen Reichs; daf. St. 7 und 8. Militai-
rifche Verfaffung des Ottomannifchen Reiches; im
neuen deutfchen Mufeum 1789. St. 1. 2. (dänifch
überfetzt von *H. W. Riber: C. N. det Tyrkifke Ri-
ges politifke og militairifke Forfatning.* Kbhvn.
1791. 8.) Bemerkungen über die Schriften des Hrn.
von *Pyffonel*, gegen den Baron von *Tott* und Hrn.
von *Volney*; daf. St. 6. Das Innere von Africa; daf.
1790. St. 10. Ueber den Urfprung der Pyramiden
in Aegypten und der Ruinen in Perfepolis; daf. St.
12. Noch etwas über die mohamedanifchen Frey-
ftaaten in der Barbarey; daf. 1791. St. 1. 2. Noch

　　　　　　　　etwas

etwas über das Innere von Africa; daſ. St. 5. Bemerkungen über die zwey erſten Bände der Reiſen
des Hrn. *Bruce* zur Entdeckung der Quellen des Nils;
daſ. St. 6. — Polhöhe von Barmſtedt; in *Büſchings*
wöchentl. Nachr. 1785. S. 325 ff. — Ueber die per-
ſepolitan. Inſchriften; in v. *Murr's* Journal Th. 4.
S. 122 ff. Ueber arabiſche Siegel; daſ. Th. 10. S.
299 f. — Vergl. *Worm* 2, 122 und 3, 564. — Sein
ihm unähnliches Bildniſs vor dem 45ſten B. der allgem. deutſch. Bibl. *(Revidirt.)*

NIELSEN (Georg), *Conferenzrath* ſeit 1767, und Bibliothekar der königl. Handbibliothek *zu Kopenhagen;
geb. zu Norburg* auf der Inſel Alſen *den 3 April 1710.*
§§. +Rede in der Loge Zorobabel zu Kopenhagen gehalten. Hamb. 1746. 4. Relatione degli Stati e
Corte di Sua Eccā il Sign. *Antonio Guntbero*, Comte
di Oldenbourg, med en Side om Side hostrykt danſk
Overſættelſe forfattet. Kbhvn. 1756. 8. — Antheil
an: *Beſkrivelſe over Danſke Mynter og Medailler
i den Kongel.Samling. 2Deele. Kbhvn.1791.Fol. (Unter der Zueignung haben ſich genannt: G. Nielſen. F.
A. Müller. O. P. Kölle. L.Spengler.) Tillæg 1794.— Die
von *Worm* 3, 565. ihm beygelegte diſſ. de intellectu
humano hat er unter *Job. Jak.Lebmannus*, des eigentlichen Verf., Vorſitz blos vertheidigt. *(Nach dem
Autographum.)*

NIELSEN (Johann), *Doctor der A. G. und Phyſikus zu
Chriſtiania* (?) in Norwegen; *geb. zu Hadersleben den
23 Ian. 1748.* §§. D. inaugur. de praeſtantiſſima methodo

thodo illuftrandi materiam medicam practicam. Hafn.
1778. 8. Vergl. *Werm* 3, 566 und 967.
(M. u. N. 1 - 5.) NIEMANN (Auguft Chriftian Heinr.—
pflegt fich nur des erftern Vornamens zu bedienen),
*Doctor der Philofophie und ordentlicher Profeffor derfel-
ben zu Kiel* feit 1794 (vorher feit 1787 aufserordentlicher Profeffor); *geb. zù Altona den 30 Ian. 1761.* §§.
* Akademifches Liederbuch. 1ftes Bändchen. Deffau
und Leipzig 1782. 8. nebft dem dazu gehörigen Notenbuche (von *F. L. A. Kunzen*) in Queerfol. 2tes
Bandch. Altona und Leipzig 1795. 8. (auch unter dem
Titel: Gefellfchaftliches Liederbuch,) nebft dem dazu gehörigen Notenbuche (von *P. Grönland*) in Queerfol. Von der Induftrie, ihren Hinderniffen und Be-
förderungsmitteln; ein Bruchftück aus der Policey-
wiffenfchaft, zur Anzeige feiner Wintervorlefung.
Altona 1784. 8. Vorfchläge, Hofnungen und Wünfche zur Beförderung der Landeskunde, der Natio-
nalbildung und der Gewerbfamkeit in den Herzogthümern Schleswig und Holftein. Flensb. 1786. 8.
Erfte Grundfätze der Staatswirthfchaft. 1fter Th.
Altona 1790. 8. Sammlungen für die Forftgeogra-
phie, oder Nachricht von der wilden Baumzucht und
Forftwirthfchaft einzelner Länder, aus neuen Reife-
und Länderbefchreibungen entlehnt; ein Lefebuch
für Forftmänner und Freunde des Waldes. 1fter Band.
Daf. 1791. gr. 8. Abrifs des fogenannten Cameral-
ftudiums und Beftimmung feines Zwecks für fich und
in Verbindung mit der Rechtsgelehrfamkeit, für feine

Q 4 Vor-

Vorlefungen entworfen. Kiel 1792. 8. Hofnungen beſſerer Zeit, am Stiftungstage einer beſſern Armenpflege vorgetragen in der erſten feyerlichen Verſammlung der Geſellſchaft freywilliger Armenfreunde; in der unter F. C. *Jenſen* aufgeführten Sammlung der Reden u. ſ. w. Ueber den Grundſatz der Armenpflege. Ein Vortrag in der feyerlichen Verſammlung der Geſellſchaft freywilliger Armenfreunde am 19 März 1794. von dem Wortführer derſelben (aus dem Wochenblatte zum Beſten der Armen in Kiel beſonders abgedruckt). Kiel. 20 S. 8. (wird im Katalog der Oſtermeſſe 1795 unrichtig unter dem Titel: über Armenverſorgungsanſtalten, aufgeführt.)—*Giebt die Schleswig-Holſteiniſchen Provinzialberichte heraus.* Altona, Kiel und Kopenhag. Neun Iahrgänge (jeder beſteht aus 6 Heften). 1787-1795. *Von ihm ſind folgende Auffätze:* *Zuſtand der Manufacturen und Fabriken in Altona, am Schluſſe des Iahres 1786; 1787. H. 1. * Beurkundete Geſchichte und gegenwärtige Lage der Handelsgeſellſchaft zu Glückſtadt; H. 2. Ueber Lombarde, ihre Abſicht und Einrichtung, mit beygefügter Nachricht von einigen einheimiſchen Lombarden; H. 3. *Gedanken und Wünſche, die Wiederherſtellung der einheimiſchen Geſundbrunnen betreffend, nebſt einigen angehängten Nachrichten von dem ehemaligen Bramſtedter Geſundbrunnen; 1789. H. 6. *Die Kiefer zu Wiemersdorf. Fragment eines Geſprächs auf einer Reiſe im Vaterlande; 1791. H. 3. *Bruchſtücke aus meinem Tage-

gebuche auf Holſteiniſchen Wanderungen. N. 1.
Die Scene in der Schenke; H. 5. * Ueber den einheimiſchen Manufacturfleiſs; ein Vorſchlag, allen Ma-
nufacturiſten und Fabricanten in Schleswig und Holſtein zur Erklärung vorgelegt; daſ. * Nachrichten
aus der neueſten gemeinnützigſten Litteratur; H. 6.
(ein ſtehender Artikel.) * Ueber die mit der neuen
Altonaiſchen Armenpflege verbundene Arbeitsanſtalt;
1792. H. 2. * Zweytes Wort über die Anlage der
Induſtrieſchulen in unſerm Vaterlande. Antwort-
ſchreiben an den wohlwollenden Landprediger *(Do-
meyer)* zu N — ſ.; daſ. * Manufacturberichte: allgemeine Bemerkungen ſtatt einer Einleitung u. ſ. w.;
daſ. und 1793. H. 4. * Nachricht von dem im Dorfe Willinghuſen, Amts Reinbeck, im J. 1761 wieder
entdeckten Geſundbrunnen; H. 3. Nähere Erinnerung an die wichtige Frage: wer iſt der erſte Wie-
derherſteller der Bauernfreyheit auf ſchleswig-holſteiniſchen Gütern geweſen? H. 5. Ueber das Strand-
recht in den däniſchen Staaten: eine neuliche Erör-
terung des Hrn. *Buſch* mit einer frühern des Hrn.
Schrader zuſammengeſtellt; H. 6. Anfrage, den Betrieb der Kölerey in Holſtein betreffend; daſ. * Urtheile und Meinungen wider und für den Schlesw.
Holſt. Canal, aus der Fremde entlehnt und mit einigen berichtigenden Anmerkungen begleitet; 1793.
H. 1. Nachricht von einigen neuen wirthſchaftlichen
Verbeſſerungen auf dem Holſteiniſchen Gute Rixdorf,
nebſt einer gelegentlichen Bemerkung; daſ. * An-

Q 5

mer-

merkung zu *Bergers* Abhandlung über das Gefinde-
wefen, befonders in fittlicher Rückficht; 1794. H. 2.
(von diefer Bergerfchen Abhandlung hat *er* auch einen befondern Abdruck mit einer Zueignung an den
Senator *Günther* in Hamburg veranftaltet.) Einige
Bemerkungen, veranlafet durch *H. Wolf's* Auffatz:
Meine Erfahrungen von öffentlichen Armencaffen;
H. 5. * Luthers und Lathers laute Klagen über den
Wucherunfug in Holftein im 16ten und 17ten Iahrhundert. Zu beliebigen Vergleichung mit dem, was
am Schluffe des 18ten Brauch ift; 1795. H. 1. * Fragen und Erinnerungen über vaterländifche Gegen-
ftände; daf. (ein ftehender Artikel.) * Einige gele-
gentliche Bemerkungen über unfer Poftwefen; H. 2.
Nähere Erklärung über die (im 2ten H. enthaltenen)
Berichtigungen und Erinnerungen und feine neulichen
gelegentlichen Bemerkungen über unfer Poftwefen;
H. 3. Nachrichten und Urtheile über vaterländifche
Gegenftände, aus fremden Schriften entlehnt; daf.
(ein ftehender Artikel.) Rede bey der Verpflichtung
und Einführung einiger neuen Gefchäftführer der
Gefellfchaft freywilliger Armenfreunde in Kiel am
Tage der 2ten Iahresfeyer ihrer Armenpflege, den
3 Iun. 1795. gehalten; H. 4. — *und was fonft in den
Prov. Ber. mit N. unterzeichnet ift.* — Ift Mitarbeiter
an dem, unter *Holft* aufgeführten, Kielifchen Wochenblatt zum Beften der Armen. — Der von *Meufel* angeführte „Grundrifs eines vollftändigen Lehrbuchs
der Staatswiffenfchaft, mit beygefügter Bücherkunde"
war

war der Titel, unter welchem die nachmals herausgekommenen „erſten Grundſätze der Staatswirth-ſchaft" zuerſt im Meſskatalog angekündigt wurden. Die ebenfalls von M. angeführte Schrift: „Ueber das Studium der ſogenannten Cameralwiſſenſchaften und die Mittel, daſſelbe in Ländern, wo es ihm an An-hängern fehlt, zu befördern" iſt nicht erſchienen, und die im Meſsverzeichniſſe angekündigte „ſtatiſtiſche Ueberſicht der Herzogthümer Schleswig und Hol-ſtein nach den in den 1ſten fünf Iahrgängen der Prov. Ber. geſammelten Nachrichten, nebſt einem vollſtän-digen Regiſter dieſer fünf Iahrg." noch nicht heraus-gekommen. *(Revidirt.)*

.NIEMANN (Chriſtian Gottlieb Ditmer), *Adjunct des Mi-niſteriums der Hauptkirche zu Altona und Nachmittags-prediger zu Ottenſen* ſeit 1795, vorher Katechet und Capellprediger zu Reinbeck; *geb. zu Altona den 27 Oct. 1765.* §§. Ueber die Befreyung der Aemter Reinbeck und Trittau von der Landausſchuſsſtellung und Re-krutenlieferung und deren Verwandlung in eine jähr-liche Abgabe; in den Prov. Ber. 1794. H. 5.

(N. 5.) NIEMANN (Johann Carl Nikolaus), Bruder der beyden vorigen — *Doctor der A. G. und Phyſikus in den Städten Segeberg* (wo er wohnt), *Oldesloe, wie auch in den Aemtern Segeberg und Traventhal* ſeit 1793; *geb. zu Altona den 7 März 1764.* §§. D. inaugur. de ame-norrhoea ſiue de fluxus menſtrui retentione et ſub-preſſione. Kil. 1787. 4. * Geſchichte Frankreichs von der erſten Gründung dieſes Staats an bis zu der ge-

gegenwärtigen Revolution. Aus dem Engl. 1ster und
2ter B. Altona 1792. 8. (Vgl. *Feldmann*.)

(N. 5.) NISSEN (Hans Friedrich), *Paſtor zu Sarau*, einer
adlichen Kirche in Wagrien ſeit 1790, vorher ſeit
1789 Conrector und ſeit 1787 Collaborator in Kiel;
geb. zu Kiel den 10 Nov. 1767. §§. *Verſuch einer kurzen Ueberſicht des etymologiſchen Theils der griechiſchen Sprachlehre. Kiel 1788. 8. In M. Tullii Ciceronis de finibus bonorum et malorum libros animadverſiones. Lubec. 1791. 8. Curae noviſſimae in
M. T. C. Tuſculanas quaeſtiones. Altonae 1792. 8.
(Revidirt.)

NISSEN (Lars), ... *in Flensburg; geb. zu* . . . . . 17...;
§§. Nachricht von einer neuerlich im Schleswig-
ſchen angefangenen Bereitung eines vorzüglichen Tor-
fes aus unbrauchbarer Moorerde; in den Prov. Ber.
1793. H. 6.

NISSEN (Wolder Andreas), Sohn des E.... *N.* im Anhange — *Doctor der A. G. und Phyſikus in* der Stadt
und dem Amte *Rendsburg; geb. zu Hamburg den 14 Iul.
1764.* §§. D. inaugur. de polypis uteri et vaginae.
Goetting. 1789. 4. cum tabb. aeneis. *(Mitgetheilt.)*

NISSEN (. . . . . . .), *Gevollmächtigter in Segeberg; geb. zu*
. . . . . . 17... §§. Von dem Kalkberge bey Segeberg, ſeiner Bearbeitung und den Einkünften von
denſelben; in den Prov. Ber. 1794. H. 3. Der ſämt-
lichen Huſener im Amte Traventhal Bitte um Befreyung von Naturalſtellung des Landausſchuſſes gegen eine Geldabgabe, nebſt der königl. Reſolution

auf

auf diefe Bitte; daf. H. 4. Verfuch einer vollftandigen Topographie des Amts Traventhal mit Inbegrif Giefchenhagen, in Beziehung auf ältere Nachrichten; daf. H. 5. * Ueber die Sicherheitsmafsregeln gegen lofes Gefindel und Landftreicher, und einige unferer fich darauf beziehenden Landesverordnungen; daf. 1795. H. 4.

NOODT (Chriftian Auguft), *Canzeleyrath, Bürgermeifter und Stadtfecretair in Oldesloe*; geb. zu Kiel 173.. -§§ Befchreibung der Stadt Oldesloe; in den Prov. Ber. 1790. H. 4. Berichtigung einer Anzeige für Reifende; daf. 1795. H. 6.

(N. 4.) OERTLING (Friederich Ernft Chriftian), *Paftor zu Eicbede* Amts Trittau feit 1793, vorher feit 1784 Paftor zu St. Michaelis Dom in Norderdithmarfchen; *geb. zu Rendsburg 175..* §§ Tabelle über die in der heiligen Schrift enthaltene Glückfeligkeitslehre Iefu, mit beygefügter Verweifung auf die Fragen des in den Herzogthümern Schleswig und Holftein eingeführten Katechismus zur Beförderung des nützlichen Gebrauchs deffelben beym Religionsunterricht in der Iugend. Meldorf 1786. 12. Von den vier Urfachen, warum die Menfchen bey Widerwärtigkeiten fo oft muthlos werden. Eine zu Meldorf am 2ten Oftertage über das Evangelium gehaltene Gnaden-Iahrs Predigt. ...... 1792. 4.

(N. 3. 5.) OEST (Johann Friederich), Sohn des folgenden — *Director und erfter Lehrer am Schulmeifterfeminarium für Fyuen und Langeland* feit 1795, *wohnt in Kirch-*

Kirchspiel Brabetrolleburg (hatte sich vorher im Flecken
Glücksburg (nicht Damp, wofür N. 5. durch einen
Druckfehler Damy) etablirt, und arbeitete an einer
Erziehungsanstalt für junge Frauenzimmer); *geb. zu
Neukirchen* in Angeln *den 10 Dec. 1755.* §§. Abhandlung über die Preisfrage: Wie kann man Kinder und
junge Leute vor dem Laster der Unzucht überhaupt
und der Selbstschandung insonderheit verwahren,
oder, dafern sie schon angesteckt seyn sollten, sie davon heilen? (Eine gekrönte Preisschrift.) Im 6ten
Theil der Revision des gesamten Erziehungswesens
1787. (auch besonders gedruckt: Für Aeltern, Erzieher und Iugendfreunde über die gefährlichste und
verderblichste Iugendseuche. Wolfenb. 1787. 8. 2te
Auflage 1794.) Höchst nöthige Belehrung und Warnung für Iünglinge und Knaben; das. (auch einzeln.
Wolfenb. 1787. 8. 2te Aufl. 1788.) Höchst nöthige Belehrung und Warnung für junge Mädchen;
das. (auch einzeln. Wolfenb. 1787. 8.) — (*Mitgetheilt.*) Ueber Eintheilung der Schulen in Classen,
vorzüglich in Beziehung auf Landschulen; in C. *J.*
R. *Christiani's* Beyträgen 1sten B. 1stem Hefte.

(M.) OEST (Nikolaus), *geb. den 30 März 1719 zu Uldrup*
in Sundewitt, wo sein Vater Johann Georg Oest als
Diakonus stand, dessen Unterricht er bis in sein 20stes
Iahr genoß, worauf er nach Hamburg gesandt und
im Johanneum von dem Rector Johann Samuel Müller zur Akademie vorbereitet wurde. Er studirte
darauf die Theologie zu Rostock, und nach einem
vier-

vierjährigen Aufenthalt dafelbft kehrte er in fein Vaterland zurück, wo er bald darauf von dem Herzog
zu Glücksburg als *Paftor* adiunctus *in Neukirchen* in
Angeln berufen und um Michaelis 1744 introducirt
wurde.   Aufgefordert von dem Iuftitzrath v. Cronhelm lieferte er verfchiedene Auffätze, die in den
Glückftädtifchen Anzeigen abgedruckt wurden, wie
auch eine Abhandlung vom Magefchifte, die fich im
Glückftädtifchen Magazin befindet. Als Mitglied der
dänifchen Ackerakademie hat er eine (auch auf königl. Koften zu Kopenhagen ins Dänifche überfetzte)
Abhandlung über den Ackerumfatz oder die Aufhebung der Feldgemeinfchaften, (Flensb. 1762. 8.) und
hernach eine ökonomifch-praktifche Anweifung zur
Einfriedigung der Ländereyen, nebft einem Anhange
(daf. 1767. 8.) herausgegeben. Aus dem Dänifchen
überfetzte er in Verbindung mit *L. Bielefeld* die erfte
Hälfte von *Ove Mallings* guten und grofsen Handlungen der Dänen — (Flensb. 1779. 8.) und *Chriftian*
Sommerfelds Geographie, die er zugleich mit einem
Anhange von der mathématifchen Erdkenntnifs vermehrte. (Flensb. und Leipzig 1784. 8.) Aufserdem
gab er auch eine Liederconcordanz zum bequemern
Gebrauch des neuen allgemeinen Gefangbuches heraus. — Ueber Kirchenagenden, Liturgien und Ritua-
le; in den Prov. Ber. 1794. H. 2. — Etliche kleine
Gedichte von ihm find in dem Flensburgifchen Wochenblatt und fonft einzeln gedruckt worden. — Bey
einer vor mehreren Iahren von der dänifchen Land-
haus-

haushaltungs - Gefellfchaft ausgeftellten Preisfrage
„über die vortheilhaftefte Gröfse eines Bauerhofes"
war er Concurrent. Dafs manche angefehene Gü-
terbefitzer die Vorfchläge, die feine Abhandlung ent-
hielt, mit ihrem Privatintereffe nicht vereinigen konnten, war wol allein Schuld daran, dafs diefe Schrift
bis itzt noch Manufcript ift. — Eben fo hat von feiner ausführlichen und dem fel. Kanzler *Cramer* zuge-
fandten Recenfion des Schleswig-Holfteinifchen Gefangbuches, das Publicum keine Notiz nehmen können. (Theils *Autographum*, theils *mitgetheilt.*) Vergl.
Worm 3, 576.

(M. u. N. 3.) OLIVARIUS (Holger de Fine), *aufserordentlicher Profeffor des dänifchen Rechts und der dänifchen
Sprache zu Kiel* feit 1781, (war öfters auf Reifen, zuletzt von 1789 bis 1793, wo er fich am längften in
Italien aufhielt, ohne dafs er fich jedoch in Kiel einen Vicarius gehalten hätte, wie das gelehrte Deutfchland wähnt;) *geb. zu Kopenhagen den 16 Auguft 1758*
(nicht: 1754). §§. Elementa iuris privati Danici
atque Norwegici ex ipfis fontibus dedu&a. Odenf.
1782. 8. Von der vernünftigen Verehrung Gottes,
von *Peter Kofod Ancher*; aus dem Dänifchen überfetzt.
Kiel und Leipz. 1782. 8. Nogle Stykker af tableau
de Paris, fremftillide med Anmærkninger til den,
hvis Indflydelfe paa en Stats-Regiering er betydilig.
Hamb. 1786. 8. England af Hr. v. *Archenholz* overfat. Kbhvn. 1787. 8. 2 Bind. Nogle Reyfe-An-
mærkninger til Læsning, ifær for Ungdommen. 1.
2.

2. Hæfte. Kbhvn. 1794. 8. 3 Hæfte. Kiel 1795;
A letter from Mr. Olivarius to his Countrymen, the
Danes, upon the ſubjeʤ of Mr. *(Robert) Moleswortb.*
Kiel 1794. 8. (Ein Bogen). Ueber einige Mittel,
den Zinsſuſs herabzuſetzen und dem Ackerbau und
den Manufacturen aufzuhelfen. Daſ. 1794. 8. *(Re-
vidirt.)* Vergl. *Worm* 3, 585. und *Weidlicbs* biograph.
Nachr. 4. 154.

(N. 4. 5.) OLSHAUSEN (Detlef Johann Wilhelm), D.
der *Pbiloſopbie und Diakonus in Oldesloe* ſeit 1794, vorher Hofmeiſter, zuerſt zu Oelſchau bey Leipzig, dann
in Hamburg, zuletzt in Kopenhagen; *geb. zu Nord-
beim* im Hannöverſchen *den 30 März 1766.* §§. *P.
Jones* geographiſch-hiſtoriſch-ſtatiſtiſches Handbuch
zur Kenntniſs der gegenwärtigen und vergangenen
Zeit. Aus dem Engl. 2 Theile. Leipzig 1789. 1790.
8. Etwas über die neueſten Staatsrevolutionen, beſonders die franzöſiſche, im Archiv für Schwärmerey und Aufklärung B. 3 und 4. (1790.) Prolego-
mene zu einer Kritik aller ſogenannten Beweiſe für
und wider Offenbarungen. Ein Verſuch. Kopenh,
1791. 8. D. inaugur. de immortalitate hominum
ſublata doʤrina de animi ſimplicitate certa. ib. eod.
8. De uſu rationis in religione revelata diſſ. ibid.
1792. 8. Religion und Tugend, ein Verſuch; im
deutſchen Magazin 1791. Nov. und Dec. Beyſpiel
einer Erinnerung aus den früheſten Kinderjahren, als
Beytrag zur Erklärung des Urſprungs individueller
Neigungen und Urtheile der Menſchen; daſ. 1792.

R   April,

April. Kann denn wirklich der Determinismus mit
: der Moral beftehen? daf. 1793. Febr. Eine Bemerkung, die Kantifche Philofophie betreffend; daf. Dec.
Die chriftliche Theilnahme an den Freuden und Leiden unferer Mitmenfchen. Eine Predigt. Kopenhag.
1793. 8. *Anfrage; im deutfch. Mag. 1794. Febr.
Ueber die Anwendung philofophifcher Syfteme auf
pofitive Religionsfyfteme; daf. März. Erinnerung
zu einer Stelle aus *Schmids* Moralphilofophie; daf.
- Iun. Vertraute Briefe. Als Beytrag zur Menfchen-
kenntnifs; daf. 1795. Febr. *Woher das äufserft
unangenehme des Zuftandes der Ungewifsheit; daf.
März. Etwas über den Hang, feinen Ort zu verän-
dern; daf. April. Briefe über die menfchliche Seele;
, in C. *J. R. Chriftiani's* Beyträg. 1ften B. 1ftem Heft
(wird fortgefetzt). Lehrbuch der Moral und Religion, vorzüglich für die gebildetere Iugend, nach reinen Grundfätzen. Schlesw. 1796. 8. *(Revidirt.)*
OTTE (Friederich Wilhelm), *erfter Landinfpector der
Herzogthümer* feit 1791, wohnt *zu Arild*, Kirchfpiels
Norderbrarup in der Struckdorfharde Amts Gottorff;
geb. auf Kriefebye, einem adlichen Gute im Lande
Schwanfen, *den 9 Dec. 1763.* §§. *Bemerkungen über
Angeln, aus der Brieftafche zweener Freunde, bey
einer Fufsreife im Sommer. Schlesw. 1791. 8. *Befchreibung der, nach dem Vorfchlage einer königl.
Commiffion in den Seeländifchen Aemtern Friederichsburg und Cronenburg vorgenommenen Einrichtungen, nebft einigen allgemeinen Bemerkungen über
den

den Feldbau, von .... *Hanfen*; aus dem Dänifchen
überfetzt. Altona 1792. 8. (Unter der Vorr. hat er
fich genannt.) Etwas über die neue Setzung im Allgemeinen; in den Prov. Ber. 1792. H. 6. Ueber
die verbefferte ökonomifche Einrichtung auf Afchberg; ein Schreiben — daf. 1793. H. 3. Ueber die
Niederlegung des Guts Maasleben und die damit verbundene heilfame Entbindung der Gutsuntergehöri-
gen von der Leibeigenfchaft; daf. 1794. H. 6. *Ueber die Brandweinbrennereyen in Flensburg und den
verbotenen Handel mit Ruffifchem Brandwein auf
Norwegen. Flensb. 1794. 8. (Unter der Zueignung
hat er fich genannt.) *Ueber die Vortheilhaftigkeit
und Zuverläffigkeit der wirkfamen Verhütung des
bisherigen Schleichhandels mit Ruffifchem Brandwein auf Norwegen. Daf. 1794. 8. Schreiben an
einen Freund über die befchloffene Niederlegung der
Hufen und Verwandlung derfelben in Pachtftellen
auf dem Gute Rethwifch in Holftein; in den Prov.
Ber. 1795. H 2. Noch etwas über den Brandwein-
handel der Stadt Flensburg. Zur Beantwortung eines im erften Stücke des Genius der Zeit enthaltenen
Auffatzes; daf. H. 3. Berichtigung einer Stelle in
dem neulich mitgetheilten Auffatz über die beabfich-
tigte Einrichtung des Gutes Rethwifch; daf. Oe-
konomifch-ftatiftifche Befchreibung der Infel Fehmern. Schlesw. 1796. 8. — Wird Antheil nehmen
an C. J. R. *Chriftiani's* gemeinnützigem Journal. (*Revidirt.*)

OUTZEN

OUTZEN (Erasmus), *Paſtor auf der Gröde*, einer Hallige in der Weſtſee Amts Huſum ſeit 1787, vorher
ſeit 1782 Prädikant in Büſumworth; *geb. zu Ting-
leff* in der Schluxharde Amts Gottorff *den 17 Iun. 1753.*
§§. *Pſalme, hauptſächlich zum gottgeweihten Leben, von *E. O., P. a. d. G.* Flensb. 1791. 8. *(Mitgetheilt.)*

OUTZEN (Hans), Bruder des vorigen — *Diakonus zu
Borlum* in der Landſchaft Bredſtedt ſeit 1786, vor-
her ſeit 1785 zu St. Nikolai auf Föhr; *geb. zu Ting-
leff 1755.* §§. Forſœg til en Sundheds-Katechismus.
Overſat af det Tydſke (des *Bernhard Chriſtian Fauſt*).
Flensb. 1794. 8.   *(Mitgetheilt.)*

OVENS (Friederich Carl), *Cammerrath und Amtsverwalter in Neumünſter; geb. zu . . . . . . 17 . . .* §§. *Nachricht von den Fabriken, Gewerben und Handwerkern
im Flecken und Amte Neumünſter; in den Prov. Ber.
1788. H. 3.

OVERBECK (Georg Hermann), *Cantor, Muſikdirektor
und dritter Schulcollege in Flensburg* von 1775-1795,
wo er abdankte; *geb. zu Lügumkloſter den 4 Iul. 1743.*
§§. Gab heraus und verbeſſerte: Aandelige Viſer,
deren Verfaſſer ſein mütterlicher Groſsvater *Johann
Friederich Jakobäus* iſt. Haderſl. 1767. 8. Den fromme Soefarer, ved *H. Harries*, overſat. Flensb. 1792.
8. — Gelegenheitsgedichte.   *(Revidirt.)*

OYE (Friederich Georg), *Canzeleyaſſeſſor und zweyter
Gouvernements-Secretair in Schleswig; geb. zu Hadersleben 17 . . .* §§. *Ueber die einheimiſchen Wollen-
manufacturen, inſonderheit der in den Herzogthümern

mern Schleswig und Holſtein; in den Prov. Ber.
1788. H. 5.

PAAPE (Johann Wilmſen), *Kaufmann zu Altona; geb.
daſelbſt den 29 Aug. 1741.* §§. *Gedanken eines Ungenannten, den einländiſchen Woll- und Rubſaat-
handel und die mit ſolchen Landesproduĉten ſich
beſchäftigenden Pabriken des Vaterlandes betreffend,
mit Anmerkungen, vornemlich in Beziehung auf die
Landſchaft Eyderſtedt; in den Prov. Ber. 1787. H.
5. *Einige Erklärungen und Antworten auf die Anmerkungen über die Gedanken, den einländiſcken
Wollhandel betreffend, von dem Verfaſſer dieſer Gedanken; daſ. 1788. H. 2. (*Mitgetheilt.*)

PANITZ (Georg Hinrich), *Paſtor zu Hagen* im däniſchen
Walde ſeit 1781, vorher ſeit 1776 Diakonus zu Gettorf; *geb. zu Hemme* in Norderdithmarſchen *den 30
Iun. 1749.* §§. *Der Volksfreund; ein Leſebuch für
den Bürger und Landmann (bis itzt), drey Iahrgänge (wovon der *letzte* auch den Titel fuhrt: „*Aufſätze und Geſchichten, nützlich und lehrreich fürs
Volk, von einem Volksfreunde. 1ſter Th."). Schleswig 1791-1795. 8. (*Mitgetheilt.*)

PANNYSON (......), ...

(N. 5.) PAPPENHEIMER (Heymann Salomon), *priva-
tiſirender Gelehrter jüdiſcher Nation in Altona; geb. zu
Lüblinitz in Schleſien im May 1770.* §§. Das Leben
des jüdiſchen Gelehrten *Hartwig Weſſely*; im 1ſten
Th. von *Wolfrabs* Charakteriſtik edler und merkwürdiger Menſchen. *Die Pariſer Jacobiner aufge-

ſtellt

ftellt in ihren Sitzungen. Ein Auszug aus ihrem Tagebuche, veranftaltet und mit Anmerkungen begleitet von *J. W. von Archenholz*, Hamb. 1793. 8. (Der
2te Th. ift in der Michaelismeffe 1793 angekündigt
— auch erfchienen?) — Verfchiedene Ueberfetzungen, Recenfionen und andere Auffatze in Journalen,
welche in der *Minerva* zum Theil mit P——r, auch
——r unterzeichnet find. (*Mitgetbeilt*.) Die in den
Prov. Ber. (1794. B. 2. S. 129.) und Nachtr. 5. ihm
beygelegten „Beyträge zur Berichtigung der Beweife
vom Dafeyn Gottes aus der reinen Vernunft und
dem Dafeyn der Zeit und des Raums aus der Erfahrung" find von *Salomon Seligmann* Pappenheimer zu
. . . . . in Schlefien.

PAULSEN (Carl Friederich Ferdinand), *Organiſt zu St.
Marien in Flensburg; geb. daſelbſt den 11 Febr. 1763.* §§.
Clavier- und Singeftücke. Flensb. und Leipz. (1784.)
Qrtfol. (*Mitgetbeilt*.) Angekündigt ift: „Lieder mit
Melodien, zu fingen am Clavier, in Mufik gefetzt von
C. F. F. P. Erfte Sammlung."

(M.) PAULSEN (Paul), *Paſtor zu Oſtenfeld* Amts Hufum
feit 1773, vorheit feit 1761 Paftor zu Uelvesbüll in
Eyderftedt; *geb. zu Oldensworth* im Oftertheil der
Landfchaft Eyderftedt *den 26 Ian. 1734* (ift nicht geftorben, wie Nachtr. 5. behauptet wird). §§. Ueber-
zeugender Beweis von der Nothwendigkeit der Wie-
dererftattung. Flensb. 1781. 8. „Nach feiner Abficht follte diefe Schrift nur Bewegungsgründe für Iedermann zur Ausübung diefer Pflicht enthalten. Einem

nem *zweyten* Theile aber, der jedoch itzt fchwerlich
erfcheinen möchte, waren die nähern Beftimmungen
und cafuiftifchen Sachen vorbehalten." (*Nach dem
Autographum.*)

PETERS (P... J...), *Organift zu St. Nikolai auf Föhr;
geb. zu ...... 17... §§.* Leichte Melodien zu Liedern verfchiedenen Inhalts. Zwey Sammlungen. ...

PETERS (......), ... *in Friedrichsftadt; geb. zu .....
17... §§.* ....

PETERSEN (Chriftian Gottlieb), *Paftor zu Marne* in Süderdithmarfchen; *geb. zu ...... 17... §§.* Milde
Stiftungen im Kirchfpiel Marne; in den Prov. Ber.
1794. H. 6.

PETERSEN (Daniel), *Paftor zu Oxenwadt und Iels* in der
Grammharde Amts Haderfleben feit 1795, vorher
feit 1786 Paftor zu Holebüll in der Lundtofthardė
Amts Tondern; *geb. zu Broacker* in Sundewitt (wo
fein Vater Lorenz P. Prediger war) *den 6 Ian. 1758.*
§§. *Ueber die Mängel einiger unferer Landfchulen
und die Mittel, denfelben abzuhelfen; in den Prov.
Ber. 1791. H. 2. Ueber die Verdienfte und den
Charakter des fel. *Philipp Eruft Laders,* Hofpredigers
und Probften zu Glücksburg; daf. 1792. H. 6. (*Revidirt.*)

PETERSEN (Johann Jakob), *Rathschirurgus, Demonftrator vicarius am Collegio anatomico und feit 29 Iahren
ausübender Wundarzt in Altona; geb. zu Hamburg den
3 May 1736.* §§. War, fo lange Doctor *Uden* (vergl.
den Anhang) der Hauptverfaffer war, Mitarbeiter

an der Wochenſchrift: Die Aerzte, Altona 1785.
und an der Geſundheitszeitung des Iahrs 1786. Unter dem Namen Heinrich Lehrbegierig aus Spitzen-
hauſen hat er beſonders in der erſten N. 19. vom
Aderlaſſen und in der letzten N. 7. über die eiſernen
Maſchinen und Schnürleiber bey gebrechlichen Kindern und eine Warnung an das Publicum, ſich vor
Spielverſprechern und Anpreiſern zu hüten, geſchrieben. (*Mitgetheilt.*)

PETERSEN (Theodorus Franciſcus), *Tanzmeiſter*, welcher zwar *zu Itzehoe* wohnt, aber doch oft verſchiedene Städte unſerer Herzogthümer beſucht; *geb. zu
Königsberg* in Preuſſen *1763.* §§. Praktiſche Einleitung in die Choregraphie oder die Kunſt, einen Tanz
durch Charaktere und Figuren zu beſchreiben, mit
vier Franzöſiſchen Contre- und zwölf Engliſchen
Country-Tänzen, für das zweyte und letzte halbe
Iahr 1769. Hamb. 1769. Praktiſche (vollſtändige?) Einleitung in die Choregraphie oder Tanzzeich-
nungskunſt, nach dem Franzöſ. Original (des ....).
Mit zwölf vollſtändigen Engl. Tänzen, nebſt einem
Beytrag zur Aufnahme des geordneten Tanzes. ıſter
Theil. Schlesw. 1791. kl. 8. Mit Kupf. und Touren.
(*Mitgetheilt.*)

(N. 4. 5.) PHILIPSON (Moſes), *geb. zu Altona den* 20
Nov. 1761. Er widmete ſich von Kindheit an, unter
Privatlehrern und bey eignem Fleiſſe, den Wiſſen-
ſchaften und brachte mehrere Iahre auf dem Chri-
ſtianeum zu, wo er an *P. C. Henrici* und *L. H. S.*
Jebne

Jebne wahre Freunde und Gönner fand. Da ihn in der Folge mehrere Gründe davon abhielten, eine Univerſität zu beſuchen und überhaupt auch nie ein einziges Feld der Wiſſenſchaften ihn ſo ganz an ſich zog, daß er innern Beruf gefühlt hätte, ſich ihm ganz und allein zu widmen: ſo *nahm* er im Dec. 1784 *eine Buchhalterſtelle im Fideicommiſscomtoir zu Hannover an.* Seitdem hat er dieſen Ort nicht verlaſſen und ihm iſt ſchon ſeit mehrern Iahren die Führung aller Geſchäfte und die Kaſſe anvertraut worden. Nie hat er aber eigne Handlung getrieben, oder ſich der Kaufmannſchaft gewidmet. Außer dem „Leben Benedicts von Spinoza" (Braunſchw. 1790. 8.) und den „Bemerkungen über die Darſtellung der Iuden auf der Bühne" (in den monatlichen Heften. Hannover 1792.) hat er mehrere kleine *Auffätze* in F. B. Benecken's Iahrbuche für die Menſchheit (1788 - 1790), mehrere Antritts- Abſchieds- und andere *Gedichte* für die Großmanniſche Bühne und *Ueberſetzungen* aus dem Engliſchen, welche die Schulbuchhandlung zu Braunſchweig verlegte, ausgearbeitet, die jedoch beſtimmt anzuführen der Mühe nicht verlohnen möchte. Eben ſo wenig verdient *eine Oper*, die er *aus dem Italiäniſchen* mit Beybehaltung der Muſik und eine *engliſche Komödie*, die er für die Großmanniſche Bühne ins Deutſche überſetzte, in Anſchlag gebracht zu werden. Weniger unbedeutend iſt vielleicht *eine Cantate* auf Leſſings Tod, die Großmann in „Leſſings Denkmahl, eine vaterländiſche Geſchichte, dem teut-

         ſchen

fchen Publicum zur Urkunde vorgelegt," (**Hannov.**
1791) hat abdrucken laffen und die fein damaliger
Mufikdir *ector*, Weber, in Mufik gefetzt hat. Seine
jetzige Lage und befonders feine Kränklichkeit verhindern ihn, mehr zu fchreiben, und einzelne Ideen,
die er des Aufbewahrens werth achtet, hat er Gelegenheit in feinen *Recenfionen für die allgem. Litter. Zeitung* anzubringen. (*Autographum.*) Gutachten über
die Verbefferungen des Iudeneides. Neuftr. 1796. 8.

PIËTER (Joachim), *Doctor der Philofophie* feit 1768, *pri-*
vatifirt feit einigen Iahren *zu Gölnitz* bey Calau in der
Niederlaufitz, zuerft Adjunct des Minifteriums zu
Altona und Nachmittagsprediger in Ottenfen von
1750 bis 1766, hierauf bis 1772 Privatdocent in
Kiel, dann Rector der Dorotheenfchule zu Berlin und
endlich Rector zu Bafekov in der Laufitz; *geb. zu Al-*
tona den 1 May 1719. §§. Diff. phyfica de terrae con-
cuffionibus 2. 1738 in *Anglia* obfervatis, praef. *G. C.*
Materno de Cilano ab ipfo 2. 1741. d. 13 Sept. defen-
fa. Alton. 4. De poëfi, fapientiam loquente, D. inaugur. quam praef. *W. E. Chriftiani* d. 15 Mart. 1768
defendit. Kil. 4. Homerici carminis laudes ex fontibus Graecorum Romanorumque derivatae rivulis-
que recentiorum deductae, ut inftar commentarioli
in Homerum effe poffint. Berol. 1775. 8. — Seine
in der letzten Schrift verfprochenen differtt. Home-
ricae find nicht erfchienen. Vergl. *Boltens* Kirchen-
Nachr. von Altona 141 ff.

(N. 5.) PINKVOSS (Chriftian Gottlieb), *Buchhändler*
oder

oder vielmehr Bücherverleiher *zu Altona*; *geb. zu*
.... *17* ... §§. *Anekdoten und Geisteszüge von
edlen Menschen, zum Vergnügen und zur Bildung
für alle Stände. Altona 1788. 8.—Mehrere ähnliche
Schriften.

(N. 5.) POLCHOW (Johann David), Bruder des Christian Peter in *Pütters* Gelehrten-Geschichte von Göttingen 2, 244 — *Pastor zu Genin* im Hochstift Lübeck
seit 1765; *geb. zu Parchim* in Mecklenburg *den 13 Nov.
1732.* §§. D. de unctione Christi, praes. *J. C. Köcher.*
Jen. 1754. 4. Die letzten Stunden seines sel. Vaters
Jakob Bernhard P., Superintend. zu Parchim. Rostock 1756. Fol. Zum Andenken des sel. Archidiakonus David Bertram Löscher in Parchim (über die
Frage: ob man mit Recht verstorbene Christen selig
nennen könne?). Lübeck 1769. Fol. Das Leben seines sel. Bruders Christian Peter P., Diakonus in Lauenburg. Lüb. (?) 1770. Fol. Buchstaben - Syllabir-
und Zahlentafel für seine Schulen. Das. 1784. umgearbeitet 1791. Gemeine Syllabirtafel, nach welcher unsere Kinder die erste Anleitung zum Lesen,
Hochdeutschverstehen und Denken bekommen. Götting 1785. 8. verbessert Lübeck 1791. und zum Gebrauch für die sämtlichen Capitelschulen eingerichtet. Rostock 1793. Ueber Volk und Fibeln, zum
fruchtbaren Gebrauch in Volksschulen (ein Dialog).
Lübeck 1786. 4. Winke für theologische Bieder-
männer, welche ein neues Gesangbuch für den öffentlichen Gottesdienst sammlen wollen; in *Protje's* litur-

gi-

giſchem Archiv Fach 3. (1786.) Bemerkungen über
den öffentlichen Gottesdienſt und über die Volksſchu-
len im Herzogthum Oldenburg; daſ. Fach 4. Nachricht von einigen in ſeiner Kirche vorgenommenen
liturgiſchen Veränderungen ; daſ. Fach 5. (1788.)
Geniner Leſefibel. Lübeck 1788. 8. Hat unſere Gegend bey Einführung des Chriſtenthums durch Otto
den Groſsen und Heinrich den Löwen gewonnen?
Daſ. 1789. 4. Inſtruction für die Lehrer an den Ca-
pitularſchulen des Hochſtifts Lübeck, auf Befehl e.
Hochw. Domcapitels verfaſſet. Daſ. 1793. 8. Leſe-
übungen, zum Gebrauch der Capitelſchulen (iſt noch
nicht ausgegeben. Den Anhang, der ſich auch bey
der Geniner Leſefibel befindet, nämlich: „Leſeübun-
gen in verſchiedenen Schriftarten, ein Nachtrag zum
Vorhergehenden," ließ der Verfaſſer zuerſt in Göttingen 1785 unter dem Titel: „Zugabe zur Leſefibel
des Hrn. Paſtor *Gladbach* für die Schuljugend des
Kirchſpiels Genin" drucken und vermehrte ihn bey
der zwoten Auflage beträchtlich).—Allerley gedruckte Reimereyen, Recenſionen und Aufſätze in periodiſchen Schriften und verſchiedene Beyträge zum Archiv für die neueſte Kirchengeſchichte. — Die oben
aufgeführte Nachricht von ſeinen liturgiſchen Aban-
derungen zu Genin bis im Sommer 1786 in *Pratje's*
liturgiſchem Archiv, Fach 5. S. 177 bis 230, konnte
noch manches nicht enthalten, ſo nachher erſt hinzugekommen iſt, und die Rechenſchaft vor dem Publicum von den dort vorgenommenen Schulverbeſſe-
rua-

rungen befindet fich auch fchon in *Zerrenners* Händen, welcher fie nächftens in feinem deutfchen Schul-
freunde wird abdrucken laffen. *(Nach dem Autogra-*
phum.) Von feinen feit 27 Iahren nach und nach gemachten gottesdienftlichen und Schulverbefferungen
im Hochftift Lübeck wird nächftens auch im Archiv
für die neuefte Kirchengefchichte, zufolge einem B.
1. S. 164. gethanen Verfprechen, Nachricht gegeben
werden. — Erfahrungen über die Unfchädlichkeit
des gemeinfchaftlichen Kelchs im Abendmahl, als eines vorgeblichen Vehikels, die Luftfeuche zu verbrei-
ten; daf. B. 2. St. 4.

POPERT (Jakob Jofeph), *jüdifcher Nation*, *privatifirt in*
Altona; *geb. zu* ...... *17*... §§. אפרים. Altona
5550 (1790). 8. *(Mitgetheilt.)*

POSCHOLAN (Magnus Chriftoph), *Paftor zu Cropp*
Amts Gottorff feit 1771, vorher feit 1761 Paftor zu
Hollingftedt und feit 1758 königl. dänifcher Feldprediger; *geb. zu Kopenhagen oder Soroe* (?) *17*... §§.
En opbyggelig Paffions - Samtale imellem en Lærer
og et Barn. Overfat. Kbhvn. 1752. 8. *Henr. Stäbe-*
lins Betragtning om en fand Chriftens Glæde og Be-
dröevelfe. Overfat. Kbhvn. 1753. 8. *Th. Wilcoks*
koftelige Honning-Draaber af Klippen Chrifto. Overfat af Engelfk. Kbhvn. 1761. 8. Prædiken over
Matth. 22, 15-22. Kbhvn. 1766. 8. Ein Wort
der Erweckung zur Herzensvifitation, wurde feinen
lieben Zuhörern nicht ohne Bewegung in einer Predigt am Tage der Generalkirchenvifitation in der
Hol-

Hollingstedter Kirche den 16 Iul. 1766 vorgehalten,
welches ihnen nunmehro schriftlich zu einer nähern
Prüfung und mehreren Erbauung in die Hände geliefert wird. Flensb. 1766. 8. Vier Zeugnisse der
Wahrheit von Christo und dem rechtschaffenen We-
sen in ihm, in drey Predigten und einer Confirmationsrede. Nebst einem Anhange etlicher erbaulicher
Lieder. Minden 1767. 8. *Gedanken eines Wahr-
heitsliebenden von der Wahrheit der christlichen Religion. Hamb. 1768. 8. Vergl. *Worm* 2, 215, der
vielleicht noch durch die Hamburg. Nachrichten aus
dem Reiche der Gelehrsamkeit, die man nicht zur
Hand hatte, ergänzt werden kann.

VON PRANGEN (Johann Friedrich August,) *Doctor der
A. G. und ausübender Arzt zu Corsör auf Seeland; geb.
zu Kiel 176..* §§. D. inaugur. de morbis spasmodicis,
hystericis praesertim. Hafn. 1794. 4.

PRIMON (Carl Friedrich), *studirt seit 1787 in Kopenhagen Theologie und Sprachen; geb. zu Schleswig den 13
Aug. 1763.* §§. Mine Luner...... (ist ästhetischen
Inhalts). Middagsposten. ..... (ein Wochenblatt
vermischten Inhalts). Einige Gedichte in der dänischen Minerva und verschiedene anonymische Abhandlungen. (*Nach dem Autographum.*)

RABEN (Nikolaus), *Pastor zu Slangerup auf Seeland; geb.
zu Hadersleben (?) 17...* §§. ....

Reichsgraf zu RANZAU (Chr....), *auf Aschberg* im Pree-
zer District; *geb. zu ..... 17...* §§. Aufsätze in
der

der Berliner Monatsfchrift, als: Ueber die einländi-
fchen Colonien der Europäer. Iul. 1792. . . . .

(M.) VON RECK (Philipp Georg Friederich), *königl. dänifcher Regierungsrath zu Ranzau; geb. zu* . . . . . . *im
Hannöverfchen den 10 Sept. 1710.* §§. Nachricht von
dem Etablifſement der Salzburger Emigranten zu
Ebenezer in Georgien. Hamb. 1776. 8.

REICHE (K. . . . . F. . . . .), *Infpector des adlichen Guts
Rundboff in Angeln; geb. zu Afcbersleben den* . . . . . *174.*.
§§. *Ein Holſteiner an feine Landsleute in den dänifchen Provinzen, um fie gegen den unfinnigen Frey-
heitsfchwindel zu verwahren, und gelegentlich ein
Wort vom Lager zu Oxenwath. . . . . 1793. 8. *Der
todte Zaun. Eine Procefsgefchichte. Kiel 1792. 8.
— *Befchreibung der im dänifchen Walde im Herzogthum Schleswig gelegenen adlichen Güter Sche-
ſtedt und Grünhorſt; in den Prov. Ber. 1787. H. 5.
* Witterung des Iahrs 1786 und ihre Wirkung auf
die Landwirthfchaft; daſ. H. 6. * Witterung des
Iahrs 1787 und deren Wirkung auf die landwirthfchaftlichen Erzeugniffe; daſ. 1788. H. 1. *Nachricht von dem Erfolge der veränderten ökonomifchen
Einrichtung des Guts Ekhof; daſ. H. 5. *Epiſtel eines empirifchen Landwirths an die Herrn Landprediger in Schleswig und Holſtein; daſ. 1791. H. 6.
Auch etwas über die Oxenwather und andern Heiden in den Herzogthümern, in militärifch-ökonomi-
ſcher Rückficht, veranlaſt durch den (1792. H. 4. ab-
ge-

gedruckten) Auffatz des Hrn. Oberftl. von Binzer;
daf. 1793. H. 2.

REIMER (Georg), *Paftor an der Marienkirche zu Rendsburg feit* 1788, vorher feit 1771 Archidiakonus und
feit 1769 Diakonus dafelbft; *geb. zu Flensburg den
6 Nov. 1741.* §§. Diff. hiftorico-litteraria de vita,
eruditione et fcriptis Saxonis Grammatici, hiftorici
Dani, patriae ornamenti. Helmftad. 1762. 4. (fehlt
im *Saxe* und *Lawätz,* wird im *Meufel* und felbft von
Klotz in den Prolegom. zu feiner Ausg. des Hiftori-
kers dem Präfes *J. B. Carpzov* beygelegt, richtiger
aber in den Leipz. gel. Zeitungen auf 1762, in *Hielmftiernes* Bogfamling S. 334. und in Catal. Bibl. Thott.
5, 2, 398. dem Refpondenten). Von den Gebräu-
chen der alten nordifchen Völker, infonderheit der
Dänen, in Anfehung des Eheftandes. Flensb. 1764. 4.
(Eine Gelegenheitsfchrift). *Der Verföhnungstag.
Eine Cantate. Schlesw. 1778. 8. Zwey Auffätze
in den Glückftädtifchen Anzeigen: von Flensburg;
1764. St. 12. und: Lob der Gefchichte; 1764. St. 4.
(Nach dem Autographum.)

(N. 3. 4. 5.) REINHOLD (Carl Leonhard), *Doftor der
Philofophie und feit* 1794 *ordentlicher Profeffor derfelben
zu Kiel* (trat 1773 in den Orden der regulirten Prie-
fter des heil. Paulus, insgemein die Barnabiten genannt, wofelbft er 1782 Profeffor der Philofophie
und Novitienmeifter war, wurde darauf 1785 Sach-
fen-Weimarifcher Rath in Weimar, 1787 auferor-
dentlicher und 1791 ordentlicher Profeffor der Phi-
lofo-

lofophie in Jena); *geb. zu Wien den 26 Oct. 1758* (nicht
1757). §. *Allgemeine Damenbibliothek.* Eine
freye Ueberſetzung des franzöſ. Werks dieſes Namens, mit zweckmäſsigen Veränderungen und Zuſätzen und einer Vorrede von *Wieland.* Leipz. 1785-
1789. 8. 6 Bände (wurde ins *Holländiſche* überſetzt:
Allgem. Biblioth. vor Damen en jonge Heeren. Amſterdam 1787 ff.). *Herzenserleichterung zweyer
Menſchenfreunde in vertraulichen Briefen über *Lavaters* Glaubensbekenntniſs. Frankf. und Leipz. 1785.
8. *Die hebräiſchen Myſterien oder die älteſte reli-
giöſe Freymaurerey. In zwey Vorleſungen gehalten
in der ☐ Loge zu *** von Br. *Decius.* Leipz. 1788.
8. (aus dem Journal für Freymaurer, Brüder und
Meiſter abgedruckt.) Ueber die nähere Betrachtung
der Schönheiten eines epiſchen Gedichts, als Erholung für Gelehrte und Studierende; eine akademiſche Rede. Jena 1788. 8. (Aus dem deutſchen Merkur 1788. May beſonders abgedruckt.) Ehrenrettung der Lutheriſchen Reformation gegen zwey Capitel in *J. M. (M. J.) Schmidt's* Geſchichte der Deutſchen, nebſt einigen Bemerkungen über die gegenwärtige kathol. Reformation im Oeſterreichiſchen.
Daſ. 1789. 8. (Aus dem deutſchen Merkur 1786.
Febr., März, April *vermehrter* abgedruckt.) Ueber
die bisherigen Schickſale der Kantiſchen Philoſophie.
Daſ. 1789. 8. (Aus dem deutſchen Merkur 1789....
beſonders abgedruckt.) Verſuch einer neuen Theorie des menſchlichen Vorſtellungsvermögens. Daſ.

1789. gr. 8. (Das 1ſte Buch iſt in Bruchſtücken im
Merkur, im neuen deutſchen Muſeum und in der Berliner Monatsſchrift abgedruckt.) Briefe über die
Kantiſche Philoſophie. 1ſter B. Leipz. 1790. gr. 8.
(ſtand vorher im deutſchen Merkur und wurde *ſo*
nachgedruckt unter dem Titel: * Auswahl der beſten
Aufſätze über die Kantiſche Philoſophie. Frankf. und
Leipz. 1790. 8.) 2ter B. 1792. Beyträge zur Berichtigung bisheriger Misverſtandniſſe der Philoſophen. 1ſter B. Das Fundament der Elementarphi-
loſophie betreffend. Jena 1790. gr. 8. 2ter B. Die
Metaphyſik, Moral, moraliſche Religions- und Ge-
ſchmackslehre betreffend. 1794 Ueber das Fundament des philoſophiſchen Wiſſens. Daſ. 1791. gr. 8.
Ueber den Begrif der Geſchichte der Philoſophie; in
Fülleborns Beyträgen zur Geſchichte der Philoſophie
St. 1. (1791.) Rede bey der Wiederherſtellung des
akademiſchen Ehrengerichts in Kiel. Nach dem Auftrag und im Namen des akademiſchen Conſiſtoriums
gehalten den 1 Nov. 1794; in den Prov. Ber. 1794.
H. 6. (auch einzeln abgedruckt. Alt. 1795. 8.) —
Schrieb 1781 und 1782 die Recenſionen der philoſophiſchen und theologiſchen Artikel in der Wiener
Realzeitung. — Beſorgte von 1785-1788 gemeinſchaftlich mit *Wieland* die Herausgabe des deutſchen
Merkurs, zu welchem er die meiſten in dieſen Iahrgängen enthaltenen Recenſionen und auſſer mehrern
andern, ſeinen Schriften nachmals eingerückten oder
auch beſonders abgedruckten, Aufſätzen folgende

(neu-

(neulich unter dem Titel: „Auswahl.vermifchter
Schriften. Jena 1796. 8." gefammelte) geliefert hat:
* Gedanken über Aufklärung. 1784. Jul. Aug. Sept.
* Die Wiffenfchaften vor und nach ihrer Secularifa-
tion. Ein hiftorifches Gemälde; daf. Jul.   * Ueber
die neueften patriotifchen Lieblingsträume in Deutfchland; daf. Aug. und Sept.   * Schreiben des Pfarrers
zu .** an den Herausgeber des deutfchen Merkurs
über eine Recenfion von *Herders* Ideen zur Gefchichte der Menfchheit. 1785. Febr.   * Skizze einer Theo-
gonie des blinden Glaubens. 1786. Jun. Ueber den
Einfluß des Gefchmacks auf die Cultur der Wiffenfchaften und der Sitten. 1788. Febr.   * Ueber die
Natur des Vergnügens. Oct. Nov. und 1789. Jan.
* Vorbereitung zu den künftigen Preisfchriften über
den Cölibat. 1791. Oct.   Die drey Stände, ein Dialog. 1792. März. Die Weltbürger, ein Dialog; daf.
April. † Ueber die teutfchen Beurtheilungen der franzöfifchen Revolution. Ein Sendfchreiben an den Herausgeber. 1793. April.   An feine in Jena zurückge-
laffenen Zuhörer. 1794. Jul. — Erhielt 1795 den
Preis für eine Abhandlung, welche nachher unter folgendem Titel erfchien: *Reinhold's, J. C Schwab's* und
J. H. Abicht's gekrönte Preisfchriften über die :von
der Akad. der Wiffenfch. zu Berlin vorgelegte Frage:
Welches find die wirklichen Fortfchritte der Meta-
phyfik feit Leibnitz's und Wolff's Zeiten in Deutfchland? Berlin 1796. gr. 8. — Ueber den philofophifchen Skepticismus, Vorrede zu *Tennemanns* Ueber-

fetzung

ſetzung der Humiſchen Abhandlung über den menſchlichen Verſtand. Jena 1793. 8. — Ueber den Geiſt
der wahren Religion, Vorrede zu: Sammlung einiger Predigten, welche bey beſondern Veranlaſſungen
gehalten worden von *J. Suſemibl.* Herausgegeben
und mit einer Vorrede begleitet von den Profeſſoren
M. Ehlers, C. L. Reinhold und *D. H. Hegewiſch.* Kiel
1795. 8. — Ueber den Einfluſs des geſunden Verſtan-
des auf philoſophirende Vernunft, Vorrede zur deutſchen Ueberſetzung von C. *Horuemann's* philoſophiſchen Schriften. Altona 1796. 8. (Vergl. C. R. *Boie*
im Anhang.) — Nimmt ſeit 1787 Antheil an der allgem. Litter. Zeit., zu welcher er insbeſondere die Recenſionen von *Kants* Kritik der reinen Vernunft 2te
Ausg., von *Kants* Kritik der Urtheilskraft und von
Kants Religion innerhalb der Gränzen der Vernunft
geliefert hat. — Arbeitet an einer Geſchichte der So-
kratik. — Sein von *Henne* ſchlecht getroffenes Bildniſs ſteht vor dem erſten Bande von *J. W. A. Kos-*
manns allgem. Magaz. für kritiſche und populäre Philoſophie, ein beſſeres lieferte 1794 *J. H. Lips.* —
(Nach dem Autographbum.) — Vergl. einen, lauter Unrichtigkeiten enthaltenden, Aufſatz im deutſchen Zuſchauer 178.. und einen andern im Genius der Zeit
1794. St... Aus einem Briefe von Jena über ſeinen
Abgang nach Kiel.

(M. u. N. 1. 5.) REUSS (Auguſt Chriſtian), Sohn des
Jeremias Friederich; vergl. auſer den drey in *Scholz's*
Entwurf einer Kirchengeſchichte des Herzogthums
Hol-

Holſteins S. 268. aufgeführten Schriften (Dän. Bibl.;
Moſer's Lexicon der itzt lebenden Theologen in
Deutſchland und *Strodtmann's* Geſchichte itzt lebender Gelehrten) *Worms* Lexicon und *Bökb's* Geſchichte
der Univerſität Tübingen S. 209 f. — *Doctor der A.*
G. und ſeit 1791 *Würtenberg, cbarakteriſirter Leibarzt*
zu Stuttgard, vorher ſeit 1784 biſchöfl. Speyerſcher
geheimer Rath und Leibarzt zu Bruchſal, ſeit 1783
auſſerordentlicher Profeſſor der A. G. zu Tübingen
und zuerſt ausübender Arzt zu Stuttgard; *geb. zu*
Rendsburg den 2 Ian. 1756. §§. D. de terrae motuum
cauſſa. Tubing. 1773. 4. D. de ſale ſedativo Hom-
bergii. ib. 1778. 4. Beſchreibung eines neuen che-
miſchen Ofens (nach *Joſ. Black*), nebſt 5 Kupfertaf.
Leipzig 1782. 8. Diſſ. inaugur. anatomico-phyſica,
ſiſtens novas quasdam obſervationes circa ſtructu-
ram vaſorum in placenta humana et peculiarem huius cum utero nexum. Tub. 1784. 4. — Auffſätze in
Crells neueſten Entdeckungen in der Chemie, z. E.
von Verſtärkung der Kohlenhitze durch dephlogiſti-
ſirte Luft, Th. 8 (1783) und in den Abhandlungen
der Böhmiſchen Geſellſchaft der Wiſſenſchaften, z. E.
eine Unterſuchung der Aſche von Heu, welche ein
Blitzſtrahl entzündet hatte (1785).

(M. u. N. 1.4.5.) REUSS (Jeremias David), Bruder des
vorigen und des Chriſtian Friedrich im *Meuſel* (nicht
des Johann Auguſt, wie *Bouginé* 4, 629 behauptet) —
Doctor der Philoſophie ſeit 1768 und ſeit 1785 ordent-
licher Profeſſor der Gelehrtengeſchichte, wie auch ſeit

1789 *Unterbibliothekar in Göttingen*; vorher feit 1782
aufserordentlicher Profeffor der Philofophie und Cu-
ftos der Bibliothek dafelbft; zuerft Privatdocent und
Unterbibliothekar zu Tübingen; *geb. zu Rendsburg
den 18 Ian. 1750.* §§. Befchreibung einiger Handfchriften aus der Univerfitätsbibliothek zu Tübingen, nebft
Anzeige der verfchiedenen Lesarten. Tüb. 1778. 8.
Befchreibung merkwürdiger Bücher aus der Univerfitätsbibliothek zu Tübingen vom Iahr 1468-1477
und zweyer hebräifchen Fragmente. Daf. 1780. 8.
Lectionum varietas ad Platonis dialogos ex cod. Tubing.; im 2ten Th. der Zweybrücker Ausgabe 1782.
Antheil an *J. F. Fifcher's* dritten Ausgabe von *Plato's*
Euthyphro, Apologia Socratis, Crito, Phaedo (1783);
vergl. die Vorr. S. 7 ff. — Sammlung der Inftructio-
nen des Spanifchen Inquifitionsgerichts, gefammelt
auf Befehl des Cardinals Don *Alonfo Maurique*, Erz-
bifchofs von Sevilla und Generalinquifitors in Spanien. Aus dem Spanifchen überfetzt. Hannov. 1788.
8. Beyträge zur neuen Ausgabe von *J. A. Fabricii*
Bibl. graeca. Hamb. 1790 fqq. 4. Das gelehrte England, oder Lexicon der itzt lebenden Schriftfteller in
Grofsbritannien, Irland und Nordamerika, nebft einem Verzeichnifs ihrer Schriften. Vom Iahr 1770-
1790 (in zwey Hälften). Berlin und Stettin 1791.
8. *(Revidirt.)* *Bruchftücke zur Gefchichte auslän-
difcher Univerfitäten; in *Meufels* hiftor. litterar. bi-
bliogr. Magazin St. 7. 8. (1794.) Hiftorifche Einleitung zu *J. M. Wousleb's* Befchreibung von Aegypten

ten im Iahr 1664, welche er, gereinigt und lesbarer
gemacht, dem *H. E. G. Paulus* für die dritte Sammlung der merkwürdigften Reifen in den Orient (1794)
aus einer Göttinger Handfchrift mittheilte.— Arbeitet an einer Fortfetzung der regefta chronologico-di-
plomatica des *Peter Georgifcb.* — Sein Bildnifs von
Schwenterley 1792.— Vgl. *Pütters* Gelehrtengefchichte von Göttingen 2, 182.

REUTER (Johann Nikolaus), *Rector zu Eckernförde* feit
1784; *geb. dafelbft den 2 Febr. 1761.* §§. Nachricht
von der Schule zu Eckernförde; in den Prov. Ber.
1787. H. 4. Pr. Von dem Nutzen öffentl. Schul-
prüfungen. Schlesw. 1790. 4. Pr. Ermahnung an
Aeltern, über den häuslichen Fleifs der Kinder zu wa-
chen. Kiel 1793. 4.— *(Revidirt.)*

Gräfinn von REVENTLOW (Julie) auf *Ehmkendorf* im
Kieler Diftrict; *geb. zu ......17...* §§. *Sonntags-
freuden des Landmanns. Kiel 1791. 8. Antheil am
Tafchenbuch von *J. G. Jacobi* und feinen Freunden
für 1796.

(N. 4. 5.) REYHER (Johann Georg), Urenkel des Samuel R. im *Jöcher* — *Doctor der A. G., ausübender
Arzt und Privatdocent zu Kiel* feit 1782; *geb. dafelbft
den 18 May 1757.* §§. D. inaugur. de venenis. Kil.
1782. 4. *Ueber die Einrichtung kleiner Hofpitä-
ler in mittlern und kleinern Städten. Hamb. u. Kiel
1784. 8. (unter der Vorrede hat er fich genannt.)
Etwas über die Verfteinerungen. Kiel 1789. 8. Anleitung zur Erhaltung der Gefundheit für den Land-

mann.

mann. Schwerin und Wismar 1790. 8. (erfchien zu
Wien 1790 italienifch, überfetzt von *Aloyfius Careno*
— nicht Carenus, wie er N. 5. heifst — einem Sohne
des 176.. verftorbenen, von *Adelung* übergangenen,
Prof. gleichen Namens zu Pavia.) Allgemeine pa-
thologifche Diät oder Lebensordnung für Kranke.
Daf. 1790. 8. Auszüge medicinifcher Probe- und
Einladungsfchriften. B. 1. St. 1. Daf. 1790. 8. St. 2.
1791. (St. 3. liegt noch im Mfcript.) Gemeinnützige Unterhaltungen aus der Arzeneykunde, Naturgefchichte und Oekonomie. 2 Iahrgänge (feit dem May
1790 erfchien wöchentlich ein halber Bogen). Kiel
1790 bis 1792. 8. Entwurf einer medicinifchen
Enkyklopädie und Methodologie. Leipz. und Altona
1793. 8. Vorfchriften zur Erhaltung der Gefundheit, für Schulen in Städten und auf dem Lande. Kiel
1794. 8. *(Revidirt.)*

RHINA (Johann), *Hauptpaftor zu Weslingburen* in Norderdithmarfchen feit 1792, vorher feit 1756 Diakonus und feit 1762 Archidiakonus dafelbft; *geb. zu
Neumühlen* Amts Kiel *den 24 Febr. 1728.* §§. Eine
Pfingftpredigt über die Epiftel des zweyten Fefttages.
Heyde 177.. 8. Eine Standrede über Apoftelgefch.
24, 14-16. am 12 Iun. 1777, als am Tage der Beerdigung des M. *Joh. Heinr. Febfe* gehalten. .... Vergl.
Febfe's Nachrichten von den Predigern in Norderdithmarfchen S. 70 ff.

RHUDE (Johann Hinrich), *Paftor zu St. Annen* in Norderdithmarfchen feit 1757; *geb. zu Weslingburen den*

15

15 März 1729. §§. Ein Glückwunsch an *G. F. Fren-*
kel; in der Sammlung der bey deffen Iubelfeyer erfchienenen Schriften. Hamb. 1771. 4. Vergl. *Febfi*
am a. O. S. 573 und im Anhange S. 91.

(N. 5.) RICHTER (Johann Leonhard Friederich), *Bucb-*
binder in Altona; geb. *zu Warnftedt* im Halberftadti-
fchen 17... §§. Der durch Europa und Amerika
aufmerkfame Reifende u. f. w. Altona 1777. 8. *Die
allerficherften Kennzeichen der nahen Zukunft des
Herrn Jefu Chrifti zum Gericht u. f. w. (Alt.) 1790.
8. — Aufser diefen beyden, ihrem vollftändigen Titel nach, in *Bolten's* K. N. 2, 20. und daraus in N. 5.
angegebenen, Brofchüren, erfchienen in der Folge:
*Die von Chrifto dem Philadelphifchen Engel in der
6ten Kirchenzeit gegebene offene Thür zu dem grofsen Geheimniffe der heil. Offenbarung. (Alt.) 1790.
8. (unter dem Namen *Gottlieb Lebrecht Hurter*) und:
*Einige wichtige und nachdenkliche Prophezeihun-
gen über das Königreich Frankreich, betreffend deffen Sturz und Zerftörung der Monarchie, vorausge-
fehen im Iahr Chrifti 1653 und aus bewährten Schriften ausgezogen, werden dem begierigen Publico hiemit bekannt gemacht. Frankf. und Leipz. 1792. 8.
(*Mitgetheilt.*)

(M. u. N. 1. 3. 4. 5.) RIST (Johann Chriftoph Friederich), Ururenkel des bekannten geiftlichen Lieder-
dichters Johann Rift; vergl. *Bolten's* K. N. 2, 260 ff.
— *Paftor zu Niendorf* in der Herrfchaft Pinneberg feit
1770; geb. *zu Hamburg den 3 Iul. 1735.* §§. Anwei-

fung

fung für Schulmeifter niederer Schulen zur pflichtmäßigen Führung ihres Amts. Aus zwey gekrönten
Preisfchriften zufammengetragen und mit vielen Zufätzen herausgegeben. Hamb. 1782. 8. Zweyte
fehr verbefferte Ausgabe 1787.(nachgedruckt zu Bam-
berg 1787. 8. Dänifch überfetzt von *Laurits Haffe,*
Paftor in Friedericia: Anviisning for Skolemæftre i
lavere Skoler til deres Embedes rette Færelfe, overfat. ..... 1794.) Vgl. *Bolten* 2, 248.

RIXEN (Claus), *geb. zu Bockel,* Kirchfpiels Nortorf Amts
Rendsburg, *den* 14 *Febr.* 1764, war von 1785-1787
Organift und Schullehrer zu Grofienflintbeck im
Amte Bordesholm, ift feitdem *Schullehrer im Gute Knop*
Kirchfpiels Dänifchenhagen im Dänifchen Walde.
Schreibt, wenn er Mufle hat, zuweilen einige kleine
Auffätze für die Prov. Ber., wovon folgende die wich-
tigften find: *Gedanken über einige Mittel, die zur
beffern Befoldung der Dorffchullehrer anwendbar
feyn möchten. 1792. H. 6. und 1793. H. 2. *Ue-
ber die Schafzucht in der öftlichen Gegend des Dänifchen Waldes, in Rückficht des Bauern oder kleinern
Landwirthes. 1794. H. 5. und 1795. H. 1. *Für
Freunde landwirthfchaftlicher Verbefferungen. 1794.
H. 6. Etwas über Kenntnifs und Benutzung einhei-
mifcher Gräfer und Kräuter für Landwirthe, befonders über das Honiggras; daf. *Sollte nicht jede
Dorffchule eine praktifche Schule der Landwirthfchaft und jeder Dorffchullehrer Lehrer der Landwirthfchaft feyn? 1795. H. 1. 2. — Von dem Volks-
freun-

freunde (vergl. *Panitz*) war er anfangs der Herausgeber, aber nicht der Verfaffer. Ueberhaupt hat er
an diefer Schrift fehr wenig Antheil. Ein (vielleicht
nicht mit abgedruckter) Auffatz zum 3ten Iahrgang:
„Ueber Turnipfe, deren Befchaffenheit, Gebrauch,
Nutzen und Anwendung" ift von ihm. (*Autographum.*)

ROETTGER (Johann Friederich), *Iuftitzrath, wie auch
Regierungs- und Obergerichts-Advocat in Glückftadt*; geb.
zu ...... 17... §§. ·Beforgt feit 17.. die Schlesw.
Holft. Anzeigen, wovon unten ein Mehreres.

ROHDE (Johann Nikolaus), *Doctor der A G. und ausübender Arzt in Glückftadt* feit 1786; geb. *dafelbft 1752*. §§.
D. inaugur. de praecipuo antimonii ufu medico. Kil.
1785. 4. (*Revidirt.*)

(M. u. N. 4.) von RUEDINGER (Andreas Chriftoph),
königl. dänifcher geheimer Legationsrath (feit 1788), *privatifirt* feit 1790 *zu Altona*; war anfangs 1763 Land-
cadett, 1765 Lieutenant auf der dänifchen Efcadre
nach Algier, 1774 Capitain von des Königs Regiment, in demf. Iahr königl. dänifcher Legationsfecre-
tair und Chargé d'affaires zu Berlin, 1789 Amtmann
im Wefteramt Haddersleben mit Obriftenrang, refignirte aber 1790 wegen Schwächlichkeit; *geb. zu
Leipzig den 29 Octob. 1746*. §§. *Anmerkungen über
Minorka, als ein Auszug aus Capitain *Armftrongs* im
Iahr 1740 in englifcher Sprache herausgekommener
Gefchichte diefer Infel. Mit Veränderungen und Zufätzen. Gefchrieben im Auguft 1770. Hamb. 1784.
8. *James Beattie's* Verfuch über die Natur und Un-

ver-

veränderlichkeit der Wahrheit, im Gegenfatze der
Klügeley und Zweifelfucht. Aus dem Engl. Kopenh;
und Leipzig 1772. 8. (wird im gel. Deutfchl. Th. 3.
richtig *ihm*, im gel. England und Nachtr. 5. aber irrig dem *H. W. von Gerftenberg* beygelegt.) Vgl. Pruffe
littéraire, par *Denina*, T. 3. *(Mitgetheilt.)*

RUEDINGER (Carl Auguft), *Mitglied der Schleswigfchen
Hoffchaufpielergefellfchaft* feit 1782, ftudirte vorher zu
Halle; geb. *zu Kelbra im Schwarzburgifchen den 18 Febr;
1755.* §§. Erich und Abel, Könige von Dännemark; ein
Trauerfpiel in fünf Aufzügen. Schlesw. 1796. 8. —
Nächftens wird im Druck erfcheinen: Tillmer und
feine Familie; ein Schaufpiel in drey Aufz. (*Revidirt.*)

(N. 4.) SALCHOW (Chriftoph Peter Theodor), Bruderfohn des Ulrich Chriftoph S. im *Anhange — Candidat der Rechte und Volontair bey der Rentekammer zu
Kopenhagen* feit 1790; geb. *zu Rendsburg den 12 Ian.
1764.* §§. Ueber die Frage: Wie foll der Dänifchen
Zettelcirculation geholfen werden und was find die
beften und einzigften Mittel dazu? Kopenh. 1790.
8. * Oftroy und Reglement der Dänifch-Norwegi-
fchen Speciesbank auf 40 Iahre. Chriftiansburg, den
16 Febr. 1791. Aus dem Dänifchen. Kopenh. 8.
(Diefe gleich nach dem Original erfchienene Ueberfetzung fehlt im Repertorium der allgem. Litter. Zeit.
VIII. 1839.) — (*Revidirt.*)

(M. u. N. 1-5.) SANDER (Chriftian Lavinus — nicht
mehr: Chriftian Friedrich), *geb. zu Itzehoe den 13 Nov.
1756*; vom Iahre 1779 bis 1783 öffentlicher Lehrer

am

am Deſſauiſchen Erziehungsinſtitute, von 1784 bis
1789 Privatlehrer im Hauſe des Grafen Reventlow
in Kopenhagen, von 1789 bis 1791 Gevollmächtigter
bey der königl. Creditkaſſe, ſeit 1791 *Secretair der
königl. däniſchen General-Wegcommiſſion.* §§. *Golde-
rich und Taſſo; ein Trauerſpiel. Flensb. 1773. 8.
Viele Beyträge zu den pädagogiſchen Unterhaltungen des Deſſauiſchen Philanthropins, unter andern:
Der Iüngling, ein Schauſpiel in 4 Aufzügen, und: Pu-
ſillana, ein Schauſp. in 4 Aufz. (das letzte auch einzeln abgedruckt. Deſſau 1783. 8.) *Burkhard und
Amadine, eine Hexenballade. Hamb. 1783. 8. Proſaiſche Dichtungen. Flensb. und Leipzig 1783. 8.
Friederich Robinſon, ein Leſebuch für Kinder. Daſ.
1784. 8. *Geſchichte meines Freundes Bernhard
Ambroſius Rund, von Chriſtoph Bachmann. 2 Bände.
Hamb. 1784. 8. *Gargantua und Pantagruel, zu-
ſammengeſchmolzen und umgearbeitet nach *Rabelais*
und *Fiſchart* von Doktor Eckſtein. 3 Bände. Hamb.
1785 - 1787. *Die Fiſcher, ein Singſpiel in 3 Aufzügen, nach Ewald, verdeutſcht, mit Kupf. von Chodowiecki. Kopenh. und Leipz. 1786. 8. *Papiere
des Kleeblattes, oder Eckſteiniana, Brandiana und
Andreſiana. Meldorf 1787. 8. Daraus einzeln abgedruckt: *Der Schlaftrunk; ein Luſtſpiel in 3 Aufzügen. Ein Torſo Leſſings; ergänzt von D. *Eckſtein.*
Daſ. 1787. 8. *Aeſthetiſche Blumenleſe aus der allgemeinen deutſchen Bibliothek. Quedlinb. 1789. 8.
*Salz, Laune und Mannigfaltigkeit, in komiſchen Er-
zäh-

zählungen. Hamb. 1790. 8. (von einigen deutfchen
Schriftſtellern und drey Dänen, *Jens Baggeſen, Chriſtian Pram* und *Kuud Lybne Rakbek.*) *Komifche Erzählungen oder Scenen aus dem menfchlichen Leben
alter und neuerer Zeiten. Kopenh. und Leipz. 1792.
8. Auswahl dänifcher Luftfpiele für Deutfche. Herausgegeben — Nebſt einer Schilderung des dänifchen
Theaters von *K. L. Rabbek.* 1ſtes Bändchen. Zürch
1794. 8. (Auf dem Titel diefer Schrift hat er feinen
zweyten Taufnamen wieder angenommen, welcher,
dem Herausgeber des gel. Deutfchl. unbekannte, Umſtand denfelben Nachtr. 5. bewog, aus Chriftian *Friedrich* und Chriftian *Lavinus* Zwey Schriftſteller zu
machen.)—Seit 1789 *Giedichte* mit und ohne Namen
im deutfchen Mufeum, deutfchem Merkur, in Voſſens
Mufenalmanach und in der Berliner Monatsfchrift;
ferner: *Der Eremit*, eine Romanze aus dem Dorfprie-
ſter von Wakefield, metrifch überfetzt, erſt eingerückt in den Wandsbeker Boten, nachher in Bodens
Ueberfetzung des Dorfprieſters; *Conrad und Freyda*,
eine tragifche Scene, verftümmelt abgedruckt erſt in
den Hamburg. Addreſscomtoirnachrichten, nachher
im 1ſten Heft der Olla Potrida. — *Dänifche Poefien*,
zerſtreut in den Clubgefängen, Poefier, fierde Samling, Nytaarsgave for Damer. 1794.— Im deutfchen
gemeinnützigen Magazin folgende *Beyträge:* 1ſten
Iahrg. 2tes Quart. S. 224. Brager, ein komifches
Heldengedicht, nach (*Eduard*) *Storm* und S. 266. Widerlegung einer Stelle in Campens Reifebefchreibung.

2 Th.

2 Th. S. 45. — 3tes Quart S. 86. Ein Dutzend pro-
faifcher Fabeln. 2ten Iahrg. 1ftes Quart. S. 278. Widerlegung einer Stelle in *Trapps* Abhandlung über
das Studium der alten claffifchen Schriftfteller. 2tes
Quart. S. 253. Widerlegung einer Stelle von *Campe*
in feinen ftatiftifchen Nachrichten von den Progref-
fen der Deutfchen in der Versmacherey, im Braunfchweigifchen Journal 3tes St. — 2tes Quart. S. 304.
Duplik gegen *Campens* Beantwortung der im 1 Iahrg.
2 Quart. enthaltenen Rüge. — Im deutfchen Magazin folgende Beytrage: Jan. 1791. Philippus und Me-
nekrates. Iun. An Dännemarks Dichter; Gebet mit
einer Compofition von Grönland; die Träume, nach
Baggefen. Iul. Laura, eine Elegie; an Laura, nach
Montreueil. Dec. Warum ich weine? Lied mit
Schulzens Compofition. Iun. 1792. Bittfchrift des
Grafen Mirabeau an den König Auguft. Ueber des
Herrn von Ramdohr Reife nach Dännemark. An
einen auswärtigen Freund (ift, nach *F. Thaarup's* Verfuch einer Statiftik der dänifchen Monarchie Th. 1.
S. 26. auch *dänifch* in die Minerva Aug. 1792. eingerückt). April 1793. Prolog, gehalten am 29 Jan.
1793. in der holfteinifch-dramatifchen Gefellfchaft.
Oftob. Herr Löwenherz. Nov. Amor an Dora. Dec.
Bey Münters Grabe. — Dänifche *Recenfionen* in Profeffor Tode's Kritik og Analyfe und in den Kiœbenhavnfke lærde Efterretninger. (*Revidirt.*) Erhielt
1793 einen Preis von der Churfürftl. deutfchen Gefellfchaft zu Mannheim für feine Bearbeitung deutfcher

ſcher Synonyme, welche, nebſt den drey andern Abhandlungen, den 9ten und 10ten Band der Schriften
jener Geſellſchaft ausmachen wird (?). Vollendete C.
R. *Boie's* (vergl. den Anhang) Ueberſetzung von C.
Hornemann's philoſophiſchen Schriften.

(N. 4. 5.) SCHAUMANN (Johann Chriſtian Gottlieb),
Sohn des Peter Sch. im *Anfange — Doctor der Philoſophie und ordentlicher Profeſſor derſelben zu Gieſsen* ſeit
1794, vorher Privatdocent zu Halle und zuerſt ordentlicher Lehrer am königl. Pädagogium daſelbſt;
geb. zu Huſum ? (ſo ſteht wenigſtens in A. C. Borheck's
kloſterbergiſchen Vorleſungen S. 331, obgleich man
im Huſumer Kirchenbuche nur einen Gottlieb Chriſtian Wilhelm finden konnte) *den . . . . . . 176.*: § §.
Ueber die tranſcendentale Aeſthetik, ein kritiſcher
Verſuch. Nebſt einem Schreiben an Hrn. Hofrath
Feder über den tranſcendentalen Idealismus. Leipzig
1789. 8. Ueber die Wirkſamkeit der Einbildungs-
kraft in Traumerſcheinungen; im 2ten St. der philoſophiſchen Blicke, herausgegeben von *J. C. F Heinzelmann* und C. D. *Voſs* (1789). Pſyche, oder Unterhaltungen über die Seele; für Leſer und Leſerinnen.
2 Theile. Halle 1791. 8. D. inaugur. (praeſ. *J. L.
Schulze*) de principio iuris naturalis. ib. eod. 8. Diſp.
de *Jo. Lud. Vive* Valentino Philoſopho, praeſertim
Anthropologo ex libris ejus de anima et vita. ib. eod.
8. Ideen zu einer Criminalpſychologie. Friederich
Wilhelm II, dem weiſen Geſetzgeber und milden
Richter, geweiht. Daſ. 1792. 8. Wiſſenſchaftliches

Natur-

Naturrecht. Daſ. 1792. 8. Verſuch über Aufklärung, Freyheit und Gleichheit; in Briefen. Nebſt einer Prüfung der Rehbergiſchen Schrift über die franzöſiſche Revolution. Daſ. 1793. 8. Philoſophie der Religion überhaupt und des chriſtlichen Glaubens insbeſondere. Zu akademiſchen Vorleſungen geſchrieben. Daſ. 1793. 8. Elemente der allgemeinen Logik, nebſt einem kurzen Abriſs der Metaphyſik. Gieſsen 1795. 8. Kritiſche Abhandlungen zur philoſophiſchen Rechtslehre. Halle 1795. 8. Moralphiloſophie. Gieſsen 1796. 8. — Deduction aller falſchen Moraltheorien; im philoſoph. Journal einer Geſellſchaft deutſcher Gelehrten, herausgegeben von *Niethammer*. H. 5. (1795.) Der moraliſche Zweck und die moral. Triebfeder; daſ. H. 9. Verſuch, die Gegenſtände des allgemeinen Naturrechts auf Principien zurückzuführen; daſ. — Hat angekündigt: „Verſuch einer neuen Vorſtellung des natürlichen Rechts."

von SCHAUMBURG (Leopold Heinrich), *Rittmeiſter und Eſcadronchef beym königl. Feldjägercorps zu Kiel* ſeit 1790 (diente ſeit 1758 bey verſchiedenen Regimentern als Cadet und Officier und ſteht ſeit 1785 bey dem neuerrichteten Iägercorps in Kiel); geb. zu *Oldenſworth* in Eyderſtedt *den 28 Iul. 1743.* §§. *Der Soldat als Weltbürger. Hadersl. 1775. 8. (eine Wochenſchrift, welche mit dem erſten halben Iahre aufhörte.) Reiſe von Kopenhagen nach Liſſabon, dem Vorgebürge der guten Hofnung und den Azoriſchen Inſeln, nebſt einer generalen Navigationstabelle und

in einer Einleitung eine allgemeine Beschreibung des
Seedienstes zum Nutzen der Herrn Landofficiere.
Odens. 1784. 8. (ein Manuscript für Freunde.) *Erfahrungen zum Nutzen der Hrn. Officiere vom Land-
etat, die zur Flotte commandirt werden, von *L. H.
v. Sch.*, mit einem Auszuge aus der Seetaktik des Hrn.
Bardet de Villeneufe (vergl. *Adelung* zum Jöcher, wo jedoch aus den zuverläßigen Nachrichten von dem gegenwärtigen Zustande, Veränderung und Wachsthum der Wissensch. Th. II. S. 772. *nicht* bemerkt ist,
daß er Capitain & Ingenieur ordinaire de sa Majesté
le Roi de deux Siciles war) aus dem 4ten St. der ge-
sammelten Beyträge zur Kriegswissenschaft. Hamb.
1794. 8. *(Revidirt.)*

(N. 3. 5.) von SCHEEL (Heinrich Otto), Sohn des Gerhard Heinr. S. im *Anhange* — königl. *preußischer Obrist*
(seit 1793, vorher seit 1790 Obristlieutenant und
seit 1787 Major) *und Direstor der Ingenieurakademie*
(vorher der Jägerschule) *zu Potsdam* (zuerst königl.
dänischer Kammerherr und Premiermajor beym Artilleriecorps zu Kopenhagen); *geb. zu Rendsburg den
1 Nov. 1745.* §§. Mémoires d'Artillerie, contenant
l'Artillerie nouvelle, ou les changemens faits dans
l'Artillerie Françoise en 1765; avec l'exposé & l'a-
nalyse des objections, qui ont été faites à ces changemens; avec 28 Planches gravées par l'Auteur. Copenh. 1777. 4. Theoretische Artillerie-Abhandlun-
gen. 7 St. 1781. 4. (wird im Manuscript in der Bibliothek des königl. Zeughauses zu Kopenhagen ver-
wahrt.)

wahrt.) Profpectus von einer Kriegshistorie König⍟ Friederichs IV. Kopenh. 1782. 4. Almindelige Ud-kaſt af Krigens-Skueplads, eller geographiſk, topo-graphiſk og hiſtoriſk Beſkrivelſe over Kongerigerne Danmark, Norge og Sverrig, ſamt deres tydſke Pro-vincer, ſom Indledning til Kong Fredrik IV. Krigs-Hiſtorie, fordanſket ved *Thomas Thaarup.* Kbhvn. 1785. gr. 4. mit einer grofsen Landcharte, — Sein deutſches Original wird der Verfaſſer wahrſcheinlich noch herausgeben. — Eine Ueberſetzung der Thaa-rupſchen Arbeit *mit Anmerkungen,* die Herzogthümer betreffend, findet ſich in den Prov. Ber. 1793. H. 4. und 6. 1794. H. 4. und 1795. H. 4.—Vergl. *Worm* 3, 677.

SCHEEL (Maria Juliana), geb. Franke, *lebt in Kiel; geb. daſelbſt den 17 Sept. 1728.* Sie lieſs in frühern Iahren mehrere Gelegenheitsgedichte drucken, beſonders eins auf den *Ernſt Joachim von Weſtphalen,* weswegen ſie den 23 Dec. 1756. von der philoſoph. Facultät als Dichterin gekrönt ward. (*Mitgetheilt.*)

SCHETELIG (Jakob Auguſt), *Doctor der A. G. und aus-übender Arzt in Lübeck; geb. zu Schönberg in der Prob-ſtey* 176.. §§. D. inaugur. de partu gemellorum. Kiliae 1789. 8.

SCHIFF (Jſaak Benedict), *Mitälteſter der hochdeutſchen Iudengemeine in Altona; geb. daſelbſt den 10 Auguſt 1756.* Lieſs bey der Vermählungsfeyer des Kronprinzen 1790 einen von ihm verfaſsten und zum Abſingen in ſeiner Synagoge beſtimmten Lobgeſang in ebräi-

ſcher

ſcher Sprache und in einer deutſchen Ueberſetzung
(vergl. *Abr. Meldola*) drucken. Vergl. *Bolten's K. N.*
von Altona 2, 200.

(M. u. N. I. 4. 5.) VON SCHIRACH (Gottlob Benedict),
Doctor der Philoſophie, *königl. däniſcher Etatsrath* (ſeit
1783, vorher ſeit 1779 Legationsrath) *zu Altona* (ſeit
1780), war zuerſt ſeit 1765 Privatdocent zu Halle
und Inſpector des theologiſchen Seminariums, ſeit
1769 auſſerordentlicher Profeſſor der Philoſophie zu
Helmſtädt und ſeit 1771 ordentlicher Profeſſor der
Moral und Politik daſelbſt; *geb. zu Holtzkirch* in der
Oberlauſitz *den 13 Iun. 1743.* §§. *Marmontels* Dichtkunſt. Aus dem Franzöſ. 2 Theile. Bremen 1765.
1766. 8. D. de breuiloquentia. Halae 1765. 4. D.
de vita et genere ſcribendi *Iſocratis.* ibid. eod. 4. *M.
Tullii Ciceronis* ad M. Brutum orator ex recenſione
Erneſti, cum emendationibus et animaduerſionibus.
ib. 1766. 8. *Beytrag zur Litteratur und zum Vergnügen. 1 St. Daſ. 1766. 8. *Verſchiedene Gedichte. Berlin 1766. 8. * Sammlung für den Verſtand
und das Herz. Bremen 1767. 8. D. de ſympathia
poëtica. Hal. 1767. 4. Tentamen ſuper parabolis
ſacris, aucupium delectationis fabularum expendens.
ib. eod. 4. D. de nonnullis ex antiquitate Graeciae
ad N. T. pertinentibus. ib. eod. 4. *Ueber die Harmonie des Stils, nach dem *Marmontel*, mit Zuſätzen
vermehrt. Brem. 1768. 8. Clauis poëtarum claſſi-
corum. Pars prior ſ. index philologico-criticus in
Horatium, Terentium et *Phaedrum.* Hal. 1768. 8. Pars

posterior in *Virgilium* et *Ouidium*. 1769. * Historische Zweifel und Beobachtungen. 1 Sammlung von
Briefen. Das. 1768. 8. * Litterarische Briefe an das
Publicum. Erstes Pacquet. Altenb. 1769. 8. Super
Oedipo *Sophoclis*. Hal. 1769. 4. *Joannis Tzetzae* Carmina Iliaca, nunc primum e cod. Augustano edidit,
ib. 1770. 8. (vergl. *Th. Chr. Tychsen*) Histor. Briefe.
Helmst. und Magdeb. 1770. 8. Ephemerides litterariae Helmstad. 6 Voll. 1770-1775. 8. Antiquitatum Romanarum breuis descriptio. Altenb. 1771.
8. Biographie der Deutschen. 6 Theile. Halle 1771-
1774. 8. Ueber die moralische Schönheit und Philosophie des Lebens. .... 1772. 8. *Chr. Ad. Klotzii*
Acta litteraria, continuauit amicus Klotzii G. B. Sch.
Vol. VII. P. 2 et 3. Altenb. 1773. 8. Panegyricus
Carolo, Duci Brunsv. et Luneb., dictus. Helmst. 1773.
.·. Magazin der deutschen Kritik, von ihm mit andern Mitarbeitern ausgearbeitet und herausgegeben.
3 Bände. Halle 1773. 1774. gr. 8. 4ten B. 1 Theil
1775. 4ten B. 2 Th. 1776. Vorrede und Anmerkungen zum 1sten und 2ten Th. von *Ph. C. H. Henke's* Uebersetzung des Quinctilians. Helmst. 1775. 8.
* Historisch-statistische Notiz der grossbritannischen
Colonien in America, mit politischen Anmerkungen.
Frankf. 1776. 8. Biographie Kaiser Carl VI. Halle
1776. 8. Biographien des *Plutarchs*. Aus dem Griechischen mit Anmerkungen. 8 Theile. Berlin und
Leipzig 1776-1780. 8. * Portrait historique de la
vie de l'Imperatrice *Richenza*, mère de l'auguste mai-

fon de Bronſvic-Lunebourg. Traduit de l'Allemand avec des remarques. à Helmſt. 1779. 8. *Ueber das königl. dänifche Jndigenatrecht und einige Gegenſtände der Staatswiſſenſchaft. Hamb. 1779. 4. (*Franzöfiſch* mit Weglaſſung der 7 erſten Kapitel: Memoires pour fervir à la connoiſſance de l'état actuel du royaume de Danemarc — enrichi des pluſieurs additions et corrections de l'auteur même. Ohne Drukort. 1785. 8.) Vorrede zu *Eſchels Kroon's* Beſchreibung der Jnſel Sumatra. Hamb. 1782. 8. Einleitung zu *J. H. Stöver's* hiſtoriſch-ſtatiſtiſcher Beſchreibung der Staaten des deutſchen Reichs. Daſ. 1785. 8. — Recenſionen in den letzten Stücken der Klotziſchen Bibliothek der ſchönen Wiſſenſchaften und in der Halliſchen gelehrten Zeitung von 1769 bis Michaelis 1772. — Giebt ſeit dem Januar 1781 unter ſeiner Direction heraus: Politiſches Journal, nebſt Anzeige von gelehrten und andern Sachen. 8. (monatlich erſcheint 1 Stück von 6 bis 7 Bogen.) — *(Revidirt.)* Obſeruationes de Henetis, Venedis atque Vandalis; in actis ſociet. Iablonovianae anni 1773. (Lipſ. 1774. 4.) — Aus dem politiſchen Journal wird vieles *ſchwediſch* und *polniſch* überſetzt, auch erſcheint es ſeit 1790 in einer *rüſſiſchen* Ueberſetzung (vergl. *Erſch.*) — Olivier, ein romantiſches Gedicht, aus dem Engliſchen iſt nicht von ihm. — Zur Vorrede zu (*F. K. von der Lübe's*) Dunciade der Deutſchen hat er ſich nicht bekannt. — Arbeitet ſeit mehrern Iahren, zufolge einer öffentlichen Nachricht in der allgem. deutſchen

ſchen Bibl. 43, 616. mit einer königl. Penſion begna-
digt, an einer „Staatsbeſchreibung des Königreichs
Dännemark."

SCHMID (Gotthelf Johann), *Kirchenprobſt und Hauptpaſtor zu Sonderburg* ſeit 1781, vorher ſeit 1771 Paſtor
zu Emmelsbüll in der Wiedingharde Amts Tondern;
geb. zu Apenrade (wo ſein Vater, der C. R. Johannes
S. Kirchenprobſt und Hauptpaſtor war) 1737. §§.
Entwürfe der an Sonn- und Feſttagen im Kirchen-
jahr 1783 in Sonderburg gehaltenen Hauptpredigten.
1ſter Iahrgang. Schlesw. 8. — im Kirchenj. 1784 —
2ter Iahrg. Daſ. 8.   Hielpebog til rigtig at forſtaae
og med Nytte at catechiſere over den nye Catechiſ-
mus. Schlesw. 1788. 8. (auch *deutſch:*) Hülfsbuch
zum richtigen Verſtehen und nützlichen katechetiſchen Gebrauche des neuen Katechismus. Daſ. 1789.
8. Erbauungsblätter über freye Texte auf alle Sonn-
und Feſttage des Iahrs 1793. Daſ. 8. *(Autographum.)*

SCHMIDT (Carl Friederich), *Hof- und Landgerichtsad-
vocat in Kiel;* geb. daſelbſt den 28 May 1739. §§. Verzeichniſs der Gemäldeſammlung des H. und L. A.
C. F. S. in Kiel. Kiel 1795. 8. — „Außer dieſen Ge-
mälden hat deren Beſitzer auch noch eine ſtarke Sammlung von Kupferſtichen und Handzeichnungen in
Portefeuillen, dieſe nach den Nationen und dem Alphabet, jene nach den Schulen und dem Alter der
Maler geordnet.   Um von den erſteren einigen Begrif zu geben, darf nur bemerkt werden, daſs dieſe
Collection ſtärker iſt, a° die des Hrn. Prof. *Huber* in

Leip-

Leipzig war, welche vor einigen Iahren allda öffentlich versteigert worden, und daß sich auch das Werk des *Albrecht Dürer* fast complet darunter befindet, nebst verschiedenen Copeien, die Herr *Hüsgen* selbst nicht gekannt zu haben scheint, so wie manche Blätter anderer alten Meister, die unter dem Verzeichniß ihrer Werke in dem Dictionaire des Artistes des sel. Hrn. von *Heinecken* nicht stehen und über das viele Künstler, die in *Füßly's* allgemeinem Künstlerlexicon ganz fehlen. Unter den Handzeichnungen sind auch mehrere sehr seltene und schöne Blätter, als z.B. wichtige Zeichnungen unsers berühmten *Anton Raphael Mengs.* Vielleicht erscheinen auch von diesen Sammlungen mit der Zeit Verzeichnisse." Aus dem Vorberichte der obigen Schrift entlehnt.

SCHMIDT (Christian Franz), *Generalinspector der königl. Gartenplantagen auf Nyegaard* Kirchspiels Aastrup in der Hadersleber Harde Amts Hadersleben; geb. zu ...... auf der Insel Alsen 1734. §§. Forsœg til en Opdagelse af nærværende Træe og Brændemangels Aarsager, samt nogle Midler imod de ande Fœlger af disse Artiklers Mangel og overmaade hœye Priiser i Danmark og besynderlig i Kiœbenhavn. Kbhvn. 1783... Kort Anviisning til vilde Træers Opelskning og Skoves rette Anlæg, Behandling og Vedligeholdelse i Danmark; in: Det kongl. danske Landhuusholdnings Selskabs Skrifter. 3die Deel. Kbhvn. 1790. 8. (eine mit der zweyten Goldmedaille 1782 gekrönte Preisschrift.) Forslag til nogle Forbedrin-
ger

ger i Hauge- og Træefrugtdyrkningen, famt nyttige
inden- og udenlandfke vilde Træers Opelfkning,
hvorved Tœmmer-og Brændemangel kan forekom-
mes, tilligemed en Fortegnelfe over de Arter Frugt-
træer og andere nyttige Træer og Bufkplanter, fom
for nærværende Tid findes ved Nyegaard i Nærhe-
den af Haderslev, hvilke overlades Lyfthavende for
de vedfatte Priifer. Hadersl. 1793. 8. (Daraus ift
von .... *Hagen* überfetzt: Ueber den Mangel unfers
Vaterlandes an Bau- Nutz- und Brennholz, mit Anmerk. vom geh. Rath von *Krogh*; in den Prov. Ber.
1795. H. 1.) — *(Nach dem Autographum.)* Ueber die
befte Aufbewahrung der Renetten; in *Hirfchfelds*
Gartencalender auf 1783. Ueber die befte Art, den
Hopfen in voller Kraft zu erhalten; im 4ten Th. der
Schriften der königl. dänifchen Landhaushaltungsgefellfchaft 1794. ....

SCHMIDT (Johann Georg), *Doctor der Weltweisheit und
Paftor zu Hagen* in der Probftey feit 1789, vorher
Adjunct der philofophifchen Facultät in Kiel; *geb. zu
Hamburg den 27 Nov. 1763.* §§. D. inaugur., quae,
expofita librorum ecclefiae noftrae, qui dicuntur fym-
bolicorum, natura et ad rem chriftianam ratione, in
quaeftionem inquirit: num hi libri hac noftra aetate
e re chriftiana fint tollendi? Kil. 1787. 4. Wie
wichtig für jeden Chriften die Pflicht fey, nach einer
immer vollftändigern Religionserkenntnifs zu ftre-
ben. Eine Predigt am Sonntage der Confirmation in
der hiefigen Klofterkirche gehalten. Kiel 1789. 8. —

Hat

Hat auch gemeinfchaftlich mit *J. W. Stüber* den 24-
ften Theil von *J. D. Michaelis* oriental. und exeget.
Biblioth. beforgt, (welcher ein fiebenfaches Regifter
über alle 23 Theile enthält. Frankf. am Mayn 1789.
8.) dem jedoch im 5ten Nachtr. widerfprochen wird.
— Vergl. *W. E. Chrifliani's* Programm: De Johannis
Adolphi erga rem Evangel. reform. lenitate et indulgentia. Kil. 1787. 4.

SCHMIDT (Johann Ludwig), *Paftor zu Weddingftedt* feit
1753 (vorher feit 1747 Diakonus dafelbft) *und feit*
1778 *Senior in Norderdithmarfchen; geb. zu Heide den*
6 Oktob. 1725. §§. Eine Rede bey dem Amtsjubiläum
des O. C. R., Kirchenraths und Probften *G. H. Fren-*
kel, über Pf. 132, 16; in der Sammlung der bey deffen Iubelfeyer herausgekommenen Schriften. Hamb.
1771. 4. Vergl. *J. H. Fehfe* Nachricht von den Predigern in Norderdithmarfchen S. 382 ff.

(N. 5.) SCHMIDT (Johann Nikolaus), *Stallmeifter in Hu-*
fum; geb. zu ...... 17... §§. Der vollkommene
Pferdearzt, oder praktifches Vieharzeneybuch, worin
die meiften innerlichen und äuferlichen Krankheiten
befchrieben und erklärt werden, mit einem Anhange
von Rindvieharzeneyen verfehen. Altona und Leipz.
1790. 8.

SCHMIDT (Marcus Hinrichfen), *Bevollmächtigter der*
Rothifchen Buchhandlung in Kopenhagen; geb. zu Apen-
rade den 30 März 1749. §§. Poetifche Gedanken in
der Einfamkeit. Kopenh. 1783. 8. Vgl. *Worm* 3, 985.

SCHMIDT

SCHMIDT (Siegfried Auguſt Georg), *Kloſterprediger in Preetz* ſeit 1795, vorher ſeit 1776 Paſtor zu Cappeln und ſeit 1772 Paſtor zu Moldenit und Kahlebye; *geb zu Mandelsloh* unweit Hannover *den 6 Ian. 1745.* §§. Einweihungsfeyer der Kirche zu Cappeln. Flensburg 1793. 8. Chriſtliches Verhalten über das Gute, das wir in unſerm Vaterlande haben. Eine Neujahrspredigt. Daſ. 1795. 8. (*Revidirt.*) Predigten bey ſeiner Amtsveränderung gehalten und auf Verlangen herausgegeben. Schlesw. 1796. 8.

SCHNOOR (Heinr. Chriſtian). *Schauſpieler* (?) *zu Prag* (?); *geb.* (im Dorfe Blumenthal Amts Bordisholm, oder) *auf* dem Gute *Retbwiſch* (?) in Wagrien 176.. §§. Zwölf Lieder der Grafen zu Stollberg in Muſik geſetzt. Hamb. 1788. 4.

(M. u. N. 4.) SCHOENBORN (Gottlob Frieder. Ernſt), *königl. däniſcher Legationsrath und Geſandſchaſtsſecretair in London* ſeit 1777, vorher erſt Bernſtorffs Secretair, denn ſeit 1771 ..... zu Hamburg, endlich ſeit 1774 däniſcher Conſulatsſecretair zu Algier; *geb.* (zu Schenefeld in der Herrſchaft Pinneberg, oder wahrſcheinlicher nach andern) *zu Bordelum* in der Landſchaft Bredſtedt, wo ſein Vater Prediger war, *den ..... 174..* §§. *Proben einer deutſchen Ueberſetzung von *Pindars* Oden; in (von *Gerſtenberg's*) Merkwürdigkeiten der Litteratur. *Freyheitsgeſang; im Götting. Muſenalmanach 1774. *Schreiben aus Algier vom 22 Ian. 1776. über die letzte ſpaniſche Expedition; im deutſch. Muſeum 1776. Iun.

Der

Der Traum, ein Chor mit Flöten; in der Berliner
Monatsschrift 1784. Iul. — Vergl. *Worm* 3, 986.

SCHOENNING (Severin), f. SKAANING.

(N. 4.) SCHOLTZ (Peter Christian Heinrich), Sohn des
Heinrich Sch., vergl. *Joh. Christoph Strodtmann's* Ge-
schichte jetzt lebender Gelehrten Th. 10. — *Pastor zu
Bovenau* im holsteinischen Gute Osterrade seit 1766;
geb. *zu Heiligenhafen* Amts Segeberg *den 21 Iun. 1736.*
§§. Meditatio exegetica in 2 Tim. 1, 12. qua in ve-
rum sensum vocis της παραθηκης inprimis inquiritur.
Helmst. 1756. 4. Die Güte und Weisheit Gottes
in der Vorsorge für die Wohlfarth rechtschaffener
Eltern. Das. 1757. 4. Ein Trauergedicht auf den
Tod des Kammerjunkers und Domherrn in Lübek,
Peter von Bredal. Ratzeb. 1760. 4. Das Sterbebette
eines glüklichen Greises geschildert bey dem Abster-
ben (seines mütterlichen Grofsvaters) des Superintendenten, Consistorialrathes und Hofpredigers Peter
Hansen in Plön. Plön 1760. 4. Entwurf einer Kirchengeschichte des Herzogthums Holstein. Schwerin
und Wismar 1791. gr. 8. (*Revidirt.*)

SCHORER (Johann Matthias), *Pastor zu Süderau* in der
Kremper Marsch seit 1791, vorher seit 1788 Pastor
in Wevelsfleth, seit 1769 Archidiakonus in Kremp
und seit 1766 Diakonus daselbst; geb. *zu Altona den
12 Nov. 1736.* §§. Ueber den Nutzen der Kirche und
deren Lehrer, wenn der Oberaufseher derselben sein
Amtsjubiläum feyern kann. ..... 1778. (ein Glückwunsch an Ad. Struensee, auch in der, unter *J.C. Claus*
auf-

aufgeführten, Sammlung eingerückt.) ...... Vergl.
Boltens K. N. von Altona 1, 180.

SCHRADER (Burchard Johann Heinrich), Vater der
beyden folgenden — *königl. dänifcher Kammerrath, lebt*
feit 1789 *in Kiel,* vorher von 1749 - 1769 Herzogl.
Braunfchw. Salzverwalter zu Salzdahlum, darauf Befitzer der Saline zu Oldesloe, bis er fie 1783 an den
Grafen von Dernath verkaufte; *geb. zu Efcbersbaufen*
im Braunfchweigifchen *den 14 Dec. 1717.* §§. Liefs
der Verfammlung der königl. Gefellfchaft der Wiffenfchaften zu Göttingen einen Auffatz vorlegen, eine
Verbefferung des Gradirens bey Salzwerken betreffend, welcher, zufolge den Götting. Zeit. 1772. S.
1830, in den 2ten (aber nach Pütters Gelehrtengefchichte von Göttingen 2, 238. noch nicht erfchienenen) Band der deutfchen Schriften diefer Gefellfchaft
eingerückt werden follte.

(N. 5.) SCHRADER (Johann Gottlieb Friedrich), *Doctor*
der Weltweisbeit feit 1790 *und* feit 1792 *derfelben au-*
fterordentlicher Profeffor zu Kiel, vorher Privatdocent
dafelbft, und zuerft Lehrer am Carolinum zu Braun-
fchweig; *geb. zu Salzdahlum* bey Wolfenbüttel *den 17*
Sept. 1763. §§. Befchreibung einer neuen und voll-
kommnen Einrichtung der Luftpumpe, mit einem
Kupfer. Flensb. 1791. 8. Befchreibung des Mecha-
nismus eines fechs und zwanzigfüfsigen Telefkops,
unweit Kiel errichtet. Kiel 1794. 8. mit einer Abbildung des Auffstellungsgerüftes diefes Telefkops (aus
den Prov. Ber. 1794. H. 4. befonders abgedruckt). —

Auf-

Auffätze phyfikalifchen Inhalts im Hannöverifchen
Magazin feit 1782. — *Recenfionen* in der allgem. deutfchen Bibl. und gel. Kieler Zeitung. — Von feinen *Te-
lefkopen* f. Prov. Ber. 1792. H. 4. S. 99. und 1794.
H. 3. S. 1. Beylage. *(Revidirt.)*

(M. u. N. 1. 2. 4. 5.) SCHRADER (Ludewig Albrecht
Gottfried), *Doctor der Rechte und derfelben ordentlicher
Profeffor in Kiel* feit 1789, vorher feit 1779 Regie-
rungs- und Obergerichts-Advocat zu Pinneberg, zuerft Advocat zu Elmshorn; *geb. zu Salzdahlum den
9 Aug. 1751.* §§. Des Hrn. *Sage* chemifche Unterfuchung der Mineralien, aus dem Franzöfifchen. Götting. 1775. 8. *Ueber den Nutzen und die Möglichkeit, ausftehende Capitale durch eine Affecuranz
zu fichern. Hamb. 1776. 8. Grundgefetze der Natur in der Geburt, dem Leben und Tode der Menfchen, als ein freyer Auszug aus *Süfsmilch's* göttlicher
Ordnung. Glückft. 1777. 8. Handbuch der vater-
ländifchen Rechte in den Herzogthümern Schleswig
und Holftein, oder concentrirte und geordnete Sammlung der merkwürdigften Rechtsfätze aus den Verordnungen, Placaten, Refcripten und Landesgewohn-
heiten in den Herzogthümern Schleswig und Holftein,
der Herrfchaft Pinneberg und Graffchaft Ranzau;
nebft deren nöthigen Erläuterung aus der Gefchichte
und den Präjudicaten der höchften Landesgerichte.
1fter Theil. Altona 1784. 4. 2ter Th. 1786. 3ter
Th. 1793. (1heil 4. wird folgen.) *Auch Etwas
über die Gewohnheit, Miffethäter durch Prediger zur
Hin-

Hinrichtung begleiten zu laſſen. Hamb. 1784. 8.
Vorrede zu *J. H. Boden's* berechneten Entwürfen über
Einrichtung der Sterbecaſſen. Zelle 1787. 8. Pr.
quo de methodo et ordine praelectionum ſuarum ra-
tionem reddit, in primis vero ad collegium iuris privati patrii nec non proceſſus Slesvicenſis et Holſatici
invitat. Kiliae 1791. 4. Grundriſs und Ordnung
ſeiner Vorleſungen über die Theorie und Ausübung
des Schleswig-Holſteiniſchen Proceſsverfahrens; ſeinen Zuhörern gewidmet. (Kiel) 1792. 4. — *Betrachtungen über das Maaſs der Arbeitsfähigen jungen Mannſchaft in der Herrſchaft Pinneberg, verglichen mit dem Bedürfniſſe des Ackerbaues in dieſem
Diſtricte; in den Prov. Ber. 1787. H. 4. Beherzigungen über die moraliſchen und politiſchen Folgen
des Ammendienſtes in groſsen Städten für die um-
herliegende Diſtricte; daſ. (*däniſch* in Pyens Maanedſkrivt B. 19.) Beſchreibung des Fiſcherdorfs Blan-
kenneſe in der Herrſchaft Pinneberg und des daſelbſt
getriebenen Fiſchereygewerbes; daſ. H. 5. Ueber
das Geſindeweſen in Verhältniſs mit Sittlichkeit, Fleiſs
und Frugalität der Landeseinwohner, in Rückſicht
auf die Herzogthümer Schleswig und Holſtein; daſ.
1788. H. 5. Ueber die Oldesloer Sülze; daſ. 1790.
H. 4 und 6. 1791. H. 1. Ueber die Anwendung
der Verſicherungsanſtalten in landwirthſchaftlichen
Geſchäften, in beſonderer Rückſicht auf die Herzogthümer Schleswig und Holſtein; daſ. 1790. H 6. —
Ueberſetzungen im Naturforſcher. — *Auffätze* im

Braun

Braunſchweig. Magazin und im Hannöver. Mag. z. B. Beyträge zur nähern Kenntniſs einiger im gemeinen Leben gewöhnlichen Werkzeuge (1777). — Die in *Crell's* neueſten Entdeckungen in der Chemie befindliche und im gelehrten Deutſchlande ihm beygelegte Abhandlung: von Verſtärkung der Kohlenhitze durch dephlogiſtirte Luft, iſt *nicht* von ihm. — Seine Abhandlung über das Sachenrecht in dem Entwurf eines allgemeinen Geſetzbuches für die preuſſiſchen Staaten, erhielten in Berlin zweymal den Preis. *(Revidirt.)*

SCHROEDTER (Franz Adolph), *Diakonus zu Oldenburg* in Wagrien ſeit 1793, vorher Katechet am Schulmeiſterſeminarium zu Kiel ſeit 1789; geb. *zu Ratkau* Amts Segeberg *den 12 Aug. 1767.* §§. Anleitung zu einem ſokratiſch-katechetiſchen Unterricht über den Schleswig-Holſteiniſchen Landeskatechismus. Kiel 1793. gr. 8. Die Frage: worin beſteht das Weſentliche und die Hauptſache der chriſtlichen Freyheit? in einer Predigt über Gal. 5, 13. unterſucht und beantwortet. Altona 1793. 8. *(Revidirt.)*

(N. 2. 5.) von SCHUETZ (Friederich Wilhelm), Sohn des Julius Ernſt v. Sch. im *Meuſel — churfürſtl. ſächſiſcher Hofrath* ſeit 1793, *privatifirt* ſeit demſelben Iahr *auf* ſeinem Gute *Hoyesbüttel* in Stormarn, vorher mehrere Iahre erſt zu Altona und nachher zu Hamburg, wo er 1792 und 1793 bey der franzöſiſchen Geſandſchaft als Legationſecretair angeſtellt war; geb. *zu Erdmannsdorf* bey Chemnitz *den 25 April 1758.* §§. D.

de

de immunitate fundorum ecclefiafticorum a tributis.
Lipf. 1779. 4. * Kleiner Beytrag zur Gefchichte der
Phyfiognomik..... 1779. * Dramaturgifcher Briefwechfel über das Leipziger Theater im Sommer 1779
herausgegeben. Halle 1780. 8. Apologie, *Leffings*
dramatifches Gedicht, Nathan den Weifen, betreffend;
nebft einem Anhange über einige Vorurtheile und
nöthige Toleranz. Leipzig 1781. 8. * Unter allen
die Schlimmfte, eine Tragikokomödie in 5 Aufzügen.
Deffau und Leipz. 1782. 8. * Beyträge zum Archiv
der Lieblingslectüre ıftes Stück. Daf. 1782. * Der
fanftmüthig lehrende Kinderfreund. 2 Bändchen.
Hamb. 1785. 1786. 8. * Wöchentliche Unterhaltungen für Iünglinge und Mädchen. 2 Bändch. Daf.
1787. 8. (fehlt im Repertorium.) * Leben und Meinungen Mofes Mendelsfohns nebft dem Geifte feiner
Schriften. Daf. 1787. 8. (fehlt im Repert.) * Wilhelm von Althaus, oder fo gehts in Deutfchland, zu.
2 Bändchen. Daf. 1787. 1789. 8. * Der Theetifch,
eine Wochenfchrift vermifchten Inhalts..... (wovon
nicht mehr als 12 Bogen erfchienen find.) * Archiv
der Schwärmerey und Aufklärung. 4 Bände. Daf.
1787 - 1791. 8. * Freymauerifche Reifen durch die
Bayerfchen Lande..... (fehlt im Repert.) * Auszug aus Friederich II. hinterlaffenen Werken......
(fehlt.) * Mirabeau's Gefchichte des Berliner Hofes,
aus dem Franzöf..... (fehlt.) * Verfuch einer vollftändigen Sammlung Freymaurerlieder, zum Gebrauch deutfcher Logen. Daf. 1790. (fehlt.) Briefe

über London; ein Gegenſtück zu Archenholz England und Italien. Hamb. 1792. 8. *Der Naturleh-
rer, oder Unterhaltung eines Vaters mit ſeinen Kindern über die erſten Elementarbegriffe der Phyſik.
Daſ. 1792. 8. mit Kupf. Zweyte Auflage 1795. *Der
Niederſächſiſche Merkur. 4 Bände. Daſ. 1792 und
1793. 8. *(Nach dem Autographum.)* *Ueber Wahrheit und Irrthum; ein nothwendiger Nachtrag zu
der Schrift: über Aufklärung. Hamb. 1788. 8. Was
iſt, oder vielmehr, was ſoll die Maurerey für uns
ſeyn? Eine Rede bey Gelegenheit der Einweihung
eines neuen Logenſaals, gehalten in der Loge Ferdinand zum Felſen in Hamburg. Daſ. 1790. 8. Kurze
Darſtellung, wie und warum die Altonaer Obrigkeit
einen Unterſuchungsproceſs wider ihn angeſtellt hat.
Daſ. 1790. 8. Oekonomiſcher Auszug aus D. *Krünitz's* Enkyklopädie, in alphabet. Ordnung, bloſs für
deutſche Oekonomen eingerichtet und mit Anmerk.
verſehen, darin des D. Krünitz's Lehrſätze ſowol als
anderer Oekonomen nach der Erfahrung geprüft und
herausgegeben werden. 1 Band. A — D. Altona 1796
(eigentlich 1795). gr. 8.

(N. 1. 2. 3. 5.) SCHUETZE (Chriſtian Heinrich), Sohn
des Gottfried Sch. im *Anhange — Paſtor zu Barkau,* einer adelichen Kirche in Holſtein, ſeit 1787, vorher
ſeit 1785 Paſtor zu Krummendick; *geb. zu Altona
den 15 Febr. 1760.* §§. *Shakeſpeare's Geiſt. 1ſte Sammlung. Altona 1780. 8. *Sammlung von Gelegen-
heitsgedichten. Hamb. 1781. gr. 8. (auch unter dem
ver-

veränderten Titel: Beyträge zur Poesie der Nieder-
sachsen. 1782.)   Gedächtnißpredigt am 17 März
1786. bey feyerlicher Beerdigung des — Reichsftey-
herrn Carl von Meurer, Erb- und Gerichtsherrn auf
Krummendiek — über Röm. 14, 8. gehalten. Daf. 8.
Geschichte eines ehrlichen Diebes; in den Prov. Ber.
1787. H. 3. *Auszug eines Schreibens aus der Wilstermarsch, die dortige Sittlichkeit betreffend; 'daf.
* Die Versuchung Iesu. Ein Empörungsversuch jüdischer Priester. Hamb. 1793. 8.   An eine aus der
Punschbohle gehobene Fliege.   Mit dem englischen
Original von *Peter Pinder*; im deutschen Mag. 1794.
März. Wechsel; daf. 1795. May. *Kritik der Ver-
nunftgründe wider die Schrecken des Todes. Schleswig 1795. 8.   * Kritik der Hypothese einer innern
Versuchung im Verstandesvermögen Iesu. Vom Verfaffer der Schrift: die Versuchung Iesu, ein Empörungsversuch jüdischer Priester. Daf. 1796. 8. —' Ge-
dichte in Meißner's und Canzler's Quartalschrift; für
altere Litteratur und neuere Lectüre, und im Journal
aller Journale. (*Revidirt vom Folgenden.*)

(N. 5.) SCHUETZE (Johann Friederich), Bruder' des
vorigen — *königl. dänischer Cauzeleyfecretair und feit
1794 Officiant beym Lotto in Altona; geb. zu Altona den
1 April 1758.* §§. *Claudians Raub der Proserpina;
Gedicht in 3 Büchern. Hamb. 1784. 8. (wird N. 2.
feinem Bruder beygelegt.)   * Neuefter Altonaischer
gelehrter Mercurius auf das Iahr 1787 und 1788. 8.
* Weife und thörigte Märchen, aus dem Franz. über-

fetzt. Hamb. 1790. 8. *Witz und Laune. Eine
Sammlung charakteriftifcher Anekdoten der franzöfifchen Nation. Aus dem Franzöf. überfetzt. Leipzig
1790. 8. *Kleine Chronik der Könige von Dännemark. Eine Handfchrift des 16ten Iahrh., mit hifto-
rifch-etymologifchen Anmerkungen und einer Vorrede begleitet. Altona 1790. 8. *Erzählungen und
Sprichwörter, nebft einer Nachricht von den Trou-
badours. Aus dem Franz. des Hrn. von *Cambry* überfetzt. Daf. 1791. 8. Eimsbüttel, oder die Johannis-
nacht. Eine komifche Operette in 3 Aufzügen. Hamburg 1791. 8. *Sammlung angenehmer und nützlicher Reifebefchreibungen und Auffätze allerley Inhalts. Aus der dänifchen Minerva überfetzt. Leipzig
1792. 8. *Briefe eines reifenden Dänen (*Friederich
Sneedorff's*, † 1792, Sohn des Janus Schelderup S. im
Worm), gefchrieben im Iahr 1791 und 1792, während feiner Reife durch einen Theil Deutfchlands, der
Schweitz und Frankreich. Aus dem Dänifchen überfetzt. Züllichau 1793. 8. Hamburgifche Theater-
gefchichte. Hamb. und Leipzig 1794. 8. Mifcella-
neen zur alten Litteratur und Dichtkunft; im deutfchen Magazin, Iul. und Dec. 1794. und Iul. 1795.
Nachrichten von dem alten Heldenbuche, nebft einigen Auszügen; daf. 1795. April. — *Gedichte* und *profaifche Auffätze* im deutfchen Mufeum vom I. 1780,
im Journal aller Journale vom I. 1786 und 1787.
und im neuen Journal aller Journale vom I. 1790,
und in den Schleswig-Holfteinifchen Anzeigen. —

Recen-

Recenſionen in den Hamburgiſchen Zeitungen. — *Ge-dichte* in Telonius Singſtůcken beym Clavier. Hamb, 1788. Fol. *(Nach dem Autographum.)*

SCHUMACHER (B.... G....), *Doctor der Rechte und Translateur in Hamburg, auch Vicar des Hochſtifts Lü-beck* (vorher Zollverwalter zu Neuſtadt in Wagrien); *geb. zu Kiel 1755.* §§. *Johann Elwes, der gröſſeſte Geizhals unſers Iahrhunderts (aus dem Engliſchne).* Danzig 1791. 8. Vortrag über die Freude der Tu-gend, an den geheiligten Altären der Freymaurer ge-halten zu Berlin am Johannistage 1793. Als Manu-ſcript für Freunde. 8. — Verſchiedene Gelegenheits-gedichte. *(Mitgetheilt.)*

SCHUMACHER (Johann Friederich), *Doctor der A. G. und ausübender Arzt zu Hadersleben; geb. auf Trenthorſt,* einem adelichen Gute in Wagrien, *im Nov. 1768.* §§. D. inaugur. medico-forenſis de ſugillationibus. Kil. 1794. 8. *(Revidirt.)*

SCHULZE (Chriſtoph), *Paſtor an der Domkirche und Probſt zu Roeſkilde auf Seeland; geb. zu . . . . . 1713.* §§. . . . . .?

SCHULZE (Johann Heinrich), *Paſtor zu Neuſtadt in Wagrien ſeit 1795,* vorher ſeit 1787 Diakonus da-ſelbſt; *geb. zu Elmshorn in der Graffſchaft Ranzau den 4 März 1756.* §§. Aufmunterungen, ſich der Noth unſerer Brüder anzunehmen — Eine Predigt — zum Beſten der Armen. Kiel 1789. 8. Verſuch, einige Einwürfe, Vorwürfe und Bedenklichkeiten aus dem Wege zu räumen, welche häufig die wohlthätige Ab-ſchaffung der Betteley hindern und erſchweren —

Eine

Eine Predigt — zum Beften der Armen. Kiel 1792.
8. — Nachrichten von dem Fifcheramte und der Fi-
fcherey in Neuftadt; in den Prov. Ber. 1790. H. 5.
Hans Jochen Stender, Holländer auf dem Gute Bro-
dau, ein Beyfpiel der Abhärtung und Mäfsigkeit, der
Gefundheit und Zufriedenheit und eines feltenen hohen Alters; daf. 1792. H. 2. Ueber die natürlichen
Urfachen eines Iahre lang fortdaurenden Mifslingens
im Brauen und Brennen; ein paar Beyfpiele aus Neuftadt; daf. H. 4. Einige allgemeine Nachrichten
von der Stadt Neuftadt, als Einleitung zu einer vollftändigen Ortbefchreibung; daf. 1793. H. 4. (Revidirt) Auch ein paar Worte über die Krankencom-
munion; im neuen theologifchen Journal 1795. St. 8.
SCHWARZ (Johann Heinrich), *Archidiakonus zu Crempe*
in der Cremper Marfch; *geb. zu Hadersleben* 175.. §§.
Ein franzöfifches Lexikon über den Telemach......
SCHWENSEN (Chriftian), *Paftor zu Hörup auf der In-*
fel Alfen feit 1795, vorher feit 1793 Paftor zu Atzbüll und Hofprediger auf Gravenftein, zuerft feit
1792 Paftor zu Niebüll; *geb. zu Bommelund in der*
Wiesharde Amts Flensburg 176.. §§. Bemerkungen über das Rifummoor und feine Bewohner — erfter Brief; in den Prov. Ber. 1792. H. 4.
(M. u. N. 1. 4. 5.) SCHWOLLMANN (Wilhelm Alexander), *Doktor der Philofophie* (feit 1757), *königl. dä-*
nifcher Confiftorialrath (feit 1776), *Probft des Amts Hüt-*
ten (feit 1791), *Schlofsprediger auf Gottorff* (feit 1769)
und Hauptpaftor an der Friedericbsberger Kirche in Schles-
wig

wig (feit 1763, wo er feinem Vater, deffen Adjunkt
er feit 1759 gewefen war, folgte); vorher feit 1757
Privatdocent und bald darauf Adjunkt der philofoph.
Facultät in Roftock; *geb. zu Schleswig den 26 März 1734.*
§§. Eine Betrachtung über Gal. 2, 9. womit er Hrn.
S J. Baumgarten zum 49ften Geburtsfeft Glück wün-
fchet. Halle 1755. 4. Exegetifche Unterfuchung
der Stelle Hebr. 4, 1-3. Daf. 1756. 4. Philologifche und kritifche Unterfuchung von den Cherubim
auf der Bundeslade. Daf. 1756. 4. Commentatio,
qua de Joannis in Patmo exilio modefte dubitat. ib.
1757. 4. D. inaugur. de Anacreontis carminibus
eorumque legendorum ratione. Roftoch. 1757. 4.
Sendfchreiben bey Gelegenheit des vergnügten Hem-
pel- und Schwollmannifchen Hochzeitfeftes, abgelaf-
fen von der Braut Bruder. Daf. 1757. 4. Stricturae
hiftorico-criticae additamentorum introductoriorum
litterariorum in antiquitates Graecorum facras et in
primis *L. Bofii* antiquitatum Graecarum, praecipue
Atticarum, defcriptionem brevem. Partic. I. ib. eod.
4. Glückwünfchungsfchreiben bey Gelegenheit des
Wachenhufen- und Quiftorpfchen Vermählungsfe-
ftes...... Commentatio critica et polemica ad Gen.
19, 26. qua de uxore Loti in ftatuam falinam con-
verfa modefte dubitat. Hamb. 1759. 4. Die Ver-
bindlichkeit der Chriften, fich in diefem Leben vor
allen Dingen nach dem Ewigen und Unfichtbaren zu
beftreben, um glücklich zu werden. Schlesw. 1763.
8. Die lebendige Empfindung der grofsen Wahr-

heit:

heit: Gott ift die Liebe! Predigt — Schlesw. 1763.
4. Die Pflicht der Chriften, den Herrn Iefum Chri-
ftum anzuziehen. Predigt — Daf. 1763. 4. Der
Chrift, grofs durch die Dankbarkeit. Altona 1764.
8. Die Gröfse der Fürften durch die Religion. In
einem Sendfchreiben an das hohe Geburtsfeft der
Prinzeffin Louife zu Dännemark, vermählten Land-
gräfin zu Heflen-Caffel. Flensb. 1773. 4. De Epifco-
pis a Presbyteris diverfis diff. qua — *Adamo Struenfee*
— gratulabundus applaudit. Hamb. 1780. 4. (fteht
auch in der Sammlung der bey Gelegenheit des Amts-
jubiläums erfchienenen Schriften. Flensb. und Leipz.
1781. 8.) Diff. epiftol. de imputatione peccatorum
mundi Chrifto, non qua poenas illorum tantum, fed
qua culpam etiam et maculam eorum facta. Quam
J. F. Janfon epifcopatum Aarhuufenfem ipfi delega-
tum, gratulaturus obtulit et contra obieftiones con-
tradicentium Novatorum quorundam vindicavit. ib.
1789. 8. Die feyerliche Einfegnung Sr. Königl. Hoheit, des Kronprinzen Friederich zu Dännemark, mit
der Durchlauchtigften Prinzeffin Maria Sophia Friederica zu Heffen, den 31 Iul. 1790. in der Schlofskirche auf Gottorff. Daf. 1790. 8. Grundfätze, nach
welchen die für die Herzogthümer Schleswig und
Holftein beftimmte Liturgie fowohl, als das Handbuch der Perikopen ausgefertigt worden. Flensb.
1793. 8. (Vergl. *H. Müller.*) — Mitarbeiter an Baumgartens Nachrichten von merkwürd. Büchern, wo feine
Recenf. mit *Schw.*bezeichnet find. *(Nach dem Autograph.)*

SIDON

SIDON (Carl Ludwig Chriſtian), *Doctor der A. G. und
ausübender Arzt in Plön*; *geb. zu Traventbal* in Wagrien
den 17 Dec. 1764. §§. D. inaugur. de iuribus, praero-
gatiuis atque officiis grauidarum. Kiliae 1790. 8.
Von der Maulwurfsgrille und den Mitteln zu ihrer
Vertilgung; in den Prov. Ber. 1789. H. 5. S. 204.
* Ein Wort über Apothekertaxen; daſ. 1795. H. 2.
* Zeitungen, Herolde der Quakſalberey; daſ. H. 3.
(*Revidirt.*) — Erhielt von der kaiſerl. freyen ökonomiſchen Geſellſchaft in Petersburg für eine Abhandlung auf die Frage: „über den Anbau der Schwaden"
ihre groſse ſilberne Medaille.

SIELENTZ (Hans Herrmann), *Doctor der A. G. und ausübender Arzt zu Schleswig*; *geb. daſelbſt den 20 May 1733.*
§§. D. inaugur. de electricitatis Musſchenbroekianae
in ſanandis morbis efficacia (praeſide *J. G. Krüger*).
Helmſtadii 1757. 4. (*Revidirt.*)

SIEVERS (Georg Johann), *Rector in Glückſtadt* ſeit 1784,
vorher ſeit 1782 Conrector in Schleswig, *geb. zu Sü-
derbrarup* in der Schliesharde Amts Gottorff *den 8 Oct.
1756.* §§. Folgende Glückſtädtiſche Programme: Von
der Nothwendigkeit des Privatfleiſses. 1785. Die
nothwendige Prüfung der Iünglinge, die ſtudieren
wollen. 1786. Gedanken von der Privaterziehung.
1787. Die Nothwendigkeit, alte Schriftſteller zu
leſen. 1788. Von der Einrichtung deutſcher Schulen. 1789. Einige Gedanken vom erſten Unterricht
in der Religion. 1790. Einige Gedanken von der
Art, Privatfleiſs bey Iünglingen zu erwecken. 1791.

De

De aurea poëtarum aetate. 1793. — Aufserdem eine
Abhandlung, mit welcher er feinem Vater als 50jäh-
rigen Iubelpaſtor Glück wünſchte: De Daemoniacis.
Tychopoli 1788. ...   (*Mitgetheilt.*)

(N. 2. 5.) SIEWERSSEN (Franz Matthias), *Diakonus an
der Collegialkirche zu Eutin* feit 1787; *geb. zn Lübeck
den 10 Febr. 1755.* §§. Verfuch einer freyen Ueberfetzung der lieben erſten Capittel des erſten Briefes
an die Korinther. Jena 1780. 8. Gedanken an aufgeklärte Chriſten über Wahrheiten des thätigen Chriſtenthums. Lübeck 1783. 8. (Erhielt den neuen Titel: erbauliche Gedanken oder Betrachtungen über
angelegentliche Wahrheiten des thätigen Chriſtenthums. Lüb. 1788.) — (*Revidirt.*)

ŞKAANING (Severin), *Paſtor zu Bölling und Söeding* auf
Laaland feit 1787; *geb. zu Tondern 175.*. §§. *Geau-
der's* Jord i et lidet Rum, det er, geographiſke Tabeller, overfat. Odenfee 1776. 8. Vgl. *Worm 3, 693.*

VAN DER SMISSEN (Jacob Gysbert), *Kaufmann in Altona;
geb. dafelbſt den 1 Ian. 1746.* §§. *Denkmal der Hochfchätzung und Liebe für den am 16 Febr. 1772 entfchlafenen Schullehrer Meinhard Nedderfen zu Hage,
unweit Norden in Oſtfriesland, aufgerichtet, (findet
fich abgedruckt bey folgender Schrift:) *Zwo Sammlungen erbaulicher Briefe von Meinhard Nedderfen,
nebſt deſſelben Betrachtung von der ſtündlichen Be-
reitfchaft zum Tode und einem zu feinem Nachruhme
errichteten Denkmal. Halle 1773. 8. (hinter der Vorrede hat fich der Herausgeber J. G. v. d. S. unter-
.
                                         ſchrie-

fchrieben.) *Richtfchnur des Lebens oder die Tugenden Iefu, allen, die gottfelig leben wollen, nach
den lautern Zeugniffen der Schrift zur Nachahmung
vorgeftellt. Gefammlet aus den nachgebliebenen
Schriften des Nik. Cafp. de Roy, von einem feiner
wahren Freunde. Hamb. 1782. 8. *Beyträge zur
Beförderung der nähern Vereinigung mit Gott, für
gläubige Seelen. Aus den nachgebliebenen Schriften
des N. C. de Roy gefammlet. Altona 1784. 8. — Einige Auffatze in den Bafeler Sammlungen der Gefellfchaft zur Beförderung der reinen Lehre und Gott-
feligkeit. (*Mitgetheilt.*)

SOERENSEN (Johann), *Doctor der A. G. und ausübender
Arzt zu Flensburg; geb. zu Glückftadt den 18 May 1767.*
§§. Sange for Claveret componerede. Fœrfte og anden Samling. Kbhvn. 1792. Fol. (wurde 1796 von
Rohfs in Schleswig auf die Meffe gebracht.) De fcro-
fulofa corporis compage. D. inaugur. — Kil. 1794.
8. (wurde 1796 von Röhfs in Schleswig auf die Meffe
gebracht.) — (*Revidirt.*) Der Veilchenftrauch, componirt. Schlesw. 1796. Fol.

SPIERING (Hinrich Gottlieb), *Doctor der A. G. und ausübender Arzt in Elmshorn; geb. zu Neuenbroeck in der
Kremper Marfch Probftey Münfterdorf den 15 Febr.
1761.* §§. D. inaugur. de prognofi febrium acutarum,
praefide *J. F. Ackermann.* Kil. 1786. 8.

STANGE (Carl Friederich), *Doctor der A. G. und ausübender Arzt in Flensburg; geb. zu Berlin den 29 Sept.
1734.* §§. D. inaugur. medico-clinica de remediorum
exter-

externorum in variolis ufu falutari generatim et in
primis de balneorum vaporoforum in retrogreffis
variolis falubritate. Gryphiae 1770. 8. *(Revidirt.)*
STEFFENS (Henrik), *Privatdocent in Kiel* feit 1796; *geb.
zu Stavanger* in Norwegen *den* 2 *May 1773.* §§. Gab
während feines Aufenthalts in Kopenhagen mit andern heraus: Phyfifk-œkonomifk og medico-chi-
rurgifk Bibliothek for Dannemark og Norge (welche
noch jetzt ordentlich erfcheint), worin fich von ihm
Recenfionen und folgende Auffätze befinden: Om
de Hypothefer ved hvis Hielp man har fœgt, at for-
klare Metallernes Forkalkning; B. 1. H. 1. (Kbhvn.
1794. 8.) Om *(Sam.) Habnemann's* Weinprobe; B.
1. H. 3.— *(Karl Ludw.) Willdenow's* Udkaft til en Læ-
rebog in Botaniken, overfat af det tydfke og forœget med Anmærkninger og et Tillæg om Botanikens
Skizben i Dannemark. Kbhvn. 1794. 8. *(Nach dem
Autographum.)*
VON STEMANN (Chriftian Ludwig), *Ritter vom Dannebrog-Orden, Gebeimerath, Domprobft zu Hamburg und
Oberpräfident der Stadt Altona; gcb. zu .... 17...*
§§. *Grundfätze, nach welchen die im Iahr 1785 befchloffene neue Setzung im Amte Hadersleben unter-
nommen und mit fechszehn Kirchfpielen bis zum I.
1789 zu Stande gebracht ift, erläutert durch das Beyfpiel des Kirchfpiels Weistrup; in den Prov. Ber.
1792. H. 4.
STEMANN (Hinrich Hirnklow), *königl. dänifcher Etatsrath, Amtsverwalter und Branddireftor in den Aemtern
Hufum*

Hufum und Schwabftedt; geb. zu . . . . 17. . . §§.

* Nachricht von den ohngefähren Vorgang beym Ein-
koppeln der bis in die Mitte des Iahrs 1760 in Ge-
meinheit gelegenen Acker - und Wiefenfelder von
den Dorffchaften Mielsdorf, Kleingladdebrüg, Dreg-
gers, Schlamersdorf, Altengörs, Neuengörs und We-
fterade des königl. Amts Traventhal, und was für
Grundfätze ferner bey dergleichen gemeinnützigen
Veranftaltungen beobachtet find; in den Prov. Ber.
1788. H. 2. (wieder abgedruckt in *Gafperi's* Urkunden und Materialien.)

STIELCKE (Johann Auguft), *Paftor zu Heiligenhofen* feit
1769, vorher feit 1762 Diakonus dafelbft und feit
1759 Adjunct des Schlofspredigers zu Glückftadt;
geb. zu Magdeburg 17. . . §§. Confirmationsreden. . . . . .

(M. u. N. 2. 3.) GRAF zu STOLBERG (Chriftian), *Amtmann über Tremsbüttel* in Stormarn feit 1777; *geb. zu
Hamburg* (nicht: Kopenhagen, wie von beyden Brüdern nicht nur Meufel, fondern auch Worm und Ekkard S. 107. behaupten), *den 15 Octob. 1748.* §§. Gedichte der beyden Brüder Chriftian und Friederich
Leopold Grafen zu Stolberg (herausgeg. von *H. C.
Boie*). Leipzig 1779. 8. Gedichte, aus dem Griechifchen überfetzt. Hamb. 1782. 8. Schaufpiele mit
Chören von den Brüdern C. und F. L. Grafen zu St.
1fter Theil. Leipzig 1786. 8. Sophokles, überfetzt.
2 Bände. Daf. 1787. 1788. gr. 8. — Viele Gedichte
im Göttingifchen und Vofsifchen Mufenalmanach, im
Wandsbeker Bothen, im deutfchen Mercur und im
deut-

deutſchen Muſeum, z. B. der Froſch- und Mauſekrieg,
aus dem Griechiſchen des Homers; 1784. St. 3. Ueberſetzung einer Ode des Sappho; 1786. St. 1. —
Vgl. *Worm* 3, 745 und 992. (*Revidirt vom Folgenden.*)
(M. u. N. 1 - 5.) GRAF ZU STOLBERG (Friederich Leopold), *Präſident der Fürſt - Biſchöflich - Lübeckiſchen Regierung zu Eutin* ſeit 1791, vorher ſeit 1789 königl.
däniſcher Geſandter zu Berlin und zuerſt ſeit 1777
Fürſt - Biſchöflich - Lübeckiſcher bevollmächtiger Miniſter zu Kopenhagen; *geb. zu Bramſtedt* Amts Segeberg *den 7 Nov. 1750.* §§. Homers Ilias, verdeutſcht.
2 Bände. Flensb. und Leipzig 1778. 8. Zweyte verbeſſerte Auflage 1781.   Dritte verbeſſ. Aufl. 1793.
Ueber den Tod der Gräfin von Schimmelmann, geb.
von Rantzau (ohne Druckort). 1780 4. Iamben.
Leipzig 1784. gr. 8.   Timoleon; Trauerſpiel mit
Chören. Kopenh. 1785. 8.   Die Inſel. Leipz. 1788.
8.   Reiſe in Deutſchland, der Schweitz, Italien und
Sicilien. 4 Bände. Königsb. 1794. gr. 8. nebſt einem
Heft Kupferſtiche und einer Charte von Italien, zuſammen 21 Blätter. gr. 4. *Die Weſthunnen. Eutin
1794. 8. 1 Bogen. (am Ende hat er ſich genannt.)
Plato's auserleſene Geſpräche, überſetzt. 1ſter Band.
(enthält: Phädrus, Sympoſium, Jon.) Königsb. 1795.
gr. 8. mit 1 Kupf. 2ter Band. (enthält: .....) 1796.
— Viele Gedichte, von denen einige franzöſiſch, eng-
liſch und däniſch überſetzt ſind; vergl. *Erſch*) und
proſaiſche Aufſätze (die *J. H. C. Beutler* gröſtentheils
verzeichnet) in den unter den vorigen Artikel ange-
führ-

führten periodifchen Schriften, z. B. Helleheck; im
deutfch. Mufeum 1776. Der 20fte Gefang der Iliade; daf. Ueber Lavater; daf. und 1777. Begeifte-
rung, was fie ift; 1782. May. Die Dichterlinge; .
1783. Die Quelle; daf. Die Götzen; daf. An H.
F. Iacobi; daf. Letzte Scene aus dem gebundenen
Prometheus überfetzt; daf. Auguft. Aus den fieben
Helden gegen Theben den Chor der Iungfrauen überfetzt; daf. Sept. . . . . . . 1788. Aug.— An die Kunft-
liebhaber; im neuen deutfchen Mercur 1793. Oɛtob.
Auszug eines Briefes aus Sicilien; daf. 1794. März
(eine Probe der oben angeführten Reife). — Antheil
am Tafchenbuch für 1795 von *J. G. Jacobi* und feinen Freunden. Königsb. 12. und an *J. L. Ewld's*
Urania. — Auch gab er mit J. H. Vofs *L. H. C. Holty's* Gedichte heraus. Hamb. 1783. 8. Zweyte Aufl.
1795. Vergl. *Worm* 3, 746 und 992. *(Revidirt.)*

GRAEFIN ᴢᴜ STOLBERG (Katharina), ältere Schwefter
· der beyden vorigen— *zu Eutin; geb. zu Hamburg?* 17 . . .
§§. Einige Auffätze im deutfchen Mufeum, z. B. Mofes . . . . Fernando und Mirande; im Tafchenbuch für
1795. von J. G. Jacobi.

ᴠᴏɴ STOLLE (Johann Wilhelm), *königl. dänifcher Kammerherr und Hof-Iägermeifter zu Kiel; geb. zu* . . . . 17 . . .
§§. *Ueber die Ausfuhr der Holfteinifchen Butter,
ihre Verfälfchung und die Mittel, diefes Produɛt dem
Lande einträglicher zu machen; in den **Prov. Ber.**
1788. H. 5.

STRAHL (. . . . . .), *privatifirt in Kiel; geb. zu Fredewalde*
in

in der Ukermark, 8 Meilen von Berlin, *den 2 Febr.*
1732. §§. Erklärung der menschlichen Natur. Berlin
und Leipzig 1775. 8. 3 Bog. Theorie der Winde
und Kälte; im deutschen Mercur. April 1781, im
Hannöv. Mag. .... und in der Dykischen Sammlung
physikalischer Schriften. .... Offenbarung Gottes
in der Natur; im deutsch. Mercur. May 1781. Erklärung der göttlichen Natur; im deutsch. Museum.
Octob. 1784. Briefe, nebst einem Fragment seines
Lebens; im Journal aller Journale. May 1787. *(Mit-*
getheilt.)

(M. u. N. 1. 2. 4.) STRODTMANN (Adolph Heinrich),
Probst in Eyderstedt seit 1795 *und* seit 1785 *Pastor zu*
Sanct Petri im Westertheil derselben Landschaft, vorher seit 1778 Rector zu Hadersleben; *geb. zu Preetz*
den 7 Aug 1753. §§. Die frohe, aber auch warnende,
Nachricht für den Gläubigen: Christus sey der Richter der Menschen, am 2ten Pfingst. vor der Glück-
städter Gemeine gehalten. Glückst. 1777. 8. Einige
gewöhnliche Fehler der Eltern, in Absicht der Bestim-
mung ihrer Kinder. Eine Rede bey der Uebertragung
des Haderslebener Rectorats, gehalten den 6 April
1778. ... Ueber die Sorge für den Wohlstand in
den lateinischen Schulen. Flensb. und Leipzig 1779.
8. *Prüfung der Frage: Ob in den lateinischen Schulen die ebräische Sprache auch gelehrt werden solle?
nebst einigen Rathschlägen und der Uebersetzung einiger Psalme, als einem Anhange, angestellt von A.
H. St., R. in H. Flensb. 1781. 8. Die wahre Natur
und

und Befchaffenheit der Erneftifchen Lehrart, entworfen von *C. L. Bauer*; aus dem Latein. überfetzt. Flsb.
und Leipz. 1785. 8. Die merkwürdigften Begebenheiten, welche die Reformationsgefchichte der dä-
nifch-deutfchen Staaten in fich fchließt, kürzlich vorgetragen und durch erläuternde Fragen und Anmerkungen zur Bildung der Iugend in deutfchen Stadt-
und Landfchulen anwendbar gemacht. Daf. 1791. 8.
(eine Predigt über Hof. 11, 7-9.) — Noch verfchiedene deutfche und lateinifche Schuleinladungen, einige deutfche Gedichte, unter des Verfaffers, nie unter
fremden Namen bekannt gemacht, und ähnliche Kleinigkeiten. *(Nach dem Autographum.)*

STRUCK (Nikolaus), *Paftor zu Weftenfee*, einer adelichen
Kirche im Kieler Diftrict feit 1787, vorher Diakonus
zu Marne; *geb. zu Efche* Kirchfpiels Meldorf in Süderdithmarfchen *den 19 März 1755*. §§. Abfchiedspredigt über 1 Kor. 16, 13. zu Marne in S. D. gehalten. Heide 1788. 8. *(Mitgetheilt.)*

(N. 2. 4.) STRUVE (Ernft Friederich), Sohn des Ernft
Gotthold Str.; vergl. *N. H. Schwartz* Nachrichten
von der Stadt Kiel S. 359 ff. — *Doctor der A. G. und
ausübender Arzt zu Neuftadt* bey Stolpe im Meifsnifchen
Kreife Sachfens; *geb. zu Kiel den 17 Ian. 1739*. §§. D.
inaugur. de ouorum gallinaceorum vfu medico. Kil.
1766. 4. *Das grofse Unglück einer zu frühzeiti-
gen Beerdigung, aus ältern und neuern Gefchichten
deutlich erwiefen. Zum Unterricht und zur Warnung,
befonders des Landmanns, aufgefetzt. Lpz. 1785. 8.

STRUVE (Friederich Gotthold), Bruder des vorigen —
Doctor der A. G. und ausübender Arzt zu Oldenburg in
Wagrien; *geb. zu Kiel den 24 Ian. 1742.* §§. D. inaug.
de Haemorrhagiis. Kiliae 1766. 4.

(M. u. N. 4. 5.) STRUVE (Jakob), *erster Professor und Director des Gymnasiums zu Altona* seit 1794, vorher seit
1791 zweyter Professor und Mitdirector, zuerst von
1780-1783 Conrector an der lateinischen Schule zu
Harburg, von 1783-1784 Professor und Rector am
Gymnasium zu Bückeburg, und von 1784-1791
Rector am Lyceum zu Hannover; *geb. zu Horst* in
der Herrschaft Pinneberg *den 21 Nov. 1755.* §§. Scho-
lia breuiora in Sophoclis Philocteten a Gedikio editum. Hannov. 1786. 8. Leitfaden für den Unterricht in der reinen Mathematik auf Schulen und Gym-
nasien. 1ste Abtheilung. Das. 1789. 8. 2te Abtheil.
1790. Versuch einer erklärenden Uebersetzung der
Paulinischen Briefe. 1ste Abtheil., welche den Brief
an die Galater, Epheser, Philipper, den 1sten an den
Timotheus und den an die Römer enthält. Altona
1792. 8. Berechnungen über die Dunzfelt-Meier-
sche Tontine, namentlich über den Werth eines An-
theils im Aufhebungstermine 1802, über die Admi-
nistrationskosten und über die jährlich aufgesparten
Zinsen. Das. 1793. 8. Pr. de loci Paulini ad Thes-
salonicenses Ep. I. 4, 13 — 5, 11 occasione et indole.
ibid. 1794. 4. Pr. interpretationum in Sophoclem
propositarum Partic. 1. ibid. 1795. 4. — Auch hat
er die 1792. 4. zu Altona erschienene „Anzeige der

Vor-

Vorlefungen und des übrigen Unterrichts in dem kö-
rigl. Chriftianeo zu Altona," nach Rückfprache und
Berathfchlagung mit feinen Collegen, aufgefetzt. (Revidirt.)

STUHLMANN (Johann Hinrich), Doctor der Rechte zn
Altona; geb. dafelöft den .... März 1744. §§. De do-
minio per contractum aeftimatorium, ante folutio-
nem pretii, in accipientem non translato, fpec. inaug.
Goetting. 1770. 4. (Revidirt.)

STUHLMANN (Michael Chriftian), Bruder des vorigen
— Doctor der A. G. und Arzt am Krankenhaufe zu Altona; geb. dafelbft den 3 Sept. 1748. §§. D. inaugur.
fiftens examen remediorum in febribus putridis ad-
hiberi folitorum. Goetting. 1773. 4. (Revidirt.)

SUADICANI (Carl Ferdinand), Doctor der A. G. und Leibarzt des Herzogs von Auguftenburg feit 1793, auch feit
1795 königl. dänifcher Arckiater, vorher Phyfikus in
den Städten Segeberg und Oldesloe und den Aemtern
Segeberg und Traventhal; geb. zu Preetz 17... §§.
D. inaug. de remediis praecipuis ad hernias incarce-
ratas. Goetting. 1774. 4.

SUHR (Georg), Compaftor bey der Altftädter Kirche in Plön
feit 1795, vorher feit 1790 Katechet am Schulmeifterfeminarium zu Kiel; geb. zu Marne im Süderdithmarfchen den 24 Febr. 1766. §§. Die moralifchen Vor-
münder der Menfcheit. Berichtigung eines fonder-
baren Mifsverftändniffes, nebft einem Fragment über
Verftehen und Nichtverftehen. Hamburg 1794. 8.
Neue Schuleinrichtung im Afchbergifchen Gute; in

den

den Prov. Ber. 1795. H. 6. Ueber die Fortpflanzung der Aale. Ein Schreiben an den Herausgeber;
daſ. Ehrfurcht, heiliger Schauer; im Genius der
Zeit 1795. Nov. *(Nach dem Autographum.)* Von ſeinen vor einigen Iahren angekündigten „Materialien
für den Unterricht in den allgemeinen nothwendigen
Kenntniſſen" erſchien die „erſte Abtheil.: Anatomiſch-
phyſiol. Kenntniſs des Menſchenkörpers". Lüb. 1796.
8. (auch unter dem Titel: Anat. ph. K. des Menſch.
Zum Unterricht für nichtſtud. Lehrer und Erzieher
der Iugend.)

SVENSEN (Peter Nikolai), *Inſpeflor und Reviſionschef bey
der Zahlenlotterie, auch Schulbalter bey der deutſchen Pe-
trikirche zu Kopenhagen; geb. zu Huſum den 29 Oft. 1722.*
§§. Die durch eine unvermuthete Erſcheinung ver-
vielfachte Freude bey dem Iubelfeſte (1760) in einem
Algebrai-Geometri- und Cubi-Surdi-Differentiali-
ſchen Problemate frohlockend vorgeſtellt; in den
Huſumſchen Iubelſachen zum Andenken des däniſchen
Erb-Souverainitäts-Iubelfeſtes. Flensb. 1761. Folio.
An Ihro Königl. Majeſtät zu Dännemark — allerunterthänigſte Vorſtellung ſamt Plan und Conditiones
einer combinatoriſchen Zahlenlotterie — beſtehend
aus 100 Nummern — Kopenh. 1769. 4. Tallotte-
rier, deres Natur og Beſkaffenhed ſom giver tydelig
Oplysning om Spillemaaden. Kbhvn. 1771. 8. (iſt
eigentlich nach der deutſchen Handſchrift ins Däniſche überſetzt von *N. Prahl* und vom Verfaſſer ſelbſt
zum Druck befördert.) Berechnung über eine von
dem

dem Hrn. Iuſtitzrath Stephanſen projeƈirte, beym
Finanzcollegio eingegebene, aber nicht approbirte,
Leibrenten-Tontine, worin gezeigt wird, daſs anſtatt
des angegebenen Gewinnſtes von 508, 750 Rthlr.
ſich am Ende der Tontine der Verluſt 2,034,558
Rthlr. betragen würde. Kopenh., den 30 Iun. 1788.
Tabellen aller Faƈorum der ungeraden Zahlen von
1 bis 500,000. Kopenh. 1791. — Auch hat er verſchiedene mathematiſche Probleme aufgelöſt und in
öffentliche Blätter eingerückt. Vergl. *Worm* 3, 765.
(*Revidirt.*)

(M.) TELEMANN (Georg Michael), Sohn eines ehemaligen Paſtors zu Arensbök? und Enkel des Georg Philipp T., welcher nicht 1720, wie *J. G. Dabler* behauptet, ſondern erſt 1767 ſtarb; vergl. *Thieſs* Gelehrten-
Geſchichte von Hamburg Th. 2. S. 238 ff. — *Muſk-
direƈor und Singmeiſter an der Domſchule zu Riga; geb.
zu Arensbök oder Plön? 1748.* §§. Unterricht im Ge-
neralbaſsſpielen. Hamb. 1773. 4. Regeln der deutſchen Orthographie. Riga 1779. 8. Vgl. *Gadebuſch*
Liefland. Bibliothek Th. 3.

(M. u. N. 1. 2. 4. 5.) TETENS (Johann Nikolaus), *geb.
zu Tetenbüll* in der Landſchaft Eiderſtedt *den 16 Sept.
1736;* ſtudirte 1755 bis 1758 zuerſt in Roſtock und
nachher in Kopenhagen, ward 1759 zu Roſtock Magiſter und hielt akademiſche Vorleſungen, ging 1760
mit der neuen Univerſität nach Bützow, als angeſetz-
ter Magiſter legens bey derſelben, ward 1763 ordentlicher Profeſſor der Phyſik, war von 1765 bis

1770 Director des Pädagogiums zu Bützow, ging
1776 als Profeſſor der Philoſophie, nachher auch der
Mathematik, nach Kiel, 1789 aber als Aſſeſſor des
Finanzcollegiums und als Finanzcaſſendirecteur nach
Kopenhagen, ward 1791 *Etatsrath und Deputirter im
Finanzcollegium*, ſo wie ſchon 1787 ordentliches Mitglied der königl. Geſellſchaft der Wiſſenſchaften daſelbſt. §§. („Die meiſten meiner Druckſchriften, deren Verzeichniſ ich mir ſelbſt gemacht habe, im Fall
ich einmal eine Reviſion darüber anſtellen und mir
ſelbſt Rechenſchaft davon ablegen würde, ſind unbedeutend, und allenfalls wären nur die mit einem *
bezeichneten inſonderheit aufzuführen.") Gedanken
über die Wirkungen des Klima auf die Denkungsart
der Menſchen; in den Glückſtädtiſchen Intelligenzblättern 1757. Diſp. de cauſa caerulei coeli coloris.
Roſtoch. 1760. 4. Gedanken von den Urſachen,
warum in der Metaphyſik ſo wenig ausgemachte
Wahrheiten ſind. Bützow 1760. 8. Von den Urſachen der Ungleichheit der Menſchen in Abſicht ihrer Denkungsart; in den Hamburgiſchen Nachrichten von gelehrten Sachen. 1761. Von den vorzüg-
lichſten Beweiſen des Daſeyns Gottes. Bützow und
Wismar 1761. 8. D. de vi cohaeſionis, explicandis
phaenomenis, quae vulgo vi attrahenti tribuuntur,
inſufficienti. 1762. 4. Von dem Maaſ der lebendi-
gen Kräfte; in *W. J. G. Karſten's* Beyträgen zur Aufnahme der theoretiſchen Mathematik. St. 4. 1762.
Von der Verſchiedenheit der Menſchen nach ihren

Haupt-

Hauptneigungen; in den Schwerinſchen Intelligenzblättern 1762. Fortſetzung und Beſchluſs; daſ.
1763. D. de cauſa fluxus ſiphonis bicruralis in va-
cuum continuati. Bützov. 1763. 4. Von dem heiligen Damm; daſ. 1763. *Methodus inveniendi
curvas, Maximum vel Minimum offerentes, univer-
ſaliter et ex analyticis principiis demonſtrata; in Actis
Erudit. 1763. Verſchiedene Recenſionen philoſophiſcher und mathematiſcher Schriften; in den Ro-
ſtockiſchen, nachher Bützowiſchen gelehrten Nachrichten von 1760 bis 1763. Ueber die Rangord-
nung der Wiſſenſchaften; in den Glückſtadtiſchen
Intelligenzblättern 1764. Ueber die Ehrliebe; daſ.
Von der Geſundheit der Oerter; in den Schwerinſchen Intelligenzbl. 1764. Von einem Mecklenburgiſchen magnetiſchen Stahle; daſ. Ein Schreiben
über die Eigenſchaften der Zahl 9; in den Nachrichten vom baltiſchen Meere aus dem Reiche der Gelehrſamkeit, der Sittenlehre u. ſ. w. 1765. Ueber
die Grundſätze und den Nutzen der Etymologie; in
den Schwerinſchen Intelligenzbl. 1765. Vom Zug-
winde; daſ. Von dem Nutzen der Etymologie;
daſ. 1766. Einige Erfahrungen über die Beſchaffenheit der Winde; daſ. Von der Einpfropfung der
Blattern; daſ. 1767. Meteorologiſche Beobachtungen; daſ. Von einem einſchlagenden Blitze; daſ.
1768. *Commentatio de principio Minimi. Bützov.
1769. 4. *De via facillima in motu corporum; in
Actis Erudit. 1769. Schulſchriften von 1765 bis

1770, (von 1765 bis 1769 Programme *) zur Feyer des Geburtsfestes,) und *Ausführliche Nachricht von der Einrichtung des herzogl. Pädagogiums zu Bützow 1767. Vorschläge zur Abwendung der Gefahr des Gewitters; in den Schwerinschen Intelligenzbl. 1770. Zweyter Auffatz; daf. 1771. Noch drey Auffätze, wovon die beyden letztern besonders abgedruckt find: Ueber die beste Sicherung feiner Person bey einem Gewitter. Bützow und Wismar 1774. 8. *Ueber den Urfprung der Sprache und der Schrift; Daf. 1772. 8. *(anonymifch)*. *Jens Kraftii* Mechanica latine reddita et aucta. ib. 1773. 4. cum tab. aeneis. Rede am Vermählungstage des Erbprinzen Friederichs mit der Prinzeffin Sophia Friederica von Mecklenburg, am 11ten des Weinmonats 1774 auf der Friederichsuniverfität gehalten. Bützow 1774. 4. (Handelt von den Vortheilen, welche aus allen den Eheverbindungen, die fchon fo oft das königl. dänifche Haus mit dem herzogl. mecklenburgifchen verknüpften, entfprungen find.) Ueber den Einfluß des Mondes in die Witterung; in den Schwerinschen Intelligenzbl. 1774. Schreiben eines Naturforfchers über die Magnetencuren. 1775. 8. *Ueber die specula-

---

*) Eins, deffen das Magazin für Schulen und die Erziehung überhaupt (5, 195.) gedenkt, führt den Titel: de ratione in fcholis publicis docendi, fic quidem vt, quamquam difcipuli adfunt numero plures, ingenio et profectibus diuerfi, ab uno magiftro fimul inftituendi, non minus tamen finguli proficiant, quam fi quisque privatim edoceatur. Bützov, 1766.

culative Philofophie. Bützow 1775. 8. * Philofophifche Verfuche über die menfchliche Natur nnd ihre
Entwickelung. 2 Bände. Leipzig 1776. gr. 8. Recenfionen in der Kieler gelehrten Zeitung und dem
Litteraturjournal. 1777 ff. *Ueber die Realität unfers Begrifs von der Gottheit. 1fte Abtheilung über
die Realität unfers Begrifs von dem Unendlichen; im
2ten Theile der Cramerfchen Beyträge. 1778. Auf-
löfung des Problems, betreffend die Friction auf der
geneigten Fläche; im Kieler Litteraturjournal 1780.
* Ueber den Begrif vom göttlichen Verftande; im
4ten Th. der Cramerfchen Beyträgen. 1783. Ueber
die Abhängigkeit des Endlichen vom Unendlichen;
daf. Ueber die Strafgerechtigkeit Gottes; daf. *Einleitung zur Berechnung der Leibrenten und Anwart-
fchaften, die vom Leben oder Tode einer oder mehrerer Perfonen abhängen, mit Tabellen zum praktifchen Gebrauche. 2 Theile. Leipzig 1785. 1786. gr.
8. Oratio de ftudiis academicis ad culturam rationis dirigendis. Kiliae 1785. 4. Nachricht zur Gefchichte der Toleranz in Mecklenburg; in *Heinze's*
neuem Magazin für die Gefchichte. Theil 1. 1786.
Anmerkungen zu D. *Price's* Schrift über die englifche
Nationalfchuld; daf. Nachricht von der am 15 Oct.
1786 vom Grafen von Holck, Exeellenz, auf dem
adelichen Gute Eckhof veranftalteten Aufhebung der
Leibeigenfchaft der Bauern, nebft den beygefügten
Erbpachtscontracten; in den Prov. Ber. 1787. H. 1.
(anonymifch.) Ueber den eingedeichten Zuftand der

Marfch-

Marfchländer, und die demfelben anklebende Gefahr
vor Ueberfchwenimungen — eine Vorlefung, gehalten in der Verfammlung der Schleew. Holft. patriotifchen Gefellfchaft; daf. H. 6. Beweis eines Lehr-
fatzes von dem Mittelpunéte der Coefficienten; in
den Polynomien; in *Bernoulli's* und *Hindenburg's* Leipziger Magazin. 1787. St. 1. (wieder abgedruckt unter dem Titel: Der polynomifche Lehrfatz, das wich-
tigfte Theorem der ganzen Analyfis, neu bearbeitet
und dargeftellt von *Tetens, Klügel, Kramp* und *Hindenburg.* Vom Letztern zum Druck befördert. Lpz. 1796.
gr. 8.) Ueber den itzigen dänifchen Geldcurs und
die Münzveränderung in den Herzogthümern Schleswig und Holftein. Kiel. (1788.) 8. (fteht auch in
den Prov. Ber. 1788. H. 2.) *Reifen in die Marfchländer an der Nordfee zur Beobachtung des Deich-
baues; in Briefen. 1fter Theil. Leipzig 1788. gr. 8.
mit 5 Kupf. *Integration af logarithmifke Differen-
tialer af den Form $e^z dx$, hvor z er en Funétion af
x; in der neuen Sammlung der Schriften der Kopenhag. Gefellfchaft der Wiffenfch. Th. 3. (1788.) mit
einer zur Abhandlung gehörigen Kupfert. Anmerkninger over Anvendelfen af den fynkende Fond; in
der Minerva 1790. März. Om Indretningen af en
regelmaffig Gieldsafbetaling ved Commüner; daf.
1790. Nov. Arithmetifk Problem angaande Anvendelfen af de fynkende Fonds; in der neuen Sammlung der Schriften der Kopenh. Gefellfchaft der Wiffenfch. Th. 4. (1791.) Om Fleerheden af colleétive

Stem-

Stemmer og Probabiliteten af famme ; daf. Th. 5.
(1.79..) Ueber die letzten Veränderungen mit der
Bank und dem Geldwefen in Dännemark. Nebft einigen allgemeinen Unterfuchungen, betreffend we-
fentliche Punkte bey Leihbanken, an den Herrn M.
von Drateln. Kopenh. 1793. gr. 8. Hvorledes det
mindre Antal udgicere flefte Stemmer? tilligmend nogle Anmerkninger over *Rouffeau's* contract Social og
over den nyere franfke Statsret; in der Minerva
1793. April, Iun., Iul. (ift noch nicht vollendet. Der
Verf. wird diefe Materie auch nicht in der Minerva
fortfetzen, fondern fie umgearbeitet mit einigen verwandten Materien dem Publicum mittheilen, vielleicht aber erft nach ein Paar Iahren.) — Ein analy-
tifcher Auffaz: Formula Polynomiorum, oder eine
allgemeine Formel für die Coefficienten der Polyno-
mie, ift den 6 Febr. 1795 in der Gefellfchaft der Wiffenfchaften vorgelefen und wird in ihren Schriften
gedruckt werden. — Noch andere Auffätze in der dänifchen Minerva. (*Größtentheils Autographbum.*) Anmerkungen zu der im 1ften B. von *V. A. Heince's*
Sammlung zur Gefch. und Staatswiffenfch. befindlichen Abhandl. von öffentlichen Credit- und Natio-
nalfchulden; in *ebendeff.* Samml. B. 1. (1790.) C. E.
Lous Verfuche und Vorfchläge, betreffend die Theorie der Navigation, um fie vollkommner und ihre
Anwendung auf der See ficherer zu machen. Aus
dem Dänifchen. Kiel 1795. gr. 8. (*anonymifch.*) Was
wird erfordert zu einer völlig zweckmäfigen Brand-

anftalt

anſtalt in größern Städten? in den Prov. Ber. 1795.
Heft 5.

THIBAUT (Anton Friedrich Juſtus), *Doctor der Rechte und Privatdocent zu Kiel*; *geb. zu Hameln den 4 Ian. 1772.* §§. D. inaug. de genuina iuris perſonarum et rerum indole, veroque hujus diuiſionis pretio. Kilon. 1796. 8. Erklärung der L. 22. §. vlt. und der L. 23. Digeſt. de pignorat. actione. Nebſt einer Anzeige ſeiner Vor-leſungen. Daſ. 1796. 8, (*Revidirt.*)

(M. u. N. 1-5.) THIESS (Johann Otto), Sohn des Jo-hann Peter Th. im 1ſten Nachtr. — *Doctor der Theo-logie* ſeit 1790 *und der Philoſophie* ſeit 1785, *auſſeror-dentlicher Profeſſor der Philoſophie in Kiel* ſeit 1795, vor-her Adjunct der theologiſchen Facultät daſelbſt ſeit 1793, Privatdocent der Theologie und Philoſophie daſelbſt ſeit 1791, Privatgelehrter in Hamburg ſeit 1790, Nachmittagsprediger an der Paulskirche auf dem Hamburger Berge ſeit 1783, Kandidat der Theo-logie in Hamburg ſeit 1782, Secretair der Herzogl. deutſchen Geſellſchaft und Mitglied des theologiſchen und philologiſchen Seminariums in Helmſtädt ſeit 1781; *geb. zu Hamburg den 15 Aug. 1762.* §§. Gele-genheitsgedichte von 1775-1784, von welchen ei-nige in C. H. *Schütze's* Sammlung (Hamb. 1781) wie-der abgedruckt ſind. — Nachricht von dem Leben und Schriften des Herrn *Chriſtoph Chriſtian Sturm's*, iſt nicht im Druck erſchienen; vergl. Hamb. neue Zei-tung 1778. St. 127. — *Joh. Chriſtoph Friderici* theo-logiſche Abhandlung von der wahren und eigentlichen

christ-

chriſtlichen Tugend. Aus dem Lateiniſchen ins Deutſche überſetzt (und mit einigen Anmerkungen und
einer kurzen Nachricht von einigen Lebensumſtänden
des ſel. Hrn. Doctor *Friderici* begleitet). Hamb. 1779.
66 S. gr. 8. Verſuch einer Gelehrtengeſchichte von
Hamburg, nach alphabet. Ordnung, mit kritiſchen
und pragmatiſchen Bemerkungen. Hamb. 1780. I B.
404 S. 2 B. 320 S. gr. 8. (Der dritte Band wird nicht
erſcheinen.) Erſtes und letztes Wörtchen zur Vertheidigung des Verſuchs einer Gelehrtengeſchichte
von Hamburg, für die Leſer der Beyträge zum Reichs-
poſtreuter. Hamb. 1780. 8 S. gr. 8. Vom Geiſt der
Vaterlandsliebe. Eine Rede bey der feyerlichen Aufnahme in die herzogl. deutſche Geſellſchaft in Helmſtädt. Hamb. 1781. 24 S. gr. 4. Helmſt. 1781. 46
S. gr. 8. Ueber die Einwirkung des Patriotismus in
die Cultur der Wiſſenſchaften. Eine Rede, im Namen
der herzogl. deutſchen Geſellſchaft an ihrem Stiftungstage den 20 Iun. 1781. im gröſsern theologiſchen Hörſaale der Iulius-Carls-Univerſität gehalten.
Helmſt. 1781. 56 S. gr. 8. — Das 1782 den 20 Febr.
in der Buchhändlerzeitung St. 11. S. 171 fg. und in
der Hamb. neuen Zeitung St. 45. angekündigte Itzt-
lebende gelehrte Hamburg, oder Verzeichniſs aller
iztlebenden Schriftſteller, die in Hamburg geboren
oder dahin berufen ſind, und ihrer Schriften, iſt nicht
erſchienen. — Zur Biographie Hamburgiſcher Aerzte.
Verſuch eines Beytrags. I. 2 Partikel. Helmſt. 1782.
71 S. gr. 8. Commentariorum de rebus litterariis

Helm-

Helmſtadienſibus Particula 1. Series Profeſſorum in
Julia Carolina ordinariorum, qui ad hanc uſque ae-
tatem publice docuerunt. Helmſt. 1782. 20S. gr. 4.
De Euangelii Matthaei integritate interpolando non
corrupta. Praeſ. *H. P. C. Henke* a. d. 25 Sept. in audi-
torio theologico diſp. Helmſt. 1782. 36 S. 4. *Be-
hauptung des Satzes: der Sturz des Anſehns Moſis
ziehet nicht nothwendig den Sturz des Chriſtenthums
nach ſich. Vertheidigung des Hrn. D. und Prof. *Döderlein* in Jena gegen einen Angriff des Hrn. (Haupt-)
Paſtors *Göze* in Hamburg, von einem warmen Ver-
ehrer des Hrn. Doct. *Döderlein* und ſeiner Schriften.
Frankf. und Leipzig (Nürnb.) 1783. 48 S. 8. Meine
Gedichte für meine Freunde. Hamb. 1783. XVI. 156
S. 8. Gedichte in dem Muſenalmanache: Flora.
Hamb. 1784. 12. Zwey Predigten, auf Verlangen
und mit einer Vorerinnerung herausgegeben. Hamb.
1784. VIII. 32. 41 S. 8. — Die in der Buchhändlerzeitung 1784. S. 62. angezeigte Anleitung zum Nachdenken über die Wahrheit und Göttlichkeit der Offenbarung I. C. und zur eigenen Ueberzeugung von
derſelben, für Unſtudirte, beſonders für Katechumenen, iſt nicht herausgekommen. — * Das gelehrte Hamburg, oder Verzeichniſs aller itztlebenden Hambur-
giſchen Schriftſteller, die in Hamburg geboren, oder
dahin berufen ſind, oder daſelbſt leben. 1ſtes Heft,
welches das Leben und die Schriften der itzt in Hamburg lebenden theologiſchen Schriftſteller enthält.
Hamb. 1784. 52 S. 8. Geſänge und Lieder an den

ge-

geheiligten Tagen der Chriſten, in Weihnacht, am
Neujahrs- und Karfreytage, in Oſtern, Pfingſten und
am Buſstage, zur Probe herausgegeben. Hamb. 1784.
16 S. gr. 8. — Das im 1ſten Hefte des gelehrten Hamburg S. 46. angemerkte Andachtsbuch für chriſtliche
Schiffer und Seefahrer 1785 iſt nicht erſchienen. —
Vorrede zu dem Erbauungsblatte zur Beförderung
eines vernünftigen häuslichen Gottesdienſtes für alle
Stände. Hamb. 1785. VIII S. 8. Drey Homilien.
Hamb. 1785. XLVIII. 98 S. 8. Diſpoſitionen einiger ſeiner im Iahre.1784 und 1785 in der Paulskirche auf dem Hamburger Berge gehaltenen Predigten,
zur Probe herausgegeben und gut denkenden chriſtlichen Gottesgelehrten und Predigern, zunächſt ſeinem verehrungswürdigſten Lehrer, Hrn. D. und Prof.
Henke in Helmſtädt zur Beurtheilung ehrerbietigſt gewidmet. Hamb. 1785. 51 S. gr. 8. Chriſtliche Lieder und Geſänge. Hamb. 1785. XII. 96 S. 8. 2te,
ſehr veränderte, Ausgabe. Leipzig 1794. 76 S. 8.
Hauptinhalt ſeiner von Michael bis Weihnacht 1785
gehaltenen Predigten, nebſt Schluſsverſen und Geſän-
gen. Hamb. 16 S. 8. · *Was iſt, nach den Grundſätzen der Vernunft und des Chriſtenthums, vom Spiel,
beſonders von Zahlenlotterien, zu halten? Eine Predigt am 17 Trinitäts-Sonntage gehalten, mit freymü-
thigen Anmerkungen herausgegeben und den Vätern
der Stadt zugeeignet von einem eingebornen Hamburgiſchen Geiſtlichen. Hamb. 1786. 48 S. 8. Dem
Andenken meines verewigten Freundes, des Herrn

Job.

Joh. Klefcker, D. d. R., gewidmet. Hamb. 1786. 50 S.
8. *Klaggefang am Grabe unfers *Sturms*, den 31 Aug.
1786. Voran fteht eine kurze Nachricht von feinem
Leben und feinen fämtlichen Schriften. Hamb. 16 S.
gr. 8. Was lehrt denn die Bibel von der Gottheit
Iefu? oder das Bekenntniß der Chriften von Iefu
Chrifto, daß er der Herr fey. Eine Predigt am 10 Trinitäts-Sonntage gehalten. Hamb. 1786. 32 S. gr. 8.
Rettung der Ehre und Unfchuld feiner felbft, gegen
gewiffe, in einer diefer Tage herausgekommenen
Schrift (*Gottlieb Friederich Göze's*), darauf gerichtete
harte und unbillige Angriffe. Hamb. 1786. 24 S.
gr. 8. Homilie über Pfalm 37, 3-5. gehalten am
Neujahrstage. Hamb. 1787. 36 S. 8. Abgenöthigte
Erklärung über eine namenlofe Schandfchrift. Hamb.
1787. 16 S. 8. Vorrede zu den Liedern zur Haus-
andacht. Hamb. 1788. 2te Aufl. nebft Bemerkung
der Melodien. 1791. 6 S. 8. (Von den in diefer Sammlung befindlichen Liedern des Vorredners find verfchiedene aufgenommen in die Auswahl der beften
zerftreuten Troftgefänge für Leidende. Gefammlet
von einem ihrer Brüder. Mit einer Vorrede von *Joh.
Sam. Feft.* Leipzig 1789. 8.) Chriftliche Predigten.
Hamb. 1788. XXXII. 455 S. 8. (Die im 5ten Nachtrage bemerkte 2te Ausgabe. Frankf. 1789. 8. ift, mit
des Verfaffers Wiffen, nicht erfchienen.) *Hamburgifche Literaturzeitung. 1-33 St. Hamb. 1788. 262
S. 8. Variarum de capite tertio Genefeos recte ex-
plicando fententiarum fpecimen I. Lubec. 1788. 18 S.
gr.

gr. 4. *Ift die Einführung der allgemeinen Beichte oder die Beybehaltung des Beichtftuhls rathfamer? In befonderer Hinficht auf Localumftände unterfucht von einem Hamburgifchen Geiftlichen. Hamb. und Lüb. 1788. 38 S. 8. Nähere Anzeige der neuen Uebersetzung und durchaus anwendbaren Erklärung des N. T. Hamb. 1788. 16 S. 8. Predigtentwürfe über die an Sonn- und Fefttagen gewöhnlichen Abschnitte aus den Briefen der Apoftel und einige andere Texte. 1fter Iahrg. Hamb. 1788. XVI. 280 S. 2te verb. und verm. Ausgabe 1789. XX. 281 S. 3te verb. und verm. Ausg. 1792. XXIV. 280 S. 4te Ausg. Leipzig 1795. XXIV. 280 S. gr. 8. 2ter Iahrg. 1789. XVI. 294 S. 2te verb. und verm. Ausg. 1790. XVIII. 294 S. 4te Ausg. Leipz. 1795. XVIII. 294 S. gr. 8. 3ter Iahrg. 1790. XVI. 314 S. 4te Ausgabe. Leipz. 1795. 318 S. gr. 8. 4ter Iahrgang. Leipz. 1794. XVI. 296 S. gr. 8. (Auszüge aus ihnen findet man in dem allgemeinen homilet. Repertorium. Berlin 1794. 1795. gr. 8.) 5ter Iahrg. Leipzig 1795. ... S. gr. 8. Ueber den Werth des Geldes. Gepredigt am dritten Pfingftfeyertage und herausgegeben zum Beften zweyer Geldbedürftigen, eines armen Zürchers und einer armen Predigerwittwe bey Hanau. Hamb. 1789. 40 S. gr. 8. Das wahrefte und chriftlichfte Lob Gottes ift immer auch das Lob Iefu Chrifti. Eine Predigt in der grofsen Michaelskirche zu Hamburg gehalten. Hamb. 1789. X. 44 S. 8. Recenfionen in den Annalen der neueften theologifchen

Litteratur und Kirchengeschichte. Rinteln 1789. 8.
Ueber die Magier und ihren Stern. Zur Rechtferti-
gung des Matthäus, zur Beurtheilung seiner Ausleger
und zur Beruhigung für denkende Bibelleser. Hamb.
1790. VI. 117 S. Neue unveränderte Ausgabe. Leipzig 1794. 8. Predigten nach den besondern Bedürfnissen der Zeit und des Orts. Hamb. 1790. 358 S. 8.
Das Neue Testament, oder die heiligen Bücher der
Christen. Neu übersetzt, mit einer durchaus anwendbaren Erklärung. 1 Band: Matthäus. Hamb. 1790.
XLVI. 84. 318 S. 2te neu bearbeitete Ausg. Leipzig
und Gera 1794. mit Kupf. XLVIII. 440 S. 2ten
Bandes 1ste Abtheil.: Marcus. Hamb. 1791. XIV.
222 S. 2te neu bearb. Ausg. und 2ten B. 2te Abtheil.
Lucas. mit Kupf. Leipzig und Gera 1795. XXIV.
592 S. 3ter Band: Johannes Geschichtsbuch. Leipzig und Gera 1794. mit Kupf. XVI. 416 S. gr. 8.
Kleiner christlicher Spruchkatechismus. Stade 1790.
20 S. 8. Von dem ächtchristlichen Vertrauen auf
Gott, über 2 Kor. 3, 4. Eine Predigt am 12ten Sonntage nach Trinitat. in der Wilhadi-Kirche zu Stade
gehalten. Stade 1790. 23 S. 8. Unser Herr! in den
letzten Tagen seines ersten und in den ersten Tagen
seines andern Menschenlebens. Ein christl. Andachtsbuch für die Passionszeit und Osterfeyer, wie auch
am Beicht- und Communiontage. Hamb. 1790. X.
202 S. 8. Allgemeine Prediger-Zeitung. 1ster Iahrg.
1790. Hamb. und Leipzig. 834 S. 2ter Iahrg. 1791.
528. 305 S. 8. Beylage zur allgem. Prediger-Zeitung.

tung. 1ster Iahrg. 1790. Hamb. und Leipzig. 438 S.
2ter Iahrg. 1791. 416 S. 8. Ueber die biblifche und
kirchliche Lehrmeinung von Ewigkeit der Höllen-
ftrafen. Hamb. 1791. 55 S. 8. D. *Joh. Sam. Semler's* letzte und einige frühere Aeufserungen über re-
ligiöfe Gegenftände und deffen letzte Lebenstage, verglichen mit einigen Aeufserungen D. *M. Luther's* und
deffen letzten Lebenstagen. Hamb. 1791. 54 S. gr.
8. Predigt über 1 Kor. 8, 1. 2. am 3ten Sonntage
nach Trinitat. in der Schlofskircho zu Kiel gehalten.
Kiel 1791. 24 S. gr. 8. Ueber den Zweck und die
Einrichtung des theologifchen Studiums auf Univerfitäten, nebft Anzeige feiner theologifchen öffentlichen
und Privatvorlefungen von Michaelis 1791 bis Oftern
1792, fämtlichen zu Kiel Theologie Studirenden brü-
derlich gewidmet. Kiel 1791. 20 S. gr. 8. Anzeige
und Entwurf feiner öffentlichen Vorlefungen über
die Kantifche Philofophie. Kiel 1792. 16 S. 8. D.
Martin Luther's Lehren, Räthe und Warnungen für
unfre Zeiten. Gefammlet und (mit Anmerkungen)
herausgegeben. Hamb. und Kiel 1792. 12. 276 S. 8.
Fundamenta theologiae chriftianae critico-dogmati-
cae. Lipf. 1792. 98 S. 8. Ueber das Studium der
Dogmatik, befonders auf Univerfitäten. Leipz. 1792.
39 S. 8. Entwurf einer Handbibliothek für ange-
hende Theologen, zum Gebrauche feiner Vorlefungen. Altona 1793. XXIV. 248 S. 8. — Das im Oftermefskatalog von 1793 angezeigte Buch: Ueber den
Geift des Alten Teftaments, wird vielleicht gar nicht

er-

erscheinen. — Theses theologiae dogmaticae ad disceptandum propositae. ´Lips. 1793. 16 S. gr. 8. Predigt vom tiefsten Verfall der Religion und Sittlichkeit unter einem Volke, über das Evangelium am 2-
ten Weihnachtsfeyertage. Kiel 1794. 31 S. 8. Ie-
fus und die Vernunft. Leipzig 1794. 309 S. 8. Christ-
liches Communionbuch für Aufgeklärtere. Leipzig
1794. 104 S. 8. 2te sehr verm. und verb. Ausgabe 1796. mit Kupf. 184 S. 8. Ephemeriden der
neuesten theologischen Literatur und Kirchengeschichte. 1 und 2 Band 1795. Schlesw. 524 und 414 S. 8.
* Antwort auf die im zehnten der Briefe über Hamburg (Leipzig 1794) aufgestellte Charateristik der
Hamburgischen Geistlichen: Gerling, Rambach, Bra-
ke, Berkhan, Willerding und Thiess. Schlesw. 1795.
39 S. 8. Handbuch der neuern, besonders deutschen
und protestantischen, Literatur der Theologie. 1ster
Band. Liegnitz und Leipzig 1795. XLVIII. 678 S.
2ter Band 1796. .... S. gr. 8. Woher noch immer
so viele schlechte Prediger? Anzeige der in diesem
Winterhalbenjahre zu haltenden öffentlichen Vorlesungen über die Homiletik. Kiel 1795. 16 S. gr. 8.
Handbuch zum richtigen Verstande und fruchtbaren
Gebrauche der Sonn- und Festtagsevangel. 2 Theile.
Leipz. 1796. 196 u. 350 S. 8. — Die in den Ephem. 1 B.
S. 424. angekündigte; Einleitung in die neuere Geschichte der Religion, der Kirche und der theologischen Wissenschaften, kömmt in der Michaelism. 1796
in Schleswig heraus. — *Sein Bildniß* vor der ersten

Aus-

Ausgabe des 2 Band. feines N. T. und vor *Beyers* allgem. Magazin für Prediger. 6 B. 3 St. Nachricht von feinem *Leben* und feinen *Schriften* in F. A. *Wideburg* Progr. an Homerus litteras nouerit, iisque carmina fua confignauerit? Helmft. 1785. S. XIII fqq., in *Beyers* Mag. 6 B. 3 St. S. 336 ff und im kritifchen Verzeichnifs feiner Schriften, von *J. F. D.* Hamb, 1791. gr. 8. (*Autographum.*)

THIESSEN (Johann Peter), *Diakonus zu Lunden* in Norderdithmarfchen; *geb. zu Schleswig den 11 Ial. 1759.* §§. *Nachtrag über den Deichbruch bey Kiebizmoor in Norderdithmarfchen und die Mäufe in diefer Gegend; in den Prov. Ber. 1794. H. 2. *Nachrichten aus Dithmarfchen und der Nachbarfchaft von dem Sturm am 26 Ian. 1794, nebft der Frage: ob auch zu viel Land eingedeicht werden kann? daf. H. 3. *Von den chimärifchen oder Hausmorgen in den Marfchgegenden; daf. 1795. H. 6. (*Mitgetheilt.*)

THOMSEN (Hans), *Kirchenprobft der Landfchaft Fehmern und Hauptpaftor zu Burg* feit 1789, zuerft feit 1756 Diakonus und feit 1771 Archidiakonus dafelbft; *geb. zu ..... den 19 Ian. 1730.* §§. Glückwunfchfchreiben bey C. Fr. *Strefow's* Amtsjubiläum im Namen des ganzen Minifterii der Landfchaft. Altona 1780. 4. (*Mitgetheilt.*)

THOMSEN (Jürgen), *Candidat der Theologie zu Altona; geb. zu Keytum auf Sylt 17...* §§. Einzelne Predigten und kleine afcetifche Schriften. ......

DE THORANNE (Grand), *französischer Sprachmeister in Schleswig; geb. zu Grenoble den 9 May 1724.* §§. Traité sur la politesse avec de maximes pour se bien conduire dans la societé civile. à Sleavig 1784. 8. *(Mitgetheilt.)*

THOR-STRATEN (Josias), *königl. dänischer Etatsrath und Bürgermeister in Flensburg; geb. daselbst den ...... 1738 (?).* §§. Systematische Abhandlung von den Regierungsformen überhaupt und der uneingeschränkten Monarchie insbesondere; nach den Grundsätzen des Rechts der Natur und der Politik, mit einer Anwendung auf die eigentliche Staatsverfassung der Reiche Dännemark und Norwegen entworfen. Flensburg 1760. 8.

(M. u. N. 1. 2. 4.) TIESSEN (Johann Alexander), ehemals königl. preussischer Kriegsrath zu Magdeburg, auch Generaleinnehmer bey der Provinzial-Accise-Zoll- und Transitocasse; wurde 1779 seines Amtes entsetzt und sass bis 1789 auf der Festung zu Magdeburg, in welchem Iahre er seines Arrestes entlassen wurde und seit 1790 sich zu ...... *in Sachsen* aufhält; *geb. zu Duvenstede,* einem Dorfe zum adelichen Gute Tankstede Amts Tremsbüttel gehörig, *den 28 Iul. 1733.* §§. Das Chaos, eine vermischte Wochenschrift. Steinfurth 1757. ... — Hat den Menteur und la suite du Menteur des *Pet. Corneille* in Prosa übersetzt. Quedlinb. 1760. 8. — Die nur erhofte Entzauberung; ein französisches Nachspiel. Das. 1769. 8. *Euphemia, oder der Sieg der Religion; ein Schauspiel, aus dem

Fran-

Franzöſ. (von Fr. Th. Mar. de Baculard *d'Arnaud.*)
Magdeb. und Leipzig 1772. 8.

TIMMERMANN (Conrad Hildemar), *Ober- und Land-*
gerichtsadvocat zu Flensburg; geb. daſelbſt 176.. §§.
* Abgedrungene öffentliche Erklärung und Gegen-
nothdurft abſeiten der unterſchriebenen Mitglieder
der Kaufmannſchaft in Flensburg, wider die von dem
Hrn. F. W. *Otte* herausgegebene Schrift: über die
Brandweinbrennereyen in Flensburg und den verbotenen Handel mit ruſſiſchen Brandwein auf Norwegen. Flensb. 1794. 8.

TIMMERMANN (......), *Doctor der A. G. und ausüben-*
der Arzt zu Pinneberg; geb. zu ...... 17... §§. D.
inaugur. ......

TOBIESEN (Ludolph Herman), *Doctor der Philoſophie,*
Privatdocent auf der Kopenhagner Univerſität und Lehrer
an dem (C. J. R. Chriſtianiſchen) *Erziehungsinſtitut bey*
Kopenhagen, auch Mitglied der phyſicaliſchen Privat-
geſellſchaft in Göttingen; *geb. zu Huſum 1771.* §§. D.
inaugur. de principiis et hiſtoria inventionis calculi
differentialis et integralis nec non methodi fluxionum.
Götting. 1793. 4. cum tab. aenea. Des Hrn. (*Adam*
Wilh.) *von Hauch* Anfangsgründe der Experimental-
phyſik. Aus dem Däniſchen überſetzt und mit einigen Anmerkungen und einer, unter der Aufſicht des
Verfaſſers entworfenen, kurzen Beſchreibung der
vornehmſten phyſikaliſchen Inſtrumente begleitet.
Erſter Theil. Schlesw. 1795. 8. Th. 2. 1796. „Des
Hrn. Iuſtitzrath und Profeſſors (*Thom.*) *Bugge* Vorle-

ſun-

fungen über die gesammte Mathematik, unter der
Aufsicht des Verfassers aus dem Dänischen übersetzt,"
ist wenigstens in denKopenh.Addreßnachr. angekünd.
(M. u. N. 2-5.) TRAPP (Ernst Christian), *geb. zu Dra-
ge*, sonst auch Friederichsruhe genannt, im Holstei-
schen (in Stormarn) *den 8 Nov. 1745.* Ward Rector
zu Segeberg 1768, zu Itzehoe 1772, Subrector und
gleich darauf Conrector am Gymnasium zu Altona
1776, ging 1777 als Mitarbeiter am Philantropin
nach Dessau, von da 1779 als *Professor* der Erzie-
hungskunst nach Halle; legte 1783 dieses Amt nieder und fing auf dem Hammerdeiche bey Hamburg
eine Erziehungsanstalt an. Von hier ward er 1786
ins Braunschweigische als *Mitglied eines* da zu errichtenden *Schuldirectoriums* berufen, wo er noch ist und
zu *Wolfenbüttel* wohnt. §§. Unterredungen mit der
Iugend. Hamb. 1775. 8. Ueber die Beförderung
der wirksamen Erkenntniß. 1ster Theil. Itzehoe und
Hamb. 1777. 8. Versuch einer Pädagogik. Berlin
1780. 8. *David Williams* über die Erziehung, worin
die Methoden der öffentlichen Anstalten in Europa,
in England die Methode Milton's, Locke, Rousseau's
erwogen und eine ausführbarere vorgeschlagen wird;
aus dem Engl. mit Anmerkungen. Berlin 1781. 8.
Ueber das Studium der alten classischen Schriftsteller und ihrer Sprachen in pädagogischer Hinsicht; im
7ten Theil des Revisionswerks 1787. Ueber den
Unterricht in Sprachen; das. im 15ten Theil 1788.
(auch einzeln Braunschw. 1789. 8.) · Debatten, Be-
obach-

obachtungen und Verſuche. 1ſtes Stück. Braunſchw.
1789. 8. Ueber die zweckmaſsigſte Einrichtung der
Schulen, Univerſitäten und Erziehungsanſtalten; im
16ten Theil des Reviſionsw. 1792. Auszüge aus
den franzöſiſchen Claſſikern, zur Campiſchen Schul-
enkyklopädie gehörig. Hievon ſind bisher (Wolfenb. 1790- 1796. 12.) drey (ſechs) Bände erſchienen. (Erſten Bandes 2te Auflage 1794.) — Mehrere
Auffätze im Braunſchweigiſchen, jetzt Schleswigſchen
Journal, deſſen Herausgeber er auch Anfangs in Verbindung mit drey andern Männern (J. H. Campe, C.
Heuſinger und J. Stuve), nachher, bis zur Flucht des
Journals ins Däniſche, allein war. *(Autographbum.)* —
Gerb. Schönnings Abhandlung von den Begriffen und
Nachrichten der alten Griechen und Römer von den
nördlichen Ländern, aus dem Däniſchen ins Deutſche
überſetzt; in *Schlözer's* allgem. nordiſchen Geſchichte.
(Halle 1771. 4.) Sendſchreiben an den Hrn. Doct.
Semler 1780. 8. Rede von der Pflicht der Schullehrer, den Unterricht der Iugend nach den Bedürfniſſen
und Forderungen der Zeit einzurichten. Altona 1773.
8. Vorrede zu C. R. Richter's Anleitung zum Rechnen. Leipzig 1781. 8. Der Erzieher; eine Wochenſchrift für Lehrer und Eltern. (3 Quartale.) Halle
1781. 8. Wochenblatt für die Schulen, in Form
einer Schulzeitung. (6 Quart.) Daſ. 1781 u. 1782.
8. Ueber das Halliſche Erziehungsinſtitut. Daſ.
1782. 8. Ueber Unanſtändigkeit, Renomiſterey und
geſunde Logik; an den Herrn Director der Gothaer

gel. Zeitung. Deſſau 1784. 8. * Tägliches Handbuch für die Jugend. Hamb. 1784. 8. Ueber eine
Erziehungsanſtalt auf dem Hammerdeiche, unweit
Hamburg; in einem Briefe an einen Freund. Daſ.
1784. 8. *Ueber die Gewalt proteſtantiſcher Regenten in Glaubensſachen. Braunſchw. 1788. 8. Ueber
den Zweck, die Gegenſtände, die Erleichterung, die
allgemeinen Methoden und die Grundſätze des Unterrichts; im 8ten Th. des Reviſionsw. 1787. Vorrede zu den Ausſichten zur Feſtſetzung des Elemen-
tar-Unterrichts in den Bürger- und gelehrten Schulen. Züllichau und Freyſtadt 1790. gr. 8. Neue
Sammlung von Reiſebeſchreibungen, zur Fortſetzung
der Campiſchen. 1ſter Theil. Braunſchw. 1794. 8.
und 16. 2ter Th. 1795. — *Soll Verfaſſer ſeyn* von:
*Theologiſcher Beweis, daſs Doſt. Bahrdt Schuld an
dem Erdbeben in Calabrien ſey, von Ratzenbergern
dem Jüngern. 1786. 8. *An den König der Britten,
über die Gottheit Chriſti. Berlin 1786. 8. *Freymüthige Betrachtungen und ehrerbietige Vorſtellun-
gen über die neuen preuſſiſchen Anordnungen in geiſtlichen Sachen. Germanien 1791. 8. — Wird Antheil
nehmen an den Beyträgen zur fortſchreitenden Bildung der deutſchen Sprache (vergl. *Mackenſen*). —
Das von W. Heinſius (nach welchem das „Tägliche
Handbuch für die Iugend" *nicht* anonymiſch erſchienen iſt) aufgeführte „Geſangbuch für die Iugend.
Leipzig 1782. 8." iſt wahrſcheinlich nicht erſchienen, oder nicht von ihm, da weder die allgemeine

deut-

deutfche Bibliothek, noch das allgem. Verzeichnifs
neuer Bûcher, deffelben gedenken.

TREDE (Ludwig Bendix), *Bifcböflich-Lûbeckifcher wirklicher Iuftitzrath und geheimer Cabinetsfecretais in Eutin;
geb. zu Dahme* Amts Cismar *den* ..... *173*.. §§. *Gefpräch über Sittlichkeit und Pflicht; in den Oldenburgifchen Blättern vermifchten Inhalts....... Arbeitet an einer philofophifchen Sprachlehre, welche
wahrfcheinlich bey feinem Leben nicht erfcheinen
wird. (*Mitgetheilt.*)

(M.) TRENDELENBURG (Adolph Friederich), Bruder
des Carl Ludwig Friederich T. im *Meufel* — *Doctor
der Philofophie* (feit 1761) *und der Rechte* (feit 1760),
*der letzten erfter ordentlicher Profeffor in Kiel und königl.
dänifcher Etatsrath* (feit 1775), *Ordinarius der Iuriften-
Facultäe* (feit 1783), *wie auch kaiferl. Hof- und Pfalz-
graf* (feit 1768), *und der herzogl. deutfchen Gefellfchaft
zu Helmftädt Ehrenmitglied* (feit 1761); vorher feit
1774 Affeffor des königl. fchwedifchen hohen Tri-
bunals zu Wismar, feit 176.. erfter ordentlicher Profeffor der Rechte und Senior der Iuriften-Facultät
zu Bützow, feit 1761 zweyter ordentlicher Profeffor
der Rechte dafelbft, feit 1761 aufferordentlicher Profeffor derfelben und Beyfitzer der Iuriften-Facultät
zu Helmftädt und zuerft Privatdocent zu Göttingen;
geb. zu Neu-Strelitz den 25 May 1737. §§. In den Iahren 1753, 54 und 55, da er das Gymnafium zu Lû-
beck frequentirte, gab er folgende kleine Gelegenheits-
fchriften heraus: Gedanken über die Frage: ob man
den

den Erfolg einer Ehe aus der Gemüthsbefchaffenheit
der fich verbindenden Perfonen fchliefsen könne? bey
der Verheirathung feines Bruders *Carl Ludw. Fr.*, Doct.
der A. G. in Lübeck († 1792). De fumma docto-
rum in fcholis dignitate, als der Doct. *Joh. Dan. Overbeck* das Conrectorat erhielt.   De poëfi verae ac foli-
dae eruditionis parte, als Doct. *Balthafor Münter* (†
1793) das Gymnafium verließ und nach Jena ging.
Reflexions fur la queftion: f'il eft jufte, que l'on donne
le deffus aux Dames, bey der Verheirathung des *Doct.
Overbeck's*. De graecarum litterarum nexu cum theo-
logia et iurisprudentia folidiori, als *Chriftian Nikol.
Carftens*, jetzt Lic. juris zu Lübeck, *Wilh. Chriftian Balemann* (†), *Anton Heinrich Buchholz*, nachmaliger Lehrer der 6ten Claffe zu Lübeck († 1769, vergl. Ceno-
taphium ipfi pofitum a J. D. Overbeck) und *Paul Detlef Zietz*, jetzt Prediger an der St. Johanniskirche zu
Lübeck, von dem Gymnafium zur Academie nach
Jena gingen, zwar ohne feinen Namen, Namens einiger Gymnafiaften; es hat aber der Herr Domprobft
Dreyer diefer Abhandlung bey der Cenfur derfelben
eine Epiftel an den von ihm genannten Verfaffer hinzugefügt, um demfelben darin fein Wohlgefallen
über diefelbe zu erklären.   Epiftola *J. G. Carpzovio*
(† 1767, vgl. die von *Adelung* nicht benutzte Memoria vitae fcripta a J. D. Overbeck und Laudatio fu-
nebris dicta ab eodem) fcripta. (auch eingerückt in *J.
G. Carpzov's* Dank- und Freudenopfer. Lüb. (ohne
Iahrszahl) 4.)   De caufis cur veteres Romani nullos
(nicht:

(nicht: multos) celebrarint dies jubilaeos honorum, an den Senior *Heinrich Scharbau* († 1759, vgl. *J. D. Overbeck's* Leben, Verdienste und Schriften desselben) bey seiner Amtsjubelfeyer. Epistola ad Jo. Henr. a Seelen, Theologiae Licentiatum et Rectorem Gymnasii Lubecensis qua luget obitum filii ejusdem (*Erich Simon Heinrich von Seelen*, † 1756, vgl. de vita, moribus scriptis E. S. H. a S., II. aa. M. Gymn. Lubec. Subrectoris et Bibliothecae publicae praefecti designati commentatio, auctore *J. D. Overbeck*). — Commentatio de senectutis initio apud veteres quosdam populos. Götting. 1756. 4. De bonarum artium cum medica scientia affinitate, epistola ad *P. G. Werlhof.* ibid. 1757. 4. Quaestiones ex vario iure controversae pro summis in iure honoribus consequendis sine praeside ad disceptandum propositae. ib. 1760. 4. Specimen iuris naturae exhibens genuinam imputationis notionem. Helmst. 1761. 4. Commentationis ad c. 3. D. de supell. leg. spec. I. Bütz. 1764. 4. Biga obseruationum ad tit. digest. si quis ius dicenti haud obtemperauerit. ibid. 1765. 4. D. de sequeftratione curatius finienda. ibid. 1766. 4. Obseruationes de Iudaeis, eorumque diuersa conditione secundum Ius Romanum et Germanicum, in primis Mecklenburgicum. ibid. 1768. 4. (Ist die Inauguraldisputation des Doct. und nachmaligen Bützowischen Prof. der Rechte, *Nikol. Georg Bernh. von Löwenstern*, welcher auch der wahre Verfasser ist. Nur die 5te Observation, welche von den Rechten der Iuden in

Meck-

Mecklenburg handelt, gehört dem Präses.) De iure
fructuum in primis post Augustum maturescentium
in separationes feudi ab allodio secundum feuda Lon-
gobardica et Mecklenburgica libellus. Bützov. 1771.
4. De fauore piarum causarum in Megapoli, tum
ratione praelationis inter creditores concurrentes, tum
respectu appellationis. ibid. 1771. 4. D. de arbo-
ribus in feudo secundum §. 307. transactionis pro-
vincial. Mecklenb. a feminis fructuariis non caeden-
dis. ib. 1772. 4. D. de lucro dotis viduis ob secunda vota non auferendo. ib. eod. 4. D. de natalibus
principum Romanorum ad illustranda iuris ciuilis
loca. ib. eod. 4. Oratio sereniss. duci, *Friederico*, vt
celebrarentur optimi principis sacra natalitia, dicata.
ib. eod. 4 (exponit de Megapolitanis in exteris Aca-
demiis claris.) D. de litis denunciatione actoris ejusque vsu et applicatione in foro. ib. 1774. 4. (Ist die
Inauguraldisputation des Doct. *Aug. Wilh. Stüdemund*,
welcher sie auch ganz allein verfertiget hat.) Noch
vertheidigten Doct. *Daniel Christian Jacob Bolte*, jetzt
Iustitzrath 1765, Doct. *Johann Erich Binster*, jetzt königl. preussischer Bibliothekar in Berlin 1773, und
Doct. *Clamor Georg Siberh*, nachmals Assessor des Hof-
und Landgerichts in Güstrow 1774, unter seinem
Vorsitz zu Bützow, von ihm aufgesetzte juristische
Theses, zum Zweck ihrer Doctorpromotionen. Während seines Aufenthalts daselbst hat er auch verschiedene juristische Abhandlungen für die gelehrten Beyträge zu den Schwerinischen Intelligenzblättern ge-

. lie-

liefert, (welche *J. C. Koppe* unter dem Titel: „Sammlung derjenigen Auffätze rechtswiffenfchaftlichen Inhalts, welche gröfstentheils von Roftockifchen und
Bützowifchen Rechtsgelehrten als gelehrte Beyträge zu den Mecklenb. Schwerinifchen Nachrichten der
Iahre 1749 bis 1788 geliefert find, 2 Bände 8." herausgeben wird.) — D. de honorario ejusque a mer-
cede difcrimine. Kiliae 1775. 4. D. felecta quaedam
capita doctrinae de jure poffeffionis circa fructuum
perceptionem. ib. eod. 4. D. de interceffione femi-
narum fecundum iura Slesvicenfia et Holfatica. ibid.
1776. 4. *Ueber einige Vorrechte der Schleswig-
Holfteinifchen Ritterfchaft (ohne Druckort) 1777. 8.
Pr. de iure retractus gentilicii in praediis nobilibus
Slesvicenfibus et Holfaticis non obtinente. Kil. 1778.
4. — Die unter feinem Vorfitz von *Andreas Wilhelm
Cramer* zu Kiel 1782 zur Uebung vertheidigte D. de
SCto Claudiano ad Taciti annal. XII, 53. ift aus der
Feder des Refpondenten. — Vergl. *Georg. Henr. Ayrer*
programma quo Ern. Lud. Mülleri et Ad. Fr. Tren-
delenburgii follemnia inauguralia indicit praemiffa
breui comment. de pactorum fuccefforiorum inter
conjuges ftabilitate legibus firmius ftabilienda. Gött.
1760. und: *Chriftoph Weidlich's* Lexikon S. 181. und
deffen biograph. Nachrichten 2, 405 ff. (*Revidirt.*)

VON TRESENREUTER (Sophie), geborne ..... Wittwe des Johann Ulrich Chriftoph T. im *Anhang — lebt
zu Pinneberg; geb. zu Kiel den 19 April 1755.* §§. *Geift
der Memoiren der Herzogin Mathilde von Burgund,

in

in den Begebenheiten verfchiedener Perfonen aus dem
12ten und 13ten Iahrhunderte. 1fter Theil. Altona
1789. 8. 2ter und 3ter Theil. Altona und Leipzig
1790. * Lotte Wahlftein, oder die glückliche Anwendung der Zufälle und Fähigkeiten. 2 Theile. Kopenhag. 1791. 92. 8. *(Revidirt.)*

TURRETIN (......), Abkömmling des *Johann Alpheus
T. — franzöfifcher Sprachmeifter in Altona*; geb. zu .....
17... §§. Auffätze, Färberey und Chemie betreffend, in auswärtigen Journalen. .....

TYCHSEN (Nikolai), *Apotheker zu Kongsbjerg,* Stifts
Chriftiania in Norwegen, feit 1788, *auch* feit 1796
*Mitglied der Königl. Gefellfchaft der Wiffenfchaften zu
Kopenhagen,* vorher *Lector und Demonftrator der Chemie
bey der Königl. chirurgifchen Akademie zu Kopenhagen;
geb. zu Tondern den 15 Iun. 1751.* §§. Chemifk Haand-
bog i 3 Bind. Kbhvn. 1784. ft. 8. (Auch deutfch:
Kurzes chemifches Handbuch. Daf. 1787. gr. 8.) —
Anden meget, forœget og forbedret Oplag 1794.
Franfk chemifk Nomenclatur, paa danfk udgiven
med Anmærkninger. Kbhvn. 1794. 8. — Antheil an:
Crells chemifchen Annalen, und: Topographifk Journal for Norge. Chriftiania. 1792 ff. — Vergl. *Worm*
3, 824.

(M. u. N. 1-5.) TYCHSEN (Olaus Gerhard), *Doctor
der Philofophie, Profeffor der morgenlandifchen Sprachen
und Bibliothekar zu Roftock* feit 1789, (vorher feit 1763
Prof. zu Bützow,) *auch Herzogl. Mecklenburg. Hofrath*
feit 1775, *Mitglied der Königl. Societät der Wiffenfchaf-*
ten

ten zu Upfala und der gelehrten Gefellfchaft zu Velletri;
geb. zu Tondern den 14 (?) Dec. 1734. §§. De delectu
veterum Ebraeorum. Butzov. 1763. 4. Dialecti rab-
binicae elementa. ib. eod. 8. A Dialogue between
a learned Jew and a Chriftian. Bützow 1763. 8. Ca-
talecta arabica ad ufum fcholarum fuarum edidit atque de mediis ad folidam ebraicae linguae cognitio-
nem perveniendi praefatus eft. ib. 1765. 8. Diff.
de Pentateucho Ebraeo-Samaritano ab Ebraeo eoque
Maforetico defcripto exemplari. (f. l.) 1765. 4. *Je-
huda Lebh*, die Auferftehung der Todten aus dem Ge-
fetz Mofe bewiefen. Aus dem Rabbinifchen überfetzt
und mit einer Vorrede begleitet. Bützow 1766. 8.
* Bützowifche Nebenftunden, verfchiedenen zur morgenlandifchen Gelehrfamkeit gehörigen Sachen gewidmet. 6 Theile. Daf. 1766 - 1769. 8. Abbreviatu-
rarum ebraicarum fupplementum. ib. 1768. 4. Sup-
plem. fecundum. 1769. Numi orientales fculpti ab
O. G. *Tychfen.* 1769. Eine Kupfertafel nebft einer
kurzen deutfchen Erklärung derfelben; im 3ten B.
der kritifchen Sammlungen zur neueften Gefchichte
der Gelehrfamkeit, (Bützow 1774 ff.) die auch mehrere *Recenfionen* von ihm enthalten. Tentamen de
variis codicum ebraicorum V. T. manufcriptorum
generibus, a Iudaeis et Non-Iudaeis defcriptis eorumque in certas claffes diftributione et antiquitatis bo-
nitatisque characteribus. Roftochii 1772. 8. Vorrede zu *J. G. C. Adler's* Sammlung von gerichtlichen
jüdifchen Contracten. Hamb. und Bützow 1773. 8.

2te Auflage. Altona 1792. Befreytes Tentamen von
den Einwürfen der Herren M. *Bruns*, D. *Dathe*, Hofr.
Michaelis u. a. m., nebſt einer Beurtheilung einiger
in des Hrn. D. *Kennicott's* Praenumerations-Avertiſſe-
ment vorkommenden paradoxen Sätzen u. ſ. w. Ro-
ſtöck und Leipzig 1774. 8. Erſter Anhang zu ſeinem befreyten Tentamen, worin eines Ungenannten
(J. M. Haſſencamp's) ſo betitelte Schrift: Der entdeck-
te wahre Urſprung der alten Bibelüberſetzungen —
geprüft und ihr Ungrund gezeigt wird. Daſ. 1776.
(eigentl. 1775) 8. Verſchiedene Lesarten zum Daniel, den 12 kleinen Propheten, dem Hohenliede,
Ruth, den Klagliedern Ieremiä, dem Prediger Sala-
mo's, Eſther, Esra und Nehemia, aus *Roſchi's* Commentar geſammelt; in *Eichhorns* Repertor. Theil 1.
(1777.) Von den mit künſtlich geſchriebenen Rand-
figuren gezierten bibl. hebräiſchen Handſchriften;
daſ. Th. 2. Von den Urſachen der verſchiedenen
Farbe der Dinte in den Conſonanten, Punčten, Ma-
ſora u. ſ. w. der bibliſch-hebr. Handſchriften; daſ.
Ueber das Alter der hebräiſchen Punčte; daſ. Th. 3.
(1778.) Die erſte jüdiſche Ausgabe der Pſalme Da-
vids vom Iahr 1477 beſchrieben und mit derHooghti-
ſchen verglichen; daſ. Th. 5. (1779.) Von *Niſſelii*
Bibelausgabe; daſ. Die Unächtheit der jüdiſchen
Münzen, mit hebr. und ſamaritaniſchen Buchſtaben
bewieſen. Roſtock und Leipzig 1779. Kritiſche Beſchreibung des Bononiſchen Pentateuchus v. I. 1482;
in *Eichhorns* Repertor. Th. 6. (1780.) Von dem in
den

den Gegenden des Baltifchen Meeres fo häufigen alten arabifchen Silbergelde; daf. Befchreibung und
Vergleichung der Ausgabe der erftern und letztern
Propheten v. I. 1486; daf. Th. 7 und 8. (1781.)
Ueber die Quelle, aus welcher die Handfchrift der
arabifchen Verfion in den Polyglotten gefloffen ift;
daf. Th. 10. (1782.) Unterfuchung, ob R. *Saadjab
Haggaon* Verfaffer der arabifchen Ueberfetzung des
Pentateuchus in den Polyglotten fey; daf. Th. 11.
(1782.) Von der Secte der Sabäer und Naffairier
in Syrien; im deutfchen Mufeum. 1784. Nov. Progr.
Befchreibung der Trauergebräuche der Hebräer, nach
Anleitung der heil. Schrift. Zur Anhörung der feyerlichen Reden auf das Ableben des Herzogs *Friederichs*
und auf den Regierungsantritt des Durchl. Herzogs
Friederich Franz Bützow 1785. 4. (wird im 2 Nachtrage des gel. Deutfchl. als *zwey* Schriften aufgeführt.)
Beurtheilung der Iahrzahlen in den hebräifch-bibli-
fchen Handfchriften. Roftock 1786. 8. Refutacion
de los argumentos, que el Sr. D. *Francifco Perez Bayer*
ha alegado nuevamente en favor de las monedas Samaritanas. Madrid 1786. 4. (wieder abgedruckt in:
Fr. Perezii Bayerii vindiciae numorum Hebraeo-Sa-
maritanorum Valent. Edetanorum 1790. 4.) Carta
latina del Sr. D. O G *Tychfen* ad ill. Sr. D. *Fr. P. Bayer*
con fu traduccion Caftellana. Se annade la refutacion de los argumentos de dicho Sr. *Bayer* en favor
de las monedas Samaritanas, attribuida al mismo Sr.
Tychfen. Madrid 1786. 8. Des Don *Ignatio de Affo*

y del Rio Abhandlung von den Heuſchrecken und ihren Vertilgungsmitteln; aus dem Spaniſchen überſetzt und mit einem Anhange von den bibliſchen Heuſchrecken begleitet. Roſtock 1787 (eigentl. 1786). 8.
Interpretatio inſcriptionis Cuſicae in marmorea templi S. Petri cathedra, qua ſanctus Apoſtolus Petrus
Antiochiae ſediſſe dicitur. Butzov. 1787. 4. Edit. 2.
Roſtoch. 1788. 4. (auch eingerückt in opuſcula quatuor 1794.)   Vindicatio refutationis hiſpane ſcri-
ptae ab Anonymi Hiſpani objectionibus. Butzov.
1787. 8. (wieder aufgelegt mit beygefügter *ſpaniſcher*
Ueberſetzung unter dem Titel: Vindicacion de la refutacion eſcrita en Caſtellano por el Sr. Don O. *G.*
Tychſen — traducida fielmente del Latin por D. *Tho-*
mas Fermin de *Arteta.* Madrid 1787. 8. (auch eingerückt in *Bayerii* eben aufgeführten vindiciis.) Nachtrag zu des Hrn. O. C. R. *Teller's* Beytrag zur neueſten jüdiſchen Geſchichte über die Streitfrage: Ob
der Ausdruck, nicht bey der jüdiſchen Religion bleiben, nach jüdiſchem Sprachgebrauch heiße: die chriſtliche Religion annehmen. Roſtock 1788. 8.   Meck-
lenburgiſch-Sicilianiſcher Briefwechſel mit dem Fürſten *Torremuzca*, dem Erzbiſchof *Airoldi* und Abt *Vella*
zu Palermo; in der Monatsſchrift von und für Mecklenburg. Schwerin 1788 ff. 4. (fortgeſetzt, nach einer Angabe in *Eichhorn's* Biblioth. der bibl. Litter. B.
7. S. 377. in der neuen Monatsſchrift von und für
Mecklenburg 1791. S. 807. und 1794. S. 37 ff.) Ex-
plicatio Cuſicae inſcriptionis, quae in columna lapi-
dea

dea Mufei Societatis Antiquariorum Londinenfis con-
fpicitur. Adjecta eft Marmoris Meffanenfis interpretatio. Roftoch. 1789. 8. (auch eingerückt in opufc.
4.) Gefchichte der öffentlichen Univerfitätsbibliothek und des Mufeum zu Roftock. Daf. 1790. (auch
in *Burchard's* und *Koppe's* Roftock. Monatsfchr. 1791.
St. 1.) Erfte Fortfetzung, welche die freywilligen
Gefchenke enthält. Daf 1793. 4. Appendix ad in-
fcriptionis Cuficae Venet. in marmorea templi Pa-
triarch. S. Petri cathedra confpicuae interpretationem.
ib. 1790. 4. (auch eingerückt in opufc. 4.) Elementale Arabicum, fiftens linguae Arabicae elementa, analecta maximam partem anecdota et gloffarium ara-
bico-latinum. Roftoch. 1791. 8. De numis ebrai-
cis diatribe, qua fimul ad nuperas ill. *Fr. Per. Bayerii*
objectiones refpondetur. ib. eod. 8. De initiis mo-
netae arabicae; im 5ten Th. der nova Acta Reg. Soc.
fcient. Upfal. 1792. 4. Elementale Syriacum, fiftens
grammaticam, chreftomathiam, et gloffarium, fubjun-
ctis 9 tabulis aere impreffis. Roft. 1793. 8. Intro-
ductio in rem numariam Muhammedanorum, fub-
junctis 6 tabulis aere expreffis. Roft. et Lipf. 1793.
8. Additam. primum. ibid. 1796. c. 2 tabul. aen.
Etwas über die fyrifchen Naffairier und ihre Itame,
und über arabifche und famaritanifche Münzkunde;
in *Paulus* Memorabil. Th. 4. (1793.) Affertio epiftolaris de peregrina numorum Hasmonaeorum origine, cum tab. aenea et epimetro du Perfepoli floren-
tiffima faec. poft Chr. n. 8. Perfiae metropoli eius-

que officina monetaria. Roſt. 1794. 4. (gegen Abt
Fabricy in Rom — auſſer den *drey* ſchon genannten
Aufſatzen auch eingerückt in:) Opuſcula quatuor,
antiquitates orientales illuſtrantia. ib. eod. 4. cum
3 tab. aeneis. Phyſiologus Syrus ſeu hiſtoria animalium 32 in S. S. memoratorum, ſyriace. E cod. Bibl.
Vatic. nunc primum edidit, vertit et illuſtravit. ib.
1795. 8. — Auſſerdem kommen noch von ihm vor,
theils folgende Abhandlungen in den gelehrten Beyträgen zu den Mecklenburgiſch-Schweriniſchen Nachrichten: Von der erſten Ankunft der Wenden in
Mecklenburg. 1762. Von dem erſten in Deutſchland gedruckten arabiſchen Buche. 1763. Nachricht
von einer höchſtſeltenen hebr. Handſchrift des *Ra-
ſchi.* 1763. Von zwey Handſchriften des Alcorans.
1764. Ueberſetzung eines türkiſchen Reiſepaſſes.
1764. Von dem Urſprung der Zigeuner. 1765.
Von den dreyen über die Iuden in Mecklenburg ergangenen Verfolgungen. 1765. Anmerkungen über
die Herleitung der Namen der Städte u. ſ. w. in Mecklenburg aus dem Wendiſchen. Ein jüdiſches Gedicht
auf den D. *Marcus Moſes*, nebſt deſſen kurzen Lebensbeſchreibung. 1766. Erklärung der zu Parchim
vorhandenen uralten jüdiſchen Leichenſteine. 1766.
Fortſetzung der Lebensgeſchichte des D. *Marcus Moſes.* 1767. Reiſebeſchreibung eines Iuden von Polen nach Ieruſalem. 1767. Ein jüdiſches Gedicht
auf Ludewigsluſt. 1768. Von den Sudes Mizvah
oder verdienſtlichen Mahlzeiten der Iuden. 1768.
Ueber-

Ueberſetzung einer von dem jüdiſchen Gericht zu Altona in Druck gegebenen Achtserklärung des Rabbi
Aadon Hardenka. 1769. Von einer türkiſchen Handſchrift des 1 B. Moſe. 1770. Verſuch einer richtigen Geſchichte der älteſten Ueberſetzungen der heiligen Schrift. 1771. Antwort auf einen Brief, betreffend eine chaldäiſche Handſchrift des Propheten
Daniel. 1773. Von jüdiſch-deutſchen Ueberſetzungen der Bibel. 1774. Erklärung verſchiedener mit
arabiſchen Aufſchriften verſehenen Münzen, welche
in ältern Zeiten von Chriſten geprägt wurden. 1785.
Abhandlung von arabiſchen Siegelringen. 1788. —
theils viele Briefe und Erklärungen alter orientali-
ſcher Inſchriften in C. G. *v. Murr* Journal zur Kunſtgeſchichte Th. 10 ff. Nürnb. 1781 ff. 8. (vgl. *Erſch's*
Repertorium über die Journale.) Principis Turris
Mutii Siciliae et adiacentium inſularum veterum in-
ſcriptionum nova collectio. Panormi 1784. Folio.
Franc. Dan. J. Regali ſepolcri del Duomo di Palermo
riconoſciuti e illuſtrati. In Napoli 1784. Fol. Codice diplomatico di Sicilia ſotto il Governo degli
Arabi. Palermo 1789 f. *Sim Aſſemani* globus cae-
leſtis cufico-arabicus. Patavii 1790. 4. C. G. *v. Murr*
inſcriptio arabica in infima fimbria pallii imperiälis.
Norimb. 1790. 4. *Georg Höſt* den Marokaniſke Kaiſer *Mohamed Ben Abdallab's* Hiſtorie. Kbhvn. 1791. 8.
Collectio monumentorum Maurorum Siciliae. Panormi 1791. Fol. (*Größtentheils Autographum.*) Seine
Silhouette vor dem erſten (und einzigen) Bande der

que officina monetaria. Roft. 1794. 4. (f

Fabriy in Rom — aufser den *drey* fchon

Auffätzen auch eingerückt in:) Opufcul

antiquitates orientales illuftrantia. ib. e

3 tab. aeneis. Phyfiologus Syrus feu hif

Lam 32 in S. S. memoratorum, fyriac

Vatic. nunc primum edidit, vertit et

1795. 8. — Aufserdem kommen noch

richts folgende Abhandlungen in der

trägen zu den Mecklenbur ch

richten: Von der m

Mecklenburg. 1

land gefpröch

von firt h

n explicandis libris fa-
r. quo ad praele&iones
nabendas commilitt. in-
neſt illuſtratio vaticinii
Grundriſs einer Archäo-
Gebrauch in Vorleſungen.
n gegenwärtigen Zuſtand
im 2ten Th. der neuen Rei-
going durch Spanien (1789).
biſchen Vocalpun&e und dia-
in Beytrag zur arabiſchen Pa-
s neuem Repertor. Th. 2. (1790.)
b Scaligers theſaurus linguae Ara-
Mſcr. der Göttinger Univerſitäts-
Th. 3. (1791.) — Lieferte antiqua-
Noten zum 5ten Th. der J.
ung von *Bruce's* Reiſen.
wie auch wahrſcheinlich J.
Göth. Zeit. 1796. St. 15.
ſetzung von *Ruſſel's* na-
ppo, für den hiſtoriſchen
Werks erläuternde
imgleichen eine
die Politik —
.): Erläute-
men Paſar-
n Ausgabe
ie illuſtra-
Epheſios,
Theſſa-

von *J. F. T. Burchard* und *J. C. Koppe* herausgeg. Ro-
ſtockiſchen Monatsſchrift 1791.

(M. u. N. 1-5.) TYCHSEN (Thomas Chriſtian), Sohn
des Paſtors und Interimprobſtes *J. St. T.* zu Horsbüll — *Doctor der Philoſophie* ſeit 1783 *und ordentlicher
Profeſſor derſelben zu Göttingen* ſeit 1788, *wie auch au-
ßerordentliches Mitglied der Societät der Wiſſenſchaften
daſelbſt* ſeit 1789, vorher ſeit 1785 außerordentlicher
Profeſſor der Theologie daſelbſt, reiſete zuerſt 1783
und 1784 auf königl. däniſche Koſten durch Frank-
reich und Spanien und durch die Lombardey nach
Wien; *geb. zu Horsbüll* in der Widingharde Amts
Tondern *den 8 May 1758*. §§. Ueber den Luxus der
Athenienſer und deſſen Einfluß auf den Staat; eine
Abhandlung, welche bey der Heſſen-Caſſelſchen Geſellſchaft der Alterthümer das Acceſſit erhalten hat.
Göttingen 1781. 8. Preisſchrift über die älteſten
Gottheiten der Römer, die ihren Urſprung aus den
Religionen der benachbarten Italiſchen Völker hatten (iſt bisher noch nicht gedruckt, vergl. Gött. Anz.
1782. S. 1008). Commentatio de Quinti Smyr-
naei Paralipomenis Homeri, qua novam carminis
editionem indicit. Götting. (1783.) 8. Progr. de.
παρουσία Chriſti et notionibus de adventu Chriſti in
N. T. obuiis. ib. 1785. 4. — Gab in einem Briefe
aus Madrid an den Rath *Caſparſon* Nachricht von einem kleinen Fragment Gothiſcher Gloſſen in der Bibliothek des Eſcurial; in den Heſſiſchen Beyträgen
zur Gelehrſamkeit und Kunſt. B. 2. St. 1. (1785.)
De

De Iofephi auctoritate et ufu in explicandis libris fa-
cris V. T. Gött. 1786. 4. Pr. quo ad praelectiones
de litteratura Hebraeorum habendas commilitt. invitat. ib. eod. 4. Pr. cui ineft illuftratio vaticinii
Joëlis cap 3. ib. 1788. 4. Grundriß einer Archäo-
logie der Hebräer, zum Gebrauch in Vorlefungen.
Daf. 1789. 4. Ueber den gegenwärtigen Zuftand
der fpanifchen Litteratur; im 2ten Th. der neuen Reifen des Ritters von *Bourgoing* durch Spanien (1789).
Ueber das Alter der arabifchen Vocalpunct: und dia-
kritifchen Zeichen; ein Beytrag zur arabifchen Pa-
läographie; in *Paulus* neuem Repertor. Th. 2. (1790.)
Nachricht von *Jofeph Scaligers* thefaurus linguae Arabicae, nach einem Mfcr. der Göttinger Univerfitätsbibliothek; daf. Th. 3. (1791.) — Lieferte antiquarifche und philologifche Noten zum 5ten Th. der *J.*
J. Volkmannfchen Ueberfetzung von *Bruce's* Reifen.
Leipzig 1791. gr. 8. (fo wie auch wahrfcheinlich *J.*
F. Gmelin für feine in den Goth. Zeit. 1796. St. 15.
angekündigte deutfche Ueberfetzung von *Ruffel's* na-
türlicher Gefchichte von Aleppo, für den hiftorifchen
und philologifchen Theil diefes Werks erläuternde
Anmerkungen von *ihm* erhalten wird) imgleichen eine
Beylage zu *A. H. L. Heeren's* Ideen über die Politik —
der alten Welt Th. 2 (Götting. 1796. 8.): Erläuterungen aus dem Perfifchen über den Namen Pafar-
gada. — Beforgte die Vollendung der 2ten Ausgabe
von *J. B. Koppe* N. T. perpetua annotatione illuftratum. Vol. 6. Epiftolae Pauli ad Galatas, Ephefios,

Theffa-

Theſſalonicenſes. Gött. 1791. 8. und des 4ten Th.
von J. D. *Michaelis* Anmerkungen für Ungelehrte zu
deſſen Ueberſetzung des N. T. Daſ. 1792. 4. ſo wie
des 6ten Th. von *deſſen* ſupplementa ad lexica hebrai-
ca. ib. eod. 4. — Wird, öffentlichen Nachrichten zufolge, zu der *Döderleinſchen* hebräiſchen Bibel den feh-
lenden ſyllabus, worin die codd. gewürdigt ſind, herausgeben. *) — In den commentationes ſocietatis regiae ſcientiarum Göttingenſis finden ſich von ihm
folgende Abhandlungen in der hiſtoriſchen und philologiſchen Abtheilung: De numis Hebraeo-Samari-
tanis ignotis characteribus inſcriptis; im 8 Th. S.
122 ff. De numis Cuficis in bibliotheca regia Göt-
tingenſi aſſervatis. Commentatio *prior*, numos Chalifarum et principum Sammanidarum complectens;
im 9 Th. S. 108 ff. Comment. *altera*, numos dyna-
ſtiarum complectens; im 10 Th. S. 3 ff. Comment.
tertia, numos Turcicos, Tataricos, Perſicos, Georgia-
nos, Indicos aliosque complectens; daſ. S. 21 ff. (Alle
drey Abhandlungen ſind auch zuſammen erſchienen.
Gött. 1791 und 1792.) De religionum Zoroaſtricarum apud exteras gentes veſtigiis, comment. *prior*
obſſ. hiſtorico-criticas de Zoroaſtre ejusque ſcriptis
et placitis exhibens; im 11 Th. S. 112 ff. De numis Hasmonaeorum Paralipomena; daſ. S. 152 ff.
De religionum Zoroaſtricarum apud exteras gentes
veſti-

*) welches Geſchäft er jedoch, nach dem letzten Meſskatalog
    Oſtern 1796, dem Heinrich Friedrich Pfannkuche
    überlaſſen zu haben ſcheint.

veſtigiis, commentatio *altera*; im 12 Th. S. 1 ff. —
Auch legte er 1788 der Societät einige Abdrücke von
den Münzen des damals ſo viel Auffehen machenden
Codice diplomatico di Sicilia vor, nebſt einer Probe
der Handſchrift ſelbſt. Die Bemerkungen darüber
ſind in den Göttingiſchen Anzeigen 1788. S. 2057.
eingerückt, vergl. S. 1162. und 1789. S. 582. — In
der Bibliothek der alten Litteratur und Kunſt, mit
ungedruckten Stücken aus der Eſcurialbibliothek und
andern, wovon er die zwey erſten Stücke in Verbindung mit C. *W. Mitſcherlich*, die folgenden St. 3-8.
mit *A. H. L. Heeren* herausgab (Gött. 1786-1791),
finden ſich, außer mehrern Recenſionen, folgende
Abhandlungen von ihm: * Ueber den Proceſs des So-
krates; St. 1 und 2. * Ueber alte Kunſtwerke in Spanien; St. 1. Ueber die Buchſtabenſchrift der alten
Aegyptier; St. 6. Beſchreibung der Handſchriften
vom Homer in der Eſcurial- und königl. Madriter
Bibliothek; daſ. * Ueber einige Symbole und Gottheiten der alten Aegyptier, aus dem Werke des Hrn.
Zoëga: Numi Aegyptii Imperatorii (mit Anmerkungen und Zuſätzen von *Th. Chr. Tychſen*); St. 7. — ſo
wie folgende *Inedita* von ihm herrühren: * Πρόκλου
περὶ Ὁμήρου und: τῷ αὐτοῦ περι τῶν Κυπρίων λεγομένων
ποιημάτων, nebſt andern Stücken der Chreſtomathie
des Proklus mit einem Commentar von C. G. *Heyne*
(aus einem Eſcurialcodex); St. 1. * Procli hymni
duo (aus einem Madritercodex *nach* Joh. Iriarte
forgfältiger abgedruckt); daſ. * Iſaei oratio de Me-
neclis

neclis hereditate (eigentlich ein Abdruck der aus einem Medic. Cod. Londini 1785. 8 mai. bey John
Nichols veranstalteten Ausgabe); St. 3. *Joannis
Tzetzae carminum Iliacorum initium. E cod. Vin-
dobonensi nunc primum editum; St. 4. (den *dritten*
von ihm aus Wien mitgebrachten Theil dieses Gedichts hat *F. Jacobs* Leipzig 1793. 8. herausgegeben.
Vergl. auch *G. B. v. Schirach.*) *Recensionen* in den
Göttinger gelehrten Anzeigen und einem bekannten
gelehrten Journal, ferner in *Michaelis* neuer orienta-
lischer Bibliothek seit dem 6ten Th. (Gött. 1789. 8.)
auf deren 8ten Th. (1791) er sich zuerst genannt,
den 9ten aber (1793) nach Michaelis Tode allein
herausgegeben hat, unter dem Titel: J. D. Michaelis
neue orientalische und exegetische Bibliothek, fortgesetzt von *Th. Chr. T.* — Vergl. *Pütter's* Gelehrten-
Geschichte von Götting. 2, 184. *(Revidirt.)*

UKERT (Georg Heinrich Albrecht), *Hochfürstlicher Hofprediger (seit 1772) und Confessionarius (seit 1787) in
Eutin; geb. daselbst den 10 Jul. 1745. §§.* *Das neue
Testament, nach der deutschen Ueberfetzung D. Martin Luthers, mit Berichtigungen, Erläuterungen und
Anmerkungen für Ungelehrte. 1ster Theil (enthält
den Matthäus und Marcus). Lübeck 1786. 8. — War
nebst dem verstorbenen Superintend. *Wolff* vorzüglicher Herausgeber des neuen Eutinischen Gesang-
buchs. 1784. *(Mitgetheilt.)*

(M.) ULICH (Johann), *Compastor zu Grube* Amts Cismar seit 1780, vorher Zuchthausprediger zu Glückstadt

Stadt feit 17..; *geb. zu Flensburg den 25 Ian. 1741.* §§.
Abhandlung einer bisher unbekannt gebliebenen
Weiſſagung vom Kreuzestode unſers Erlöſers, Pſalm
118, 27; nebſt Gedanken über eine andere Schrift-
ſtelle, Pſ. 49. 8. Flensb. 1769. 4.

(M. u. N. 1. 4. 5.) UNZER (Johann Auguſt), *Doctor der*
A. G. und feit 1750 ausübender Arzt zu Altona; geb. zu
Halle im Magdeburgiſchen *den 29 April 1727.* §§. Neue
Lehre von den Gemüthsbewegungen? Halle 1746.
8. Gedanken vom Schickſale der Gelehrten. Daſ.
1746. 8. Gedanken vom Schlafe und den Träu-
men, nebſt einem Sendſchreiben, daſs man ohne Kopf
empfinden könne. Daſ. 1746. 8. Gedanken vom
Einfluſs der Seele in den Körper. Daſ. 1746. 8. Abhandlung vom Seufzen. Daſ. 1747. 8. D. de ſter-
nutatione. ib. 1748. 4. D. de nexu methaphyſices
cum medicina generatim. ib. 1749. 4. Philoſophiſche Betrachtungen des menſchlichen Körpers überhaupt. Daſ. 1750. 8. Der Arzt, eine mediciniſche
Wochenſchrift, 12 Theile. Hamb. 1759 - 1764. 8.
(Noch zwey Auflagen im Iahr 1769 — iſt überſetzt
ins Schwediſche, Däniſche und Holländiſche.) Sammlung kleiner phyſikaliſcher Schriften. 2 Theile. Rinteln 1766. 8. Lüneb. und Hamb. 1768. (Der 2te
Th. hat auch den Titel: Phyſikaliſche Unterſuchung
von der Structur der Erdfläche und den Urſachen
der Erdbeben.) (Dritte) Sammlung zur ſpekulativi-
ſchen Philoſophie. Wittenb. und Leipzig 1766. 8.
Hamb. 1767. (Alle *drey* ſind ins Holländiſche überſetzt.)

ſetzt.) Grundriſs eines Lehrgebaudes von der Sinnlichkeit der thieriſchen Körper. Lüneb. und Rinteln
1768. 8. Mediciniſches Handbuch. Hamb. 1770.
8. (Die Ausgabe Bern 1772 iſt ein bloſser Nachdruck.)
Viel vermehrte Ausgabe. Leipzig 1776. gr. 8. Neue
viel vermehrte Ausgabe. Daſ. 1780. 8. Viel vermehrte und verb ſſerte Auflage. 3 Theile. Daſ. 1789.
gr. 8. Neue, ganz umgearbeitete und viel vermehrte
Auflage in 3 Theilen. Daſ. 1794. gr. 8. (iſt nach frühern Ausgaben ins Däniſche von *Urban Bruno Aa-
ſkow* Kbhvn. 1771. 8. und ins Holländiſche überſetzt.) Erſte Gründe einer Phyſiologie der eigentlichen thieriſchen Natur thieriſcher Körper. Leipzig
1771. 8. Phyſiologiſche Unterſuchung auf Veranlaſſung der Götting. Frankf. Leipz. und Halliſchen
Recenſionen ſeiner Phyſiologie. Daſ 1773. 8. Ueber
die Anſteckung, beſonders der Pocken, in einer Beurtheilung der neuen Hofmanniſchen Pockentheorie.
Daſ. 1778. 8. (Franzöſiſch im Auszuge in *Piebler's*
memoire ſur les maladies contagieuſes — Strasburg
1786. 8.) Einleitung zur allgemeinen Pathologie
der anſteckenden Krankheiten. Daſ. 1782. 8. (Die
Einleitung dazu, franzöſiſch im Auszuge daſelbſt.)
Vertheidigung ſeiner Einwürfe gegen die Pockentheorie des Hrn. G. R. Hofmann. Daſ. 1783. gr. 8. (Franzöſiſch im Auszuge daſelbſt.) — Antheil an dem Hamburgiſchen Magazin und andern periodiſchen Schriften. Herausgeber der geſellſchaftlichen Erzählungen. 4 Theile. Hamb. 1752 und 1753. 8. und des
phy-

phyſikaliſchen und ökonomiſchen Patrioten. 3 Theile. Daſ. 1756-1758. 4. Auch Verfaſſer oder Ueberſetzer der meiſten Auffätze in dieſen beyden Werken. — Vergl. *Börner's* Leben der Aerzte. B. 3. (*Revidirt.*) (M. u. N. I. 4.) UNZER (Johann Chriſtoph), Sohn des Gräflich-Wernigerodiſchen Hofraths und Leibarztes und Neffe des vorigen — *Doctor der A. G. und ſeit 1775 Profeſſor der Phyſik und Naturgeſchichte am Gymnaſium zu Altona, ſeit 17 ... aber Profeſſor honorarius, auch ſeit 1789 Phyſikus der Stadt Altona; geb. zu Wernigerode den 17 May 1747.* §§. D. inaugur. cur feminis Europaeis et illuſtribus prae aliis gentibus et ruſticis partus ſunt laborioſiores? Götting. 1771. 4. *Diego und Leonore, ein Trauerſpiel. Hamb. 1775. 8. (Holländiſch. Amſt. 1782. 8. Franzöſiſch im nouveau theatre allemand T. 5.) Beſchreibung eines mit dem künſtlichen Magneten angeſtellten mediciniſchen Verſuchs. Daſ. 1775. 8. (Holländiſch von J. R. Deimann. Amſterd. 1775. 8.) * Anmerkungen zu der Schrift des Hrn. Dohm über die bürgerliche Verfaſſung der Iuden. Altona 1782. 8. Geſchichte der Brüder des grünen Bundes. 1ſter Th. enthält Lambergs Geſchichte. Berlin 1782. 8. Rede am königl. Geburtsfeſte; im deutſchen Muſeum 1784. St. 5. Diätetik der Schwangern, in pädagogiſcher Rückſicht; in der allgem. Reviſion des Schul- und Erziehungsweſens Th. 3. 1785. (iſt nicht von *Joh. Aug* Unzer, und wurde wieder abgedruckt unter dem Titel: *J. C. Unzer's* und *C. F. Uden's* Diätetik der Schwangern und

und Säugenden. Braunſchw. 1796. 8.) Einzelne
Gedichte und Recenſionen in mancherley Journalen
und gelehrten Zeitungen, auch Herausgeber des Altonaer gelehrten Mercurs von 1772-1780. — Die im
gel. Deutſchl. ihm beygelegte Ueberſetzung des Verſuchs über den Menſchen von *A. Pope* iſt von *J. Mumſen.* (*Revidirt.*)

(M. u. N. 5.) VALENTINER (Chriſtian Auguſt), *Probſt
und Paſtor. zu Elmsborn* in der Graffchaft Ranzau ſeit
1786, vorher ſeit 1749 Paſtor zu Boren in Angeln;
geb. zu Sörup in Angeln *den 3 Ian. 1724.* §§. Viris ge-
neroſiſſ. — felix anni 1746 auſpicium gratulatur, de
coactione conſcientiae circa religionem ſimul paucis
differens. Roſtoch. 4. Betrachtung über die Abgabe
und Annahme eines Predigerdienſtes auf dem Lande.
Schleswig 1766. 4. (wird *Nikolai Johannſen* wieder
abdrucken laſſen in einer Schrift, betitelt : . . . .)
Vgl. *Bolten's* Kirchen-Nachr. von Altona 2, 367 ſg.

(N. 5.) VALENTINER (Friederich), des vorigen Sohn
— *Doctor der Philoſophie und* ſeit 1787 *außerordentlicher Profeſſor derſelben in Kiel*, auch Branddirector
der königl. däniſchen Aemter Kiel, Bordesholm und
Cronshagen; *geb. zu Boren* in Angeln *den 25 Aug. 1756.*
§§. (D. inaugur.) Commentatio in muniendi for-
mam a *Monsalembert* excogitatam. Pars prior. Kiliae
1783. 4. Beſchreibung der Sternenbilder. Daſ.
(1785.) 8. Berechnungen über den Werth der Zu-
nahme des Vermögens. Daſ. 1787. 8. Ueber die
Möbelgilden in den Herzogthümern Schleswig und

Hol-

Holſtein. Daſ. 1791. 8. Nachricht von den Beyträgen zur allgemeinen Landbrandcaſſe, in Vergleichung mit der Verſicherungsſumme der Gebäude vom
Anfange des Iahrs 1777 bis Oſtern 1793; in den
Prov. Ber. 1794. H. 1. Nachricht von der allgemeinen Vertheilung der Brandſchäden in den Land-
diſtricten der Herzogthümer Schleswig und Holſtein
im Iahre 1794, nebſt einigen Bemerkungen über die
Entſtehung dieſer Schäden; daſ. 1795. H. 2. Vergl.
Bolten am angef. Orte. *(Revidirt.)*

(N. 4. 5.) VALETT (Johann Jakob Meno), *Doctor der
Philoſophie und Privatdocent in Kiel* ſeit 1794 (vorher
zuerſt Privatdocent in Erlangen, darauf ſeit 1790
Privatgelehrter zu Bayreuth); *geb. zu Hamburg den
3 März 1758.* §§. D. Num Theſpis tragoediae auctor
haberi poſſit? Sectio I et II. Erlang. 1788. 4. *Mu-
radgea d'Obſſon's* vollſtändige Beſchreibung des Ott-
manniſchen Reiches — Aus dem Franzöſiſchen. 1 Th.
2ter Band (der 1ſte iſt von J. C. J. Wucherer, vergl.
Nachtr. 4). Bayreuth 1791. 8. Engliſches Leſebuch,
nebſt einer Sprachlehre für Anfänger. Daſ. 1791. 8.
*Geheime Lebensgeſchichte des Marſchalls von Ri-
chelieu, oder Erzählung ſeiner Abentheuer, Liebſchaf-
ten, Intriguen und all desjenigen, was auf die verſchiedenen Rollen Bezug hat, die dieſer merkwürdige
Mann in einem Zeitraume von mehr als 80 Iahren
ſpielte. Aus dem Franzöſ. überſetzt. 3ter Band (der
1ſte und 2te iſt von J. F. L. Menzel, vgl. Nachtr. 5).
Daſ. 1792. 8. * Neue Reiſe durch die vereinigten

Staaten von Nordamerika im Iahr 1788. Aus dem Französ. des Herrn *Briſſot von Warville.* 3ter Theil (vergl. A. C. Kayſer Nachtr. 5). Daſ. 1793. 8. *James Pickbonrn's* Abhandlung über das engliſche Verbum — Aus dem Engliſchen überſetzt. Daſ. 1793. 8. * Das gerettete Venedig; ein Trauerſpiel in 5 Aufzügen. Nach dem Engliſchen des *Orway.* Daſ. 1794. 8. *(Autographum.)*

VENT (Alexander), *geb. zu Satrup* in der Struxdorfharde Amts Gottorff *den 14 Octob. 1764.* Kam 1784 als Schullehrer nach Tarsballig, wo er eine algebraiſche Aufgabe drucken ließ, die ihm einen ganzen Federkrieg zuzog, bis er 1785 eine andere kunſtvollere herausgab. Dieſe verrieth ſeine guten Kenntniſſe in der Mathematik und Algebra, und ſeine ehemaligen Gegner ſchwiegen. 1786 wurde er Schullehrer zu Satrup-Räde, wo er 1787 ein geiſtliches Gedicht drucken ließ, das wegen ſeiner gefälligen Manier vielen Beyfall fand. Darauf ward er 1787 als *Organiſt, Käſter und Schullehrer an ſeinem Geburtsorte* beſtellt. In demſelben Iahre gab er eine Sammlung von Gebeten für Schulkinder heraus, die reiſſend abgegangen iſt, weil ſie in verſchiedenen Schulen eingeführt iſt. Wahrſcheinlich muß bald eine zweyte revidirte Auflage folgen. Ein ſehr kleines Gedicht, die Beichte genannt, fand ſehr vielen Beyfall und ward 1790 gedruckt. 1793 ließ er einige Schäfer- und Frühlingslieder unter dem Titel: Natur ohne Kunſt, oder Lieder nach meiner Laune, drucken. *(Mitgetheilt.)*

VIBORG

VIBORG (Erik Niſſen — bedient ſich ſeit einigen Iahren nur des erſten Vornamens), *zweyter Profeſſor der
Veterinär-Schule uud Lector der Botanik bey der Univerſität zu Kopenhagen* ſeit 1783, *auch* ſeit 1792 *ordentliches Mitglied der königl. Geſellſchaft der Wiſſenſchaften
daſelbſt; geb. zu Bedſtede* in der Süderrangſtrupper Harde Amts Apenrade *den 5 April 1759.* §§. Tentamen
Eudiometriae perfectioris, in publico Acad. Regiae
Scientiar. Haunienſis conventu d. 25 April 1783.
praemio coronatum. Hafn. 1784. 8. Botaniſk-
œkonomiſk Afhandling om Bygget. Et i Fœlge de
grevelige Thottiſke Legatum af det kongl. danſke
Videnſkabers Selſkab den 22 Iun. 1787 kronet Priis-
ſkrift. Kbhvn. 1788. 4. med 4 K. Efterretning om
Sandvæxterne og deres Anvendelſe, til at dæmpe Sand-
flugter paa Veſterkante af Jytland, udgivet efter Kongel. Befalning, til Brug for Klitbeboerne. Kbhvn.
1788. 8. med 7 K. (Ueberſetzt unter dem Titel:
Beſchreibung der Sandgewächſe und ihrer Anwendung zur Hemmung des Flugſandes auf der Küſte
von Iütland, zum Gebrauch der Sanddünen-Bewoh-
ner, auf königl. Befehl herausgegeben von *E. V.* —
Aus dem Dän. von *J. Peterſen.* Daſ. 1789. 8. mit
7 Kpf.) Schädlichkeit und Unſchädlichkeit des Ei-
benbaums; in den Schriften der Leipziger ökonomiſchen Geſellſchaft Th. 7. S 18 ff. Efterretning om
Trommeſygens Behandling hos Hornqvæget. Kbhvn.
1792. 8. med 1 K. Forſœg og Erfaringer om adſkillige Gifters Virkning paa Dyr. Kbhvn. 1792. 4.

Efter-

Efterretning om den kongl. danfke Veterinærfkoles
Indretning. Kbhvn. 1792. 8. Forfœg til fyftema-
tifke danfke Navne af indenlandfke Planter, forfattet til Brug for Lærlingerne ved den kongl. Veteri-
nærfkole. Kbhvn. 1793. 8.— Mehrere diefer Abhandlungen erfchienen deutfch unter dem Titel: Sam-
lung von Abhandlungen für Thierärzte und Oekonomen. Aus dem Dänifchen. Iftes Bändch. Kopenh.
1795. 8.— Vergl. *Worm* 3, 851. *(Revidirt.)*

VIBORG (Nikolaus Chriftian), des vorigen Bruder —
*Commerzconfulent und Director der königl. dänifchen Tuch-
manufactur in Fridericia*, vorher Director der königl.
Tuchmanufactur auf dem Blauhofe zu Kopenhagen;
geb. *zu Bedftede den 22 May 1747.* §§. Eraft eller den
lykkelige Dyd, et Forfœg efter Hr. *von Kleift* Irin.
Kbhvn. 1772. 8. Q. *Dijonval's* Oplœsning og chemifk Underfœgning af Indigoen og dens Anvendelfe
i Farvekunften, af Franfk overfat med den originale
Text og Overfætterens Anmærkninger. Kbhvn. 1778.
8. En Efterretning om Anvendelfen af en ny Tin-
Oplœsning til Skarlag i Farveriet. Kbhvn. (1779.)
8. Danfk Mufen-Almanak, for kvilket Aar man vil.
Kbhvn. 1781. 8.— Einige anonymifche Abhandlungen in der dänifchen Monatsfchrift Minerva. — Vgl.
Worm 3, 852. und *Brünniche* bibl. fcientt. natural.
S. 229.

DE VICQ THOLEN (Jan), *Doctor der A. G. und ausübender Arzt*, anfangs zu Franeker, dann im Sachfen-Lauen-
burgifchen, itzt *zu Hufum; geb. zu Leeuwaarden in Fries-
land*

land den 29 Ian. *1761.* §§. Mehrere anonymifche Auffätze, die nicht angegeben werden können.

(M.) VOGEL (Jakob — nicht Johann — Leonhard), Bruder des Adolf Friedrich V. im *Meufel*, vgl. memoria
vitae eius litteris confignata a *J. D. Overbeck.* Lubec.
1785. Fol.) — *Superintendent und Hauptpaflor zu Eutin* feit 1787, vorher Paftor zu Bofau im Hochftift
Lübeck feit 1770, zuerft feit 1762 Diakonus in Eutin; *geb. zu Lübeck den 20 Sept. 1729.* §§. Alterthümer der erften und älteften Chriften. Hamb. 1780.
8. *(Revidirt.)*

VOIGT (C... F... J...), *Compaflor zu Süderftapel* in
der Landfchaft Stapelholm feit 179..; *geb. zu Heide
176..* §§. Hülfsbuch für Prediger. 1ften Bds. 1ftes
St. Hamb. 1795. 8.

VOLKMAR (Friedrich Carl), *Rector zu Garding* in Eiderftedt feit 1791; *geb. zu Karau Amts Arensbök den
16 Febr. 1766.* §§. *Verfuch einer Befchreibung von
Eiderftedt. In Briefen an einen Freund im Holfteinifchen. Garding und Hamb. 1795. 8. *(Mitgetheilt.)*

(M. u. N. 1-5.) VOSS (Johann Heinrich), *Furft-Bifchöfl.
Lübeckifcher Hofrath* feit 1786 *und Rector zu Eutin* feit
1782, vorher feit 1778 Rector zu Otterndorf im
Lande Hadeln, zuerft feit 1775 Privatgelehrter zu
Wandsbeck; *geb. zu Sommersdorf in Mecklenburg den
20 Febr. 1751.* §§. *Alembert's Verfuch über den Um-
gang der Gelehrten und Grofsen, über den Ruhm,
die Macenen und die Belohnungen der Wiffenfchaften. Aus dem Franzöf. Leipzig 1775. 8. Unter-
fuchun-

fuchungen über Homers Leben und Schriften.   Aus
dem Englifchen des *Blackwell*. Leipzig 1776. 8.   Homers Odyffee, 14ter Gefang, überfetzt; im deutfch.
Mercur 1779. St. 2.   Ueber Homers Ocean; im Gotting. Magazin 1780. St. 2.   Die taufend und eine
Nacht; arabifche Erzählungen. Aus dem Franzöf. des
Antox Galland überfetzt. 6 Theile. Bremen 1781-
1785. 8.   Homers Odyffee. Hamb. 1781. gr. 8.
Luife. An Schulz; im deutfch. Mercur 1784. St. 11.
Gedichte (Originalausgabe). 1fter Band. Hamburg
1785. 8.   2ter B. Königsb. 1795.   Virgils Land-
bau, 4 Gefange, überfetzt und erklärt. Hamb. 1789.
gr. 8.   Aenderungen verfchriebener Stellen im Livius; im humaniftifchen Magazin B. 3. St. 4. (1790.)
Fortfetzung; im philologifch-pädagog. Mag. B. 2.
St. 3. (1793.)   Ueber des Virgilifchen Landgedich-
tes Ton und Auslegung. Altona 1791. kl. 8.   Daph-
nis; Virgils 5te Ekloge, überfetzt und erklärt; im
deutfch. Mercur 1792. St. 1.   Ueber den Gebrauch
des όδε und beyläufig des γάε; im neuen Magaz. für
Schullehrer B. 1. St. 1. S. 159 ff. (1792.)   Ein Auffatz, die alte Weltkunde betreffend; im Intelligenzblatt der allgem. Litteraturzeitung 1792. N. 42. Homers Werke, überfetzt.   Die Ilias neu, die Odyffee
umgearbeitet. Auf Schreibpap. und auf Velinp. 4 Bände, mit 3 Karten und einem Titelkupf. Altona 1793.
gr. 4. und gr. 8.   Mythologifche Briefe. 2 Bände.
Königsb. 1794. 8. (*Drey* waren vorher eingerückt
im deutfch. Mercur 1794. März, im Genius der Zeit
1794

1794. April und May.) Virgils 4te Ekloge, überfetzt und erklärt. Probe einer neuen Ausgabe (welche
in der Mich. M. 1796 mit einer neuen Bearbeitnng
des *Landbaues* erfcheinen wird). Angehängt ein Abfchied an Hrn. *Heyne*. Altona 1795. 8. Luife; ein
ländliches Gedicht in drey Gefängen. Königsb. 1795.
kl. 8. mit drey Kupferftichen und einer Vignette von
Chodowiecky. — Für das teutfche Mufeum lieferte
er folgende Auffätze: Plato's Vertheidigung des So-
krates, mit kritifchen Anmerkungen. 1776. St. 10.
11. (wieder abgedruckt in *Dillenius* chreftomathia
Platonica. Winterthur 1792. 8., in der von C. H.
Jördens veranftalteten Sammlung der beften zerftreuten Ueberfetzungen der Griechen und Römer. 1fter
Band. Berlin und Stralfund 1783. 8. und in der un-
rechtmäfsigen Sammlung, welche *Krieger* in Giefsen
unter dem Titel: J. H. V. vermifchte Gedichte und
profaifche Auffätze. Frankf. und Leipzig 1784. 8.
gemacht hat.) Pindar's erfter pythifcher Chor, mit
kritifchen Anmerkungen. 1777. St. 1. Odyffeus'Erzählung von den Kyklopen; aus dem 9ten Gefang
der Odyffee. 1777. St. 5. Wiederhergeftellter Vers
im Sophokles (Oedip. Col. v. 1626 - 1649). 1778.
St. 3. Der englifche Homer, daf. Verhör über den
Recenfenten der Bodmerfchen und Stolbergifchen Ilias
in der allgem. deutfch. Bibl. (B. 37. S. 131 ff.) 1779.
St. 8. 1780. St. 3. 11. Ueber Ortygia. 1780. St. 4.
Nachricht von der deutfchen Odyffee; St. 7. Ueber
eine Recenfion in den Götting. Anzeigen vom Hrn.

A a 4   Hofr.

Hofr. *Heyne;* St. 9. Verhör über die Recenſenten
der Klopſtockiſchen Fragmente über Sprache und
Dichtkunſt. 1781. St. 3.4. Ueber die deutſchen Mo-
natsnamen; St. 5. Ueber einen witzigen Einfall des
Hrn. Prof. *Lichtenberg* im Götting. Magaz.; daſ. Vertheidigung gegen Hrn. Prof. *Lichtenberg.* 1782. St. 3.
Virgils Landleben erſter Gefang. 1783. St. 1. *Das
Wort eines Dritten zu der Vertheidigung des neueſten Ueberſetzers der Iliade; daſ. Ehrenrettung gegen Hrn. Prof. *Lichtenberg;* St. 4. *Vertheidigung
einer Stelle im Virgil (Ekl. 3. 109). 1786. St. 1. Zur
Erklärung Virgils zweyter Beytrag (Georg. 2, 273);
St. 2. Dritter (Georg. 1, 281); St. 4. Vierter (Georg.
3, 157); St. 5. Fünfter (Georg. 1, 193); St. 6.
Sechster (Ekl. 1, 52); St. 7. Siebenter (Georg. 1,
316-327); St. 9. *Ueber die Geſtalt der Erde nach
den Begriffen der Alten; im *neuen* deutſchen Muſeum.
1790. St. 8. Probe der Ilias. 1791. St. 1. — Gedichte, *theils* im Götting. Muſenalmanach oder der
poetiſchen Blumenleſe ſeit 1772; deren Herausgabe
er 1776 unter dem Druckort Lauenburg, von 1777
bis 1779 unter dem Druckort Hamburg, von 1780
bis 1787 in Verbindung mit *Göckingk* ebendaſelbſt
und endlich ſeit 1788 allein beſorgt hat; darin: 1786
eine Anmerkung, Tibull's Gedichte betreffend, 1789
ein Abriſs der Homeriſchen Weltkunde, 1790 Anmerkungen zur 6ten und 10ten Idylle Theokrits und
1791 Anmerkungen zur Virgils 7ten Ekloge und deſſen Copa — *theils* im zweyten Iahrg. des Genius der
Zeit

Zeit (1795), *theils* im Taschenbuch von J. G. Jacobi
und seinen Freunden für 1795 und 1796. — Einige
Idyllen *dänisch* überfetzt in der Minerva von 1787
und 1788, vergl. *Erfch.* — Hat einige Auffätze in
Holty's Kenner überfetzt. Leipzig 1775. und auch an
(H. C. Boie's) Ueberfetzung von *Chandler's* Reifen in
Griechenland. Daf. 1777. gearbeitet. — Die lateinifche Ueberfetzung nebft mehreren kritifchen Anmerkungen zu Homers Hymnus an die Ceres; in der Ausgabe deffelben von *Rubnkenius*. Leiden 1782. 8. und
in der von *Mitfcherlich*. Leipzig 1787. 8. — Hatte Antheil an P. G. Hensler's Ausgabe von des verftorbenen *P. W. Hensler's* Gedichten. Altona und Hamb.
1782. 8. und gab mit F. W. Graf zu Stolbergs *L. H.
C. Holty's* Gedichte heraus. Hamb. 1783. 8. 2te Auflage 1795., — Seinen bekannten Freyheitsmarfch findet man dänifch in *Baggefen's* Reifen und fchwedifch
im menfchlichen Leben St. 11. fo wie feine „Hymne,
nach dem Dänifchen des Hrn. *Thaarup*, im Clavier-
auszuge von *J. A. P. Schulz*. Kopenh. 179.." herausgegeben ift. — Vergl. *J. C. Koppe's* itzt lebendes
gelehrtes Mecklenburg. St. 1. S. 164 - 170. (*Revidirt.*)
(M.) VOSS (Marcus Detlef), *Hauptpaftor zu Garding* in
Eyderftedt feit 1781, vorher feit 1769 Diakonus dafelbft; *geb. zu Tetenbüll* in derfelben Landfchaft *den
15 Dec. 1741*. §§. Kurze und tabellarifche Einleitung
in das ftudium theologicum, zur Belehrung junger
Theologen aufgefetzt. Kiel 1778. 8. Kurze — aufgefetzt und gegenwärtig zum zweyten Mal verbef-

fert.

fert. Flensb. und Leipzig 1779. 8. Eine Standrede
bey dem Sarge des Bürgermeisters Peter Chriſtianſen
hieſelbſt, am 21 Nov. 1777 gehalten; in der erſten
Sammlung der Predigten und Reden, welche von öffentlichen Lehrern in den Herzogth. Schleswig und
Holſtein gehalten worden. (Heide 1779. 8.) — Gedanken eines Ungenannten, den einländiſchen Woll-
und Rübſaathandel und die mit ſolchen Landespro-
ducten ſich beſchäftigenden Fabriken des Vaterlandes
betreffend, *mit Anmerkungen, vornämlich in Beziehung
auf die Landſchaft Eyderſtedt*; in den Schl. Holſt. Prov.
Ber. 1787. H. 5. Etwas von den Stallern, und den
beſondern Geſetzen und Freyheiten der drey Lande
Eyderſtedt, Everſchop und Utholm; daſ. 1790. H.
1. ff. (noch nicht geendigt.) Meteorologiſches Tagebuch vom Ianuar bis Dec. 1790; daſ. 1790. H. 2 —
1791. H. 1. Hiſtoriſche und topographiſche Nachrichten von der Stadt und dem Kirchſpiel Garding
im Weſtertheile der Landſchaft Eyderſtedt; daſ. 1791.
H. 5. Lob- und Dank-Ode am Neujahrstage 1794,
öffentlich vor ſeiner Gemeinde von der Kanzel dekla-
miret. Schlesw. 8. Fragen an meine Konfirmanden
bey ihrer Konfirmat., mit einem Schluſswunſch. Daſ.
.... 8. Erklärung derjenigen Schriftſtellen des A. T.,
welche man bisher gewöhnl. die Meſſianiſchen Weiſſa-
gungen genannt hat, mit philolog. krit. Anmerk. 1r B.
Flensb. 1795. gr. 8. Erklärung des in den Herzogth.
Schleswig und Holſtein eingeführten neuen Landeskatechismus. Daſ. 1796. 8. *(Revidirt.)*

VOSS

VOSS (........), *Doctor der A. G. und ausübender Arzt zu Eutin; geb. zu Hohenweßede* Amts Rendsburg 175.. §§. D. inaugur. praes. *P. B. C. Graumann* habita ..... Bützov. 17...

N. 1. 2. 4. 5.) BARON VON WALTERSTERN (Anton Heinrich — nicht: A... H... W...), *privatisirt zu Altona; geb. zu Lemgo den 31 Aug. 1727.* §§. *Des M. T. Cicero's* Lälius, oder Unterredung von der Freundschaft, mit beygefügten Anmerkungen. Altona 1780. 8. *Des Hrn. *Addison's* Entwurf von der Wahrheit der christlichen Religion, nebst des Hrn. *Correvon* darüber herausgegebenen Anmerkungen und weitläuftigen Abhandlungen, übersetzt und zum Theil in einem Auszug gebracht, mit einer Vorrede des Hrn. Abt *Jerusalem.* Hamb. und Leipzig 1782. 8. *Die Bekehrung des Kaisers Constantin des Grosen, nach ihren Ursachen und Wirkungen, nebst einer Abschilderung des Charakters dieses Fürsten. Aus dem Englischen des Hrn. *Edward Gibbon* Esq. übersetzt. Altona 1784. 8. *Fragmente der alten Geschichte und Philosophie, aus den Attischen Nächten des *A. Gellius* gesammelt und übersetzt, mit beygefügten Anmerkungen. Lemgo 1785. 8. *Das Leben des Attila, Königs der Hunnen. Aus dem Engl. des *E. Gibbon.* Lüneburg 1787. 8. *Die Ausbreitung des Christenthums aus natürlichen Ursachen. Aus dem Engl. des *E Gibbon* übersetzt und mit einer kurzen Prüfung begleitet. Hamb. 1788. 8. (fehlt im *Reuß.*) *Des Hrn. *S. Hollingsworth's* Abhandlung von den Sitten, der Re-

gie-

gierungsart und dem Geist der Völker in Africa, nebst
deſſen Anmerkungen über die Abſchaffung des Scla-
venhandels in dem Brittiſchen Weſtindien. Halle
1789. 8. — Antheil an den gelehrten Beyträgen zu
den Braunſchweigiſchen Anzeigen. — Einige Auffätze
in der neuen Litteratur- und Völkerkunde des Hrn.
von Archenholz (namentlich 1788. St. 5: Zenobia, be-
rühmte Königin von Palmyra, ein Fragment; aus
dem Engl. des *E. Gibbon*). — *(Revidirt.)*

WARNCK (Johann Hinrich), *Paſtor zu Wöhrden* in Süderdithmarſchen ſeit 1782, vorher ſeit 1761 Diakonus daſelbſt, zuerſt ſeit 1753 Rector zu Brunsbüttel;
geb. zu Marne in Süderdithmarſchen *den 8 April 1724.*
§§. Ein Glückwünſchungsſchreiben an den Conſiſtorialrath und Probſten von Ancken in Melldorf .....
176.. *(Mitgetheilt.)*

WEBER (Friedrich), Sohn des folgenden — *Mitglied
der Naturforſchenden Geſellſchaft in Jena; geb. zu Kiel
den 3 Aug. 1781.* §§. Nomenclator entomologicus ſecundum Entomologiam ſyſtematicam ill. *Fabricii,*
adiectis ſpeciebus recens detectis et varietatibus, Kil.
et Hamb. 1795. 8 min. *(Revidirt.)*

(M. u. N. 1. 3.) WEBER (Georg Heinrich), Sohn des
Andreas W. im Anhange — *Doctor der A. G. und Chirurgie, der erſten und der Botanik ordentlicher Profeſſor
zu Kiel ſeit* 1780 (vorher ſeit 1777 auſerordentlicher
Profeſſor der A. G. und Profector daſelbſt); *geb. zu
Göttingen den 27 Iul. 1752* (nicht: 1751 — wird im
dritten Nachtrage als geſtorben aufgeführt, welches
im

im vierten oder fünften aus der allgem. deutfchen Bibliothek 67, 610. hätte berichtiget werden können). §§. Mehrere ehemals in Göttingen für Andre verfaßte medicinifche Probefchriften. Commentatio botanico-medica, fiftens vires plantarum cryptogamicarum medicas (praef. Frid. Chrift. Struve). Kil. 1773. 4. Abhandlung von dem Urfprung der Venusfeuche, worin bewiefen wird, daß diefes Uebel nicht aus Amerika gekommen fey, fondern in Europa durch eine Epidemie feinen Anfang genommen habe. Aus dem Franzöf. Bremen 1775. 4. Vollftändige Auszüge aus neuen Differtationen medicinifchen und phyfifchen Inhalts. 2 Bände. Daf. 1775. 1776. 8. Spicilegium Florae Goettingenfis, Plantas in primis cryptogamicas Hercyniae illuftrans. Goth. 1778 (eigentlich 1777). 8 mai. D. primitiae Florae Holfaticae. Kil. 1780. 8. (vertheidigt von F. H. Wiggers unter J. C. *Kerftens*, dem *Meufel* fie beylegt.) D. de nonnullorum febrifugorum virtute et fpeciatim Gei vrbani radicis efficacia. ibid. 1784. 4. Supplementum Florae Holfaticae. ibid. 1787. 8. *Neun* Nachrichten von dem Zuftande der Krankenanftalt zu Kiel. 1785-1795. 8. (Die erfte ift wieder abgedruckt in den Prov. Ber. 1787. H. 1. Die zweyte bis neunte aber in den verfchiedenen Iahrgängen diefer Zeitfchrift im Auszuge mitgetheilt.) Anfrage an das Publicum über die Errichtung eines Arbeitshaufes; in den Prov. Ber. 1787. H. 1. Bitte an das Publicum um Unterftützung zu dem in Kiel zu errichtenden

Kran-

Krankenhaufe. 1788. 8. Der Landmann Marx Nil-
fen; in den Prov. Ber. 1792. H. 2.— Antheil an der
unter *Holft* aufgeführten Wochenfchrift zum Beften
der Armen in Kiel. — *Recenfionen* in der auserlefenen
Bibliothek der neueften deutfchen Litteratur (Lemgo
1772 ff.) in der Kieler gel. Zeitung, im Kieler Litteraturjournal und in andern. (*Revidirt.*)

WEGENER (Johann Ernft Friedrich), *Doctor der A. G.
und Phyfikus in der Stadt Eckernförde und dem Amte Hütten; geb. zu Eckernförde den 13 Iul. 1763.* §§. D. inaugur. de febre catarrhali maligna per Holfatiae loca
maritima graffante. Kil. 1788. 4. (*Revidirt.*)

(M.) WEINMANN (Eberhard), *Advocat zu Süderftapel* in
der Landfchaft Stapelholm; *geb. zu Altona den 3 Dec.
1714.* §§. *Sammlung einiger.juriftifchen Abhandlungen, beftehend in Erläuterung einiger Artikel des
jütifchen Lowbuches. Schlesw. 1772. 4. (*Mitgetheilt.*)

WEINMANN (Otto), Sohn des vorigen — *Candidat* (?)
der Rechte zu Süderftapel; geb. dafelbft den 3 Ian. 1766.
§§. *Nachricht von dem Schaden, welchen die Landfchaft Stapelholm, insbefondere die darin belegene
Dorffchaft Süderftapel, durch die hohe Fluth am 21
Marz d. I. erlitten hat; in den Prov. Ber. 1791. H.
6. *Ueber den Betrieb in der Landfchaft Stapelholm;
daf. 1793. H. 5. *Ueber den Schaden, welchen die
Landfchaft Stapelholm von den wüthenden Stürmen
des vorigen Winters erlitten hat; daf. 1794. H. 1.
*Berechnung eines fürftlichen Gaftmahls vom Iahre
1533; daf. *Wetterbeobachtungen von dem Iahre

1793

1793, mit befonderer Rückficht auf die Landfchaft Stapelholm; daf. H. 2. *Wetterbeobachtungen von dem Iahre 1794; daf. 1795. H. 6. (*Mitgetheilt.*)

(M.) WEISSER (Johann Nikolaus), *Doctor der A. G. und Profeffor derfelben, wie auch der Naturlehre und Mathematik am Gymnafium zu Zerbft*; geb. (nicht zu Brodersbye, wie in den Prov. Ber. 1787. H. 4. fteht, fondern) *zu Rüllfchau* in der Husbyeharde Amts Flensburg (wo fein Vater erft Prediger war, ehe er nach Brodersbye kam) *den 7 Febr. 1729.* §§. Gedanken über die Erweiterung der Erkenntniffe des Landmannes zur Aufnahme der Landwirthfchaft, nebft einer Anzeige feiner Vorlefungen. Halle 1773. 4. Specimen de fanguinis in pulmonibus condenfatione haud defendenda. ibid. 1774. 4. (*Mitgetheilt.*)

(M. u. N. 4.) WESTENHOLZ (Johann Dieterich Wilhelm), *Paftor der Seyerslever, Eyerslever und Jordbyer Gemeinden* im Stift Aalborg feit 1776, vorher feit 1775 Paftor zu Solberg und Sundbye, feit 1772 Privatgelehrter, feit 1766 Adjunct und Compaftor zu Gierlev und Enslev; *geb. zu Wilfter 1731.* §§. Hvorledes de Vanfkeligheder beft kan hæves, der hindre vedkommende Ere at lede Vandet fra Agre, Enge og Mœfer. Kbhvn. 1772. 8. Om de Aarfager, der hindre Folke - Mængdens Tiltagelfe i Bondeftanden. Kbhvn. 1772. 8. (Beyde Preisfchriften find auch eingerückt in: Oekonomifke Priis - Skrifter over de af forrige General - Landvæfens - Commiffion udfatte Spœrsmaale. Med Kaaber. Kbhvn. 1774. ft. 8.) Bonde-

de-Speil, hvori kan fees, hvor vidt Landmanden felv
er Aarfag til den grafferende Sygge iblandt Hornquæ-
get, faa og til den hœie Kornpriis og den deraf fly-
dende dyre Tid. Kbhvn. 1772. 8. — Verfchiedene
Gedichte (?). — Vgl. *Worm* 2, 572 und 3, 849.

(M.) WESTPHALEN (Johann Heinrich), *königl. dänifcher Kanzeleyrath zu Tönningen*; *geb. zu Hamburg den
31 Ian. 1724.* §§. Fabeln und Erzählungen. Leipzig
1763. 8. — Recenfionen in den Hamb. Nachrichten
aus dem Reiche der Gelehrfamkeit und in andern periodifchen Schriften.

WIBEL (.....), *Canzeleyfecretair zu Eutin*; geb. zu Glück.
ftadt 177... Ueber die Seidenhafenzucht; einige ge-
fammlete Bemerkungen und Erfahrungen; in den
Prov. Ber. 1795. H. 3.

WIBORG f. VIBORG.

(N. 5.) WICHMANN (Georg Friedrich), *Paftor zu Wedel* in der Herrfchaft Pinneberg feit 1781, vorher feit
1772 Diakonus an der Marienkirche zu Rendsburg;
geb. zu Bramftedt Amts Segeberg *den 24 Iun. 1748.* §§.
Das Gottgefällige Gebet chriftlicher Unterthanen um
das allgemeine Wohl. Eine Predigt an den höchft
verordneten aufserordentlichen Dank- und Bettage,
den 1 Dec. 1773. über den vorgefchriebenen Text
(Pf. 90. 15. 17.) gehalten. Hamb. 1774. gr. 8. Von
der Würde und den Vorzügen des Alters. Daf. 1778.
8. (Eine Iubelfchrift bey *Struenfee's* Amtsjubelfeyer;
auch der, unter Joh. Caf. Clauffen aufgeführten, Sam-
lung eingerückt.) Vgl. *Boltens K. N.* von Altona 2,
274 fg. VON

VON WICKEDE (Friedrich Bernhard), *privatifirt in Plön,* wo er vorher, fo wie zuerft in Lübeck, Director einer Erziehungsanftalt war; *geb. zu Lübeck den 31 Dec.* *1747.* §§. Plan und Methode der Erziehungsanftalt in Plön; im Genius der Zeit 1794. März. — Zufolge den Gött. Anzeigen (1786, 568.) erfchien fchon früher eine einzeln gedruckte Nachricht. Lüb. 1786. (M. u. N. 1. 2. 3.) WIGGERS (Johann Georg), *Agent der Hanfeftädte* Lübeck, Hamburg und Bremen *zu St. Petersburg* feit 1787, vorher feit 1782 auſserordentlicher Profeſſor der Philofophie zu Kiel, zuerft ..... zu ...... in Rufsland; *geb. zu Bredftedt* (nicht: Hufum) *den* .... *1749.* §§. Ueber die Biographie und das Studium der Menfchen. Mitau 1776. 8. Die Moral der Klio; ein Verfuch über den Einfluſs der hiftorifchen Lecture in die Befferung des Herzens. Frankf. und Leipzig (1780). 8. Chriftian IV; eine panegyrifche Skizze. (Kiel 1782.) 8. (Zwölf) vermifchte Auffätze. Leipzig 1784. kl. 8. *Hume's* Verfuch über die burgerliche Freyheit, verdeutfcht und mit Anmerkungen begleitet; in *Heinze's* Kiel. Mag. 2 B. 1 St. 1785. — Auffätze im Petersburg. Journal. (*Mitgetheilt.*)

WILKENS (Jacob), *Schulcollege in Preetz* feit 1789; *geb. zu Marne* in Süderdithmarfchen *den 27 Ian. 1760.* §§. Predigt über die glückfeligen Folgen eines tugendhaften und Gott wohlgefälligen Verhaltens. Altona 1786. 8. *Das groſse Verdienſt Chriſti, als die wichtigſte Sache in der Welt. Jena 1787. 8. (eine holländifche

Ueberſetzung wurde in der allgem. Litterat. Zeitung
wenigſtens angekündiget.) — *(Revidirt.)*

(N. 4. 5.) WITT (Johann Gottfried), *Hauptpaſtor bey der
Stadtgemeine in Glückſtadt* ſeit 1792, vorher ſeit 1771
Paſtor zu Morſum auf Sylt; *geb. zu Huſum den 19 Apr.
1753.* §§. Verſuch eines Beweiſes, daß Jeſu Leiden
ſtellvertretend für uns ſey...... 1780.... (anch in
der Sammlung der bey *Struenſee's* Jubelfeyer erſchienenen Schriften. Flensb. 1781.) Erläuterung des
neuen Katechismus. Nebſt einer Tabelle über ihren
Inhalt. Zur Erleichterung für die Schuljugend und
ihre Lehrer herausgegeben. Mit einer vollſtändigen
Anzeige der hauptſächlichſten Druckfehler des Katechismus. Altona 1787. 8. Unterricht in den nöthig-
ſten Sachkenntniſſen für die bürgerliche Jugend u. ſ.
w. (vergl. *G. S. Francke.*) 2 ſtarke Theile nebſt 3 Anhängen. Schlesw. 1792 und 1793. gr. 8. *(Nach dem
Autographum.)*

von WITZENDORFF (Adolph Friedrich), *Erbherr auf
Weſtenbrügge und Greſſow im Meklenburgiſchen, königl.
däniſcher Kammerherr* ſeit 1773 *und Domherr in Lübeck;
geb. zu* ..... (in den Herzogthümern?) 17... §§.
Rede von der Glückſeligkeit unter einem vollkomm-
nen Monarchen. Altona 1762. 4. Unterricht von
den Vorzügen (?) einer Standesperſon. Leipz. 1763.
8. *(Mitgetheilt.)*

von WITZENDORFF (Friedrich Auguſt Wilhelm), *des
vorigen Vetter — Doctor der Rechte, königl. däniſcher
Kammerherr* ſeit 1777, *Vicekanzler der Landesregierung
und*

und Landkanzler bey dem adelichen Landgerichte zu Glück-
stadt seit 1795, vorher seit 1762 Regierungsrath daselbst; *geb. zu Colditz* in Oberfachfen *den 1 Ian.* 1737.
§§. D. inaugur. de exhaereditatione liberorum sine
confenfu parentum nuptias contrahentium. Götting.
1757. 4. (*Mitgetheilt.*)

WOELDIKE (Andreas), Sohn des Peter W., Kirchenprobften in Hadersleben, der fich wegen der lateinifchen Schule zu Sommerftedt berühmt machte — *Pa-*
ftor zu Storehedinge auf Seeland feit 1789, vorher feit
1787 Schlofs - und Garnifonsprediger an der Marienkirche zu Helfingör und zuerft feit 1777 Stifts-
prediger auf Walloe; *geb. zu Hadersleben den 27 Ian.*
1752. §§. Differtat. III. de Clementis Romani vita
et feriptis. Hafn. 1771-73. 4. D. de Affyriorum
clade. ibid. 1774. 4. D. de precum vtilitate. ibid.
1775. 8. (Tree) Prædekener. Kbhvn. 1775. 8. Diff.
oftendens, ecclefiae antiquiffimæ opinionem de ftatu
animae poft mortem non fauere pontificiorum de
purgatorio dogmati. ibid. 1776. 8. Prædekener
over adfkillige af de anordnede Sœn- og Feftdags-
Evangelia, famt andere Texter. 1fte Samling. Kbhvn.
1779. 2de Samling. Soroe 1787. 8. Vier Predigten. Soroe 1780. 8. *J. Jochims* Forfœg til at for-
bedre Underviisningen i Landsbye Skoler, overfat.
Soroe 1781. 8. (fehlt im *Erfch.*) (*Daniel*) *Langhans*
om de Lafter, fom hævne fig felv paa Mennefkens
Helbred, overfat. Soroe 1783. 8. (fehlt im *Erfch.*)
De fom faae med Graad, fkulde høfte med Fryde-

faug;

fång; en Prædiken paa Nytaarsdag. Soroe 1785. 8.
Liigprædiken over Julius Wöldike. Kbhvn. 1786. ...
Ved min Kones Grav, i Mariekirke i Helfingör.
Kbhvn. 1788. 8. Tvende fidfte danfke Prædikener
i Helfingör, og Indtrædelfer Prædiken i Storehedinge.
Kbhvn. 1789. 8. I Anledning af den gyfelige 26
Februar efter Prædiken Feftelavns Sœndag 1794. i
Storehedinge Kirke. Kbhvn. 1794. 8. Vgl. *Worm*
3, 872 ff. (*Nach dem Autographum.*)

(M. u. N. 1. 2. 4. 5.) WOLF (Heinrich), *Doctor der Theologie* feit 1791 *und Pafter zu Oldesloe* Amts Segeberg
feit 1792, (vorher Confenior des Minifterium in Norderdithmarfchen und Hauptpaftor zu Weslingburen
feit 1766, zuerft Diakonus dafelbft feit 1762,) auch
Mitglied der lateinifchen Gefellfchaft in Jena feit 1755
und Ehrenmitglied der deutfchen Gefellfchaft in Bremen feit 1774, bey Ueberfendung eines 12 Bogen
ftarken Manufcripts von „Wörtern und Redensarten,
welche theils in Dithmarfchen üblich find, theils gar
fehr vom Hochdeutfchen abweichen, famt Bemer-
kungeu über die plattdeutfche Sprache" — *geb. zu
Krummenteich* im Stifte Bremen *den 15 Nov. 1733.* §§.
Ein latein. Gedicht in elegifchen Verfen, als Glückwunfch an den Rector *Job. Sam. Müller*, als Primaner
1754 herausgegeben. Oratio de laudibus Jenae.
Jen. 1755. 1½ B. 4. (Eigentlich ein carmen hexame-
trum, recufum in eius carminibus. Hamb. 1782. 4.)
De funere Stephani in acta App. 8, 2. (eigentl. vom Präfes *J. E. J. Walch*, der fie feinen diff. in acta App. ein-
ver-

verleibt hat.) ibid. 1756. 4. Diſp. praeſ. *Joh. Gerbero*
(dem *Adelung* zum *Jöcher Hauptmann* notit. auct. p. 157.
und *v. Blankenburg* zum *Sulzer* ſie beylegt) habita de Romanorum Satira. ib. eod. 4. Pietas divis manibus
Nicolai v. d. Decken praeſtita (in Hexametern). Hamb.
17... 3½ B. Fol. Eine Wahlpredigt über Pſ. 68,
32 - 17. ſeinem Vater *Balthaſer Wolf* gewidmet bey
deſſen Eintritt ins 75ſte Iahr. Daſ. 1766. 4. Gedenkſprüche, ſamt dem Inhalte ſeiner neulichſt gehaltenen Predigten, ſeinem Vater *B. W.* bey deſſen Eintritt ins 76ſte Iahr gewidmet. Daſ. 1767. 8. Glückwunſch an ſeinen Vater beym Eintritt ins 79ſte Iahr,
ſamt einigen Gedenkſprüchen und dem Inhalt von
Predigten. Daſ. 1770. 8. Die Schuldigkeit erwachſener Kinder, ihre Eltern zu ehren; als ſeine Mutter
50 Iahre im Eheſtande gelebt hatte. Eine Predigt
über 2 B. Moſ. 20, 12. Daſ. 1771. 4. Worte kindlicher Pflicht, an ſeinen Vater *B. W.* bey ſeinem Eintritt ins 81ſte Iahr. Daſ. 1772. 4. Denkworte bey
den Gräbern, ſamt dem Inhalte einiger dabey gehaltenen Reden; den Anverwandten der Verſtorbenen
zugeeignet. Flensb. 1774. 4. Der erneuerte Bund
eines Lehrers mit ſeiner Gemeine, über die Epiſtel
am Sonntage Exaudi. Dem Herrn Statthalter, Prinzen, Landgrafen von Heſſen zugeeignet. Daſ. 1776.
4. Carminum latinorum ſeorſim editorum collectio.
Hamb. 1782. 16 B. 4. (Dem geheimen Rath und
Groſsvoigt *v. d. Buſche* in Hannover zugeeignet.) Genethliacum in regem, principi Friderico, regis filio,

a. d. 28 Ian. 1783. oblaṭum. Heidae 1783. 1½ B: 4.
Denkworte und Inhalt feiner über die Epifteln 1782
gehaltenen Predigten, famt einem Anhange des Inhalts von allen feit 1777 bey Confirmation der Kinder gehaltenen Reden und Denkworte. Den Herren
Kirchenvifitatoren zugeeignet. Hamb. 1783. 4 B: 4.
Epinicium ad Superint. general. *Job. Henr. Pratje*
diem Iubilaeum celebrantem. ibid. 1784. 4. Ad
triumviros *Ad. Struenfee, Job. Henr. Dan. Moldenka-
wer* et *Job. Henr. Pratje* uno fere tempore Iubilaeum
officiale celebrantes. Hamb. 1784. in forma patente.
(in elegifchen Verfen.) Rede über 1 Kor. 15, 42.
bey Einweihung des neuen Kirchhofes zu Weslingburen. Sr. Majeftät, dem Könige, den 29 Ian. zugeeignet. Daf. 1785. 4. Ueber die Feldmäufe, infonderheit in Norderdithmarfchen, famt einem Anhange
über die bekannteften Arten des Unkrauts. Sr. Majeftät, dem Könige, zugeeignet. Daf. 1786. 280 S. 8.
Auf das Krönungsfeft des Königs von Preußen, *Friderich Wilhelm*; ein lateinifches Gedicht in fapphifchen
Verfen (weswegen er mit einer königl. Zufchrift be-
gnadigt ward). Daf. 1786. 4. Der Eindruck, den
die Reife Sr. Königl. Hoheit, des Kronprinzen *Frie-
rich*, nach den dänifchen und deutfchen Provinzen
im I. 1787 auf das Herz aller königl. Unterthanen
machte. Iedem Unterthan zugeeignet. Daf. 1788. 8.
5 Bog. Erweckungsgründe zum pflichtmäßigen Verhalten bey Entrichtung der Kriegsfteuer — eine Predigt über die Epiftel 1 Petri 2, 11-20. Kiel 1789.
5 B.

5 B. 4. Ein lateinisches Gedicht in elegischen Versen auf die Vermählung des Kronprinzen. Daf. 1790.
4. Lebenslauf seines sel. Vaters *Balthaser W.*, Kaufmann zu Krummenteich; im 6ten Th. der Nachrichten vom Leben und Ende gutgesinnter Menschen
(1790). Versuch zur Beantwortung der Frage:
Warum die Menschen so wenig und so selten in ihrem Umgange und in ihren Gesellschaften von Gott
reden, da doch ihre Unterredungen keinen nützlichern
Gegenstand haben können? bey Gelegenheit der Preis-
aufgabe entworfen und seiner bisherigen Gemeine
bey der Abreise nach Oldesloe zum Andenken gewidmet. Kiel 1792. 42 S. 4. Genethliacum in regem. Hamb 1793. 4. Ueber Jes. 43, 1-3. bey der
verordneten allgemeinen Andacht am Sonntage Re-
miniscere. Kiel 1794. 8. Versuche, die Feldmäuse
zu vertilgen, wie sie vom I. 1786 bis 1793 in Norderdithmarschen, und insonderheit im Kirchspiele
Weslingburen, angestellt sind. Daf. 1794. 356 S. 8.
— Für die Schlesw. Holst. Prov. Ber. lieferte er folgende Aufsätze: Nachricht von der Eindeichung des
Marner Aussendeiches; H. 4. 1788. H. 4. 1789. H.
6. 1790. Vom Fange der Seehunde mit Fangeisen;
H. 4. 1788. Von der Einsammlung des Bernsteins
an den Dithmarsischen Aussendeichen und den damit verbundenen Gefahren; H. 5. 1788. H. 5. 1790.
H. 4. 1791. Versuche, Ertrunkene zu retten, in
Norderdithmarschen angestellt; H. 5 1788. Nach-
richt vom neuen Kirchhofe im Kirchspiel Wesling-

buren und den dafelbſt gemachten Verſuchen zur Beförderung der Baumzucht; daſ. Berichte aus Norderdithmarſchen und der Nachbarſchaft; H. 6. 1788. H. 4. 1789. H. 6. 1790. Ueber den Kaland, ein Kinderfeſt in Norderdithmarſchen, und die Folgen deſſelben für den Fleiſs und die Sittlichkeit der Gegend; H. 1. 1789. Ueber das Maaſs der Sterblichkeit im Kirchſpiel Weslingburen; H. 3. Erinnerungen und Zuſätze zu den vorhergehenden Aufſätzen; H. 5. Ueber den Zungenkrebs des Viehes; H. 2. 1790. Nähere Erklärung über die Urſachen, warum die Verſuche, Ertrunkene zu retten, bisher vergeblich waren; daſ. Ueber die letztjährige Kirchenliſte des Kirchſpiels Weslingburen, nebſt einigen Anmerkungen; H. 3. Verzeichniſs aller in den Iahren 1788 und 1789 von der Kanzel zu Weslingburen publicirten königl. Verordnungen, Befehlen, aus der Landvoigtey zu Heide und ſonſtigen Bekanntmachungen; H. 6. Ein merkwürdiger Vorfall; daſ. Nachricht von Teſtamenten; daſ. Nachricht von einem merkwürdigen Vorfall an den Wilſtermarſchdeichen und von den Wirkungen der letzten hohen Fluth am 21 März d. I., beſonders in Norderdithmarſchen; H. 3. 1791. Apologie für Wittwen und Waiſen, begleitet mit einigen Anmerkungen von einem Rechtsgelehrten; H. 3 und H. 4. Ueber die Redensart: *mit den Iuden küſen*, in Beziehung auf die Wilſtermarſch; H. 5. Von dem Sinken der Brockdorfer Elbdeiche, eine Fortſetzung der Nachricht von

einem

einem merkwürdigen Vorfall an den Wilſtermarſchdeichen; daſ. Ergänzung und Berichtigung der vor-
ſtehenden Nachricht nach einer auf der Stelle unternommenen Beſichtigung der beſagten Deichſtrecken;
daſ. Unmaſsgebliche Gedanken über die weitere
Anwendung der Verſicherungsanſtalten bey den wi-
drigen Zufallen der Landwirthſchaft, in Beziehung
auf einen Aufſatz des Hrn. Prof. (*L. A. G.*) *Schrader*;
H. 6. Dithmarſiſche Nachrichten. Erſte Lieferung:
ökonomiſche Bemerkungen auf einer Reiſe nach dem
neuen Kronprinzenkoege; daſ. Zweyte Lieferung:
ökonomiſcher Bericht von dem Kirchſpiel Weslingburen; Nachricht vom Kuhdenſee; Wünſche für
die Baumzucht und Waldcultur in Dithmarſchen;
H. 2. 1792. Nachricht von dem Lotſenweſen bey
der Bäſch im St. Margrethener Auſsendeiche; H. 3.
Ueber das Gewerbe und Verkehr im Flecken Heide
in Norderdithmarſchen, nebſt einem alphabetiſchen
Verzeichniſſe ſeiner Handwerker und ſonſtigen Hand-
thierungen; H. 4. Auch ein Wort über Induſtrieſchulen, mit beſonderer Rückſicht auf Dithmarſchen;
H. 5. Gedanken und Erinnerungen über einige Vorſichtsanſtalten zur Verminderung der Waſſerſchaden
an den Marſchdeichen; H. 1. 1793. Klaus Boie
von Joſenburg, ein reicher Landmann in Dithmarſchen; daſ. Fürſprache für die Landärzte; H. 3.
Meine Erfahrungen von öffentlichen Armencaſſen; H.
5. 1794. Einige Beyſpiele aufgehobener Leibeigenſchaft in der Nähe um Oldesloe; H. 6. 1795. Nach-

richt von einigen Kupfer- und Meſſingmühlen in Holſtein; daſ. — Einzelne lateiniſche Gedichte ſind in
Zeitſchriften abgedruckt, z. B. im Hamb. Correſpon-
denten: Auf den Tod des Prof. *Schütze* in Hamburg;
auf drey junge Doctoren der Medicin, *Adolph Frider.*
Vogel in Lübeck, *Herm. Dieder. Reimarus* und *Joach.*
Frider. Bolten in Hamburg, welche faſt in einer Wo-
che ſtarben; auf den Doctor *Gerling* in Hamburg,
wie er Senior ward. — Auſser einigen, in den ehemaligen Hamburg. gel. Zeitungen befindlichen, Aufſätzen, findet man auch von ihm *theils* Verſchiedenes
in *Pratje's* liturgiſchem Magazin, z. B. im dritten Fache 1786. S. 211. von dem neuen Schlesw. Holſt.
Geſangbuche und S. 221. von dem neuen Katechismus — *theils* Beyträge zu der allgem. Predigerzeitung, z. B. Nachrichten von der itzigen Kirchen- und
Schulverfaſſung in Holſtein; 1790. St. 16. der Beyl.
S. 241. und: von dem Uebertritt eines Chriſten zum
Iudenthume; daſ. St. 17. S. 257. — Die mehrſten
ſeiner frühern Arbeiten ſind angeführt und beurtheilt
von *J. H. Pratje* in ſeinen Herzogthümern Bremen
und Verden, oder vermiſchten Abhandlungen zur Erläuterung der politiſchen, Kirchen- Gelehrten- und
Naturgeſchichte, wie auch Geographie dieſer Herzogthümer, und in *deſſen* Altem und Neuem aus den Herzogth. Bremen und Verden, wie auch von *J. H. Felſe*
in ſeiner Predigerhiſtorie von Norderdithmarſchen
(S. 85. und Anh. S. 31.) erwähnt. — (*Gröſstentheils*
Autographum.)

WOLFF

WOLFF (Johann), *Paſtor zu Lütjenburg* in Wagrien ſeit
17... vorher Diakonus zu Segeberg; *geb. zu ......
den .... 17...* §§. *Salomo's Denkſprüche, herausgegeben von *Johann Chriſtian Schönbeider*. Aus dem
Däniſchen überſetzt. Flensb. und Leipzig 1784. 8.
(unter der Zueignung hat er ſich genannt.)

(N. 1 - 5.) WOLFRATH (Friedrich Wilhelm), *Kirchenprobſt und Schulinſpeſtor zu Huſum, wie auch Hauptpaſtor
daſelbſt* ſeit 1794, vorher ſeit 1789 zweyter Paſtor
zu Rellingen, zuerſt ſeit 1781 Adjunſt an der Hauptkirche in Altona und Nachmittagsprediger in Ottenſen; *geb. zu Glückſtade den 3 Sept. 1757.* §§. Freuden
der einſamen Andacht für denkende Chriſten. 2 Theile.
Hamb. und Kiel 1784-89. 8. Predigten über die
Beſtimmungen des Menſchen zum ewigen Leben. Altona 1785. 8. Ausſichten in die unſichtbare Welt,
ein Beytrag zu den Predigten über die Beſtimm. des
M. zum ew. Leben. Meldorf und Leipzig 1787. 8.
Nachrichten von dem Leben und Ende gutgeſinnter
Menſchen, mit praktiſchen Anmerkungen. Zum Theil
aus des ſel. *J. F. Fedderſen* hinterlaſſenen Papieren
herausgegeben. 6te und letzte Sammlung Halle 1790.
8. (Die von ihm beygefügte Lebensbeſchreibung des
J. F. Fedderſen iſt auch Halle 1790. 8. beſonders abgedruckt.) Predigt am 10ten Sonntage nach Trinitatis, auf Veranlaſſung einer höchſt verordneten öffentlichen Dankſagung für die glückliche Vermählung
unſers geliebten Kronprinzen mit der Prinzeſſin Maria von Heſſen. Altona 1790. 8. (ſteht auch in der
fol-

folgenden Sammlung feiner Cafualpredigten.) Charakteriftik edler und merkwürdiger Menfchen, nebft
einzelnen fchönen Charakterzügen. Eine Fortfetzung
der Fedderfenfchen Nachrichten vom L. und E. gut-
gef. M. Th. 1. Halle 1791. 8. Th. 2. 1792. Geiftliche Reden bey befondern Gelegenheiten gehalten.
Altona 1791. 8. Zwey Abfchieds- und eine Antritspredigt. Daf. 1791. 8. (aus der vorigen Sammlung
befonders abgedruckt.) Zum Andenken des C. R.
und Probft *Lange*; im deutfch. Magazin 1791. März.
Predigten über die Sonntagsevangelien durchs ganze
Iahr, von *Chph. Chft. Sturm.* Nach deffen Tode herausgegeben. Th. 1. Hamb. 1791. gr. 8. Th. 2. 3. 1792.
Th. 4. Berlin 1794. (Th. 5. und letzter ift in der
Mich. M. 1795 angekündigt — find eigentlich *von ihm*
nach Sturms Predigtentwürfen *ausgearbeitete* Predigten.) Fragen über liturgifche Gegenftände, mit befonderer Rückficht auf unfere Schleswig-Holfteinifchen Verfaffungen, zur nähern Prüfung aufgeftellt
und vorläufig beantwortet; nebft einem Anhange
einiger Formulare zu Kirchengebeten, Beichten und
Anreden bey Privatcommunionen, aus dem fchriftlichen Nachlaf des fel. C. R. *Lange.* Hamb. 1792. 8.
(Der 1fte Theil des Werks hat den veränderten Titel: Fragen über liturg. Gegenft., mit Rückficht auf
die gegenwärtigen Zeitbedürfniffe. Leipzig 1794. 8.)
F. C. Lange Predigten über alle Soon- und Fefttage
des ganzen Iahrs. Herausgegeben nebft der Lebensbefchreibung des fel. Verfaff. 2 Bände. Altona 1792.

8.

8. Plan eines Verfuches über die Lehre von pofiti-
ven göttlichen Strafen und deren zweckmäfsigem Gebrauche beym Volksunterricht; im Journal für Prediger. B. 26. St. 3. (1792. — Ein gröfseres Werk über
diefen Gegenftand hat er unter Händen.) Anweifung für Schullehrer, mit ihren Lehrlingen die Bibel
zu lefen; daf. B. 27. St. 2. (1793.) Ueber die höchft-
nöthige Verbefferung der Landfchulen, in Rückficht
auf das Seminarium in Kiel; im deutfch. Mag. 1793.
Iul. und 1794. Febr. *Katharina Margareta Görgens*,
eine Kindermörderin, nebft einigen allgemeinen Bemerkungen über Geiftesfähigkeiten und Moralität
der Inquifiten; daf. 1793. Octob. (auch abgedruckt
im Journal für Prediger. B. 27. St. 3.) Ueber die
Vertreibung fremder Bettler aus den Schlesw. Holft.
Gegenden; daf. Dec. Predigt am allerhöchftverord-
neten öffentlichen Dankfefte für die glücklicke Errettung der königl. Familie bey Einäfcherung des königl.
Schloffes Chriftiansburg in Kopenhagen, gehalten
über Jef. 43. 1-3. Altona 1794. 8. Wörterbuch
für Theologen, Moraliften und Denker aller Claffen,
in Beziehung auf des Hrn. *von Rochow* Berichtigungen. 1fte Probe. Schlesw. 1794. gr. 8. — Recenfionen in der neuen Hamburg. Zeitung und in der Predigerzeitung. — Vergl. *Boltens* Kirch. Nachr. von Altona 1. 144 und 225. *(Revidirt.)*

(M. u. N. 2-5.) WOLSTEIN (Johann Gottlieb), *der
Arzeney und Wunderzeney Doctor* von der hohen Schule
in Jena; *geb. zu Flinsberg* in Schlefien *den 14 März 1738.*

War

War von 1777 bis Ende 1794 Director und Profeſſor im kaiſ. königl. Thierſpital in Wien; *privatiſirt*
ſeit Oſtern 1795 *in Altona.* — Im 15ten Iahre ſeines
Alters widmete er ſich der Chirurgie.   Seine erſten
Lehrer waren *Sigismund König* in Wirgandthal und
Aug. Volkart in Görlitz.   Im Frühjahr 1760 beglei-
tete er als Wundarzt einen ſchwer verwundeten kaiſ.
kön. Officier, Namens *Braad,* von Görlitz bis Wien,
conditionirte hernach bey dem Wundarzt *Ziegler*
und ſtudirte dabey 9 Iahre Chirurgie, Geburtshülfe
und Medicin, unter *Jauß, Lebmacher, Leber, Cranz,*
Gebhardt und *de Haen.*   In der praktiſchen Arzeneykunde bildete er ſich im Spital der barmherzigen Brüder, unter der Leitung des berühmten *Quarin,* und
im heiligen Dreyfaltigkeits-Spital, unter dem groſsen
Wundarzt *Ritter.* — Im Auguſt 1769 wurde er durch
Auswahl ſeines ehemaligen Lehrers, dem dermaligen
Freyherrn *v. Cranz* und dem Leibwundarzte Ioſeph
II. Ritter von *Brambilla,* dem jetzigen kaiſ. k. Kriegs-
miniſter, Feldmarſchall, Grafen von *Lacy* als ein Mann
vorgeſtellt, der ſich durch Talente und Fleiſs auf ſeiner Laufbahn ausgezeichnet hatte und bald als kaiſ.
kön. Penſionär nach Paris in die königl. Veterinär-
ſchule geſchickt, um allda unter den berühmten *Bour-*
gelat, Fragonard und *Chabert* die Thierarzeney zu ſtudieren. — Unter dieſen Lehrmeiſtern ſtand er 2 Iahre;
da zeichnete er ſich in der Heilkunſt der Thiere zum
erſtenmal bey einer Hornviehſeuche aus, die im
Herbſt 1771 in Champagne und Bourgogne auf eine
grau-

graufame Weife die Thiere verheerte. Sein Benehmen dabey wurde hernach in verfchiedenen franzöfifchen Journalen und Zeitungen von feinen Lehrmeiftern bekannt gemacht. — 1772 verliefs er die kön.
Thierarzeneyfchule in Alfort, ging von da nach Paris, um fich unter dem berühmten Hippiater *de la
Foſſe* in der Heilkunde der Thiere weiter auszubilden. Unter ihm übte er fich vorzüglich in allen grofsen Operationen, die ins Gebiet der Chirurgie der
Pferde gehören. Die zahlreichen kranken Thiere,
die er von diefem Meifter in diefer grofsen Stadt beurtheilen und behandeln fah, verfchaften ihm Gelegenheit, viele todte eröffnen zu fehen und die Krankheiten, die unter den Parifer Pferden herrfchten, kennen zu lernen. — Mit dem Studium der Thierarzeney verband er zugleich das Studium der Chirurgie
und Medicin, als Hauptmittel zu feinem Zwecke.
Seine Lieblingsmeifter in diefen beyden Wiſſenſchaften waren: *Louis, Tenon, la Faye, Sabatier, Bordeneve,
Levret, Portal, Maquer, Roſſel, Roux* und *Moreau* im
hôtel de Dieu. Diefen folgte er, fo wie dem Hrn.
de la Foſſe, vom Anfange 1772 bis zur Hälfte von
1773. — Im Auguft des ebengenannten Iahres reifete
er nach London, um allda unter *Pott, Jehn* und *William Hunter* zu ftudieren und dabey die Wintermonate hindurch das St. Bartholomäus-Spital zu befuchen, im Sommer hingegen in die Provinzen zu gehen, und fein Hauptaugenmerk auf die Kenntnifs und
Zucht der englifchen Pferde und Schaafe zu richten. —

Im

Im März 1775 verließ er England, durchreiſete den
gröſsten Theil von Holland, das Churfürſtenthum
Hannover, die Provinzen Holſtein und Seeland, um
auch in dieſen die Pferde- und Hornviehzucht kennen zu lernen. Im königl. däniſchen Geſtüt zu Friederichsburg hielt er ſich 6 Wochen auf; da war es,
wo er die beyden Kapittel vom Alter der Pferde und
von der Geburt der Füllen vollendete. Seine Rück-
reiſe nahm er durch Iütland, ging von da, an einer
andern Seite, durch Holſtein ins Mecklenburgiſche,
um auch dort das Land und die vorzüglichſten Ge-
ſtüte zu ſehen. Dann reiſete er über Berlin nach Iena, wo er Doctor der Medicin und Chirurgie ward.
Dies geſchah im Sommer 1775. — Im Herbſte eben
dieſes Iahres ging er, nach einer ſechsjährigen Reiſe,
nach Wien zurück, wo er nicht allein von dem kaiſ.
kön. Hofkriegsrathe, ſondern auch von Ioſeph II.
und Maria Thereſia gut aufgenommen ward. Bey
ſeiner erſten Audienz gab ihm der Kaiſer den Auftrag, einen Plan zur Errichtung einer Thierarzeney-
ſchule zu entwerfen und dann ihm ſelbſt zu übergě-
ben. Dieſen vollendete er in einem Zeitraum von
6 Wochen; allein erſt 2 Iahre nachher, d. h., erſt
1777 wurde er zur Ausführung gebracht, weil ſowol das Kriegsdepartement als die übrigen hohen
Landesſtellen darüber ihr Urtheil fällen muſsten. Von
allen hatte dies Werk Beyfall erhalten, dem ungeachtet war es den Neidern des Verfaſſers gelungen,
Mittel zu finden, die Ausführung deſſelben bis dahin

zu

zu verhindern. — Endlich kam es, nach einem neuen
Vorschlage, den der Verfasser des Plans dem Kaiser
überreichte, unter dem Namen Thierspital, 1777 zu
Stande. Unter dieser Benennung war vorher kein
Thierarzeneyliches Institut bekannt. Die erste An-
lage desselben wurde für 50 kranke Pferde, 12 Stück
Hornvieh und 20 Schaafe gemacht. — Die Departe-
ments dieses Instituts bestanden aus dem Spital, der
Apotheke, dem Kräutergarten, der Anatomie, der
Schmiede, der Bibliothek, der Kanzeley, den Woh-
nungen für die Beamten, die Militairschüler und
Thierwärter, und einem sehr großen Rasengärten, mit
vier Weidenplätzen, die mit Alleen umzogen waren.
Iedes Departement hatte seinen Vorgesetzten; unter
diesen stand eine gewisse Anzahl Schüler, welche Tag
und Nacht die vorfallenden Geschäfte verrichteten
und wöchentlich abgelöst wurden. — Von 6 bis 7
Uhr des Morgens wurden den kranken Thieren die
verordneten Arzeneyen gereicht. Von 7 bis 8 Uhr
die Verwundeten und Schadhaften verbunden und
von dem Professor die Hülfsmittel und das Verfahren angegeben, wie sie behandelt werden mußten. —
Alle großen Operationen machte der Professor Wolstein selbst, und zwar von 8 bis 9 Uhr früh, wenn
die Kranken verbunden waren; die kleinen wurden
von seinen Gehülfen oder von andern geübten Schülern bey dem Verbinden der Kranken unter seiner
Aufsicht gemacht. — Von neun bis halb ein und von
drey bis fünf Uhr wurden die Vorlesungen gegeben,

C c

und

und alle Schüler, bis auf die Aerzte und Fremden täg-
lich wenigstens eine Stunde geprüft. — Die Lehre
von der Kenntniß der Pferde, vom Hufbeschlag, der
Pferdezucht, den äusserlichen und innerlichen Krankheiten und den damit verbundenen chirurgischen
Operationen, nebst der Lehre von den Seuchen und
Krankheiten des Hornviehs, der Schaafe und Schweine, erklärte der Professor Wollstein; die Anatomie
und Physiologie Hr. *(Martin Albert) Tögl*; und die
Arzeneymittellehre und Pharmacie Hr. *Mengmann*,
der Apotheker. — Nach den iosephinischen Gesetzen
mußten alle Aerzte, die Ansprüche auf Physikate machen wollten, den Lehrcursus über die Seuchen und
Krankheiten des Hornviehs, der Schaafe und Schweine, vollendet haben, und darüber ihre Zeugnisse auf-
weisen können; ohne diese wurde bis zu seinem Tode keiner als Physikus im Lande angestellt. So mußten auch alle Cavallerie-Regimenter, von einem Lehrcursus zum andern, einen oder zwey Fahnenschmie-
de zum großen Lehrcursus abgeben; auch die Mei-
sterföhne der Schmiede konnten nicht Meister werden, die diesen Cursus nicht ordentlich vollendet hatten. Im gewöhnlichen Gange, d. h. in Friedenszei-
ten, dauerte derselbe zwey und ein halbes Jahr, und
der über die Seuchen und Krankheiten des Hornviehs und der Schaafe, sieben Monate. Der letzte
wurde alle Jahr gegeben. — So war die Hauptein-
richtung in diesem Institute beschaffen, als ich da studierte. Nach genauen Nachrichten, die ich darüber

eingezogen habe, ift fie von der erften Entftehung, d.
h. von 1777 - 1794, wo der Prof. Wolftein, bey dey
Verfolgungen, welche dazumal politifche Meynungen
erregten, arretirt wurde, geblieben. Die Gefchichte
davon ift unbekannt. Er war der erfte Proteftant,
der unter der Regierung von Maria Therefia als Pen-
fionär aufgenommen, auf Reifen gefchickt und als
Profeffor von katholifchen Schülern angeftellt wurde.
Er ift auch der erfte, der unter Iofeph II. die Stelle
eines ordentlichen Vormunds über katholifche Kinder in Wien verwaltete. — Nach dem Protokoll, welches ich im Thierfpital im Iahr 1791 gefehen habe,
beftand die Zahl der Schüler, die unter diefem Lehrer gebildet wurden und Zeugniffe erhalten hatten,
aus 1180. Unter denfelben befanden fich 144 Aus-
länder. — Folgende Bücher find von ihm im Druck
erfchienen: Unterricht für Fahnenfchmiede, über die
Verletzungen, die den Pferden durch Waffen zugefügt werden. Wien 1788. gr. 8. Dies Buch hat drey
deutfche Auflagen gehabt—(die neuefte erfchien Wien
1796) — und ift in die hungarifche und ruffifche
Sprache überfetzt. Anmerkungen über die Vichfeu-
chen in Oefterreich, nebft einer Abhandlung wider
das Todtfchlagen der Thiere in Seuchen. Wien 1781.
gr. 8. Davon exiftiren 5 Auflagen in deutfcher Sprache — (die neuefte erfchien Wien 1796) — und eine
fpanifche, böhmifche, hungarifche, illyrifche, polni-
fche, flamändifche, hollandifche, fchwedifche, franzöfifche, italienifche und lateinifche Ueberfetzung.

Das Buch von Viehseuchen für die Bauren. Wien
1783. gr. 8. hat 6 deutsche Auflagen — (die neueste
erschien Wien 1796) — steht Auszugsweise in einigen Kalendern und ist in die polnische, hungarische,
illyrische, mährische und zweymal in die italienische
Sprache übersetzt. Bruchstücke über die Leisten und
Nabelbrüche der Menschen und einiger Gattungen
Hausthiere. Wien 1784. 8. Dies Werkchen ist vermehrt, der neuen Auflage der Bücher der Wundarzeney der Thiere von 1793 einverleibt, und macht
das fünfte Buch aus. Von Menschon, von ihren Arten und ihrer Zucht. Leipzig 1784. 16. Bericht
über die Auferziehung der Füllen von der Geburt bis
ins dritte Iahr. Wien ..... Med. Fol. ist in die polnische Sprache übersetzt. Marx Fugger, Herr von
Kirchberg und Weissenborn, von der Zucht der Kriegs-
und Bürgerpferde; aus dem Altdeutschen, mit Anmerkungen und einem 2ten Theil vermehrt. 1ste Auflage.
Wien 1786. gr. 8. 2te vermehrte 1788. ist in die
hungarische Sprache übersetzt. Das Buch von den
innerlichen Krankheiten der Füllen, der Kriegs- und
Bürgerpferde. Wien 1787. gr. 8. (Braunschw. 1796.
gr. 8.) — ist in die hungarische Sprache übersetzt.
Das Buch für Thierärzte im Kriege, über die Verletzungen, die den Pferden durch Waffen zugefügt werden. Wien 1788. gr. 8. (Braunschw. 1796. gr. 8.) —
Dies macht den 2ten Theil zu den fünf Büchern der
Wundarzeney der Thiere aus, es enthält zugleich
vermehrt und verbessert alles, was der Unterricht für

Fah-

Fahnenſchmiede in kurzen Sätzen enthält. Das Buch
von den Seuchen und Krankheiten des Hornviehs,
der Schaafe und Schweine, für die Einwohner auf
dem Lande. Wien 1791. gr. 8. (Braunſchw. 1796.
gr. 8.)— In dieſes Werk iſt das Buch von den Vieh-
ſeuchen für die Bauren eingeſchaltet. Anmerkungen
über das Aderlaſſen der Menſchen und der Thiere.
Wien 1791. gr. 8. (Braunſchw. 1796. gr. 8.) — Ueber das Verhalten der Kriegspferde in Winterquar-
tiren nach ſchweren Sommer - und Herbſt-Campag-
nen. Wien 1793. gr. 4. iſt vom kaiſ. kön. Hofkriegs-
rath zum Druck gegeben und dann unter die öſter-
reichiſche Armee ausgetheilt worden. — Vorrede zu
(Johann) Knobloch's Ueberſetzung des Lehrbegriffs der
Pferdearzeneykunſt von de la Foſſe. Prag 1787. gr.
8. Vorrede nebſt Einleitung zu *(M. A.) Tögl's* Anfangsgründe der Anatomie der Pferde. Wien 1791.
gr. 8. (*Mitgetheilt.*) Bücher der Wundarzeneykunſt
der Thiere. 2te(?) verb. Aufl. Braunſchw. 1796. gr. 8.
(M. u. N. 1. 4. 5.) WUERTZER (Heinrich), *Doctor der*
Philoſophie, privatiſirt in Altona ſeit 1793, vorher ſeit
1788 zu Berlin, ſeit 178.. zu Hamburg, zuerſt ſeit
1779 Privatdocent in Göttingen; *geb. zu Hamburg*
den 28 Jan. 1751. §§. D. inaugur. de origine et natura poëſeos. Götting. 1780. 4. Ankündigung eines
lang vermißten Werkes über die neuere Litteratur,
beſonders in Deutſchland, von Hermann Erdwin Teut-
ſon herausgegeben und mit Vorrede und Anmerkungen begleitet von H. W. Daſ. 1782. 8. *Deutſche

An-

Annalen. 6 Stücke. Hamb. 1784. 8. Bemerkungen über das preuſſiſche Religionsedict vom 9 Iul., nebſt einem Anhange über die Preſsfreyheit. Leipz. (nach dem angeblichen Druckorte Berlin) 1788. 8. Beherzigungen verſchiedener wichtiger Gegenſtände, oder: Etwas gegen die Langeweile an Feyertagen. (Eine Wochenſchrift.) Berlin 1789. 8. (wurde mit dem 9ten Stück wieder geſchloſſen.) * Die Ueberſetzung der vier letzten Bände der Geſchichte der Königin Eliſabet, von Mademoiſ. Kerolio, die in ſechs Bänden zu Berlin 1789-1792. 8. herausgekommen. (vgl. .... Forkel, geb. Wedekind, im 4ten Nachtr.) Revolutionskatechismus. Berlin 1793. 8. Würtzers Proceſs vor dem königl. Kammergerichte zu Berlin, nebſt deſſelben Appellation an das aufgeklärte Publicum. Altona 1793. 8. * Hiſtoriſches Journal, 5 Stücke. Daſ. 1794. 8. (Eine Wochenſchrift, deren Herausg. er war.) * Das Revolutionstribunal durch ſich ſelbſt geſchildert in dem groſsen Proceſſe Briſſots und ſeiner Mitangeklagten. (Aus dem Franzöſiſchen überſetzt.) Daſ. 1794. 8. Schilderung Friedrichs II.; im 1ſten B. des Pantheons der Deutſchen. Chemnitz 1794. gr. 8. mit Kupf. Briefe eines ſchleſiſchen Grafen (von Burgbaufen; ſ. Goth. gel. Zeit. 1796 St. 35.) an einen Kurländiſchen Edelmann, den Adel betreffend. Herausgeg. von — Altona 1795. 8. Neue hyperboreiſche Briefe, oder politiſche Träumereyen und Auffätze aus meines Vetters Brieftaſche. Herausgeg. von — Daſ. 1795. 8. — Giebt ſeit dem

An-

Anfang des Iahres 1796 eine Wochenſchrift heraus,
unter dem Titel: „Der patriotiſche Zuſchauer," oder,
nach Angabe des letzten Meſskatalogs: „der patriotiſche Volksredner. Hiſtoriſch-politiſchen Inhalts. Altona. 8."— Vergl. *Pütters* Gel. Geſch. von Göttingen
2, 113. und von ſeinem Proceſſe *Kleins* Annalen der
Geſetzgebung und Rechtsgelehrſamkeit in den preuſſiſchen Staaten, B. 4. S. 134. und allgem. deutſche Bibl.
B. 114. St. 2. S. 98. *(Zum Theil mitgetheilt.)*

(N. 5.) ZAHLE (Chriſtian Gottlieb), *Prediger am Klo-
ſter zu Wemmetofte* auf Seeland; geb. *zu Hollingſtede
Amts* Gottorff 17... §§. Warum reden die Menſchen im Umgange und in Geſellſchaften ſo wenig
und ſo ſelten von Gott, da doch die Unterredungen
keinen lehrreichern Gegenſtand haben können? Verfaſst von *Friedr. Ludw. Bang.* Ins Deutſche überſetzt.
Kopenh. 1791. 8. Auserleſene Stücke aus dem A.
T., nach der Grundſprache überſetzt und mit Anmerkungen erläutert von *C. Baſtholm.* Ins Deutſche überſetzt. Flensb. und Leipzig 1794. 8. (Die Erklärungen des N. T. werden in 2 Theilen folgen.)

ZINK (Bendix Friedrich), *Organiſt an der Domkirche zu
Schleswig* ſeit 1771, vorher ſeit 1742 Stadtmuſikus
in Huſum; geb. *zu Schwabſtede Amts* Huſum *den* 21 *Iun.*
1715. §§. Kurze Duette für 2 Flöten oder andere
beliebige Inſtrumente. Flensb. und Leipzig 1771...
Schleswig-Holſtein. Choralbuch. Schlesw. 1785. ...
(Nach dem Autographum.)

(N. 4.) ZOËGA (Georg), iſt *den 20 Dec. 1755 zu Mögel-*

‚‚ ‚ *sondern* in der Grafſchaft Schackenborg Stifts Ripen
, (aber doch innerhalb der geographiſchen Granzen
·· des Herzogthums Schleswigs) *geboren*, wo ſein Vater
·ι als Prediger angeſetzt und zugleich Probſt der Mögel-
ι tonderſchen Harde war. Nachdem er zu Hauſe Pri-
vatunterricht genoſſen hatte und ein Iahr auf dem
Gymnaſium zu Altona geweſen war, ging er im Frühjahr 1773 nach Göttingen, wo er bis 1776 ſtudierte.
Im Sommer 1776 machte er auf eigene Koſten eine
, Reiſe durch den ſüdlichen Theil Deutſchlands, in die
Schweitz und nach Italien, wo er bis Rom kam. Im
- Herbſt reiſete er zurück und blieb den Winter über
: in Leipzig, wovon er im Frühjahr 1777 wieder in
ſein Vaterland zurückkehrte. Nach einigem Aufent-
·· halt in ſeiner Heimath und nachher in Kopenhagen,
·; ging er 1779 als Führer eines jungen Herrn von Hei-
; nen nach Deutſchland und in Italien. Von den zwey
-. Iahren, die er auf dieſer Reiſe zubrachte, hielt er ſich
·· den gröſsten Theil in Italien auf. 1782 ging er wie-
-;· derum, und zwar auf königliche Koſten, auf Reiſen,
und die Numismatik war der Hauptzweck ſeiner Sen-
·; dung, da ihm auch Hofnung gemacht war, nach ſei-
; ner Rückkehr Aufſeher des königlichen Münzkabi-
·;· nets zu werden. Allein veränderte Umſtände in Ko-
:· penhagen, und freylich zu frühes Verzweifeln an
·· Erreichung ſeiner in Dännemark gehoften Ausſichten, veranlaſsten ihn, 1784 von Paris, wo er ſich damals befand, nach Rom zurückzukehren, weil er hier
bey ſeinem langen und wiederholten Aufenthalt ſich
· · ; viele

viele Gönner erworben hatte. Unter letzterer Zahl
war befonders der Cardinal Borgia, der fich feiner
fehr thätig annahm. Er bekam entweder 1784 oder
1785 eine Bedienung als *Auffeher einer päbftlichen Münz-
kabinets,* welche er, meines Wiffens, noch immer hat.
Seit den letzten Iahren ift er correfpondirendes Mitglied der Gefellfchaft der fchönen Wiffenfchaften in
Kopenhagen. Im Iahre 1787 gab er folgendes Werk
heraus: *Numi Aegyptii Imperatorii, proftantes in
Mufeo Borgiano Velitris; adiectis praeterea, quot-
quot reliqua huius claffis nnmismata ex variis mu-
feis atque libris colligere obtigit. Romae 1787. 4 mai.
cum XXII tabb. aeneis. (Vgl. Prov. Ber. 1789. H. 6.
S. 300.) Seit ein paar Iahren arbeitet er an einem
grofsen Werke über die Obelifken, welches jetzt unter der Preffe ift und wahrfcheinlich im Frühjahr
herauskommen wird. *(Mitgetheilt* vom Bruder des
Schriftftellers, welcher als Paftor zu Mögeltondern
fteht.) Noch lieferte er, den Göttingifchen Zeitungen zufolge, kurze, die Kunft betreffende, Anmerkungen zu: *Foffilia Aegyptiaca Mufei Borgiani Velitris
defcripfit Greg. Wad.* Velitris 1794. 4. Vgl. auch
Efemeridi letterarie di Roma 1795. No. 7-9, einen
Brief aus Rom den 25 Febr. 1796. im Intell. Blatt der
allg. Litt. Zeit. 1796. No. 66. und italiänifche Litteratur. Erfte Ueberficht; daf. St. 86. S. 724.

TOPOGRAPHISCHE UEBERSICHT.

I. Schleswig.

1) Das eigentliche Herzogthum.

Stadt und Amt Apenrade.

Apenrade. *Bargum.* — Warnitz. *Beruth.*

Amt Bredstedt und Stiftsvoigtey Borlum.

Bargum. J. Matthiesen. — Borlum. H. Outzen. — Bredstedt. Ahlmann.

Stadt Eckernförde.

v. Ewald. Fürsen. Reuter. Wegener.

Landschaft Eiderstedt.

Cotzenbüll. Lempelius. — Garding. Breding. Volkmar. M. D. Voß. — Oldensworth. Fehse. — St. Petri. Scrodtmann. — Tönningen. Hartz. Janßen. (?) *Westphalen.*

Landschaft Fehmern.

Burg. H. Thomsen. (?) — Petersdorf. Gundelach.

Stadt und Amt Flensburg.

Bau. Chr. Clausen. — Flensburg. Bischof. (?) *Eybel.* Fries. Frise. Greif. *Hanke.* Jakobsen. Jasperson. N. Johannsen. W. G. Lilie. Moller. L. Nissen. (?) Overbeck. C. F. F. Paulsen. Sörensen. *Stange.* Thorstraten. C. H. Timmermann. — Grundhoff. Frölich. — Husbye. F. Johannsen. — Kielsenge. *Albrecht.* —

Oever-

Oeverſee. D. Koch. — Steinburg. *Bechſtedt.* — Sterup. Bielefeld. — Walsbüll. Hildebrand. (?)

Feſtung Friederichsort.
Greve.

Amt Glücksburg und Landſchaft Sundewitt.
Glücksburg. Friderici. *Giſeke.* — Neukirchen. N. Oeſt.

Amt Gottorff.
Arild. Otte. — Böhl. J. A. Bendixen. — Cropp. *Pe-
ſcholan.* — Hollingſtedt. H. C. Hanſen. — Satrup.
Vent. — Ulsnis. J. J. Claſen.

Stadt und Amt Hadersleben.
:..... Kloppenburg. (?) — Hadersleben. J. Boyſen.
Brinken. v. Harboe. (?) *Hartmann.* Holm. (?) H.
Kroymann. J. F. Schumacher. — Nyegaard. Chr.
F. Schmidt. — Oxenwadt. Böhme. D. Peterſen. —
Ries. Grauer. — Schottburg. Biörenſen. — Wittſtedt.
Damm. (?)

Amt Hütten und Landſchaft Stapelholm.
Bargenhuſen. *Hälſen.* — Fleckebye. Fleſsburg. (?) —
Friederichsſtadt. Ebio. Lietzen. .... Peters. (?) —
Hohn. *J. C. Claus.* — Hütten. Kamphövener. —
Seeth. Hagge. (?) — Süderſtaßel. W. H. Leſſer.
Voigt. E. und O. Weinmann.

Amt Huſum mit der Landſchaft Schwäbſtede
und den dazu gehörigen Inſeln.
Gröde. E. Outzen. — Huſum. Forchhammer. G.
S. Francke. Henningſen. Kiesbuy. J. N. Schmidt. (?)
H. H. Stemann. (?) *de Vicq Tholen.* Wolfrath. —
Mild-

Mildstedt. J. H. Bolten. — Nordmarsch, zur Mühlen. — Ostenfeld. P. Paulsen. — Pellworm. Kruse. — Schobüll. *Grangaard.*

Stadt Schleswig.

J. J. Bendixen. Bruyn. *Carl.* Cornielsen. Detlessen. *E. v. Döring.* F. L. v. Eggers. Esmarch. J. Francke. D. N. Hansen. v. Heinen. (?) Jürgensen. Kunniger. J. Chph. Lau. Lüders. (?) Oye. C. A. *Rüdinger.* Schwollmann. Sielenz. *Thoranne.* Zink.

Stadt und Amt Sonderburg.

Düppelberg. L. Clausen. (?) — Hörup. Schwensen. — Sonderburg. *J. v. Döring.* G. J. Schmid.

Stadt und Amt Tondern.

Föhr. P.... J.... Peters. (?) — Sylt. Ambrosius. — Tondern. J. G. C. Adler. Garmsen. *Krichouff.*

2) Länder des Herzogs von Augustenburg.

Augustenburg. Friederich Christian. Jessen, Suadicani. — Kettingen. Burchardi.

3) Adeliche Districte.

Hagen. Panitz. — Knop. *von Baudissin.* Rixen. — Loitmark. Blatt. — Nör. *Moltke.* — Rundhoff, *Reiche.* — Schwansen. Leifhold.

II.   Holstein.

1) Das eigentliche Herzogthum.

Amt Arensböck.

Gleschendorf. C. A. Müller. — Süsel. Martini.

Amt

Amt Bordisholm.

Bordisholm. Behrens. Erhardi. — Brügge. Harries.

Amt Cismar.

Grömitz. Ipfen. — Grube. Ulich.

Glückftadt.

Adami. (?) C. Callifen. *Cartheufer.* W. R. Chriftiani. E. A. F. v. Eggers. F. W. Koch. *Köppe.* Röttger. (?) Rohde. Sievers. Witt. F. A. W. v. Witzendorf.

Heiligenhafen.

Stielcke.

Itzehoe.

Burdorf. Buffaus. Dierks. *Kerftens 2. J. G. Müller.* Th. Fr. Peterfen.

Stadt und Amt Kiel.

Kiel. *Ackermann.* Appenfelder. *Baden.* *Binzer.* C. F. *Brockdorff.* C. und J. W. Chriftiani. *Coopmans.* A. W. *Cramer.* Danielfen. *Demangeon. Dieck. Ecker- mann.* Ehlers. *Eimbke.* J. C. Fabricius. *Fifcher.* Fock. *Geyfer.* v. Göffel. C. F. *Hargens. Hegewifch.* F. A. und *V. A. Heinze. Henrichs.* C. G. und P. G. *Hensler.* Holft. Jenfen. *Kerftens 1. Kordes. Mackenfen.* Mar- tens. *Mellmann. Meyer. Moldenhawer.* Müller. Naf- fer. A. C. H. Niemann. *Olivarius. Reinhold.* Reyher. v. Schaumburg. M. J. Scheel. C. F. Schmidt. *B. J. H., J. G. F.* und *L. A. G. Schrader. Steffens.* v. Stol- le. (?) *Strahl. Thibaut. Thiefs. Trendelenburg.* Valen- tiner. *Valett.* F. Weber. *G. H. Weber.* — Schönkir- chen. **Bay.**

Krempe.

Krempe.

Schwarz.

Lütjenburg.

C. D. Claudius.   J. Wolff. (?)

Amt Neumünster.

Neumünster.   Ovens. (?)

Neustadt.

Kunze.   J. H. Schulze.

Oldenburg.

C. F. Lange.   Schrödter.   F. G. Struve.

Oldesloe.

Noodt.   *Olsbausen*.   *H. Wolf.*

Amt Plön.

Plön. Z. Haffelmann. Hennings. Hermann. Lihme. Loppnau. Sidon. Suhr. *v. Wickede.*

Amt Rendsburg.

Nortorf. *Domeier.* — Rendsburg. J. L. Callifen. Hegelund. *W. A. Niffen.* Reimer.

Amt Segeberg.

Bornhövet. *J. E. Claus.* — Bramftedt. F. O. V. Lawätz. — Kaltenkirchen. B. Fedderfen.(?) Hoyer. — Segeberg. J. C. N. Niemann. .... Niffen. (?)

Amt Steinburg.

Süderau. Schorer. — Wevelsfleth. Knickbein.

Amt Tremsbüttel.

Tremsbüttel. *Chr. zu Stolberg.*

Amt Trittau.

Eichede. Oertling. — Rahlftedt. C. F. Haffelmann. — Trittau. *Cellarius.*

Wil-

Michaelfen.

2) Die Landfchaften Süder- und Norderdithmarfchen.
St. Anna. Rhude. — Heide. Hudemann. Jahn. —
Kronprinzenkoeg. G. W. v. Eggers. — Lunden. Thief-
fen. Marne. C. G. Peterfen. (?) — Meldorf. Boie.
Hinze. *Jäger*. Mau. (?) *Niebuhr*. — Neukirchen.
Flor. — Tellingftedt. E. F. Clafen. — Weddingftedt.
J. L. Schmidt. — Weslingburen. Rhina. — Wöhr-
den. Warnck.

3) Herrfchaft Pinneberg.
Niendorf. *Riß*. — Pinneberg. ... Timmermann. (?)
von Trefenreuter. — Quickborn. Ludewig. — Ueterfen. *Alers*. Kück. — Wedel. Wichmann.

4) Graffchaft Ranzau.
Barmftedt. *Menzel*. — Elmshorn. Spiering. Valentiner. — Ranzau. H. F. v. Eggers. Haffe. *v. Reck*.

5) Stadt Altona.
G. C. *Adler*. Anderfen. *Becker*. *v. d. Berg*. J. A.
Bolten. Bong. *Coben*. Dau. *Eckhardt*. *Eckftein*.
Eckftorf. M. S. Eggers. Evers. P. Feddersen. Feld-
mann. *Fidalgo*. Fink. Funk. Gehrt. *Gercken*.
v. Gerftenberg. *Güldenzopf*. *v. Hager*. Hirfchfeld.
Hoekftra. *de Jager*. *Kiß*. Klaufen. J. Kroymann.
Läger. *Langboff*. J. Chft. Lau. H. W. und J. D.
Lawätz. E. G. Lilie. *Magelfen*. *Manbord*. J. A.
Matthieffen. *Moldola*. *Mumfen*. *Murzenbecher*. Ni-
chelmann. C. G. D. Niemann. Paape. *Peppenbei-
mer*.

mer. *J. J. Petersen.* Pinkvoss. Popert. (?) *Richter.* *A. C. v. Rudinger.* Schiff. *Schirach.* J. F. Schütze. v. d. Smissen. C. L. v. Stemann. (?) J. Struve. J. H. und M. C. Stuhlmann. J. Thomsen. Turretin. (?) *J. A.* und *J. C. Unzer.* v. *Walterstern.* *Wolstein.* *Würtzer.*

6) Adeliche Districte.

Afchberg. zu Ranzau. (?) — Barkau. C. H. Schütze. — Bovenau. Scholz. — Breitenburg. Glafemeyer. — Ehmkendorf. v. Reventlow. (?) — Hagen. *J. G. Schmidt.* — Hasselburg. v. Dernath. — Hoyesbüttel. *v. Schütz.* — Preetz. Block. Chemnitz. Mielck. S. A. G. Schmidt. Wilkens. — Sarau. H. F. Niffen. — Wandsbeck. M. Claudius, *Mercier.* — Westensee. Struck.

(Anm. 1. Das Fragzeichen zeigt an, daß der Geburtsort des Schriftstellers nicht bekannt ist, welches außerdem auch von C. L. und C. H. J. v. Brockdorf, Frahm, Floris, Pannyson, K. zu Stolberg und A. F. v. Witzendorf gilt.

Anm. 2. Die Cursiv gedruckten Namen bezeichnen die im Auslande gebornen Schriftsteller, deren Anzahl in Vergleichung mit dem im Auslande lebenden Landeskinder aus folgender Fortsetzung der topographischen Uebersicht noch deutlicher erhellen wird.)

I.

I. Deutſchland.

1) Niederſächſiſcher Kreis.

Herzogthum Magdeburg.

Aus .... Bechſtedt. *Aus* Halle. Cartheuſer. J. A. Un-zer. *Aus* Magdeburg. Stielcke.

Fürſtenthum Halberſtadt.

Aus Aſchersleben. Reiche. *Aus* Warnſtedt. Richter.

Herzogthum Braunſchweig - Wolfenbüttel.

Aus Braunſchweig. Meyer. *Aus* Eſchershauſen. B. J. H. Schrader. *Aus* Salzdahlum. J. G. F. und L. A. G. Schrader. *Aus* Wolfenbüttel. (?) E. v. Döring. Mackenſen. — *In* Helmſtädt. P. J. Bruns. *In* Wol-fenbüttel. Trapp.

Chur-Braunſchw. Lüneburg. Länder.

Aus ..... v. Reck. *Aus* Göttingen. G. H. Weber. *Aus* Hameln. Thibaut. *Aus* Krummenteich. H. Wolf. *Aus* Lüdingsworth. Niebuhr. *Aus* Lüne-burg. J. v. Döring. F. A. und V. A. Heinze. *Aus* Mandelsloh. S. A. G. Schmidt. *Aus* Moringen. J. C. Claus. Domeier. *Aus* Nordheim. Olshauſen. *Aus* Schwarzenbeck. (Haſe.) *Aus* Stade. Kerſtens. r. — *In* Göttingen. Eberhard. J. D. Reuſs. Th. Ch. Tychſen. *In* Hannover. Philipſon. *In* Stade. (?) v. Hedemann.

Herzogthum Mecklenburg.

Aus Klütz. Mellmann. *Aus* Neſe. Güldenzopf. *Aus* Neuſtadt. (Eckard.) *Aus* Neuſtrelitz. Trendelen-burg. *Aus* Parchim. (Polchow.) *Aus* Schwerin. Becker.

Becker. *Aus* Sommerdorf. (J. H. Voß.) *Aus* Wedendorf. Eckermann. — *In* Remplin. v. Hahn. *In* Roftock. O. G. Tychfen. *Auf* Wefterbrügge. (?) A. F. v. Witzendorf.

Reichsftädte.

Aus Bremen. Henrichs. — *Aus* Hamburg. Albrecht. Alers. Eimbke. Fidalgo. (Hudtwalker.) de Jager. Kück. Läger. Langhoff. Magelfen. Michaelfen. Moldenhawer. J. G. Müller. Mumfen. W. A. Niffen. J. J. Peterfen. Rift. J. G. Schmidt. Chr. zu Stolberg. (K. zu Stolberg?) Thiefs. Valtit. Weftphalen. Würzer. — *In* Hamburg. J. F. Bolten. Bornholt. C. F. Cramer. Gerfon. Gofch. A. und N. Grüning. Karsdorp. Kirchhoff. Köhn. B. G. Schumacher. — *Aus* Lübeck. Gercken. Kordes. (Siewerffen.) (Vogel.) v. Wickede. — *In* Lübeck. P. B. Bruns. Danzmann. Schetelig.

Hochftift Lübeck.

Nur Balemann und C. F. Hargens giengen außerhalb Landes. Lewon und Ukert blieben. Im Hochftift felbft leben: 1) aus den Herzogthümern W. M. F. Hargens. Janeke. Fr. L. zu Stolberg. Trede. .... Voß. Wibel. 2) aus andern Ländern, alle die, deren Namen in diefer topographifchen Ueberficht parenthefirt find.

2) Oberfächfifcher Kreis.

Mark Brandenburg.

Aus .... Hälfen. *Aus* Alt-Brandenburg. G. C. Adler.

ler. *Aus* Berlin. Stange. *Aus* Fredenwalde. Strahl.
Aus Potsdam. Dieck. *Aus* Treuenbritzen. Nichelmann. — *In* Berlin. Bremer. *In* Potsdam. H. O.
v. Scheel.

Fürstenthum Anhalt.

In Zerbst. Weiſſer.

Oberſachſiſche Kreisländer des Churhauſes Sachſen.

Aus Colditz. F. A. W. v. Witzendorf. *Aus* Dres-
den. v. Baudiſſin. *Aus* Erdmansdorf. v. Schütz.
Aus Leipzig. A. C. v. Rüdinger. *Aus* Neukirchen.
Köppe. *Aus* Werdau. Jäger. — *In* ..... Tieſſen.
In Neuſtadt. E. F. Struve.

Voigtland.

Aus ...... Eybel. *Aus* Waldkirchen. Ackermann.

Fürstenthum Weimar.

In Iena. J. A. Leſſer.

Graffchaft Schwarzburg.

Aus Kelbra. C. A. Rüdinger. *Aus* Rudolſtadt. Cellarius.

Graffchaft Wernigeroda.

Aus Wernigeroda. Kiſs. J. C. Unzer.

Graffchaft Mansfeld.

Aus Eisleben. Eckhardt. Hartmann. *Aus* Gerbſtätt.
J. E. Claus.

Abtey Quedlinburg.

Aus Quedlinburg. C. F. Cramer. Giſeke.

3) Oberrheinifcher Kreis.

Aus ..... v. Binzer. *Aus* Caffel. Carl. v. Ewald. *Aus* Gelnhaufen. Eckftein. *Aus* Laubach. v. Hager. — *In* Giefsen. Schaumann. *In* Wetzlar. Balemann. *In* Worms. Lehmann.

4) Weftphälifcher Kreis.

Aus Emden. Hoekftra. *Aus* Lemgo. v. Walterftern. *Aus* Quackenbrügge. Hegewifch.

5) Schwäbifcher Kreis.

Aus Calw. (Hellwag.) *Aus* Heppach. Manhard. — *In* Stutgard. C. H. J. v. Brockdorf. A. C. Reuß.

6) Oefterreichifcher Kreis.

Aus Wien. Reinhold.

7) Bayerfcher Kreis.

In Regensburg. Maafsen.

8) Fränkifcher Kreis.

Aus Culmbach. Fifcher. *Aus* Suhla. (J. G. Heinze.)

9) Böhmen.

In Prag. (?) Schnoor.

10) Mähren.

Aus Roswalde. Hanke.

11) Laufitz.

Aus Görlitz. Geyfer. Krichouff. *Aus* Holzkirch. Schirach. — *In* Gölnitz. Pieter.

12) Schlefien.

Aus Croffen. Buffäus. *Aus* Flinsberg. Wolftein. *Aus* Lublinitz. Pappenheimer.

II.

II. Italien.

In Rom. Zoëga.

III. Frankreich.

Aus . . . . . . : Mercier.   *Aus* Bordeaux. Mutzenbecher.
Aus Grenoble. Thoranne.   *Aus* Hadigni. Demangeon.
Aus Strasburg. Mentel. — *In* Strasburg. (?) Butenfchön.

IV. Spanien.

In . . . . . Carftens.

V. Holland.

Aus Amfterdam. Meldola.   *Aus* Franeker. Coopmans.
Aus Leeuwaarden. de Vicq Tholen.   *Aus* Rotterdam.
van den Berg.

VI. England.

In London. Schönborn.

VII. Dännemark und Norwegen.

Aus Friederichsburg. Baden.   *Aus* Kopenhagen. Bargum. Bernth. A. W. Cramer. Hinze. Olivarius. Po-
fcholan. (?) *Aus* Odenfee. Moltke. *Aus* Soroe.(?) Po-
fcholan. *Aus* Stavanger. Steffens. *Aus* Thumoes. C.
F. Brockdorf. *Aus* Wisbye. Grangaard. — *In* Andwortfkow. v. Dernath. *In* Bölling. Skaaning. *Auf*
Bornholm. F. W. P. Fabricius. *In* Brahetrolleburg.
J. F. Oeft. *In* Chriftiania. (?) J. Nielfen. *In* Corfor.
v. Prangen. *In* Friedericia. N. C. Viborg. *In* Kiärteminde. Heilmann. *In* Kongsbjerg. N. Tychfen. *In*
Kopenhagen. Abrahamfon. C. L. v. Brockdorf. H.
Callifen. Capito. C. J. R. Chriftiani. H. F. C. Claus-
   fen.

ſen.   C. U. D. und H. P. v. Eggers.   P. und H. E. Ekkard.   C. A. Fabricius.   Grönland.   Heinzelmann, Herholdt.   Kölpin.   v. Krebs.   Ch. O. Lawätz.   Maſsmann.   v. Mechlenburg.   v. Neynaber.   G. Nielſen. Primon.   Salchow.   Sander.   M. H. Schmidt.   Svenſen.   Tetens.   Tobieſen.   E. N. Viborg.   *In* Odenſee.   Eichel.   *In* Qverndrup.   Laſſen.   *In* Roeſkilde. Chph. Schulze.   *In* Seyerslev.   Weſtenholtz.   *In* Slangerup.   Raben.   *In* Söborg.   Falleſen.   *In* Storehedinge.   Wöldike.   *In* Tönnerup.   Dame.   *In* Veſterborg. P. D. Boyſen.   *In* Wemmetofte.   Zahle.

VIII.   Preuſsen.

Aus Königsberg.   Th. Fr. Peterſen.

IX.   Pohlen.

Aus Druis.   Cohen.

X.   Ruſsland.

Aus Moſkau.   Kerſtens.   2. — *In* Nerva.   J. H. Lange. *In* Petersburg.   Grot.   Wiggers.   *In* Riga.   Telemann.

.(Anm. Ungewiß iſt der Aufenthaltsort von: Dahl. Floris.   Frahm.   Pannyſon.)

———

WISSENSCHAFTLICHE UEBERSICHT.

1) Philologie.

Claſſiſche Litteratur.

G. C. Adler. Baden. Esmarch. Heinzelmann.
Kordes. Lempelius. E. G. Lilie. Ludewig. Moldenhawer. Naſſer. H. P. Niſſen. Pieter. Schirach. Schwollmann. J. Struve. Th. Ch. Tychſen. J. H. Voſs. Zoëga.

Orientaliſche Litteratur.

J. G. C. Adler. J. A. Bolten. P. J. Bruns. Cohen.
O. G. und Th. Ch. Tychſen.

Lebende Sprachen.

Albrecht. Demangeon. Mackenſen. Schwarz.
Valett.

2) Schöne Wiſſenſchaften.

Abrahamſon. Albrecht. Alers. Boie. Breding.
Bremer. Burchardi. C. F. Brockdorf. (?) Buten-
ſchön. M. Claudius. C. F. Cramer. J. v. Döring.
C. U. D. v. Eggers. H. E. Ekkard. Feldmann. Fidalgo. Friſe. v. Gerſtenberg. Giſeke. v. Harboe. Harries. v. Hedemann. Heilmann. Jaſperſon. Clauſen. H. W. Lawätz. Mackenſen. Mau.
J. G. Müller. Naſſer. Primon. Rüdinger. Sander. Scheel. Schirach. M. H. Schmidt. Schönborn. v. Schütz. C. H. und J. F. Schütze. Ch.,
F. L. und K. zu Stolberg. Tieſſen. v. Treſenreu-
ter. J. C. Unzer. Vent. N. C. Viborg. Weſtphalen.

3) Schöne Künste (mit Ausschluss der Musik).

Baden. Bremer. Eckhardt. Jürgensen. Kunniger. Lüders. Th. F. Petersen. C. F. Schmidt.

Musik.

C. F. Cramer. Grönland. Hanke. Harries. J. Chst. Lau. C. F. F. Paulsen. P. J. Peters. Schnoor. Sorensen. Telemann. Zink.

4) Philosophie.

Albrecht. H. F. v. Eggers. Ehlers. v. Gerstenberg. Hennings. H. W. Lawätz. Mackensen. Meyer. Olshausen. Philipson. Reinhold. Schaumann. C. H. Schütze. Strahl. Tetens. Thoranne. Thorstraten. Trede.

Pädagogik und Schulschriften.

v. d. Berg. Biörensen. Böhme. Brinken. Cellarius. Danielsen. Eckermann. Ehlers. Forchhammer. G. S. Francke. Friderici. Frise. Geyser. A. Grüning. H. C. Hansen. Jasperson. Läger. Lietzen. H. Müller. J. F. Oest. Polchow. Reuter. Rist. Sievers. Strodtmann. Suhr. Tetens. Trapp. v. Wickede.

Volksschriften.

Appenfelder. v. Baudissin. J. Boysen. Breding. Bremer. Carstens. E. v. Döring. P. Peddersen. Frise. Harries. H. Kroymann. H. W. Lawätz. Lihme. Panitz. Pinkvoss. v. Reventlow. Rixen. v. Schütz. Würzer.

5)

5) Staatswissenschaften.

Dieck. C. U. D. v. Eggers. Ehlers. J. C. Fabricius. Fink. Gosch. v. Heinen. Hennings. Ph. G. Hensler. C. O. und J. D. Lawätz. v. Neynaber. A. C. H. Niemann. Otte. Salchow. L. A. G. Schrader. Thorstraten. F. Valentiner.

6) Iurisprudenz.

Balemann. Behrens. C. L. v. Brockdorf. Chr. Callisen. H. F. C. Claussen. A. W. Cramer. C. U. D., E. A. F., F. L., G. W. und H. P. v. Eggers. Gercken. Hasse. Jensen. Langhoff. Lewon. Maassen. J. A. Matthiessen. Mellmann. Olivarius. L. A. G. Schrader. J. H. Stuhlmann. Thibaut. Trendelenburg. E. Weinmann. F. A. W. v. Witzendorf.

7) Mathematik

(mit Ausschluss der Kriegswissenschaften).

Andersen. J. W. Christiani. L. Claussen. Dieck. Eberhard. Hahn. Jakobsen. J. Kroymann. J. Chph. Lau. J. Struve. Svensen. Tetens. Tobiesen. F. Valentiner. Vent.

Kriegswissenschaften.

Abrahamson. v. Binzer. Carl. v. Ewald. Henrichs. v. Krebs. v. Mechlenburg. v. Schaumburg. v. Scheel.

8) Naturgeschichte und Physik.

Ackermann. J. F. Bolten. Coopmans. Esmarch. J. C. Fabricius. Hellwag. Kirchhof. Kunze. Moldenhawer. J. G. F. Schrader. Steffens. Tetens.

Tobiesen. J. A. Unzer. N. C. Viborg. F. und
G. H. Weber.

9) Gewerbskunde.

Bechstedt. C. H. J. Brockdorf. Erhardi. C. A.
und J. C. Fabricius. v. Hager. Hase. Janeke.
Kamphövener. Köhn. H. Kroymann. Magelsen.
A. C. H. Niemann. N. Oest. Otte. Reiche. Rixen. Ch. Fr. und J. N. Schmidt. B. J. F. Schrader. E. N. Viborg. Weisser. Westenholz. Wibel. Wolstein.

10) Medicin.

Ackermann. Becker. J. J. Bendixen. J. F. Bolten. Bong. Bornholt. H. Callisen. Capito. Cartheuser. Chemnitz. C. Christiani. C. D. Claudius. Coopmans. Dahl. Danzmann. Ebio. Eichel. Eimbke. F. W. P. Fabricius. Fischer. J.
Francke. Fries. Garmsen. Gehrt. Gerson. Güldenzopf. C. F. und W. M. F. Hargens. Hartmann. F. A. und J. G. Heinze. Hellwag. Ph. G.
Hensler. Herholdt. Hermann. Hinze. Hirsch-
feldt. Hudemann. Jahn. Kerstens 1. 2. Kiesbuy. F. W. Koch. Kölpin. Köppe. Kück. W.
G. Lilie. Mumsen. Mutzenbecher. J. Nielsen.
J. C. N. Niemann. W. A. Nissen. J. J. Petersen.
v. Prangen. A. C. Reuss. Reyher. Rhode. Schetelig. J. F. Schumacher. Sidon. Sielenz. Sörensen. Spiering. Stange. E. F. und F. G. Strüve.
M. C. Stahlmann. Suadicani. Turretin. N. Tychsen.

fen. J. A. und J. C. Unzer. . . . . . Voß. G. H.
Weber. Wegener. Weißer.

11) Theologie.

Biblifche Philologie und Kirchengefchichte.
J. G. C. Adler. Bernth. J. A. Bolten, P. J. Bruns.
J. J. Clafen. Eckermann. Friederici. Geyfer.
Grangaard. Greve. Hälfen. C. G. Hensler. Ja-
ger. N. Johannfen. Kordes. v. Reck. Scholz.
C. H. Schütze. Schwollmann. Strodtmann. J.
Struve. Thiefs. O. G. und Th. Chr. Tychfen.
Ukert. Ulich. Vogel. M. D. Voß. Wöldike.

Syftematifche Theologie.
J. L. Callifen. Cellarius. Eckard. Eckermann.
Eckftein. Geyfer. P. Paulfen. Schwollmann. Sie-
werffen. Thiefs. Ulich. Zahle.

Asketik, fowohl reine als ausgeartete.
J. L. Callifen. C. J. R. Chriftiani. Holm. Hudt-
walker. Läger. Lehmann. Lihme. H. Outzen.
Richter. Siewerffen. v. d. Smiffen. J. Thomfen.
Wilkens. Wolfrath.

Paftoralwiffenfchaften.
Böhme. C. J. R. Chriftiani. Ch. Claufen. Fälle-
fen. D. Koch. Oertling. Polchow. G. J. Schmid.
Schrödter. C. A. Valentiner. Voigt. Witt.

Predigten.
G. C. und J. G. C. Adler. Alers. Bay. J. A. Bendixen. v. d. Berg. Bernth. Block. J. H. und
J. A. Bolten. P. D. Boyfen. F. B. Bruns. Burdorf.

dorf, Buſſäus. C, J. R. und W. R. Chriſtiani. J.
C. und J. E. Claus, Cbr. Clauſen, Cohen. Det-
leſſen. Eybel. Falleſen. B. Fedderſen. Fock.
G. S. Francke. Funk. Glaſemeyer. Greif. Grot.
Gundelach. D. N. Hanſen. Hartz. C. F. Haſſel-
mann. Hegelund. Hoekſtra. Hoyer. de Jager.
Jeſſen. F. und N. Johannſen. Karsdorp. D. Koch.
C. F. und J. H. Lange. Lehmann. W. H. Laſſer.
Loppnau. Maaßen. Martini. Maſsmann. J.
Matthieſen. Meldola. Michaelſen. *Mielk.* C.
A. Müller. Poſcholan. Rhina. Rhude. Schiff.
G. J. Schmid. J. G., J. L. und S. A. G. Schmidt.
Scholz. Schorer. Schrödter. J. H. Schulze. Schwoll-
mann. Stielcke. Strodtmann. Struck. Thieſs.
H. und J. Thomſen. Warnck. Wichmann. Wil-
kens. Wöldike. H. Wolf. Wolfrath,

Theologiſche Miſcellaneen,

Flor. Manhard.

12) Geſchichte und Geographie,

Albrecht. P. J. Bruns. C. U. D. und H. P. v. Eggers. D. H. Hegewiſch. V. A. Heinze. Heinzelmann. Hennings. Henrichs. Kiſs. Kloppenburg. Mercier. Moltke. (?) Niebuhr. G. Nielſen, zu Ranzau. v. Rüdinger. v. Schaumburg.
Schirach. v. Schütz. Skaaning. O. G. und Th.
Chr. Tychſen. Wiggers. Würtzer.

Landeskunde.

Adami. Ambroſius. J. A. Bendixen. v. Binzer.
Blatt.

Blatt. J. A. Bolten. J. Boyſen. Brinken. Bruyn.
Burchardi. Cornielſen. Damm. v. Dernath.
Diercks. Domeier. Erhardi. Esmarch. Fleß-
burg. G. S. Francke. Friederici. Fürſen. Hag-
ge. Z. Haſſelmann. Heinzelmann. Henningſen.
Holſt. Hudtwalker. Kamphövener. Krichpuff.
Kruſe. F. O. V. Lawätz. Leifhold. Martens.
Moller. H. Müller. A. C. H. und C. G. D. Nie-
mann. L. und .... Niſſen. Noodt. Otte. Ovens.
Oye. Paape. C. G. und D. Peterſen. Reiche.
Röttger. Salchow. Scholz. J. F. Schütze. J. H.
Schulze. Schwenſen. Ch. L. und H. H. Stemann.
v. Stolle. Thieſſen. C. H. Timmermann. Volk-
mar. M. D. Voß. O. Weinmann. H. Wolf.

Litterärgeſchichte.

Eckſtorff. (?) F. Ekkard. P. Fedderſen. Fehſe.
Knickbein. H. W. Lawätz. Moller. zur Mühlen.
Reimer. J. D. Reuß. Thieß.

Gelegenheitsreden.

M. F. Eggers. Evers. Friederich Chriſtian. B.
G. Schumacher. A. F. v. Witzendorf.

13) Miſcellanſchriften.

Fidalgo. A. Grüning. Mentel.

14) Ueberſetzer.

Ahlmann. Bargum. Bielefeld. Biſchof. Bremer.
Dame. Dau. P. Fedderſen. Feldmann. Frö-
lich. Heilmann. V. A. Heinze. Hildebrand.
Holſt.

Holſt. Jaſperſon. *Kamphövener.* Kerſtens 2.
Kirchhof. Laſſen. J. A. Leſſer. Nichelmann.
J. C. N. Niemann. E. Outzen. Overbeck. Pappenheimer. Tobieſen. N. C. Viborg. v. Walterſtern. J. Wolff. Zahle.

ERSTER

ERSTER ANHANG

VON SCHRIFTSTELLERN,

die *theils* verstorben sind, deren Artikel aber im
MEUSEL, WORM und EKKARD noch berichtigt und
ergänzt werden konnten, *theils* aus andern Ursachen in die obige alphabetische Reihe nicht
aufgenommen werden durften.

(N. 5. od. vielm. Aug. 5.) GRAF VON AHLEFELDT-LAURWIG
(Jens Juel), *geb. auf dem* Gute *Biörnemöse auf* Fühnen *den
10 Iul. 1764* (nicht: 1760, wie in den Prov. Ber. 1795.
H. 1. angegeben ist), *starb* zu Schleswig *den 20 Nov.
1794.* Von seinen vier im gel. Deutschl. aufgeführten Schriften wurden drey ins Dänische übersetzt:
Tanker om Regiering (von C. C. Fabricius). Odensee
1791. 8. — En dansk Borgers Skrivelse til Kronprind-
sen. Kbhvn. 1794. (Dagegen erschien: Beurtheilung des Schreibens eines dänischen Bürgers an den
Kronprinzen. Schlesw. und Leipzig 1793. 8. Auch
dänisch: Bedommelse over en d. Borg. Skriv. til Kr.
......) En dansk Borgers Tanker om Danmarks
nærværende Politik. Kbhvn. 1794. 8.

(M. u. N. 2. 4. 5. E. 153.) AHLEMANN (Georg Ludwig), *starb den 4 Dec. 1787,* vergl. Prov. Ber. 1787.
H. 6. S. 728. Sein von *Ph. Gabr. Hensler* verlaßtes
und

und der Sammlung einiger Predigten von ihm (Altona 1788. 8.) vorgefetztes Leben, findet man ganz
abgedruckt in der 6ten Samml. der Federfenfchen
Nachrichten vom Leben und Ende gutgefinnter Menfchen S. 43 ff. und auszugsweife in den Prov. Ber.
1789. H. 1.   Vergl. auch aufser *Boltens* Kirchen-
Nachrichten von Altona 1, 86. die von *Lawätz* aufgeführte kurze Lebensbefchreibung im Journal von
und für Deutfchland 1788. St. 2.

(M. 4 u. 5 Ausg.) VON ARCHENHOLZ (Johann Wilhelm), welcher in unferer doppelten Ueberficht (Prov.
Ber. 1793. H. 5. aufgeführt wird, ift in dem genannten Iahre wieder nach Hamburg gezogen.   Er ift,
welches im gel. Deutfchl. noch nicht bemerkt ift, *geb.
zu Danzig den 3 Sept. 1745.*

(W. 3, 894.) AUGUSTIN (Johann Samuel), *königl. dänifcher Etatsrath und Kriegsrath; geb. zu Oldensworth in
Eyderftedt den 31 März 1715, ftarb* zu Kopenhagen *den
26 März 1785.*

AXEN (Peter), im *Jöcher* — Sein Leben findet man auch
in J. Lafs's Sammlung Hufumfcher Nachrichten, 2te
Fortfetzung. St. 8. (1757.)

(N. 4. 5. oder vielmehr Ausg. 5.) BAEHRENS (Johann
Heinrich), *geb. zu Kopenhagen*, wurde in der doppel-
ten Ueberficht (Prov. Ber. 1793. H. 5.) irrig als Lan-
deskind aufgeführt.   Er erftand die grofse juriftifche
Disputationsfammlung des Grafen *Thott* von 15013
Nummern.

(E. 134.) BALHORN (Benedict Friedrich Daniel), Sohn
des

des Achates Ludwig B. in *Boltens* K. N. 2, 3 14. und Bruder des Ludwig Wilhelm B. im *Ekkard* S. 131. und im *Adelung* — ſtarb, nach *Pütter* 2, 68. als Prediger zu Hannover 17... §§. D. de interceſſione Chriſti ſacerdotali. Götting. 1775. 4.

(W. 1. u. 3. E. 150.) BERGER (Chriſtian Johann), *Doct. der A. G., königl. däniſcher Etatsrath* (ſeit 1776) *und Leibarzt, der Medicin, wie auch der Chirurgie und Hebammenkunſt ordentlicher Profeſſor zu Kiel* (ſeit 1774), Mitglied der königl. Geſellſchaft der Wiſſenſchaften, wie auch Ehrenmitglied der Maler- Bildhauer- und Bauakademie zu Kopenhagen; *geb. zu Wien den 14 Aug. 1724, ſtarb den 2 April 1759.* Zu den im Worm aufgeführten Schriften gehören noch: Schema inſolentis morbi; in collect. Societ. med. Hafn. Vol. II. und: *Olympia, die Hebamme, ein Fragment. Leipzig 1785. 8. Vergl. (Wilh Ernſt Chriſtiani's) Einladung zu einer Gedächtniſsrede auf C. J. Berger — mit beygefügter Nachricht von ſeiner erſten Bildung und ſeinen Fortſchritten bis zu der ihm ertheilten mediciniſchen Doctorwürde. Kiel 1789. 4. u. Prov. Ber. 1789. H. 3. S. 272, wo es unter andern heiſst: Seinen Verdienſten um die Univerſität Kiel hat er noch das Vermächtnis ſeiner auserleſenen Bücherſammlung und eines Capitals von 4000 Rthlr. beygefügt, und auch dadurch ſich ein würdiges Gedächtnis geſtiftet.

BIRKNER (Gottlieb), der itzt als Paſtor zu Corſör ſteht, wird zwar in den Prov. Ber. (1792. H. 6. S. 279.

E e und

und 1793. H. 6. S. 311.) aufgeführt; allein er lebt
auf dem, nicht zum Herzogthum Schleswig gehörigen, Theile der Infel Föhr.

(M. u. N. 1. 5.) BLENDERMANN (Martin Burchard),
fchrieb noch: Heilfame Lehren zur Befeftigung des
Glaubens und füfse Tröftungen für das Herz des Chriften, aus dem Namen Immanuel, Gott mit uns, her-
geleitet und am 20 März 1774 in der Schlofskirche
zu Kopenhagen vorgetragen. Hadersl. 8. *(Mitgetheilt.)*

(M. u. N. 5. E. 146.) BOESSEL (Georg Daniel), *ftarb*
zu Flensburg 17...

BOIE (Chriftian Rudolph), Bruder des Heinrich Chriftian B. — Conrector zu Eutin feit 1789; *geb. zu Flensburg den 17 Octob. 1757, ftarb den 16 April 1795.* §§. *Ueberfetzung des erften Buchs der Republik des Plato;
im deutfchen Mufeum 1787. Nov. Noget om falig
Profeffor *(Andr. Chrift.) Hwiid;* in der dänifchen Minerva 1788. Octob. *(Revidirt.)* Seine Ueberfetzung
von C. *Hornemann's* philofophifchen Schriften vollendete C. F. *Sander* (vergl. oben). Seine Ueberfetzung
der Republik des Plato wird *Friedr. Carl Wolff* (Conrector zu Glückftadt feit 1796, vorher feit 1790 Collaborator zu Eutin; geb. zu Eutin den ...... 176..)
überarbeiten, und, zufolge dem Oftermefskatalog für
1796, in Altona herausgeben.

(W. 1.) BORCH (Hinrich Carl), *Doctor der A. G. zu
..... geb. zu Haderleben 17... ftarb 17...*

(N. 4. 5.) BOYE (Moritz), *königl. preuffifcher Hofcammer-
rath und Rentmeifter zu Bayreuth; geb. zu Tondern den*

26

26 Ian. 1740, *ſtarb den 12 Iun. 1792.* — Lieferte auch Beyträge zum Journal von und für Franken. — Das im
Oſtermeſskatalog 1795 als fertig aufgeführte „Bay-
reuther Schriftſteller-Lexikon," in welchem er vorkommen müſste, iſt höchſt wahrſcheinlich noch nicht
erſchienen.

(E. 144.) BROECKEL (Georg), *Doctor und ordentlicher
Profeſſor der Rechte zu Kiel* ſeit 1772 (vorher, nach
Pütter 2, 100. Privatdocent zu Göttingen); *geb. zu
Hannover den 4 März 1744,* ſtarb als Prorector *den 20
Sept. 1788.* §§. De uſuris pretii, an et a quonam tem-
pore mercator illas exigere poſſit? Götting. 1770. 4.
Vergl. *Weidlich's* biograph. Nachrichten 1, 100. das
daſ. angeführte Pütterſche Programm, und Prov. Ber.
1788. H. 6. S. 387.

(M. u. N. 5. W. 1 u. 3. E. 150.) CAMERER (Johann
Friedrich), *Kriegsrath zu Wodder* Amts Hadersleben;
geb. zu Oettingen im Ries *1720,* ſtarb *den 6 Nov. 1792.*
Vergl. Intell. Bl. der neuen allgem. d Bibl. auf 1793.
S. 19. und Prov. Ber. 1792. H. 5. S. 202 fg., wo es
heiſst: „Der Bernſteinfall an der Weſtküſte und der
gemeine Gewinn, den er von deſſen Benutzung hofte,
war einer ſeiner Lieblingsgegenſtände, den er durch
mannigfaltige Nachforſchungen über die Bernſteinküſte der Alten und durch neuere Nachrichten in dieſen und ſelbſt in auswärtigen Blättern aufzuklären
bemüht war." Zu ſeinen Schriften gehören noch:
* Schleswigſches Wochenblatt. Im Iahr 1755. 4.
(Mit *Daſch* und andern; vgl. Nachrichten von dem

Zuſtande der Wiſſenſchaften in den däniſchen Staaten 2, 709.) Verſuch eines vollſtändigen Regiſters und Repertorii aller königl. däniſchen allerhöchſten Verordnungen, in ſo weit ſie den Militairetat angehen, ſammt einem Anhange von vielen andern ungedruckten Reſcripten, Mandaten, Hochfürſtl. Marggräfl. Befehlen, Canzeley- und Commiſſariatſchreiben. Schlesw. 1760. 4. *Erſter Brief von der Stiftung des Erziehungshauſes für die Kinder des königl. Leibregiments Dragoner, gerichtet an das denkende Publikum. Hadersl. 1766. 4. * Auch Gedanken von dem Bernſtein an den däniſchen und ſchwediſchen Küſten; im neuen Kiel. Magazin B. 1. St. 3. (1783.) *Einige Gedanken über die Bernſteinküſte der Alten; daſ. B. 2. St. 3. (1788.) *Bemerkungen auf Reiſen über die frieſiſchen Inſeln in der Nordſee an der weſtlichen Küſte der Herzogthümer Schleswig und Holſtein; im 4ten B. der Reiſenden für Länder- und Völkerkunde. Nürnb. 1790. 8. (vergl. Prov. Ber. 1791. H. 4. S. 84. und 1792. H. 1. S. 99.) *Oederiana. Schlesw. und Leipz. 1792. 8. (vgl. Prov. Ber. 1792. H. 4. S. 95.) — *In den Prov. Ber. finden ſich von ihm folgende*, mit — n — bezeichnete, *Abhandlungen*: *Etwas über die Grabhügel in den Herzogthümern. 1787. H. 4. *Muthmaſſungen und Gedanken über die Beförderungen des häuslichen Lebens der an den Küſten der Herzogth. Schleswig und Holſtein in der Weſtſee liegenden Inſuln. (Ein Auszug aus (*J... F... D...; Ulrich's*) hiſtoriſch-politiſchen Beyträgen zur nähern

Kennt-

Kenntniſs unſerer Zeit. Hamb. und Leipzig 1787;)
daſ. H. 5. *Bedenken über die Verkleinerung der
groſsen Güter; 1788. H. 5. *Ueber die Einſamm-
lung des Bernſteins an der weſtlichen Küſte des Herzogthums Schleswig, veranlaſt durch die Nachricht
des Hrn. Paſtor *Wolf* im 2ten Iahrg. H. 5; 1789. H.
4. *Ueber den Bernſtein an der däniſchen und ſchleswig-holſteiniſchen Küſte. Sätze und Folgerungen,
Nachweiſungen und Fragen von einem Liebhaber
dieſes Produckts; H. 6. (wo er hauptſächlich ſeine
früheren Arbeiten über dieſen Gegenſtand regiſtrirt.)
*Beytrag zu den neueſten Nachrichten von dem Bern-
ſtein an der ſchleswig-holſteiniſchen Weſtküſte, in
Beziehung auf die fortgeſetzten Nachrichten des Hrn.
Paſtor *Wolf* im 2ten diesjährigen Heft; 1790. H. 5.
*Noch einige Gedanken über Flachsbau und Lein-
wandbereitung und beyder Hinderniſſe; daſ. *Noch
etwas vom Bernſteinfall in der Weſtſee; 1791. H.
3. *Antwort auf das Schreiben an den Verfaſſer des
Etwas über die Stadt Hadersleben (*A. R. v. Brinken*);
1792. H. 1. *Ein Wort für Inſten; daſ. H. 2. —
*auſser mehrerern kleinern Auffätzen in derſelben periodi-
ſchen Schrift,* unter welchen der 1787. H. 6. S 726.
eingerückte, betreffend die *nicht* ausgeſtorbene alte
Friſiſche oder Sächſiſche Sprache gegen die Behauptungen eines Anonymen (*T. D. Wiarda*), vielleicht den
Sprachforſcher intereſſirt. — Nach ſeinem Tode erſchien noch: Einige Bemerkungen über die Verfaſſung
der Kriegsgerichte in Dannemark; im d. Mag. 1795.
Nov.   Ee 3   (M.

(M. 4 u. 5 Ausg.) CARRACH (Johann Philipp), Sohn des Joh. Tobias C. im *Adelung* (nach Schwarze S. 349.) *starb* (?) 17...

(M. u. N. 3. 4. 5. W. 1 u. 3.) CARSTENS (Adolph Gotthard), *königl. dänischer Geheimerath, Ritter vom Dannebrog-Orden und Director der königl. deutschen Kanzeley in Kopenhagen,* auch seit 1753 Mitglied der königl. Gesellschaft der Wissenschaften daselbst; *geb. zu Kopenhagen* (nicht: Schleswig, wie in den Prov. Ber. 1787. H. 4. S. 498. steht) *den 31 März 1713, starb den 10 März 1795.* (Denn in den Erlanger gel. Zeitungen 1795. St. 20. und im 5ten Nachtr. des gel. Deutschl. Abth. 2. S. 610. wird er mit seinem, als Schriftsteller nicht bekannten, im Februar 1795. verstorbenen, Bruder *Christian Gottfried,* Ritter vom Dannebrog-Orden und Geheimerath, wie auch Kanzler des Obergerichts zu Gottorff, verwechselt.) Vergl. Kiœbenhavns Universitets-Journal (von *Jakob Baden*) 1795. S. 54 ff., *deutsch* übersetzt (von *Torkel Baden*) in den Prov. Ber. 1795. H. 5. §§. *Neuer Erweis des Daseyns eines einigen Gottes und Schöpfers aller Dinge, der vernünftigen Welt zur Prüfung vorgelegt und in den Druck gegeben von D. *Eberhard Dav. Hauber.* Kopenh. 1751. 8. Zweyte und verbesserte Ausgabe, zu welcher eine Vorrede des Verfassers, wie auch ein Anhang von dem zureichendem Lichte der Vernunft in Absicht auf die Lehre von der Einheit Gottes hinzugekommen ist. Altona 1756. 8. Carmina amicis s. l. et a. (Hafn. 1790.) 28 S. 8. Alle Exempl. sind verschenkt und

und nicht in den Buchladen gekommen.) Folgende
Abhandlungen in den Kiœbenhavnſke Selſkabs Skrifter: Beviis paa trik Hertug i Slesvig Hans Aegteſkab
med Margareta, en Dotter af Jermer II, Fyrſte paa
Rygen; im 6ten Theil. — Oplysning angaaende Euphemia's af Dannemark Herkomſt, ſom har været
Kong Chriſtoph II. Gemal; im 7ten Th. — Hiſtoriſk diplomatiſk Efterretning om den i de danſke
Hiſtorie forekommende Soſter til Grev Gert den Sto-
re i Holſteen, ſom i en kort Tiid var gift med Kong
Erik, Kong Chriſtopher den 2de Sœn og Medregent,
hendes Perſon og Tildragelſe; daſ. — Beviis, at Gert
den Stores Gemal har været Sophie af Werle; im
8ten Th. — Chriſtiani I. Nedſtemmelſe af de vorige
danſke Kongens Blod; daſ. — Oplysning angaaende
det Sporgsmaal: om det kan regnes Dronning Mar-
grete til Laſt ſom en Stats-Feil, ad Grev Gert til Holſteen blev i Aaret 1386 forlænet med Hertugdom-
met Slesvig; im 10ten Th. — Alle dieſe Schriften ſtehen deutſch und von dem Verfaſſer aufs neue durch-
geſehen und verbeſſert in Heinze's Ueberſetzung der
hiſtoriſchen Abhandlungen der Kopenhagener Geſellſchaft, und zwar die erſte und dritte im 1ſten Bande,
die zweyte und ſechſte im 3ten, und die vierte und
fünfte im 5ten. — Noch im 1ſten Theile der Nye Samling af det Kiœbenhavnſke Selſkabs Skrifter: Det
Norſke Vaabens Opkomſt og Forandringer beſtemle,
og dels Skioldmerke forklaret ved Sigillers, Mynters,
gamle Breves og hiſtoriſke Efterretningers Hielp.

Wahrer Begriff von der in Kaiser Friederich II. Ue-
berlaffungs-Briefe vom Iahre 1214 enthaltenen neuen
Gränzbeftimmung für das deutfche und dänifche
Reich; im neuen Kiel. Magaz. B. 1. St. 2. (1786.) —
Brev til min Klædning; in Forfœg i de fkionne Vi-
denfkaber St. 4. Om aabne Vocalers Medvirknings
i det poëtifke Udtryks Styrke og Livagtighed; daf.
St. 5. (fteht überfetzt und mit des Verfaffers eigenen
Znfätzen verfehen in der Bibliothek der fchönen Wiffenfchaften. Th. 4 und 5.) Samtale om Vocalernes
Sammenfted i danfke Vers; daf. St. 5. — „An *Mal-
let's* Hiftoire de Dannemarc habe ich einigen Antheil
gehabt, nach feinem Zeugniffe in der Vorrede, das
jedoch nur von dem erften, in der Ausgabe in 4. bis
zur Regierung des Odenburgifchen Stammes reichen-
den Bande des Werks, zu verftehen ift, nicht aber
an feiner introduction á l'hiftoire de Dannemarc.
Die Abhandlungen, die ich in den Schleswig-Holfteinifchen Anzeigen habe einrücken laffen, find: Wahre
Bedeutung der Wörter Selland und Warland; 1751.
St. 5. Merkwürdige Verbefferung einer Stelle in *Leers-
beck's* Mindifchen Chronick; daf. St. 7. Entdeckter
Urfprung der alten Reinholdsburg, die Graf Adolf
III. zu Holftein im I. 1200 wieder hergeftellet und
dadurch das Aufkommen der Stadt Rendsburg veranlaffet hat; daf. St. 48. Nachricht von den erften
Hamburgifchen Dompröbften nach der Reformation;
1753. St. 21. Bericht von Sophien, Henrich's des
Eifernen, Grafen zu Holftein, Tochter, und ihrer Ver-
mäh-

mählung mit Bogislaf VIII, Herzogen in Pommern;
1755. St. 12." (*Revidirt.*)

(M. u. N. 1. S. 96 u. 731. N. 2-5. E. 132.) CHRISTIANI
(Wilhelm Ernſt), *Doctor der Philoſophie* ſeit 1757,
königl. däniſcher wirklicher Iuſtitzrath ſeit 1777, (vorher ſeit 1770 Grofsfürſtlicher Kanzeleyrath,) *ordentlicher Profeſſor der Philoſophie* ſeit 1763, *namentlich der
Geſchichte* ſeit 1770, *der Beredſamkeit und Dichtkunſt*
ſeit 1766, *des Rechts der Natur und der Politik*, (vorher
ſeit 1761 aufserordentlicher Profeſſor des Rechts der
Natur und der Politik,) *und Bibliothekar der Univerſitätsbibliothek zu Kiel* ſeit 1763, *auch* ſeit 1790 *einhei-
miſches Mitglied der königl. Geſellſchaft der Wiſſenſchaften zu Kopenhagen*; geb. *zu Kiel den 23 April 1731*, ſtarb
den 1 Sept. 1793. Vergl. Prov. Ber. 1793. H. 5. S. 229;
Intellig. Blatt der neuen allgem. deutſch. Biblioth. für
1793. S. 371; *J. C. Koppe's* Lexikon der jetzt in
Deutſchl. lebenden juriſtiſchen Schriftſteller und akademiſchen Lehrer B. 1. S. ... und *deſſen* juriſt. Almanach auf 1794. S. 431-449. (Denn im Nekrolog
auf 1793 ſucht man, ſelbſt B. 2. S. 424, ſeinen Namen vergebens. Ob er aber im Supplementbande
der vier erſten Iahrgänge einen Plaz finden werde,
mufs die Zeit lehren.) §§. Reden und Gedichte; in
den Schriften der Kieliſchen Geſellſchaft der ſchönen
Wiſſenſchaften. Kiel und Altona 1757. 8. Diſp. philoſoph. de αυτεχειρίχ. Kil. 1757. 4. (reſp. Car. Frid.
Sarauw, Kilonienſi.) Diſp. philoſoph. de teſtamen-
tis iure naturali validis. ib. 1758. 4. (reſp. Frid. Rud.

Sarauw, Kilonienfi.) Difp. iuris publici vniuerfalis
de poteftate fummi imperantis circa legem naturae.
ib. eod. 4. (refp. Car. Frid. Krüger, Kilonienfi.) Unterfuchung der eleatifchen Gottesleugnung. Eine Einladungsfchrift. Kiel 1760. 4. Difp. ethica qua de-
monftratur, unicam tantum effe virtutem et vnicum
vitium. ib. eod. 4. (refp. Joach. Alb. Bay, Holfato.)
Difp. iuris naturalis de palmariis quibusdam proba-
bilitatis in iure naturae effectibus. ib. 1761. 4. (refp.
Ott. Herm. ab Howen, Equite Curlando.) Difp. philofoph. de definiendis iuftis partium philofophiae
practicae limitibus. Pars prior. ib. 1764. 4. (refp.
Jac. Podwifozki, Vkrania-Rutheno.) Pr. ad *Jo. Nic.
Milow* difp. inaug. de logicis quibusdam artis criticae
fubfidiis. 1764. 4. (Gedruckte?) Rede auf das Geburtsfeft der Kaiferin, betreffend ..... 1764. 4. (?)
Rede auf das Geburtsfeft der Kaiferin Katharina II,
am 4 May 1765 gehalten. 4. Pr. quo Memoriam
Amandi Chriftiani Dorn ciuibus commendat. 1765. 4.
Pr. Pentecoft. num viri boni diuinitus fiant? 1765.
4. Pr. Mich. opiniones veterum de mediis inter Deum
et hominem naturis. 1765. 4. Weihnachtspr. vom
Frieden im Gewiffen. 1765. 4. Pr. Pafch. nihil habere refurrectionem mortuorum quod rationi non
exacte refpondeat, nihil quod non cum illa optime
conciliari poffet. 1766. 4. Pr. quo fibi demanda-
tam profefforis eloquentiae et poëfeos ordinarii pro-
vinciam indicit, praemiffa breui commentatione de
praeftantia et vfu eloquentiae popularis. 1766. 4.
Pr.

Pr. Pentecoſt. de eo, quod diuinum eſt in propaga-
tione euangelii per totum orbem. 1766. 4. Pr. Mich.
virtutis cauſſa omnia onera ferenda, omnia laboris
et moleſtiae genera ſuſcipienda eſſe. 1766. 4. Pr.
Nat. de teſtimoniis veterum, ethnicorum praecipue,
circa eos, qui Chriſtum natum vel proxime praeceſſe-
runt, vel concomitati, vel denique proxime ſubſecuti
ſunt, euentus, hiſtoriae ſacrae optime reſpondentibus.
1766. 4. Die gute Sache der Diſſidenten in Polen,
nach den Gründen des natürlichen und allgemeinen
Staatsrechts und der Politik. (ohne Druckort) 1767.
4. Zweyte verm. und verb. Auflage, nebſt einer Rede von dem wahren Begriff der herrſchenden Religion eines Staats. Leipzig 1775. 8. Pr. quo memoriam *Guſt. Chſtph. Hosmanni* ciuibus commendat. 1767.
4. Theſes inaugurales mathematicae et philoſophi-
cae. 1767. 4. (reſp. Dav. Herm. Piehl, Hamburgenſi.)
Pr. ad eiusdem Piehl diſp. inaugur. quis locus in di-
ſcendi ordine conueniat matheſi. eod. 4. Pr. Paſch.
particulas cuiuscunque corporis humani eſſentiales
ab accidentalibus diſtinguendas eſſe atque illas cum
alio quodam corpore neutiquam eſſentialiter atque
intime commiſceri, allatis Athenagorae rationibus,
oſtenditur. 1767. 4. Pr. Pentec. de Spiritu diuino
in hominibus Senecae loca explicantur. 1767. 4. Pr.
quo memoriam *Friderici Koſii* commendat. 1767. 4.
Pr. Mich. de gloriae honorumque cupiditate ab iis
faepius maxime exoptata, qui fpernere eandem ſimu-
labant. 1767. 4. Rede auf das Geburtsfeſt des
Groſs-

Grofsfürften Paul Petrowitz, am 2 Octob. 1767. gehalten. 4. (wieder abgedruckt in der 2ten Aufl. der guten Sache der Diffidenten in Polen.)   Pr. Nat. de fumma qua Deus homines Chrifti natalibus beauit beneficii magnitudine. 1767. 4. *Commentariorum Kilonienfium de rebus memorabilibus libelli XX. 1768. 8: Pr. Pafch. de Chrifto pro genere humano fe deuouente. 1768. 4. Pr. Pentec. de pulchritudine mentis. 1768. 4. Pr. Mich. Lutherus a fyncretismo ipfi imputato defenfus. 1768. 4. Rede auf das Geburtsfeft Paul Petrowitz, bey der Einweihung des neuen akademifchen Gebäudes am 3 Octob. 1768. gehalten. 4. Pr. Nat. de dignitate hominis fiue naturae humanae. 1768. 4. Rede auf die glückliche Wiederherftellung I. K. H. Paul Petrowitz aus den eingeimpften Blattern, am 14 Ian. 1769. gehalten von Carl Aug. v. Bredal. 4. Quaeftiones literariae ex philofophiae bonarumque artium ftudiis felectae. 1769. 4. Pr. Pafch. de exemplo Chrifti, egregio ad lenitatem animi et amorem erga inimicos incitamento. 1769. 4. Pr. Pentec. de eo quod diuinum eft in fapientiae ftudio. 1769. 4. Pr. Mich. de vitando offendiculo. 1769. 4. Pr. Nat. de vaticiniorum et oraculorum facrorum prae ethnicorum oraculis praeftantia. 1769. 4. Difp. de ftudiis *Jordani Bruni* Nolani mathematicis. 1770. 4. (refp. Jul. Lud. Carftens, Jeverano.) Progr. zu der Kaiferin Geburtsfeft, von der Nothwendigkeit guter Sitten für das Wohl des Staats. 1770. 4. Progr. zu des Grofsfürften Geburtsfeft,

feſt, daß die Tugenden des Staats nicht bloß politiſche, ſondern auch moraliſche ſeyn müſſen. 1770. 4.
(?) Rede auf das Geburtsfeſt I. K. M., am 5 May 1770
gehalten von Pet. Wolchowsky. 4. Das enge Band
der Gerechtigkeit und Klugheit. Eine Rede auf I. K.
M. Geburtsfeſt, im Namen der groſefürſtl. Akademie
zu Kiel am 2 Octob. 1770 öffentlich gehalten. kl. 8.
Pr. Paſch. Glorioſum Chriſti in vitam reditum, reme-
dium aduerſus terrores mortis longe excellentius prae-
bere, quam omne quod a gentilium philoſophis huius rei cauſſa diſputatum nouimus. 1770. 4. Pr.
Pentec. de voluptate moderate appetenda. 1770. 4.
(Pr. Mich. auctore ...... Pr. Nat. auct. J. E. Faber.)
Rede auf I. K. M. zu Dännemark Geburtsfeſt, den
31 Ienner 1771 gehalten von Chph. v. Buchwaldt. 4.
Pr. auf der Kaiſerin Geburtsfeſt, von den vernünftigen Gründen öffentlicher Feyerlichkeiten, beſonders
der Geburtsfeſte der Regenten. 1771. 4. (?) Pr. Pentecoſt. de ingenti, quam in mundo, obſeruare licet,
bonorum copia. 1771. 4. Orat. parentalem in ho-
norem ac memoriam *Godofredi Henrici ab Elendsheim*
habendam indicit. 1771. 4. Pr. Unterſuchung der
Regierungsjahre der holſteiniſchen Fürſten aus dem
Billingiſchen Stamme. 1771. 4. Memoriam Magd.
Eliſ. e Lembckiis in matrimonio *Jo. Frid. Ackermanni*
ad Superos translatae commendat. 1772. 4. Pr.
Entwurf einer Gelehrten-Geſchichte Friederichs des
Dritten, Herzogs zu Schleswig-Holſtein. 1772. 4.
Pr. Pentec. de eo quod diuinum eſt in emendatorum

in

in Cimbria noſtra ſacrorum initiis. 1772. 4. Pr.
Nachrichten von dem Alter und der urſprünglichen
Verfaſſung der Stadt Kiel. 1772 4. Pr. Nat. commentat., quae defenſam exhibet a variis maxime in
doctrina de Chriſto erroribus, a tempore emendatorum ſacrorum Cimbriae noſtrae eccleſiam. Pars I.
1772. 4. Pr. Nat. commentat. — Pars II. 1773. 4.
Pr. Nat. commentat. — Pars III. et vltima. 1774. 4.
D. (reſp. Jo. Petr. Müller, Bredſtadienſi) de formulae
concordiae in Dania et Cimbria ſatis enuntiationes
ſelectae. 1773. 4. *(Letzter)* Progr. (zum Geburtsfeſt
der Kaiſerin) litterariſche Nachrichten von den Ausgaben der gemeinſchaftlichen Schleswig - Holſteiniſchen Landgerichts-Ordnung. 1772. 4. Geſchichte
der Glaubensreinigung in Deutſchland und in den
Herzogth. Schleswig und Holſtein. Hamb. 1773. 8.
Pr. Pentec. hiſtoria controuerſiae de proceſſione Spiritus Sancti a filio Dei inter theologos, Holſatum alterum *(Joannem Reinboltium)*, alterum Alſatum *(Joan.
Conradum Dannhauerum)*, ſaeculo ſuperiori agitatae.
1773. 4. *(Letztes)* Pr. (zum Geburtsfeſt des Groſs-
fürſten) Unterſuchung der Streitfrage von der Errichtung und Fortdauer der Schleswigſchen Mark zur
Zeit der deutſchen Kaiſer und Könige aus dem ſäch-
ſiſchen Stamme. 1773. 4. *(Erſtes)* Pr. (zum Geburtsfeſt Chriſtian VII.) Diſputatiuncula qua oſtenditur
memorabilis quae Daniae, Noruagiaeque regibus cum
Ruſſorum imperantibus antiquitus interceſſit, amici-
tiae, foederum, connubiorum commerciorumque con-
iunctio.

iunctio. 1774. 4; Pr. Pentec. de varia religionis in
terris Cimbricis fortuna. 1774. 4. Das Andenken
verdienstvoller Prinzen', welche die dänische Geschichte in denkwürdigen Beyspielen aufstellt, in einer Rede (wozu, den Kieler Zeitungen 1774, 557.
zufolge, Er oder *Hirschfeld* ein Pr. schrieb) am Ge-
burtsfeste des Erbprinzen Friederich in der Versamm-
lung der hiesigen litterarischen .Societät erneuert.
1774. 8. Pr. von der ältesten Staats- und Gesetz-
verfassung Schleswig und Holstein. 1775. 4. Pr.
Pentec. historia controuersiae de processione Spiritus
Sancti a Filio, in colloquio Constantinopolitano co-
ram Manuele Imperatore Graeco et Henrico Leone
Duce agitata. 1775. 4. Geschichte der Herzogthümer Schleswig und Holstein. 4 Theile. Flensb. und
Leipzig 1775-79. 8. (dänisch übersetzt; vergl. *J.
E. Heilmann*.) Pr. Nat. de variis natalem domini ce-
lebrandi modis. 1775. 4. Pr. Untersuchung der
Frage: ob jemals eine Lehnsverbindung zwischen
Sachsen und Holstein gewesen sey? 1776. 4. (wieder
abgedruckt in C. F. *Zepernik's* Miscellaneen zum Lehn-
recht. B. 3.) Pr. ad Disp. inaug. *Francisci Show* ve-
stigia doctrinae elegantioris in media medii aeui bar-
barie inter Danos Cimbrosque obuia. 1776. 4. Zusätze und Berichtigungen zu *J. B. Mielck's* deutschen
Uebersetzung von *Miller's* Universalhistorie. Leipzig
1777-87. gr. 8. 9 Theile. (*dänisch* mit Zusätzen des
Verfassers in der dänischen Uebersetzung dieses Werks.
17 Theile. Kbhvn. 1784(?)—1795. gr. 4. und *hol-
län-*

ländisch. 12 Theile. Haarlem 17... ff. gr. 8.) Pr.
Ueber die Zeitbeſtimmung des vom Kaiſer Otto dem
Groſsen gegen den König der Dänen Harald Blaa-
tand unternommenen Feldzuges. 1777. 4. Pr. zum
Geburtsfeſte der Königin Juliana Maria. Einige Aufklärungen und Berichtigungen der Holſtein-Schaum-
burgiſchen Geſchichte. 1777. 4. Rede von dem
Einfluſs berühmter Königinnen in die Glückſeligkeit
Dännemarks, auf Juliana Maria Geburtsfeſt, den 4ten
Sept. gehalten, von Friedr. Jul. v. Kaas. Kiel 1777.
4. Signe und Habor, oder Liebe ſtärker als der Tod.
Aus dem Däniſchen des Kammerherrn *Subm* überſetzt
und mit einer Einleitung und einigen Erläuterungen
verſehen. Leipzig 1778. 8. Pr. Hiſtoriſche Betrachtung des holſteiniſchen Wapens. 1778. 4. Pr. Hiſtoriſche Betracht. des ſchleswigſchen Wapens. 1779.
4. (Dieſe beyden Programme ſind auch dem 4ten
Theile der Schlesw. Holſt. Geſchichte beygedruckt.)
Dännemarks ſtets treye Königskrone, ungekränkt in
dem Ablauf aller Iahrhunderte, und durch das ſchwa-
che Beſtreben des Herrn *Ludwig von Heſs*. Flensb.
1780. gr. 8. Pr. de anno Alberti, Suecorum regis,
ducis Megapolenſis, emortuali. 1780. 4. Pr. exhibens emortualem Chriſtiani I, regis annum diemque,
vtrumque temporum rationibus mathematicis et diplomatum fide aſſertum. 1781. 4. Geſchichte der
Herzogthümer Schleswig und Holſtein unter dem
Oldenburgiſchen Hauſe, und im nähern Verhältniſſe
gegen die Krone Dännemark. Theil 1. Hamb. 1781.

Theil

Theil 2. Deſſau 1784. 8. (Die Fortſetzung kündigte
er in den Prov. Ber. 1793. H. 2. Beylage gerade in
ſeinem Todesjahre an.) Zeitrechnung der Geſchichte
Waldemar I, Königs von Dännemark, ſo wie *Saxo*
ſie erzählt hat. Eine Auflöſung der von der königl.
Akademie der Wiſſenſchaften in Kopenhagen ausge-
ſetzten Aufgabe; in: Abhandlungen, die von der königl. däniſchen Geſellſchaft den Preis erhalten haben.
1ſte (und einzige) Sammlung. Kopenh. 1781. 4. Pr.
de anno dieque Friderici I, Daniae Noruegiaeque regis, Cimbriae ducis, natali. 1782. 4. Lieder zum
Zeitvertreib für däniſche Seeleute; aus dem Däniſch.
(vergl. *W. H. F. Abrahamſon*) überſetzt. Deſſau und
Leipzig 1782. 8. Gedächtnifsrede — wegen des Ab-
ſterbens der Prinzeſſin Charlotte Amalia, gehalten am
14 Dec. 1782. Kiel und Deſſau 1783. 8. Pr. de
Friderico I, Daniae, Noruegiaeque rege, Joanne Con-
ſtante, Saxone, S. R. I. Septemuiro et Philippo Ma-
gnanimo, Haſſiae Landgrafio, ob tumultum Paccia-
num foedere ſociatis. 1783. 4. Einladung zu einer
Gedächtnifsrede auf den verewigten Curator der Kieliſchen Univerſität, *Detlev* Grafen *von Reventlov*. Mit
beygefügter Nachricht von dem Anſehen des Reventloviſchen Geſchlechts ſchon in ältern Zeiten. 1783. 4.
(Iſt mit Zuſätzen und Verbeſſerungen des Verfaſſers
wieder abgedruckt in *V. A. Heinze's* Kieliſchem Magazin B. 1. St. 2.) Pr. Exhibens antiqua Femariae
inſulae inſignia, monumentis hiſtoricis et tabularii
regii diplomatum fide aſſerta. 1784. 4. Pr. Nach-

F f   richt

richt von einer fehr feltenen Ausgabe des Virgils vom
erften Druck (Lovanii per Jo. de Paderborne in Weft-
phalia 1475 et 1476 Fol.). 1785. 4. Rede bey der
Einweihung der neu vermehrten Univerfitätsbibliothek, den 29 Ienner 1785 gehalten. Mit vorange-
fchickter Einleitung von der gegenwärtigen Verfaffung der Univerfität Kiel. Kiel und Deffau. 8. Pr.
Rettung der Kenntniffe und Gelehrfamkeit Friederich
III, Herzog zu Schleswig-Holftein, gegen die unwür-
dige Art über ihn zu denken und zu fchreiben, die
fich *Ifaak Voffius* und *Nikolaus Heinfius* erlaubt haben.
1786. 4. Pr. illuftrans memorabile medii aeui mo-
numentum, quod ad Medicinam Forenfem fpectat,
refponfum Iurisconfultorum Moguntinorum datum
in cauffa illuftri, elogii Medicorum aliorumque naturae fcrutatorum habito refpectu. 1786. 4. (wieder
abgedruckt in: Acta folemnitatis faecularis in honorem
Gottlieb Henrici Kannegicfferi. 1786. 8. und *deutfch* mit
Abänderungen und genauern Beftimmungen des Verfaffers *überfetzt* in *Heinze's* neuem Kiel. Magaz. B. 1.
St. 2.) Pr. Materialien zur Gefchichte Herzogs Johann des Jüngern, Stammvaters des Schleswig-Hol-
ftein-Auguftenburgifchen Haufes. 1786. 4. Rede
auf das Vermählungsfeft der Kronprinzeffin Louife
Augufte und des Erbprinzen Friederich Chriftian, am
27 May 1786 gehalten. Kiel. 8. Pr. Fortfetzung
der Materialien — 1787. 4. Pr. Zweyte Fortfetzung
der Materialien — 1788. 4. Pr. Befchlufs der Materialien — 1789. 4. Pr. ad difputat. inaugur. *J.*
Ceor.

Georg. Schmidt de Joannis Adolphi I, Slesvici et Holfatiae Ducis erga rem euangelico-reformatam lenitate atque indulgentia. 1787. 4. Geschichte der
neuesten Weltbegebenheiten, von 1748 oder dem
Aachner Frieden an bis auf die gegenwärtige Zeit.
3 Theile. Leipzig 1788-1791. gr. 8. (wird auch als
der 10te, 11te und 12te Theil der deutschen Uebersetzung von *Millot's* Universalhistorie verkauft. Von
der dänischen und holländischen Uebersetzung s. oben.)
Allgemeines Register über des sel. Hrn. Abt *Millot* Universalhistorie, nach der deutschen Uebersetzung und
den derselben beygefügten Anmerkungen und Zusäz-
zen *übersehen und herausgegeben.* Das. 1788. gr. 8. Pr.
Einladung zu einer Gedächtnisrede auf den verewigten Canzler *Johann Andreas Cramer.* Mit beygefügter Nachricht von der Würde eines akademischen
Canzlers und Procanzlers, vorzüglich in Rücksicht
auf die königl. Universität zu Kiel. 1788. 4. Gedächtnisrede auf — *J. A. Cramer,* am 23 Jul. 1788
gehalten. 8. Pr. Einladung zu einer Gedächtnisrede
auf den sel. Etatsrath C. J. *Berger.* Mit beygefügter
Nachricht von seiner ersten Bildung und seinen Fort-
schritten bis zu der ihm ertheilten medicin. Doctorwürde. 1789. 4. Vergleichung der Nachrichten von
dänischen Begebenheiten von 1182-1209, welche
bey Arnold von Lübeck anzutreffen sind, mit andern
Schriftstellern desselben Zeitalters und Berichtigung
der dazu gehörigen Zeitrechnung. Einer Preisschrift.
Kopenh. 1789. 4. (1790 erschien kein Programm

zum

zum Geburtsfeſt des Königs, ſondern blos ein Anſchlag
auf einem Foliobogen.) Pr. Einladung zu der Rede
auf des Kronprinzen und der Prinzeſſin von Heſſen
Vermählungsfeſt. Mit vorangehender Unterſuchung
des eigentlichen Vermählungs- und auch des Sterbe-
tages der Herzogin Chriſtina, Gemahlin Adolphs,
Herzogs zu Schleswig-Holſtein, des Königs von Dannemark Friederichs I. dritten Sohnes. 1790. 8. Rede
auf das Vermählungsfeſt des Kronprinzen Friederich
und der Prinzeſſin Maria Sophia Friederica, am 31
Iul. 1790 gehalten. 8. Pr. Unterſuchung über das
Geburtsjahr Johann Friederichs, Herzogs zu Schlesw.
Holſtein, Erzbiſchofs zu Bremen und Biſchofs zu Lübeck. 1791. 4. Pr. Betrachtung über die Natur der
Dyarchie und Triarchie und derſelben ehemalige Beſtimmung in den Herzogthümern Schleswig und Holſtein. 1792. 4. * C. C. L. *Hirſchfeld*; in *Schlichte-*
groll's Nekrolog. 1792. B. 1. Pr. Unterſuchung der
entferntern Urſachen aller ehemaligen Streitigkeiten
des königl. däniſchen und herzogl. holſtein - gottor-
piſchen Hauſes. 1793. 4. Pr. ad diſp. inaug. filii
Joannis Wilhelmi Chriſtiani, quo oſtenditur, eandem
fere in hiſtoria, quam in matheſi, vim habere contextum rerum. 1793. 4. Gab heraus: *N. B. Lange*
Statiſtiſche Briefe über Dänemark, Norwegen, Schleswig und Holſtein. Altona 1793. gr. 8. Die Natur
der uneingeſchränkten Monarchie überhaupt und der
däniſchen insbeſondere, und das Verhältniſs der Preſsfreyheit zur uneingeſchränkten Monarchie überhaupt

und

und der dänischen insbefondere; 2 Reden Kiel 1793.
8. — Ueber den ins Berlin. Mag. der Künfte und Wiffenfchaften 1ften Iahrg. 3tes St. gerückten Auffatz des
Prof. *Schummels:* Schlimme, mitunter gar fchwarze
Seite Heinrichs IV; in *Heinze's* Kiel. Mag. B. 1. St. 1.
(1783.)   Ueber Herzog Friederichs III. (von Holftein) Vorhaben, die Oft- und Weftfee durch einen
fchiffbaren Canal zu vereinigen, mit einiger Erläuterung der Gefchichte feiner Gefandfchaft nach Per-
fien; daf. B. 1. St. 3. (1784.)   *Die Chimäre eines
Todtfchlages aus indirectem Vorfatze; daf. (wieder
abgedruckt in *J. C. Koppe's* niederfächfifchem Archiv
für Iurisprudenz und juriftifche Litteratur. B. 1.) Ueber des R. R. *Schlettwein* Lehrbuch: Rechte der Menfchheit, oder der einzige wahre Grund aller Gefetze,
Ordnungen und Verfaffungen.   Nebft einem voran-
gefchickten Auszuge eines Auffatzes aus dem Leipziger Magazin für Rechtsgelehrte; im neuen Kiel. Magazin B. 1. St. 1. 2. 3. (1786. 87.)   Ueber des Prof.
Efchenbach's in Roftock Verfuch einer Widerlegung
des im 1ften B. des Kiel. Mag. enthaltenen Auffatzes:
die Chimäre eines Todtfchlages aus indirectem Vorfatze; daf. B. 2. St. 3. (1788. — wieder abgedruckt
in *J. C. Koppe's* Mag. für die gefammte Rechtsgelahrt-
heit. B. 2.) — Ueber die Leibeigenfchaft, nach Grundfätzen des Naturrechts; in den Prov. Ber. 1787. H.
2. (*dänifch* in almeennytt. Samlinger.) — Ein kleiner
Beytrag zu *Ernefti Joachimi de Weftphalen* fchediasma
de fatis rei diplomaticae Cimbricae, welches *Joh. Carl*

Heinrich Dreyer in den monumentis anecdotis virorum poft fata illuftrinm et clarorum. T. I. (Lubec.
er Alton. 1760. 4.) mitgetheilt hat; in *Heinze's* Sammlung zur Gefchichte und Staatswiffenfch. B. 1. (1790.)
— Bemerkungen über *Greulich's* Vorherfagungen
der zeitcherigen Vorgänge in Frankreich (in Arnolds
Kirchen- und Ketzerhiftorie Th. 3. Cap. 26.); in den
Kieler gemeinnützigen Nachrichten 1793. St. 19 und
20. — Recenfionen in der Kiel. gel. Zeitung, vom Anfange 1771 an als Mitarbeiter, feit 1774 aber, nach
J. E. Faber's und *J. H. Fricke's* Abgange, als gemein-
fchaftlicher Redacteur mit *C. C. L. Hirfchfeld*, dann
wieder unter *V. A. Heinzes* Direction als Mitarbeiter,
dem Kieler Litter. Journal von 1779 - 1783. und in
der Kiel. Zeitung von 1787 - 1791 (als dem letzten
Iahrgange), wie auch in der allgem. deutfchen Bibliothek und allgem. Litteratur-Zeitung. — *Nach feinem
Tode erfchien:* Von der ehemaligen Befugniß der Schleswig-Holfteinifchen Landftände, fich ihre Landesherrn
zu erwählen, und von der Einführung des Rechts
der Erftgeburt in Schleswig und Holftein; im deutfchen Magaz. 1794. Iun.   Hiftorifke og chronolo-
gifke Underfœgelfe af Skilsmiffetretten imellem Philip II. eller Philip Auguft, Konge i Frankerig, og hans
Gemalinde Ingeborg, fœd Prindfeffe af Danmark; 1fte
Affnit, fra Philips og Ingeborgs Formœling til Pave
Cœleftins II. Dœd, d. e. fra 1193 - 1198; im 1ften
Heft des 5ten Theils der Nye Samling af det konge-
lige danfke Videnfkabers Selfkabs Skrifter. S. 28 bis
70.

70. — Sein Bildniß vor dem 13ten Bande der neuen allgem. deutsch. Bibliothek.

(M. u. N. 4. E. 140.) CHRYSANDER (Wilhelm Christian Iustus), *starb* den 10 Dec. 1788. Vgl. Prov. Ber. 1789. H. 1. oder vielmehr *Schmersahl's* Geschichte jetzlebender Gottesgelehrten. St. 6., *Strieders* hessische Gelehrten-Geschichte. B. 2. und recensio script. a *W. C. J. Chr.* Helmst. 1748. 4. edit. 2. Rintel. et Herst. 1761. 4.

(E. 119.) CLAEDEN (Georg), *starb* 1781. Vergl *Adelung* zum Jöcher. — Von den monumentis Flensburgensibus erschienen 5 Stücke 1765 - 67. 4. mit fortgehenden Zahlen 657 S.

(E. 152.) CLASEN (Christian Peter), *Rector in der Altstadt Rendsburg*; geb. zu ..... 17 ... *starb* 17 ... §§. Schrieb, nach *Eckard*, exegetische Programme.

CLEFFEL (Iohann Christoph), im *Adelung* s. KLEFFEL.

CONRADI (Georg Johann), im *Adelung*. Vergl. außer dem daselbst angeführten *Gadebusch* den Lebenslauf desselben der von *Gerhard Langreuter* gehaltenen Leichenpredigt (Altona und Flensb. 1749. 4.) S. 60-78. angehängt, und die von *Scholz* (Kirchengesch. Holsteins S. 267.) angeführten Beyträge zu den Actis historico-ecclesiasticis 1, 153.

(M. u. N. 1 - 5. W. 1. u. 3. E. 147.) CRAMER (Iohann Andreas), *starb* den 12 Iun. 1788. Vergl. außer den im *Meusel* angeführten Schriften, welche bey dem Aufsatze im 6ten Theil der Nachrichten von dem Leben und Ende gutgesinnter Menschen zum Grunde liegen, Prov. Ber. 1788. H. 3. S. 379. H. 4. S. 89.

und

und H. 6. S. 381. und *Cbph. Saxii* Onomaſticon VII, 702. — Nach ſeinem Tode erſchien noch: Kurze Bemerkungen über die Einleitung und den erſten Abſchnitt von *Kont's* Metaphyſik der Sitten; im deutſchen Magazin 1793. Sept.

VON CRONHELM (Friderich Detlef Carl), *Regierungsrath und Iuſtitzrath in Glückſtadt*; geb. zu ..... 1709, *ſtarb* den 8 Sept. 1758. — Fehlt im *Adelung*.

VON CRONSTERN (Gabriel Chriſtian), ſ. SCHREIBER.

(M. Ausg. 4 u. 5.) CURTIUS (Gottlieb Gottlob), *Doctor der A. G. zu Kiel*; geb. zu ..... in Thüringen 17... *ſtarb* 178... §§. Diſp. inangur. Roſtochii praeſide *G. C. Detharding* habita de ...... Die im Meuſel aufgeführte Schrift erſchien Eutin (1774).

DAMEN (Werner), *Prediger an der röm. katholiſchen Kirche in Altona*, deſſen *Bolten* in ſeinen Kirchennachrichten 1, 395. gedenkt, *ſtarb* 179...

DORN (Amandus Chriſtian), vergl. *Adelung*, der das Programm des *W. E. Chriſtiani* (1765) wahrſcheinlich nicht benutzen konnte, *Weidlich's* zuverläſſige Nachrichten (2, 421 ff.) aber nicht benutzen wollte.

(M. u. N. 1. 5. E. 143.) DUSCH (Johann Jakob), *königl. däniſcher Iuſtitzrath* (ſeit 1780), *Profeſſor* (ſeit 1756) *und ſeit 1771 zweyter Director des Gymnaſiums zu Altona*; ſtarb den 18 Dec. 1787. Vergl. Prov. Ber. 1787. H. 6. S. 728. Journal von und für Deutſchl. 1788. St. 2. und 12. 1791. St. 11. 1792. St. 9. und, ſi tanti, *Hirſching's* hiſtoriſch-litterariſches Handbuch berühmter und denkwürdiger Perſonen, welche im

18ten

18ten Iahrhundert geftorben find; von feinem fchrift-
ftellerifchen Charakter aber (C. A *Küttner's*) Charaktere deutfcher Dichter und Profaiften 2, 348. — Zu
feinen Schriften gehört noch: Antheil an der Schleswigfchen Wochenfchrift: der Buchdrucker (vergl.
Nachrichten von dem Zuftande der Wiffenfchaften
in den danifchen Staaten 2, 707). *Schleswigfches
Wochenblatt. Im Iahr 1755. 4. (mit J. F. Camerer
und andern.) Aedon und Themire. Ein epifches Gedicht. Altona 1767. 8. (auch in feinen poetifchen
Werken.) Pr. Apologie für Lehrer an öffentlichen
Schulen. Daf. 1768. 4. *Sam. Bourn's* Uebereinftimmung der natürlichen und geoffenbarten Religion.
4 Theile. Altona 1770 ff. 8. (gemeinfchaftlich mit
Friederich Ekkard überfetzt, fo wie deffelben geiftliche
Reden.) Pr. Vergleichung einiger Lehrinftitute zur
Berichtigung verfchiedener Meinungen. Daf. 1784.
4. Pr. Verfuch über den letzten Zweck der Schö-
pfung. Daf. 1786. 4. — Von ihm find auch viele
Iahre hintereinander einzelne Bogen *Neujahrswünfche,*
meiftens in Hamburg, erfchienen. — Vgl. auch *Erfch's*
Verzeichniß von Ueberfetzungen.

(M. u. N. 4.) ECKHOFF (Wilhelm), *ftarb* den 2 Ian.
1795. Vergl. *Michaelfen's* Nachrichten von den Predigern in Wilfter.

ENDTER (Chriftian Friederich), *feit* 1759 *Organift an
der evangel. luther. Hauptkirche in Altona* (vorher Organift zu Buxtehude); *geb.* in Hamburg im März 1731,
ftarb den 26 März 1793. bey feinem Bruder, dem Arzt

zu Buxtehude, wohin er, feine zerrüttete Gefundheit
wieder herzuftellen, gereifet war. §§. Lieder zum
Scherz und Zeitvertreib, in Mufik gefetzt. Hamb.
1757. gr. 4. Beantwortung der im 35 Stück der
Hannöverfchen nützlichen Sammlungen von 1756
befindlichen Aufgabe: „Woher es komme, daß ein
mufikalifches Stück aus Dis oder E dur, imgleichen
aus F oder Fis moll, unfer Gehör auf eine weit ange-
nehmere Weife rühre, als aus dem gewöhnlichen D
oder C dur, oder aus dem E moll?" in eben diefen
Sammlungen. — Viele Compofitionen im MſT, z. E.
eine von *Paul Chr. Henrici* gedichtete lateinifche Cantate, die am Krönungsfefte Chriftian VII. im groſsen
Hörfaal des Gymnafiums aufgeführt ward. *(Mitgetb.)*
ERDMANN (......), der in unfrer Ueberficht (Prov.
Ber. 1793. H. 5.) vorkömmt, ift von Eutin nach Oldenburg (im Herzogthum gleichen Namens) gezogen.
(M. u. N. 1. 2. 5.) ESCHELS-KROON, (Adolph), *ftarb*
den 18 Oftob. 1793 in Kiel. Er wurde *geboren* den
9 März 1736 zu Nieblum, im Weftertheil der Infel
Föhr; lebte 18 Iahre in Oftindien, theils als Kaufmann, theils von 1766 bis 1777 als Refident der
holländifchen oftindifchen Compagnie des Comtoirs
Ayarbangies auf der Infel Sumatra, privatifirte hierauf in Hamburg, lebte von 1782 bis 1784 wiederum
als königl. dänifcher Agent in Oftindien und privatifirte feitdem in Kiel. *(Mitgetheilt.)* — Die Befchreibung
der Infel Sumatra. Hamb. 1782. (auch in der neuen
Sammlung von Reifebefchreibungen B. ...) erfchien
hollän-

holländisch, Haarlem 1783. 8. — Seine ins politische
Journal (1781, 82, 83 und 86.) eingerückten Auffätze, regiftrirt *Erfch* im 1ften B. des Repert. über
die allgem. deutfch. Journale. — Einige Nachrichten
von der Infel Ceylan; in Hamb. Addr. Comt. Nachrichten 1796. St. 6 - 8. — Die von ihm in der Ofter-
und Michaelis-Meffe 1787 angekündigte Schrift: „Das
jetzige Oftindien. 1fter Theil." ift nicht erfchienen.

FABER (Johann Ernft), vergl. *Adelung* und das von diefem nicht angeführte Leben deffelben von *Chr. Gottfr.
Gruner* vor Jo. Jac. Reifkii et Jo. E. Fabri opufculis
medicis — Halae 1776. 8. — Gab mit *J. H. Fricke*
und *C. C. L. Hirfchfeld* die Kiel. gel. Zeitung für 1771
heraus.

(M. u. N. 1-5. E. 121.) FEDDERSEN (Jakob Friedrich),
ftarb den 31 Dec. 1788. Vergl. *Wolfrath's* Lebensbefchreibung aus der von ihm herausgegebenen 6ten
Sammlung der Nachrichten von dem Leben und Ende gutgefinnter Menfchen befonders abgedruckt. Halle
1790. 8. und den Auszug daraus in den Prov. Ber.
1790. H. 3. Von den Ueberfetzungen feiner, von
Meufel vollftändiger als von *Wolfrath* aufgeführten,
Schriften f. *Erfch.*

(E. 136.) FEHSE (Johann Heinrich), *ftarb den 28 Iul.*
1777. Vergl. *Adelung* nach *Meufel*, oder vielmehr des
Verfaffers Nachricht von den Predigern in Norderdithmarfchen. S. 635 ff. (Von diefem Werke erfchienen nicht, wie *Adelung* behauptet, fechs, fondern zwölf
Stücke 1769-1772. und ein Anhang 1773.) Denn
ob

ob die oben vom Sohne diefes Schriftftellers ange-
fuhrte Schrift auch *litterarifch* fey, kann nicht angegeben werden.

(W. 1.) von FEIST (......), *Fähndrich bey dem holftein-
fchen Infanterie-Regiment* zu ..... gab zu .... 1759.
8. Reime eines dänifchen Officiers heraus; allein ihn
kennt keiner in Kopenhagen, und wahrfcheinlich war
er kein Schleswig-Holfteiner. *(Mitgetheilt.)*

FLESSA (Johann Adam), im *Adelung*, welcher ihn *erft*
zum Generalfuperintendent in Oldenburg, *dann* zum
Generalfuperint. in Altona macht, und überhaupt aus
G. *W. F. Fikenfcher's* Nachrichten von Zöglingen des
Gymnafiums zu Bayreuth (S. 187-99.) ergänzt und
berichtigt werden kann.

FLOHR (Johann Chriftian), wurde 1760 Diakonus und
1765 Paftor zu Beyenfleth in der Wilftermarfch;
ftarb 1787 als ein Agraph. M. u. N. 4. 5. wird er
verwechfelt mit *Matthäus Johann Flor;* vergl. oben.

(N. 1.5.) FLUEGGE (Benedict Gilbert), *ftarb* den 9 Apr.
1792; vgl. Prov. Ber. 1792. H. 3. S. 409. Die „Beyträge zur orienal. und exeget. Bibl. des Hrn. Hofr.
Michaelis. Hamb. 1787. 8." worin die Bearbeitung
des Zacharias von diefem Verfaffer vertheidigt werden, find nicht von ihm, fondern von *J. L. Holft* in
Hamburg.

(M. E. 154.) FOERSTER (Chriftian Gottlieb). Ihn
kennt Niemand in *Wandsbeck;* nach andern foll er
todt feyn. *(Mitgetheilt.)*

FRI-

FRICKE (Johann Heinrich), vergl. *Adelung.* Seine commentat. de noctambulis ist wieder abgedruckt in *A. F. Woitz's* Sammlung kleiner akademischer Schriften über Gegenstände der gerichtlichen Arzeneygel. und medicinischen Rechtsgel. B. II. St. 2. (Altenb. 1795. 8.) — Sein „Recht der Handwerker" übersetzte von *Neynaber* (s. oben) ins Dänische. — Gab anfangs mit *J. E. Faber* und C. C. L. *Hirschfeld,* hernach mit Letztem allein, die Kiel. gel. Zeitung für 1771, 72 und 73 heraus. Von ihm sind die juristischen Artikel.

(M.) FRIEDRICHS (Andreas Köhn), *starb* 1787 oder 1788. Zufolge der Nördlinger allgem. Biblioth. für das Schul- und Erziehungswesen 2, 182. hat er sich unter der Vorrede seiner Schrift genannt.

(E. 154.) FUHRMANN (Johann Wilhelm), wird im *Adelung* gar zu kurz abgefertiget, der sich nicht einmal *Carl Christian Bel's* Programm (Laus silentii. Lips. 1775. 4.) zu verschaffen suchte — *Doctor der Philosophie* seit 1775 und seit 1778 *ausserordentlicher Professor der Theol. zu Kiel;* geb. zu *Ostermonra* bey Cölleda in Thüringen *1750, starb* an einer auszehrenden Krankheit den 27 Aug. 1780 zu Strahlendorf im Mecklenburgischen, wohin er sich zu seiner Erholung und Aufmunterung einige Wochen vorher begeben hatte. — Zu den beyden von Adelung aufgeführten *Leipziger* Gelegenheitsschriften, deren erste neulich in commentatt. theolog. editis a J. C. Velthusen, Ch. Th. Kuinöl et G. A. Ruperti (Vol. I. p. 461 ff.) wieder abgedruckt ist, gehört noch ein *Kieler* Programm:

Sub-

Subtilitatem interpretis N. T. in verborum notionibus ex contexta oratione definiendis commendat fcho-
lasque fuas habendas aperit. Kiliae 1778. 4. — Antheil am Kiel. Litteratur-Journal.

(M. u. N. 2. 3. 4. W. 3, 244 u. 933. E. 133.) GEUSS
(Joachim Michael), *Präfident der königl. Landhausbal-
tungs-Gefellfchaft* feit 1779, *Profeffor der Mathematik
zu Kopenhagen* feit 1782, Mitglied der königl. Gefellfchaft der Wiffenfchaften zu Kopenhagen und Tron-
hiem, fo wie der phyfiographifchen zu Lund; *geb.
zu Krummendiek* in der Wilftermarfch den 23 Aug.
1745, *ftarb* den 29 Nov. 1786. Vergl. die kurze, in
Anfehung des Schriftenverzeichniffes aber vollftändige, Lebensbefchreibung von *P. Peterfen* vor dem
Bücherverzeichniffe diefes Schriftftellers (Hafn. 1787.
8.) und Tale til Erindring om J. M. G. af *Ove Malling.* Kbhvn. 1787. 8. (überfetzt und mit einigen Zufätzen begleitet von *Fr. Ekkord.* Daf. 1787. 8.) welche beyden Auffätze den in den Prov. Ber. 1787. H.
3. mitgetheilten Nachrichten zum Grunde liegen, wo
es unter andern heifst: Minirofficiere in Dienften der
vereinigten Staaten und aus Friedrich's des Grofsen
Schule, überfetzten feine „ausführliche Abhandlung
der Minirkunft. Erfter theoretifcher Theil" ins Franzöfifche. Die eine von diefen Ueberfetzungen ift gedruckt (Théorie de l'art des Mineurs par J. M. G.
traduite par *M. A. L. Smeets.* Mæftricht 1778. 8.);
die andere, die zu Geuffens Beurtheilung nach Kopenhagen gefchickt wurde, ruht in der Handfchrift (La
fcience

science des Mineurs de Mr. Geuſs, trad. par Mr. *d'Albert*).— Eine Nachricht von ſeinen hinterlaſſenen wiſ-
ſenſchaftlichen und litterariſchen Handſchriften ſ. in
Kiœbenhavn's Univerſ. Journal 1795, 72.— Aus ſeinem ſchriftlichen Nachlaſſe iſt herausgegeben: Be-
gyndelſesgrunde af Arithmetik, Geometrie og Plan-
Trigonometrie af Profeſſor J. M. G., ſamlet og udgivet af hans efterladne Manuſkripter ved *Johannes Chr.
Linderup*. Kbhvn. 1794.

(M. u. N. 2.) GEUSS (Nikolaus Friedrich), Vater des
vorigen— *Paſtor zu Krummendiek* in der Wilſtermarſch
ſeit 1737, *ſtarb* 1785. Vgl. *Fehſe's* Prediger in Norderdithmarſchen 2, 133. und Anhang S. 40.·

(M. u. N. 4.) GRIES (Johann Adolph Peter), *ſtarb* den
22 Octob. 1790. Vgl. Prov. Ber. 1791. H. 1. S. 98.
und *Schlichtegroll's* Nekrolog auf 1790. Th. 2. S. 344.

GROSSHEIM (Georg Wilhelm Auguſt), den *Bolten* (K.
N. von Altona 1, 181.) anführt, war *geboren zu Nobra*
in der Grafſchaft Hohenſtein *den 20 April 1731*, ſtand
zuletzt *zu Wittworth* in Eiderſtedt ſeit 1780 als Diakonus, ſeit 1786 als *Paſtor*, *ſtarb* den 7 Octob. 1789.
— Noch eine Wahlpredigt, gehalten zu Heide über
Spr. Sal. 29, 18. ...... 1772. (*Mitgetheilt.*)

GROSSHEIM (Otto Hinrich), *geb. zu* ...... war anfangs
Collaborator in Altona, ward 1745 *Diakonus zu St.
Margarethen* in der Wilſtermarſch, *ſtarb* ..... §§.
Die Schickſale von Altona. Altona 1743. 4. Gedan-
ken, ob ſich die Religion mit der Staatskunſt verbin-
den laſſe. Leipzig 1749. 8.

(N.

(N. 4. 5.) GUDE (Johann Chriſtian), *Iuſtitzrath in Friedrichsſtadt*, vorher Beamter auf Glücksburg (nicht
Glückſtadt); *geb. zu* ...... 17... fehlt im *Adelung;*
denn er *ſtarb* ſchon 1778. Seine von *Meuſel* aufgeführte Schrift erſchien anonymiſch 1778 und erhielt
1788 nur einen neuen Titel, ſo daß ſelbſt die Dedication an den 1779 verſtorbenen Herzog von Glücksburg wieder abgedruckt iſt.

(W. 3.) HAABER (Andreas Lowſon), *Küſter zu* ......
ſtarb 17...

(M. E. 120.) HANSEN (Johann Friedrich), *geb. zu Flensburg im Febr. 1722, ſtarb als Bürgermeiſter und Stadtſecretair zu Sonderburg den 19 Nov. 1789.* und gab nur die
beyden von *Meuſel* verzeichneten Schriften heraus.

HANSEN (Peter), *ſtarb den 23 März* 1760. Vergl. *Adelung* (welcher den *Moſer* und *Neubauer* anführt), *Strode-
mann's* Geſchichte jetztlebender Gelehrten Theil 10,
zwey oben S. 232 fg. angeführte Auffätze, welche
O. H. Moller in die Schleswig-Holſtein. Anzeigen 1760
und 1762 einrücken ließ, und *E. L. F. Behms* Schrift
von P. H. Leben ...... welches Adelung Th. 1. S.
1601. anführt.

HASSE (Benedict Hinrich), Vater des Hinr. Theoph. Chr.
H. (f. oben) — *Conſiſtorialaſſeſſor und ſeit* 1743 *Paſtor
zu Barkau* Amts Kiel; *geb. daſelbſt den 25 Febr. 1712, ſtarb
1786.* Vgl. *Schwarze's* Nachrichten von Kiel S. 403.
— Nach ſeinem Tode erſchien: Von dem Urſprung
und der Beſchaffenheit des Barkauiſchen Kirchenge-
richts; in den Prov. Ber. 1788. H. 3. Hiſtoriſche
Nach-

Nachrichten von dem adelichen Guthe Bothkamp in Holftein (ein fehr abgekürzter Auszug aus einer Hand- fchrift: Bothkampifche Nachrichten. 134 S. 4.), daf, 1790. H. 4.

(M.) von HEIMBRUCH (........), ift in *Altona* unbe- kannt; wahrfcheinlich ein Zugvogel oder Pfeudo- nym. *(Mitgetheilt.)*

(M. u. N. 1. 5.) HEINZELMANN (Rudolph Friedrich Otto), war Conrector zu Meldorf bis 1764, in wel- chem Iahre er nach Salzwedel kam.

(M. u. N. 3. 5.) HEMPEL (Johann Gottfried), *Regiments- Feldfcherer beym hulfteinifchen Infanterie - Regiment zu Rendsburg; geb. zu Eisleben im Dec. 1736, ftarb im Aug. 1787.* — Hatte auch eine Streitigkeit mit *Joh. Georg Zimmermann*, in welcher Sache er wenigftens *einen* Brief drucken liefs. *(Mitgetheilt.)*

(M. u. N. 4. 5. W. 3.) HENNINGS (Wilhelm), *ftarb den 26 Ian. 1794.* Vergl. Prov. Ber. 1794. H. 1. S. 299. Sein Werk erfchien nach feinem Tode zum drittcn- mal, und wurde nach der 2ten Auflage (1777) zu Wiborg 1778 ins Dänifche überfetzt. (Fehlt im *Erfch.*)

(M. u. N. 1. 3. 5. E. 138.) HENRICI (Paul Chriftian), *Iuftitzrath, Profeffor der Beredfamkeit und Dichtkunft, Auffeher der öffentlichen Bibliothek und Director des Chri- ftiauceums zu Altona; ftarb den 7 Sept. 1794.* Er wurde den 1 May 1715 zu Stralfund geboren, genofs zuerft den Unterricht feines Vaters, eines Predigers zu Pre- row (wofür im *Meufel* durch einen Druckfehler Perau fteht) auf der Halbinfel Darfs, 5 Meilen von Stralfund

auf

auf der Mecklenburgiſchen Gränze; frequentirte von
1731-34 das daſige Gymnaſium, ſtudirte zu Ienz
und ward hierauf Repetent in der Philoſophie; ſo
wie in alten und neuen Sprachen. Im Iahr 1741 erhielt er den Ruf als Adjunct der Profeſſoren an dem
damals neuangelegten akademiſchen Gymnaſium zu
Altona, bey deſſen Einweihung zum akademiſchen
Chriſtianeum 1744 er die Profeſſur der philoſophiſchen Moral und der Alterthümer, im I. 1746 aber
die der Beredſamkeit und Dichtkunſt erhielt. 1771
wurde er erſter Profeſſor, Bibliothekar und zugleich
im jährigen Wechſel mit *Duſch* (ſo wie nach deſſen
Tode mit *I. Struve*) Director des Chriſtianeums, erhielt auch 1780 den Charakter eines Iuſtitzraths. (Entlehnt aus dem Lebenslauf deſſelben, gröſtentheils
nach Datis von ſeiner eignen Hand; in den Altonaer
Addreß-Comtoir-Nachrichten 1794. No. 80, wo es
zuletzt heiſt:) Seine Schriften ſind zum Theil im
gelehrten Deutſchlande angeführt. Mit einigen ſeiner Collegen ſchrieb er von 1745 einige Iahre hindurch (eigentlich bis 1748 incl. 4 B. 8.) die Altonaer
gelehrte Zeitung. 1761 (und 1762) gab er eine lateiniſche Zeitung im Verlage des damaligen Kanze-
leyraths *Heuß* heraus, die mit vielem Beyfall aufgenommen ward (im Iul. 1761 anfing, im Sept. 1762
aufhörte, und wovon wöchentlich 2 Stücke in gr. 8.
erſchienen). Auſſer vielen Sinngedichten, (Singge-
dichten, Cantaten?) theils deutſchen, theils lateiniſchen, die bey öffentlichen Feyerlichkeiten aufgeführt

wur-

wurden, find auch viele feiner poëtifchen Reden an
königlichen Geburtsfeften und dergl. (z. E. Oratio in
facra fecul. Auguft. Domus Oldenb. 1749. c. progr.
inuit. Alt. Fol.) von ihm gedruckt worden; imgleichen ein lateinifcher Panegyricus über das Ableben
des *Frdr. Hirfchfeld* (Alt. 17...) und ein lateinifches
Programm beym Tode des Doct. und Prof. *Profe* (Memoria *Godofr. Profe*, phil. ac math. Prof. Alt. 1770,
Fol.); eine Menge in Altona gewöhnlich gewefener
Thefen und Sätze zu Difputirübungen (z. E. thefes ex
litteratura humaniori. Alt. 1753. Propofita ex arte
oratoria. ib. 1756. Propofita ex philologia recen-
tiori. ib. 1766); verfchiedene Difputationen (die jedoch zuweilen den Refpondenten zugehören, vergl.
oben *A. A. F. Hennings*) und mehrere lateinifche Programme (nämlich folgende *dreyzehn*: Imperii Romani vt mores, ita tempora fuerunt. 1748. De indole
carminis Anacreontici. 1752. De poëtis poëtice le-
gendis interpretandisque. 1757. Artis poëticae Ho-
ratianae defcriptio. 1762. De bibliotheca Gymnafii Altonani narratio. 1772. De Bibliothecae publicae ex Cilaniana incrementis. 1775. De aemulanda
fcriptorum feculi XVI in imitandis veteribus foller-
tia. 1779. De poëtarum quorundam feculi XVI in
fcribendis Elegis praeftantia. 1782. De difputandi
exercitiis. 1785. De ftudio Homerico prolufiones
III. 1787. 89. 91. De Ariftotelicorum in fyllogif-
mis formandis et reducendis ratione. 1792. — Alle
zu Altona in 4. gedruckt).

HENS-

HENSLER (Hieronymus Friedrich Philipp), Sohn des
Philipp Gabriel H. — *Doctor der A. G. und feit 1792
Leibarzt des Herzogs von Augustenburg*, vorher feit 1790
ausübender Arzt und Privatdocent in Kiel; *geb. zu
Segeberg den 10 Aug. 1766, starb den 21 Iun. 1793.* §§. D.
inaugur. de exploratione obftetricia breuis disquifi-
tio. Alton. 1791. 8.

(M.) HESSE (Johann Heinrich), *geb. zu* ...... in Oberfachfen, *starb zu Eutin 178*.. Denn felbft *E. L. Gerber's*
Lexikon der Tonkünftler Th. 1. S. 632. giebt keine
biographifche Nachrichten.

(M. u. N. 1. 4. 5. E. 133.) HIRSCHFELD (Chriftian
Cai Lorenz), *starb den 20 Febr. 1792.* Vergl. Prov. Ber.
1792. H. 2. S. 321; *Schlichtegroll's* Nekrolog auf 1792.
B. 1. S. 39 ff. (v. *W. E. Chriftiani*) und Denkmal oder
Lebensbefchreibung des C. C. L. H. von *W. G. Becker*
in deffen Tafchenbuch für Gartenfreunde auf das I.
1794. (Denn der Auffatz: „auf Hirfchfeld von *De-
nis*" im Tafchenbuch für Natur- und Gartenfreunde
auf 1795. Tübing. 12. ift höchft wahrfcheinlich ein
Gedicht.) — Um das Schriftenverzeichniß im Meufel zu ergänzen, bemerke man: „Gedanken über die
moralifche Bildung eines jungen Prinzen" find unter
dem Titel: von der fürftlichen Erziehung, wieder abgedruckt in den holfteinifchen Beyträgen zur Litteratur, welche *Heinfius* (der 2 Theile anführt ftatt B.
1. St. 1. 2.) *ihm felbft* zufchreibt, wogegen aber fchon
in der Kiel. Zeitung 1771. S. 691. proteftirt wurde.
— „Anmerkungen über die Landhäufer und Garten-
kunft,"

kunft," follen zu Leipzig 1779 neu aufgelegt feyn. —
„Rede von der moralifchen Einwirkung der bilden-
den Künfte auf den Menfchen," erfchien Kiel 1774,
vgl. *W. E. Chriftiani* und Kiel. Zeitung 1774. S. 557.
— „Anweifung zu den fchönen Wiffenfchaften," (angekündigt in der Kiel. gel. Zeitung 1771. S. 367,) ift
nicht erfchienen. — Redigirte die Kiel. gel. Zeitung
von ihrem Anfange 1771 an, erft mit *J. E. Faber* und
J. H. Fricke, nachher mit *W. E. Chriftiani*, bis er unter *V. A. Heinze's* Direction blofs als Recenfent noch
Antheil nahm. — Von feinen Auffätzen in Journalen
f. *Erfch's* Repertorium und von den Ueberfetzungen
feiner Schriften *denfelben*, der jedoch noch nicht bemerken konnte, dafs *A. Svendfen* auch den 2ten Theil
des Handbuchs der Fruchtbaumzucht. Kbhvn. 1794.
überfetzt hat.

HOIER (Andreas), im *Adelung* mit dem Beynamen des
Dritten — vergl. aufer *D. F. Claufens* Progr. (im Ca-
tal. Bibl Bunau.) Nachrichten vom Zuftande der
Wiffenfch. in den dänifchen Staaten 3, 71 ff.

HOLST (......) wird in den Prov. Ber. 1794. H. 4.
S. 130 durch ein Verfehn als Landeskind aufgeführt.

HOSMANN (Guftav Chriftoph), vergl. *Adelung*, das von
ihm nicht genutzte Progr. des *W. E. Chriftiani* (1767)
und *Scholz's* Kirchengefch. Holfteins S. 281 fg.

(M. u. N. 4. 5. E. 133.) IEHNE (Leberecht Heinrich
Samuel), *ftarb den 18 März 1794*. Vgl. Prov. Ber. 1794.
H. 2. Zu feinen von *Bolten* (2, 290) und *Meufel* auf-
geführten Schriften gehört noch: Vom felignachen-

— den Glauben; eine Predigt am 1 Sonntage nach Oftern
über Joh. 20, 19-31. in der lutherifchen Hauptkirche zu Altona gehalten. Altona 1791. gr. 8. — Das
Pr. über 1 Kor. XV. ift in den unter *J. G. Fuhrmann*
angeführten commentatt. theolog. (Vol. 2. p. 233 fl.)
wieder abgedruckt.

(W. 1. 3. E. 119.) IESSEN (Erich Johann), *ftarb den*
26 Aug. 1783. — Fehlt im *Adelung*.

INGWERSSEN (Broder), *Archidiakonus zu Hufum; geb.*
dafelbft den 1 Iun. 1720, ftarb den 23 Dec. 1793. Vgl. *G. S.*
Francke's Mich. Progr. 1796. Gab im Namen aller
übrigen Prediger der Stadt Hufum heraus: Biblifches
Lefebuch des A. T. Schlesw. 178.. 8. und hatte den
meiften Antheil an: *Kleines Schulbuch für Anfänger im Lefen und Denken. Hufum 1792. 8. Vgl.
Prov. Ber. 1792. H. 3. S. 397.

(M. ü. N. 1. 2. 4. 5. E. 131.) IOCHIMS (Jakob), kam
1772 von Borg in Süderdithmarfchen nach Meldorf
und *ftarb den 8 Nov. 1790.* Vergl. *Wolfrath's* Charakteriftik. Theil 2. und Nekrolog auf 1790. B. 2. S.
347. — Von feinen Predigtentwürfen erfchienen drey
Iahrgänge. Heide 1783-85. — Die N. 1. aufgeführten Predigten und Reden mit feiner Vorrede. Flensb.
und Leipz. erhielten 1784 nur einen neuen Titel und
erfchienen zuerft, mit dem Zufatze: 1fte Sammlung,
zu Heide 1779. Seinen Verfuch zur Verbefferung
des Unterrichts in den Landfchulen überfetzte *A. Wöldike* (f oben) ins Dänifche. — Deffen Portrait von . . . . .

IOCHIMS

IOCHIMS (Peter Nikolaus), Sohn des vorigen — *Paſtor
zu Borlt* in Süderdithmarſchen ſeit 1784; *geb. zu St.
Michaelis-Dom* in Süderdithmarſchen *den 11 März 1761,
ſtarb den 25 Aug. 1794.* §§. De variis τοῦ νόμου ſigni-
ficationibus in epiſtolis Paulinis obuiis. Meldorpii
1788. 8. — Edirte auch ſeines Vaters Abhandlung
vom Werth der bibliſchen Exegeſe. *(Revidirt.)*

(N. 4. W. 3, 405 u. 948.) IUNGE (Barthold), *Doſtor
der A. G. und Regiments-Feldſcberer* beym dritten jüt-
ländiſchen Regiment, welches *in Aalberg* liegt; *geb.
zu Wevelsfleth* (nicht: Werelsfleth) 172.. *ſtarb* 178.:
oder 179... Sein ſpecimen inaugur. erſchien 1753.
Vergl. Nachrichten von dem Zuſtande der Wiſſenſch.
in den däniſchen Staaten 1, 263 und 2, 345.

(M. u. N. 5. E. 148.) KANNEGIESSER (Gottlieb Heinrich), *geb. zu Gotba den 22 Iul. 1712, ſtarb den 26 Aug.
1792.* Vergl. *Börner's* Leben der Aerzte I. S. 563. II,
S. 444. 768. III, S. 400. 710. *Baldinger's* Ergänzungen S. 88. und Aſta per opportunitatem ſollemni-
tatis ſecularis, quam academia Kilonienſis in honorem G. H. K. celebrauit, partim antea ſeparatim,
omnia nunc iunſtim edita. Kiliae 1786. 8. wo er
ſelbſt S. 25-31. in ſeiner „oratio" von ſeinem Leben
Nachricht giebt.

KIRCHHOFF (Anton Carl), *Prediger bey der reformirten
Gemeine in Altona*, ein Agraph, wurde in den Prov.
Ber. 1791. H. 2. S. 199. und H. 3. S. 342. mit dem
Chriſt. Aug. Ludw. K. (ſ. N. 4. 5. und Neueſtes ge-
lehrtes Berlin) verwechſelt.

(M. E. 142.) KIRCHHOFF (Johann Heinrich), *ſtarb auf Föhr den 14 Ian. 1788* (denn ohne Zweifel iſt es ein Verſehen, wenn er in den Prov. Ber. 1789. H. 1. S. 115. als Iuſtitzrath zu Heide aufgeführt und ſein Tod auf den 12 Octob. 1789 geſetzt wird). — Seine juriſtiſche Abhandlung von dem, was die Rechte bey Erziehung der Kinder erfordern, erſchien 1745 und 1771 zum 2ten und 3ten Mal, inſofern derſelbe Gegenſtand vorher in der „commentatio iuridica 1741" abgehandelt war. Seine Abhandlung von den beſondern Soldatenrechten, Vorzügen und Freyheiten erhielt 1771 nur einen neuen Titel; denn die vielen offenbaren Fehler und Irrthümer, welche ihm *Selcbow* in ſeiner juriſtiſchen Bibliothek 1, 27. gezeigt hatte, ſind nicht verbeſſert.

(M. u. N. 5.) KIRCHHOFF (Johann·Hieronymus), *geb. zu ...... 1717, ſtarb den 12 Octob. 1791.*

(E. 137.) KIRCHHOFF (Peter Gottlieb), Sohn des Joh. Heinr. K. — *Advokat zu Heide; geb. zu Hamburg 1754, ſtarb den 25 Ian. 1777.* §§. Die Glückſeligkeit des ruſſiſchen Staats unter dem ſanften Scepter Katharina II. Kiel 1771. 8. Ode auf die den großfürſtl. Theil von Holſtein betreffende Veränderung. Heide 1774. 8. Zufällige Gedanken über die zu Büſum bevorſtehende Rectorwahl, auf Veranlaſſung des an die Hrn. Kirchenvorſteher und übrigen Einwohner zu Büſum ergangenen Sendſchreibens (deſſen Verfaſſer *E. C. Trapp* ſeyn ſoll). Daſ. 1775. ... *Die Beförderung Veithahns, oder die Kunſt, jemand ein Amt zu-

zuſchanzen. Daſ. 1776. ... (Satyre auf eine gewiſſe Organiſtenwahl in Meldorf.)

(M. W. I. 3. E. 106.) KIRKERUP (Johann), *geb. zu Kopenhagen den 22 Iul. 1722, ſtarb 17* ... und hätte ohnehin in der alphabetiſchen Reihe nicht aufgeführt werden können, weil er auf dem zu *Iütland* gehörigen Theile der Inſel Föhr lebte.

KLEFFEL — im *Adelung* CLEFFEL (Johann Chriſtoph), Sohn des Andreas Cleffel im *Jöcher* — *geb. zu Tangermünde* 1704 (?), wurde 1724 Conrector in ſeiner Vaterſtadt, 1733 aber *Rector zu Tönningen*, wo er noch 1755 ſtand. Vergl. Leben deſſelben in den Nachrichten von dem Zuſtande der Wiſſenſchaften in den däniſchen Staaten. Theil 2. S. 531 ff., wo ſeine, beſonders die Alterthümer des Nordens betreffenden Schriften verzeichnet werden. (Die *vierte* Abhandl. von den Vorzügen der alten nordiſchen Seekunſt vor den Römern und Griechen, erſchien 1755. 4. ſ. daſ. Th. 3. S. 569.) — Sein Bruder *Johann Andreas Cleffel* (richtiger *Kleffel*) im *Jöcher*, war *geb. zu Tangermünde den 1 Febr. 1698*, erhielt 1716 von der philoſophiſchen Facultät zu Wittenberg die Doctorwürde, 1718 aber die Adjunctur und wurde 1722 als *Rector in Schleswig* angeſtellt, wo er aber ſchon *den 15 Iun. 1724 ſtarb.* Vergl. ejus vita in biblioth. Lubec. Vol. III. p. 479 ff. und D. F. Clauſſen Pr. de vita ejus. Slesuici 1722. 4. — Er machte ſich zu ſeiner Zeit beſonders als einen Gegner *Mosheim's* durch die vom Jöcher angeführte Diſp. bekannt; vgl. Notitia ſcriptt. et diſſſ. a *Mos-*

hemio

bemio vel auſpiciis ejus editorum. (Helmſt. 1731. 8.)
p. 28. — Ein dritter dieſes Namens, *Friedrich Wilbelm
Cleffel,* (Bibl. Lubec. Vol. IV.) iſt nicht weiter bekannt.

(M. u. N. 3.) KOELPIN (Alexander Bernhard), wird
in den Prov. Ber. 1787. H. 4. S. 501. irrig als Landeskind aufgeführt.

(M. u. N. 5.) KOENIG (Johann Chriſtian), *Archidiakonus zu Kiel,* geb. zu . . . . . 17 . ., ſtarb im Jan. 1792.

(E. 153.) KOENIG (Johann Gerhard), *Miſſionsarzt zu
Traukebar* auf Coromandel, *geb.* (nicht in den Herzogthümern), ſondern *zu* . . . . in Liefland, *ſtarb* 17 . . .
Vgl. *H. Steffens* (ſ. oben) Tillåg zur däniſchen Ueberſetzung der Willdenowſchen Schrift.

(W. 1.) KOENIGSMANN (Andreas Ludwig). Vgl. *Jöcher, Peter Hanſen's* Leben deſſelben vor des Verfaſſers Vertheidigung der wahren Religion. Lübek 1749.
8. und wenn die *mitgetheilte* Nachricht richtig iſt:
Leben A. L. K., v. *Joachim Langemark.* 17 . . . . .

KOENIGSMANN (Otto Ludwig), Sohn des Vorigen —
ſtarb 1760 als Paſtor zu Süderau Amts Steinburg.
Vgl. . . . . .

KOSE oder KOSIUS (Friederich), *ſtarb den* 25 *Sept.* 1766.
Vgl. *Schwarze's* Nachrichten von Kiel. S. 383. oder
vielmehr *W. E. Chriſtiani's* Programm (1767).

KRAFFT (Carl Friederich), war nach *Maſch's* Bibliotheca ſacra le Longiana P. 2. Vol. 3. pag. 327. Sohn
des Johann Melchior K. im *Jöcher* — Rector zu *Schleswig* ſeit 1756, vorher Rector zu Huſum; *geb. zu Huſum* 17 . . . *ſtarb* 1778. (?) Vgl. Nachrichten von dem
Zu-

Zuſtande — 3. 479 u. 575. §§. Schrieb nichts (?) als Programme, von denen nur zwei angegeben werden können: Lutherus Lutheranorum primus verusque Hieronymus, h. e. Commentatio Hiſtorico-Theologico-Critica de verſione Bibliorum Latina, Wittebergae 1529. typis exſcripta neque Melanchthoni neque Munſtero, ſed Luthero vere vindicanda. Hamburgi 1742. 4. Modeſta diſputatio de emendationibus quibusdam ſcholiorum ad nubes *Ariſtophanis* ſusceptas a viris clariſſimis (*L. Küſter* et *J. A. Erneſti*) nec non de audacia aliqua critica (*J. D. Michaelis* in: Kritiſch. Collegium) in diuino Pſalmorum libro. Pſ 16, 2. 3. Flensburgi 1773. 4. (fehlt in *G. C. Harles* Ausgabe von *Fabricii* Bibliotheca Graeca. l. 2. c. 21.)

KRAMER (Chriſtian Hieronymus), *Conſiſtorialrath* (ſeit 1783), *Kirchenprobſt des Münſterdorfiſchen Conſiſtoriums und Hauptpaſtor zu Itzeboe* (ſeit 1772), *ſtarb den* 28 *Jul.* 1794. Er war der Sohn des Hauptpaſtors der Flekkenkirche in Preetz, Hieroymus Kr., wurde den 12 Mai 1721 zu Buxtehude gebohren, und war anfangs ſeit 1751 Diakonus zu Geltingen, und ſeit 1753 Paſtor zu Lebrade. §§. Wahres Alter der Sterbenden. Leichpr. Hamburg 1763. 4. Befeſtigung des Glaubens zu ſehen, welch ein Heil Gott an uns thun werde, zum Gedächtniſs ſeiner ehelichen Freundinn. Hamb. 1766. 4. Die überſchwängliche Gnade reichlich geprieſen unter der Krone des Alters; in den kleinen Schriften, zum Gedächtniſs des Amts- und Ehejubels, welchen Hieronymus Kramer und Marg. Eliſ. geb.

Rem-

Remſtorp heiligten. 4. (Auch einzeln. Altona 1767.
4.) Rede von dem Reichthum des Landes in wohl-
eingerichteten Schulen bei der Einführung des Rector
Trapp in Itzehoe. Itzehoe und Hamb. 1773. 8. Sein
Bildniſs vor den nach feinem Tode erfchienenen Predigten. 2 Bände. Altona 1796. 8. — Vgl. *Hellmann's*
Süderdithmarſiſche Kirchenhiſtorie. S. 108.

LACKMANN (Adam Hinrich). Vgl. auſſer *Schwarze's*
Nachrichten von Kiel, S. 384. und dem, von Lawätz
angeführten *Götten*, befonders die oben (S. 183.) angeführte Vorrede vor dem 7ten Th. feiner Schleswig-
Holſteiniſchen Geſchichte.

(M. u. N. 1. 2. 4. 5. E. 153.) LANGE (Friederich Con-
rad), *ſtarb den 9 Jan.* 1791. Vgl. auſſer den von
Meuſel verzeichneten Auffätzen im *Bolten* (Kirchen-
Nachrichten), *Schlichtegroll* (Nekrolog) und *Wolfrath*
(Charakteriſtik — auch im deutſchen Magazin 1791
März und vor den von ihm 1792 herausgegebenen
Predigten des Verfaſſers) Prov. Ber. 1791. H. 1. S. 107.
— Seine Rede am Geburtstage des Königs 1774 ge-
halten, erſchien zu Altona. 8. Das von ihm 1785 ano-
nymiſch herausgegebene Glücksſtädtiſche Leſebuch
wurde 1791 von *M. Ehlers* umgearbeitet. Einige
Formulare zu Kirchengebeten, Beichten und Anreden
bey Privatcommunionen edirte *Wolfrath* (ſ. S. 396.)
1792 aus feinem fchriftlichen Nachlaſs. Vgl. *Erſch's*
Verzeichniſs von Ueberſetzungen. :

(N. 3. 4. 5.) LANGE (Nikolai Bendix), *Diakonus an der
Nikolai-Kirche feit 1789, auch Privatdocent in der Philologie*

lologie und dänischen Litteratnr zu Kiel; vorher feit
1778 Conrektor der Stadtfchule dafelbft; *geb. zu Ha-*
dersleben den 16 *März* 1747, *ftarb den* 4 *Dec.* 1791. —
„Von der Reinigung der Alten durch Waffer und Feuer
bei ihren Hochzeiten, als einem Bilde der Glückfeligkeit. Hamburg 1772. 4." ift als *vierte* antiquarifche
Abhandlung wieder abgedruckt in den N. 5 aufge-
fführten: * Erzählungen zur Kenntniß des Nordifchen
Heidenthums. Aus dem Dänifchen. Nebft einigen
(*vier*) antiquarifchen Abhandlungen von dem Ueber-
fetzer. Hamb. u. Kiel 1778. 8. (Die erften *drei* find
überfchrieben: Die Genien und Parzen der Nordifchen Völker. — Von der grofsmuthigen Verachtung
des Todes der Nordifchen Helden. — Gedanken über
den Urfprung und die Bedeutung einer dänifchen Gefundheit, God Thor und den Ausruf o Jemini! Vgl.
Kiel. Zeit. 1778. S. 156. (denn die *allgemeine deutfche*
Bibliothek nahm von diefer Schrift keine Notiz.) —
Statiftifche Briefe über Dänemark, Norwegen, Schleswig und Holftein (eine Umarbeitung von C. *Dreyer's*
Breve til en udenlandfk Ven om Danmark. Soröe
1790. 8.) Nach dem Tode des Verfaffers (von *G.*
Holft — f. oben) fortgefetzt und mit einer Vorrede
und einigen Anmerkungen herausgegeben von *W. E.*
Chriftiani. Altona 1793. 8. — Als Conrector fchrieb
er abwechfelnd mit E. *Danielfen* (f. oben) folgende
Programme: Nachricht von den lateinifchen Claffen
der Kielifchen Stadtfchule. 2tes Stück: Von der An-
nehmlichkeit und Würde des Schulftandes. Kiel
1780.

1780. 4. 4tes Stück: Prüfung der beiden pädagogi-
fchen Grundfätze: die Jugend kann nicht zu viel Unterricht, kann nicht zu viel Auflicht haben. 1782. 4.
6tes Stück: Was ift von den Belohnungen in öffentlichen Schulen: durch Orden, Geld, Denkmünzen,
Bücher oder wöchentliche Zeugniffe des fittlichen
Wohlverhaltens oder des Fleifses, zu halten. 1784.
4. 8tes Stück: Von der nöthigen Vorficht in Beftimmung des Berufs der künftigen gelehrten Bürger des
Staats. 1786. 4. 10tes Stück: Sind die Schulbücher
zum glücklichen Fortgang der Lehrlinge nothwendig oder ganz unentbehrlich? 1788. 4.

LANGELOTZ (C..... L....,.), *Candidat der Theologie,
aus dem Hannöverfchen*, der einigemal in den Provinzial-Berichten, namentlich 1793. H. 5. S. 143. fo
wie oben S. 56. vorkömmt, hält fich nicht mehr in
den Herzogthümern auf.

(M. E. 120.) LASS (Johann), *geb. zu Hufum* 17.., ftarb
17... Vgl. *O. H. Moller's* S. 281 angeführten Auffatz.
Der Titel feiner erften im gelehrten Deutfchlande
verzeichneten Schrift ift: Sammlung einiger Hufumi-
fchen Nachrichten von Anno 1089 bis Anno 1700,
aus unterfchiedenen Manufcripten und Documenten
zufammengetragen und dem Druck übergeben. Flensburg 1750. 4. Forfetzung der Sammlung einiger H.
N., welche de Anno 1701-1750 aus vielen Nachrichten zufammengetragen worden. Daf. 1750. 4.
Sammlung H. N. 2ter Fortfetzung 8 Stücke, nebft
Regifter. Daf. 1752-1758. 4.— Die Nachricht von
der

der Infel Helgoland erfchien Flensburg 1753 vermehrt und verbeſſert (ſ. Nachrichten von dem Zuſtande der Wiſſenſchaften in den däniſchen Staaten.
B. 3. S. 140.) und aufs neue in *J. F. Camerer's* vermiſchten hiſtoriſchen Nachrichten. B. 1. (ſ. Göttinger
Zeitung 1758. S. 1415.)

(N. 5.) LICHT (Johann Friederich), *Reftor zu Schleswig*
von 1752 bis 1756, wo er zufolge den Nachr. v. d.
Zuſtande der Wiſſenſch. in den dän. Staaten, B. 3.
S. 478. reſignirte, vorher ſeit 1727 Conrektor daſelbſt; *geb. daſelbſt den* 28 *März* 1699. Vgl. auſſer
dem von *J. M. Franke* angeführten Leben in Aftis
ſcholaſticis *Bidermanni* (welches den J. F. Noodt zum
Verfaſſer hat) fortgeſetzte Nachr. v. d. Zuſtande der
Wiſſenſch. in den dän. Staaten. B. 1. S. 176. ff. — *ſtarb*
17... — Die in der Oſtermeſſe 1793 angekündigten
„ſyntaktiſchen Briefe, nach *Schellers* Grammatik um-
„gearbeitet von *G. W. A. Lempelius,"* ſind nicht erſchienen.

LILIE (Ernſt Philip), *geb. zu Diesdorf* im Magdeburgi-
ſchen *den* 18 *Febr.* 1714, *ſtarb den* 24 *Apr.* 1795. Vgl.
Prov. Ber. 1795. H. 3. S. 353. und *Bolten's* Kirchen-
Nachrichten 2, 372 fg.

(M. u. N. 1. W. 1 u. 3. E. 119.) LORK (Joſias), *geb.
zu Flensburg den* 3 *Jan.* 1723, *ſtarb den* 8 *Febr.* 1785.
Von den auch in *Menſel's* Litteratur der Statiſtik
S. 477 angeführten Beiträgen zu der neueſten Kirchengeſchichte in den däniſchen Reichen und Ländern, erſchien B. 1. in 4 Stücken, u. des 2ten B. 1 u.

2tes

2tes Stück. Kopenhagen 1757 — 1764. — Ob *Joh. Chr. Schönheider's* ihm gehaltene Trauerrede auch *biographische* Zusätze enthalte, kann nicht angegeben werden.

(M. u. N. 2. 3. 4. E. 120.) LUEDERS (Philipp Ernst), Vgl. ausser dem S. 234. aufgeführten Aufsatze des *O. H. Moller's*, auch: über die Verdienste und den Charakter des *Ph. E. L.* von *Dan. Petersen*; in den Prov. Ber. 1792. H. 6. wo in einer Note folgende biographische Nachricht hinzugesetzt ist: Sohn eines Guthsbesitzers in Angeln, ward *geboren auf* dem Guthe *Freienwillen den* 6 Oct. 1702. Er studierte die Theologie zu Wittenberg und Jena in den Jahren 1721 bis 1724. Im J. 1728 ward er Prediger zu Munkbrarup, im J. 1730 aber *Hofprediger zu Glücksburg, und* 1755 *Probst. Er starb den* 20 Dec. 1786. — Sein Bildniss gemalt von J. Ipsen 1784 und gestochen von Fr. Carstens; vgl. Prov. Ber. 1795. H. 1. S. 92.

LUNDIUS (Christian Ernst). Vgl. Nachr. von dem Zustande der Wissensch. in den dän. Staaten B. 3. S. 270, aus *O. H. Moller's* Nachricht von der Pastoren der Johanniskirche in Flensburg, welche auch im Neuen Gel Europa, Theil 20. S. 1069, so wie in Nye Samling af Danske, Norske og Islandske Jubel-Lærere af *Chph. Giessing*, 3 Deels 1 B. (Kbhvn 1786. 4.) S. 49 — 66. benutzt ist.

(M. u. N. 1 — 5. W. 3, 507 u. 960. E. 153.) MARTINI (Ferdinand), *Feldscherer in Kopenhagen* beim Regimente des Kronprinzen (vorher zu Ripen), *starb den*

21

21 *März* 1794. — Die N. 2. und Repertor. der
Litter. Zeit. V, 1072 f) aufgeführte "Recenfion „ —
ift von *N. Riegel's* und von ihm nur überfetzt. —
Zu feinen Schriften gehört noch: Svar paa Prof. *Callifen's* Svar efter Lovte. Kbhvn 1785.8. (erfchien nicht,
wie im Repertor. der Litter. Zeit. V, 1072 d) behauptet wird, anonymifch, und wird im Regifter deff.
S. 67 durch ein Verfehn dem H. *Callifen* beigelegt.)
Wecker Nro. 2. in Geftalt eines Sendfchreibens an
den Hrn. *Friederich Nicolai.* Kopenhagen (1789). 8.
* Sendfchreiben eines Mitarbeiters an der allgem.
deutfchen Bibliothek an den Hrn. Regimentsfeld-
fcherer Martini. Daf. 1789. 8. — Noch überfetzte
er die im Repertor. V, 1072 e) aufgeführte Tillæg
til de ftridbare No. 40 og 41. af de nyefte Kiœbenh.
Efterretninger om lærde Sager for 1785, (von *Peer
Chr. Abilgaard*)ins Deutfche unter dem Titel: . . . . . —
Die zwei im gelehrten Deutfchlande ihm beigelegten
Schriften: Neue chirurgifche (nicht chemifche) Ver-
fuche — und: Gedanken über den Streit wegen der
Leibeigenfchaft in Dännemark, find nicht von ihm.
(*Revidirt.*)

(M. u. N. 1-3. E. 121.) MATTHIÆ (Wolf Chriftian),
geb. zu Dänifchenhagen den 26 *Jan.* 1734, ward 1762
königl. dänifcher Feldprediger, 1762 Hofprediger
zu Friedrichsruhe, 1770 Compaftor und 1778 *Paftor der Chriftkirche zu Rendsburg; ftarb den* 29 *Jan.*
1787. Schrieb noch: Ueber die königl. dänifchen
Witwencaffen und die Calenbergifche Verpflegungs-

             gefell-

gesellschaft; einige Briefe. Flensburg ..... 8. Anweisung für die Schulmeister auf dem Lande und
in den Städten. Flensburg 1776. 8. *Kurzer Lebenslauf des D. *Adam Struensee*, nebst sämmtlichen bei dessen Amts - Jubiläum herausgekommenen Schriften.
Daf. 1781. 8. Der dort abgedruckte und N. 1. angeführte Auffatz: Ueber die Toleranz in den dänischen Staaten, erschien auch, wie in Meusels Litteratur
der Statiftik S. 477 richtig bemerkt wird, einzeln.
Flensburg 1780. 20 S. 8.

(M. u. N. 2. 5. E. 121.) MAYER (Johann Andreas), *starb
den* 12 *Aug.* 1793. Vgl. *O. H. Moller* von den Diakonis der Johanniskirche in Flensburg, und *G. S. Franke*
S. 127 verzeichnete: „Memorie." Die N. 2. aufgeführte Schrift ist gegen M. F. Lihme (f. oben).

(M. u. N. 5. E. 140.) MEYCKE (Christoph Andreas),
starb den 8 *März* 1794. Zu dem im *Meusel* aus *Gold-
beck* (S. 176.) und *Weidlich* (biogr. Nachrichten 2, 32.)
und in den Prov. Ber. 1794. H. 2. S. 300. aus den Alton. Addr. Comtoir - Nachrichten entlehnten Schrif-
tenverzeichnisse gehört noch: Pr. de auditoribus
JCtorum. Altonae 1739. 4. Prol. de felicitate hominum ingenio quaesita. Ibid. 1751. 4. Pr. ad legem
XII tabb. de iure crediti persequendi aduersus con-
fessum et judicatum. Ibid. 1764. 4. Rede von der
vorzüglichen Würde der dänischen Krönung. Daf.
1767. Fol.

(M. u. N. 1 - 3. E. 154.) MEYER (Johann Hermann), *geb.
zu Hamburg den* 6 *Oct.* 1737, wurde 1766 Nachmit-
tags-

tagsprediger an der Hamburger Bergkirche, 1768
Archidiakonus in Rendsburg, 1771 Diakonus, 1778
Archidiakonus, 1786 *Hauptpaſtor in Kiel, ſo wie* 1776
auſſerordentlicher Profeſſor der Theologie (aber nicht
Doctor der Theol., wozu ihn blos die Herrn Velt-
huſen, Kuinoel und Ruperti creirten); *ſtarb den* 26
Aug. 1795. Auſſer mehrern einzelnen Predigten erſchien die neueſte in der unter *F. C. Jenſen* aufgeführten Sammlung von Reden — betitelt: Die Hoff-
nung einer beſtändigen Fortdauer der neuen Armen-
anſtalt und der Freude an derſelben, über Sirach 14,
13. 14.

MIELK (M...., C.... B.....), wurde in den Provinz.
Ber. 1792. H. 5. S. 199. und 1793. H. 5. S. 139. als
. Landeskind aufgeführt. Allein der Schriftſteller heiſst
eigentlich Magiſter *Chriſtian Benedict Milke.*

(M. u. N. 1. E. 153.) MILOW (Johann Nikolaus), *geb.*
zu Hamburg den 31 Oct. 1738, *ſtarb den* 10 *Jan.* 1795.
Vgl. *W. E. Chriſtiani's* Programm: de logicis quibusdam artis criticae ſubſidiis (wo der 2 Nov. durch ein
Verſehn als ſein Geburtstag angegeben iſt). *Thieſs's*
Hamburgiſche Gelehrten-Geſchichte, B. 2. S. 30. und
Deſſen Ephemeriden der theologiſchen Litteratur auf
1795. B. 2. S. 53. — Schrieb noch: Rede bei der Ein-
ſenkung der Leiche des Grafen Carl von Schimmelmann in der Schloſskirche zu Wandsbeck den 24 Oct.
1785. Hamburg. 8. * Verſuch über die Stellen im
N. Teſt., die vom Sohne Gottes, vom Sohne der Menſchen, Chriſtus u. ſ. w. reden; in *Henke's* Magazin

für

für Religionsphilofophie, Exegefe und Kirchengefchichte. B. I. S. 129-208. — erfchien nachher vollftändiger: Ueber diejenigen Stellen des N. Teft., die die
Perfon Chrifti betreffen. Helmftädt 1794. gr. 8.

(N. 3. 5.) MUELLER (J.... W.... L...), *Depurirter
bei der königl. Cenfur-Commiffion zu Liffabon* feit 1791,
vorher königl. dänifcher Legationsprediger dafelbft.
(Vgl. theologifche Annalen 1791. S. 782. und 1792
S. 108 u. 750), foll kein geborner Schleswig-Holfteiner feyn.

(M. u. N. 1. 2.) MUELLER (Marcus Wilhelm), geb. *zu
Wevelsfleth* in der Wilftermarfch *den 5 Sept.* 1753,
ftarb 1785 *den 5 Oct.* Vgl. Prov. Ber. 1787. H. 3.
S. 357. und (daraus entlehnt) *Fedderfen's* Nachrichten
von gutgefinnten Menfchen. Theil 6. — Ueberfetzte
Beaufobre's Abhandlung, worin gezeigt wird, daß die
Apokryphifchen Schriften aus den erften chriftlichen
Jahrhunderten die Gewißheit der chriftlichen Religion nicht fchwächen, fondern beftätigen; in *J. A.
Cramer's* Beiträgen. Theil I. (Kiel u. Hamburg 1777.)
— Seine Materialien für eine neue Ausgabe des *Ara-
tus* erhielt *J. G. Buhle*, der aber nicht Gebrauch davon gemacht zu haben fcheint. — Seine Ueberfetzung
von *F. Hemflerhuis* Ariftée ou de la divinité, liegt
noch in der Handfchrift.

MUSAEUS (Peter), im *Jöcher.* Vgl. auffer den dafelbft
angeführten Schriften und dem Pechlinfchen Programm im Bünauifchen Katalog, *Strieder's* Grundlage
zu einer Heffifchen Gelehrten- und Schriftfteller-Ge-
fchichte. Theil 9. (Caffel 1794.) NIS-

NISSEN (Erasmus), *geb. zu Struxdorf* in Angeln *den* 13 *Jun.* 1726. §§. Vertheidigungs- und Erläuterungs-schriften des Dir. N., in Betreff der Eckertischen Untersuchungssache, nebst den königl. Verfügungen wegen des Separatprocesses des Dir. N. wider die königl. Hauptnutzholzsadministration, veranlasst durch die im vorigen Monat durch den Druck bekannt gemachten Gutachten und Erkenntnisse des Oberappellations-Senats des königl. preuss. Cammergerichts zu Berlin. Altona 1788. Fol. — Originalacten in Sachen meiner des königl. preuss. Hauptnutzholzhandlungs-Director E N. gegen die Hauptnutzholzhandlungs-Administration, zu noch gehoffter höherer Einsicht, demnächst aber zum Urtheil des Rechts- und Wahrheit liebenden Publicums dargelegt. Hamburg 1789. 8. (fehlt im Repertorium der allgem. Litterat. Zeit., wird aber eben so wie die vorige Fach IV, 1574. aufgeführte Schrift in den nicht benutzten Leipziger gelehrten Anzeigen 1789. No. 101. recensirt.)— Der Verfasser war ein Mann von grosser Rechtschaffenheit, ausdaurendem Fleisse und unermüdeter Thätigkeit. Er widmete sich der Handlung, erwarb sich eine solche Sprachkenntniss, dass er die mehresten todten Sprachen verstand, und fast alle lebenden mit vieler Fertigkeit schrieb und sprach. Seine Handlungskenntnisse waren sehr ausgebreitet, so dass der preussische Hof ihn aus Holland, wo er sich damals Handlungsgeschäfte wegen aufhielt, nach Berlin berief, und ihm das durch den Tod des Hauptnutz-

holz-

holzhandlungs - Directors Neudi erledigte Directorat
am königl. preuff. Holzcomtoir dafelbft, mit 3000
Rthlr. Gehalt antrug. Seiner ftarken Familie wegen
trug er kein Bedenken, ein feftes Gehalt gegen das
Ungewiffe der Handlung zu vertaufchen, und feine
übrigens damals vortheilhaften Handlungsgefchäfte
niederzulegen. Doch nur zu bald hatte er Urfache,
es zu bereuen. Nicht gewohnt, felbft unrecht zu
handeln, konnte er auch da nicht fchweigen, wo er
Unrecht fah; daher fprach er laut gegen die Betrü-
gereien der Minifter, feiner Chefs, und da man fah,
dafs er der Mann nicht fei, den man durch Befte-
chungen gewinnen konnte; fo ward er ein Opfer der
minifteriellen Cabale und Gewalt. Man entfetzte
ihn feines Poftens, und da er feine Unfchuld behaup-
tete, machte man ihm den Procefs, der natürlich zu
feinem Nachtheil ausfallen mufte, da feine Gegner
feine Richter wurden. Alle feine Verfuche, dem
höchftfeligen und itztregierendem Könige fein Unglück vorzuftellen, waren fruchtlos; doch die Welt
von feiner Unfchuld zu überzeugen, konnte man nicht
hindern. Er liefs feine Acten und alle dahingehöri-
gen Papiere drucken, und *ftarb* bald darauf *den 9 Nov.*
1789 aus Gram über fein unverdientes Schickfal.
(*Mitgetheilt.*)

NOODT (Johann Friederich), *königl. dänifcher Confifto-*
rialrath, Prediger an der Klofterkirche zu Schleswig feit
1737, *und* feit 1735 *in der Landgemeine zu Haddebye*
(wird in *Hielmftiernes* Bogfamling fälfchlich Bürgermeifter

meifter in Schleswig genannt), *geb. zu Schleswig den*
9 Aug. 1705, *ftarb den* 17 *Mai* 1756. Vgl auffer dem
von *J. M. Frenke* angeführten *Strodtmann* die fortge-
fetzten Nachrichten, B. 2. S. 84, wo es heißt: er hat
ein Idioticon Slesuicenfe gefammlet und völlig ausgearbeitet hinterlaffen, welches des Druckes werth
wäre.

(N. 2. 5.) OFFERMANN (Peter), *Rechenmeifter und Land-*
meffer zu Meldorf in Süderdithmarfchen; *geb. zu Odde-*
rade im Kirchfpiel Meldorf *den* 28 *Aug.* 1743, *ftarb*
im Febr. 1795. Die erfte Ausgabe feiner neuen Fibel
erfchien (nach *Wilhelm Heinfius*) 1789, die 2te 1792,
die 3te 1794. — Ungünftiges Verhältniß der Sterblichkeit in der Landfchaft Süderdithmarfchen, aus
einer Kirchenlifte erwiefen, nebft einer Vorerinnerung; in den Prov. Ber. 1792. H. 2. — Einige Beiträge zur dithmarfifchen Wochenfchrift: Etwas für
alle Stände. Meldorf (?) 1784. — Sein in der Oftermeffe 1792 angekündigtes Rechenbuch für das gemeine Leben ift nicht erfchienen.

(E. 130.) PAULSEN (Hermann Chriftian), *ftarb* 1780.
Vgl. *Bolten's* Kirchen-Nachr. von Altona 2, 272. —
Schrieb noch: Trauerpredigt über das Ableben Kö-
nigs Friederich V., gehalten zu Wedel. Hamb 766. 4.
(W. 2.) PAULSSON (Johann Hinrich), *ftarb* 17...
PERCIN (Chriftoph Gabriel), *Lettor der französifchen*
Sprache auf der Univerfität Kiel, deffen S. 96 gedacht
wird, war *geb. zu Paris, und ftarb den* 31 Oct. 1787 im
36ften Jahre. Vgl. Prov. Ber. 1787. H. 6. S. 727.

PETERSEN (Anton), *geb. zu Bafum* 1717, feit 1751
Diakonus, und feit 1771 *Paftor zu Grube*, *ftarb im
März* 1778. Vgl. Sein Leben von ihm felbft befchrie-
ben. Eutin 1740. 8. (*Mitgetheilt.*)

(M. u. N. 2. 3.) PETERSEN (Balthafar), *geb. zu Tondern*
den 7 *Mai* 1703, wurde 1729 Paftor zu Leck, Amts
Tondern, 1739 Probft und Paftor in Sonderburg,
1746 aber *Confiftorialrath*, *Probft und Paftor zu Tondern*, *ftarb den* 1 *Jan.* 1787. Vgl. Prov. Ber. 1787.
H. 3. S. 403.

PETERSEN (Jakob), *Landfchreiber in Bredftedt* (vorher
Revifor bei der Finanzcaffen-Direction in Kopenhagen), *geb. auf Föhr* 17.., *ftarb* 1792. §§ *P. F. Suhm's*
Gefchichte Dännemarks, Norwegens und Holfteins,
in zweien Auszügen, zum Gebrauch der ftudiren-
den Jugend. (Aus dem Dänifchen.) Flensburg 1778.
8. (Vgl. oben *Jafperfon*) — Soll auch *Ove Malling's*
grofse und gute Handlungen der Dänen überfetzt
haben, woran jedoch zu zweifeln ift, woferne nicht
von diefem Werke *drei* Ueberfetzungen vorhanden
find (Vergl. oben *Abrahamfon*). — Höchftwahrfchein-
lich hat nicht er, fondern ein anderer *J.... Peterfen*
(N. 4.), welcher in Kopenhagen leben foll, *Viberg's*
Schrift (f. oben S. 371.) überfetzt.

(M. u. N. 3.) PETERSEN (Ingwer), *geb. zu* ... 17...,
ftarb 1787.

(W. 3.) PETERSEN (Johann Dieterich), ift oder war
wahrfcheinlich kein Schleswig-Holfteiner.

(M. u. N. 1.) PETERSEN (Philipp Ernft), *Organift auf
Glücks-*

Glücksburg, auch Mitglied und Secretair der von Ph. E. Lüders geſtifteten Ackergeſellſchaft; geb. zu ..., ſtarb 1793 im 78ſten Jahre. Seine Schrift erſchien 1779 (nicht 1769).

PETRAEUS (Nikolaus), im *Jöcher* — geb. zu *Huſum den* 10 Sept. 1569, ſtarb (als Superintendent zu Stralſund?) *den 7 Jan.* 1641. Vgl. Memoria ejus auctore C. Fr. *Streſow.* Flensburgi 1759. 8.

(M. ü. N. 2. 5.) PRAETORIUS (W..... C.....), *däni-ſcher Prämierlieutenant zu Homburg;* geb. zu .... im Holſteiniſchen (?) 17.., ſtarb 17... §§. * Merk-würdigkeiten der Stadt Altona, nach chronologiſcher Ordnung nebſt dabei gehörigem Grundriſſe der Stadt auf einem Elephantenbogen abgedruckt. Altona 1780. 8. Erhielt nach dem Tode des Verfaſſers 1792 einen neuen Titel, auf welchem er genannt iſt.

PRALL (.......), *Juſtitzrath in Tönningen,* geb. zu .... 17.., ſtarb 1793. §§ Epiſtola gratulatoria de vtilitate quam concionis in aedibus ſacris auditus praeſtare valet. Jenae 1749. 4. (*Mitgetheilt.*)

(M.) PRANGE (Auguſt Diederich Gottlieb). „Ein Do-ctor Medic. dieſes Namens iſt *in Altona* nicht und ſchwerlich je geweſen." (*Mitgetheilt.*)

von PREINDL (Joſeph), war k. k. Chargé d'affaires am däniſchen Hofe, hielt ſich demnächſt *zu Schleswig* auf (wo er drucken ließ: Eſſay d'une Grammaire Turque. à Schleswigue 1787. 8. Vgl. Prov. Ber. 1788. H. 3. S. 370.), lebt aber wahrſcheinlich nicht mehr in den Herzogthümern.

Hh 5   (E.

(E. 140.) PROFE (Gottfried). Vgl. Memoria ejus auctore *P. Chr. Henrici.* Altonae 1770. Fol.

(E. 120,) von QUALEN (Jofias), *ftarb* 17 . . .

(N. 1. 2. 4. 5.) RAHUSEN (Reinhard), *geb. zu Hamburg
den 23 Aug.* 1735, *ftarb den* 8 *März* 1793. Vgl. Bolten's Kirchen - Nachr. von Altona. 1, 305 ff. Schrieb
noch: Handboek over den heil. Doop en het heilige
Avondmaal. Altona 1790. 8. De befte en veiligfte
Trooftgronden waardoor wy ons den anderzins
hoogftsmarte lyk en dood onzer naeftbeftaande
Bloedsverwanten verzagten en verligten kunnen.
Altona 1790. 8. Denkmal der Hochfchätzung und
Freundfchaft der im Herrn entfchlafenen Frau Wittwe Alida van der Smiffen, geb. Veen, errichtet. Daf.
1790. 8. Väterliche Empfindungen bei dem früh-
zeitigen Tode feines einzigften Sohnes H. G. Rahufen.
Daf. 1790. 8. Freundfchaftliches Troftfchreiben an
Hrn. J. G. v. der Smiffen bei dem fchmerzlichen Tode
feiner Ehegattinn Helena v. d. S. 1790. 8. (*Autogra-
phum*). Hat auch verfchiedene Stücke zu den Bafeler
Auszügen der deutfchen Gefellfchaft geliefert. —
Kurz vor feinem Tode erfchien noch: Etwas über
den jetzigen politifchen Zuftand Europens. Altona
1793. 8.— Die fchwedifche Ueberfetzung der einen
Schrift erfchien nach *Erfch* zu Gothenburg 1787.

Graf zu RANZAU (Hans), Vater(?) des Chr . . . zu R.,
(f. oben) — *auf Afchberg, geb. zu* . . . . 17 . ., *ftarb*
17 . . . Ift Verfaffer des von Ekkard S. 193 anonymifch aufgeführten Schreibens eines hollfteinifchen
Guts-

Gutsherrn, die Abfchaffung der Hofdienfte auf feinem Gute und die Folgen diefer Veränderung betreffend. Hamburg 1775. 8. Vgl. Prov. Ber. 1787. H. 3. S. 308. und 1791. H. 5. S. 207.

(M. u. N. 1-5.) REICHARDT (Johann Friederich), kaufte 1793 das Gut Rethwifch in Wagrien, und privatifirte in Altona (weswegen er auch einen Platz in den Prov. Ber. erhielt), zog aber 1795 wieder nach Giebichenftein bei Halle.

(M. u. N. 1, 515 u. 751. 2. 3. 5.) REICHENBACH (Friederich Chriftian), geb. zu Riefebye im Lande Schwanfen den 31 Mai 1740, ftarb den 15 März 1786. Vgl. auffer Bolten und Wolfrath, welche das gelehrte Deutfchland anführt, (G. L. Ablemann's) Auffatz in den Prov. Ber. 1787. H. 3. S. 366.

REICHENBACH (Johann Gotthilf), Vater des Vorigen — Vgl. Bolten's Kirchen-Nachr. von Altona 1. S. 85. und die dafelbft angeführten Schleswig-Hollfteinifchen Anzeigen 1768. St. 6., den Lebenslauf des J. G. R. gröfstentheils von ihm felbft gefchrieben (und von feinem Sohne Fr. Chr. vollendet) .... 2 Bogen in 8. (fiehe dänifches Journal B. 2. S. 291.) und Leben, Charakter und Amtsführung feines Vaters — von Fr. Chr. R. Altona 1767. 8.

REIN (Johann Balthafar), geb. zu Breitungen im Stollberg-Roslaifchen den 14 Dec. 1713, war vormals preuslifcher Berginfpector zu Freienwalde in der Mittelmark, privatifirte zuletzt in Altona, ftarb den 24 Aug. 1794. §§. Vierftimmiges Choralbuch, worinn alle
Me-

Melodien des Schleswig-Holſteinſchen Geſangbuchs enthalten ſind, mit königl. priuilegio excluſiuo herausgegeben. Altona 1755. in Verlag des Verfaſſers. 104 Seiten in Notenquart. — Soll auch ehemals eine alchymiſt. Schrift herausgegeben haben. (*Mitgetheilt.*)

(N. 5.) REINHARD (........), welcher S. 75. angeführt wird, lebt nicht mehr *in Altona.*

RHODE (Johann), deſſen S. 188. gedacht wird, *ſtarb als Leibarzt* des Herzogs von Auguſtenburg 1792 (?), *geb. zu .... 17 ...*

(N. 5.) ROHLFS (Matthias), *Schreib- und Rechenmeiſter zu Buxtehude, ſtarb* 179.., wird nicht nur dort (Th. 1. S. 190. und Th. 2. S. 162.), ſondern auch in *Sprengel's* Grundriſs der Staatenkunde (Halle 1793) S. 306. als Verfaſſer des däniſchen und Schleswig-Holſteiniſchen Kalenders aufgeführt, da bekanntlich von ihm nur die mathematiſchen Berechnungen herrühren.

(M. u. N. 1. 3. 5. E. 139.) SALCHOW (Ulrich Chriſtoph), *ſtarb den* 20 *Apr.* 1786. Vgl. den von *Meuſel* und *Lawätz* aufgeführten *Baldinger.* — Die N. 4. angeführte neue Auflage der chirurgiſchen Beobachtungen hat bloſs einen neuen Titel mit der Jahrszahl 1791 erhalten. (ſ. allg. deutſche Biblioth. Band 112. S. 384.) — Eine Schrift von ihm wurde nach *Erſch* ins Däniſche überſetzt.

von SALDERN (Caſpar Salomon), *geb. zu Hadersleben den* 13 *Jun.* 1770, *ſtarb in der Schweitz den* 6 *Aug.* 1794. Vgl. *Brinken's* S. 35. angeführten Aufſatz.

SAUPE (G.... C....), wurde aus dem Katalog der

Oſter-

Oftermeſſe von 1793 in die Prov. Ber. 1793. H. 3;
S. 336. und nachher ſelbſt H. 5. S. 139 u. 145 aufgenommen, weil man ihn mit dem .... *Saupe*, Cantor
in Hadersleben, der aber ein Agraph iſt, verwechſelte.

(N. 5.) SCHADE (Georg), *Regierungs- und Obergerichts-
Advocat zu Kiel* ſeit 1775, ſaſs von 1760-1775 auf
der Inſel Chriſtiansoe bei Bornholm gefangen, und
war zuerſt Ober- und Landgerichts-Advocat zu Altona, *geb. zu Apenrade* (nicht: Sonderburg) *den 8 Mai
1712, ſtarb den* 10 *April* 1795. Vgl. auſſer den Nachrichten von dem Zuſtande — B. 1. S. 620 ff. und 689
ff. *Bolten's* Kirchen-Nachr. von Altona 2, 129-131.
und die daſelbſt angeführten Schriften, wo aber aus
C. *W. F. Walch's* Grundſätzen der Kirchengeſchichte
des N. T. im 18ten Jahrh. (Göttingen 1774) S. 128.
die Noua Acta hiſtorico-eccleſ. B. 6. S. 88 ff. hinzuzuſetzen ſind, ſo wie auch einige, ihn betreffende
Nachrichten in: Luxdorphiana eller Bidrag til den
danſke Litterär-Hiſtorie — Kbhvn. 1791 (Theil 1.
S. 4-21.) und *Thieſs's* Ephemeriden der neueſten
theol., Litteratur und Kirchengeſchichte B. 1. S. 499.
vorkommen. Auch ſoll *ſein Leben*, zu Kopenhagen
beſonders gedruckt, erſchienen ſeyn (und *Aug. Friedr.
Cranz* in einer gewiſſen Schrift, welche ſeine Befreiung
veranlaſste, von ihm gehandelt haben), woran jedoch
zu zweifeln iſt, da man es in keinem von *den* Bü-
cherkatalogen, welche hier Auskunft geben würden
— den Hielmſtierneſchen, Lorckiſchen, Luxdorphi-
ſchen, Sevelſchen, Thottiſchen — gefunden hat.

Wahr-

Wahrſcheinlich iſt gemeint, die im Verzeichniſs der
nachgelaſſenen Bücher dieſes Schriftſtellers ſelbſt aufgeführte „Merkwürdige Vorſtellung, Deduction und
Bitte eines wegen der vernünftigen natürlichen Religion verfolgten und in elf Jahren verwieſen geve-
ſenen Weltweiſen und Rechtsgelehrten. Kopenhagen
1772. 4." — Zu den im Bolten befindlichen Schriftenverzeichniſſe gehört *theils* eine ältere Schrift:
*Die unwandelbare und ewige Religion der älteſten
Naturforſcher und ſogenannten Adepten, oder geo-
metriſcher Beweiſs, daſs die Metaphyſik die wahre
theoretiſche, und die Moral die wahre praktiſche
Gottesgelahrheit ſei, beſtehend in einigen freien Anmerkungen und Erinnerungen über das in dem 1ſten,
2ten und dem Vorbereitungstheile zum 3ten Stück
der höhern Weltweisheit enthaltene Syſtem der allgemeinen Geſellſchaft der Wiſſenſchaften und deren
Einrichtung und Plan, zur gründlichen Ueberfüh-
rung aller Seichtdenkenden und Köhlergläubigen
Deiſten und Naturaliſten, aufgeſetzt von einem Liebhaber der Wahrheit an ſeinen Freund. Berlin und
Leipzig 1760. 8. — *theils* eine neuere, von der jedoch
nur einige Bogen abgedruckt ſind, und die folgenden Titel hätte erhalten ſollen: Kurzer vorbereiten-
der Auszug eines nach und nach heftweiſe zu edi-
renden gröſsern Werks oder Syſtems der durch die
Streitigkeiten über die Newtoniſche, Leibniziſche und
Kantiſche Philoſophie berichtigten und zur völligen
und mathematiſchen Gewiſsheit gebrachten höhern

oder

oder allgemeinen Naturkunde der wahren innern und eigenthümlichen Grundkräfte, aller und jeder für sich beftehenden einfachen Dinge oder Subftanzen, nach den Graden ihrer Kräfte und Vollkommenheit zur wahren augenfcheinlichen Verbefferung und Vervollkommnung von vorne her oder a priori aller zur wahren Weisheit oder zum zeitlichen und ewigen Wohlfeyn und Glückfeligkeit gereichenden vernünftig - theologifchen, wie auch chemifch - phyfifchen, theils durch die Erfahrungen des Herrn *Lavoifier's*, theils des Herrn *Green's* (*Friedrich Albrecht Carl Gren's?*) beftätigten Wiffenfchaften, nicht weniger der medicinifchen und ökonomifchen, fürnemlich aber und hauptfächlich aller moralifchen, juriftifchen, politifchen und hiftorifchen Wiffenfchaften, nebft den Wiffenfchaften der extenfiven und intenfiven Größen oder der Mathematik und der Kriegskunde, nebft einem hiftorifchen Vorbericht von der höhern Naturkunde überhaupt und dem angenehmen Anfang und Urfprung derfelben, fehr wichtig für die letzten 10 Jahre des jetzigen 17ten (?) Jahrhunderts, und noch wichtiger für die Zukunft; von einem vieljährig verfuchten Gott und Menfchen liebenden Weltbürger, und dahero auch Beförderer des wahren, vernünftigen und thätigen, nicht aber blofs Namensund Modechriftenthums. 1ftes Heft. Kiel 1795. 4.

(E. 120.) SCHAUMANN (Peter), *geb. zu Süderbacftedt* im Kirchfpiel Jörl Amts Flensburg 1725, ward Conrector zu Salzwedel 17.., Rector zu Hufum 1756,

Rector

Rector zu Salzwedel 1771, und bald darauf Prediger
an der Marienkirche daselbst. §§. Prol. scholasticæ,
qua veram in litteris sacrosanctis esse poësin ex aliquot poëseos propriis characteribus ad hymnum
Dauidicum XLV. accommodatis probare studet. Solt-
quellæ 1754. 4. Vorstellung der Pflichten eines
rechtschaffenen Schülers gegen die Schulwissenschaf-
ten. Flensb. 1757. 4. Breuis exemplorum collectio,
qua studiorum liberalium in respublicas et religionem vim atque vtilitatem docet. Ibid. 1758. 4. Das
Schulprogramm von 1759 handelte von der Methode, wornach die Schullectionen getrieben wurden,
hauptsächlich in der Geschichte. Beigefügt ist eine
Regententafel des 15ten Jahrhunderts, nebst einer
Erläuterung derselben in Versen. 4. Das Schulprogramm von 1760 (welches, wie das vorige, keinen
besondern Titel hat) handelt von den vornehmsten
Jubelfesten unter Heiden, Juden und Christen. 4. Von
dem reellen Nutzen lateinischer Schulen. 1762. 4.
*Erneuerte Husumische Schulordnung. Flensb. 1763.
158 S. in 8. (s. Fortgesetzte Nachrichten 3, 144.)
Erläuterung einiger Punkte aus der erneuerten Husu-
mischen Schulordnung. Das. 1764. 40 S. 8. Untersuchung der Frage, in wieferne eine gründliche Schul-
gelehrsamkeit bei dem Unterricht in lateinischen
Schulen nöthig und nützlich sei? Das. 1765. 8.
Lectionsanzeige nebst Nachricht von dem Anwachs
der (1763 von ihm gestifteten) Schulbibliothek.
Flensb. 1766. 8. Einladung zum Krönungsfeste des
Kö-

Königs Chriſtian VII. Daſ. 1767. 4. Kurze Vertheiâ
digung des göttlichen Worts gegen die Anmaſsun-
gen der Philoſophie, in Abſicht der wahren Beſſerung
der Welt. Daſ. 1770. 8. De neceſſitate et vtilitate
ſtudii hebraïci quaerit P. Sch. qui rectoris Huſumen-
ſis prouinciam, quam tria luſtra geſſit, oratione vale-
dictoria deponet. Ibid. 1771. 8. — Auſſer dem finde
ich: Defenſio Zimmermannianae de Gen. II, 17. ſen-
tentiae aduerſus Bibliothecam Germanicam vniuer-
ſalem, loco programmatis ſcholaſtici. Flenopoli 110 S.
8. ohne Jahrzahl, vermuthe aber, daſs ſie in das Jahr
1761 (ſoll wahrſcheinlich heiſsen 1767, vgl. *Thieſs's*
Handbuch der neuen Litteratur der Theologie, B. 1.
S. 615 fg.) fällt. (*Mitgetheilt.*) *ſtarb den* 14 *Mai* 1793.
Die erſte Periode ſeines Lebens findet man beſchrieben in *J. Laſs's* Huſumiſchen Nachrichten, 2te Fortſetzung, Stück 8.

(W. 2.) von SCHEEL (Gerhard Heinrich), *geb. zu*
Glückſtadt (?) 17.., *ſtarb zu . . .* 17...

(M. u. N. 1-5.) SCHINK (Johann Friederich), wurde
1795 in die Prov. Ber. aufgenommen, wohnt aber
noch immer in *Hamburg,* ob er gleich im Sommer auf
einem holſteiniſchen Dorfe ſich aufzuhalten pflegt.
Vgl. Berliner Archiv der Zeit und des Geſchmacks.
Sept. 1795. S. 255.

(M. u. N. 1-5.) SCHINMEIER (Johann Adolph), wurde
in die Prov. Ber. 1788. H. 6. S. 386. als ein in *Tön-*
ningen Geborner aufgenommen, wo ſein Vater einige
Jahre als Prediger ſtand, war aber aus *Stettin* gebür-

tig. Vgl. Lebensbeſchr. preuſſiſcher Gottesgel., allg.
Magazin für Prediger, von *J. R. G. Beyer*, B. 8. wieder abgedruckt und ergänzt in der kurzen Schilderung des Lebens, des Charakters und der Verdienſte
des *J. A. S.* — von *H. F. Niemeyer*. Lüb. 1796. Fol.
(M. u. N. 1.) SCHMALZ (H.... A....), war in den
Jahren 1768 und 69 Hofmeiſter eines jungen Grafen
von Ahlefeldt zu Biörnemöſe auf Fühnen, *ging 1770*
nach Amerika, wo er bald darauf ſtarb. Daß er auſſer
der Ueberſetzung des patriotiſchen Zuſchauers (von
Janus Schelderup Sneedorff) noch ſonſt etwas geſchrieben hat, iſt mir nicht bekannt. Sein Verleger
weiß gar nichts von ihm anzugeben; was ich aber
hier angeführt habe, iſt ganz zuverläſſig, denn er
war als Hofmeiſter mein unmittelbarer Vorgänger
auf Biörnemöſe. (*Mitgetheilt von Johann Jasperſen*).
Geb. nach einigen *zu Tondern*, nach andern *auf Gra-*
venſtein. Vom patriotiſchen Zuſchauer überſetzte er
nur die beiden erſten Theile (1769 und 1770), die
beiden letzten aber (1771 und 1772) C. D. *Ebeling*.
(N. 1-5. W. 3,686 u. 985.) Graf von SCHMETTOW
(Woldemar Friederich), *ſtarb den 7 Jul.* 1794. Vgl.
Tod des Grafen Schmettow in Plön; im Genius der
Zeit Aug. 1794. Bruchſtück zur Charakteriſtik des
verſtorbenen Grafen Schm, von H (ennings), daſ.
Jun. 1795. Prov. Ber. 1794. H. 5. S. 269 ff. und
Koppe's juriſt. Almanach auf 1795. S. ... Das in den
Prov. Ber. eingerückte *Autographum*, welches er eigent-
lich für dieſes Werk beſtimmte, verdient auch hier
eine

eine Stelle: „*W. Fr.* Graf *v. Schm.*, *geb. zu Zelle* im
Hannöverifchen *den* 25 *Febr.* 1749, *hält fich* feit 1778
in Plön auf, ift aber verfchiedenemal auf lange Zeit
abwefend gewefen, unter andern 1787 und 1788 zu
Speyer am Rhein. — Im Jahr 1767 ernannte ihn der
König von Dännemark zum Gefandfchaftsfecretair
in Madrit, wo er während der Abwefenheit des Gefandten bis zum Sommer 1769 als Gefchäftsträger
blieb. 1769 ernannte ihn der König zu feinem Ge-
neraladjutanten, und fchickte ihn als Gefandfchaftsfecretair nach Warfchau; 1771 als Gefchäftsträger
nach Dresden. Zu Anfang des 1772ften Jahres ernannte er ihn zum aufferordentlichen Gefandten am
Churfächfifchen Hofe. Im Jahr 1773 bat der Graf
um feinen Abfchied, erhielt ihn und trat völlig aus
dänifchen Dienften. — In demfelben Jahre 1773 erhielt er den Churpfälzifchen Löwenorden, und trat
als Geheimerrath in Churpfälzifche Dienfte, verließ
felbige im folgenden Jahre, reifete und zog 1778
nach Plön, wo fich fein am 24ften Oft. verftorbener
Vater, der königl. dän. General der Cavallerie und
Ritter des Elephantenordens, Hermann Woldemar
(Meufel: Wold. Herm.) Graf v. Schm. von Holdorp
aufhielt. Im Jahr 1781 ertheilte ihn der König von
Dännemark eine Penfion. 1788 wurde er von der
königl. Societät der Wiffenfchaften zu Drontheim
zum Mitgliede aufgenommen. Durch ein königl. Re-
fcript vom 11ten Jun. 1790 erhielt er den Auftrag,
im Plönfchen Landgerichte und dem Plönfchen Con-

fiftorium zu fitzen, welches auch jetzt feine einzige
öffentliche Befchäftigung ausmacht. — Seine Schriften find: Lettre à Monf. *Aubri* fur la litterature alle-
mande, welche als Vorrede von der Ueberfetzung
der Leiden Werthers (Les paffions du jeune Wer-
ther, traduit par *Aubri*) 1777 zu Paris in 8. erfchien.
* Der Egoismus, ein Luftfpiel in 5 Aufzügen, von
dem Herrn *Cailbara*, aus dem Franzöfifchen überfetzt.
(Hamburg) 1778. 8. *Abregé du droit public d'Al-
lemagne. Amfterdam 1778. 8. * Ueber Empfindelei
und Kraftgenies, Modevorurtheile und Schimpf-
reden, auch einige ernfte Gegenftände. 1s Heft. Deffau 1783. 2s Heft. 1784. 8. *Ein kleiner Beitrag zur
Kenntniß des franzöfifchen Staats, von einem Nor-
derdeutfchen, als ein Anhang zu den beiden Schriften: „Finanzzuftand des franzöfifchen Staats," und
„Necker in Briefen an Ifelin." (1784. 8. ohne Druckort.) Beantwortung der Frage: „welches find die
ficherften, leichteften und wohlfeilften Mittel, die
Heerftrafsen wider Räubereien und Gewaltthätig-
keiten zu fichern?" Eine von der königl. Societät der
Wiffenfchaften zu Göttingen im Jahre 1788 gekrönte
Preisfchrift. Hannover 1789. gr. 4. *Patriotifche
Gedanken eines Dänen über ftehende Heere, politi-
fches Gleichgewicht und Staatenrevolution. 2te fehr
vermehrte Auflage. Altona 1792. 8. — Zu *Schlözer's*
Briefwechfel und zu deffelben Staatsanzeigen hat er
verfchiedene Beiträge geliefert, unter andern: *a*) eine
Befchreibung der Stiergefechte in Spanien; *b*) über

die

die Jagd; *c*) über das dänifche Finanzwefen. 1787;
d) Erklärung über den Cardinal und Fürft Bifchof
von Strasburg, Prinz *Louis von Roban*, veranlafst durch
eine Schrift, betitelt: „Wiederhall aus der deutfchen
Lefewelt." 1790. u. f. w. — Vom Anfange des
1793ften Jahres ift er Mitarbeiter am Schleswigfchen
Journal. Sein erfter Auffatz im Januar ift betitelt:
„Ohnmafsgeblicher Vorfchlag, veranlafst durch N....
der allgem. Litt. Zeit." Die folgenden Auffätze von
ihm find unterzeichnet S. — Die ihm zugefchriebene
Schrift: An Dännemark und feine braven Bürger,
Hamburg 1786. wogegen er öffentlich in der allgem.
Litt. Zeit. proteftirte, ift ficher nicht von ihm. — Er
arbeitet jetzt an einem Buche, über den Adel und
befonders über die Frage: ob man ihn abfchaffen
müffe. Plön den 25 März 1793.   Schmettow."—
Von den patriotifchen Gedanken erfchien eigentlich
die erfte Ausgabe (Altona) 1792, die 2te verbefferte
und vermehrte Auflage dafelbft 1793, die 3te aber
nicht mehr *anonymifch*, 1795. — *Dänifch* überfetzt:
En danfk Mands patriotifke Tanker om ftaaende
Heere, politifke Ligevægt og Statsrevolutioner —
Kbhvn 1794. 8. — Von den Gegenfchriften, welche
diefes Werk veranlafste, f. Prov. Ber. 1793. H. 5,
S. 203. 1794. H. 1. S. 88. H. 2. S. 294 und 299. H. 3.
S. 395. — Schrieb noch: Auffätze im Hannöverfchen
Magazin von 1789, welche *Beutler* verzeichnet. —
Erläuternder Commentar zu den patriotifchen Ge-
danken eines Dänen — von dem Verfaffer derfelben

—; veranlaſst durch ein bei J. F. Schulz in Kopenhagen erſchienenes anonymiſches Pasquill, betitelt: Gedanken eines Norwegiſchen Officiers über die patriotiſchen Gedanken eines Dänen, mit Beilagen. (Altona)
1793. 8. (*Däniſch* überſetzt: Oplyſende Commentar
til en danſk Mänds patriotiſke Tanker — Kbhvn.
1794. 8.)— An Se. Königl. Majeſtät zu Dännemark
und Norwegen allerunterthänigſte Erklärung abſeiten W. F. Grafen von Schm., in Betref angeſchuldig-
ten Miſsbrauchs der Preſsfreiheit. (ohne *Druckort*)
1794.— wieder abgedruckt im März des hiſtor. polit.
Magazins, S. 262-284, und in den Annalen der leidenden Menſchheit. 1794.— *Däniſch* überſetzt: Grev
W. F. v. Schm. Erklæring til Hans Maj. Kongen angaaende Beſkyldningen for Miſsbrug af Trykkefri-
heden. Kbhvn. 1794. — An Ihro Königl. Majeſtät
zu Dännemark und Norwegen allerunterthänigſte
Erklärung abſeiten W. F. Grafen v. Schm., betreffend das allerhöchſte Reſcript vom 4ten Mai dieſes
Jahrs. (ohne Druckort) 1794 — wieder abgedruckt
in den Annalen der leidenden Menſchheit 1794.—
Nach ſeinem Tode kam heraus: Kleine Schriften. 1ſter
und 2ter Theil. Altona 1795. 8 (Theil 3, welcher
vieleicht Oſtern 1797 erſcheint, wird zufolge der
Vorrede zum 1ſten Theil vornemlich eine kurze
Nachricht von dem *Leben* dieſes Schriftſtellers geben.)
Sein Bildniſs von *Lips* vor dem erſten Theile ſeiner
kleinen Schriften. — Ein *zweites*, für dieſes Werk
von ihm beſtimmte *Autographum*, mag den Schluſs
dieſes

diefes Artikels machen: Ein in den Herzogthümern geborner F.., W... C... Graf *von Schmettau* ift mir gar nicht bekannt. (Zufolge dem 4ten Nachtrage war er hiernach befragt; allein der 5te giebt itzt Auskunft: Es ift der nachher als Obrifter oder Generalmajor aufgeführte.) Alle *Schmettow, Schmettau, Schmettaw,* Grafen, Edelleute und Bürger, find übrigens von einer Familie. Warum fie fich verfchieden fchreiben, ift mir felbft unbekannt. — Mein feeliger Vater, *Hermann Woldemar*, der aber nicht in Holftein geboren war (M u. N. 1. 2. W. 1. u. 3.), hat außer einigen kleinen militairifchen Schriften gefchrieben: a) Blätter aus Liebe zur Wahrheit; b) auch Fragmente. Philadelphia. Beide theologifchen Inhalts. — Mein noch lebender Bruder, *Carl Jacob Woldemar*, Generalmajor in Drontheim, hat meines Wiffens gar nichts gefchrieben. — Der Obrifte oder Generalmajor *Schmettau* in Berlin (Sohn des verftorbenen Preusfifchen Generalfeldmarfchalls und Generalfeldzeugmeifters), der wegen feiner Carten- und Plan-Sammlung bekannt ift, auch Carten gemacht hat, hat verfchiedenes im militairifchen Fache gefchrieben. Er ift aber gewifs nicht in Holftein gebohren. (Vgl. Neueftes gel. Berlin 2, 136 fg.) — Es lebt aber ein Graf *Schmettau* im Oldenburgifchen, wo er meines Wiffens eine Bedienung hat, der vorher Cavalier bei dem jetzigen Fürft Bifchof von Lübek, in Eutin war, und der vieleicht etwas gefchrieben hat. Gewifs weifs ich es nicht, fo wenig als feinen Geburtsort. (Es wird gemeint,

Reich-

Reichsgraf *von Schmettau*, Fürftl. Bifchöfl. Reichsmar-
fchall und Landvogt zu Oldenburg, auch Domherr
zu Lübek, welcher 1794 im 45ften Jahre feines Le-
hens ftarb, und wenigftens im gelehrten Deutfchlande
fehlt.) — In der *Schmettau*ifchen Familie ift mir fonft
kein Schriftfteller bekannt. — Ob mich gleich der
König 1769 zum General - Adjutanten ernannt hat,
um mir einen Titel zu geben, weil der verftorbene
Minifter Graf von Bernftorf den König bat, mich zu
belohnen, fo bin ich gleichwol nicht Officier. *Theils*
verftehe ich vom Militair nichts, theils ift der Ge-
neral-Adjutanten - Titel mehr eine Hof- als Militair-
Charge, theils bin ich 1773 ganz auffer Dienft getre-
ten, und kann jetzt als Mitglied zweier Gerichte,
wovon das Eine noch dazu geiftlich ift, nicht wohl
das in jüngern Jahren , um an der Kleidung zu fpa-
ren, getragene Port d'Epee wieder hervorfuchen,
noch mir, der ich auf allen Rang Verzicht gethan
habe, wieder aufbürden laffen.

(M. u. N. 3.) SCHMIDT (Matthias), *ftarb* 1787.

(M. u. N. 1. 2. 4. 5.) von SCHOLTEN (Johann Andreas),
wurde in den Prov. Ber. 1787. H. 4. S. 502. und
nachher noch ein paarmal als *Holfteiner* aufgefuhrt,
war aber nach N. 5. *geb. zu Hamburg.*

SCHOLTZ (Heinrich), *geb. zu Weigelsdorf* im Schlefi-
fchen Fürftenthum Oels *den* 20 *Aug.* 1696, ward
1733 Rector in Plön, 1737 Profeffor in Altona, 1741
Paftor zu Heiligenhafen, ftarb den 23 *Febr.* 1769. Vgl.
den von *J. M. Franke* angeführten *Strodtmann.*

SCHREI-

SCHREIBER von Cronftern (Gabriel Chriftian), *geb. zu
....,ftarb zu Schlenvig* 1769. Vgl. *Ekkard's* Regifter
über die Göttinger Anzeigen 2, 1419.

(N. 1. 2. 5. W. 3.) SCHROEDER (Carl Franz), *Candidat
der Medicin zu Kopenhagen, geb. zu Rendsburg* 1756 *den*
22 *Oct., ftarb* 1787. Er hat in der chirurgifchen und
medicinifchen Difputirgefellfchaft ein paar Auffätze
verthaidigt. Es fteht auch in *J. C. Tode's* medicinifch - chirurgifcher Bibliothek eine Beobachtung von
ihm. Er ward einmal von dem collegium medicum
nach Wadfoe in Lappland gefchickt, um eine Seuche
zu heilen, die fich da verbreitet hatte. (*Mitgetheilt.*)

(W. 3.) SCHROEDER, nach andern SCHROEDTER
(Hans Chriftoph), *Buchdrucker des Waifenhaufes in Kopenhagen, ftarb den* 31 *Mai* 1788. Er war eigentlich
ein Pommeraner, gab fich aber des Indigenatsrechts
wegen für einen Holfteiner aus. (*Mitgetheilt.*) Daher
heifst es in Worm: *geb. zu Plön den* 26 *Apr.* 1729.

(M. u. N. 1.) SCHUETZE (Gottfried), Sohn des Eufta-
fius Friederich Sch. Vgl. *Bolten's* Kirchen - Nachrichten 1, 118 ff. und die dafelbft angeführten Schriftfteller — *ftarb den* 2 *Jul.* 1784. Vgl. *Bolten* 1, 139 ff.
und die dafelbft angeführten Schriftfteller. — Schrieb
noch: Beurtheilung der heftigen Schreibart Lutheri.
Eine Einladungsfchrift zu einer öffentlichen Rede-
übung in dem königl. Pädagogio am 5ten März 1760.
Altona 4. Aus der 2ten Sammlung des 2ten Bandes
feiner Schutzfchriften für die alten nordifchen und
deutfchen Völker, wurde eine Abhandlung *franzöfifch*

über-

überfetzt: Les efprits forts de l'antiquité germanique et feptentrionale comparés aux incredules modernes. à Bruffelle 1755. kl. 8. (fehlt im Erfch.)

(W. 1. 3.) SCHUMACHER (Andreas), fand nie einen Platz im gelehrten Deutfchlande — geb. nicht in den Herzogthümern, fondern (obgleich er in Gatterer's hiftorifchen Journal 12, 185 ein Deutfcher heifst) wahrfcheinlich in Dännemark 17.., ward 1757 deut-fcher Canzeleyfecretair zu Kopenhagen, 1760 Lega-tionsfecretair zu Petersburg, 1762 Legationsrath, 1765 Etatsrath, 1767 geheimer Cabinetsfecretair, 1768 Doctor der Rechte in Cambridge, Conferenzrath und Deputirter des General-Landes-Oeconomie- und Commerz-Collegium, 1771 Deputirter der dä-nifchen Canzelei, 1773 Amtmann in Segeberg, und 1783 Ritter von Dannebrog, ftarb den 22 Febr. 1790. §§. Ueberfetzungen von ein paar dänifchen Reifebefchrei-bungen (nur eine hat Worm: *W. F. Rauu's zuver-läsfiger Bericht von dem, was während feiner Gefan-genfchaft zu Marokko vorgefallen — Kopenh. 1754. 8. wie auch Meufel Bibl. hift. 3, 1, 150 bemerkt). Gelehrter Männer Briefe an die Könige von Dänne-mark, vom Jahr 1522 bis 1663 zum Druck beför-dert. Erfter Theil. Kopenh. 1758. gr. 8. Gelehrter — Dännemark vom Jahr 1545 bis 1582. 2ter Theil. Daf. 1758. — Vom Jahr 1522 bis 1587. 3ter Theil. Daf. 1759. — Zufolge dem hiftorifchen Journal von J. C. Gatterer 12, 184 lieferte er auch 1772 eine oecono-mifche Abhandlung in die Bibliothek for nyttige Skrifter. (M.)

(M.) SCHWABE (Johann Stephan), *Hardesvogt über Sü-*
derrangſtruxbarde im Amte Apenrade (vorher königl.
däniſcher Capitain und Regimentsquartiermeiſter zu
Rendsburg); *geb. zu Roſtock den 6 Aug.* 1710, *ſtarb*
den 2 Oct. 1789.

(M. u. N. 1. 4.) SEYLER (Friederike Sophie), geborne
Sparmann, — *geb. zu Dresden* 1738, *ſtarb den 22 Nov.*
1789 als Schauſpielerinn zu Schleswig. §§. Der Hin-
kende und Stotternde. Ein Luſtſpiel .... (war dem
Journal von und für Deutſchland, 5ter Jahrg. St. 2.
zufolge, 1788 noch ungedruckt.) Die Familie auf
dem Lande. Ein Schauſpiel. Braunſchweig. 1770. 8.
(Im Wiener Theater, unter dem Namen: Die Ent-
führung oder die zärtliche Mutter.) Hyon und Aman-
de, ein romantiſches Singſpiel in 5 Aufzügen, nach
Wielands Oberon. Flensburg 1789. 8. Auch iſt eine
ungedruckte franzöſiſche Ueberſetzung von ihr da:
das Stück heiſt: Melanide. (*Mitgetheilt.*) Oberon oder
König der Elfen; ein romantiſches Singſpiel nach
Wieland. 3te? Auflage. Hamb. 1792. 8. Vgl. auch
Meuſel's Künſtler - Lexikon. Theil 1.

(N. 4. W. 3. E. 131.) SIBBERN (Friederich Gabriel Gottlieb), *Chirurgus am Zucht- und Verbeſſerungsbauſe zu*
Chriſtiansbaſen, geb. zu Segeberg den 7 Dec. 1743, *ſtarb*
den 4 Nov. 1794. Zum Schriftenverzeichniſſe im
Worm gehört noch: *Obſeruationes medicae in ſo-*
cietate exercitatoria. Hafniae 1776. 4. (ſ. oben Capito.) — In *Tode's* mediciniſch- chirurgiſcher Bibliothek findet ſich von ihm: Bemerkung einer Mund-
und

und Rückensperre, durch den Bisam geheilt; Th. 2.
Von dem extracto aconiti in der Gift. Daſ. *Einige
anatomiſche Beobachtungen*; Th. 3. *Erleichterte
Einrichtung einer verrengten Armſpindel*; Th. 9.
(*Revidirt.*)

von SIXTEL (Peter), *Secretair der dentſchen Kanzeley in
. Kopenhagen*, wurde in die Prov. Ber. 1793. H. 5. als
Landeskind aufgeführt, allein er iſt *geb. zu Petersburg.*

(N. 4. 5.) STOEVER (Dieterich Heinrich), *Doctor der
Philoſophie*, lebte zu Altona, zog aber 1793 *nach Hamburg*; *geb. zu Verden den* 19 *Jul.* 1767.

(M. u. N. 1. 2. 5.) STOEVER (Johann Hermann), Bruder
des Vorigen — *Doctor der Philoſophie*, lebte ſeit 1786
zu Altona, bis er 1792 als Rector nach Buxtehude
berufen ward, wo er den 24 Febr. 1796 ſtarb. Vgl.
Theol. Annalen 1796. S . . . .

(M. u. N. 1. 2. 4. 5. E. 120) STRESOW (Conrad Friederich), *geb. zu Sandberg* in der Grafſchaft Reventlow
in Sundewitt *den* 15 *Febr.* 1705, *ſtarb den* 17 *Dec.* 1788.
Vgl. Prov. Ber. 1789. H. 1. S. 117. die oben S. 229
angeführte Schrift des *O. H. Moller's* (welche *Chpb.
Gießing* am a. O. S. 481 - 490 benutzt hat) und die
Nachricht von ſeinem Amtsjubiläum in den Actis hiſtor. ecclef. noſtri temporis 8, 452. — Schrieb noch:
Die Schulen, als Werkſtätte des heiligen Geiſtes,
bei Gelegenheit der Einführung des *Pet. Schaumann*
zum Rectorate der Schule zu Huſum, in einer Ein-
ladungsſchrift kürzlich beleuchtet. Flensburg 1756.
4. (wieder abgedruckt zu Halle 1767. 8. vgl. *Meuſel*).

* Er-

● Erinnerungen an die Katechumenen, die ihren Taufbund erneuern wollen. Flensburg 1773. 8. Entwurf einer Theodicee der göttlichen Offenbarung, oder Darlegung der hohen Weisheit und allgemeinen Menschenliebe Gottes, in Kundmachung feines Worts und Willens. Lübeck 1770. 8. — Die N. 5. aufgeführte Schrift ſteht ſchon N. 2, wo nur durch einen Druckfehler „fortgeſetzte" ausgelaſſen iſt. — Seine Hauspoſtille erſchien *däniſch* .... 1752. 4. (fehlt im *Erſch.*)

(M. u. N. 1. 4. 5. E. 139.) STRUENSEE (Adam), *ſtarb den* 20 *Jun.* 1791. Vgl. Prov. Ber. 1791. H. 3. S. 346. Acta hiſt. eccl. noſtri temporis 8, 326. *Scholze* Kirchengeſch. Holſteins, S. 268 fg. und die im Gel. Deutſchlande angeführten Schriften: v. *Dreyhaupt's* Geſchichte des Saalkreiſes, (W. C. *Matthiä's* von *Chph. Gießing* am a. O. S. 425 - 466 genutzte) kurze Lebensgeſchichte deſſelben (nebſt vollſtändigem aber nicht genauem Verzeichniſs ſeiner Schriften) bei Gelegenheit ſeines Amtsjubilaums, *Denina's* Pruſſe litteraire. T. 3. *Bolten's* Kirchen-Nachr. 1, 81 ff. und *Schlichtegroll's* Nekrolog auf 1791. B. 2. S. 331 — Sein Bildniſs von *Fritſch* in Hamburg (ſ. fortgeſetzte Nachrichten 1, 375.) und von *L. Niſſen* (ſ. Prov. Ber. 1792. H. 3. S. 401).

STRUVE (Ernſt Gotthold), Vater des Ernſt Friederich und Friederich Gotthold St. ſ. oben — *ſtarb zu Petersburg den* 21 *Nov.* 1743. Vgl. *Schwarze's* Nachrichten von Kiel. S. 359 ff.

(E.

(E. 140.) STRUVE (Friederich Chriſtian), *geb. zu . . . .* in der Ükermark 17 .., *ſtarb den* 21 *Jul.* 1780 in einem Alter von beinahe 83 Jahren. (ſ. Schwaȑze S. 363 und Kiel. Litterat. Journal 1780. S. 668.)

STRUVE (Friederich Gottlieb), Sohn des Georg Adam und Bruder des Burkhard Gotthelf St. im *Jöcher —* *geb. zu Jena den* 10 *Nov.* 1676, *ſtarb den* 23 *Jul.* 1752. Vgl. auſser dem *Götten* beim *J. M. Franke, Schwarze* S. 345, der unter andern (*Sebaſt. ?*) *Kortholt's* Leichenprogramm anführt.

(W. 2.) STRUVE (Joachim Ludwig), *geb. zu ...* 17 .., *ſtarb* als Exauditeur zu Schleswig oder Rendsburg 17 ...

(M. u. N. 1. 3. 4.) TIMME (Chriſtian Friederich), *ſtarb den* 7 *Jan.* 1788; ſoll den Prov. Ber. 1788. H. 4. S. 93 zufolge aus der Nachbarſchaft von Huſum gebürtig geweſen ſeyn.

TIMME (. . . . .), *Landvogt auf Sylt* (vorher Rentſchreiber zu ....) *geb. zu* 17 .., *ſtarb* 17 ... §§. * Von der Fruchtbaumzucht in den Herzogthümern, in den Prov. Ber. 1787. H. 3.

(M. u. N. 1.) TRESENREUTER (Johann Ulrich Chriſtoph), ſehlt im *Pütter*, obgleich er nach *Ekkord's* Regiſter zu den Götting. Zeitungen Mag. leg. zu Göttingen war — *ſtarb den* 13 *Aug.* 1783. Vgl. *Weidlich's* biogr. Nachrichten 3, 325.

᛫ (N. 5.) VENTURINI (C.... H.... G....), wurde in den Prov. Ber. 1795, H. 6. S. 349 aufgeführt, weil er 1795 nach Altona zog, welchen Ort er jedoch ſchon 1796 mit Kopenhagen verwechſelte.   (M.

(M. u. N. I. E. 114.) VOLQUARTS (Georg), *ſtarb den* 29 *Jan.* 1784. Vgl. *Fehſe* Norderdithmarſiſche Pre-diger-Nachr. S. 503. Die gelehrten Artikel in den Schleswig-Holſtein. Anzeigen (Glückſtadt 1750 ff. 4.) ſind mehrentheils G. V. unterſchrieben und zei-gen ihn an.— Auch hatte er Antheil an den Hambur-giſchen Nachr. aus dem Reiche der Gelehrſamkeit.

(M. u. N. I.) VOTHMANN (Johann Georg), *geb. zu Son-derburg* 17.., *ſtarb den* 12 *Febr.* 1788 im 33ſten Jahre. Vgl. Prov. Ber. 1788. H. 2. S. 288. Von ihm finden ſich noch *drei* Auſſätze in *Hirſchfeld's* Gartenkalender für 1783; auch lieferte er Beiträge zu der Flora Da-nica. — Seine Preisabhandlung über Zubereitung, Auf bewahrung und Benutzung des Apfel- und Birn-moſtes wurde aus der deutſchen Handſchrift abge-kürzt ins *Däniſche* überſetzt: Afhandling om Aeble-og Pæremoſter Tilberedning, Bevahring og Anven-delſe. Kbhvn. 1792. 8. med 1 Kobb. (auch eingerückt in: Det kongel. danſke Landhuusholdnings Selſkabs Skrifter. Deel 4. 1794.)

(E. 147.) WEBER (Andreas), Vater des Georg Heinrich W. (ſ. oben)— *ſtarb den* 26 *Mai* 1781. Vgl. *Pütter's* Gelehrten-Geſchichte von Göttingen 1, 172. u. 2, 52.

(M. u. N. 2.) WEGENER (Otto Auguſt), *geb. zu Eutin den* 9 *Febr.* 1727, *ſtarb* 17...

(W. 3.) WEINBRENNER (Chriſtian Friederich), *geb. zu Kopenhagen* 17.., *ſtarb zu Schleswig* 179...

(M.) WIEGMANN (Conrad Friederich), ſtarb 17...

WINCKLER (Carl Friederich), *ſtarb* 178.. Vgl. *Weid-lig's* biograph. Nachr. 2, 463 ff. (N.

(N. 1. 5.) WOLF (D.....H.....), ift von Altona nach Hamburg gezogen.

(N. 1. 752. 2-4.) WOLLER (Johann Ludolph Heinrich), *geb. zu ..... 17..., ftarb* als Hofmeifter *zu Kiel 179 ...*

(E. 148.) ZACHARIÆ (Gotthilf Traugott), wird von *Dabler* S. 760. zu den Reformirten Dogmatikern gerechnet — *kam 1775 nach Kiel als Kirchenrath und ordentlicher Profeſſor der Theologie, und ftarb daſelbſt* in der Nacht vom 7ten auf den 8ten *Febr.* 1777. Vgl. *F. Stoſch's* neues gelehrtes Europa, Th. 18. S. 403 ff. *Pütter's* Gelehrten - Geſchichte von Göttingen 2, 29. Deſſen Charakter, entworfen von *J. J. Ch. Pertſchke.* Bremen 1777. 8. und deſſelben Charakter ſeit 1775, geſchildert von *Wolfrath* im 2ten Theil ſeiner Charakteriſtik.

(M. u. N. 5. E. 152.) ZEISE (Heinrich). *ftarb den 16 März* 1794. Vgl. *Bolten's* Kirchen-Nachrichten von Altona 1, 168. und Prov. Ber. 1794. H. 2. S. 301.

(E. 141.) ZIEGLER (Johanne Charlotte), *ftarb als J. A. Unzer's Gattin zu Altona* 1782.

(M. u. N. 3.) ZIMDAR (Carl Friederich), *geb. zu Berlin* 1753. debütirte 1776, *kam nach Schleswig im November* 1789, *ftarb im Novemb.* 1792. §§. Der glückliche Bettler. Luftſpiel ..... Die Braut. Luftſpiel ...... Die totale Mondfinſterniſs. Oper ...... Argwohn, Freundſchaft und Liebe. Trauerſpiel ...... Verſchiedene kleine Gedichte. (*Mitgetheilt.*) Hinterließ als Wittwe die im *Meuſel's* Künſtler-Lexikon (2, 9.) auf-

aufgeführte *Augufta Benda*, welche nicht, wie dort behauptet wird, zu Hamburg 1782 ftarb.

(E. 122.) ZOËGA (Johann — nicht: Georg), fand nie weder im *Meufel* noch im *Worm* einen Platz — *Etats-rath und Deputirter im Finanzcollegium zu Kopenhagen;* geb. zu *Raabftedt* in der Schluxharde Amts Tondern den 7 Oct. 1742, *ftarb den* 29 Dec. 1788. Vgl. den oben S. 184 angeführten Auffatz: Einige Nachrichten von dem Leben deffelben; in den Prov. Ber. 1789. H. 5. (auch *dänifch*: in der Minerva 1789 ... — Jener deutfche Auffatz ift das Original, wornach S. 184 zu berichtigen ift) und die Schilderung feines Charakters (von *F. G. Oye*, nach *D. H. Stöver's* Angabe in *Linné's* Leben Th. 2. S. 99, welches oben S. 260 nicht bemerkt ift); in *D. H. Stöver's* hiftorifch-ftatiftifchen Beiträgen zur Kenntnifs der Staaten und der neuern Weltbegebenheiten. Hamb. 1789. §§. Diff de natura (praef. *G. Profe*) Alton. 1762. 4. — Gab heraus (die S. 2. angeführte): *Bibliothek for nyttige Skrifter.* Kbhvn. 1772. 4. — Von ihm felbft ift blofs die Recenfion von *O. F. Müller's* Schrift: Von Würmern des füfsen und falzigen Waffers. Kopenh. 1771. 4. — Lieferte Befchreibungen von Pflanzen in *Linné's* Mantiffa plantarum altera. Holmiae 1771. 8. — Machte die kurze Befchreibung zu den in Kupfer geftochenen: Icones rerum naturalium quas in itinere orientali depingi curauit *P. Forskabl.* Editore *C. Niebuhr.* Hafniae 1776. Befchreibung des Zeoliths, feiner Arten und Abänderungen nach dem äufsern Anfehen;

K k   in

in den Beſchäftigungen der Berliniſchen Geſellſchaft
Naturforſchender Freunde. B. 4. S. 254. (1779) . . .
. . . . . Kbhvn. 1787. 8. (*Deutſch* überſetzt unter dem
Titel: Verſuch zur Entwicklung feſter Begriffe von
Arbeit und Handel, als den Mitteln zur Beförderung
des Wohlſtandes; wie auch vom Geld und Vermögen, Münzen; der in den Herzogthümern einzuführ-
renden Speciesmünze; Banken und der in Altona zu
errichtenden Bank; veranlaſt durch einige Schriften über den am 8ten Nov. v. J. approbirten Plan
zur Veränderung der Münze in den Herzogthümern
und Errichtung einer Bank in Altona. Kopenh. und
Altona 1787. 8. — *Auszug* daraus in den Prov. Ber.
1787. H. 3. S. 378 ff. und in *Schedel's* Journal für
die Handlung. B. 3. H. 2. S. 89. ff.) . . . . . Kbhvn.
1787. 8. (*Deutſch* überſetzt unter dem Titel: Anmerkungen zu des Hrn. Prof. *Bang* fernerem Bedenken
über die neue Münzeinrichtung in Holſtein. Aus dem
Däniſchen. Kopenh. 1787. 8.) — Vertheidigung gegen Hrn. Prof. *Tode's* Beſchuldigung in der Kritik og
Antikritik; *däniſch* in der Minerva. Nov. 1787. Ueber
die däniſche kupferne Scheidemünze und die für die
Herzogthümer beſtimmte vom gleichen Werthe und
Gehalt. In Anleitung der Schrift (des *J. H. Wiebe*):
Bemerkungen über Banken u. ſ. w. Daſ. Dec. (*Deutſch*
in den Hamb. Addr. Comtoir-Nachrichten 1788.
St. 20-22. und *im Auszuge* in den Prov. Ber. 1787.
H. 6. S. 715 ff.) . . . . Daſ. März 1788. (Auch
einzeln — und *deutſch* überſetzt: Etwas zur Erläute-
rung

rung des Münzwefens überhaupt und über den Urfprung und die Befchaffenheit des dänifchen Münz-
fußes. Aus dem Dänifchen von *H. Kamphövener.* Kopenhagen 1789. 8.) Noch *zwei* kleine Schriften ohne
Namen, betitelt : ...... und ...... Kopenh. 17...
— Nach feinem Tode erfchien: Berichtigung einer
in den niederrheinifchen Unterhaltungen für den
März 1787. S. 187. beiläufig gegebenen Nachricht
von der Wirkung des bei der letzten Graffation der
Hornviehfeuche in den dänifchen Staaten in den Jahren 1774-1782 verfuchten Erfchlagens; in den
Prov. Ber. 1789. H. 2. *Nachricht von dem Erfolg
eines durch die königl. dänifche Viehfeuchecommif-
fion in Kopenhagen veranftalteten Verfuchs mit der
Inoculation der Seuche; daf. H. 6.

Der

DER
ZWEITE ANHANG,

welcher zur Ergänzung des Künftler-Lexikons von *Meufel* dienen follte, wird fehr dürftig ausfallen, da die Nachrichten, welche man von Schleswig-Holfteinifchen Künftlern, Kabinettern und Biblotheken erhielt, nicht nur minder zahlreich, fondern auch zu unvollftändig find, als dafs fie eine hinlängliche Ueberficht der genannten Gegenftände gewähren könnten. Es kann daher 1) in Anfehung der *Künftler* blofs theils eine aus Altona mitgetheilte Nachricht genützt, theils das, was in den bisher erfchienenen Jahrgängen der Provinzial-Berichte hieher gehörig bemerkt ift, zufammengeftellt und durch eingezogene Nachrichten nothdürftig ergänzt werden.

An Altonaifchen Künftlern waren wol vorzüglich zu merken:

ECKHARDT (Johann David Adam), — (vgl. S. 81.) — Auch ift feine Fertigkeit, in allerley fremden Sprachen zu drucken, grofs, wie *J. A. Bolten's* Ueberfetzung des Matthäus, Marcus und Lucas bezeugen kann.

HANSEN (Chriftian Friederich), *Profeffor der Architektur und Landbaumeifter im Herzogthum Holftein, zu Altona* wohnhaft (*geb. zu* ..... *in Dännemark*), ift wegen feiner grofsen Kenntniffe in der Architektur bekannt.

HORNEMANN (Bothilde), eine herrliche Künſtlerinn
in der Stickerei *zu Altona*; *geb. zu Tönningen* (?).

LAU (Johann Chriſtian) — vgl. S. 201.

Ob auch der Tiſchler *Mann*, ein groſser Mechaniker, der
Portraitmaler *Pinkvoſs* und der in Landſchaftsmale-
reien ſehr erfahrne Maler *Weſtphalen* mitzunehmen
ſind, weiſs ich nicht recht. (*Mitgetheilt.*)

In den Provinzial-Berichten ſind folgende Schleswig-Holſteiniſche Künſtler verzeichnet oder vielmehr gelegentlich angeführt:

Die Brüder CARSTENS, deren 1792 H. 3. S. 397. auszugsweiſe aus dem 2ten Heft der Schleswig. Kunſtbeiträge gedacht wird.

CARSTENS (Asmus Jakob), *Profeſſor der Berliner Kunſt-
akademie*, lebt jetzt in Rom auf Koſten des Königs von
Preuſſen; vgl. über einige neue Kunſtwerke des Prof.
Carſtens; im deutſchen Mercur 1795. Jun., im Auszuge in den Prov. Ber. 1795. H. 3. S. 244, *geb. zu
Schleswig* 17... Er hat die Kupfer zu C. Ph. *Moritz's*
Götterlehre nach Antiken gezeichnet, und einige im
antiken Stil ſelbſt erfunden. — Wegen: * Idyllen
(unter den Namen Jakob) Schwerin 17.. hätte er
auch ſchon S. 53 aufgeführt werden müſſen, welches
unterblieb, da man durch „Neueſtes gelehrtes Berlin"
auf ihn *als Schriftſteller* nicht aufmerkſam gemacht war.

CARSTENS (Friederich Chriſtian), *privatiſirt in Berlin*,
geb. zu Schleswig 17.., hat ſich auſser der Malerei
auch auf Bildhauerei und Kupferſtecherkunſt gelegt.

PFING-

PFINGSTEN (Georg Wilhelm), *Organist zu Hamberge*
im Hochstift Lübek seit 1791, *geb. zu Kiel den 5 März*
1746, hat die sinnreiche Zeichen- und Signalsprache
zu gleicher Zeit mit dem *Joh. Andr. Benignus Berg-*
strässer erfunden, und widmet sich seit Jahren, durch
diese Erfindung geleitet, mit edlem Eifer dem Unterrichte taubstummer Personen. Die periodischen
Schriften, welche von ihm, seiner Erfindung und dem
Fortgange seiner Unterrichtsanstalt für Taubstumme
handeln, giebt er selbst in einem *Autographum* (welches zur Ergänzung des Repertoriums über die Journale von *Ersch,* wo seiner Th... S...., so viel man
sich erinnert, beiläufig gedacht wird) folgendermas-
sen an: C. F *Cramer's* musikalisches Magazin. St. 2 u.
3. S. 363. und St. 4. S. 534. Lübekische Anzeigen
1786. St. 17. Hamburg. Addresscomtoir-Nachrichten 1786. St. 46 u 70. Berliner Monatsschrift 1786.
September. Hamburg. Addresscomtoir-Nachrichten
1786. St. 82 u. 84. Journal aller Journale 1786. Nov.
Lübekische Anzeigen 1787. St. 3. Kielische gemeinnützige Nachrichten 1787. St. 12. Journal aller Journale 1787. Jun. Lübekische Anzeigen 1788. St. 15.
1789 St. 35. und 1790. St. 32. Schleswig-Holstein.
Prov. Berichte 1793. H. 6. S. 276 ff. Hamb. Addr.
Comtoir-Nachrichten 1794. St. 69.

VOIGTS (Carl Daniel), *Geschicht - Bildnissmaler und Ku-*
pferstecher zu Kiel, (geb. zu Braunschweig 175..) kündigte in den Prov. Ber. 1795. H. 1 u. 2. in der Beilage,
colorirte Kupferstiche von Schlesw. Holstein. Gegenden an, wovon einige bereits erschienen sind.

WUNDERLICH (Johann Chriſtoph Wilhelm), *Maler
und Modeller zu Kiel* ſeit 1787; geb. *zu Gotha den* 30 *Jul.*
1759. Malt Landſchaften für Cabinette in einer ganz
neuen Manier, welche man mit Recht Moſaique mo-
derne nennen kann. Im Reichsanzeiger (1795 Jul.)
ward die Frage aufgeworfen, ob man noch keine
Mittel habe, die ſo vergängliche Steinarbeit zu befe-
ſtigen. Derſelbe beſitzt dieſe Kunſt, und ſandte ſchon
1793 eine fleisſig ausgemalte Landſchaft in der Manier des *Wilb. Romeyn* 2 Fuſs 2½ Zoll hoch und 2 Fuſs
8½ Zoll breit, an den Herzog von Gotha, welcher
ſelbige mit Wohlwollen in ſein Cabinet aufnahm.
Auch erhielt Sophia Maria, Kronprinzeſſinn von Dännemark, den paſſant davon, welcher aber wahrſcheinlich in dem unglücklichen Brande zu Kopenhagen auf
Chriſtiansburg mit aufgebrannt iſt. Derſelbe Künſtler
hat es darin zu einer beſondern Fertigkeit gebracht,
worin er beſonders zu excelliren ſcheint. Auch ſind
mehrere gut bearbeitete Stücke ſchon in verſchiedenen Privatcabinetten, ſo wie auch der Hof- und Land-
gerichtsadvokat *Schmidt* in Kiel eins 14 Zoll hoch und
21 Zoll breit beſitzt. Er malt im Geſchmack verſchiedener Meiſter, beſonders in *Ruisdael's* Geſchmack.
Seine tableaux zeichnen ſich vorzüglich in Baumſchlag
und Wollenvieh aus, auch ſind ihm brauſende See-
ſtücke in dieſer Manier ſehr wohl gelungen, auch hat
er alte Köpfe ſo bearbeitet, welche ſich ſehr gut aus-
zeichnen. Er portraitirt in Paſtell, en profil und en
faģe. In Wachs und Gips hat er die (einige der)
Kk 4   hie-

hiesigen Professoren mit Beifall geliefert. Auch modellirt er Epitaphien und Historien und Büsten in Lebensgröse, verfertigt fest bestreute Plateaus, bearbeitet für Fabriken feine Desseins (*Autographum*). Vg. Anzeige seiner in Wachs poussirten Bildnisse und andern Kunstsachen, in der Beilage zum 3ten Heft der Prov. Ber. 1795.

Was 2) das Verzeichnifs sehenswürdiger Bibliotheken, Gemälde- und Kupferstichsammlungen, Münz-Gemmen- und Naturalienkabinetter in Schleswig-Holstein betrift; so lehrt der Augenschein, dafs auch dieses sehr unvollkommen und mangelhaft ist. Nachrichten von *Bibliotheken* ist man nur von zwei Städten zu geben im Stande, welches auch wol die einzigen seyn möchten, wo, zumal öffentliche, sehenswürdige Bibliotheken angetroffen werden. Wenigstens verdient die in Rendsburg vorhandene Büchersammlung, ungeachtet ihres Namens „Gudiussche Bibliothek" keinesweges jenes Beiwort, da sie ein Ausschufs der von *Marquard Gudius* nachgelassenen, zu Kiel 1706 öffentlich verkauften Bibliothek zu seyn scheint, so wie man im Gegentheil von der im Fache der Jurisprudenz, politischen und gelehrten Geschichte ausgesuchten Bibliothek des gelehrten *Wedels* auf Freudenholm, welcher auch mehrere Paläotypen besitzt, keine Nachricht zu geben im Stande ist.

ALTONA, 1) die Bibliothek des Gymnasiums, welche jetzt über 9000 Bände enthält, und deren Aufseher nach

nach *P. C. Henrici's* Tode der erfte Profeffor und Director *Jac. Struve* ift. Vgl. *P. C. Henrici* Pr. de Biblioth,
Gymnafii Altonani. Alton. 1772. 4. und daraus *F. C.
G. Hirfching* im Verfuch einer Befchreibung fehens-
würdiger Bibliotheken, B. 2. Abth. 1. (Erlangen 1787.
8.) S. 1 - 26, im Auszuge in den Prov. Ber. 1788. H. 3.
S. 365 ff. (wo eine vollftändigere Befchreibung diefer Bibliothek verfprochen wird), und *P. C. Henrici*
de Biblioth. publicae ex Cilaniana (vgl. *Ekkard* S. 155
fg.) incrementis prolufio. Alton. 1775. 4. (blieb dem
Hirfching unbekannt). 2) Die Bibliothek des Compaftor *J. A. Bolten* ift bedeutend im Fache der biblifchen
Kritik und der morgenländifchen Litteratur, wie auch
im Fache der Schlesw. Holft. Landesgefchichte, und
enthält manche feltene Bücher, auch von den erften
Drucken, wie auch manche, befonders vaterländifche,
Handfchriften. 3) Die Bibliothek des Bürgermeifters
Cafpar Siegfried Gäbler im juriftifchen Fache — enthält
eine vorzüglich ftarke Sammlung juriftifchet Difputationen. (*Mitgetheilt.*)

KIEL. 1) Die Bibliothek der Univerfität. Vgl. die beiden im Catal. Biblioth. Bunauianae (T. 1. pag. 845.)
aufgeführten Schriften: *Seb. Kortholti* Diff. de Biblioth.
Academiae Kilonienfis. Kil. 1705. 16 S. 4. (ift genutzt
von *J. F. Jugler* in Bibliotheca hiftoriae litterariae
Struviana. T. 1. p. 510 fq. deffen Nachrichten *H. F.
Köcher* im Supplementbande p. 105 bis 1784 nothdürftig ergänzt hat) und: *Eiusd.* Pr. de Biblioth. Aca-
demica Kilonienfi, infigni fupellectilis librariae accef-

ſione auƈta. Ibid. 1709. 8 S. 4. — *Schwarze's* Nachrichten von Kiel. S. 252 ff. und 312 ff. — Kieler gel. Zeitung 1775. S. 223 u. 448. — Nachrichten von der von Sr. Majeſtät geſchenkten Bibliothek, im Journal von und für Deutſchland. 1784. St. 12.— Rede bei der Einweihung der neu vermehrten Univerſitäts-bibliothek am Geburtsfeſte des Königs — gehalten von *W. E. Chriſtiani.* Kiel und Deſſau 1785. 8. (im Auszuge allgem. deutſche Bibliothek B. 70. S. 218 fg.) — Ueber die Kieler Univerſitätsbibliothek, von *C. F. Cramer.* Kiel 1792. 8. Altona 1795. (vgl. Prov. Ber. 1793. H. 1. S. 108.) — Prov. Ber. 1793. H. 2. S. 203 und H. 6. S. 329. — Nach dem am 1ſten Sept. 1793 erfolgten Tode des *W. E. Chriſtiani,* welcher ſeit 1763 als Bibliothekar angeſtellt war, und deſſen *echt* unmittelbare Vorgänger *Schwarze* S. 257 namhaft macht, beſorgt deſſen Geſchäfte eine Commiſſion, welche aus dem Kirchenrathe *Geyſer,* Archiater *Hensler* und Profeſſor *Hegewiſch* beſtcht. Unterbibliothekar und erſter Cuſtos iſt Profeſſor *Kordes,* 2ter Cuſtos Profeſſor *Baden.*

2) Bedeutende Privatbibliotheken beſitzen: Profeſſor *A. W. Cramer* in der Jurisprudenz, beſonders im römiſchen Rechte. — K. R. *Geyſer* in der Kirchengeſchichte, Patriſtik, bibliſchen Kritik und Philologie, claſſiſchen Litteratur und Litterärgeſchichte. — Archiater *Hensler* in der Medicin, Geſchichte, claſſiſchen Litteratur und der neuern ſchönen Litteratur. — Profeſſor *Jenſen* in der Jurisprudenz, beſonders im

Staats-

Staatsrecht. — Profeſſor *Mellmann* in der Jurisprudenz (beſonders im Staats- und deutſchen Rechte) und Geſchichte. — Profeſſor *Naſſer* in der Kunſtgeſchichte und Litteratur der deutſchen Dichtkunſt. — Profeſſor *Tließ* in der Litterär- und Kirchengeſchichte. — Etatsrath *Trendelenburg* in der Jurisprudenz, namentlich im römiſchen und deutſchen Rechte.

Kabinetter:

1) zur Ergänzung des *Meuſelſchen* Künſtlerlexikons, Th. 1. S. 209. „Conchylien-Kabinet des Doct. *Bolten*" iſt uns folgendes noch beim Leben des Beſitzers mitgetheilt: „Die Conchylienſammlung von *J. F. Bolten*, enthält 9000 wohl erhaltene Stücke, worunter die ſeltenſten und ſchönſten ſowol einſchaligten als zweiſchaligten ſelbſt viele aus der Südſee, wie auch Linkshörner, ſo daſs hier nicht leicht ein Rangſtück fehlt, ſelbſt der Zodonulli nicht. Hiemit ſtehen mehrere Sammlungen, die zur Naturgeſchichte gehören, in Verbindung, an Verſteinerungen, Mineralien, im Weingeiſt aufbehaltenen Stücken des Thierreichs und ausgeſtopften Vögeln und Inſekten. Ueberdies hat er nicht nur eine zahlreiche, die wichtigſten und rareſten Bücher der Naturgeſchichte, Anatomie und Medicin, enthaltende Bibliothek, ſondern auch herrliche Sammlungen ſowol von anatomiſchen und chirurgiſchen, als von phyſikaliſchen Inſtrumenten, und von praeparatis anatomicis; imgleichen eine ſtarke Gemäldeſammlung, worin ganz vorzügliche Stücke, z. B. von Denner, Berghem, Wouvermann, Both, Loth,

Loth, Joh. Steen u. f. w." — Zur genauern Kenntnifs
diefer Schätze, auf welche fchon das Intelligenzblatt
der allgem. deutfchen Bibl. 1796. S. 93 ff. aufmerkfam gemacht hat, dienen folgende drei, nach dem
Tode ihres Befitzers gedruckte Katalogen: Biblioth.
Bolteniana f. Catalogus librorum rariffimorum ex
omni genere fcientiarum, praecipue autem hiftoriae
naturalis, anatomiae, chirurgiae et artis medicae J. F.
B. — Hamburgi 1796. 190 S. 8. Mufeum Anatomi-
cum Boltenianum. (Ib. eod.) 80 S. 8. Verzeichnifs
der vortreflichen Sammlung chirurgifcher, phyfika-
lifcher und optifcher Inftrumente des verftorb. Phyf.
B., welche von den berühmteften Meiftern in London, Paris und Berlin, und Hrn. Breafch in Hamburg
verfertigt worden. Daf. 1796. 15 S. 8. Der Katalog
von den Naturalien, den *Ant. Aug. Heinr. Lichtenftein*
gemacht hat, ift noch nicht abgedruckt. — 2) *Heinr.
Ludw. Domeier* befitzt eine Sammlung von Naturalien,
wie auch Seltenheiten und Kunftfachen u. f. w. f. S. 77.
3) Von *Job. Chriftian Fabricius* Naturalienfammlung
kann wegen feiner itzigen Abwefenheit nichts Be-
ftimmtes angegeben werden. Vgl. *Mart. Thrane Brün-
nichii* Litterat. Dan. fcientiarum natural. p. 119, wo es
heifst: Mr. le Prof. *Fabricius*, qui préfide aux études de
l'hiftoire naturelle de l'Univerfité de Kiel où l'on eft
fur le point d'ériger un cabinet public de cette fcience,
(welche Prophezeiung bis jetzt wenigftens noch nicht
auf eine wünfchenswerthe Weife in Erfüllung gegangen ift), poffede lui-même une collection confidé-
rable

rable de minéraux et d'Insectes. — 4) *Gerhard Hoff's* Naturaliencabinet, befonders in der Mineralogie. — 5) *N. A. J. Kirchhof's* mathematifches und phyfikalifches Cabinet ift fchon S. 190 angeführt. Die dort befindliche Lücke ift auszufüllen: 1792. St. 4 u. 5. S. 451 ff. — 6) Von *Joh. Gottfr. Krichouff's* (f. S. 196) Kabinette mangeln nähere Nachrichten. — 7) Von *J. A. Naffer's* Kupferftichfammlung und deffen eben kurz charakterifirten Bibliothek verdient folgendes *Autographum* hier eine Stelle: „Die Bibliothek, die aus ungefähr drittehalbtaufend Bänden befteht, enthält unter andern einen fchätzbaren Vorrath für die Gefchichte der alten und neuern Kunft und eine beträchtliche Sammlung deutfcher Dichter, von den älteften Zeiten an bis zu dem Ende des 18ten Jahrhunderts. Aus diefer Sammlung verdienen vorzüglich folgende bemerkt zu werden: Der *Theuerdank* vom Jahr 1517 zu Nürnberg; derfelbe vom Jahr 1519 zu Augsburg; *Brandt's* Narrenfchiff v. J. 1509. *Hans Sachs's* Gedichte. Kempen 1611 in 5 Quartbänden; *Reineke Voss*. Roftok 1592. *Burkard Waldis*. Frankf. am Mayn 1565; *der Frofchmeufeler* v. J. 1600, und die 2te Ausgabe v. J. 1621. *S. von Golau* deutfcher Sinngedichte dreitaufend u. f. w. — Seine feit etwa anderthalb Jahren zum Behuf feiner Vorlefungen angelegte, nach Nationen abgetheilte und alphabetifch geordnete Kupferftichfammlung, ift jetzt auf nah an 6000 Blätter angewachfen. Bei diefer Sammlung ift mehr auf die Anzahl der Meifter und auf den wahren Werth der

Blät-

Blätter, als auf Seltenheit oder Menge derſelben nach oder von einzelnen Meiſtern Rückſicht genommen. Daher findet man unter den Italienern z. B. nur ungefähr 50 Blätter nach *Raphael;* unter den Deutſchen nur einige 40 von *A. Dürer,* einige 30 nach und vor *Dieterich,* eben ſo viel nach und von *A. von Oſtade,* aber dagegen gewiſs 20 - 30 Meiſter mehr als in der berühmten Brandesſchen Sammlung. — Unter den, vorzüglich für die Geſchichte der alten Kunſt wichtigen, Werken befindet ſich die Originalausgabe der Gemälde und Bronzen aus Herkulanum — die Raccolta von *D. de Roſſi* — die Büſten und Statüen aus der Markusbibliothek u ſ. w. zu Venedig — *Paſſeri* picturae Etruſcorum in vaſculis. T. I - III. — Recueil des Marbres de Dresde — das Florentiniſche und Capitoliniſche Muſeum — die Monumenta Matteiana und viele andere ähnliche Sammlungen, auch das erſte und zweite Tauſend der Lippertſchen Abdrücke. — — Noch beſitzt derſelbe eine Sammlung von Abgüſſen nach antiken Statüen und Büſten, z. B. die Medizeiſche Venus, den Florentiniſchen Apoll, den ſogenannten Borgheſiſchen Flötenſpieler, den Faun mit der Ziege, die Köpfe des Vatikaniſchen Apoll, des Laokoon und ſeiner Söhne, des Antinous, des ſterbenden Fechters u. ſ. w." — 8) Der Kammerherr und Landrath *Revenfeld* auf Däniſchnienhof beſitzt nach *Brünnich* (S. 119): „une collection d'hiſtoire naturelle avec des inſtruments de phyſique et des chef - d'oeuvres rares," — welche jedoch nächſtens nach dem Tode ihres Beſi-

tzers

ters verkauft wird. — 9) Juſtitzraths *Reyher's* in Kiel
(Vaters des Johann Georg R.) Naturalienſammlung.
— 10) Von *Carl Friederich Schmidt's* Gemäldeſammlung und Sammlung von Kupferſtichen und Handzeichnungen iſt ſchon S. 265 fg. das Nöthige bemerkt.
— 11) *J. G. F. Schrader's* phyſikaliſcher Apparat. —
12) *F. Weber's* entomologiſches Cabinet. — 13) *G.
H. Weber's* Naturalienſammlung.

Anm. Von *F. W. B. v. Ramdohr's* Studien findet man,
inſofern in dieſem Werke von *Holſtein* die Rede iſt,
einen berichtigenden Auszug in den Prov. Ber. 1792.
H. 3. S. 380 ff., ſo wie der Inhalt der mit dem 2ten
Hefte geſchloſſenen Schleswigſchen Kunſtbeiträge,
(welche *J. C. Jürgenſen* mit *J. B. F. Lüders, C. A.
Rüdinger* und andern herausgab,) daſelbſt 1752. H. 3.
S. 397, und 1793. H. 2. S. 186 angezeigt iſt.

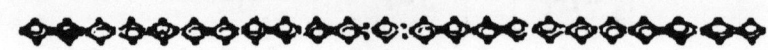

DER
DRITTE ANHANG,

welcher den Verfuch einer Litterärgefchichte der
Herzogthümer Schleswig und Holftein nach *J. M.
Franke's* noch immer nicht übertroffenen Plan, ergänzt und fortgeführt, enthalten follte, kann auch
vor der Hand aus mehreren Gründen keinesweges
zu der beabfichtigten Vollftändigkeit gebracht werden, und mufs daher noch mehr als alles vorige auf
die Nachficht derer, welche jetzt fchon etwas voll-
ftändigeres zu liefern im Stande feyn möchten,

Anfpruch machen.

Die beiden erften hieher gehörigen Abfchnitte des
Catalogi Bibliothecae Bünauianae

    I. *Ephemerides vniuerfales latina et Germanica lingua
        fcriptae* (p. 488 ff.) und

    II. *Ephemerides litterariae de (Germanorum fiue potius) Sles-
        uico- Holfatorum fcriptis et aftis litterariis* (p. 566 fq.)

werden hier nach *Ekkard's* Vorgange (S. 209) füglicher
mit einander verbunden:

    *Einheimifche und fremde Litteraturwerke, zur Kenntnifs
    unferer und fremder Litteratur.*

Um jedoch *Ekkard's* Verzeichnifs nicht abzufchreiben,
werden hier blofs theils folche Werke angeführt, von
                             denen

denen beſtimmtere Nachrichten, als dort befindlich ſind, gegeben werden können, theils ſolche, die erſt nach der Zeit, da *Ekkard* ſchrieb, erſchienen ſind. Im Nothfalle iſt man auch wol, des Zuſammenhangs wegen, in frühere Zeiten zurückgegangen, als ihm nach ſeiner Abſicht, nur „däniſche Litteratur unter Chriſtian VII." zu liefern erlaubt war.

1) Eigentlich litterariſche Werke, welche in unſern Herzogthümern (zu Altona, Kiel und Schleswig) herauskamen. Denn die däniſch geſchriebenen, welche ſich gewöhnlich auch über Schleswig und Holſtein erſtrecken, werden hier übergangen. Vgl. *Ekkard* am a. O.; ganz vorzüglich aber *Gatterer's* hiſtoriſches Journal, im 12ten Theile beſonders von S. 152 an. „„An gelehrten Zeitungen (ſo lautet *die* uns *mitgetheilte Nachricht*, welche nicht nur *Köcher's* Supplement S. 168 ergänzen, ſondern auch als Antwort auf die im Journal von und für Deutſchland 1788. St. 9. S. .... aufgeworfenen Fragen dienen kann,) ſind in *Altona*, ſo viel mir bekannt, außer dem im ehemaligen Reichs - Poſtreuter (welcher von 175 .. bis 17 .. exiſtirte) geweſenen gelehrten Artikel erſchienen. 1) *Altonaiſche gelehrte Zeitung*, 1ſter bis 4ter Band. 1745-48. 8. In *Fabricii* Abriß einer allg. Hiſt. der Gelehrſ. 1, 939. wird ihrer erwähnt, aber kein Verfaſſer genannt. Allein ich weiß, daß ſie von einigen Profeſſoren des hieſigen Gymnaſiums geſchrieben wurden. In *P. C. Henrici's* Lebenslauf (in den hieſigen Addreſs - Comtoir - Nachrichten von 1794 N. 80 heißt es: „mit einigen ſeiner Collegen ſchrieb er

von

von 1745 einige Jahre hindurch die Alton. Gel. Zeitung."— 2) *Altonaische gelehrte Anzeigen*, anderthalb
Jahrgänge. Sie kamen bei *Iversen* wöchentlich zweimal
in 8. heraus, fiengen mit dem Anfange des Jahres 1757
(f. Nachr. v. d. Zustande — 3, 704) an, und hörten im
Sommer 1758 (mit dem 25sten Stücke; f. fortgef. Nachr.
4, 476.) wieder auf. *Maternus de Cilano*, welcher in
einer auf der Gymnasien-Bibliothek befindlichen Handfchrift, *Altona litterata* betitelt, Schriften von Altonaern
verzeichnet hat, fchrieb darin von diefen Anzeigen: „—
— daran aber die Profeffores Gymnasii keinen Antheil
haben." (Diefe Anzeigen erhielten wahrfcheinlich in der
Folge den Titel: Beiträge zur neueften Gefchichte der
Litteratur vom Jahre 1757 und 1758, welcher wenigftens im *Heinfius* vorkömmt.) — 3) *Altonaifcher gelehrter
Mercurius*, ward von *Profe* 1763 angefangen und
bis 1770 fortgefetzt. Noch das 22fte Stück diefes Journals, das an feinem Sterbetage heraus kam, und von
ihm feinem Sohne in die Feder diftirt war, hatte ihn
zum Verfaffer, wie in Memoria *God. Profe* publice com-
mendata a P. C. *Henrici* p. XVI. gefagt wird; darauf
wurden fie von Paftor *Pfuer* bis an deffen am 22ften Apr.
1772 erfolgtes Ableben beforgt, nachher von *J. C. Unzer* bis Ausgang des Jahres 1779, hierauf von unbekannten zum Theil auswärtigen Gelehrten bis 1786 (man
will mir fagen, daß nach *Unzer'n* anfangs . . . . . . und
nachher . . . . ihn gefchrieben hatten, aber nicht bekannt feyn wollten), endlich von *Joh. Friedrich Schütze*
in den Jahren 1787 und 1788. — Es find diefs alfo *drei*

ver-

verschiedene Werke mit verschiedenen Titeln. (Eigentlich *vier*, nemlich: feit *Unzer's* Direction unter dem Titel: *neuer* Alton. gel. Mercur. *Schütze* schrieb ihn 1787
und 1788 in Verbindung mit feinem Bruder *Christian
Heinrich* und dem itzigen Prediger *Bernhard Klefeker* (damals Candidat) in Hamburg, unter dem Titel: *Neuefter*
Alt. gel. Mercur 1r u. 2r Band, und 1789 unter dem Titel: *Neuer* Alt. gel. Mercur, welcher Jahrgang mit deutfchen Lettern gedruckt, aber nicht zur Hälfte vollendet
ift.) — Noch gab hier in den Jahren 1761 und 1762
P. C. Henrici (den auch *Ekkard* im Regifter zu den Göttinger Zeitungen Th. 1. S. 271 namhaft macht) heraus:
De rebus politicis et litterariis Commentarii Altonani,
fo theils eine politifche, theils auch eine gelehrte lateinifche Zeitung war, die im Jul. 1761 anfing und im
Sept. 1762 aufhörte, und wovon wöchentlich 2 Stücke
in gr. 8. erfchienen. Der erfte Theil enthält 416, der
2te 560 Seiten."" — (Schon früher erfchienen: Commentarii Altonani fiue continuatio feriefque rerum in
rebus publicis ciuium litteratorumque virorum recen-
ter geftarum atque memoriam maxime dignarum latine
ante oculos propofita. 8. (libellus 1. die 1 Apr. 1751,
libellus 53. die 30 Mart. 1752.), unter weffen Direction
aber *diefes* Werk erfchien und ob es mit dem erften
Jahrgange aufhörte, kann nicht angegeben werden.).
   In *Kiel* fcheint eine gelehrte Zeitung fpäter in den
Gang gekommen zu feyn, als auf irgend einer andern
Akademie; daher denn auch nicht *Jugler*, fondern erft
Köcher (S. 172) derfelben gedenkt, ohne auf ihren erften

Urfprung

Urfprung zurück zu gehen. Zuerft nämlich erfchien, fo viel wir wiffen, (*W. E. Chriftiani*) Commentariorum Kilonienfium libelli XX. de rebus memorabilibus (quum politicis tum litterariis) 1768. 8 ; — *darauf*: Gelehrte Zeitungen, herausgegeben zu Kiel. Erfter Jahrgang 1771 (unter der Vorrede nennen fich: *J. H. Fricke* — bis 1773. — *J. E. Faber* — bis 1772. — C. C. L. *Hirfchfeld*) — 1772. St. 1 bis 80. (21 Nov.) — 1773 - 1774. (*Chriftiani ?* und *Hirfchfeld*) — 1775 (*Chriftiani u. Hirfchfeld*) — 1776-1777. 1778. St. 1 - 24. — *hierauf*: Litteraturjournal für 1779. 12 Stücke. 1780. 12 Stücke. 1781. 9 Stücke. 1782. 8 Stükke. 1783. 7 Stücke. — *endlich* wiederum : Kielifche gelehrte Zeitungen vom Jahr 1787 bis 1791. (welche fo wie das Litteraturjournal *V. A. Heinze* dirigirte.) — Im October 1796 ift angekündigt: „*Neue Kielfche gelehrte Zeitung* (für die Herzogthümer Schleswig und Holftein und die Königreiche Dännemark und Norwegen) 1797."

In *Schleswig* (nachher aber in Rendsburg) erfchien feit 1771 (nicht 1772, wie *Ekkard* und *Heinfius*, der nur drei Jahrgänge angiebt, behaupten): Sammlung einiger litterarifchen Nachrichten, welche aus den bekannteften gelehrten Zeitungen und andern fremden Journalen die brauchbarften Artikeln liefern. Der 13te Jahrgang 1783 ift der letzte. Von der Fortfetzung, welche jedoch auch eigne Recenfionen enthält, und 1791 unter dem Titel : „Monatliche Ueberficht der gefammten Litteratur" verfucht wurde, ift nur ein Jahrgang erfchienen. Vgl. vom Jan. und Febr. Prov. Ber. 1791. Heft 1. S. 103. Herausgeber war *zur Mahlen* (f. S. 236), Mitarbeiter *Esmarch*, *Lempelius* und andere.

2)

2) Werke, welche nicht einzig und allein neu erfchienene Schriften recenſiren, aber doch mehr oder
weniger eine Ueberſicht der Schleswig-Holſteiniſchen
Litteratur gewähren.

Schleswig-Holſteiniſche Anzeigen, welche *F. D. C.
v. Cronbelm* den 4ten Mai 1750 anfing, nach deſſen Tode . . . . . darauf . . . . beſorgte, jetzt aber der
S. 283 genannte *J. F. Röttger* herausgiebt. — „Von den
herauskommenden neuen Büchern wird (wenigſtens in
den erſten Jahrgängen) bisweilen (wie es in den Nachrichten von dem Zuſtande — 3, 702 ff. heiſst) eine Anzeige von *G*(eorg) *V*(olquarts) mitgetheilt.“ Allein um
für andere, nicht litteräriſche, Artikel Platz zu gewinnen, kündigte *von Cronbelm* ſelbſt den 31 Aug. 1756 (ſ.
Nachrichten v. d. Zuſtande — 3, 726.) unter dem Titel:
Schleswig-Holſteiniſches Magazin oder Sammlung vermiſchter Schriften zur Aufnahme der Wiſſenſchaften und
Künſte, Glückſtadt — eine neue periodiſche Schrift an,
in welcher auch „allerlei Bücher und Schriften, die in
den Herzogthümern, Grafſchaften und Kopenhagen herausgekommen, wenn ſie von Wichtigkeit ſind oder ſel-
tene und vorzügliche Materien betreffen, ausführlich
recenſirt werden ſollten u. ſ. w.“ Die wirkliche Erſcheinung dieſes Werks iſt jedoch wahrſcheinlich wegen des
bald erfolgten Todes ſeines Herausgebers nicht erfolgt.
— Hamburgiſche Nachrichten aus dem Reiche der Gelehrſamkeit. 1758-1763. 6 Bände (ſ. *Jugler* S. 889.
und *Köcher* S. 164 fg.) — verdienen hier auch einen Platz,
nicht ſowol, weil *J. A. Bolten*, *J. H. Weſphalen* und *G.*

Vol-

Volqnarts Antheil batten, (in welcher Hinsicht sie von
Ekkard S. 211 angeführt werden) als vielmehr, weil sie
besonders die Schleswig-Holsteinische Litteratur mit-
nahmen, wie schon oben S. 270 bemerkt wurde. —
Schleswig-Holsteinische Provinzial-Berichte seit 1787
— müßten in Hinsicht der Schleswig-Holsteinischen
Litteratur ganz vollständig seyn, wenn ihr Herausgeber,
wie er oft gewünscht hat, thätiger unterstützt würde.

III. *Historia Litteraria Holsatiae* (p. 572).
Dieser Abschnitt leidet sehr viele Zusätze, zumal wenn
man nicht bloß eigentlich litterarische Werke, (welche
im Schriftstellerlexikon und im ersten Anhange am gehörigen Orte größtentheils angeführt sind) sondern auch
hieher gehörige litterarische Abhandlungen, die sich in
mehr allgemeinen, z. B. topographischen Schriften, wie
J. F. Noodt's Beiträgen zur Erläuterung der Civil- Kir-
chen- und Gelehrtenhistorie der Herzogthümer Schleswig und Holstein, 10 Stücke. Hamburg 1744-1756. 4.,
Schwarze's Nachrichten von Kiel, *Bolten's* Beschreibung
von Stapelholm, den Schleswig-Holsteinischen Provinzial-Berichten (nicht bloß unter der Rubrik „litterarische"
sondern auch „vermischte Nachrichten" wo z. E. 1787.
H. 3. S. 497 ff: „Namenverzeichniß Schleswig-Holstei-
nischer Schriftsteller, welche gegenwärtig außerhalb der
Herzogthümer leben," und 1792 H. 3. S. 415 ff., wo:
„Alphabetisches Namenverzeichniß jetzt im Vaterlande
oder in der Fremde lebender, im Flecken *Preetz* geborner oder erzogener Gelehrten und Staatsbediente" ver-
steckt ist) befinden, nach *J. M. Franke's* Vorgange zugleich

gleich regiſtriren wollte. Allein hier iſt man noch nicht im Stande, etwas vollſtändiges zu liefern, und bemerkt bloſs, daſs *Adelung*, in ſeinen Zuſätzen zum *Jöcher* nur (*J. D. Winckler's*) Nachrichten von niederſächſiſchen Leuten und Familien B. 1. 2. genützt, und dagegen andere Schriften und Abhandlungen, welche vielleicht mehr Ausbeute gegeben hätten, gar nicht gebrauchet hat, ſo wie *E. J. Koch* im erſten Semeſtre des litterariſchen Magazins für Buchhändler und Schriftſteller S. 19. in Anſehung Holſteins nur *P. C. Henrici, W. E. Chriſtiani* und *J. F. Camerer* nennt, zu denen wenigſtens *O. H. Moller* (der jedoch unter Dänncmark genannt iſt) und *J. A. Bolten*, vielleicht auch noch andere, mit gleichem Rechte geſetzt zu werden verdienen.

IV. *Scriptores hiſtoriae artis typographicae ſingularum quarundam regionum et vrbium* (p. 668).

Hier verdient bemerkt zu werden, daſs ſich in *Adami Henr. Lackmanni* Annalium typographicorum ſelectis quibusdam capitibus (Hamb. 1740. 4.) ein beſonderes Kapittel, betitelt: initia typographiae *Kilienſis* (p. 14 - 20) befindet. Daſelbſt wird als die *erſte* gedruckte Schrift angeführt: Dat erſte Capittel des Evangeliſten St. Mattheus, geprediget unde uthgelecht thom Kyll door Melchior Hoffmann — Gedrückt thom Kyll, ym Jahre M.D.XXVIII. 4. — fehlt im *Maittaire*, wird aber wahrſcheinlich, wenn *G. W. Panzer* auf dieſen Zeitraum kömmt, von demſelben aufgeführt werden.

V. *De Bibliothecis publicis et priuatis Sleswico Holſat.* (p. 840 ff. et 858 ff.)

Was man hier anzumerken hatte, fand nach *Ma-sel's* Vorgange schon im 2ten Anhange seinen Platz.

VI. De *scholis et Gymnasiis Slesuico-Holsatorum* (p. 895 ff.) *Altona* (auſſer Flensburg, wo nichts ergänzt werden kann, der einzige Ort, deſſen *J. M. Franke* gedenkt). Die lateiniſche Schule wurde 1682 angelegt (vgl. den S. 896 angeführten *Crusius* — fehlt im *Adelung* — *geb.* es ..... im Brandenburgiſchen, Prediger zu Perleburg, darauf Conrector zu Altona, ſeit 1725 Rector daſelbſt, endlich ſeit 173 .. Paſtor zu Neuenbrook, *ſtarb den 25 Sept.* 1750), 1738, noch mehr aber 1744, unter dem Namen *Chriſtianeum* in ein akademiſches Gymnaſium verwandelt (vgl. die a. a. O. genannten Schriften und *Bolten's* K. N. von Altona I, 64.), bis dieſe Einrichtung 1771 wieder aufgehoben wurde, von welcher Veränderung, ſo viel man hat erfahren können, eigentlich nichts, als die neue Gymnaſium-Verordnung heraus iſt. — Jährlich erſcheint zu Oſtern eine „Anzeige der Vorleſungen und des übrigen Unterrichts in dem königl. Chriſtianeum zu Altona," welche 1792 einen neuen Lehrplan enthält, der auszugsweiſe in den Prov. Ber. 1792. H. 2. S. 276 ff. befindlich iſt, und den *Jacob Struve* (ſ. S. 322 fg.) zum Verfaſſer hat. — Möchte doch *J. A. Bolten* uns auch mit hiſtoriſchen *Schul*-Nachrichten von der Stadt Altona beſchenken! — Von den übrigen Schulen der Herzogthümer geben die Prov. Ber. zuweilen einige Nachricht, und zwar namentlich 1) von *Eckernförde* 1787. H. 4. S. 491; 2) von *Glückſtadt* 1791. H. 5. S. 198; 3) von *Hadersleben* 1787. H. 4. S. 487. 1788. H. 3. S. 361. 1791.

H.

H. 2. S. 195. und H. 4. S. 45. 1792. H. 1. S. 79. und
H. 2. S. 268. 1795. H. 2 S. 140. und H. 3. S. 234. 1796.
H. 3. S. 310; 4) von *Husum* bei Anzeige der Husumschen
Schulsachen von *G. S. Franke*; 5) von *Kiel* bey Gelegen-
heit der Programme von *E. Danielsen.*

VII. *Historia Academiae Kiloniensis* (p. 942).

Um mit einigen allgemeinen Werken anzufangen, so
sind die drei *neuesten* Schriften diefer Art, in welchen
auch von Kiel die Rede ist (*Friederich Samuel Murfinua's*),
akademisches Tafchenbuch auf das Jahr 1791. S. 52 ff.
und — auf das Jahr 1792. S. . . ., *Karl Heun's* vertraute
Briefe an alle edelgefinnte Jünglinge, die auf Univerfitäten gehen wollen, 2, 148 ff. (gröfstentheils aus *Mur-
finna* entlehnt) 2, 148 ff. und (*Wilhelm Albert Wilmerding's,*
welcher die Univerfität Kiel über die Eider hinaus zu
verlegen für gut fand) Verzeichnifs der Univerfitäten,
Akademien, gelehrten Gefellfchaften, in — Dännemark
— S. 172 fg. (ganz unbedeutend). — Des *J. G. Eck's*
Leipziger gelehrtes Tagebuch vertritt nicht das Intelligenzblatt der allgem. Litteraturzeitung, ja nicht einmal
das der jetzt in Kiel erfcheinenden neuen allgem. deutfchen Bibliothek, fondern blofs und allein (feit 1787)
die faft in jedem Hefte der Prov. Ber. befindliche „Chronik der Univerfität Kiel."— Noch verdient bemerkt zu
werden: *V. A. Heinze's* (der im *Köcherfchen* Supplement
S. 302. mit *S. Seemiller* verwechfelt wird) Ankündigung
einer Gelehrtengefchichte der Univerfität Kiel, in *dessen*
Kielifchen Magazin B. 1. St. 2. (1784.); *W. E. Christiani*
von der gegenwärtigen Verfaffung der Univerfität Kiel,

als Einleitung der Rede bei der Einweihung der neu
vermehrten Univerſitätsbibliothek gehalten, vorausge-
ſchickt (1785); deſſelben Nachricht von der Würde eines
akademiſchen Canzlers und Procanzlers, vorzüglich in
Rückſicht auf die königliche Univerſität zu Kiel (1788);
Ueberſicht der ſeit der Stiftung der Univerſität zu Kiel
(am 5 Oct. 1665) halbjährig unter jedem Prorectorate
eingezeichneten Zahl neu angekommener Studirenden,
in den Prov. Ber. 1791. H. 4. S. 31 ff. — Uebrigens wird
J. O. Thieſs nächſtens in den Prov. Ber. eine „Literär-
geſchichte der Univerſität zu Kiel" ankündigen, und
darinn die Folge der Profeſſoren nebſt Anzeige der
von ihnen handelnden litterariſchen Schriften, als
Anfrage bekannt machen.

VIII. De ſocietatibus litterariis Germanorum (p. 981 ſſ.).

J. M. Fränke gedenkt S. 987 theils des Vorſchlages
an die ſtudirende Jugend in Kiel wegen anzuſtellender
gelehrten Unterredungen von J. B. May, theils (ejusdem)
leges (23) ſocietatis ſcrutantium, welche Societät nach
J. Moller (in Cimbria litterata 2, 521.) Jugler (S. 2025)
und Joh. Andreas Fabricius (1, 859.) auch Actorum litterariorum Spec. 1. herausgab. — Aus den neuern Zeiten iſt uns folgendes hieher Gehörige bekannt: Schriften der Kieliſchen Geſellſchaft der ſchönen Wiſſenſchaften. Kiel und Altona 1757. 8. (fehlt im Beutler S. 53-
55, wird aber, nicht in Gottſched's Neueſtem, wo man
vergeblich nachſuchte, wol aber in der Bibliothek der
ſchönen Wiſſenſchaften und freien Künſte 6, 87 ff. —
vielleicht auch in den Altonaiſchen gelehrten Anzeigen

für

für 1757 oder 1758 — hinlänglich charakterifirt, wo es unter andern heifst: „Die Gefellfchaft ift ohne Vorfitzer, und befteht blofs aus einigen Studirenden, die fich in den fchönen Wiffenfchaften zu üben fuchten." Allein Mitglieder waren doch *J. M. Schwanitz* und *W. E. Chriftiani*, wie fchon aus dem im erften Anhange bemerkten Antheil, den letzterer an diefer Sammlung hatte, zu erhellen fcheint.) — In der Kieler gelehrten Zeitung wird *theils* einer orientalifchen Gefellfchaft gedacht (1771. S. 102.), welche von *J. E. Faber* geftiftet wurde, der mit feinem Abgange nach Jena, wo fie ihr Ende erreicht zu haben fcheint, eine kleine, aber brauchbare, Anzahl Bücher, welche ein Eigenthum diefer Gefellfchaft waren, der Univerfitätsbibliothek fchenkte, *theils* einer litterarifchen Gefellfchaft (1773. S. 512. und 1774. S. 557.), welche unter *W. E. Chriftiani* und C. C. L. *Hirfchfeld* (vgl. beide Artikel im erften Anhange) bis 17 . . . fortdaurte, gewiffermafsen aber noch jetzt unter *V. A. Heinze* befteht.

IX. *Scriptores vitarum eruditorum particulares*
(p. 1003 - 1724).

Leidet natürlicherweife die allermeiften Zufätze, welche jedoch auch nur in relativer Vollftändigkeit zu liefern, jetzt unmöglich ift. Was die Hülfsmittel, welche man benutzen könnte, an die Hand gaben, findet fich in Anfehung der noch lebenden Schriftfteller, in dem Schriftftellerlexikon felbft, fo wie auch im erften Anhange, wo von verftorbenen die Rede ift, und die litterarifchen Werke, welche *Heinrich* Graf *von Bünau* entweder

weder

weder gar nicht hatte, oder noch nicht haben konnte, wenigstens nothdürftig, und besonders, so viel es unsre Absicht, den *Meusel, Worm* und *Ekkard* zu ergänzen erforderte, genützt sind. Allein um das Ganze, so viel als möglich zu erschöpfen, ist mehrere Zeit nöthig, da nur in Ansehung Dithmarschens *Bolten* (in der Geschichte dieses Landes Th. I. S. 157 ff.) einen Versuch gemacht hat, und überhaupt nur in wenigen Schriften, besonders in den unter *G. Schade* (im 1sten Anhange) angeführten Katalogen, auf eine zweckmäßige und das Geschäft erleichternde Art vorgearbeitet ist.

ZUSÄTZE und VERBESSERUNGEN.

S. 6. Z. 6. med Kobb. (Der 2te Jahrgang erschien 1795
— wird fortgesetzt.)

— Z. 22. *Physik* (seit 1760 ausserordentlicher, seit 1762
aber) *ordentlicher Professor.*

S. 13. Gräfinn von AHLEFELD (......) *lebt zu ......;
geb. zu .....* 17.... §§. Telemach und Kalypso;
Operballet, in Musik gesetzt — Klavierauszug.
Altona 1794 ....

S. 13. letzte Z. (*Revidirt.*) Wahrscheinlich überfetzte
auch er (aus *P. F. Subm's* famlede Skrifter 4.
301.) einen *Holberg* charakterifirenden Aufsatz im deutschen Mercur 1795. Oct.

S. 14. Z. 7. von unten. 8. (Holländisch überfetzt: Proeve
over het Patriotismus, door *H. C. A.* Eerfte
Deel. Uit het Hoogduitsch vertaald en med
Anmerkmingen vermeerderd. Te Amft. 1794.
— Th. 2. des Originals ist angekündigt.)

S. 15. Z. 2. April 1795 (vom Werke felbft erschien Oftern
1796 der erfte Theil unter dem doppelten Titel: „Leben und Tod König Carl I. von Enge-
land" und: „Die Revolution in England. Ein
hiftorisches Schaufpiel. Schleswig. 8. mit Kupfern." — Theil 2. ist angekündigt.)

S. 16. Z. 5. ftatt: (Flensburg und Leipzig 1784. 8.) lies:
(Heide 1779.) Doch ist auch die andere Lesart
richtig, nur minder genau. Vgl. Jochims S. 470.

S. 17. Z. 10. v. u. in Göttingen, auch seit 1796 Ehrenmitglied der königl. Maler- Bildhauer- und
Bauakademie zu Kopenhagen; *geb.*

S. 17 u. 18. lies: Beskrivelse over Normalskolen i Wien;
in der dänischen Minerva 1792. Jul.

S. 18. Z. 13. (*Nach dem Autographum*) Einige Recensionen
in Kbhvns Univers. Journal und Aufsätze; z.
E. En vigtig critisk Biedrag til Vitruvius, paa
Universitæts-Bibl. i Kbhvn; Tredie Aargang.
(1795) S. 23. und: En Codex paa det Kongel.
Bibl. i Kbhvn, indeholdende Corp. Jur. Be-
skrevet og forsynet med Anmærkninger af
A. W. Cramer. S. 75.

S. 18. Z. 19. *Seelen's*, von *Scholz* in der Kirchengeschichte
Holsteins S. 266 übergangenes, Ehrenge-
dächtnis.

S. 19. Z. 4. 1780. 4. Vgl. *Weidlich's* biogr. Nachr. 3, 11.

S. 19. BARTELS (......), *Hauslehrer in Flensburg*, geb.
zu .... 17.... §§. * Versuch eines Gebetbuchs für
kleinere und größere Kinder. Schleswig 1795. 8.
(*Mitgetheilt.*)

S. 20. BECHSTEDT. Auf dem Titel des Küchengarten-
baues nennt er sich *Handelsgärtner zu Schrensbry*
unweit Flensburg.

S. 21. BENDIXEN (J. J.), *starb den 3 Mai* 1796.

S. 22 u. 23. lies genauer: * En god Samvittigheds faste
Borg — foerst skreven i det Engelske Sprog
ved *Johann Sheffield*, siden oversat i det Tydske og nu *af det Tydske* oversat i det danske
Sprog. Kbhvn. 1742. 8.

S. 23. Z. 11. Daſ H. 4. * Ueber den Geruch und den kleinen Kiel; Daſ. 1794. H. 4. — Einige ihn betreffende Nachrichten ſiehe in den Prov. Ber. 1792. H. 3. S. 389 fg. (*konnte*

S. 25. BOEHME *ſtarb den* 22 *Aug.* 1795.

S. 26. BOLTEN (J. F.), *ſtarb den* 6 *Jan.* 1796, welches im litterariſchen Anzeiger noch nicht bemerkt iſt.

S. 30. BORCHERT (Heinrich Gottfried), *Rector zu Itzehoe, geb. zu* .... 17... §§. Publicam Daniae tranquillitatem in maximis Europae motibus ligata oratione paucis perſequitur. Tychopoli 1795. 4. Die Gegend um Itzehoe, metriſch beſchrieben im Nov. 1795. Daſ. 4.

S. 31. wo P.... D....... und *Jacob Boyſen* verſetzt werden müſſen, iſt beiden vorzuſetzen: BOYSEN (Dieterich), *Diakonus zu Garding* in Eyderſtedt; *geb. zu Flensburg* 176... §§. *Verſuch über die zweckmäſigſte Methode, liturgiſche Verbeſſerungen einzuführen. Mit vorzüglicher Rückſicht auf die Herzogthümer Schleswig und Holſtein. Altona 1795. 8.

S. 31. BOYSEN (Peter Anton — nicht P...D...) *Paſtor* — ſeit 1787? *geb.* — 1764? — Giebt itzt ein pädagogiſches Buch heraus: Praktiſcher Unterricht in der Religion, mit katechetiſchen Anmerkungen.

S. 31. Z. 8. v. u. *Landſchreiber* (ſeit 1781 auf Pellworm, ſeit 1795 aber) *zu Garding,* im W. der L.E. vorher.

S. 36. BROCKDORFF (Cai Lor.), *königl. dän. Kammerherr* ſeit 1796 *und dritter Deputirter.*

S.

S. 37. Z. 12. Forſtarchiv. — Hat in einer „Bekanntmachung," die zu Kiel 1795 auf einem Foliobogen
gedruckt iſt, eine Abhandlung angekündigt:
Ueber den Urſprung, die Befugniſs und Ausübung der Jagdgerechtigkeit der Holſteiniſchen Ritterſchaft in den klöſterlichen Gütern
Preetz, Itzehoe und Ueterſen,

S. 41. Z. 12. Daſ. 1794. 8. 2ten B. 2ter Th., welcher Africa von *ihm* und Egypten von *Th. J. Ditmar*,
letzteres revidirt und verbeſſert von *H. E. G.
Paulus*, nebſt Regiſter enthält. Daſ. 1793. 8.
Entwurf —

S. 43. Z. 16. Südindien, nach dem engliſchen Werke *Col-
lyer's* und *Hervey's* völlig umgearbeitet und
berichtiget. Th. 1. —

S. 44. Z. 7. (1795) Bemerkungen zu *G. L. Bauer's* Einleitung ins A. T., beſonders über *R. Meir's*
Maſoreth Sijug Lethorah; im neuen theolog. Journal 1795. St. 8.

S. 45. Z. 2. 1790 ff. (wo ein Aufſatz vorkömmt „Geſchichte der alten Erdbeſchreibung ſeit 1760,"
welcher wieder abgedruckt iſt in: Ueberſicht
der Fortſchritte verſchiedener Theile der
geographiſchen Wiſſenſchaften ſeit dem letzten Drittheil des jetzigen Jahrhunderts bis
1790; von *A. G. Käſtner, P. J. Bruns* und
E. A. W. Zimmermann. Braunſchw. 1795. 8.

— — Z. 5. Die Sammlung erſchien in der Oſtermeſſe
1796. Helmſtädt 4.

S.

S. 46. Z. 7. ift das (?) nach Probft" nunmehr wegzu-
ftreichen.

—— Z. 20. (B. 2. ift noch nicht erfchienen.)

S 49. Z. 4. Anonymen (*J. Ad. Schmidt*) —

—— Z. 5. 2te ganz umgearbeitete rechtmäßige Ausgabe. 1fter Theil. Daf. 1786. 8.

S. 51. Z. 3. erfcheinen, welches zumTheil fchon gefchehen
ift in einer *andern* früher erfchienenen Schrift:
„Merkwürdige Krankengefchichten und feltene praktifche Beobachtungen berühmter
Aerzte. Ein Auszug aus den Abhandlungen
der königl. medicinifchen Societät zu Kopenhagen. Halle 1795. 8."

S. 51. Z. 8. Die Abhandlung hat folgenden Titel: Anmærkninger over den animalfke Varmes be-
ftandige Tab og Frembringelfe i det dyri-
fke Legeme.

S. 53. ift CARSTENS (Asmus Jakob) aus dem 2ten Anhange einzufchieben.

S. 54. Z. 23. *Dritte* (im Archiv für die ausübende Erzie-
hungskunft Th. 4. wieder abgedruckt)

S. 57. Z. 11. Das dritte und vierte Heft erfchien erft 1796;
womit der erfte Band gefchloffen ift.

——— CHRISTIANI (C.), *ftarb den* 22 *Dec.* 1795,
war *geb. den* 9 *Aug.* — Vgl. Erinnerungen aus
dem Leben deffelben, von *P. G. Hensler*, in
den Prov. Ber. 1796. H. 3.

S. 58. CHRISTIANI (W. R.), ward 1796 als Diakonus
nach St. Margarethen Amts Steinburg verfetzt.

S. 60. Z. 4. lies 1794.

CLAUS (J. C.) hieß eigentlich *Claußen* — *ſtarb den* 25 *Aug.* 1796.

S. 62. CLAUSEN (Hans) *der Theologie Befliſſener zu Kiel*; *geb. zu Groten Dannewerk* Amts Gottorff 17.... §§. Anweiſung zur zweckmäſſigen Behandlung des Schleswig-Holſteiniſchen Landeskatechismus, 1r Theil, enthaltend die 24 Einleitungsſätze. Kiel 1795. 8.

—— CLAUSSEN (H. F. C.), *Doctor der Rechte zu Kopenhagen; geb. zu Kiel den* 26 Oct. 1770, wie aus *A. W. Cramer's* Pr. bei deſſen Doctorpromotion erhellt, wo er ſelbſt ſeine Abhandlungen ſo angiebt: „*Stanislaus Leſczinski* Meinung über Rouſſeau, im deutſch. Magaz. 1794. Dec. Litterariſche Nachricht, betreffend *Adam Smith*, Verfaſſer des Werks: Inquiry into the nature and cauſes of the wealth of nations. Daſ. 1795. Jun. *Gaetana Filangieri* Prüfung der engliſchen Conſtitution, aus dem erſten Theil ſeines Werks, betitelt: La ſcienza della legislazione überſetzt, mit Anmerkungen; im Genius der Zeit 1795. Jul." — D. inaug. de vltimis ſuppliciis in homicidii reos iure conſtituendos. Kiliae 1796. 4. — Das recueil — erſchien Berlin 1796. gr. 8.

S. 64. Z. 28. Schrift, welche 179... eine neue Auflage erlebte, nachher in den Katalog der Oſtermeſſe 1796 kam, und darauf irrig in die Prov. Ber. 1796. H. 3. S. 367 eingetragen wurde, iſt zufolge — . S.

S. 65. Z. 6. v. u. (*Revidirt*) Anmerkungen zu *T. Baden's*
zu S. 18 angeführten Auffatz. — Wird zufol-
ge der Erfurter Zeitung 1796. St. 14. Auffätze
liefern zu: Mannigfaltigkeiten rechtswiffenfchaftlichen Inhalts, herausgeg. von *J. C. Koppe.*

—— letzte Z. gieng 1795 nach Paris, wo er grade den
5 Oct. ankam; vgl. Frankreich im Jahr 1795.
B. 2. S. 360 fg. u. 1796. B. 2. S. 66, wo er
Citoyen français, imprimeur libraire de Paris
genannt wird.

S. 66. Z. 7. v. u. Daf. 1793. (Aus diefem 5ten Theile find
die Anmerkungen zum Meffias und Briefe fei-
nes Vaters an *Klopftock*, im 5ten St. des menfchlichen Lebens befonders abgedruckt)

S. 69. Z. 15. St. 13. wird nur ausgegeben unter dem Titel: Kritifche Acten —

—— Z. 21 ff. mufs es nach der uns jedoch zweifelhaften
Angabe des Verlegers felbft heißen: 14 St.
1794. (oder: Baggefen — 4 St. oder: Wandsbeck und Pyrmont) 15 St. 1795. (oder: Baggefen — 5 St. oder: Einbek bis Bafel.) 16 St.
1795. (oder: über mein Schickfal.) 17 St.
1795. (oder: Louvet's Schickfal, oder: Ehrenrettung der Gironde.)

S. 70. Z. 3. ift nach 8. *einzufchieben*: Altona 1795, dann
zu *lefen*: Louvets Schickfal. Nebft andern Auffätzen — gefammlet und überfetzt. 1-51 St.
Altona und Leipzig 1795. 8. (macht auch das
18 St. des menfchlichen Lebens aus) und end-

Mm 2   lich

lich *hinzuzusetzen*: Auszug eines Tagebuchs
eines Deutſchen in Paris; in: Frankreich
1795. St. 9 ff. in welcher periodiſchen Schrift
(1796. St. 1.) er ſelbſt eine Ueberſetzung von
den Memoiren des Repräſentanten *Mellien*
über die Revolution, und von *Diderot's* nach-
gelaſſenem Werke über die Malerei, angekündigt hat (welches einer neuen Nachricht von
J. F. Hartknoch zufolge, den erſten Theil der
deutſchen Ueberſetzung von den *ſämmtlichen*
Werken ausmachen wird), ſo wie er auch
andern Nachrichten zufolge, an einer franzöſiſchen Ueberſetzung von *Ebeling's* America arbeiten ſoll.

S. 71. Z. 2. Kongelig Landdelings Forordning af 26de
Jan. 1770 og Schlesv. Holſt. Landcommiſſ.
Reſolutioner ſat paa Siden af hinanden. Ha-
dersleben 1794. 8. Fortſættelſe angaaende
Landdelingen i Sept. 1794. Hadersleben. 8.

S. 72. Z. 17. verſchoben wird. Taſchenbuch über die
Richtigkeit der deutſchen Sprache im Spre-
chen und Schreiben. 1ſter Theil. Kiel 1795. 8.

—— —— DAU (C. U.), *ſtarb den* 16 *Apr.* 1796.

S. 74. Z. 10. (*Nach dem Autographum*). Lehrbuch der franzöſiſchen Sprache, enthaltend eine ausführliche Abhandlung über die Ausſprache, Geſpräche mit Erläuterungsnoten, und eine kurz-
gefaſste Entwicklung der allgemeinen und beſondern Sprachregeln. Kiel u. Hamb. 1796. 8.

—— Z. 13. *geb. zu Kiel.*   S.

S. 77. EBERHARD *ſtarb* mündlichen Nachrichten zufolge ſchon 1795, welches nicht einmal durch die
Göttinger Zeitung bekannt wurde, wahrſcheinlich, weil er nur Privatdocent war.

S. 78. Z. 26. lies *A. Riem* ſtatt J. H. Schulz.

S. 79. Z. 1. 1789. 8. (erhielt einen neuen Titel: ʼDie Religion der Feueranbeter in Indien und Per-
ſien. Altona 1796. gr. 8.

—— ECKERMANN, Dr. der Theol. u. Philoſ. ſeit 1784.

S. 80. Z. 15. lies: B. 1 u. 2. 2te verbeſſ. Auflage. 1794 ff.

—— unten. Sein Bildniſs vor dem 25ſten Bande der
neuen allgem. deutſchen Bibl.

S. 82. Z. 12. (1793), auch ordentliches beſtandiges Mitglied der königl. Landhaushaltungsgeſellſ. zu
Kopenhagen (1796);

S. 89. Z. 16. Geſetzbuchs. Nov. und Dec. Ueber den Wu-
cher u. die Mittel, denſelben Einhalt zu thun.

—— letzte Z. Sein Bildniſs vor dem 70ſten Theile der
*Krünitz*ſchen Encyklopädie.

S. 91. Z. 3. (*Revidirt*) *Chriſtian Siegfried Eggers*, königl.
dän. Conferenzrath, geſt. 1790; in *Wolfrath's*
Charakteriſtik edler und merkwürdiger Menſchen. Th. 2. (1792)

S. 91. vorl. Z. Vicekanzler u. ſ. w. hätte mit Ciceroſchrift
gedruckt werden müſſen, ſo wie

S. 92. in der Note Adminiſtrator — Grönland mit Cur-
ſivlettern.

S. 98. Z. 5. v. u. lies: D. inaug. de experimentis cum ſan-
guine humano inſtitutis. Erfordiae 1749. 4.

S. 100. Z 8. v. u. lies: *Achenwall's.*

S. 103. Z. 16. med Kobb. * Catalogus Biblioth. *Martini Hübneri*, Hafniae 1795. 8. Nytaarsgave for Fædrelands-Elſkere og deres Børn, eller en liden Naturbeſkrivelſe over de Nordiſke Lande. Kbhvn. 1796. 12.

S. 109. Z. 10. v. u. Dieſe praecepta erſchienen anonymiſch. Slesuici 1796. 8.

S. 110. EVERS (.....), *lebt auf Hoyesbüttel* in Stormarn,
geb. zu .... im Hannöverſchen 17... §§. Eine
Freimäurerrede.... 1795.......... (*Mitgetheilt.*)

— — Z. 10. 1795, auch Ritter des Heſſiſchen Ordens
pour la vertu militaire, vorher —

— — Z. 8. v. u. 1790. 8. (erhielt einen neuen Titel.
Schleswig 1796. 8.)

— — EYBEL. *ſtarb* 1796.

S. 112. FABRICIUS. Auf dem Titel ſeiner neueſten
Schrift: Ueber Akademie, inſonderheit in Dän-
nemark. Kopenhagen 1796. 8. nennt er ſich:
Der Naturgeſchichte, der Oekonomie und der
Cameralwiſſenſchaften Lehrer, der kaiſerl. Na-
turf. der königl. dän. Norweg. Berlinſch. Naturf.
Leipz. Oekonom. Lundenſch. Phyſiogr. Petersb.
Oekonom. Turinſch. Jenaiſch. Londonſch. Na-
turf. und Pariſ. der Agricult. und der Naturgeſ.
Geſellſchaft Mitglied.

S. 113. Z. 12. v. u. 2 D. Eine franzöſiſche Ueberſetzung
von *Aubin-Louis Millin* iſt angekündigt im
Magazin Encyclop. Tom. 4. p. 54.

S.

S. 114. Z. 5. v. u. ſtatt Daſ. l. im hiſtoriſchen Portefeuille.

S. 116. FEDDERSEN (Berend), *erſter Bürgermeiſter und Stadtſecretair in Huſum, geb. zu* .... 17... §§.
* Der Küſter Ch. Ahrendt in der Gegend von Huſum, an ſeinen Paſtor, betreffend die Einführung der Speciesmünze in den Herzogth. Schleswig und Holſtein. Huſum 1788. 8.

S. 119. Z. 10. ſtatt Daſ. lies Altona.

—— FISCHER (Jakob Heinrich Herman), *Doct. der A. G. und ausübender Arzt in Altona* (vorher Chirurgus daſelbſt); *geb. zu Hamburg, den 22 Jan. 1754.* §§. (D. inaug.) libellus academicus ſolemnis de ſcrofulis. Helmſt. 1795. 4. (*Mitgetheilt.*)

S. 120. Z 14. ſtatt ib. lies Lipſiae.

S. 121. FISCHER (.....), *königl. dän. Etatsrath in Hadersleben, geb. zu* .... 17 .... §§. D. de principiis iuris naturae .... (*Mitgetheilt.*)

—— FLESSBURG *ſtarb den* 11 *Sept.* 1796 im 82 Jahre.

S. 122. FLORIS (Doct. d. A. G. zu ...., geb. zu Tönningen) fällt weg, da ſeine D. inaug. de ſtomachi debilitate richtiger S. 188 unter *J. C. Kerſtens* angeführt iſt.

—— Z. 11. fg Superintendent — Wien hätte Cicero ſeyn müſſen. — Den längſt abgedruckten Artikel hat dieſer Schriftſteller ſelbſt nach ſeiner Ankunft in Kiel folgendermaſsen revidirt:

—— Z. 10. lies: ſeit 1796.

—— Z. 16. geb. — *den* 1 *Nov.* —

S. 123. Z. 3. * Ordnung der Handlungen und Gebete

beim öffentlichen Gottesdienſte der Kirchen-
gemeinen A. C. in den kaiſ. königl. deutſchen
Erblanden. Wien 1785. 8. (iſt von ihm mit
ſeinem verſtorbenen Collegen *E. F. A. Cnopf*
gemeinſchaftlich verfaſst.)

— — Z. 7. Rede über die Freiheit, die Jeſus ſeinen Be-
kennern in Anſehung der äuſsern Religions-
übungen gelaſſen hat; gehalten am Sonntage
Lätare über die Epiſtel. Wien 1789. 8.

S. 121. Z. 12. Eine neue Auflage iſt bereits erſchienen.
(Wien 1796.)

— — Z. 7. v. u. Abſchiedspredigt bei Niederlegung des
Predigtamtes in Wien über Aɛt. 20, 25 - 27.,
gehalten den 19ten Jun., als am 4ten Sonntage
nach Trinit. Wien 1796. 8. — In Verbindung
mit ſeinem Collegen *Georg Chriſtian Schmidt*
hat er aus dem Engliſchen überſetzt: *Johann
Drysdal's* Predigten. 2 Theile. Wien 1796. 8.

S. 130. Z. 7. (*Mitgetheilt*) Noch hat er in Göttingen über
eine altteſtamentliche Stelle diſputirt, wie
man bloſs aus Bibl. Lüder. Kulenkamp (S. 99.)
vermuthet, da die Göttinger Zeitungen ſelbſt
darüber keinen Aufſchluſs geben.

— — FROELICH (Friedrich Heinrich Wilhelm)

S. 143. von GRUNER (Carl Auguſt Andreas), wurde in
der alphabetiſchen Reihe ausgelaſſen, weil er in
Dännemark leben ſollte. Allein er ſtarb als *däniſcher Obriſtlieutenant zu Apenrade* den 17 Jan. 1796;
geb. *zu Klein- Ilſe* im Bisthum Hildesheim 17...
§§. ...... S.

S. 143. GUTFELD (Fr... C...), *erfter refidirender Capel-*
lan an der Holmkirche zu Kopenhagen feit 1796, vorher Prediger zu Hirfchholm; *geb. zu Beftoft* in der
Norderrangftrupharde Amts Hadersleben 176..
§§. Kleine Abhandlungen in Kopenhagener periodifchen Schriften ...... (*Mitgetheilt.*)

— — GUTFELD (Peter), Vater des Vorigen — *Paftor*
zu Skiærbeck in der Huidingharde Amts Hadersleben feit 1790, vorher feit 1755 Prediger zu St.
Croix, feit 1758 Prediger zu Toftlund Amts Hadersleben, feit 1760 zu Beftoft und Tiislund deffelben Amts, feit 1788 zu Solleröd auf Seeland,
geb. zu .... in den Herzogthümern? 17 ... §§ ...
..... (*Mitgetheilt.*)

S. 145. Z. 3. v. u. 1792. 4. *Kurzer Abrifs der vornehm-
ftenWeltbegebenheiten nach *Schroeckb's* Lehr-
buche der allgemeinen Weltgefchichte und
zur Vorbereitung auf daffelbe für die Jugend
eingerichtet, auch mit einigen hiftorifchen
Tabellen verfehen. Glückftadt 1793. 8.

S. 147. Z. 8. v. u. wurde. — Wird herausgeben (?) Gotthold des Jüngern zufällige Andachten.

S. 150. Z. 10 v. u. 3r Theil. 1796. 2te Aufl. Th. 1. 2. 1796.

— — HEGELUND ward 1796 nach Struxdorf und
Thumbye in der Struxdorfharde Amts Gottorf
verfetzt.

S. 153. Z. 8. v. u. Daf. Mai. (wieder abgedruckt in *Lorenz*
Sterne's Reden an Efel. Thorn (1794) 8.)

— — Z. 7. v. u. 1791. gr. 8. 6ter Theil. Altona 1796.

S. 159. Z. 5. v. u. 8. (Auszug daraus im Neuen Kiel. Magaz. B. 1. St. 2.)

S. 160. *Heinzelmann* wurde 1795 zum Cammerfecretair bei der Rentekammer in Kopenhagen ernannt. — Vorher war er Gevollmächtigter, aber nicht in der deutfchen Kammercanzeley, fondern in der Rentekammer.

S. 172. Z. 3. (*Revidirt*.) Einige feiner lateinifchen Abhandlungen findet man deutfch in der zu S. 51. Z. 3. angeführten Schrift. — Wird Antheil nehmen an *J. C. W. Junker's* neulich angekündigtem Archive der Aerzte wider die Pockennoth.

S. 181. l. Z. lies: Vgl. *Trendelenburg's* Pr. de iure retractus gentilicii. Kil. 1778. 4. und *Weidlieb's* —

S. 182. Z. 2. (*Revidirt*) Wird Auffätze liefern zu den zu S. 65. Z. 6. angeführten Mannigfaltigkeiten.

S. 193. KOCH (Ferdinand Georg), Bruder des Folgenden — *Kanzeleifecretair zu Glückftadt; geb. zu Rendsburg* 175.., liefs .... *Wolter's* allgemeine Grundfätze zum ordnungsmasfigen Verfahren in Deich- und Abwafferungsfachen der deutfchen Marfchprovinzen. Glückftadt 1795. 4. mit Zufätzen von *R. Woltmann* und *eignen* gefetzlichen Erläuterungen abdrucken.

S. 194. Z. 1. obf. Hafniae 1777. 8.

—— *Köppe* ftarb den 6 Sept. 1796.

S. 196. Z. 6. Die 2te verbefferte Auflage erfchien unter dem Titel: des Gen. Lieut. *F. C. v. Saldern* taktifche Grundfätze und Anweifungen zu militairitairifchen Evolutionen mit Anmerkungen herauegegeben. Kopenh. 1796. gr. 8.

S. 197. l. Z. 179.. Für Bürger und Bauer No. 1. Ueber Waffermangel und Mergel und Ackerleim. Eutin 1795. 8. —

S. 206. l. Z. Antheil an der monatlichen Ueberficht (f. *zur Mühlen*) und an dem Schleswiger Wochenblatte, deffen Jahrgang „die Schleudei" er ganz allein fchrieb. Vgl. noch *Licht* im erften Anhange.

S. 207. l. Z. (*Nach dem Autographum.*) Das ebengenannte Manufcript hat diefer Schriftfteller felbft jetzt im Intell. Bl. der allg. Litt. Zeit. (1796. St. 107.) auf Subfcription angekündigt.

S. 209. Z. 8. v. u. müffen die Erbauungen ein * haben.

S. 212. *Maaffen* ftarb zu Anfang des Jahres 1796.

— — l. Z. ftatt Bemerkungen l. Bezeichnungen.

S. 217. MECHLENBURG (Jürgen), *Probft der Nerder-rangftrupharde* (feit 1790) *und* feit 1789 *Paftor zu Beftoft und Tiisland* in derfelben Harde Amts Hadersleben (vorher Adjunct des Predigers und Hardesprobften zu Aggerfkov *Chr. Otto Riefe* feit 1768, darauf feit 1779 Prediger zu Hoyrup in der Huidingharde Amts Hadersleben); *geb. auf der Infel Amrum* Stifts Ripen *den* 21 *Sept.* 1741. §§. Uforgribelige ¡Tanker til naermere Eftertanke om Midler til Land-Alumens bedre Oplysning, ifær formedelft Skolevxfenet Forbedring. Kbhvn. 1788. 8. Eine Abhandlung von Erfparung der Feue-

Feuerung auf Feuerheerden und in Heitzöfen, welche von der Landhaushaltungsgesellschaft den Preis der größßten silbernen Medaille erhielt (und noch nicht gedruckt ist?) Einige kleine Aufsätze in der Haderslebenschen Monatschrift. (*Nach dem Autographum.*)

S. 220. *Mentel* starb den 9 April 1796.

— — Z. 4. v. u. (*Autographum*) Grammaticae vniuersalis elementa. Brunsuici 1796. 8.

S. 223. Z. 7. (*Revidirt*) Wird den *botanischen* Theil der naturhistorischen Chrestomathie aus dem Griechischen, welche *J. G. Schneider* herauszugeben willens ist, ausarbeiten.

— — *Moller* starb den 5 Apr. 1796.

S. 236. *Müller* (C. A. G.), starb den 23 Jul. 1796.

S. 237. MUELLER (Johann Christoph), *Schulhalter am Waisenhause in Altona*; geb. zu .... §§. Aufsätze in den Altonaischen Addr. Comt. Nachrichten.... —

S. 241. *Nasser's* lyrische Chrestomathie sowol, als deren Ueberfetzung, erhielt in der Folge die Auffchrift: Altona 1796. — Der erste Band seiner Vorlesungen (nicht Briefe) über —

S. 246. *Nielsen* (G.), war zuerst Hofmeister des *Barthold Nikolaus Krohn*, wie aus der Vorrede (p. VII.), welche *J. J. Rambach* der 2ten Ausgabe des Catal. Bibl. Krohnianae (Hamb. 1796.) vorgesetzt hat, erhellt.

S. 252. Z. 12. v. u. lies: Sohn des Erasmus N.

S. 254. Z. 8. v. u. lies: Beiträgen 1sten B. 1stem, 2tem, 3tem und 4tem Hefte.   S.

S. 258. Z. 15. lies: Beiträge 1ſten B. 1ſtem, 2tem und 4tem Hefte.

S. 260. *Oye* ſchilderte auch des *Georg Zoega's* Charakter; vgl. S. 513.

S. 261. *Pannyſon* (Andreas Siegfried). Dieſer Künſtler und Schriftſteller, den man ſich aus *Meuſel's* Künſtler-lexicon (1, 102.) notirt hatte, ohne daſs man ſich zur rechten Zeit wieder daran erinnerte, iſt wahr-ſcheinlich ſchon ſeit einigen Jahren todt.

— — *Poppenbeimer* ging ſchon 1795 mit *C. F. Cramer* nach Paris, und hätte daher gar nicht aufgenom-men werden müſſen.

S. 263. *Peters* (......) *Maler?* — §§. * Allerhand aus der linken Taſche eines Malers. Nicht für Kritiker, nur für Liebhaber entwickelt und ans Tageslicht gebracht von einem Freunde der Wahrheit in Friederichsſtadt an der Eider. Schlesw. 1794. 8.

— — *Peterſen* (D.), ward 1796 nach Fieldſtrup Amts Hadersleben verſetzt.

S. 264. PHILIPP (......), *Doct. der A. G. zu Altona, geb. zu* .... §§. D. inaug. ...... Gießae ......

S. 267. Z. 2. *geb. zu Altona.*

S. 268. Z. 2. v. u. Die Rechenſchaft — iſt jetzt im eilften B. des Schulfreundes (1795) abgedruckt.

S. 270. PRAHL (Peter), *Paſtor zu Wittſtedt* in der Gram-harde Amts Hadersleben, *geb zu* .... 17.... §§. Fortællinger for Bœrn til Brug ved Oevelſer i Indenadslæſninger i Skolerne paa Landet ſamlede — Hadersleben 1795. 8.

S.

S. 276. *Reinhold's* Bildniß von *J. H. Lips* findet sich auch vor dem 57ſten Bande der neuen Bibl. der ſchönen Wiſſenſch. und freien Künſte.

S. 279. *Reuter* wurde 1796 als Paſtor nach Horsbüll in der Widingharde Amts Tondern verſetzt.

S. 279. Z. 12. v. u. Kiel 1791. 8. *Kinderfreuden oder Unterricht in Geſprächen. 1ſter Theil. Kiel und Leipzig 1793. 8. (*P. N. Nyegaard* hat unter dem Titel: Bœrnegleder eller Skolenunderviisning i Samtaler, eine däniſche Ueberſetzung angekündigt.)

S. 288. Z. 1. Synonyme, welche den 10ten B. der Schriften jener Geſellſchaft (Frankf. u. Leipzig 1794. 8.) ausmacht, („Kritik verwandter Begriffe oder Erklärung einiger ähnlich bedeutender Wörter") und auch unter dem Titel: Deutſche Synonymen oder Sinnverwandte Wörter, 2ter B., verkauft wird.

S. 289. Z. 18. des natürlichen Rechts."— Wird zufolge der Gothaer Zeitung 1796. St. 37. Antheil nehmen am Journal für Philoſophie, herausgegeben von *K..., S... Zachariä* und *J. C. A. Grohmann.*

S. 289. fg. ſind einzuſchieben: von SCHAUMBURG (Johann Heinrich Auguſt), Sohn des *zu Altona* privatiſirenden Legationsrath Johann Gottfried Ernſt v. Sch. — *geb. zu Amſterdam den* 13 Febr. 1779. §§. Neerlandſche Geſchiedeniſs. To Leyden 1792. 3 Tabellen. gr. Fol. — von SCHAUMBURG (Maria Jeannette), Schweſter des vorigen — *geb. zu Maarſen* bey Utrecht *den* 1 Jun. 1780. §§. Hiſtoire eccleſiaſtique politique ou ſouverains contemporains. Leyden 1792. auf 8 Charten in gr. Fol.

S. 293. Z. 5. (wieder abgedruckt in Novis Actis Erudit. a. 1770. p. 257 ff.)

S. 295. Z. 8. v. u. Kiel 1795. 8. Auch Hamburg 1796. 8.

S. 297. Z. 13. v. u. 1794... Vgl. *Worm* 3, 687.

S. 298. *Schmidt* (J. N.), iſt wegzuſtreichen, da er ſchon 12 Jahre von Huſum entfernt iſt, und *zu Hildesheim* geboren ſeyn ſoll. Sein jetziger Aufenthalt iſt unbekannt.

S. 309.

S. 309. *Schulze* (Chph.), auf Seeland feit 1756 (vorher Prediger zu Mögeltondern) *ſtarb den* 14 März 1796.
S. 310. SCHWARZ (N.... D.....), *Paſtor zu* ....., *geb. zu* .... §§. Das Böſe mit Anſtand; eine Caſualpredigt. Heide 1794. 8.
S. 323. *Telemann* iſt nach *Gerber's* Lexikon der Tonkünſtler (2, 628.) *geb. zu Plön.*
S. 343. *Tobieſen* iſt 1796 nach ſeiner Vaterſtadt gegangen, wo er privatiſirt.
S. 352. Z. 14. Lector — Kopenhagen, müſste Cicero-Schrift ſeyn.
S. 372. Z. 5. *E. N. Viborg's* Abhandlungen, welche ſich in der S. 316 unter *H. Steffens* angeführten Phyſiſk Oeconomiſk og Medico-Chirurgiſk Bibliothek for Dannemark og Norge befinden, wurden uns ſpäter mittelſt eines *Autographums* bekannt, deſſen Abdruck oben vergeſſen wurde. „Beretning om den nærværend Landſtutterie-Anordning i de Hannoverſke Lande; B. 1. 1794. S. 31. Om ſverrigs forbedrede Faareavel; S. 129. Om den ved Spanſke Faar forbedrede Faareavel i Sachſen; S. 242. Bemærkninger over nogle Ranunkel — Arters Uſkadelighed for Huusdyrene; B. 2. S. 276. Om Blodſtal hos de Drœvtyggende Dyr; S, 371. Tanker over Herr *Birch's* Raad imod Sygdomme hos Faar og Heſte; S 98 u. 201. Bemærkninger over tvende Faar med Ringeſyge; B. 3. S. 1. Botaniſk Beſtemmelſe af de i den danſke Lov omtalde Sandvexter, ſamt Efterretning om Sandflugtens Dæmpning (eine von der königl. Geſellſchaft der Wiſſenſchaften gekrönte Preisſchrift); B. 3. S. 241 u. 365. (iſt auch beſonders unter demſelben Titel. Kbhvn. 1795. 8. erſchienen.) Om Kronbenetsbrud hos Heſten og Mueligheden af at lege det; S. 319. Efterretning om Trommeſygens heldige Operation ved Hjelp af en Kniv; S. 211. Om det forHeſteſkadeligeHœe, ſom bjerges Langs med Glaamen i Norge; S. 343. Om Kjernemelks Skadelighed for Heſte;

Hefte; 1795. B r. S. 73. Kort Efterretning om Snive, Heftekopper og Quærke, oplyft ved nyere anftillede Forfœg med diffe Sygdoms Smitter; S. 113. (ift auch einzeln in demfelben Jahre érfchienen)" — Mehrere diefer Abhandlungen —

S. 372. Z. 9. (*Revidirt*) Erhielt 1795 die gröfste Prämie der Landhaushaltungsgefellfchaft für eine vollftändige Abhandlung über alle Arten von Pappeln und Weiden, befonders der, mit deren Anpflanzung in Dännemark Verfuche gemacht worden — Wird dem allgem. litterarifchen Anzeiger 1796. S. 59 fg. zufolge den Text zu dem 2ten und den folgenden Theilen von „Beata ruris otia, a (*Theodoro*) Holmfkiold fungis Danicis impenfa" ausarbeiten.

S. 384. *Wihel* ftarb im Nov. 1796.

S. 413. Z. 13. Th. Fr. Peterfen hätte Curfiv gedruckt werden müffen.

S. 416. Anm. 1. find die heyden Namen: Floris, Pannyfon auszuftreichen.

— — —. 2. lies: mit den — — Landeskindern.

S. 422. Anm. find die eben aufgeführten Namen: Floris und Pannyfon auszuftreichen.

S. 428. Z. 8 l. Leffer.

S. 433. Z. 2. l. Ekkard.

S. 434. Z. 1. l. lebte.

S. 435. BROECKEL hinterliefs ein Compendium der Pandekten, welches bis auf einige Bogen abgedruckt ift, aber fchwerlich in den Buchladen kommen möchte.

S. 436. Z. 7. v. u. l folgende, mit — e —

S. 439. Z. 3. ftatt trik l. Erick, und ftatt Hans lies hans.

— — Z. 14. lies: Nedftammelfe.

— — — 17. ftatt ad lies at.

— — — 27. ftatt beffemle lies beftemte.

— — — 28. ftatt dels lies dets.

S. 440 Z. 11. lies fammenftoed.

S. 446. Z. 11. v. u. lies: Reinbohtium.

S 459. FABER, Bruder des Johann Melchior F. im Meufel.

S. 470. Ing werifcas Schriften giebt Francke an a. O. vollftändiger an, deffen Programm man damals, als jener Artikel abgedruckt wurde, noch nicht erhalten hatte

S. 481. Z. 3 lies Riegels ohne Apoftroph.